U0640580

中华传世藏书

【图文珍藏版】

儒家经典

刘凯⊙主编

线装书局

昭公四年

【原文】

四年:春,王正月,大雨雹。

夏,楚子、蔡侯、陈侯、郑伯、许男、徐子、滕子、顿子、胡子、沈子、小邾子、宋世子佐、淮夷会于申。

楚人执徐子。

秋七月,楚子、蔡侯、陈侯、许男、顿子、胡子、沈子、淮夷伐吴,执齐庆封,杀之。遂灭赖。

九月,取鄫。

冬,十二月乙卯,叔孙豹卒。

四年春,王正月,许男如楚,楚子止之,遂止郑伯。复田江南,许男与焉。

使椒举如晋求诸侯,二君待之。椒举致命曰:"寡君使举曰:'日君有惠,赐盟于宋,曰:"晋楚之从交相见也。"以岁之不易,寡人愿结欢于二三君。'使举请闲。君若苟无四方之虞,则愿假宠以请于诸侯。"晋侯欲勿许,司马侯曰:"不可。楚王方侈,天或者欲逞其心以厚其毒,而降之罚,未可知也。其使能终,亦未可知也。晋、楚唯天所相,不可与争。君其许之,而修德以待其归。若归于德,吾犹将事之,况诸侯乎?若适淫虐,楚将弃之,吾又谁与争?"〔公〕曰:"晋有三不殆,其何敌之有?国险而多马,齐、楚多难。有是三者,何乡而不济?"对曰:"恃险与马,而虞邻国之难,是三殆也。四岳、三涂、阳城、大室、荆山、中南,九州之险也,是不一姓。冀之北土,马之所生,无兴国焉。恃险与马,不可以为固也,从古以然。是以先王务修德音以亨神人,不闻其务险与马也。邻国之难,不可虞也。或多难以固其国,启其疆土;或无难以丧其国,失其守宇。若何虞难?齐有仲孙之难而获桓公,至今赖之。晋有里、丕之难而获文公,是以为盟主。卫、邢无难,敌亦丧之。故人之难不可虞也。恃此三者而不修政德,亡于不暇,又何能济?君其许之!纣作淫虐,文王惠和,殷是以陨,周是以兴,夫岂争诸侯?"乃许楚使。使叔向对曰:"寡君有社稷之事,是以不获春秋时见。诸侯,君实有之,何辱命焉?"椒举遂请昏,晋侯许之。

楚子问于子产曰:"晋其许我诸侯乎?"对曰:"许君。晋君少安,不在诸侯。其大夫多求,莫匡其君。在宋之盟又曰如一。若不许君,将焉用之?"王曰:"诸侯其来乎?"对曰:"必来!从宋之盟,承君之欢,不畏大国,何故不来?不来者,其鲁、卫、曹、邾乎?曹畏宋,邾畏鲁,鲁、卫偪于齐而亲于晋,唯是不来。其馀君之所及也,谁敢不至?"王曰:"然则吾所求者无不可乎?"对曰:"求逞于人不可。与人同欲,尽济。"

大雨雹。季武子问于申丰曰:"雹可御乎?"对曰:"圣人在上,无雹;虽有,不为灾。古

者日在北陆而藏冰，西陆朝觌而出之。其藏冰也，深山穷谷，固阴冱寒，于是乎取之。其出之也，朝之禄位，宾，食，丧，祭，于是乎用之。其藏之也，黑牡、秬黍以享司寒。其出之也，桃弧、棘矢以除其灾。其出入也时。食肉之禄，冰皆与焉。大夫命妇，丧浴用冰。祭寒而藏之，献羔而启之。公始用之，火出而毕赋，自命夫命妇至于老疾，无不受冰。山人取之，县人传之，舆人纳之，隶人藏之。夫冰以风壮，而以风出。其藏之也周，其用之也遍，则冬无愆阳，夏无伏阴，春无凄风，秋无苦雨，雷出不震，无菑霜雹，疠疾不降，民不夭札。今藏川池之冰弃而不用，风不越而杀，雷不发而震，雹之为菑谁能御之？《七月》之卒章，藏冰之道也。"

夏，诸侯如楚，鲁、卫、曹、邾不会。曹、邾辞以难，公辞以时祭，卫侯辞以疾。郑伯先待于申。六月丙午，楚子合诸侯于申。椒举言于楚子曰："臣闻诸侯无归，礼以为归。今君始得诸侯，其慎礼矣。霸之济否，在此会也。夏启有钧台之享，商汤有景亳之命，周武有孟津之誓，成有岐阳之蒐，康有酆宫之朝，穆有涂山之会，齐桓有召陵之师，晋文有践土之盟。君其何用？宋向戌、郑公孙侨在，诸侯之良也，君其选焉。"王曰："吾用齐桓。"

王使问礼于左师与子产。左师曰："小国习之，大国用之，敢不荐闻？"献公合诸侯之礼六。子产曰："小国共职，敢不荐守？"献伯、子、男会公之礼六。君子谓合左师善守先代，子产善相小国。

王使椒举侍于后以规过。卒事不规。王问其故，对曰："礼，吾〔所〕未见者有六焉，又何以规？"

宋大子佐后至。王田于武城，久而弗见。椒举请辞焉。王使往，曰："属有宗祧之事于武城，寡君将堕币焉，敢谢后见。"

徐子，吴出也，以为贰焉，故执诸申。

楚子示诸侯侈。椒举曰："夫六王二公之事，皆所以示诸侯礼也，诸侯所由用命也。夏桀为仍之会，有缗叛之。商纣为黎之蒐，东夷叛之。周幽为大室之盟，戎狄叛之。皆所以示诸侯(汰)〔汏〕也，诸侯所由弃命也。今君以(汰)〔汏〕，无乃不济乎！"王弗听。

子产见左师曰："吾不患楚矣。(汰)〔汏〕而愎谏，不过十年。"左师曰："然。不十年侈，其恶不远。〔恶〕远(恶)而后弃。善亦如之，德远而后兴。"

秋七月，楚子以诸侯伐吴。宋大子、郑伯先归，宋华费遂、郑大夫从。使屈申围朱方，八月甲申克之，执齐庆封而尽灭其族。

将戮庆封，椒举曰："臣闻无瑕者可以戮人。庆封唯逆命，是以在此，其肯从于戮乎？播于诸侯，焉用之？"王弗听，负之斧钺以徇于诸侯，使言曰："无或如齐庆封弑其君、弱其孤以盟其大夫！"庆封曰："无或如楚共王之庶子围弑其君、兄之子麇而代之，以盟诸侯！"王使速杀之。

遂以诸侯灭赖。赖子面缚衔璧，士袒，舆榇从之，造于中军。王问诸椒举，对曰："成王克许，许僖公如是；王亲释其缚，受其璧，焚其榇。"王从之。迁赖于鄢。

楚子欲迁许于赖，使斗韦龟与公子弃疾城之而还。

申无宇曰："楚祸之首，将在此矣。召诸侯而来，伐国而克，城竟莫校，王心不违，民其居乎？民之不处，其谁堪之？不堪王命，乃祸乱也。"

九月，取郠，言易也。莒乱，著丘公立而不抚郠，郠叛而来，故曰"取"。凡克邑不用师徒曰"取"。

郑子产作丘赋，国人谤之，曰："其父死于路，己为虿尾，以令于国，国将若之何？"子宽以告。子产曰："何害？苟利社稷，死生以之。且吾闻为善者不改其度，故能有济也。民不可逞，度不可改。《诗》曰：'礼义不愆，何恤于人言！'吾不迁矣！"浑罕曰："国氏其先亡乎？君子作法于凉，其敝犹贪。作法于贪，敝将若之何？姬在列者，蔡及曹、滕其先亡乎？偪而无礼。郑先卫亡，偪而无法。政不率法，而制于心。民各有心，何上之有？"

冬，吴伐楚，入棘、栎、麻，以报朱方之役。楚沈尹射奔命于夏汭，(咸)〔葴〕尹宜咎城钟离，薳启强城巢，然丹城州来。东国水，不可以城。彭生罢赖之师。

初，穆子去叔孙氏；及庚宗，遇妇人，使私为食而宿焉。问其行，告之故；哭而送之。适齐，娶于国氏，生孟丙、仲壬。梦天压己，弗胜；顾而见人，黑而上偻，深目而豭喙，号之曰："牛，助余！"乃胜之。旦而皆召其徒，无之。且曰："志之！"

及宣伯奔齐，馈之；宣伯曰："鲁以先子之故，将存吾宗，必召女。召，女何如？"对曰："愿之久矣！"鲁人召之，不告而归。既立，所宿庚宗之妇人献以雉。问其姓，对曰："余子长矣，能奉雉而从我矣。"召而见之，则所梦也。未问其名，号之曰："牛！"曰："唯。"皆召其徒使视之。遂使为竖，有宠；长，使为政。公孙明知叔孙于齐。归，未逆国姜；子明取之。故怒。其子长而后使逆之。

田于丘莸，遂遇疾焉。竖牛欲乱其室而有之，强与孟盟，不可。叔孙为孟钟，曰："尔未际，飨大夫以落之。"既具，使竖牛请日。入，弗谒；出，命之日。及宾至，闻钟声。牛曰："孟有北妇人之客。"怒，将往，牛止之。宾出，使拘而杀诸外。牛又强与仲盟，不可。仲与公御莱书观于公，公与之环，使牛入示之。入，不示；出，命佩之。牛谓叔孙："见仲而何？"叔孙曰："何为？"曰："不见？既自见矣，公与之环而佩之矣。"遂逐之，奔齐。疾急，命召仲，牛许而不召。

杜泄见，告之饥渴，授之戈。对曰："求之而至，又何去焉？"竖牛曰："夫子疾病，不欲见人。"使寘馈于个而退。牛弗进，则〔寘〕(置)虚，命彻。十二月癸丑，叔孙不食；乙卯，卒。牛立昭子而相之。

公使杜泄葬叔孙。竖牛赂叔仲昭子与南遗，使恶杜泄于季孙而去之。杜泄将以路葬，且尽卿礼。南遗谓季孙曰："叔孙未乘路，葬焉用之？且冢卿无路，介卿以葬，不亦左乎？"季孙曰："然。"使杜泄舍路；不可，曰："夫子受命于朝而聘于王，王思旧勋而赐之路，复命而致之君。君不敢逆王命而复赐之，使三官书之。吾子为司徒，实书名。夫子为司马，与工正书服；孟孙为司空，以书勋。今死而弗以，是弃君命也。书在公府而弗以，是废

三官也。若命服,生弗敢服,死又不以,将焉用之?”乃使以葬。

季孙谋去中军,竖牛曰:“夫子固欲去之。”

【译文】

鲁昭公四年春天,周王历正月,下大冰雹。夏天,楚灵王、蔡侯、陈侯、郑简公、许男、徐子、滕子、顿子、胡子、小邾子、宋太子佐、淮夷等在申地会盟。楚国人拘捕了徐子。秋天七月,楚灵王、蔡侯、陈侯、许男、顿子、胡子、沈子、淮夷攻打吴国,逮捕齐国的庆封,杀了他。接着灭亡了赖国。九月占领了鄫邑。冬十二月二十八日,叔孙豹死了。

楚灵王

鲁昭公四年春天,周历正月,许男前往楚国,楚灵王留下他,接着留下郑简公,再次在江南打猎,许男参加了。

楚灵王派椒举前往晋国商请求得诸侯的拥护,郑、许两国君主在等待他。椒举传达楚灵王的命辞说:“寡君派遣我来时说:‘过去君对敝国有恩惠,赐给在宋国结盟,说:“晋、楚的从属国,应互相朝见。”因为年来多难,寡人希望与几位国君重结旧好。’寡君派我前来请求您得空听取这一要求。君如果没有来自四方边境的忧患,那么希望凭借您的恩宠来向诸侯请求。”晋平公不打算答应,司马侯说:“不行。楚王正胡作妄为,上天也许是想使他的愿望得逞,以加重他的罪行而降给他惩罚,这是不可预料的。或许要让他得到善终,也是不可预料的。晋、楚两国只有靠天的帮助,不可互相争夺。您还是答应他,修明德政来等待他的结局。假如他归向德行,我们还将要侍奉他,何况诸侯呢?假如他走向荒淫暴虐,楚国将抛弃他,我们又用得着和谁去争?”晋平公说:“晋国有三条可免于危险,还有什么可以相匹敌的?国家地势险要而多产马匹,齐、楚两国多祸难,有这三条,走向哪儿不成功?”司马侯回答说:“依仗地势险要和马匹,而把邻国的祸难当成喜乐,是三条危险。四岳、三涂、阳城、太室、中南,都是九州中的险要之处,这些都不属于一国所有。冀州的北方,是产马的地方,却没有兴盛的国家。依仗险要和马匹,不可以建立巩固的国家,自古已是这样。因此先王致力于修明德行声誉来取悦神灵和人民,没听说他们致力于险要和马匹的。邻国的灾祸,不能感到高兴。有的祸难多而使国家得到巩固,开辟了疆土;有的没有祸难而灭亡了国家,丧失了疆土,怎么能幸灾乐祸?齐国有仲孙之难却得到桓公,至今齐国还依赖他的余荫。晋国有里克、丕郑之难却使得文公归国,因此成为盟主。卫国、邢国没有祸难,外敌也灭亡了它。所以别人的祸难,不能引以为乐。仗着这三条,却不修政事德行,挽救灭亡还来不及,又怎么能成功?您还是答应他!殷纣施行淫乱暴虐,

文王仁惠宽和，殷朝因而衰落，周朝因此兴盛，难道在于争夺诸侯？"于是答应了楚国使者的请求，并派叔向回答说："寡君有国家大事，因而未能在春秋两季按时进见。至于诸侯，君王本就拥有他们，何必委屈赐命呢？"椒举随即又为楚王求婚，晋平公答应了。

楚灵王问子产说："晋国会允许诸侯归服我吗？"子产回答说："会允许君王的。晋君贪图小的安逸，志向不在诸侯。他的大夫们又有很多欲望，没有人匡助国君。在宋国盟会时又说过晋、楚两国友好如一，如果不允许您，又哪里用得着在宋国的盟约？"楚灵王说："诸侯将会来吗？"子产回答说："一定会来。遵从在宋国的盟约，取得您的欢心，不害怕晋国，为什么不来？不来的国家，大概是鲁、卫、曹、邾等国吧。曹国害怕宋国，邾国害怕鲁国，鲁国、卫国为齐国所逼迫而亲近晋国，因此不来。其余的国家，是您力所能及的，谁敢不到？"楚王说："那么我所要求的，没有不可以达到的了？"子产回答说："从别人那儿求得快意，不可能达到；和别人欲望相同，都能成功。"

鲁国下大冰雹，季武子问申丰说："冰雹可以防止吗？"申丰回答说："圣人在上，没有冰雹，即使有，不成灾。古时候，太阳在北陆的位置而藏冰，在西陆的位置早晨出现就取出冰来。藏冰的时候，深山穷谷，寒气凝固，就在那里凿取。取冰的时候，朝廷上有禄位的人，以及宴宾、用膳、丧事、祭典，就在那里取用。当收藏的时候，黑色的公羊、黑色的黍子，用来祭享司寒之神。当取用的时候，桃木的弓、荆棘的箭，用来禳除灾祸。收藏和取用都按一定的时节，吃肉而有禄位的人，都能分享冰。大夫及其妻子死了，擦洗身子都用冰。祭祀司寒之神而收藏冰，奉献羔羊祭品而打开冰室，国君最先使用冰。大火星出现而颁发完毕，从大夫及其妻子，以至于年老生病的人，没有不享受用冰的。山人凿取冰，县人运输冰，舆人交纳冰，隶人收藏冰。冰因风寒而坚实，同时因风暖而取用。它的收藏周密，它的使用普遍，那冬天就没有过分的温暖，夏天没有伏藏的阴寒，春天没有凄风，秋天没有苦雨，雷鸣不伤人，霜雹不成灾，瘟疫不流行，百姓不夭折。现在收藏着山川河池的冰，抛弃而不使用，风不扬而草木凋零，雷不鸣而伤人，冰雹成灾，谁能防止？《七月》这首诗的末章，就是藏冰的道理。"

夏天，诸侯去到楚国会盟，鲁、卫、曹、邾四国没有参加。曹国、邾国以国内有祸难推辞，鲁昭公用当时正有祭祀推辞，卫襄公用有病来拒绝。郑简公先在申地等待。六月十六日，楚灵王在申地会合诸侯。椒举对楚王说："我听说诸侯不归服别的，而只归服于礼。现在您刚得到诸侯，对礼要谨慎啊！霸业的成功与否，全在这次会合了。夏启有钧台的宴享，商汤有景亳的命令，周武王有孟津的盟誓，周成王有岐阳的阅兵，周康王有酆宫的朝觐，周穆王有涂山的会盟，齐桓公有召陵的陈兵，晋文公有践土的盟约，您大概采用哪一种？宋国的向戌、郑国的子产在这里，他们是诸侯中的优秀人物，您可加以选择。"楚王说："我采用齐桓公的方式。"

楚灵王派人向向戌和子产询问礼仪，向戌说："小国学习礼仪，大国使用礼仪，岂敢不进献我所听到的？"就呈献公侯会合诸侯的六种礼仪。子产说："小国供奉职守，岂敢不效

忠尽职?”于是进献伯、子、男会见公侯的六种礼仪。君子认为向戌善于保持前代的礼仪,子产善于辅佐小国。

当时楚王派椒举侍从在身后,以便规正错误。到事情结束,椒举没有什么规正。楚王问他原因,他回答说:“礼仪,我未曾见到过的就是这六种,又怎么能纠正?”

宋国的太子佐晚到,楚王在武城打猎,很久没有接见。椒举请求向他加以解释,楚王就派人前去说:“在武城正好有宗庙祭祀的事,寡君将要输送财礼,谨就不能及时接见向您致歉!”

徐子,是吴女所生的,楚王认为他有二心,所以在申地逮捕了他。

楚灵王在诸侯面前表现出骄纵,椒举说:“那六王二公的事迹,都是用以向诸侯显示礼仪的,也是诸侯听从命令的原因。夏桀举行仍地的会见,缗国背叛了他。商纣举行黎丘的田猎,东夷背叛了他。周幽王举行太室的盟会,戎狄背叛了他。这都是在诸侯面前表现出骄纵的缘故,也就是诸侯背弃命令的原因。现在您太骄纵了,恐怕难以成功吧!”楚王不听。

子产见到向戌说:“我不担心楚国了,骄纵而拒谏,过不了十年。”向戌说:“是这样。骄纵不到十年,他的罪恶还不远,罪恶远扬然后被抛弃。美好的德行也像这样,德行远扬然后兴盛。”

秋七月,楚灵王率领诸侯攻打吴国。宋太子和郑简公先回国,宋国的华费遂、郑国的大夫随军出征。派屈申包围朱方,八月的一天,攻下了朱方,俘虏了齐国的庆封,并灭了他的全部族人。

将要杀死庆封,椒举说:“我听说没有缺点的人才能处罚别人。庆封只是违抗君命,因此才留在这里,他会甘心服从杀戮吗?这事将传扬到诸侯中去,哪里能用这种方法?”楚王不听,让庆封背着斧钺,在诸侯中巡行示众,迫使他说:“不要有人像齐国的庆封那样,杀了自己的国君,削弱国君的遗孤,来和他的大夫会盟!”而庆封说:“不要有人像楚共王的庶子围那样,杀死自己的国君,也就是哥哥的儿子麇而取代他,来和诸侯会盟。”楚王派人赶忙杀了他。

楚灵王于是带领诸侯灭亡赖国。赖君用绳子套住头,口衔玉璧,士兵光着上身,抬着棺材跟着他,来到中军。楚王向椒举询问,椒举回答说:“成王攻下许国时,许僖公也像这样。成王亲自解开他的绳索,接受他的玉璧,烧掉他的棺材。”楚灵王听从了。把赖国迁到鄢地。

楚灵王想把许国迁移到赖国境内,派斗韦龟和公子弃疾在那里筑城然后回国。申无宇说:“楚国祸难的开端,将会在这里了。召集诸侯,诸侯就到,攻打别国就攻下,在边境筑城没有人反抗,国君的心愿都能如意,百姓难道能安居乐业吗?老百姓不能安居乐业,谁还受得了?不能忍受国君的命令,就是祸乱。”

九月,取得鄫地,这是说占取很容易。莒国发生动乱,著丘公即位而不安抚鄫地,鄫地人背叛而来，所以经文说“取”。凡是攻下城邑不用军队就说“取”。

郑国子产制定丘赋法，国内的人公开指责他说：“他的父亲死在路上，他自己做了蝎子尾巴，凭这个在国内发号施令，国家将怎么办？”子宽把这些话告诉了子产，子产说：“担心什么？如果对国家有利，生死都由它去。而且我听说干好事的人不改变他的原则，所以能有成就。老百姓不可放纵，原则不可以改变。《诗》说：‘礼义没有过失，何必担忧别人说话？’我不会改变了。”子宽说：“国氏恐怕会先灭亡了吧！君子在凉薄的基础上制订赋法。其后果尚且是贪婪；在贪婪的基础上制订赋法。后果将会怎么样？姬姓列在诸侯中的，蔡国和曹国、滕国大概会先灭亡吧！因为它们靠近大国而没有礼仪。郑国在卫国之前灭亡，是因为它逼近大国而没有法规。政治不遵循法度，而由意志来决定；老百姓各人有各人的意志，还有什么朝廷呢？”

冬天，吴国攻打楚国，进入棘、栎、麻等地，来报复朱方那次战役。楚国的沈尹射奔走到夏汭应命，葴尹宜咎在钟离筑城，薳启强在巢地筑城，然丹在州来筑城。楚国东部多水患，不可以筑城，彭生就停止了赖地军队的筑城行动。

当初，叔孙豹离开叔孙家，到达庚宗，碰到一个女人。让她偷偷为自己弄些食物并且睡在她那里。女人问到他的行程，叔孙豹告诉了她原因，那女人就哭着送他。到了齐国，叔孙豹在国氏那里娶了妻子，生了孟丙、仲壬。晚上梦见天压着自己，不能承受，回头看见一个人，脸黑，颈肩向前弯曲，眼睛下抠，嘴巴像猪。叔孙豹喊他说：“牛，来帮我！”才顶住了天。早晨他把自己的奴仆都叫来，没有那样的人，只好说：“记下这个人。”

等到宣伯逃亡到齐国，叔孙豹送给他吃的，宣伯说：“鲁国因为先人的缘故，将保存我们的宗族，一定会召你回去。如果召你，怎么样？”叔孙豹回答说：“希望很久了。”鲁国人召他回去，他不告诉宣伯就走了。叔孙豹已经立为卿之后，在庚宗同宿的那个女人献给他野鸡。叔孙豹问她的儿子，她回答说：“我的儿子长大了，能捧着野鸡跟着我了。”喊来见面，就是梦见的那个人。叔孙豹没有问他的名字，称他为“牛”，他答应说：“嗯。”叔孙豹又把徒仆都叫来，让他们见面，于是让牛做了僮仆。牛受到宠信，长大后叔孙豹让他主管家务。公孙明在齐国结识了叔孙豹，叔孙豹回国，没有去接国姜，公孙明强娶了她。所以叔孙豹迁怒于她的儿子，等他们长大后才接回鲁国。

叔孙豹在丘莸打猎，就在那儿染上了疾病。竖牛想要搅乱他的家室而占有它，强行与孟丙盟誓，孟丙不同意。叔孙豹为孟丙铸了一口钟，说：“你还没有正式与人交际，宴享大夫们来为这口钟举行落成典礼吧！”已经准备好宴享，派竖牛请叔孙豹定日子。竖牛进去，没有禀告此事；出来时假传命令定了个日子。等宾客来到时，叔孙豹听到钟声，竖牛说：“孟丙那儿有北边女人的客人。”叔孙豹发怒，想要前去，竖牛制止了他。宾客离去，叔孙豹派人把孟丙抓起来杀死在外面。竖牛又强行与仲壬盟誓，仲壬也不答应。仲壬和昭公的卫士莱书在昭公处游玩，昭公赐给仲壬一个玉环。仲壬让竖牛进去给叔孙豹看，竖牛进去，不给叔孙豹看，出来时，假传命令让仲壬佩戴玉环。竖牛对叔孙豹说：“让仲壬谒

见国君是为什么?"叔孙豹说:"什么意思?"竖牛说:"您不让他见,他自己已经去见了,国君赐给他玉环已经佩戴上了。"于是叔孙豹驱逐了仲壬,仲壬逃亡到齐国。叔孙豹病危,命令召回仲壬,竖牛答应但不去召他。

杜泄见叔孙豹,叔孙豹告诉他自己又饥又渴,并授给他戈。杜泄回答说:"您找竖牛,他自己来了,又何必除掉他呢?"竖牛说:"老人家病重,不想见人。"让来探望的人把送来的食品放在厢房里就让他们退去。竖牛并不把食品送进去,就倒掉食物放个空盘在那里,然后命人撤去。十二月二十六日,叔孙豹不能进食,二十八日死了。竖牛立了昭子而辅佐他。

昭公派杜泄安葬叔孙豹。竖牛贿赂叔仲昭子和南遗,让他们在季孙那里说杜泄的坏话而除掉他。杜泄打算用大路车安葬,并且全部按卿的礼仪。南遗对季孙说:"叔孙豹没有乘坐路车,安葬怎么能用它?况且正卿没有路车,次卿用来安葬,不也是不正当吗?"季孙说:"是这样。"让杜泄放弃路车,杜泄不同意,说:"他老人家从朝廷上接受命令而到天子那里聘问,天子念他过去的功勋而赐给他路车,他回朝廷复命就送给了国君,国君不敢违背天子的命令然后又赐给他,并让三个部门的官员记载这件事。您做司徒,记载名位。他老人家做司马,让工正记载车服器用。孟孙做司空,因而记载功勋。现在他死了却不用路车,这是违背君命。记载的文书藏在公府却不用路车,这是废弃三官。如果天子命赐的车服,活着不敢使用,死了又不用来安葬,还哪里用得着它?"于是让他用路车安葬叔孙豹。

季孙策划去掉中军,竖牛说:"他老头子本来就想去掉。"

昭公五年

【原文】

五年:春,王正月,舍中军。

楚杀其大夫屈申。

公如晋。

夏,莒牟夷以牟娄及防、兹来奔。

秋,七月,公至自晋。

戊辰,叔弓帅师败莒师于蚡泉。

秦伯卒。

冬,楚子、蔡侯、陈侯、许男、顿子、沈子、徐人、越人伐吴。

五年春,王正月,舍中军,卑公室也。毁中军于施氏,成诸臧氏。初,作中军,三分公室而各有其一。季氏尽征之,叔孙氏臣其子弟,孟氏取其半焉。及其舍之也,四分公室,

季氏择二，二子各一，皆尽征之而贡于公。以书使杜泄告于殡，曰："子固欲毁中军。既毁之矣，故告。"杜泄曰："夫子唯不欲毁也，故盟诸僖闳，诅诸五父之衢。"受其书而投之，帅士而哭之。

叔仲子谓季孙曰："带受命于子叔孙曰：'葬鲜者自西门。'"季孙命杜泄，杜泄曰："卿丧自朝，鲁礼也。吾子为国政未改礼，而又迁之？群臣惧死，不敢自也。"既葬而行。

仲至自齐，季孙欲立之。南遗曰："叔孙氏厚则季氏薄。彼实家乱，子勿与知，不亦可乎？"南遗使国人助竖牛以攻诸大库之庭，司宫射之，中目而死。竖牛取东鄙三十邑以与南遗。

昭子即位，朝其家众，曰："竖牛祸叔孙氏，使乱大从，杀适立庶；又披其邑，将以赦罪。罪莫大焉！必速杀之！"竖牛惧，奔齐。孟、仲之子杀诸塞关之外，投其首于宁风之棘上。

仲尼曰："叔孙昭子之不劳，不可能也。周任有言曰：'为政者不赏私劳，不罚私怨。'《诗》云：'有觉德行，四国顺之。'"

初，穆子之生也，庄叔以《周易》筮之，遇"明夷䷣"之"谦䷎"，以示卜楚丘。曰："是将行而归为子祀。以谗人入，其名曰牛。卒以馁死。'明夷'，日也。日之数十，故有十时，亦当十位。自王已下，其二为公，其三为卿。日上其中，食日为二，旦日为三。'明夷'之'谦'，明而未融，其当旦乎？故曰'为子祀'。日之'谦'当鸟，故曰'明夷于飞'。明而未融，故曰'垂其翼'。象日之动，故曰'君子于行'。当三在旦，故曰'三日不食'。'离'，火也；'艮'，山也。'离'为火，火焚山，山败。于人为言，败言为谗，故曰：'有攸往。主人有言。'言必谗也。纯'离'为牛，世乱谗胜，胜将适'离'，故曰'其名曰牛'。'谦'不足，飞不翔，垂不峻，翼不广。故曰：其为子后乎！吾子，亚卿也，抑少不终。"

楚子以屈申为贰于吴，乃杀之；以屈生为莫敖，使于令尹子荡如晋逆女。过郑，郑伯劳子荡于(氾)〔汜〕，劳屈生于菟氏。晋侯送女于邢丘。子产相郑伯，会晋侯于邢丘。

公如晋，自郊劳至于赠贿，无失礼。晋侯谓女叔齐曰："鲁侯不亦善于礼乎？"对曰："鲁侯焉知礼！"公曰："何为？自郊劳至于赠贿，礼无违者。何故不知？"对曰："是仪也，不可谓礼。礼，所以守其国、行其政令、无失其民者也。今政令在家，不能取也；有子家羁，弗能用也；奸大国之盟，陵虐小国；利人之难，不知其私；公室四分，民食于他，思莫在公，不图其终；为国君，难将及身，不恤其所：礼之本末，将于此乎在？而屑屑焉习仪以亟，言善于礼，不亦远乎？"君子谓叔侯于是乎知礼。

晋韩宣子如楚送女，叔向为介。郑子皮、子大叔劳诸索氏。大叔谓叔向曰："楚王(汏)〔汱〕侈已甚，子其戒之！"叔向曰："(汏)〔汱〕侈已甚，身之灾也，焉能及人？若奉吾币帛，慎吾威仪，守之以信，行之以礼，敬始而思终，终无不复。从而不失仪，敬而不失威，道之以训辞，奉之以旧法，考之以先王，度之以二国，虽(汏)〔汱〕侈，若我何？"

及楚，楚子朝其大夫，曰："晋，吾仇敌也。苟得志焉，无恤其他。今其来者，上卿、上大夫也。若吾以韩起为阍，以羊舌肸为司宫，足以辱晋，吾亦得志矣。可乎？"大夫莫对。

薳启强曰："可。苟有其备，何故不可？耻匹夫不可以无备，况耻国乎！是以圣王务行礼，不求耻人；朝聘有珪，享觐有璋；小有述职，大有巡功；设机而不倚，爵盈而不饮；宴有好货，飧有陪鼎；入有郊劳，出有赠贿：礼之至也！国家之败，失之道也，则祸乱兴。城濮之役，晋无楚备，以败于邲。邲之役，楚无晋备，以败于鄢。自鄢以来，晋不失备，而加之以礼，重之以睦，是以楚弗能报而求亲焉。既获姻亲，又欲耻之以召寇雠，备之若何？谁其重此？若有其人，耻之可也；若其未有，君亦图之！晋之事君，臣曰可也：求诸侯而麇至；求昏而荐女，君亲送之，上卿及上大夫致之。犹欲耻之，君其亦有备矣；不然，奈何？韩起之下，赵成、中行吴、魏舒、范鞅、知盈；羊舌肸之下，祁午、张趯、籍谈、女齐、梁丙、张骼、辅跞、苗贲皇：皆诸侯之选也。韩襄为公族大夫，韩须受命而使矣；箕襄、邢带、叔禽、叔椒、子羽，皆大家也。韩赋七邑，皆成县也。羊舌四族，皆强家也。晋人若丧韩起、杨肸，五卿、八大夫辅韩须、杨石，因其十家九县，长毂九百，其馀四十县，遗守四千，奋其武怒，以报其大耻；伯华谋之，中行伯、魏舒帅之：其蔑不济矣！君将以亲易怨，实无礼以速寇，而未有其备，使群臣往遗之禽，以逞君心，何不可之有？"王曰："不穀之过也，大夫无辱。"厚为韩子礼。王欲敖叔向以其所不知，而不能，亦厚其礼。

韩起反，郑伯劳诸圉。辞不敢见，礼也。

郑罕虎如齐，娶于子尾氏。晏子骤见之。陈桓子问其故，对曰："能用善人，民之主也。"

"夏，莒牟夷以牟娄及防、兹来奔。"牟夷非卿而书，尊地也。莒人愬于晋，晋侯欲止公。范献子曰："不可。人朝而执之，诱也。讨不以师，而诱以成之，惰也。为盟主而犯此二者，无乃不可乎？请归之，间而以师讨焉。"乃归公。秋七月。公至自晋。

莒人来讨，不设备。戊辰，叔弓败诸蚡泉，莒未陈也。

冬十月，楚子以诸侯及东夷伐吴，以报棘、栎、麻之役。薳射以繁扬之师会于夏汭。越大夫常寿过帅师会楚子于琐。闻吴师出，薳启强帅师从之；遽不设备，吴人败诸鹊岸。

楚子以驲至于罗汭。吴子使其弟蹶由犒师；楚人执之，将以衅鼓。王使问焉，曰："女卜来吉乎？"对曰："吉！寡君闻君将治兵于敝邑，卜之以守龟，曰：'余亟使人犒师，请行以观王怒之疾徐而为之备，尚克知之。'龟兆告吉，曰：'克可知也。'君若驩焉好逆使臣，滋敝邑休怠而忘其死，亡无日矣。今君奋焉震电冯怒，虐执使臣将以衅鼓，则吴知所备矣。敝邑虽羸，若早修完，其可以息师。难易有备，可谓吉矣！且吴社稷是卜，岂为一人？使臣获衅军鼓，而敝邑知备，以御不虞，其为吉孰大焉？国之守龟，其何事不卜？一臧一否，其谁能常之？城濮之兆，其服在邲。今此行也，其庸有报志？"乃弗杀。

楚师济于罗汭，沈尹赤会楚子，次于莱山。薳射帅繁扬之师先入南怀，楚师从之，及汝清。吴不可入，楚子遂观兵于坻箕之山。

是行也，吴早设备，楚无功而还，以蹶由归。楚子惧吴，使沈尹射待命于巢，薳启强待命于雩娄，礼也。

秦后子复归于秦，景公卒故也。

【译文】

鲁昭公五年春天。周历正月，废弃中军。楚国杀了它的大夫屈申。昭公去到晋国。夏天，莒国的牟夷带了牟娄以及防地、兹地前来投奔。秋七月，昭公从晋国回到国内。十四日，叔弓率领军队在蚡泉打败莒国军队。秦景公死去。冬天，楚灵王、蔡侯、陈侯、许男、顿子、沈子、徐国人、越国人等攻打吴国。

鲁昭公五年春天，周历正月，废除中军，这是为了降低公室的地位。在施氏家讨论废除中军，在臧氏家达成协议。开始成立中军时，将公室军队一分为三而三家各拥有其中一军。季孙氏全部采用征兵或征税的办法，叔孙氏将其中的丁壮作为家奴，孟孙氏则将其中的一半作为家奴。等到废除中军时，将公室军队一分为四，季孙氏择取四分之二，另两位各取四分之一，都全部实行征兵或征税的办法，而向昭公缴纳贡赋。季孙氏把废除中军的事写成书策，让杜泄向叔孙豹的灵柩告祭说："您本来想要废除中军，已经废除了，因此向您禀告。"杜泄说："他老人家只因为不想废除，所以在僖公庙门盟誓，在五父之衢诅咒。"接了书策丢在地上，领着手下人为叔孙豹哭泣。

叔仲子对季孙氏说："我在子叔孙那儿接受命令，说：'安葬没有寿终正寝的人从西门出去。'"季孙氏命令杜泄照办，杜泄说："卿的丧礼要从朝门出去，这是鲁国的礼仪。您掌管国政，没有修改礼仪，却又加以改变，群臣害怕死罪，不敢服从。"安葬完毕后杜泄就走了。

仲壬从齐国回到鲁国，季孙氏想要立他。南遗说："叔孙氏强大季孙氏就弱小。他们确是家乱，您不要参与干预，不也可以吗？"南遗让国内人们帮助竖牛在大库的庭院里攻打仲壬，司宫用箭射他，射中眼睛而死。竖牛夺取东部边境城邑三十个，把它们送给南遗。

昭子即位，召集他的家臣朝见，说："竖牛为害叔孙氏，致使动乱不断发生，杀死嫡长，立了庶子，又分裂他们的封邑，打算以此逃脱罪责，罪过实在没有比这再大的了，一定要尽快杀了他。"竖牛害怕，逃亡到齐国。孟丙、仲壬的儿子把他杀死在塞关之外，把他的脑袋扔在宁风的荆棘丛中。

孔子说："叔孙昭子不报答竖牛，是难能这样的。周任有话说：'掌握政权的人不奖赏个人酬报，不惩罚个人怨恨。'《诗》上说：'具有正直的德行，四方国家都来归顺。'"

当初，叔孙豹出生的时候，他父亲庄叔用《周易》为他占卜，遇到《明夷》卦变成《谦》卦，拿给卜楚丘看。卜楚丘说："这是将要离开国家，但能回来为您祭祀。带着个说别人坏话的人回国，他的名字叫牛。最后将因为饥饿而死。《明夷》，是代表太阳。太阳的数目是十，所以有十时，也与十日的位次相当。从王以下，第二是公，第三是卿。太阳上升到中天相当于王，食时相当于公，清早相当于卿。《明夷》变到《谦》，天已明亮但太阳不

高，大概相当清早吧，所以说'能为您祭祀'。太阳(《明夷》)变到《谦》时，和鸟相配，所以说'明夷飞翔'。天已明亮但太阳不高，所以说'垂下它的翅膀'。象征太阳的运行，所以说'君子要出行'。相当第三位处在清早的时候，所以说'三天不吃饭'。《离》是火，《艮》是山。《离》为火，火烧山，山毁坏。《艮》卦对人来说就是言语，说坏话就是谗言，所以说'有人离开，主人有话'。这个话一定是谗言。与《离》相配的是牛，世道混乱谗言取胜，取胜就将变到《离》卦，所以说'他的名字叫牛'。谦而不够，飞而不能翱翔，翅膀下垂而不能高举，两翼伸展而不宽广，所以说：大概是您的继承人吧。您是次卿，但继承人将不得善终。"

楚灵王认为屈申有心归向吴国，就杀了他。让屈生做莫敖，派他和令尹子荡到晋国去迎接晋女。经过郑国，郑简公在氾地慰劳子荡，在菟氏慰劳屈生。晋平公送女儿到邢丘。子产辅佐郑简公在邢丘会见晋平公。

鲁昭公到晋国去，从郊外慰劳到赠送财礼，都没有失礼。晋平公对女叔齐说："鲁侯不也是擅长礼吗？"女叔齐回答说："鲁侯哪里懂得礼？"晋平公说："为什么？从郊外慰劳一直到赠送财礼，没有失礼的地方，怎么不懂？"女叔齐回答说："那是仪式，不能叫礼。礼是用来保有国家，施行政令，不失去百姓的。现在施行政令的权力在大夫手中，无力收回；有子家羁这样的人，但不能任用；违犯大国的盟约，欺凌小国；把别人的祸难看成对自己有利，却不知道对他自己也有危害。公室的军队一分为四，老百姓靠别的大夫吃饭，心思都不在国君，国君也不考虑他的结果。作为国君，祸难将到他身上，却不担忧自己的处境。礼的全部将在于这些，却琐屑地急于学习礼仪。说他擅长礼，不也离太远了吗？"君子认为女叔齐在这方面是懂得礼的。

晋国的韩起护送晋女前往楚国，叔向担任副使。郑国的子皮、子太叔在索氏慰劳他们，子太叔对叔向说："楚王骄纵太甚，你要谨慎点。"叔向说："骄纵太甚，是自身的灾祸，哪能累及别人？只要献上我的财礼，谨慎我的威仪，恪守信义，奉行礼节，一开始就恭敬同时想到结果，结果没有不如意到来的。顺从但不失度，恭敬但不失尊严，遵循先贤的训导，奉守过去的法度，用先王的事迹来考核，用两国的实情来衡量，虽然骄纵，能把我怎么样？"

韩起到达楚国，楚灵王让大夫们上朝，说："晋国，是我们的仇敌。如果我们能在他面前得意，就用不着担心其他。现在他们来的人是上卿、上大夫，假如我们让韩起做守门人，让叔向做司宫，足以羞辱晋国，我们也得意了，可以吗？"大夫们没有人回答。薳启强说："可以。如果有那种防备，为什么不可以？羞辱普通人尚且不可以没有防备，何况羞辱一个国家呢？因此圣王致力于推行礼义，不谋求羞辱别人。朝觐聘问有珪，宴享进见有璋，小国有述职的义务，大国有巡守的权力，摆设了几桌但不倚靠，酒杯斟满了但不喝，宴客有美好的礼品，吃饭有增加的菜肴，入境有郊外的慰劳。出境有赠送的财礼，这都是表现礼仪的最好方式。国家的败亡，也就是违背了这种方式，所以祸乱就发生了。城濮

那次战役，晋国得胜而没有戒备楚国，以致在邲地吃了败仗。邲地那次战役，楚国得胜而没有戒备晋国，以致在鄢地吃了败仗。自从鄢地战役以来，晋国没有丧失戒备，同时又以礼仪、和睦对待楚国，因此楚国不仅不能报复，反而向晋国寻求亲睦。已经获得婚姻亲睦关系，又想羞辱他们，来招致侵扰仇怨，那么对晋国的戒备又怎么样呢？谁能承担这个重任呢？如果有承担重任的人，羞辱他们也可以；如果没有，君王您也要考虑一下。晋国侍奉君王，我认为算可以了。要求得到诸侯，诸侯就一齐到来，要求结成婚姻，就进献女子，国君亲自送她，上卿及上大夫送到我国。还想羞辱他们，君王恐怕也要有所戒备，不然，能把他们怎么样呢？韩起的下面，有赵成、中行吴、魏舒、范鞅、知盈；叔向的下面，有祁午、张趯、籍谈、女齐、梁丙、张骼、辅跞、苗贲皇，他们都是诸侯应该选拔的人才。韩襄做了公族大夫，韩须接受命令出使了。箕襄、邢带、叔禽、叔椒、子羽，都是大家族。韩氏的七个赋邑，都是强盛的县邑。羊舌氏四个家族，都是强大的家族。晋国人如果丧失韩起、叔向，五卿八大夫辅助韩须、杨石，依靠他们的十家九县、战车九百辆，加上其余四十县，留守的战车四千辆，振奋他们的勇武愤怒，来报复他们的奇耻大辱，伯华为他们谋划，中行伯和魏舒做他们的将帅，大概是没有不成功的了。君王您将会以亲睦换仇怨，以毫无礼仪招来侵暴，却没有戒备，使群臣送上门去当俘虏，来满足您的心意，有什么不可以呢？"楚灵王说："是我的过错，大夫们不必再说了。"于是隆重地礼待韩起。楚王本想问叔向不知道的事以便傲视他，但做不到，也对他厚加礼待。

韩起回国，郑简公到圉地慰劳他。韩起推辞不肯见面，是合乎礼的。

郑国的子皮去到齐国，在子尾氏那儿娶妻。晏子屡次进见他，陈桓子问他原因，晏子回答说："能任用好人，是百姓的主人。"

夏天，莒国的牟夷带了牟娄及防地、兹地前来投奔。牟夷不是卿而记载他的名字，是因为重视土地。

莒国人向晋国控诉，晋平公打算扣留昭公，范献子说："不行。人家来朝聘却拘留他，是引诱。讨伐不用军队，而用引诱的方式取得成功，这是惰慢。作为盟主而犯了这两条，恐怕不可以吧？请让他回去，找机会再用军队讨伐他。"就让昭公回国。秋七月，昭公从晋国回到鲁国。

莒国人前来攻打，没有设防。十四日，叔弓在蚡泉打败了他们，是因为莒国还没有摆好阵势。

冬十月，楚灵王率诸侯以及东夷攻打吴国，以报复棘地、栎地、麻地那次战役。薳射带领繁扬的军队在夏汭会师，越国大夫常寿过率领军队在琐地和楚王会合。听到吴军出兵，薳启强领兵追击吴军。仓猝间没有设防，吴国军队在鹊岸打败了他。

楚灵王坐驿车到达罗汭。吴王派他的弟弟蹶由犒劳楚军，楚国人逮捕了他，准备杀了他用血祭鼓。楚王派人问他说："你占卜过到这里来吉利吗？"蹶由回答说："吉利。寡君听说您将在敝国用兵，用守龟占卜这事，说：'我赶紧派人犒劳军队，请求前去以观察楚

王发怒的大小而做好准备，希望能让我知道吉凶！'占卜的龟兆告知我们吉利，说：'成功可以预知。'君王如果高兴友好地迎接使臣，滋长敝邑的懈怠，而使我们忘记了将死，那么灭亡也就没几天了。现在您勃然大发雷霆，虐待逮捕使臣，并打算用来祭鼓，那么吴国知道防备了。敝邑虽然疲弱，如果早日把城郭修缮完备，也许可以阻止贵军。祸难平安都有防备，可说吉利了。而且吴国占卜的是国家，难道是为了使臣一人？使臣得以祭军鼓，而敝邑知道了怎么防备，以抵御意外，作为吉利哪个比这更大呢？国家的守龟，什么事不能占卜？一时吉利一时凶险，谁能保证一定？城濮之战占卜的龟兆，它的应验在邲地，我今天此行吉利的预兆，难道也将应验？"于是楚王没有杀他。

楚军从罗汭渡河，沈尹赤和楚王会合，驻扎在莱山。薳射率领繁扬的军队首先进入南怀，楚军跟着进入，到达汝清。不能进入吴国。楚王就在坻箕之山检阅军队。

这次行动，吴国早有防备，楚军无功而返，带着蹶由回去了。楚王害怕吴国，让沈尹射在巢地待命，薳启强在雩娄待命，这是合乎礼的。

秦景公的弟弟鍼又回到秦国，是因为景公死去的缘故。

昭公六年

【原文】

六年：春，王正月，杞伯益姑卒。

葬秦景公。

夏，季孙宿如晋。

葬杞文公。

宋华合比出奔卫。

秋，九月，大雩。

楚薳罢帅师伐吴。

冬，叔弓如楚。

齐侯伐北燕。

六年春，王正月，杞文公卒。吊如同盟，礼也。

大夫如秦葬景公，礼也。

三月，郑人铸刑书。叔向使诒子产书，曰："始吾有虞于子，今则已矣。昔先王议事以制，不为刑辟，惧民之有争心也。犹不可禁御，是故闲之以义，纠之以政，行之以礼，守之以信，奉之以仁；制为禄位，以劝其从；严断刑罚，以威其淫。惧其未也，故诲之以忠，耸之以行，教之以务，使之以和，临之以敬，莅之以强，断之以刚；犹求圣哲之上、明察之官、忠信之长、慈惠之师。民于是乎可任使也，而不生祸乱。民知有辟，则不忌于上；并有争心，以徵于书,而徼幸以成之:弗可为矣!

"夏有乱政而作《禹刑》,商有乱政而作《汤刑》,周有乱政而作《九刑》:三辟之兴,皆叔世也。今吾子相郑国,作封洫,立谤政,制参辟,铸刑书,将以靖民,不亦难乎?《诗》曰:'仪式刑文王之德,日靖四方。'又曰:'仪刑文王,万邦作孚。'如是,何辟之有?民知争端矣,将弃礼而徵于书,锥刀之末,将尽争之。乱狱滋丰,贿赂并行。终子之世,郑其败乎!肸闻之:'国将亡,必多制。'其此之谓乎!"

复书曰:"若吾子之言,侨不才,不能及子孙。吾以救世也。既不承命,敢忘大惠?"

士文伯曰:"火见,郑其火乎?火未出,而作火以铸刑器,藏争辟焉。火如象之,不火何为!"

"夏,季孙宿如晋。"拜莒田也。晋侯享之,有加笾。武子退,使行人告曰:"小国之事大国也,苟免于讨,不敢求贶;得贶不过三献。今豆有加,下臣弗堪,无乃戾也?"韩宣子曰:"寡君以为欢也。"对曰:"寡君犹未敢;况下臣,君之隶也,敢闻加贶?"固请彻加,而后卒事。晋人以为知礼,重其好货。

宋寺人柳有宠,大子佐恶之。华合比曰:"我杀之!"柳闻之,乃坎,用牲,埋书,而告公曰:"合比将纳亡人之族,既盟于北郭矣。"公使视之,有焉,遂逐华合比。合比奔卫。于是华亥欲代右师,乃与寺人柳比,从为之徵,曰:"闻之久矣。"公使代之。见于左师,左师曰:"女夫也必亡!女丧而宗室,于人何有?人亦于女何有?《诗》曰:'宗子维城。毋俾城坏,毋独斯畏。'女其畏哉!"

六月丙戌,郑灾。

楚公子弃疾如晋,报韩子也。过郑,郑罕虎、公孙侨、游吉从郑伯以劳诸柤,辞不敢见;固请,见之。见如见王,以其乘马八匹私面;见子皮如上卿,以马六匹;见子产,以马四匹;见子大叔,以马二匹。禁刍牧採樵,不入田,不樵树,不采蓺,不抽屋,不强匄,誓曰:"有犯命者,君子废,小人降!"舍不为暴,主不慁宾,往来如是。郑三卿皆知其将为王也。

韩宣子之适楚也,楚人弗逆。公子弃疾及晋竟,晋侯亦将弗逆;叔向曰:"楚辟,我衷,若何效辟?《诗》曰:'尔之教矣,民胥效矣。'从我而已,焉用效人之辟?《书》曰:'圣作则。'无宁以善人为则,而取人之辟乎?匹夫为善,民犹则之,况国君乎?"晋侯说,乃逆之。

秋九月,大雩。旱也。

徐仪楚聘于楚,楚子执之。逃归。惧其叛也,使薳泄伐徐。吴人救之。令尹子荡帅师伐吴,师于豫章,而次于乾谿。吴人败其师于房钟,获宫厩尹弃疾。子荡归罪于薳泄而杀之。

冬,叔弓如楚。聘,且吊败也。

十一月,齐侯如晋,请伐北燕也。士匄相士鞅逆诸河,礼也。晋侯许之。十二月,齐侯遂伐北燕,将纳简公。晏子曰:"不入。燕有君矣,民不贰。吾君贿,左右谄谀,作大事不以信,未尝可也。"

【译文】

鲁昭公六年春天，周历正月，杞伯益姑死了。安葬秦景公。夏天，季孙宿去到晋国。安葬杞伯益姑。宋国的华合比逃亡到卫国。秋九月，举行求雨大祭。楚国的子荡率领军队攻打吴国。冬天，叔弓前往楚国。齐景公攻打北燕。

鲁昭公六年春天，周历正月，杞文公死了，昭公像对待同盟国一样吊唁，是合乎礼的。大夫前往秦国参加景公的葬礼，是合乎礼的。

三月，郑国人把刑书铸造在鼎上。叔向派人给子产送信，说："起初我对您寄有希望，现在没有了。过去先王讨论具体事情的轻重来掌握判罪，不制订刑法，为的是怕百姓有争执之心。那样还不能禁止犯罪，所以就用道义来防止，用政令来纠正，用礼仪来施行，用信用来保持，用仁惠来奉养，制定俸禄爵位来鼓励那些服从的人，严厉地判定刑罚来威慑那些放纵的人。还担心那样不能奏效，所以用忠心来教诲他们，用善行来鼓励他们，用专门知识教育他们，用和悦使用他们，用严肃对待他们，用坚强面临他们，用刚毅裁断他们。同时还要求助圣哲的卿相、明察的官长、忠诚的长老、仁爱的老师，这样老百姓才可以听从使用，而不发生祸乱。老百姓知道有刑法，就对主上官吏不敬重，都怀有争执之心，来从刑法中征引根据，从而侥幸地取得成功，事情就不好办了。

"夏朝有违犯政令的人就制定《禹刑》，商朝有违犯政令的人就制定《汤刑》，周朝有违犯政令的人就制定《九刑》，三种刑法的产生，都在很晚的时候了。如今您辅相郑国，划定田界水沟，建立挨骂的政令，制定三种刑法，把刑法铸在鼎上，想要以此安定百姓，不也是很困难吗？《诗》上说：'效法文王的德行，每天安抚四方。'又说：'效法文王，万国信赖。'像这样，要有什么刑法呢？老百姓知道了争执的根据，将会抛弃礼仪而征引刑法，一字一句都将争执不休。作乱的案件更加繁多，贿赂到处通行，到您执政结束时。郑国恐怕会衰败吧！我听说，国家将灭亡时，必定多制定法律，大概说的就是这种情况吧！"

子产回信说："像您所说的，我无能，不能顾及子孙，我是用来挽救当世的。既然不能接受您的命令，岂敢忘记您的大恩！"

士文伯说："大火星出现，郑国恐怕会有火灾吧！大火星还未出来而使用火来铸刑器，包藏了引起争端的刑法。大火星如果象征这个，怎么会不发生火灾？"

夏天，季孙宿前往晋国，是为了拜谢莒国的土地。晋侯宴享他，有外加的笾豆。季孙宿退出，派行人报告说："小国侍奉大国，如果能免于被讨伐，就不敢求得赏赐。得到赏赐也不超过三献。如今有增加的笾豆，下臣不敢当，恐怕获得罪过。"韩宣子说："寡君用来引起您的欢心。"季孙宿回答说："寡君还不敢当，何况下臣！我是君主的仆隶，岂敢听到有外加的赏赐？"坚决请求撤去增加的笾豆然后才完成享礼。晋国人认为他懂得礼仪，加重送给他财礼。

宋国的寺人柳受到宠信，太子佐讨厌他。华合比说："我杀掉他。"寺人柳听说了，就

挖一个坑,放进去祭祀的牺牲,埋下盟书,然后报告宋平公说:“合比将要接纳逃亡在外的族人,已经在北城订下盟誓了。”平公派人去看,有这回事,于是驱逐华合比,合比逃亡到卫国。当时华亥想要取代华合比的右师一职,就和寺人柳勾结,跟着为他作证,说:“听到很久了。”平公让他代替华合比。华亥进见左师,左师说:“你这个人哪,一定会逃亡!你毁坏了你的宗族,你对别人怎么样,别人对你也会怎么样。《诗》说:‘宗族就是城墙,不要让城墙毁坏,不要使自己孤独而害怕。’你大概会害怕的吧!”

六月初七日,郑国发生火灾。

楚国的公子弃疾去到晋国,是为了回报韩宣子来楚国送嫁。经过郑国,郑国的子皮、子产、子太叔跟着郑简公在柤地慰劳他。公子弃疾辞谢不肯见面,郑简公坚决请求,这才见他。弃疾进见郑简公,就如同进见楚王,又用他驾车的八匹马按私人见面的礼节进见;见子皮如同见上卿,用六匹马;见子产,用四匹马;见子太叔,用两匹马。禁止打草放牧采摘砍柴,不进入农田,不砍伐栽种的花木,不采摘种植的菜果,不抽取屋上木料为用,不强行索要物品。告诫随从人员说:“有违犯命令的,君子撤职,小人降等。”住宿期间不为非作歹,主人不必担心客人。来去都像这样,郑国的三个卿都知道他将要做楚王了。

韩宣子前往楚国的时候,楚人不迎接。公子弃疾到达晋国边境,晋平公也打算不迎接。叔向说:“楚国邪僻我们正直,为什么效法邪僻?《诗》上说:‘你的这些教导,老百姓都要学习。’遵从自己的正直就行了,为何学习别人的邪僻?《尚书》说:‘圣人做榜样!’宁可以好人为榜样,却学习别人的邪僻吗?普通人做好事,老百姓还要学习他,何况国君呢?”晋平公听了很高兴,就迎接公子弃疾。

秋九月,举行求雨大祭,是因为天旱。

徐国的仪楚到楚国聘问,楚灵王逮捕了他,他逃回徐国。楚王害怕徐国背叛,就派薳泄攻打徐国。吴国人救援徐国,令尹子荡领兵攻打吴国,从豫章出兵,驻扎在乾溪。吴国人在房钟击败了子荡的军队,俘虏了宫厩尹弃疾。子荡归罪于薳泄而杀了他。

冬天,叔弓前往楚国聘问,并且慰问战争失败。

十一月,齐景公前往晋国,是为了请求讨伐北燕。士匄辅佐士鞅,在黄河边迎接齐景公,是合乎礼的。晋平公答应了齐景公的请求。十二月,齐景公就攻打北燕,打算送燕简公回去。晏子说:“送不回去。燕国有了国君了,老百姓没有二心。我们国君贪财,左右的人阿谀奉承,兴办大事不凭信义,没有成功的可能。”

昭公七年

【原文】

七年:春,王正月,暨齐平。

三月，公如楚。

叔孙婼如齐莅盟。

夏，四月甲辰朔，日有食之。

秋，八月戊辰，卫侯恶卒。

九月，公至自楚。

冬，十有一月癸未，季孙宿卒。

十有二月癸亥，葬卫襄公。

七年春，王正月，暨齐平。齐求之也。癸巳，齐侯次于虢。燕人行成，曰："敝邑知罪，敢不听命？先君之敝器请以谢罪！"公孙晳曰："受服而退、俟衅而动可也。"二月戊午，盟于濡上。燕人归燕姬，赂以瑶瓮、玉椟、斝耳。不克而还。

楚子之为令尹也，为王旌为田。芋尹无宇断之，曰："一国两君，其谁堪之？"及即位，为章华之宫，纳亡人以实之。无宇之阍入焉。无宇执之，有司弗与，曰："执人于王宫，其罪大矣！"执而谒诸王。王将饮酒，无宇辞曰："天子经略，诸侯正封，古之制也。封略之内，何非君土？食土之毛，谁非君臣？故《诗》曰：'普天之下，莫非王土。率土之滨，莫非王臣。'天有十日，人有十等。下所以事上，上所以共神也。故王臣公，公臣大夫，大夫臣士，士臣皁，皁臣舆，舆臣隶，隶臣僚，僚臣仆，仆臣台。马有圉，牛有牧，以待百事。今有司曰：'女胡执人于王宫？'将焉执之？周文王之法曰：'有亡，荒阅。'所以得天下也。吾先君文王作仆区之法，曰：'盗所隐器，与盗同罪。'所以封汝也。若从有司，是无所执逃臣也；逃而舍之，是无陪台也：王事无乃阙乎？昔武王数纣之罪以告诸侯曰：'纣为天下逋逃主，萃渊薮。'故夫致死焉。君王始求诸侯而则纣，无乃不可乎？若以二文之法取之，盗有所在矣。"王曰："取而臣以往。盗有宠，未可得也。"遂赦之。

楚子成章华之台，愿与诸侯落之。大宰薳启强曰："臣能得鲁侯。"薳启强来召公，辞曰："昔先君成公命我先大夫婴齐曰：'吾不忘先君之好，将使衡父照临楚国，镇抚其社稷，以辑宁尔民。'婴齐受命于蜀。奉承以来，弗敢失陨而致诸宗祧。日我先君共王引领北望，日月以冀，传序相授，于今四王矣！嘉惠未至，唯襄公之辱临我丧。孤与其二三臣悼心失图，社稷之不皇，况能怀思君德？今君若步玉趾，辱见寡君，宠灵楚国，以信蜀之役，致君之嘉惠，是寡君既受贶矣，何蜀之敢望？其先君鬼神实嘉赖之，岂唯寡君？君若不来，使臣请问行期，寡君将承质币而见于蜀，以请先君之贶。"

公将往，梦襄公祖。梓慎曰："君不果行。襄公之适楚也，梦周公祖而行。今襄公实祖，君其不行。"子服惠伯曰："行！先君未尝适楚，故周公祖以道之。襄公适楚矣，而祖以道君。不行何之？"

三月，公如楚。郑伯劳于师之梁。孟僖子为介，不能相仪；及楚，不能答郊劳。

夏四月甲辰朔，日有食之。晋侯问于士文伯曰："谁将当日食？"对曰："鲁、卫恶之。卫大，鲁小。"公曰："何故？"对曰："去卫地，如鲁地。于是有灾，鲁实受之。其大咎，其卫君乎？鲁将上卿。”公曰：“《诗》所谓‘彼日而食，于何不臧’者，何也？”对曰：“不善政之谓也。国无政，不用善，则自取谪于日月之灾，故政不可不慎也。务三而已：一曰择人，二曰因民，三曰从时。”

晋人来治杞田，季孙将以成与之。谢息为孟孙守，不可，曰：“人有言曰：‘虽有挈瓶之知，守不假器，礼也。’夫子从君，而守臣丧邑，虽吾子亦有猜焉。”季孙曰：“君之在楚，于晋罪也。又不听晋，鲁罪重矣！晋师必至！吾无以待之，不如与之；间晋而取诸杞。吾与子桃。成反，谁敢有之？是得二成也。鲁无忧而孟孙益邑，子何病焉？”辞以无山，与之莱、柞；乃迁于桃。晋人为杞取成。

楚子享公于新台，使长鬣者相。好以大屈，既而悔之。薳启强闻之，见公，公语之；拜贺。公曰：“何贺？”对曰：“齐与晋、越欲此久矣。寡君无适与也，而传诸君。君其备御三邻，慎守宝矣。敢不贺乎？”公惧，乃反之。

郑子产聘于晋。晋侯有疾。韩宣子逆客，私焉，曰：“寡君寝疾，于今三月矣，并走群望，有加而无瘳。今梦黄熊入于寝门，其何厉鬼也？”对曰：“以君之明，子为大政，其何厉之有？昔尧殛鲧于羽山，其神化为黄熊以入于羽渊，实为夏郊，三代祀之。晋之盟主，其或者未之祀也乎？”韩子祀夏郊。晋侯有间，赐子产莒之二方鼎。

子产为丰施归州田于韩宣子，曰：“日君以夫公孙段为能任其事，而赐之州田。今无禄早世，不获久享君德。其子弗敢有，不敢以闻于君，私致诸子。”宣子辞。子产曰：“古人有言曰：‘其父析薪，其子弗克负荷。’施将惧不能任其先人之禄，其况能任大国之赐？纵吾子为政而可，后之人若属有疆埸之言，敝邑获戾，而丰氏受其大讨。吾子取州，是免敝邑于戾而建置丰氏也。敢以为请！”宣子受之，以告晋侯。晋侯以与宣子。宣子为初言，病有之，以易原县于乐大心。

郑人相惊以伯有，曰：“伯有至矣！”则皆走，不知所往。铸刑书之岁二月，或梦伯有介而行，曰：“壬子，余将杀带也。明年壬寅，余又将杀段也。”及壬子，驷带卒，国人益惧。齐、燕平之月壬寅，公孙段卒，国人愈惧。其明月，子产立公孙泄及良止以抚之，乃止。子大叔问其故。子产曰：“鬼有所归，乃不为厉。吾为之归也。”大叔曰：“公孙泄何为？”子产曰：“说也。为身无义而图说，从政有所反之，以取媚也。不媚，不信。不信，民不从也。”

及子产适晋，赵景子问焉，曰：“伯有犹能为鬼乎？”子产曰：“能。人生始化曰魄，既生魄，阳曰魂。用物精多，则魂魄强，是以有精爽至于神明。匹夫匹妇强死，其魂魄犹能冯依于人以为淫厉，况良霄——我先君穆公之胄，子良之孙，子耳之子，敝邑之卿，从政三世矣！郑虽无腆，抑谚曰‘蕞尔国’；而三世执其政柄，其用物也弘矣，其取精也多矣，其族又大，所冯厚矣；而强死，能为鬼，不亦宜乎！”

子皮之族饮酒无度，故马师氏与子皮氏有恶。齐师还自燕之月，罕朔杀罕欣魋。罕朔奔晋。韩宣子问其位于子产，子产曰：“君之羁臣，苟得容以逃死，何位之敢择？卿违，

从大夫之位;罪人以其罪降:古之制也。朔于敝邑,亚大夫也;其官,马师也;获戾而逃。唯执政所寘之!得免其死,为惠大矣,又敢求位?"宣子为子产之敏也,使从嬖大夫。

秋八月,卫襄公卒。晋大夫言于范献子曰:"卫事晋为睦。晋不礼焉,庇其贼人而取其地,故诸侯贰。《诗》曰:'鹏鸰在原,兄弟急难。'又曰:'死丧之威,兄弟孔怀。'兄弟之不睦,于是乎不吊;况远人,谁敢归之?今又不礼于卫之嗣,卫必叛我。是绝诸侯也。"献子以告韩宣子。宣子说,使献子如卫吊,且反戚田。

卫齐恶告丧于周,且请命。王使(臣)〔郕〕简公如卫吊,且追命襄公曰:"叔父陟恪,在我先王之左右,以佐事上帝。余敢忘高圉、亚圉?"

九月,公至自楚。孟僖子病不能(相)礼,乃讲学之,苟能礼者从之。及其将死也,召其大夫,曰:"礼,人之幹也。无礼,无以立。吾闻将有达者曰孔丘,圣人之后也,而灭于宋。其祖弗父何,以有宋而授厉公。及正考父佐戴、武、宣,三命兹益共,故其鼎铭云:'一命而偻,再命而伛,三命而俯。循墙而走,亦莫余敢侮。饘于是,鬻于是,以糊余口。'其共也如是。臧孙纥有言曰:'圣人有明德者,若不当世,其后必有达人。'今其将在孔丘乎!我若获没,必属说与何忌于夫子,使事之而学礼焉,以定其位。"故孟懿子与南宫敬叔师事仲尼。仲尼曰:"能补过者,君子也。《诗》曰:'君子是则是效。'孟僖子可则效已矣。"

单献公弃亲用羁。冬十月辛酉,襄、顷之族杀献公而立成公。

十一月,季武子卒。晋侯谓伯瑕曰:"吾所问日食,从矣,可常乎?"对曰:"不可!六物不同,民心不壹,事序不类,官职不则,同始异终,胡可常也?《诗》曰:'或燕燕居息,或憔悴事国。'其异终也如是。"公曰:"何谓六物?"对曰:"岁、时、日、月、星、辰,是谓也。"公曰:"多语寡人辰,而莫同。何谓辰?"对曰:"日月之会是谓辰,故以配日。"

卫襄公夫人姜氏无子,嬖人婤姶生孟縶。孔成子梦康叔谓己:"立元!余使羁之孙圉与史苟相之。"史朝亦梦康叔谓己:"余将命而子苟与孔烝钽之曾孙圉相元。"史朝见成子,告之梦,梦协。晋韩宣子为政,聘于诸侯之岁,婤姶生子,名之曰元。孟縶之足不良能行。孔成子以《周易》筮之,曰:"元尚享卫国,主其社稷。"遇"屯䷂"。又曰:"余尚立縶,尚克嘉之。"遇"屯䷂"之"比䷇",以示史朝。史朝曰:"'元亨',又何疑焉?"成子曰:"非长之谓乎?"对曰:"康叔名之,可谓长矣。孟非人也,将不列于宗,不可谓长。且其繇曰:'利建侯。'嗣吉,何建?建非嗣也。二卦皆云,子其建之!康叔命之,二卦告之,筮袭于梦,武王所用也,弗从何为?弱足者居。侯主社稷,临祭祀,奉民人,事鬼神,从会朝,又焉得居?各以所利,不亦可乎!"故孔成子立灵公。

十二月癸亥,葬卫襄公。

【译文】

鲁昭公七年春天,周历正月,燕国与齐国议和。三月,昭公前往楚国。叔孙婼前往齐国参加盟会。夏天,四月甲辰初一日,又发生日全食。秋天,八月二十六日,卫襄公死了。

九月，昭公从楚国回到鲁国。冬天，十一月十三日，季孙宿死了。十二月二十三日，为卫襄公举行葬礼。

鲁昭公七年春天，周历正月，北燕与齐国议和，这是由于齐国的要求。十八日，齐景公临时住在虢地，燕国人来求和，说："敝邑知道罪过，岂敢不听从命令？先君的破旧器物，请允许用来谢罪。"公孙皙说："接受归服而撤军，等待时机再行动，可以这样。"二月十四日，在濡水边上结盟。燕国人把燕姬嫁给齐景公，又送上玉瓶、玉箱和玉杯，于是齐国没有去攻克燕而回国了。

楚灵王做令尹的时候，特制了国王的旌旗用来打猎。芋尹无宇砍断了旗帜，说："一国两君，谁受得了？"等到灵王即位时，建造了章华宫，收容逃亡者安置在里面。无宇的守门人逃进去了，无宇去抓他，管理人员不肯给，说："到王宫中抓人，那罪过太大了。"抓住无宇去见楚灵王。楚灵王正要喝酒，无宇申诉说："天子经营天下，诸侯治理封土，这是自古以来的制度。疆界之内，哪里不是君王的领土？吃着领土上的五谷，哪个不是君王的下臣？所以《诗》上说：'普天之下，没有哪里不是王土；沿着王土边境之内，没有哪个不是王臣。'天有十日，人有十等，在下的人是侍奉在上的，在上的人是供奉神灵的。因此王以公为臣仆，公以大夫为臣仆，大夫以士为臣仆，士以皂为臣仆，皂以舆为臣仆，舆以隶为臣仆，隶以僚为臣仆，僚以仆为臣仆，仆以台为臣仆。马有马倌，牛有牧者，用来应付各种事情。现在官员却说：'你为什么在王宫抓人？'那又到哪里去抓他呢？周文王的法令说：'有逃亡的，大搜捕。'这就是所以得天下的原因。我们的先君楚文王制定仆区法，说：'隐藏盗贼的赃物，与盗贼同罪。'因此封疆直达汝水边上。要是听从官员的，那就是没有地方去逮捕逃亡的奴隶了。逃亡了就放弃他，那就没有陪台了。那么君王的政事恐怕会有缺失了吧！过去武王列举纣的罪行，把它通报给诸侯说：'纣是天下逃犯的窝主，聚集的渊薮。'所以诸侯拼命地讨伐他。君王刚刚求得诸侯拥戴却效法纣，恐怕不可以吧？如果用两位文王的方法逮捕他，那盗贼就有可逮的地方了。"楚灵王说："抓了你的奴隶走吧！有个盗贼正得恩宠，还不能逮到呢。"就赦免了无宇。

楚灵王建成章华台，希望与诸侯一起举行始登仪式。太宰薳启强说："我能请到鲁君。"薳启强来召请鲁昭公，致辞说："过去贵国先君成公命令我们的先大夫婴齐说：'我不忘记先君的友好，将派衡父光临楚国，镇抚国家，以安定百姓。'婴齐在蜀地接受了赐命，奉持回来，不敢违反丢弃，而告祭给宗庙。往日我们先君共王伸长脖子朝北望，每天每月都在企盼，世代相传，到现在已有四代国君了。恩赐没有来到，只有襄公屈驾光临我国的丧事。我与手下的几个臣子心情不定，失去主意，治理国家尚且没有空暇，哪里能怀念您的恩德！现在如果您移步屈尊，来见寡君，赐给楚国恩宠福泽，以实现蜀地的那次盟誓，送来君主的恩惠，这就是寡君已受到恩赐了，哪里敢奢望蜀地那样的盟会？敝邑先君的灵魂也会嘉许和依赖它，哪里只是寡君？君主如果不来，使臣我就要请问您领兵出动的日期，寡君将捧着进见的财礼到蜀地相见，以请问贵国先君的恩赐。"

昭公打算去楚国，梦见襄公为自己祭祀路神。梓慎说："国君您去不成。襄公到楚国去的时候，梦见周公为他祭祀路神而出行，现在襄公在祭路神，您还是不要去。"子服惠伯说："去吧！先君从未到过楚国，所以周公为他祭路神而引导他；襄公去过楚国了，又祭路神来引导您。不去，到哪里去？"

三月，昭公前往楚国。郑简公在师之梁慰劳昭公。孟僖子做副使，不能辅助礼仪。到达楚国，不能答谢郊外的慰劳。

夏四月甲辰初一日，日食。晋平公问士匄说："谁将承受日食的灾祸？"士匄回答说："鲁国、卫国将因日食而遭受凶险，卫国受的大，鲁国受的小。"晋平公问："什么原因？"士匄回答说："这次日食离开卫国分野前往鲁国分野，在这时发生灾祸，鲁国承受了它。那大的灾祸大概是卫君承受吧！鲁国将由上卿承当。"晋平公说："《诗》上所说的'那天发生日食，为什么不好'是什么意思？"士匄回答说："说的是不能办好政事。国家没有好的政治，不使用善人，就会从日月所降的灾祸里自取罪罚，所以政治不可不慎重啊！努力干好三件事即可：一是选择人才，二是依靠百姓，三是顺应时势。"

晋国派人来管理杞国的田地，季孙打算把成地给他们。谢息替孟孙镇守成地，不同意，说："人们有句话说：'即使只有汲水人的智慧，看守的器具也不外借，这是合乎礼的。'他老人家跟着国君，守臣却丢了城邑，即使您也会怀疑我的。"季孙说："君主在楚国，对晋国来说就是罪过，又不听从晋国，鲁国的罪过更加重了。晋国军队一定会到来，我没有办法对付他们，不如给他们。等晋国有机可乘再从杞国取回来。我把桃地给您，成地取回时，谁敢占有它？这样就等于得到两个成地。鲁国没有忧患而孟孙增加了封邑，您担心什么呢？"谢息推辞说桃地没有山，就把莱山、柞山给他，于是谢息迁到桃地。晋国人为杞国取得成地。

楚灵王在新台宴享昭公，派高大健壮的人司礼，友好地送给他大屈弓，完了之后又后悔。薳启强听说这事，进见昭公。昭公告诉他这件事，他下拜祝贺。昭公问："为何祝贺？"薳启强回答说："齐国与晋国、越国想要这弓很久了，寡君没有专门给谁，而传给了您。您可防备抵御这三个邻国，谨慎地守住这宝物了，岂敢不祝贺？"昭公害怕，就把弓还给了楚灵王。

郑国的子产到晋国聘问。晋平公有病，韩宣子迎接客人，私下问他说："寡君卧病，到现在三个月了，遍祭名山大川，病情却有加无减。今天梦见黄熊进入寝宫门，那是什么恶鬼？"子产回答说："凭君王的英明，您做正卿，会有什么恶鬼？过去尧把鲧杀死在羽山，他的魂灵变为黄熊，而进入羽渊，为夏朝所郊祭，三代都祭祀它。晋国作为盟主，大概是没有祭祀它吧！"韩宣子祭祀夏郊之神，晋平公病情好转，赐给子产两个莒国的方鼎。

子产替丰施把州地的田土归还给韩宣子，说："过去贵君认为那公孙段是能够继承其父志的，就赐给他州地田土。现在没有福分早逝了，不能长久地享有贵君恩德。他的儿子不敢占有，也不敢把这事禀告贵君，所以私下送给您。"韩宣子推辞，子产说："古人有句话说：'他的父亲劈柴，他的儿子不能背。'丰施害怕将不能承当其父亲的福禄，何况承当大国的恩赐？即使是您执政而可以这样，后人如果碰巧有关于田界的闲话，敝邑获罪，丰施就将受到大讨伐了。您取回州田，这是避免敝邑的罪过，而又扶持了丰家。斗胆以此作为请求！"韩宣子接受了州田，把这事报告给晋平公。晋平公把州田给了韩宣子。宣子因为当初说过的话，对占有州田不安心，拿它和乐大心换了原县。

郑国人拿伯有互相吓唬，说："伯有来了！"就都奔跑，不知跑到什么地方去好。铸刑书的那年二月，有人梦见伯有披甲行走，并且说："三月初二，我将杀死驷带。明年正月二十七日，我又将杀死公孙段。"等到三月初二，驷带死了，国人更加害怕。齐国和燕国议和的那个月二十七日，公孙段死了，国人更加害怕了。下一月，子产立了公孙泄和良止来安抚伯有的鬼魂，才平息下来。子太叔问其原因，子产说："鬼有所依归，才不作恶，我替它找到归宿了。"子太叔又问："立公孙泄干什么？"子产说："是为了使他们高兴。因为他们立身没有道义而希图高兴，执政的人对礼仪有违背的地方，就是用来取得欢心。不取得欢心，就不会被信任。不被信任，老百姓就不会服从。"

等到子产去晋国，赵景子问他说："伯有还能做鬼吗？"子产说："能。人降生时首先变成的叫作魄，已经生成了魄，阳气附身叫作魂。用来养生的东西又好又多，魂魄就强，因此有精神，以达到神明。普通男女不得善终，他们的魂魄尚且能依附于人，而大肆作祟，何况伯有是我们先君穆公的后代，是子良的孙子，子耳的儿子，是敝国的卿，执政已经三代了。郑国虽然弱小，抑或如俗话所说的'蕞尔国'，但伯有三代执掌政权，他的养生之物也算广了，他汲取的精华也算多了，他的家族又大，所依恃的势力很强，那么虽然是不得善终，能够做鬼，不也是当然之理吗？"

子皮的族人喝酒无节制，以致马师氏和子皮氏关系不好。齐国军队从燕国回去的那个月，马师氏罕朔杀死子皮的弟弟罕魋。罕朔逃亡到晋国。韩宣子向子产询问他的官位安排，子产说："君王的寄居之臣，如果能容身而逃避一死，还敢选择什么官位？卿逃离本国，随大夫的班位，有罪的人根据他的罪行降等，这是自古以来的规矩。罕朔在敝国是亚大夫，他的职务是马师，犯罪而逃亡，听凭您如何处置他。能免他一死，恩惠已经很大了，又岂敢要求官位？"韩宣子认为子产说法恰当，就让罕朔随下大夫的班位。

秋八月，卫襄公死了。晋国大夫对范献子说："卫国侍奉晋国求得亲睦，而晋国对卫国不加礼待，庇护它的叛乱者而夺取它的土地，所以诸侯有了二心。《诗》上说：'鹏鸰在原野，遇到急难兄弟要相助。'又说：'死亡多可怕，兄弟之间很怀念。'兄弟不和睦，于是就互不关心，何况疏远的人，谁敢前来归服？现在又对卫国的继承人不加礼遇，卫国必定背叛我国，这是断绝和诸侯的关系。"献子把这些话报告给韩宣子，宣子很高兴，派献子到卫国去吊唁，而且归还戚地的田土。

卫国的齐恶到周天子那儿报告丧事，并且请求赐予恩命。周天子派郕简公前往卫国吊唁，并且追命襄公说："叔父升天，在我先王的左右，以辅佐侍奉上帝。我岂敢忘了先祖

高圉、亚圉？”

九月，昭公从楚国回到国内。孟僖子忧虑自己不精通礼仪，就学习训练礼仪，只要有擅长礼仪的人就跟他学习。等到他临死时，召集他手下的大夫说：“礼仪，是人的躯干。没有礼仪，就没有立身的根本。我听说有个将要显达的人叫孔丘，是圣人的后代，但家族在宋国灭亡了。他的祖先弗父何把宋国交给了宋厉公。到正考父辅佐戴公、武公和宣公，做了诸侯的正卿而更加恭敬，所以他的鼎铭说：‘一命屈背，二命弯腰，三命俯下身。沿着墙根快快跑，也没有人敢欺侮我。稠粥在这里头煮，稀粥在这里头煮，用来糊口饱肚。’他的恭敬就像这样。臧孙纥有句话说：‘圣人是有光明德行的人，如果不能君临一世，他的后代必有显达的人。’现在大概将落在孔丘身上吧！我如果得到善终，一定把孟懿子和南宫敬叔托付给他老人家，让他们师事他，向他学习礼仪，来确定他们的地位。”所以孟懿子和南宫敬叔师事孔丘。孔丘说：“能弥补过错的人就是君子。《诗》中说：‘君子可以学习，可以效法。’孟僖子可以效法了。”

单献公摒弃亲族而使用客居的人。冬十月二十日，襄公、顷公的族人杀了献公而立成公。

十一月，季武子死了。晋平公对士文伯说：“我所询问的日食的事，应验了。可以经常像这样占验吗？”士文伯回答说：“不行。六种事物不相同，百姓的心思不一致，事情的顺序不相类，官位职务不相等，开始相同结果不同，怎么可能经常呢？《诗》中说：‘有的舒服地安居休息，有的尽心尽力为国服务。’它的结果不同就像这样。”晋平公问：“什么叫作六物？”士文伯回答说：“说的是岁、时、日、月、星、辰。”晋平公说：“很多人对我谈起辰，但没有人说法相同。什么叫作辰？”士文伯回答说：“日月相会就叫辰，所以又用来和日相配。”

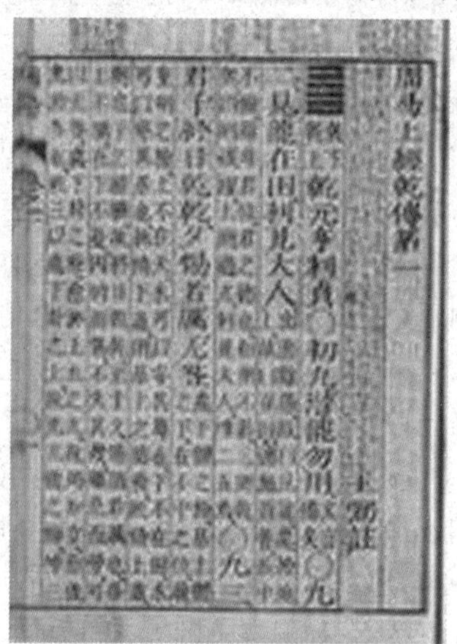

《周易》书影

卫襄公夫人姜氏没有儿子，宠姬婤姶生了孟絷。孔成子梦见康叔对自己说：“立元为国君，我派羁的孙子圉和史苟辅佐他。”史朝也梦见康叔对自己说：“我将命令你的儿子史苟和孔成子的曾孙圉辅佐元。”史朝见孔成子，告诉他梦的事，两人的梦相吻合。晋国的韩宣子执政向诸侯聘问的那一年，婤姶生了儿子，取名叫元。孟絷的脚不很便于走路，孔成子用《周易》为他占筮，说：“元希望享有卫国，主祭它的土神和谷神。”遇到《屯》卦。又说：“我希望立孟絷，但愿神能赞许他。”遇到《屯》卦变成《比》卦，拿了给史朝看。史朝说：“卦辞为‘元亨’，又疑虑什么呢？”孔成子说：“‘元’不是说的为大的吗？”史朝回答说：“康叔为他取名，可以说是为大的了。孟絷不是健全的人，将不会列

在宗主里，不能说是为大的。而且那繇辞说‘利建侯’，嫡子嗣位而吉利，还建立什么侯？建立就不是继承。两次卦辞都那样说，您还是立元吧。康叔命令他，两卦告诉是他，占筮和梦境重合，武王所用过的，为什么不听从？脚不强健的待在家里，君侯主持国家，亲临祭祀，奉养人民，侍奉鬼神，参加会盟朝觐，又哪能待在家？各自按照他有利的行事，不也可以吗？”所以孔成子立了灵公。

十二月二十三日，安葬卫襄公。

昭公八年

【原文】

八年：春，陈侯之弟招杀陈世子偃师。

夏，四月辛丑，陈侯溺卒。

叔弓如晋。

楚人执陈行人干徵师，杀之。

陈公子留出奔郑。

秋，蒐于红。

陈人杀其大夫公子过。

大雩。

冬，十月壬午，楚师灭陈。执陈公子招，放之于越。杀陈孔奂。

葬陈哀公。

八年春，石言于晋魏榆。晋侯问于师旷曰：“石何故言？”对曰：“石不能言，或冯焉。不然，民听滥也。抑臣又闻之曰：‘作事不时，怨讟动于民，则有非言之物而言。’今宫室崇侈，民力凋尽，怨讟并作，莫保其性，石言不亦宜乎？”于是晋侯方筑虒祁之宫，叔向曰：“子野之言君子哉！君子之言，信而有徵，故怨远于其身。小人之言，僭而无徵，故怨咎及之。《诗》曰：‘哀哉不能言，匪舌是出，唯躬是瘁。哿矣能言，巧言如流，俾躬处休。’其是之谓乎！是宫也成，诸侯必叛，君必有咎，夫子知之矣。”

陈哀公元妃郑姬生悼大子偃师，二妃生公子留，下妃生公子胜。二妃嬖，留有宠，属诸〔司〕徒招与公子过。哀公有(废)〔瘘〕疾。三月甲申，公子招、公子过杀悼大子偃师而立公子留。夏四月辛亥，哀公缢。干徵师赴于楚，且告有立君。公子胜愬之于楚，楚人执而杀之。公子留奔郑。

书曰“陈侯之弟招杀陈世子偃师”，罪在招也。“楚人执陈行人干徵师杀之”，罪不在行人也。

叔弓如晋，贺虒祁也。游吉相郑伯以如晋，亦贺虒祁也。史赵见子大叔，曰：“甚哉其

相蒙也！可吊也，而又贺之?”子大叔曰：“若何吊也？其非唯我贺，将天下实贺。”

秋，大蒐于红，自根牟至于商、卫，革车千乘。

七月甲戌，齐子尾卒。子旗欲治其室。丁丑，杀梁婴。八月庚戌，逐子成、子工、子车——皆来奔——而立子良氏之宰。其臣曰：“孺子长矣，而相吾室，欲兼我也。”授甲，将攻之。陈桓子善于子尾，亦授甲，将助之。或告子旗，子旗不信；则数人告，将往；又数人告于道，遂如陈氏。桓子将出矣，闻之而还，游服而逆之。请命，对曰：“闻彊氏授甲将攻子，子闻诸?”曰：“弗闻。”“子盍亦授甲？无宇请从。”子旗曰：“子胡然？彼孺子也，吾诲之犹惧其不济，吾又宠秩之——其若先人何？子盍谓之？《周书》曰：‘惠不惠，茂不茂。’康叔所以服弘大也。”桓子稽颡曰：“顷、灵福子，吾犹有望。”遂和之如初。

陈公子招归罪于公子过而杀之。九月，楚公子弃疾帅师奉孙吴围陈，宋戴恶会之。冬十一月壬午，灭陈。舆嬖袁克杀马、毁玉以葬。楚人将杀之，请寘之；既又请私，私于幄，加绖于颡而逃。

使穿封戌为陈公，曰：“城麇之役不谄。”侍饮酒于王，王曰：“城麇之役，女知寡人之及此，女其辟寡人乎?”对曰：“若知君之及此，臣必致死礼以息楚。”

晋侯问于史赵曰：“陈其遂亡乎?”对曰：“未也。”公曰：“何故?”对曰：“陈，颛顼之族也；岁在鹑火，是以卒灭。陈将如之。今在析木之津，犹将复由。且陈氏得政于齐而后陈卒亡。自幕至于瞽瞍无违命，舜重之以明德，寘德于遂。遂世守之。及胡公不淫，故周赐之姓，使祀虞帝。臣闻盛德必百世祀。虞之世数未也，继守将在齐，其兆既存矣！”

【译文】

鲁昭公八年春天，陈哀公的弟弟公子招杀了陈国太子偃师。夏天，四月初三，陈哀公死了。叔弓去到晋国。楚国人逮捕了陈国外交官干征师，杀了他。陈国公子留逃亡到郑国。秋天，在红地举行阅兵典礼。陈国人杀了他们的大夫公子过。举行求雨大祭。冬天，十月十七日，楚军灭亡了陈国，抓住了陈国公子招，把他流放到越国。杀了陈国的孔奂。安葬陈哀公。

鲁昭公八年春天，在晋国的魏榆有石头说话。晋平公问师旷说：“石头为什么说话?”师旷回答说：“石头不能说话，有东西凭依着它。不然，就是百姓听错了。不过我又听人说：‘发动事情不合时节，怨恨在老百姓中产生，就有不能说话的东西说话。’如今宫室高大奢侈，老百姓的财力衰竭，怨言到处兴起，没有人能保证自己的生存，石头说话，不也适宜吗?”在这时晋平公正修建虒祁宫，叔向说：“子野的话表明他真是君子啊！君子的话，真实而有根据，所以怨恨远离他的身体。小人的话，虚假而没有证明，所以怨恨灾祸落到他的身上。《诗》上说：‘可悲啊不能说话！不是舌头有毛病，只是一说话就祸及自身。可喜啊能够说话！机敏的话像流水，能使自己安居休息。’说的大概就是这个吧！这座宫殿一落成，诸侯必定背叛，君王必定有灾殃，师旷知道这一点了。”

陈哀公的元妃郑姬，生了悼太子偃师，二妃生了公子留，三妃生了公子胜。二妃受到宠幸，公子留也因而得宠，被托付给司徒招和公子过。哀公患有顽疾，三月十六日，公子招和公子过杀了悼太子偃师，立了公子留。夏天四月十三日，哀公上吊而死。干征师到楚国去报丧，并且报告又立了新君。公子胜向楚国控告公子招和公子过，楚国人抓住干征师杀了。公子留逃亡到郑国。

《春秋》记载说“陈侯之弟招杀陈世子偃师”，是由于罪过在公子招；记载说“楚人执陈行人干征师杀之”，是由于罪过不在行人干征师。

叔弓前往晋国，是为了祝贺虒祁宫落成。游吉陪同郑简公前往晋国，也是为了祝贺虒祁宫。史赵见到游吉，说：“那样互相欺骗太过分了啊！值得哀伤的事，却又去祝贺。”游吉说：“为何值得哀伤？不只是我国祝贺，天下都将来祝贺。”

秋天，在红地大阅兵，从根牟直到宋国、卫国边境，陈列战车一千辆。

七月初八日，齐国的子尾死了，子旗想要接管他的家政。十一日，子旗杀了子尾家臣梁婴。八月十四日，驱逐子成、子工、子车——三人都逃亡前来——子旗就为子良氏立了家臣头领。子良的家臣说：“小子已经长大了，但你们却来帮忙管我们的家政，是想兼并我们。”就发放武器，打算攻打子旗。陈无宇和子尾要好，也发放武器，准备帮助他们。有人报告子旗，子旗不以为真，就又有几人向他报告。子旗打算去子良家，又有几个人在路上向他报告，于是去了陈无宇家。无宇正准备出动了，听说子旗来就转回去，穿上宴游的便服去迎接他。子旗请问陈无宇的意图，陈无宇回答说：“听说子良家发放武器准备攻打您，您听说了吗？”子旗说：“没听说。”“那您何不也发放武器？无宇我请求跟着您！”子旗说：“您怎么这样？他是个孩子，我教导他还担心他不能成功，我又宠爱他并为他立了家臣头领——像您说的那样怎么对得起他的先人？您何不对他说一说？《周书》说：‘施恩给不仁惠的人，鼓励不勤勉的人。’这就是康叔所以做事宽大的原因。”陈无宇叩头说：“顷公、灵公保佑您，我还有希望受您的恩赐。”于是让两家和好如初。

陈国的公子招把罪责归在公子过身上而杀了他。九月，楚国的公子弃疾领兵侍奉孙吴围攻陈国，宋国的戴恶和他们会合。冬天十月十七日，灭亡了陈国。宠大夫袁克杀马毁玉来为陈哀公殉葬。楚国人打算杀了他，他请求赦免自己，接着又请求让他小便。袁克在帐幕中小便，把麻带缠在头上逃跑了。

楚灵王派穿封戌做陈县公，说：“在城麇的那次事件中他不谄媚。”穿封戌服侍楚王饮酒，楚王说：“城麇那次事件中，你要是知道寡人能到这一步，你大概会避让我吧？”穿封戌回答说：“如果知道君王能到这一步，下臣一定会效死恪守君臣之礼来安定楚国。”

晋平公问史赵说：“陈国大概就这样灭亡了吧？”史赵回答说：“没有。”平公说：“为什么？”史赵回答说：“陈国，是颛顼的后代。岁星在鹑火时，颛顼氏由此终结灭亡，陈国将会像它一样。如今岁星在析木的天河中，还会复活。况且陈氏要在齐国取得政权，然后陈国才终结灭亡。这一族从幕一直到瞽瞍，都没有违背天命。舜又增加了光明的德行，德

行一直加到遂的身上,遂的后代保持了它。到胡公不淫这一代,周朝就因而赐给他姓,让他祭祀虞帝。我听说德行盛大一定享有百代的祭祀,现在虞帝的祭祀,不到百代,将在齐国继续保持下去,它的预兆已经存在了。"

昭公九年

【原文】

九年:春,叔弓会楚子于陈。

许迁于夷。

夏,四月,陈灾。

秋,仲孙貜如齐。

冬,筑郎囿。

九年春,叔弓、宋华亥、郑游吉、卫赵黡会楚子于陈。

二月庚申,楚公子弃疾迁许于夷,实城父。取州来、淮北之田以益之,伍举授许男田。然丹迁城父人于陈,以夷濮西田益之。迁方城外人于许。

周甘人与晋阎嘉争阎田。晋梁丙、张趯率阴戎伐颍。王使詹桓伯辞于晋,曰:"我自夏以后稷,魏、骀、芮、岐、毕,吾西土也。及武王克商,蒲姑、商奄,吾东土也。巴、濮、楚、邓,吾南土也。肃慎、燕、亳,吾北土也。吾何迩封之有?文、武、成、康之建母弟以蕃屏周,亦其废队是为,岂如弁髦而因以敝之?先王居梼杌于四裔,以御螭魅,故允姓之奸居于瓜州。伯父惠公归自秦,而诱以来,使偪我诸姬,入我郊甸,则戎焉取之。戎有中国,谁之咎也?后稷封殖天下,今戎制之,不亦难乎?伯父图之!我在伯父,犹衣服之有冠冕,木水之有本原,民人之有谋主也。伯父若裂冠毁冕,拔本塞原,专弃谋主,虽戎狄,其何有余一人?"叔向谓宣子曰:"文之伯也,岂能改物?翼戴天子,而加之以共。自文以来,世有衰德而暴蔑宗周,以宣示其侈,诸侯之贰不亦宜乎?且王辞直,子其图之!"宣子说。王有姻丧,使赵成如周吊,且致阎田与襚,反颍俘。王亦使宾滑执甘大夫襄以说于晋,晋人礼而归之。

夏四月,陈灾。郑裨灶曰:"五年陈将复封,封五十二年而遂亡。"子产问其故,对曰:"陈,水属也。火,水妃也,而楚所相也。今火出而火陈,逐楚而建陈也。妃以五成,故曰五年。岁五及鹑火,而后陈卒亡,楚克有之,天之道也,故曰五十二年。"

晋荀盈如齐逆女,还。六月,卒于戏阳。殡于绛,未葬;晋侯饮酒,乐。膳宰屠蒯趋入,请佐公使尊,许之。而遂酌以饮工,曰:"女为君耳,将司聪也。辰在子卯,谓之疾日;君彻宴乐,学人舍业:为疾故也。君之卿佐,是谓股肱。股肱或亏,何痛如之!女弗闻而乐,是不聪也。"又饮外嬖嬖叔,曰:"女为君目,将司明也。服以旌礼,礼以行事,事有其物，物有其容。今君之容，非其物也；而女不见，是不明也。”亦自饮也，曰：“味以行气，气以实志，志以定言，言以出令。臣实司味。二御失官而君弗命，臣之罪也！”公说，彻酒。

初，公欲废知氏而立其外嬖，为是悛而止。秋八月，使荀跞佐下军以说焉。

孟僖子如齐殷聘，礼也。

冬，筑郎囿。书，时也。季平子欲其速成也，叔孙昭子曰：“《诗》曰：‘经始勿亟，庶民子来。’焉用速成？其以勦民也？无囿犹可，无民其可乎？”

【译文】

鲁昭公九年春天，叔弓在陈地和楚灵王会盟。许国迁到夷地。夏天四月，陈国发生火灾。秋天，仲孙貜前往齐国。冬天，修建郎囿。

鲁昭公九年春天，叔弓、宋国华亥、郑国游吉、卫国赵黡等在陈地与楚灵王会盟。

二月某日，楚公子弃疾把许国迁移到夷地，其实就是城父。并且拿州来、淮北的土田增补给许国，伍举把土田授给许男。然丹把城父的人迁到陈地，拿夷地、濮地西部的土田增补给城父人。把方城山外的人迁移到许地。

周朝的甘地人与晋国的阎嘉争夺阎地田土。晋国的梁丙、张趯率领阴戎攻打颍邑。周天子派詹桓伯到晋国责难说：“我们从夏代起由于后稷的功劳，魏、骀、芮、岐、毕等地成为我们的西部领土。到武王征服商朝，蒲姑、商奄，成为我们的东部领土。巴、濮、楚、邓等地，成为我们的南部领土。肃慎、燕、亳等地，成为我们的北方领土。我们有什么近处的封地？文王、武王、成王、康王建立同母兄弟的诸侯国，来护卫周王室，也是为了防止周王室的崩塌坠落，难道能像黑布帽子和儿童头上的髦发，利用完了就丢掉？先王使梼杌等住在四方边远的地区，以抵御螭魅，所以允姓中的奸邪之人住在瓜州。伯父惠公从秦国回来，就引诱他们前来，致使他们逼迫我们姬姓各国，进入我们的郊区，戎人于是就占取了这些地方。戎人占据中原，是谁的罪责呢？后稷培植繁荣了天下，现在戎人控制它，不也很难办吗？伯父考虑吧！我们对于伯父来说，就好像衣服有帽子，树木有根，水流有源，人民有谋主。伯父如果毁烂帽子，拔掉根本，堵塞水源，专横地抛弃谋主，即使是戎狄，他们眼里哪里会有我这个天子？”叔向对韩宣子说：“文公做诸侯霸主，难道能改变礼制？他辅佐拥戴天子而更加恭敬。自从文公以来，代代德行衰减而且损害蔑视周室，来宣扬显示他们的凌人盛气，诸侯有了二心，不也应该吗？况且天子的话理由正当，您考虑一下吧！”韩宣子很高兴。周天子有姻亲的丧事，晋国派赵成前往周都吊唁，并且送去阎田和寿衣，遣返在颍地战役中抓到的俘虏。周天子也派宾滑抓住甘地大夫襄来讨好晋国，晋国人礼貌地把他送回去。

夏四月，陈国发生火灾。郑国的裨灶说：“五年之后陈国将重新受封，受封五十二年然后就灭亡。”子产问其中的缘故，裨灶回答说：“陈国，属于水；火，是水的配偶，而楚国管理它。现在大火星出现而陈国发生火灾，是驱逐楚国而建立陈国。水与火都以五来配

成，所以说五年。岁星周天五次到达鹑火，然后陈国终于灭亡，楚国战胜而据有它，这是天道，所以说五十二年。”

晋国的荀盈前往齐国迎接夫人，回来后，六月死在戏阳。棺柩停放在绛地，还未出葬。晋平公喝酒，并奏乐。膳宰屠蒯急步走进，请求帮助平公斟酒，平公允许了他。屠蒯就斟酒给乐师喝，说：“你作为君王的耳朵，是要负责它的灵敏。日子在甲子乙卯，大家认为它是忌日，国君撤除宴饮音乐，学音乐的人停止学业，是因为忌讳的缘故。君主的卿佐，就等于是手足。手足要是受损，什么伤痛比得上呢？你不让君主听说这些却照常奏乐，这是不聪敏。”又斟酒给宠臣嬖叔喝，说：“你作为君主的眼睛，是要负责它的明亮。服饰是用来表明礼仪的，礼仪是用来办理事务的，事务有它的类别，类别有它的表现。今天君主的仪表，不是应有的类别，但你不让他看到这一点，这是不明亮。”屠蒯又自斟自饮，说：“味道用来疏通气血，气血用来充实意志，意志用来使言语坚定，言语用来发布命令。下臣我负责口味，两个侍奉君主的人失责，而君主没有下令治罪，这是我的罪过。”晋平公听了很高兴，撤除酒宴。

起初，晋平公想要废掉荀盈而立他的宠臣，因为这次事件而改变了想法，于是作罢。秋天的八月，就让荀跞辅佐下军来让他高兴。

孟僖子前往齐国进行礼仪隆重的聘问，这是合乎礼的。

冬天，鲁国修造郎囿，《春秋》加以记载，是因为合乎时节。季平子想要郎囿迅速修成，叔孙昭子说：“《诗》中讲过：‘营造开始不要着急，老百姓却像儿子一样前来帮工。’哪里用得着速成，而让老百姓受劳苦呢？没有园林还是可以的，没有老百姓难道可以吗？”

昭公十年

【原文】

十年：春，王正月。

夏，齐栾施来奔。

秋，七月，季孙意如、叔弓、仲孙貜帅师伐莒。

戊子，晋侯彪卒。

九月，叔孙婼如晋。葬晋平公。

十有二月甲子，宋公成卒。

十年春，王正月，有星出于婺女。郑裨灶言于子产曰：“七月戊子，晋君将死。今兹岁在颛顼之虚，姜氏、任氏实守其地，居其维首；而有妖星焉，告邑姜也。邑姜，晋之妣也。天以七纪，戊子逢公以登，星斯于是乎出，吾是以讥之。”

齐惠栾、高氏皆耆酒，信内多怨，彊于陈、鲍氏而恶之。

夏，有告陈桓子曰："子旗、子良将攻陈、鲍。"亦告鲍氏。桓子授甲而如鲍氏，遭子良醉而骋，遂见文子，则亦授甲矣。使视二子，则皆(从)〔将〕饮酒。桓子曰："彼虽不信，闻我授甲，则必逐我。及其饮酒也，先伐诸？"陈、鲍方睦，遂伐栾、高氏。子良曰："先得公，陈、鲍焉往？"遂伐虎门。

晏平仲端委立于虎门之外；四族召之，无所往。其徒曰："助陈、鲍乎？"曰："何善焉？""助栾、高乎？"曰："庸愈乎？""然则归乎？"曰："君伐，焉归？"公召之，而后入。公卜使王黑以灵姑銔率，吉；请断三尺焉而用之。五月庚辰，战于稷，栾、高败，又败诸庄。国人追之，又败诸鹿门。栾施、高彊来奔。陈、鲍分其室。

晏子请桓子："必致诸公！让，德之主也。〔让之〕谓懿德。凡有血气，皆有争心，故利不可强，思义为愈。义，利之本也。蕴利生孽，姑使无蕴乎！可以滋长。"桓子尽致诸公，而请老于莒。

桓子召子山，私具幄幕、器用、从者之衣屦而反棘焉。子商亦如之，而反其邑。子周亦如之，而与之夫于。反子城、子公、公孙捷而皆益其禄。凡公子、公孙之无禄者，私分之邑。国之贫约孤寡者，私与之粟。曰："《诗》云'陈锡载周'，能施也。桓公是以霸。"公与桓子莒之旁邑，辞。穆孟姬为之请高唐，陈氏始大。

秋七月，平子伐莒，取郠。献俘，始用人于亳社。臧武仲在齐，闻之，曰："周公其不飨鲁祭乎？周公飨义，鲁无义。《诗》曰：'德音孔昭，视民不佻。'佻之谓甚矣，而壹用之，将谁福哉？"

戊子，晋平公卒。郑伯如晋，及河，晋人辞之。游吉遂如晋。九月，叔孙婼、齐国弱、宋华定、卫北宫喜、郑罕虎、许人、曹人、莒人、邾人、〔滕人、〕薛人、杞人、小邾人如晋，葬平公也。

郑子皮将以币行，子产曰："丧焉用币？用币必百两，百两必千人。千人至，将不行。不行，必尽用之。幾千人而国不亡？"子皮固请以行。

既葬，诸侯之大夫欲因见新君。叔孙昭子曰："非礼也。"弗听。叔向辞之，曰："大夫之事毕矣，而又命孤。孤斩焉在衰绖之中，其以嘉服见，则丧礼未毕；其以丧服见，是重受吊也：大夫将若之何？"皆无辞以见。

子皮尽用其币，归，谓子羽曰："非知之实难，将在行之。夫子知之矣，我则不足。《书》曰：'欲败度，纵败礼。'我之谓矣。夫子知度与礼矣！我实纵欲，而不能自克也。"

昭子至自晋，大夫皆见。高彊见而退。昭子语诸大夫曰："为人子不可不慎也哉！昔庆封亡，子尾多受邑，而稍致诸君；君以为忠，而甚宠之。将死，疾于公宫，辇而归，君亲推之。其子不能任，是以在此。忠为令德，其子弗能任，罪犹及之，难不慎也？丧夫人之力，弃德、旷宗以及其身，不〔亦〕害乎？《诗》曰'不自我先，不自我后'，其是之谓乎！"

冬十二月，宋平公卒。初，元公恶寺人柳，欲杀之。及丧，柳炽炭于位，将至，则去之。比葬，又有宠。

【译文】

鲁昭公十年春天，周历正月。夏天，齐国栾施逃亡前来鲁国。秋七月，季孙意如、叔弓、仲孙貜率领军队讨伐莒国。七月初三，晋平公死。九月，叔孙诺去到晋国，安葬晋平公。十二月初二日，宋平公死。

鲁昭公十年春天，周历正月，有一颗星出现在婺女宿。郑国的裨灶对子产说："七月初三日，晋国国君将死。今年岁星处在玄枵，姜氏、任氏守着它的分野，婺女宿处于玄枵星次的首端，而有妖星出现在那里，是预告邑姜将要发生灾祸。邑姜，是晋国先祖的母亲。天用七数记星，戊子日，齐地先君逢公也在这一天升天，妖星在这时出现，我因此卜问这一天象。"

齐国的子旗、子良都嗜好酒，听信妻室的话，别人怨恨很多，势力比陈氏、鲍氏强而又讨厌他们。

夏天，有人报告陈桓子说："子旗、子良将进攻陈氏、鲍氏。"同时也报告了鲍氏。陈桓子把盔甲发放给部下就到鲍氏家去，路上碰见子良喝醉了酒正在骑马狂奔，于是见到鲍文子，他也已经发放了盔甲。派人去察看子旗、子良二人，却都在准备喝酒。陈桓子说："那个人说的虽然不确实，但子旗、子良听说我们发放了盔甲，就必定会驱逐我们。趁他们喝酒时，抢先攻打他们吧！"陈、鲍两家正是关系和睦的时候，于是攻打子旗、子良。子良说："先得到国君的支持，看陈氏、鲍氏往哪里跑。"就攻打虎门。

晏子身穿朝服站在虎门之外。四个家族召请他，他哪也不去。他的部下说："帮助陈氏、鲍氏吗？"晏子说："有什么好处呢？"部下又说："帮助子旗、子良吗？"晏子说："难道胜过帮助陈氏、鲍氏吗？""那么回去吧？"晏子说："国君被攻打，回哪里去？"齐景公召见晏子然后才进宫去。景公卜问派王黑用灵姑旗帜领兵作战，是吉兆。请求将旗杆砍断三尺然后使用它。五月的一天，在稷地交战，子旗、子良战败，又在庄地被打败。国都的人追赶他们，又在鹿门打败他们。子旗、子良逃亡前来鲁国。陈氏、鲍氏瓜分了他们的家产。

晏子对陈桓子说："一定要把他们的家产交给国君。谦让，是德行的主要内容，谦让就叫美德。凡是有血气的人，都有争夺之心，所以利益不可以强取，想着道义胜过争夺利益。道义，是利益的根本，积蓄利益过多就会产生祸害。暂且让它不要积蓄吧，可以慢慢增长。"陈桓子把子旗、子良的家产全部交给齐景公，而请求告老隐退到莒地。

陈桓子召见子山，私下准备了帐幕、器具、随从穿的衣服鞋子送给他，又把棘地还给他。对子商也像这样，而把封邑归还给他。对子周也像这样，而又给了他夫于的土地。让子城、子公、公孙捷返回国内，都增加了他们的俸禄。凡是公子、公孙中没有俸禄的，私下分给他们封邑。国内贫困孤寡的人，私下送给他们粮食。说："《诗》中说的'广泛地赐福人民因而缔造了周朝'，就是能够施行恩德的缘故，齐桓公也因这个缘故而成为霸主。"齐景公把莒地旁边的城邑给陈桓子，陈桓子辞谢了。穆孟姬为他请求高唐做封邑，陈桓子家族开始昌盛。

秋七月，平子攻打莒国，占取郠地，奉献俘虏，首次在亳社用人祭祀。臧武子在齐国，听到这件事，说："周公大概不会享用鲁国的祭祀了吧！周公享用合乎道义的祭祀，而鲁国没有道义。《诗》中说：'美好的名声非常显耀，给人民做榜样而使他们不轻薄。'这件事轻薄得可说过分了，而一概用这种方法祭祀的话，上天将降福给谁呢？"

七月初三日，晋平公死。郑简公前往晋国，到达黄河边，晋国人辞谢他，于是游吉去到晋国。九月，叔孙婼、齐国国弱、宋国华定，卫国北宫喜、郑国子皮、许人、曹人、莒人、滕人、邾人、薛人、杞人、小邾人等前往晋国，是为了安葬晋平公。

郑国子皮准备带财礼去，子产说："吊丧哪需用财礼？用财礼必须要用百辆车，百辆车必须要一千人。一千人到晋国，将不会即时返回。不返回，必定将财物全部用掉。有了几次一千人的消耗，国家能不垮掉吗？"子皮坚决请求带财礼去。

已经安葬晋平公，诸侯的大夫想要趁此机会进见新的国君。叔孙婼说："这是不合乎礼的。"但大家不听。叔向拒绝大家，说："大夫们的事情已完成了，而又命令寡君。寡君悲痛地处在服丧期间，如果用礼服相见，而又没完成丧礼；如果用丧服相见，则是再次接受吊唁，大夫们打算怎么办？"大家都没有理由去进见。

子皮全部用完了财礼，回国，对子羽说："懂得道理实不难，难在实行它。夫子懂得道理了，我则不够。《尚书》上说：'欲望败坏法度，纵欲败坏礼仪。'说的就是我了。夫子懂得法度与礼仪了，我实在是纵欲而不能自我克制啊！"

叔孙婼从晋国回到鲁国，大夫们都去见他，子良进见以后就退出。叔孙婼对大夫们谈论说："做人的儿子，不可不谨慎啊！过去庆封逃亡，子尾接受很多封邑而慢慢送给国君，国君认为他忠心而非常宠幸他。临死之前，他是在国君的宫中生的病，用辇车送他回去，国君亲自为他推车。他的儿子不能继承，因此住在这里。忠心作为一种美德，他的儿子不能继承，罪罚尚且要到达他身上，怎么能不谨慎？失去他父亲的功劳，丢掉德行，荒废宗庙的祭祀，而罪罚就到达他身上，不也是祸害吗？《诗》说：'不在我前头，也不在我后头。'说的就是这个意思吧！"

冬十二月，宋平公死。起初，宋元公厌恶寺人柳，想要杀他。等到举行宋平公丧礼时，寺人柳在元公的座位上燃炭火烤热，元公将到时就撤掉炭火。等到安葬完，寺人柳又受到宠幸。

昭公十一年

【原文】

十有一年：春，王二月，叔弓如宋。

葬宋平公。

夏，四月丁巳，楚子虔诱蔡侯般杀之于申。

楚公子弃疾帅师围蔡。

五月甲申，夫人归氏薨。

大蒐于比蒲。

仲孙貜会邾子，盟于祲祥。

秋，季孙易如会晋韩起、齐国弱、宋华亥、卫北宫佗、郑罕虎、曹人、杞人于厥慭。

九月己亥，葬我小君齐归。

冬，十有一月丁酉，楚师灭蔡，执蔡世子有以归，用之。

十一年春，王二月，叔弓如宋，葬平公也。

景王问于苌弘曰："今兹诸侯何实吉？何实凶？"对曰："蔡凶。此蔡侯般弑其君之岁也，岁在豕韦，弗过此矣。楚将有之，然壅也。岁及大梁，蔡复，楚凶，天之道也。"

楚子在申，召蔡灵侯。灵侯将往，蔡大夫曰："王贪而无信，唯蔡于感。今币重而言甘，诱我也。不如无往。"蔡侯不可。（五）〔三〕月丙申，楚子伏甲而飨蔡侯于申，醉而执之。夏四月丁巳，杀之；刑其士七十人。公子弃疾帅师围蔡。

韩宣子问于叔向曰："楚其克乎？"对曰："克哉！蔡侯获罪于其君，而不能其民，天将假手于楚以毙之，何故不克？然肸闻之：不信以幸，不可再也。楚王奉孙吴以讨于陈，曰：'将定而国。'陈人听命，而遂县之。今又诱蔡而杀其君，以围其国；虽幸而克，必受其咎，弗能久矣。桀克有缗以丧其国，纣克东夷而陨其身，楚小位下而亟暴于二王，能无咎乎？天之假助不善，非祚之也，厚其凶恶而降之罚也。且譬之如天，其有五材而将用之，力尽而敝之，是以无拯，不可没振。"

五月甲申，齐归薨。大蒐于比蒲，非礼也。

孟僖子会邾庄公，盟于祲祥，修好，礼也。

泉丘人有女，梦以其帷幕孟氏之庙，遂奔僖子，其僚从之。盟于清丘之社，曰："有子，无相弃也！"僖子使助薳氏之簉。反自祲祥，宿于薳氏，生懿子及南宫敬叔于泉丘人。其僚无子，使字敬叔。

楚师在蔡。晋荀吴谓韩宣子曰："不能救陈，又不能救蔡，物以无亲。晋之不能，亦可知也已。为盟主而不恤亡国，将焉用之？"

秋，会于厥慭，谋救蔡也。郑子皮将行，子产曰："行不远，不能救蔡也。蔡小而不顺，楚大而不德，天将弃蔡以壅楚，盈而罚之。蔡必亡矣！且丧君而能守者鲜矣。三年，王其有咎乎？美恶周必复，王恶周矣。"

晋人使狐父请蔡于楚，弗许。

单子会韩宣子于戚，视下，言徐。叔向曰："单子其将死乎！朝有著定，会有表；衣有襘，带有结。会朝之言，必闻于表著之位，所以昭事序也。视不过结、襘之中，所以道容貌

也。言以命之,容貌以明之,失则有阙。今单子为王官伯,而命事于会,视不登带,言不过步,貌不道容,而言不昭矣。不道,不共;不昭,不从:无守气矣!"

九月,葬齐归,公不慼。晋士之送葬者,归以语史赵。史赵曰:"必为鲁郊!"侍者曰:"何故?"曰:"归姓也。不思亲,祖不归也。"叔向曰:"鲁公室其卑乎!君有大丧,国不废蒐。有三年之丧,而无一日之慼。国不恤丧,不忌君也:君无慼容,不顾亲也。国不忌君,君不顾亲,能无卑乎?殆其失国。"

冬十一月,楚子灭蔡,用隐大子于冈山。申无宇曰:"不祥!五牲不相为用,况用诸侯乎?王必悔之!"

十二月,单成公卒。

楚子城陈、蔡、不羹,使弃疾为蔡公。王问于申无宇曰:"弃疾在蔡,何如?"对曰:"择子莫如父,择臣莫如君。郑庄公城栎而寘子元焉,使昭公不立。齐桓公城穀而寘管仲焉,至于今赖之。臣闻五大不在边,五细不在庭;亲不在外,羁不在内。今弃疾在外,郑丹在内,君其少戒!"王曰:"国有大城,何如?"对曰:"郑京、栎实杀曼伯,宋萧、亳实杀子游,齐渠丘实杀无知,卫蒲、戚实出献公。若由是观之,则害于国。末大必折,尾大不掉,君所知也。"

【译文】

鲁昭公十一年春天,周历二月,叔弓前往宋国。安葬宋平公。夏天,四月初七,楚灵王诱骗蔡灵侯把他杀死在申地。楚公子弃疾率军包围蔡国。五月初四,昭公母亲齐归死了。昭公在比蒲举行大规模阅兵。仲孙貜会见邾子,在祲祥举行盟誓。秋天,季孙意如在厥慭会见晋国韩宣子、齐国国弱、宋国华亥、卫国北宫文子、郑国子皮、曹人、杞人。九月二十一日,安葬我鲁国小君齐归。冬天,十一月二十日,楚军灭亡蔡国,逮捕蔡国太子有回国,杀了他用来祭祀。

鲁昭公十一年春天,周历二月,叔弓前往宋国,是为了参加宋平公的葬礼。

周景王向苌弘询问说:"今年在诸侯中哪个吉利?哪个不吉利?"苌弘回答说:"蔡国不吉利。这是蔡灵侯杀死他做国君的父亲的年份,岁星在室宿,蔡君不能过这一关了。楚国将会据有蔡国,但那是积累罪过。岁星到达大梁,蔡国将复国,楚国不吉利,这是上天显示的迹象。"

楚灵王在申地,召见蔡灵侯。灵侯打算前去,蔡国大夫说:"楚王贪婪而不讲信用,只是怨恨蔡国,现在财礼送得重,话又说得甜,是诱骗我们,不如不去。"蔡灵侯不同意。三月十五日,楚灵王在申地埋伏甲士而宴享蔡灵侯,把他灌醉然后逮捕了他。夏四月初七日,杀了他,同时杀死他的七十个士人。楚公子弃疾率领军队包围了蔡国。

韩宣子问叔向说:"楚国会成功吗?"叔向回答说:"会成功吧!蔡灵侯由于杀他的父亲而获罪,因此得不到他的百姓的拥护,上天将要借楚国的手来处死他,怎么不成功?但

我听说，不讲信用而侥幸得到成功，不会有第二次的。过去楚王侍奉孙吴以讨伐陈国，说：'将安定你们的国家。'陈国人听从命令，结果被吞并成一个县。如今又诱骗蔡国而杀了它的国君，包围它的国家，即使侥幸取得成功，也一定受到它的灾祸，不会长久了。夏桀战胜有缗国而丧失了国家，殷纣战胜东夷而丧失了性命。楚国小，地位又低下，却屡屡比桀、纣二王还横暴，能够没有灾祸吗？上天借助不善的人，不是赐福给他，而是加深他的罪恶来降给他惩罚。而且比方说天，有五种材物而让人加以利用，材力用尽就丢弃它，因此楚国不可拯救了，到最后也不可兴盛了。"

五月，昭公母亲齐归死了，昭公在比蒲举行盛大阅兵，是不合乎礼的。

仲孙貜会见邾庄公，在祲祥结盟，缔结友好，这是合乎礼的。

泉丘人有个女子，梦见用自己的帷帐覆盖孟氏的祖庙，就私奔到仲孙貜那里，她的同伴也跟去。在清丘的社庙盟誓说："有了儿子，不要抛弃我们。"仲孙貜让她们住在薳氏那地方做妾。从祲祥返回，住在薳氏她们那里，和泉丘那个女人生了懿子及南宫敬叔。她的同伴没有生儿子，就让她抚养南宫敬叔。

楚军驻在蔡国，晋国荀吴对韩宣子说："不能救陈国，又不能救蔡国，人们因此不来亲附，晋国的无能，也就可以知道了。作为盟主却不救助灭亡的盟国，又哪里用得着盟主?"

秋天，在厥慭会见，是为了商议救援蔡国。郑国子皮打算去参加，子产说："走不远的，无法救援蔡国了。蔡国小却不顺从，楚国大却不道德，上天将抛弃蔡国来使楚国积累罪过，罪过积满就惩罚它，蔡国肯定灭亡了。而且丧失国君却能保住国家的很少。过三年，楚王大约有灾祸了吧？好运和噩运循环往复，楚王的噩运开始循环了。"

晋国人派狐父向楚国请求放过蔡国，楚国不答应。

单成公到戚地会见韩宣子，眼睛朝下看，说话很慢。叔向说："单子恐怕将死了吧！朝见有规定的位置，会见有一定的标志，衣服有交叉的领子，衣带有系扎的结。朝会时说话的声音，一定要能让每个固定位置上的人听到，这是为了显示事情的次序。视线不超过带结和衣领交叉的中间，这是为了引导容貌的端正。言语是用以发布命令的，容貌是用以表明态度的，不当就有缺陷。如今单子作为天子的百官之长，在会见时发布命令，却视线不超过衣带之上，说话的声音传不过一步之外，形貌表现不出威仪，而言语也就不明显突出了。表现不出威仪，别人就不恭敬；说话不突出，别人就不服从。单子没有保持身体的元气了。"

九月，安葬齐归，昭公不伤心。晋国前来送葬的士人，回去把这事告诉史赵，史赵说："昭公一定会被赶到鲁国的郊野去。"侍从的人问："什么原因？"史赵说："他是归氏的儿子，不想念母亲，祖先不会保他的。"叔向说："鲁国的公室大概要衰落了吧！国君有大丧事，国家不停止阅兵。有三年的服丧，却没有一天的悲伤。国家不忧丧事，是不敬畏君主；君主没有悲伤的表情，是不顾念亲人。国家不敬畏国君，国君不顾念亲人，能不衰落吗？恐怕将失去国家。"

冬十一月，楚灵王灭亡蔡国，在冈山杀了蔡灵侯的太子用来祭祀。申无宇说："不吉利。五种牲畜都不互相用来祭祀，何况用诸侯呢？君王一定会后悔。"

十二月，单成公死。

楚灵王修筑陈国、蔡国、不羹等地的城墙。派公子弃疾担任蔡公。楚王向申无字询问说："弃疾在蔡地做蔡公，怎么样？"申无宇回答说："选择儿子没有人比得上父亲，选择臣子没有人比得上国君。郑庄公修建栎城而把子元安置在那里，结果使昭公不能立为国君。齐桓公修筑谷城而将管仲安置在那里，到现在齐国还依赖它。我听说五种大人物不安置在边远的地方，五种小人物不处在朝廷里。亲近的人不在宫外，客居的人不在宫内。如今弃疾在外，郑丹在内，君王还是稍微警惕点。"楚灵王说："国家有大城，怎么样？"申无宇回答说："郑国有京、栎两座大城，结果杀死曼伯；宋国有萧、亳两座大城，结果杀死子游；齐国有渠丘城，结果杀死无知，卫国有蒲、戚两座大城，结果驱逐献公。如果从这些来看，就对国家有害。树梢太大肯定会折断，尾巴太大就不能摇摆，这是您知道的。"

昭公十二年

【原文】

十有二年：春，齐高偃帅师纳北燕伯于唐。

三月壬申，郑伯嘉卒。

夏，宋公使华定来聘。

公如晋，至河乃复。

五月，葬郑简公。

楚杀其大夫成熊。

秋，七月。

冬，十月，公子慭出奔齐。

楚子伐徐。

晋伐鲜虞。

十二年春，齐高偃纳北燕伯款于唐，因其众也。

三月，郑简公卒。将为葬除，及游氏之庙，将毁焉。子大叔使其除徒执用以立，而无庸毁，曰："子产过女而问何故不毁，乃曰：'不忍庙也。诺，将毁矣。'"既如是，子产乃使辟之。司墓之室有当道者，毁之则朝而塴，弗毁则日中而塴，子大叔请毁之，曰："无若诸侯之宾何？"子产曰："诸侯之宾能来会吾丧，岂惮日中？无损于宾而民不害，何故不为？"遂弗毁，日中而葬。君子谓子产于是乎知礼。礼，无毁人以自成也。

夏，宋华定来聘，通嗣君也。享之，为赋《蓼萧》。弗知，又不答赋。昭子曰："必亡！

宴语之不怀，宠光之不宣，令德之不知，同福之不受，将何以在？"

齐侯、卫侯、郑伯如晋，朝嗣君也。公如晋，至河乃复。取郠之役，莒人愬于晋，晋有平公之丧未之治也，故辞公。公子慭遂如晋。

晋侯享诸侯。子产相郑伯，辞于享，请免丧而后听命；晋人许之：礼也。

晋侯以齐侯宴，中行穆子相。投壶，晋侯先，穆子曰："有酒如淮，有肉如坻。寡君中此，为诸侯师。"中之。齐侯举矢，曰："有酒如渑，有肉如陵。寡人中此，与君代兴！"亦中之。伯瑕谓穆子曰："子失辞。吾固师诸侯矣，壶何为焉，其以中俊也？齐君弱吾君，归弗来矣。"穆子曰："吾军帅强御，卒乘竞劝。今犹古也，齐将何事？"公孙傁趋进，曰："日旰君勤，可以出矣！"以齐侯出。

楚子谓"成虎，若敖之馀也"，遂杀之。或谮成虎于楚子，成虎知之而不能行。书曰"楚杀其大夫成虎"，怀宠也。

六月，葬郑简公。

晋荀吴伪会齐师者，假道于鲜虞，遂入昔阳。秋八月壬午，灭肥，以肥子绵皋归。

周原伯绞虐其舆臣。使曹逃。冬十月壬申朔，原舆人逐绞而立公子跪寻。绞奔郊。

甘简公无子，立其弟过。过将去成、景之族。成、景之族赂刘献公，丙申，杀甘悼公而立成公之孙鳅。丁酉，杀献大子之傅庾皮之子过，杀瑕辛于市，及宫嬖绰、王孙没、刘州鸠、阴忌、老阳子。

季平子立而不礼于南蒯。南蒯谓子仲："吾出季氏而归其室于公，子更其位，我以费为公臣。"子仲许之。南蒯语叔仲穆子，且告之故。

季悼子之卒也，叔孙昭子以再命为卿。及平子伐莒，克之，更受三命。叔仲子欲构二家，谓平子曰："三命逾父兄，非礼也。"平子曰："然。"故使昭子。昭子曰："叔孙氏有家祸，杀適立庶，如婼也及此。若因祸以毙之，则闻命矣；若不废君命，则固有著矣。"昭子朝而命吏曰："婼将与季氏讼，书辞无颇。"季孙惧而归罪于叔仲子，故叔仲小、南蒯、公子慭谋季氏。慭告公，而遂从公如晋。南蒯惧不克，以费叛如齐。子仲还，及卫，闻乱，逃介而先；及郊，闻费叛，遂奔齐。

南蒯之将叛也，其乡人或知之过之，而叹且言曰："恤恤乎！湫乎！攸乎！深思而浅谋，迩身而远志，家臣而君图，有人矣哉！"

南蒯枚筮之，遇"坤䷁"之"比䷇"，曰"黄裳元吉"，以为大吉也。示子服惠伯，曰："即欲有事，何如？"惠伯曰："吾尝学此矣。忠信之事则可，不然必败。外强内温，忠也；和以率贞，信也：故曰'黄裳元吉'。黄，中之色也；裳，下之饰也；元，善之长也。中不忠，不得其色；下不共，不得其饰；事不善，不得其极。外内倡和为忠，率事以信为共，供养三德为善，非此三者弗当。且夫《易》，不可以占险，将何事也？且可饰乎？中美能黄，上美为元，下美则裳，参成可筮。犹有阙也，筮虽吉，未也！"

将适费，饮乡人酒。乡人或歌之曰："我有圃，生之杞乎！从我者子乎，去我者鄙乎，

倍其邻者耻乎！已乎已乎，非吾党之士乎！”

平子欲使昭子逐叔仲小。小闻之，不敢朝。昭子命吏谓小“待政于朝”，曰：“吾不为怨府。”

楚子狩于州来，次于颍尾，使荡侯、番子、司马督、嚣尹午、陵尹喜帅师围徐以惧吴。楚子次于乾谿，以为之援。雨雪，王皮冠，秦复陶，翠被，豹舄，执鞭以出，仆析父从。右尹子革夕，王见之。去冠、被，舍鞭，与之语曰：“昔我先王熊绎与吕伋、王孙牟、燮父、禽父并事康王，四国皆有分，我独无有。今吾使人于周，求鼎以为分，王其与我乎？”对曰：“与君王哉！昔我先王熊绎，辟在荆山，筚路蓝缕，以处草莽，跋涉山川，以事天子，唯是桃弧、棘矢，以共御王事。齐，王舅也；晋及鲁、卫，王母弟也。楚是以无分，而彼皆有。今周与四国服事君王，将唯命是从，岂其爱鼎？”王曰：“昔我皇祖伯父昆吾，旧许是宅。今郑人贪赖其田，而不我与。我若求之，其与我乎？”对曰：“与君王哉！周不爱鼎，郑敢爱田？”王曰：“昔诸侯远我而畏晋，今我大城陈、蔡、不羹，赋皆千乘，子与有劳焉，诸侯其畏我乎？”对曰：“畏君王哉！是四国者，专足畏也，又加之以楚，敢不畏君王哉！”

工尹路请曰：“君王命剥圭以为鏚柲，敢请命。”王入视之。析父谓子革：“吾子，楚国之望也！今与王言如响，国其若之何？”子革曰：“摩厉以须，王出，吾刃将斩矣。”王出，复语。左史倚相趋过，王曰：“是良史也，子善视之！是能读《三坟》《五典》《八索》《九丘》。”对曰：“臣尝问焉，昔穆王欲肆其心，周行天下，将皆必有车辙马迹焉。祭公谋父作《祈招》之诗以止王心，王是以获没于(祗)〔祗〕宫。臣问其诗而不知也。若问远焉，其焉能知之？”王曰：“子能乎？”对曰：“能！其诗曰：‘祈招之愔愔，式昭德音。思我王度，式如玉，式如金。形民之力，而无醉饱之心。’”王揖而入，馈不食，寝不寐，数日，不能自克，以及于难。

仲尼曰：“古也有志：‘克己复礼，仁也。’信善哉！楚灵王若能如是，岂其辱于乾谿？”

晋伐鲜虞，因肥之役也。

【译文】

鲁昭公十二年春天，齐国高偃率军队把北燕伯款送到唐地。三月二十七日，郑简公死了。夏天，宋公派华定来鲁国聘问。鲁昭公前往晋国，到达黄河就返回来了。五月，安葬郑简公。楚国杀了它的大夫成熊。秋天七月。冬天十月，公子慭逃亡到齐国。楚灵王攻打徐国。晋国讨伐鲜虞。

鲁昭公十二年春天，齐国高偃把北燕伯款送入唐地，是因为那里的群众希望他去的缘故。

三月，郑简公死。打算为安葬而清道，到达游氏祖庙，准备拆除它。子太叔让那些清道的徒役手持工具站在那里，而不要拆除，说：“子产经过你们这里时，如果问为什么不拆，就说：‘不忍心拆祖庙啊！不过准备拆了。’”照这样之后，子产就让避开了游氏祖庙。

有个守墓人的家挡住了送葬的路，拆除它，就可以在早晨下葬；不拆，就要到中午才能下葬。子太叔请求拆了它，说："不拆的话，把诸侯的来宾怎么办？"子产说："诸侯的来宾能来参加我国的丧事，难道会怕等到中午？对来宾没有妨害，而老百姓不受损害，为什么不这样做？"就没有拆除，到中午才下葬。君子认为：子产在这件事上懂得礼。礼，就是不损伤别人来成全自己的事。

夏天，宋国的华定前来鲁国聘问，是为了通报新君继位。鲁国宴享他，为他吟诵《蓼萧》一诗，他不知道这首诗，又不赋诗答谢。叔孙婼说："他必定会逃亡。宴享的笑语不怀念，宠信荣耀不发扬，美好的德行不知道，共同的福禄不接受，他将凭什么在职位上待到最后？"

齐景公、卫灵公、郑定公去到晋国，是为了朝见新继位的国君。鲁昭公前往晋国，走到黄河边就返回了。占取郠地的那次战役，莒国人向晋国控诉，晋国有平公的丧事，没有受理这件事，所以辞谢昭公。于是公子慭前往晋国。

晋昭公设宴款待诸侯，子产辅佐郑定公，推辞参加宴享，请求服丧期满然后听从命令。晋国人答应了他们，这是合于礼的。

晋昭公和齐景公宴饮，荀吴相礼。投壶，晋昭公先投，荀吴说："有酒像淮河，有肉像高坡，寡君投中，做诸侯的大哥。"投中了。齐景公举起箭，说："有酒像渑水，有肉像山陵。寡人投中，与君交替兴盛。"也投中了。伯瑕对荀吴说："您的话不适当。我们本来就做了诸侯的老大，投壶投中了有什么觉得特别的？齐君以为我们国君软弱，回国以后不会再来了。"荀吴说："我们军队统帅强悍勇猛，士兵争相劝勉，现在还像从前一样，齐国能干什么呢？"公孙傁快步走进，说："太晚了，君累了，可以出去了。"和齐景公一同出去。

楚灵王认为成虎是若敖的余党，于是杀了他。有人在楚灵王那里诬陷成虎，成虎知道这事但不能出走。《春秋》记载说："楚国杀了它的大夫成虎。"这是为了表明成虎因为怀念恩宠而不能出走。

六月，安葬郑简公。

晋国的荀吴假装会合齐军的样子，向鲜虞借路，于是进入昔阳。秋八月初十，灭亡肥国，带了肥国君主绵皋回国。

周朝的原伯绞虐待他的众臣子，致使他们成群结队逃走。冬十月初一，原地群众驱赶原伯绞，而立了公子跪寻。原伯绞逃往郊地。

甘简公没有儿子，立了他的弟弟甘过。甘过打算去掉成公、景公的族人，族人们贿赂刘献公。二十五日，杀了甘悼公甘过，而立了成公的孙子鳝。二十六日，杀了献太子的师傅庾皮的儿子庾过，在集市上杀了瑕辛，又接连杀了宫嬖绰、王孙没、刘州鸠、阴忌和老阳子。

季平子即位，对南蒯不加礼待，南蒯对公子慭说："我赶走季氏，把他的家产归还公室，您取代他的地位，我以费邑为领地作为公臣。"公子慭答应了他。南蒯告诉叔仲小，并且告诉他其中的缘故。

季悼子死的时候，叔孙婼以再命的身份做了卿。到季平子攻打莒国，攻下了，叔孙婼改受三命的封爵。叔仲小想要离间季孙、叔孙两家的关系，对季平子说："三命超过了父兄，不合乎礼。"季平子说："是这样。"所以让叔孙婼辞却。叔孙婼说："叔孙氏有家祸，杀死嫡子立了庶子，所以我才到了这一步。如果是趁家祸来弄倒我，那么我听到命令了；如果不废弃君主的命令，那么本来就有我的位次。"叔孙婼上朝，命令官吏说："我打算和季氏打官司，诉讼词不要偏颇。"季平子害怕，就归罪给叔仲小，所以叔仲小、南蒯、公子慭打季氏的主意。公子慭告诉昭公，于是跟随昭公去了晋国。南蒯害怕不能成功，在费邑叛变，前往齐国。公子慭回国，到达卫国，听到发生动乱，丢下副使先逃回国。到达国都郊外时，听说费邑叛变，就逃亡到齐国。

南蒯准备叛变的时候，他的同乡有人知道，走过他门口而叹息，并且说："真让人担心啊！真让人忧愁啊！想得很深远但计划很短浅，身为近臣却志向高远，作为家臣却有国君的谋划，有这样的人才啊！"

南蒯泛泛地占卜吉凶，得到《坤》卦变为《比》卦，卦辞说"黄裳元吉"，认为是大吉大利。南蒯拿给子服惠伯看，说："如果想要干事情，会怎么样？"惠伯说："我曾学过这个，如果是忠信的事就可以，不然肯定失败。外表坚强内心温顺，这是忠诚；用和顺来进行占卜，这是信用，所以说'黄色裙裳大吉大利'。黄，是中心的颜色；裳，是下身的服饰；元，是善德的首位。内心不忠，不符合那中心颜色；在下位不恭敬，不符合那服饰；办事不用善德，不符合那准则。外表内心一致就是忠，凭信用办事就是恭，培养三种德行就是善，不是这三种德行就不符合这个卦。况且《周易》不能用来占卜冒险的事，您打算干什么事呢？而且可以符合那服饰吗？中间美就是黄，上边美就是元，下边美则是裳，三者都完成就可以占卜。如果有缺失，占卜即使吉利，也不足为凭。"

南蒯将去费邑时，招待同乡人喝酒，有个同乡唱歌说："我有菜圃，却长着杞树啊！跟从我的是大男人啊！离开我的鄙陋不通啊！背弃亲邻的可耻啊！算了吧算了吧，不是我们同党的人啊！"

季平子想让叔孙婼驱逐叔仲小，叔仲小听说了，不敢上朝。叔孙婼命令官吏告诉叔仲小到朝廷等待政事，并说："我不做怨恨积聚的府库。"

楚灵王在州来打猎，驻扎在颍尾，派荡侯、潘子、司马督、嚣尹午、陵尹喜率军队包围徐国来威胁吴国。楚灵王住在乾溪，作为他们的援兵。天下雪，楚王头戴皮帽，身穿秦国送的复陶衣，披着翠羽披肩，脚穿豹皮靴，手持马鞭而出，仆析父跟随在后。

右尹子革晚上求见，楚灵王接见他，脱去帽子、披肩，放下鞭子，和他谈话说："过去我们先王熊绎，和吕伋、王孙牟、燮父、禽父一起侍奉康王，四国都有分得的珍宝器物，我国独独没有。现在我派人到成周，请求分得鼎，周王会给我吗？"右尹子革回答说："会给君王吧！从前我们先王熊绎处在偏僻的荆山，乘柴车穿破衣，而开垦荒野，跋涉山林之间以

侍奉天子,只有桃木弓、棘木箭来供奉天子的政事。齐国,是天子的舅父;晋国和鲁国、卫国,是天子的同胞兄弟。楚国因此没有分得颁赐,而他们都有。如今周朝和四国服从侍奉君王您,将唯命是从,难道还舍不得鼎?"楚灵王说:"过去我们皇祖伯父昆吾住在许国,如今郑国人贪图那里田土的利益而不给我们。我们如果求取,将会给我们吗?"子革回答说:"会给君王吧!周王都不吝惜鼎,郑国岂敢吝惜田土?"楚灵王说:"从前诸侯认为我国偏远而只害怕晋国,如今我们大规模修筑陈国、蔡国和两个不羹等城池,它们兵车都有一千辆,这中间有您的功劳,诸侯会害怕我国吗?"子革回答说:"会害怕君王吧!单这四个城邑,就足以让人害怕了,又加上楚国全国,岂敢不怕君王呢?"

工尹路请求说:"君王命令削圭玉来装饰斧柄,谨敢请求发布命令。"楚灵王进去察看。析父对子革说:"您是楚国的希望,今天和君王谈话像回音应和一样对答如流,国家将怎么办?"子革说:"磨利了刀刃等着,君王出来,我的刀刃将砍去非分之想。"楚灵王出来,又开始谈话。左史倚相快步走过,楚灵王说:"这是个好史官,您要好好对待他。这个人能读《三坟》《五典》《八索》《九丘》。"子革回答说:"我曾经向他询问过,过去周穆王想要放纵自己的欲望,周游天下,打算在天下都必留下车印马迹。祭公谋父作《祈招》一诗,来制止穆王的欲望,穆王因此能在祇宫得到善终。我问他这首诗,他却不知道,如果问更远的事,又哪能知道呢?"楚灵王说:"您知道吗?"子革回答说:"能知道。那首诗说:'祈求明德安祥和悦,以宣扬美好的声誉。想念我们君王的仪度,好像美玉,如同金。表现人民的力量,而没有纵欲的私心。'"楚灵王向子革作揖,进入内室,送给他食物不吃,睡觉睡不着,一连几天,不能克制自己,因而后来遭到祸难。

孔子说:"古时候有记载说:'克制自己回归礼仪,就是仁。'说得确实好啊!楚灵王能够像这样的话,难道会在乾溪受到屈辱?"

晋国攻打鲜虞,是趁着灭亡肥国的战役而顺路进攻。

昭公十三年

【原文】

十有三年:春,叔弓帅师围费。

夏,四月,楚公子比自晋归于楚,弑其君虔于乾谿。

楚公子弃疾杀公子比。

秋,公会刘子、晋侯、齐侯、宋公、卫侯、郑伯、曹伯、莒子、邾子、滕子、薛伯、杞伯、小邾子于平丘。

八月甲戌,同盟于平丘。公不与盟。

晋人执季孙意如以归。

公至自会。

蔡侯卢归于蔡。陈侯吴归于陈。

冬，十月，葬蔡灵公。

公如晋，至河乃复。

吴灭州来。

十三年春，叔弓围费，弗克，败焉。平子怒，令见费人执之，以为囚俘。冶区夫曰："非也。若见费人，寒者衣之，饥者食之，为之令主而共其乏困；费来如归，南氏亡矣。民将叛之，谁与居邑？若惮之以威，惧之以怒，民疾而叛，为之聚也。若诸侯皆然，费人无归，不亲南氏，将焉人矣？"平子从之。费人叛南氏。

楚子之为令尹也，杀大司马薳掩而取其室。及即位，夺薳居田，迁许而质许围。蔡洧有宠于王——王之灭蔡也，其父死焉——王使与于守而行。申之会，越大夫戮焉。王夺斗韦龟中犨，又夺成然邑，而使为郊尹。蔓成然故事蔡公。故薳氏之族及薳居、许围、蔡洧、蔓成然皆王所不礼也，因群丧职之族，启越大夫常寿过作乱，围固城，克息舟，城而居之。

观起之死也，其子从在蔡，事朝吴，曰："今不封蔡，蔡不封矣。我请试之。"以蔡公之命召子干、子皙，及郊而告之情，强与之盟；人袭蔡。蔡公将食，见之而逃。观从使子干食，坎、用牲、加书而速行。己徇于蔡，曰："蔡公召二子，将纳之，与之盟而遣之矣，将师而从之。"蔡人聚，将执之；辞曰："失贼成军，而杀余何益？"乃释之。朝吴曰："二三子若能死亡，则如违之，以待所济。若求安定，则如与之，以济所欲。且违上，何适而可？"众曰："与之！"乃奉蔡公，召二子而盟于邓，依陈、蔡人以国。楚公子比、公子黑肱、公子弃疾、蔓成然、蔡朝吴帅陈、蔡、不羹、许、叶之师，因四族之徒以人楚。

及郊，陈、蔡欲为名，故请为武军。蔡公知之，曰："欲速！且役病矣。请藩而已。"乃藩为军。蔡公使须务牟与史猈先人，因正仆人杀大子禄及公子罢敌。公子比为王，公子黑肱为令尹，次于鱼陂。公子弃疾为司马，先除王宫，使观从从师于乾谿，而遂告之，且曰："先归复所。后者劓！"师及訾梁而溃。

王闻群公子之死也，自投于车下，曰："人之爱其子也，亦如余乎？"侍者曰："甚焉！小人老而无子，知挤于沟壑矣。"王曰："余杀人子多矣，能无及此乎？"右尹子革曰："请待于郊，以听国人。"王曰："众怒不可犯也！"曰："若人于大都而乞师于诸侯？"王曰："皆叛矣！"曰："若亡于诸侯，以听大国之图君也？"王曰："大福不再，祇取辱焉！"然丹乃归于楚。

王沿夏，将欲人鄢。芋尹无宇之子申亥曰："吾父再奸王命，王弗诛，惠孰大焉？君不可忍，惠不可弃，吾其从王！"乃求王，遇诸棘(围)〔闱〕，以归。夏五月癸亥，王缢于芋尹申亥氏。申亥以其二女殉而葬之。

观从谓子干曰："不杀弃疾，虽得国，犹受祸也。"子干曰："余不忍也。"子玉曰："人将

忍子。吾不忍俟也。"乃行。

国每夜骇曰:"王入矣!"乙卯夜,弃疾使周走而呼曰:"王至矣!"国人大惊。使蔓成然走告子干、子皙曰:"王至矣!国人杀君司马,将来矣!君若早自图也,可以无辱。众怒如水火焉,不可为谋。"又有呼而走至者,曰:"众至矣!"二子皆自杀。

丙辰,弃疾即位,名曰熊居。葬子干于訾,实訾敖。杀囚,衣之王服而流诸汉,乃取而葬之,以靖国人。使子旗为令尹。

楚师还自徐,吴人败诸豫章,获其五帅。

平王封陈、蔡,复迁邑,致群赂,施舍,宽民,宥罪,举职。召观从,王曰:"唯尔所欲。"对曰:"臣之先佐开卜。"乃使为卜尹。

使枝如子躬聘于郑,且致犨、栎之田。事毕,弗致。郑人请曰:"闻诸道路,将命寡君以犨、栎,敢请命。"对曰:"臣未闻命。"既复,王问犨、栎,降服而对,曰:"臣过失命,未之致也。"王执其手,曰:"子毋勤!姑归。不穀有事,其告子也。"

他年,芊尹申亥以王柩告。乃改葬之。

初,灵王卜,曰:"余尚得天下!"不吉。投龟,诟天而呼曰:"是区区者而不余畀,余必自取之!"民患王之无厌也,故从乱如归。

初,共王无冢適;有宠子五人,无適立焉。乃大有事于群望,而祈曰:"请神择于五人者,使主社稷。"乃遍以璧见于群望,曰:"当璧而拜者,神所立也,谁敢违之?"既,乃与巴姬密埋璧于大室之庭;使五人齐,而长入拜。康王跨之,灵王肘加焉,子干、子皙皆远之。平王弱,抱而入,再拜,皆厌纽。斗韦龟属成然焉,且曰:"弃礼违命,楚其危哉!"

子干归。韩宣子问于叔向曰:"子干其济乎?"对曰:"难。"宣子曰:"同恶相求,如市贾焉,何难?"对曰:"无与同好,谁与同恶?取国有五难:有宠而无人,一也;有人而无主,二也;有主而无谋,三也;有谋而无民,四也;有民而无德,五也。子干在晋十三年矣,晋、楚之从,不闻达者,可谓无人。族尽亲叛,可谓无主。无衅而动,可谓无谋。为羁终世,可谓无民。亡无爱徵,可谓无德。王虐而不忌;楚君子干,涉五难以弑旧君,谁能济之?有楚国者,其弃疾乎!君陈、蔡,城外属焉。苛慝不作,盗贼伏隐,私欲不违,民无怨心。先神命之,国民信之。芈姓有乱,必季实立,楚之常也。获神,一也;有民,二也;令德,三也;宠贵,四也;居常,五也:有五利以去五难,谁能害之?子干之官,则右尹也;数其贵宠,则庶子也;以神所命,则又远之。其贵亡矣,其宠弃矣,民无怀焉,国无与焉,将何以立?"宣子曰:"齐桓、晋文,不亦是乎?"对曰:"齐桓,卫姬之子也,有宠于僖;有鲍叔牙、宾须无、隰朋以为辅佐,有莒、卫以为外主,有国、高以为内主;从善如流,下善齐肃;不藏贿,不从欲,施舍不倦,求善不厌:是以有国,不亦宜乎?我先君文公,狐季姬之子也,有宠于献;好学而不贰;生十七年,有士五人,有先大夫子余、子犯以为腹心,有魏犨、贾佗以为股肱;有齐、宋、秦、楚以为外主,有栾、郤、狐、先以为内主;亡十九年,守志弥笃。惠、怀弃民,民从而与之。献无异亲,民无异望;天方相晋,将何以代文?此二君者,异于子干。共有宠子,

国有奥主;无施于民,无援于外;去晋而不送,归楚而不逆:何以冀国?”

晋成虒祁,诸侯朝而归者皆有贰心。为取郠故,晋将以诸侯来讨。叔向曰:“诸侯不可以不示威。”乃并徵会,告于吴。秋,晋侯会吴子于良;水道不可,吴子辞;乃还。七月丙寅,治兵于邾南,甲车四千乘。羊舌鲋摄司马,遂合诸侯于平丘。

子产、子大叔相郑伯以会。子产以幄幕九张行。子大叔以四十,既而悔之;每舍,损焉;及会,亦如之。

子产

次于卫地,叔鲋求货于卫,淫刍荛者。卫人使屠伯馈叔向羹,与一箧锦,曰:“诸侯事晋,未敢携贰;况卫在君之宇下,而敢有异志?刍荛者异于他日,敢请之。”叔向受羹反锦,曰:“晋有羊舌鲋者,渎货无厌,亦将及矣。为此役也,子若以君命赐之,其已。”客从之。未退而禁之。

晋人将寻盟,齐人不可。晋侯使叔向告刘献公,曰:“抑齐人不盟,若之何?”对曰:“盟以底信。君苟有信,诸侯不贰,何患焉?告之以文辞,董之以武师,虽齐不许,君庸多矣。天子之老,请帅王赋:‘元戎十乘,以先启行。’迟速唯君!”

叔向告于齐,曰:“诸侯求盟,已在此矣。今君弗利,寡君以为请。”对曰:“诸侯讨贰,则有寻盟。若皆用命,何盟之寻?”叔向曰:“国家之败,有事而无业,事则不经;有业而无礼,经则不序;有礼而无威,序则不共;有威而不昭,共则不明。不明弃共,百事不终,所由倾覆也。是故明王之制,使诸侯岁聘以志业,间朝以讲礼,再朝而会以示威,再会而盟以显昭明。志业于好,讲礼于等,示威于众,昭明于神,自古以来未之或失也。存亡之道,恒由是兴。晋礼主盟,惧有不治;奉承齐牺而布诸君,求终事也。君曰‘余必废之’,何齐之有?唯君图之,寡君闻命矣!”齐人惧,对曰:“小国言之,大国制之,敢不听从?既闻命矣,敬共以往,迟速唯君!”

叔向曰:“诸侯有间矣。不可以不示众。”八月辛未,治兵,建而不旆;壬申,复旆之。诸侯畏之。

邾人、莒人愬于晋,曰:“鲁朝夕伐我,几亡矣。我之不共,鲁故之以。”晋侯不见公,使叔向来辞,曰:“诸侯将以甲戌盟。寡君知不得事君矣,请君无勤!”子服惠伯对曰:“君信蛮夷之诉,以绝兄弟之国,弃周公之后,亦唯君。寡君闻命矣!”叔向曰:“寡君有甲车四千乘在,虽以无道行之,必可畏也;况其率道,其何敌之有?牛虽瘠,偾于豚上,其畏不死?南蒯、子仲之忧,其庸可弃乎?若奉晋之众,用诸侯之师,因邾、莒、杞、鄫之怒,以讨鲁罪,间其二忧,何求而弗克?”鲁人惧,听命。

“甲戌,同盟于平丘”,齐服也。令诸侯日中造于除。癸酉,退朝。子产命外仆速张于除;子大叔止之,使待明日。及夕,子产闻其未张也,使速往,乃无所张矣。

及盟，子产争承，曰："昔天子班贡，轻重以列。列尊贡重，周之制也。卑而贡重者，甸服也。郑伯，男也；而使从公侯之贡，惧弗给也。敢以为请！诸侯靖兵，好以为事。行理之命无月不至，贡之无艺，小国有阙，所以得罪也。诸侯修盟，存小国也。贡献无及，亡可待也。存亡之制，将在今矣！"自日中以争，至于昏，晋人许之。

既盟，子大叔咎之曰："诸侯若讨，其可渎乎？"子产曰："晋政多门，贰偷之不暇，何暇讨？国不竞亦陵，何国之为！"

公不与盟。晋人执季孙意如，以幕蒙之，使狄人守之。司铎射怀锦，奉壶饮冰以蒲伏焉。守者御之，乃与之锦而入。晋人以平子归，子服湫从。

子产归，未至，闻子皮卒，哭，且曰："吾已！无为为善矣。唯夫子知我！"

仲尼谓："子产于是行也，足以为国基矣。《诗》曰：'乐只君子，邦家之基。'子产，君子之求乐者也。"且曰："合诸侯，艺贡事，礼也。"

鲜虞人闻晋师之悉起也，而不警边，且不修备。晋荀吴自著雍以上军侵鲜虞，及中人，驱冲竞，大获而归。

楚之灭蔡也，灵王迁许、胡、沈、道、房、申于荆焉。平王即位，既封陈、蔡，而皆复之，礼也。隐大子之子庐归于蔡，礼也。悼大子之子吴归于陈，礼也。

冬十月，葬蔡灵公，礼也。

公如晋。荀吴谓韩宣子曰："诸侯相朝，讲旧好也。执其卿而朝其君，有不好焉，不如辞之。"乃使士景伯辞公于河。

吴灭州来。令尹子期请伐吴；王弗许，曰："吾未抚民人，未事鬼神，未修守备，未定国家，而用民力，败不可悔。州来在吴，犹在楚也。子姑待之。"

季孙犹在晋。子服惠伯私于中行穆子曰："鲁事晋，何以不如夷之小国？鲁，兄弟也；土地犹大，所命能具。若为夷弃之，使事齐、楚，其何瘳于晋？亲亲，与大，赏共，罚否，所以为盟主也。子其图之！谚曰：'臣一主二。'吾岂无大国？"穆子告韩宣子，且曰："楚灭陈、蔡，不能救；而为夷执亲，将焉用之？"乃归季孙。

惠伯曰："寡君未知其罪，合诸侯而执其老。若犹有罪，死命可也！若曰无罪而惠免之，诸侯不闻，是逃命也，何免之为？请从君惠于会。"宣子患之，谓叔向曰："子能归季孙乎？"对曰："不能。鲋也能。"乃使叔鱼。叔鱼见季孙，曰："昔鲋也得罪于晋君，自归于鲁君。微武子之赐，不至于今。虽获归骨于晋，犹子则肉之，敢不尽情？归子而不归，鲋也闻诸吏：将为子除馆于西河。其若之何？"且泣。平子惧，先归。惠伯待礼。

【译文】

鲁昭公十三年春天，叔弓率领军队包围费邑。夏四月，楚国的公子比从晋国回到楚国，在乾溪杀了他们的君主楚灵王。楚公子弃疾杀了公子比。秋天，昭公在平丘会见刘献公、晋昭公、齐景公、宋元公、卫灵公、郑定公、曹伯、莒子、邾子、滕子、薛伯、杞伯、小邾子等。八月初七日,在平丘共同盟誓。昭公没参加盟誓。晋国人拘捕季平子带回国。昭公从盟会回到鲁国。蔡平公回到蔡国,陈惠公回到陈国。冬十月,安葬蔡灵公。昭公前往晋国,到达黄河就回国了。吴国灭亡州来。

鲁昭公十三年春天,叔弓包围费邑,没有攻下,被费邑人打败了。季平子发怒,命令看见费邑人就抓住他们作为俘虏囚禁起来。冶区夫说:"不对。如果看见费邑人,受寒的人给他衣穿,挨饿的人给他饭吃,做他们的好主子,供给他们缺乏的东西。费邑人像回家一样前来亲附,南氏就灭亡了。百姓将要背叛他,他还与谁居守费邑呢?如果用威势吓唬他,用愤怒威胁他,百姓怀恨而背叛您,就是替他聚集百姓了。如果诸侯都像这样,费邑人没有归附的地方,不亲附南氏,还会归入到哪里去呢?"季平子听从了他的话,费邑人背叛了南蒯。

楚灵王做令尹时,杀了大司马薳掩,然后夺取了他的家财。到即位以后,夺取了薳居的田土,迁走许地的人而把许围作为人质。蔡洧在楚灵王面前很得恩宠,楚灵王灭亡蔡国的时候,他的父亲死于这次事件中,楚灵王让他参与守卫蔡国然后出发到乾溪。申地盟会中,越国大夫受到屈辱。楚灵王夺取了斗韦龟的封邑中犨,又夺取了成然的封邑而让他做郊邑尹。成然过去侍奉蔡公,所以薳氏的族人以及薳居、许围、蔡洧、成然等,都是楚灵王所不加礼遇的人,他们利用一群丧失职位的人的亲族,策动越国大夫常寿过作乱,包围固城,攻克息舟,筑城而驻扎在那里。

观起死的时候,他的儿子观从在蔡国,侍奉朝吴,说:"现在不重封蔡国,蔡国就不能恢复了。请让我试一下。"就用蔡公的名义召见子干、子晳,他们到达郊外,就告诉他们实情,强行与他们结盟,然后进入都城袭击蔡宫。蔡公正准备吃饭,看见他们就逃走了,观从让子干吃饭,然后挖坑,埋入牺牲,把盟书放在上面,就迅速让他走了。自己则在蔡国公开宣示说:"蔡公召见子干、子晳二人,打算把他们送回楚国,已经和他们结盟并且派遣他们走了,正打算率军队跟上去。"蔡国人围拢来,准备抓住观从。观从解释说:"作乱的人已经逃跑,乱军已经组成,杀了我又有什么好处?"就放了他。朝吴说:"你们几位如果能为楚灵王献身或逃亡。就应当违背蔡公,来等待事情的结果。如果要求安定,就应当赞助他,以成全他的愿望。况且违背主上,将何所适从呢?"众人说:"赞助他。"于是侍奉蔡公,召见子干、子晳二人在邓地盟誓,利用复国的心理发动依靠陈国人、蔡国人。楚国的公子比、公子黑肱、公子弃疾、蔓成然、蔡国的朝吴率领陈国、蔡国、不羹许国、叶国等地的军队,依靠四族的众人进入楚国。

到达郊外,陈国、蔡国想要表明出兵的名义,所以请求修筑壁垒。蔡公知道了,说:"我们希望迅速攻入,而且役人已经疲惫,请编起篱笆就算了。"就编篱笆围成军营。蔡公派须务牟和史狎首先进入楚都,依靠贴身仆人杀死了太子禄和公子罢敌。公子比做了王,公子黑肱做令尹,驻扎在鱼陂。公子弃疾做司马,先清除楚国王宫。派观从到乾溪去劝降楚军,乘便告诉他们形势,并且说:"先回去的恢复官位俸禄,后回去的受劓刑。"军队

到达訾梁就溃散了。

楚灵王听到各位公子死亡的消息，自己从车上摔下来，说："别人爱他自己的儿子，也像我一样吗？"侍从的人说："有比您更过分的，小人年老而没有儿子，知道将被弃尸沟壑了。"楚王说："我杀别人的儿子也算多了，能不落到这一步吗？"右尹子革说："请君王在郊外等待，以听从国内人民的意见。"楚王说："众怒不可触犯。"子革说："或许可以进驻一个大都邑然后向诸侯请求救兵。"楚王说："都已经叛离我们了。"子革说："或许可以逃亡到诸侯那里，以听从大国为君王谋划。"楚王说："大福不会两次降临，只是自取辱没罢了。"子革于是回到楚国去了。

楚灵王沿着夏水，打算进入鄢地。芋尹无宇的儿子申亥说："我父亲两次违犯王命，君王没有诛杀，恩惠还有什么比这个更大的呢？对君王不可狠心违背，恩惠不可抛弃，我还是跟着君王。"就寻找楚灵王。在棘闱遇到楚王而一起回申亥家。夏五月二十五日，楚灵王在申亥家自缢身亡，申亥以自己的两个女儿作为殉葬而埋葬了他。

观从对子干说："不杀公子弃疾，即使得到国家，还是会遭到祸乱。"子干说："我不能狠心。"观从说："人家将忍心的，我不忍心待下去了。"就走了。

都城常常在夜里有人惊叫说："君王进入国都了！"十七日晚上，公子弃疾派人到处奔走呼喊说："君王到了！"国都内的人大为惊恐。又派蔓成然跑去报告子干、子皙说："君王到了，国都的人杀了您的司马，将要杀来了。您如果早点考虑自己，可以不致蒙受羞辱。众人的愤怒好像水火，是没法子可想的。"又有人喊叫着跑来说："国都的众人到了！"子干、子皙二人就都自杀。

十八日，弃疾即位，改名叫熊居。把子干埋葬在訾地，称为訾敖。杀死一个囚犯，给他穿上国君的衣服而将他放在汉水中漂流，然后捞取尸体埋葬，来安定国内的人。让蔓成然做令尹。

楚国军队从徐国回来，吴国人在豫章打败了楚军，俘获了他们的五个将帅。

楚平王重建陈国、蔡国，让迁走的邑人返回来，把诸侯贡献的财货颁赐给有功人员，广泛施舍，减轻人民负担，赦免罪人，举拔被废弃的官员。召见观从，平王说："只要你所希望的，我都听从你。"观从回答说："我的先人辅佐卜师。"就让他做了卜尹。

派枝如子躬到郑国聘问，并且送还犨地、栎地的田土。聘问结束，没有送还。郑国人请求说："听路途传闻，打算把犨地、栎地赐给寡君，斗胆请求命令。"枝如子躬回答说："下臣没有听到命令。"回国复命以后，楚平王问到犨地、栎地的事，枝如子躬脱去上衣回答说："下臣有罪，违背君命，没有送还。"平王握住他的手：说："您不要委屈自己，暂且回去，我有事的话，将告诉您的。"

过了几年，芋尹申亥把楚灵王的棺柩所在报告给平王，于是改葬灵王。

当初，楚灵王卜问说："我希望得到天下。"占卦不吉利，就把龟甲扔掉，责骂上天而喊道："这么一个小小的东西都不给我，我一定自己争取到它。"老百姓忧虑灵王的不满足，所以跟随叛乱的人就像回家一样。

起初,楚共王没有嫡长子,有五个宠爱的庶子,他们中间不知立哪个好。于是大规模祭祀各名山大川,祈求说:“请神灵在五个人中选择,让他主持国家。”就在望祭中将玉璧展现给名山大川的神灵,说:“面对玉璧而拜祭的人,就是神灵所立的人,谁敢违背?”望祭结束,就和巴姬秘密地将玉璧埋在祖庙的庭院里,让五个人斋戒,然后依长幼的次序进去拜祭。康王两腿跨在玉璧上,灵王胳臂压在玉璧上,子干、子皙都离得很远。平王年幼,抱着进来,两次拜祭,都压在璧纽上。斗韦龟把蔓成然嘱托给平王,并且说:“抛弃礼仪违背天命,楚国将危险啊!”

子干回国,韩宣子问叔向说:“子干大概会成功吧?”叔向回答说:“难。”宣子说:“憎恶相同而互相需求,好像商人追求利润一样,有什么难的?”叔向回答说:“没有人与他爱好相同,谁会与他有共同的憎恶呢?取得国家政权有五件难事:有宠贵的地位却没有贤人,这是一;有了贤人却没有内主,这是二;有内主却没有谋略,这是三;有谋略却没有民众,这是四;有民众却没有德行,这是五。子干在晋国十三年了,晋、楚两国追随他的人,没听说过有贤达的人,可说是无人。族人灭尽,亲人叛离,可说是无主。没有可乘之机就行动,可说是无谋。一生客居别国,可说是无民。逃亡在外而谁也没有怀念的表现,可说是无德。楚王暴虐但并不令人畏惧,楚国如果以子干为国君,具有以上五件难事而杀死原有君主,谁能帮助他成功?拥有楚国的人,恐怕是公子弃疾吧?统治着陈、蔡两地,方城山以外的地方也属于他。苛暴邪恶的事没有发生,盗贼潜伏隐藏,人民的个人愿望不加违背,老百姓没有怨恨之心。先祖神灵任命他,国内人民信任他,芈姓一旦有王位纷乱,一定是小儿子立为国君,这是楚国的常规。得到神灵保佑,这是一;拥有民众,这是二;具有美德,这是三;受宠而显贵,这是四;处于常规,这是五。有五个有利条件来去掉五件难事,谁能危害他?子干的官职,就是个右尹;要说地位宠贵,不过是庶子;按神灵所命令的,则又远离玉璧。他的显贵丧失了,他的宠信丢掉了,老百姓对他不怀念,朝廷内没有人帮助他,将凭什么立为国君?”韩宣子说:“齐桓公、晋文公不也是这样吗?”叔向回答说:“齐桓公是卫姬的儿子,受到齐僖公的宠爱,有鲍叔牙、宾须无、隰朋作为辅佐,有莒国、卫国作为外援,有国氏、高氏作为内应。追随善德好像流水一样,谦恭地对待善人专一虔诚,不收取贿赂,不放纵欲望,施舍不知疲倦,追求善德不满足,因此而享有国家,不也是应该的吗?我们的先君文公,是狐季姬的儿子,得到献公的宠爱。喜爱学习而不三心二意,出生十七年,得到五个人才。有先大夫子余、子犯作为心腹,有魏犨、贾佗作为左右手,有齐国、宋国、秦国、楚国作为外援,有栾氏、郤氏、狐氏、先氏作为内应。流亡十九年,保守志向更加坚定。惠公、怀公抛弃人民,人民就跟从而且赞助文公。献公没有别的亲人,老百姓没有别的希望,上天正佑助晋国,将用谁代替文公?这两位国君,和子干不一样。共王有宠爱的儿子,国内有高深莫测的君主,对百姓没有施予,在外没有援助,离开晋国而不送行,回到楚国而不迎接,凭什么希冀享有楚国?”

晋国的虒祁宫落成，诸侯中前去朝见而回国的都有了二心。因为鲁国占取郠地的缘故，晋国打算率诸侯前来讨伐。叔向说："对诸侯必须显示一下威力。"就遍召诸侯会见，并且告诉吴国。秋天，晋昭公到良地会见吴王，水路不通，吴王辞谢不见，晋昭公就回国了。二月二十九日，晋国在邾国南部进行军事演习，出动战车四千辆，羊舌鲋代理司马，就在平丘会合诸侯。

子产、子太叔陪同郑定公参加会见。子产带了九顶帐幕出发。子太叔带了四十顶，然后又感到后悔，每次住宿都减少一些，等到会见时，也和子产一样多了。

驻扎在卫国境内，羊舌鲋向卫国索取财货，放纵手下割草打柴的人。卫国人派屠伯送给叔向肉羹，给他一箱锦缎，说："诸侯侍奉晋国，不敢怀有二心，何况卫国在君王的屋檐下，岂敢有别的想法？割草打柴的人行为和往日不一样，请求制止他们。"叔向接受肉羹退回锦缎，说："晋国有羊舌鲋这个人，贪求财货不满足，也将要遭到祸难了。对于这件事情，您如果以君王的名义赐给他这箱锦缎，就将了结了。"屠伯听从了叔向的话，还没退出去，羊舌鲋就禁止了割草打柴人的胡作非为。

晋国人打算重温过去的盟约，齐国人不答应。晋昭公派叔向告诉周朝卿士刘献公说："齐国人不肯结盟，怎么办？"刘献公回答说："盟约是用来表明信用的，君侯如果有信用，诸侯没有二心，担心什么呢？用文辞警告他们，用威武的军队监督他们，即使齐国不答应，君侯的功效也大了。天子的卿士请求率领天子的军队，'十辆大兵车，在前面开路。'进攻时间的早晚只听君侯的。"

叔向转告齐国，说："诸侯请求结盟，已经在这里了。现在君侯不认为有利，寡君以此作为请求。"齐国人回答说："诸侯讨伐有二心的国家，才有重温旧盟的必要。如果都听从命令，还重温什么旧盟？"叔向说："国家的衰败，在于有朝聘会盟之事而不遵守贡赋的职责，事情也就不能经常；遵守贡赋的职责而不讲礼节，经常了也不会有次序；有礼节而没有威严，有了次序也不会恭敬；有了威严而不发扬，即使恭敬也不能昭告神灵。不能昭告神灵而又失去恭敬，什么事也不会有结果，这就是国家倾覆的原因。所以英明君主的制度，是让诸侯每年聘问以记住贡赋的职责，隔两年朝觐一次以复习礼仪，两次朝觐然后会见一次以显示威严，两次会见然后结盟以昭告神灵表明信义。在友好中记住贡赋的职责，在等级次序中复习礼仪，向民众显示威严，向神灵表明信义，自古以来，从没有缺失。国家存亡的道理，常常由这里产生。晋国按礼仪主持结盟，害怕办理不好，才奉献盟祭的牺牲，展示于君侯之前，为的是获得事情的圆满结果。君侯却说'我一定废除它'，那还有什么结盟的呢？请君侯考虑一下，寡君听到命令了。"齐国人害怕，回答说："小国说一说，大国加以裁夺，岂敢不听从？已经听到命令了，一定会恭敬地前去赴会，早晚听凭君侯决定。"

叔向说："诸侯与我们有隔阂了，不可不向他们显示一下威力。"八月初四日，举行练兵演习，竖起旌旗但不缀饰飘带。初五日，又加上飘带。诸侯对此感到害怕。

邾国人、莒国人向晋国控告说："鲁国总是攻打我们，差不多要被它灭亡了。我们不能进贡，就是鲁国的缘故。"晋昭公不接见鲁昭公，派叔向前来辞谢说："诸侯将在初七日结盟，寡君知道不能侍奉君侯了，请君侯不必劳驾。"子服惠伯回答说："君侯相信蛮夷的控诉，来断绝兄弟之国，抛弃周公的后代，也只好听凭君侯。寡君听到命令了。"叔向说："寡君有战车四千辆在那里，即使用兵无道，也必定令人畏惧。何况遵循道义，有什么可以抵挡的呢？牛即使瘦，仆倒在小猪上，难道还怕压不死？南蒯、子仲的忧虑，难道可以丢开吗？如果率领晋国的大众，使用诸侯的军队，凭借邾、莒、杞、鄫等国的愤怒，来讨伐鲁国的罪行，乘你们忧虑南蒯、子仲二人的机会，要什么得不到？"鲁国人害怕，只好听从命令。

初七日，诸侯在平丘一起会盟，这是因为齐国服从了。晋国命令诸侯中午到达盟会场地。初六日，朝见晋国退回，子产就命令外仆赶快到盟会场地去张设帐幕，子太叔制止了外仆，让他等到第二天。到傍晚时，子产听说外仆没有张设帐幕，派他迅速前往，但就没有地方可以张设了。

到盟会时，子产争论贡赋的轻重次第，说："过去天子确定贡赋次第，按地位决定轻重，地位尊贵的贡赋重，这是周朝的制度。地位卑下而贡赋重的，这是甸服。郑定公的爵位，是男服，却让我们跟着公侯缴纳贡赋，担心不能如数供给，大胆以此作为请求。诸侯息养兵卒，喜欢用来行事，使者传达的命令没有哪个月不到来，贡赋没有限度，小国有所缺少，这就是获罪的原因。诸侯重修旧盟，是为了使小国得以生存。贡赋没有限度，小国灭亡的日子很快到来。决定存亡的规定，将在于今天了。"从中午开始争论，到了晚上，晋国人才答应了。

结盟之后，子太叔怪罪子产说："诸侯如果来讨伐，难道可以轻易对付吗？"子产说："晋国政权由许多豪门掌握，他们三心二意苟且偷安还来不及，有什么空闲来讨伐？国家不争强也会受欺陵，那还算个什么国家？"

鲁昭公没有参加结盟。晋国人逮捕季平子，用幕布蒙住他，派狄人看守。司铎射怀里揣着锦缎，捧着水壶去给他喝冰水，而偷偷爬过去。看守阻挡他，就送给他锦缎然后进去了。晋国人带了季平子回国，子服惠伯跟着去了。

子产回国，还未到达，听说子皮死了，边哭边说："我完了！没有人替我出好主意了。只有他老人家了解我。"

孔子说，"子产在这次盟会的行动中，足以做国家的基石了。《诗》说：'君子欢乐，做国家的墙脚。'子产，就是君子中追求欢乐的人。"并且说："会合诸侯，制定贡赋的限度，是合乎礼的。"

鲜虞人听说晋国军队全部出动，因而不对边境加以警戒，并且不修治武器装备。晋国荀吴从著雍率上军侵袭鲜虞，到达中人那地方，驾着冲车与鲜虞人追逐，俘获很多战利品回国。

楚国灭亡蔡国的时候,楚灵王将许国、胡国、沈国、道地、房地、申地的人民迁到楚国境内。楚平王即位时,既已重建陈国。蔡国,就都让他们迁回原地,这是合于礼的。让隐太子的儿子公子庐回到蔡国,这是合于礼的。让悼太子的儿子公子吴回到陈国,这也是合于礼的。

冬十月,安葬蔡灵公,这是合于礼的。

鲁昭公前往晋国。荀吴对韩宣子说:"诸侯互相朝聘,是重温过去的友好。逮捕他们的卿却让他们的君主来朝聘,这是不友好的,不如辞谢他们。"就派士景伯到黄河边去辞谢鲁昭公。

吴国灭亡州来,令尹子期请求攻打吴国,楚平王不答应,说:"我没有安抚人民,没有侍奉鬼神,没有修治守卫国家的装备,没有安定国家及家族,却去使用百姓的力量,失败了来不及后悔。州来在吴国,就像在楚国一样,您暂且等等吧。"

季平子还在晋国,子服惠伯私下对荀吴说:"鲁国侍奉晋国,凭哪一点不如夷人的小国?鲁国,是兄弟国家,土地还很辽阔,你们命令进贡的物品都能具备。如果为了夷人而抛弃它,让它侍奉齐国或楚国,对于晋国难道有什么好处?亲近亲族国家,赞助土地辽阔的国家,赏赐能供奉赋贡的国家,惩罚不能供奉的国家,这就是能作为盟主的原因。您还是考虑一下吧!俗话说:'一臣两主。'我们难道没有别的大国可以侍奉?"荀吴告诉韩宣子,并且说:"楚国灭亡陈、蔡,我们不能救援,却替夷人逮捕亲人,这有什么用?"就把季平子放回去。

惠伯说:"寡君不知道自己的罪过。会合诸侯却抓了他们的卿,如果有罪,奉命而死可以。如果说无罪而恩准释放,诸侯没听说,这是逃避命令,算是什么释放?请求在诸侯盟会上接受君侯的恩惠。"韩宣子担心这件事,对叔向说:"您能使季平子回去吗?"叔向回答说:"不能。羊舌鲋能。"于是派羊舌鲋去。羊舌鲋见到季平子说:"过去我得罪晋君,只好自己归附贵君。如果没有您祖父武子的恩赐,我到不了今天。虽然我这把老骨头得以回到晋国,还是等于您让我得到再生,岂敢不尽心回报?让您回去却不回去,我从官吏那儿听说,将在西河替您修所房子,那将怎么样?"羊舌鲋边说边哭起来。季平子害怕,先回国了。惠伯留下等待按礼节相送。

昭公十四年

【原文】

十有四年:春,意如至自晋。

三月,曹伯滕卒。

夏,四月。

秋，葬曹武公。

八月，莒子去疾卒。

冬，莒杀其公子意恢。

十四年春，“意如至自晋”，尊晋罪己也。尊晋罪己，礼也。

南蒯之将叛也，盟费人。司徒老祁、虑癸伪废疾，使请于南蒯曰：“臣愿受盟而疾兴，若以君灵不死，请待间而盟。”许之。二子因民之欲叛也，请朝众而盟，遂劫南蒯曰：“群臣不忘其君，畏子以及今，三年听命矣。子若弗图，费人不忍其君，将不能畏子矣。子何所不逞欲？请送子。”请期五日。遂奔齐。侍饮酒于景公，公曰：“叛夫！”对曰：“臣欲张公室也。”子韩皙曰：“家臣而欲张公室，罪莫大焉！”司徒老祁、虑癸来归费，齐侯使鲍文子致之。

夏，楚子使然丹简上国之兵于宗丘，且抚其民：分贫振穷，长孤幼，养老疾，收介特，救灾患，宥孤寡；赦罪戾，诘奸慝，举淹滞；礼新叙旧，禄勋合亲，任良物官。使屈罢简东国之兵于召陵，亦如之。好于边疆，息民五年，而后用师：礼也。

秋八月，莒著丘公卒。郊公不慼，国人弗顺，欲立著丘公之弟庚(与)〔舆〕，蒲馀侯恶公子意恢而善于庚(与)〔舆〕。郊公恶公子铎而善于意恢。公子铎因蒲馀侯而与之谋，曰：“尔杀意恢，我出君而纳庚(与)〔舆〕。”许之。

楚令尹子旗有德于王，不知度，与养氏比而求无厌。王患之。九月甲午，楚子杀斗成然而灭养氏之族。使斗辛居郧，以无忘旧勋。

冬十二月，蒲馀侯兹夫杀莒公子意恢，郊公奔齐。公子铎逆庚(与)〔舆〕于齐，齐隰党、公子钼送之，有赂田。

晋邢侯与雍子争鄐田，久而无成。士景伯如楚，叔鱼摄理。韩宣子命断旧狱，罪在雍子。雍子纳其女于叔鱼，叔鱼蔽罪邢侯。邢侯怒，杀叔鱼与雍子于朝。宣子问其罪于叔向，叔向曰：“三人同罪，施生戮死可也。雍子自知其罪而赂以买直，鲋也鬻狱，邢侯专杀，其罪一也。己恶而掠美为昏，贪以败官为墨，杀人不忌为贼。《夏书》曰：‘昏、墨、贼，杀。’皋陶之刑也。请从之。”乃施邢侯而尸雍子与叔鱼于市。

仲尼曰：“叔向，古之遗直也。治国制刑，不隐于亲。三数叔鱼之恶，不为末减，(曰)〔由〕义也夫，可谓直矣！平丘之会，数其贿也，以宽卫国，晋不为暴。归鲁季孙，称其诈也，以宽鲁国，晋不为虐。邢侯之狱，言其贪也，以正刑书，晋不为颇。三言而除三恶，加三利。杀亲益荣，犹义也夫！”

【译文】

鲁昭公十四年春天，季平子从晋国回到鲁国。三月，曹武公滕死了。夏四月。秋天，安葬曹武公。八月，莒国著丘公去疾死了。冬天，莒国杀了它的公子意恢。

鲁昭公十四年春天，季平子从晋国回到鲁国，《春秋》这样记载是尊重晋国而归罪本

国。尊重晋国归罪本国，这是合乎礼的。

南蒯将要叛变的时候，和费地人结盟。司徒老祁、虑癸假装发病，派人向南蒯请求说："下臣愿意接受盟约但疾病发作，要是托君主的福不死，请等病好转再结盟。"南蒯答应了。这两人趁老百姓想要背叛南蒯的机会，请求让民众前来朝见而结盟。于是劫持南蒯说："下臣们没有忘记他们的君主，只是害怕您到现在，服从您的命令三年了。您如果不考虑，费邑人不忍心他们的君主，将不再害怕您了。您什么地方不能满足欲望呢？请让我们把您送走吧！"南蒯请求给五天期限，于是逃奔到齐国。南蒯侍奉齐景公喝酒，齐景公说："叛徒！"南蒯回答说："下臣想要扩大公室势力啊！"子韩皙说："作为家臣却想要扩大公室势力，罪过没有比这大的了。"司徒老祁、虑癸前来把费邑归还鲁国，齐景公让鲍文子来送还费邑。

夏天，楚平王派然丹在宗丘选拔检阅西部地区的部队，同时安抚那里的百姓。施予救济贫困，抚育幼小孤儿，奉养老弱病残，收容单身民众，救助受灾人家，宽免鳏夫寡妇的赋税，赦免罪人的刑罚，追究查办奸恶，推举埋没的人才。礼待新人安排旧人，奖赏功勋合好亲族，任用贤良物色官员。派屈罢到召陵选拔检阅东部地区的军队，做法也和西部一样。与四边接壤的邻国友好，让老百姓休养生息五年，然后再用兵，这是合于礼义的。

秋八月，莒国著丘公死了。儿子郊公不悲伤。国内人民不顺从他，想要立著丘公的弟弟庚舆。蒲余侯讨厌公子意恢而喜欢庚舆，郊公讨厌公子铎而与意恢相好，公子铎利用蒲余侯而和他商议说："你杀了意恢，我赶走国君而接纳庚舆。"蒲余侯答应了他。

楚国的令尹子旗对楚平王有恩，而不知道限度，和养氏勾结，贪求索取没有满足。楚平王对此很担心。九月初三日，楚平王杀了子旗，灭掉养氏家族。让子旗的儿子斗辛住在郧地，以示不忘记他父亲过去的功勋。

冬十二月，蒲余侯兹夫杀死莒国的公子意恢，郊公逃亡到齐国。公子铎从齐国接回庚舆，齐国的隰党、公子钽送他们，莒国有土田送给齐国。

晋国的邢侯和雍子争夺鄐地的土田，调解很久都没有结果。士景伯去了楚国，叔鱼代理他的法官职务。韩宣子命令他审理旧案，罪过在雍子一方。雍子把他的女儿嫁给叔鱼，叔鱼判定邢侯有罪。邢侯发怒，在朝廷上杀了叔鱼和雍子。韩宣子向叔向询问如何定他们的罪，叔向说："三个人罪行相同，活着的杀了然后陈尸，死了的暴露尸体就可以了。雍子知道自己的罪过，却用贿赂的手段换取胜诉；叔鱼呢，接受贿赂而徇私枉法；邢侯则擅自杀人，他们的罪行是一样的。自己丑恶却掠取美名叫作昏乱，贪婪而败坏职守叫作污秽，杀人没有畏惧叫作残酷。《夏书》说：'昏乱、污秽、残酷的人，处死。'这是皋陶的刑法，请依从。"于是杀了邢侯陈尸，把雍子和叔鱼的尸体暴露在集市上。

孔子说："叔向，继承了古代遗留的正直作风。治理国家，掌握刑法，不庇护亲人。三次指出叔鱼的罪恶，不给他减轻，是出于道义啊，可说是正直了！平丘的盟会，指出他的贪财，以宽免卫国，晋国做到了不残暴。让鲁国的季孙意如回国，举出他的欺诈，以宽免鲁国，晋国做到了不欺凌。邢侯这次案件，说明他的贪婪，以使法律公正，晋国做到了不偏颇。三次说话而免除了三次恶政，增加了三项好的政绩，杀了亲人增加了荣誉，是出于道义啊！”

昭公十五年

【原文】

十有五年：春，王正月，吴子夷末卒。

二月癸酉，有事于武宫。籥入，叔弓卒。去乐，卒事。

夏，蔡朝吴出奔郑。

六月丁巳朔，日有食之。

秋，晋荀吴帅师伐鲜虞。

冬，公如晋。

十五年春，将禘于武公，戒百官。梓慎曰：“禘之日，其有咎乎！吾见赤黑之祲，非祭祥也，丧氛也。其在莅事乎！”二月癸酉，禘。叔弓莅事，籥入而卒。去乐，卒事，礼也。

楚费无极害朝吴之在蔡也，欲去之，乃谓之曰：“王唯信子，故处子于蔡。子亦长矣，而在下位，辱；必求之，吾助子请。”又谓其上之人曰：“王唯信吴，故处诸蔡；二三子莫之如也，而在其上，不亦难乎？弗图，必及于难！”夏，蔡人逐朝吴，朝吴出奔郑。王怒，曰：“余唯信吴，故寘诸蔡。且微吴，吾不及此。女何故去之？”无极对曰：“臣岂不欲吴？然而前知其为人之异也。吴在蔡，蔡必速飞；去吴，所以翦其翼也。”

六月乙丑，王大子寿卒。

秋八月戊寅，王穆后崩。

晋荀吴帅师伐鲜虞，围鼓。鼓人或请以城叛，穆子弗许。左右曰：“师徒不勤而可以获城，何故不为？”穆子曰：“吾闻诸叔向曰：‘好恶不愆，民知所适，事无不济。’或以吾城叛，吾所甚恶也。人以城来，吾独何好焉？赏所甚恶，若所好何？若其弗赏，是失信也，何以庇民？力能则进，否则退，量力而行。吾不可以欲城而迩奸，所丧滋多。”使鼓人杀叛人而缮守备。围鼓三月，鼓人或请降。使其民见，曰：“犹有食色，姑修而城！”军吏曰：“获城而弗取，勤民而顿兵，何以事君？”穆子曰：“吾以事君也。获一邑而教民怠，将焉用邑？邑以贾怠，不如完旧。贾怠无卒，弃旧不祥。鼓人能事其君，我亦能事吾君。率义不爽，好恶不愆，城可获而民知义所，有死命而无二心，不亦可乎？”鼓人告食竭力尽，而后取之。克鼓而反，不戮一人，以鼓子鸢鞮归。

冬，公如晋，平丘之会故也。

十二月，晋荀跞如周葬穆后，籍谈为介。既葬，除丧，以文伯宴，樽以鲁壶。王曰：“伯

氏！诸侯皆有以镇抚王室，晋独无有，何也？”文伯揖籍谈。对曰：“诸侯之封也，皆受明器于王室，以镇抚其社稷，故能荐彝器于王。晋居深山，戎狄之与邻，而远于王室，王灵不及，拜戎不暇，其何以献器？”王曰：“叔氏，而忘诸乎！叔父唐叔，成王之母弟也，其反无分乎？密须之鼓与其大路，文所以大蒐也；阙巩之甲，武所以克商也：唐叔受之以处参虚，匡有戎狄。其后襄之二路、镟钺、秬鬯、彤弓、虎贲，文公受之，以有南阳之田，抚征东夏，非分而何？夫有勋而不废，有绩而载，奉之以土田，抚之以彝器，旌之以车服，明之以文章，子孙不忘，所谓福也。福祚之不登，叔父焉在？且昔而高祖孙伯黡司晋之典籍，以为大政，故曰籍氏。及辛有之二子董之晋，于是乎有董史。女，司典之后也，何故忘之？”籍谈不能对。宾出，王曰：“籍父其无后乎！数典而忘其祖。”

籍谈归，以告叔向。叔向曰：“王其不终乎！吾闻之：‘所乐必卒焉。’今王乐忧，若卒以忧，不可谓终。王一岁而有三年之丧二焉，于是乎以丧宾宴，又求彝器，乐忧甚矣，且非礼也。彝器之来，嘉功之由，非由丧也。三年之丧，虽贵遂服，礼也。王虽弗遂，宴乐以早，亦非礼也。礼，王之大经也。一动而失二礼，无大经矣。言以考典，典以志经。忘经而多言、举典，将焉用之？”

【译文】

鲁昭公十五年春天，周历正月，吴君夷末死了。二月十五日，在鲁武公庙有祭祀。奏籥的人一进入，叔弓就死了。撤去音乐，完成祭祀。夏天，蔡国的朝吴出奔到郑国。六月丁巳初一日，发生日食。秋天，晋国的荀吴率军队攻打鲜虞。冬天，昭公前往晋国。

鲁昭公十五年春天，将要对鲁武公举行禘祭，告戒百官做好准备。梓慎说：“禘祭的那一天，恐怕会有灾祸吧！我看见红黑色的妖气，那不是祭祀的吉兆，是丧事的凶气。恐怕会发生在主持祭祀的人身上吧！”二月十五日，举行禘祭，叔弓主持祭礼，奏籥的人一进入他就死了。撤去音乐，把禘祭举行完毕，这是合乎礼的。

楚国的费无极认为朝吴留在蔡国有危害，想要赶走他，就对朝吴说：“君王只相信您，所以把您安置在蔡国。您也算是年长了，却处在低下的职位上，这是耻辱，一定要争取高位，我帮助您请求。”又对朝吴的上级官员说：“君王唯独相信朝吴，所以把他安置在蔡国，您几位不如他，而处在他的上级职位上，不也为难吗？不做打算，必定遭受祸难。”夏天，蔡国人赶走朝吴，朝吴逃亡到郑国。楚平王发怒，说：“我只因为相信朝吴，所以把他安置在蔡国。而且如果没有朝吴，我到不了今天这地位。你们为什么赶走他？”费无极回答说：“我难道不想要朝吴？但是早知道他为人怀有异心。朝吴留在蔡国，蔡国肯定很快飞走。赶走朝吴，就是为了剪去它的翅膀。”

六月初九日，周景王的太子寿死了。

秋八月二十二日，景王穆后死了。

晋国的荀吴率军队攻打鲜虞，包围鼓国。鼓国有人请求带着城邑叛降，荀吴不答应。

左右的人说："军队不辛劳，却可以获得城邑，为什么不干？"穆子说："我从叔向那儿听说：'喜爱和厌恶没有过错，老百姓知道目标，事情没有不成功的。'若有人带了我们的城邑叛变，是我们所最厌恶的。别人带了城邑前来叛降，我们为何偏偏喜欢呢？奖赏最厌恶的，对所喜爱的怎么办？如果不奖赏，这又是失信，凭什么保护百姓？力量能达到就进，否则就退，估量能力而办事。我不能想要城邑却靠拢奸恶，那样丧失的会更多。"让鼓国人杀了叛降的人并修缮防守设备。包围鼓国三个月，鼓国有人请求投降。荀吴让鼓国人来会见，说："你们还有吃了饭的脸色，暂且去修缮你们的城墙。"军吏说："得到城邑却不占取，苦了百姓毁了兵器，凭什么侍奉国君？"荀吴说："这就是我侍奉国君的方法。得到一个城邑而教老百姓懈怠，将哪里用得着这个城邑？用城邑买来懈怠，不如保全原来的不懈怠。买来懈怠没有好结果，抛弃原来的勤勉不吉利。鼓国人能侍奉他们的君主，我也能侍奉我们的君主。遵循道义没有差错，喜爱和厌恶都不过分，城邑可以得到而老百姓懂得道义所在，肯为君命献身而没有二心，不也可以吗？"鼓国人报告城内粮食吃完，力量耗尽，然后占领了它。荀吴攻下鼓国返国，不杀一个人，带了鼓君鸢鞮回国。

冬天，鲁昭公前往晋国，这是由于平丘那次盟会的缘故。

十二月，晋国的荀跞去到成周，参加穆后的葬礼，籍谈做副使。安葬完毕，减除丧服，周景王与荀跞宴饮，用鲁国进献的酒壶斟酒。景王说："伯氏，诸侯都献有用来镇守辅佐王室的贡器，晋国唯独没有，为什么？"荀跞向籍谈作揖，籍谈回答说："诸侯受封的时候，都在王室接受了明器，来镇守安定他们的国家，所以能进献彝器给天子。晋国处在深山，与戎狄为邻，远离王室，天子的福泽不能到达，让戎狄顺服还来不及，怎么来进献彝器？"周景王说："叔氏，你忘了吧？叔父唐叔，是成王的同胞兄弟，难道反而没有分得宝器吗？密须的鼓和它的大路车，是文王用来举行大检阅的；阙巩的皮甲，是武王用来攻克商朝的，唐叔接受它们而住在晋国，匡正统有戎狄。那以后周襄王所赐的大路、戎路之车、斧钺、黑黍酿的香酒、红色弓、勇士等，晋文公接受这些，因而拥有南阳的田土，安抚征伐东边各国，这不是分得宝器又是什么？有了功勋就不废弃，有了战绩就记载下来，用土田来奉养他，用彝器来安抚他，用车服来表彰他，用旌旗来显耀他，子孙后代不忘记，这就是所说的福泽。福泽不记住，叔父的心在哪里？而且过去你的远祖孙伯黡，掌管晋国的典籍，来参与国家的重大政事，所以叫作籍氏。等到辛有的次子董到了晋国，于是有了董氏的史官。你，是掌管典籍的史官的后代，为什么忘了这些呢？"籍谈不能回答。客人出去了，周景王说："籍父恐怕没有能承袭禄位的后代吧！列举典籍却忘了祖宗。"

籍谈回国，把情况告诉叔向。叔向说："天子恐怕不能善终吧！我听说：人必定死在他所喜欢的事上。如今天子以悲忧为欢乐，如果因为悲忧而死，不可说是善终。天子一年间有两次三年之丧，而在这个时候与吊丧的宾客宴饮，又求取彝器，以忧为乐也算是过分了，而且不合乎礼。彝器的来源，是由于嘉奖功勋，不是由于丧事。三年的服丧，即使贵为天子也要如期服完，这是礼。天子即使不服完，宴饮欢乐也太早了，这也是不合乎礼

的。礼，是做天子的大原则，一次举动而违背了两种礼，这就没有了大原则。言语用来稽考典籍。典籍用来记载原则，忘记了原则而言语很多，举出典籍，又有什么用呢？”

昭公十六年

【原文】

十有六年：春，齐侯伐徐。

楚子诱戎蛮子，杀之。

夏，公至自晋。

秋，八月己亥，晋侯夷卒。

九月，大雩。

季孙意如如晋。

冬，十月，葬晋昭公。

十六年春，王正月，公在晋，晋人止公。不书，讳之也。

齐侯伐徐。

楚子闻蛮氏之乱也与蛮子之无质也，使然丹诱戎蛮子嘉，杀之，遂取蛮氏。既而复立其子焉，礼也。

二月丙申，齐师至于蒲隧，徐人行成。徐子及郯人、莒人会齐侯，盟于蒲隧，赂以甲父之鼎。叔孙昭子曰：“诸侯之无伯，害哉！齐君之无道也，兴师而伐远方，会之有成而还，莫之亢也。无伯也夫！《诗》曰：‘宗周既灭，靡所止戾。正大夫离居，莫知我肄。’其是之谓乎！”

三月，晋韩起聘于郑，郑伯享之。子产戒曰：“苟有位于朝，无有不共恪！”孔张后至，立于客间；执政御之，适客后；又御之，适县间。客从而笑之。

事毕，富子谏曰：“夫大国之人，不可不慎也！幾为之笑而不陵我？我皆有礼，夫犹鄙我；国而无礼，何以求荣？孔张失位，吾子之耻也。”子产怒，曰：“发命之不衷，出令之不信，刑之颇类，狱之放纷，会朝之不敬，使命之不听，取陵于大国，罢民而无功，罪及而弗知：侨之耻也。孔张，君之昆孙，子孔之后也，执政之嗣也，为嗣大夫；承命以使，周于诸侯：国人所尊，诸侯所知。立于朝而祀于家，有禄于国，有赋于军，丧、祭有职，受脤、归脤。其祭在庙，已有著位。在位数世，世守其业而忘其所，侨焉得耻之？辟邪之人而皆及执政，是先王无刑罚也。子宁以他规我。”

宣子有环，其一在郑商。宣子谒诸郑伯，子产弗与，曰：“非官府之守器也，寡君不知。”子大叔、子羽谓子产曰：“韩子亦无幾求，晋国亦未可以贰。晋国、韩子，不可偷也。若属有谗人交斗其间，鬼神而助之，以兴其凶怒，悔之何及？吾子何爱于一环？其以取憎

于大国也？盍求而与之？”子产曰：“吾非偷晋而有二心。将终事之，是以弗与，忠信故也。侨闻君子非无贿之难，立而无令名之患。侨闻为国非不能事大字小之难，无礼以定其位之患。夫大国之人，令于小国而皆获其求，将何以给之？一共一否，为罪滋大。大国之求，无礼以斥之，何餍之有？吾且为鄙邑，则失位矣。若韩子奉命以使而求玉焉，贪淫甚矣，独非罪乎？出一玉以起二罪，吾又失位，韩子成贪，将焉用之？且吾以玉贾罪，不亦锐乎！”

韩子买诸贾人。既成贾矣，商人曰：“必告君大夫！”韩子请诸子产曰：“日起请夫环，执政弗义，弗敢复也。今买诸商人，商人曰‘必以闻’，敢以为请！”子产对曰：“昔我先君桓公，与商人皆出自周，庸次比耦以艾杀此地，斩之蓬蒿藜藋而共处之，世有盟誓以相信也，曰：‘尔无我叛，我无强贾，毋或匄夺。尔有利市宝贿，我勿与知。’恃此质誓，故能相保以至于今。今吾子以好来辱，而谓敝邑强夺商人，是教敝邑背盟誓也，毋乃不可乎！吾子得玉而失诸侯，必不为也。若大国令而共无艺，郑鄙邑也，亦弗为也。侨若献玉，不知所成。敢私布之！”韩子辞玉，曰：“起不敏，敢求玉以徼二罪？敢辞之！”

夏四月，郑六卿饯宣子于郊。宣子曰：“二三君子请皆赋，起亦以知郑志。”子齹赋《野有蔓草》，宣子曰：“孺子善哉，吾有望矣！”子产赋郑之《羔裘》，宣子曰：“起不堪也！”子大叔赋《褰裳》，宣子曰：“起在此，敢勤子至于他人乎？”子大叔拜，宣子曰：“善哉！子之言是。不有是事，其能终乎？”子游赋《风雨》，子旗赋《有女同车》，子柳赋《萚兮》。宣子喜曰：“郑其庶乎！二三君子以君命贶起，赋不出郑志，皆昵燕好也。二三君子，数世之主也，可以无惧矣！”宣子皆献马焉，而赋《我将》。子产拜，使五卿皆拜，曰：“吾子靖乱，敢不拜德！”

宣子私觐于子产以玉与马，曰：“子命起舍夫玉，是赐我玉而免吾死也，敢〔不〕藉手以拜！”

公至自晋，子服昭伯语季平子曰：“晋之公室，其将遂卑矣。君幼弱，六卿强而奢傲，将因是以习；习实为常，能无卑乎？”平子曰：“尔幼，恶识国？”

秋八月，晋昭公卒。

九月，大雩，旱也。

郑大旱，使屠击、祝款、竖柎有事于桑山。斩其木，不雨。子产曰：“有事于山，蓺山林也。而斩其木，其罪大矣！”夺之官邑。

冬十月，季平子如晋葬昭公。平子曰：“子服回之言犹信。子服氏有子哉！”

【译文】

鲁昭公十六年春天，齐景公攻打徐国。楚平王引诱戎蛮子杀了他。夏天，鲁昭公从晋国到达鲁国。秋八月二十日，晋昭公夷死了。九月，举行求雨大祭。季平子前往晋国。冬十月，安葬晋昭公。

鲁昭公十六年春天，周历正月，昭公在晋国，晋国人扣留了他。《春秋》不记载，是为了隐讳。

齐景公讨伐徐国。

楚平王听到蛮氏发生动乱和蛮君没有信用，派然丹引诱戎蛮的君长嘉而杀了他，于是占取了蛮氏。不久以后又立了他的儿子，这是合乎礼的。

二月十四日，齐军到达蒲隧，徐国人求和。徐君和郯人、莒人会见齐景公，在蒲隧订立盟约，把甲父鼎送给齐景公。叔孙婼说："诸侯没有霸主，有危害啊！齐君没有道义，出兵攻打远方国家，会见了他们，订立和约而回国，没有人能抵御，是没有霸主啊！《诗》中说：'宗周已经灭亡，无所止息安定。执政大夫离居分散，没有人知道我们的劳苦。'大概说的就是这种状况吧！"

三月，晋国的韩宣子到郑国聘问，郑定公宴请他。子产告戒说："如果在朝廷的宴会上有个席位，不要有不恭敬的表现。"孔张后到，站在宾客中间，宴会的工作人员挡住他；孔张站到客人后面，工作人员又挡住他；他只好站到悬挂的乐器间隙里。客人们因此笑他。宴礼结束，富子进谏说："大国的人，不可不慎重接待，岂有被他们耻笑而不欺负我们的？我们都做到有礼，他们尚且要鄙视我们，国家如果没有礼仪，凭什么求得荣誉？孔张没有站到合适的位置上，这是您的耻辱。"子产发怒说："发布命令不恰当，订出法令不讲信用，刑法偏颇有缺陷，诉讼官司放任混乱，盟会朝觐不讲究礼敬，派遣命令没有人听从，招致大国的欺压，使百姓疲困而没有功劳，罪过发生却不知道，这才是我的耻辱。孔张，是国君哥哥的孙子，也就是子孔的后代，执政的继承人。作为嗣大夫，奉命出使，遍使诸侯，国内人民尊敬他，诸侯知道他。他在朝廷有地位，在家里有祭祀的祖庙，在国家有俸禄，对军队有贡赋，丧礼、祭典中有职务，接受祭肉和馈送祭肉，国君的祭祀他在宗庙里辅助，已经有了固定的位置。他家在官位已有几代，世世代代保守自己的家业，如今却忘记了他应在的位置，我怎么能为他感到耻辱？有了邪辟的人就都把罪责推到当政的人身上，这是等于先王没有刑罚了。您还是用别的事来规正我吧！"

韩宣子有副玉环，其中一只在郑国的商人手中。宣子向郑定公请求，子产不给，说："不是公家府库的藏器，寡君不了解。"子太叔、子羽对子产说："韩宣子也没有多少要求，对晋国也不可以有二心，晋国和韩宣子都不可以薄待。要是正好有说坏话的人在中间挑拨，鬼神如果帮助他，来挑起他们的凶恶怨怒，后悔怎么来得及？您何必舍不得一个玉环，而因此招来大国的憎恨，何不找来给他？"子产说："我不是怠慢晋国而有二心，将要始终侍奉它，所以才不给，这是为了忠诚守信的缘故。我听说君子不担心没有财货，而担心立身没有美名。我又听说治理国家不担心不能侍奉大国抚养小国，而担心没有礼仪来确定国家的地位。大国的人对小国发命令，如果都要得到要求的东西，将拿什么供给他们？一次供给一次不供给，招来的罪过就更大。对大国的要求，如果不按礼来斥退它，会有什么满足？我们将成为他们的边邑，那样就失去了国家的地位了。如果韩宣子奉命出使却

求取玉环，那么贪婪没有节制也太过分了，难道不是罪过吗？拿出一只玉环来引起两种罪过，我国又失去了地位，韩宣子满足贪婪，哪里用得着这样呢？况且我们用玉买来罪过，不也太不合算吗？”

韩宣子从商人手中购买玉环，已经成交了，商人说：“一定要报告给君主的大夫。”韩宣子向子产请求说：“往日我请求那玉环，您认为不合道理，不敢再请求了。如今从商人手中购买，商人说一定要报告，冒昧地向您请求这件事。”子产回答说：“过去我们先君桓公和商人们都从周朝出来，更递相代，共同配合，来开垦这块土地，斩除蓬蒿藜藿等杂草而一块住在这里。世世代代订有盟誓，以互相信赖，说：‘你们不要背叛我，我不强买你们的商品，也不乞求，不掠夺。你们有赢利的买卖和珍宝财货，我不干预过问。’靠着这诚信的盟誓，所以能相安无事直到今天。现在您友好来访，却告诉敝国去强夺商人的财货，这是教敝国背叛盟誓，恐怕不可以吧！您得到玉环而失去诸侯，肯定不会干。如果大国有命令，让我们供给财物而没有定准，把郑国当成它的边邑，我们也是不干的。我如果献上玉环，不知道那样做的好处，因此冒昧地私下向您表白。”韩宣子退掉玉环，说：“我不聪明，岂敢求取玉环来求得两种罪过？谨让我退回去。”

夏天四月，郑国六位大卿在郊外为韩宣子饯行，宣子说：“诸位君子请都吟诵一首诗，我也凭这了解郑国的打算。”子齹赋《野有蔓草》，韩宣子说：“年轻人好啊！我有希望了。”子产吟诵《郑风》中的《羔裘》一诗，韩宣子说：“我不敢当。”子太叔吟诵《褰裳》，韩宣子说：“我在这里，岂敢劳驾您到别人那儿去！”子太叔拜谢，韩宣子说：“您吟诵这首诗，好啊！没有这回事的话，恐怕不能始终友好啊！”子游吟诵《风雨》，子旗吟诵《有女同车》，子柳吟诵《萚兮》，韩宣子高兴地说：“郑国差不多会治理好了吧！诸位君子用国君的名义款待我，吟诵诗篇不超出《郑风》，都亲密友好。各位君子都是几代相传的大夫，可以不必忧惧了。”韩宣子都给他们献了马，并吟诵《我将》诗。子产拜谢，让其他五位卿都行拜礼，说：“您平定动乱，岂敢不拜谢您的恩德？”

韩宣子私下带着玉和马进见子产，说：“您命令我舍弃那个玉环，这等于是赐给我玉而免除我一死，岂敢不借此来拜谢您？”

鲁昭公从晋国回到国内，子服昭伯告诉季孙意如说：“晋国的公室恐怕将终究衰微了。国君年幼力弱，六卿强大而奢侈骄傲，将会因此形成习惯，习惯而成常规，能不衰微吗？”季孙意如说：“你还小，哪里知道国家的事？”

秋天八月，晋昭公死了。

九月，举行求雨大祭，是因为天旱。

郑国大旱，派屠击、祝款、竖柎在桑山举行祭祀。砍去山上的树木，不下雨。子产说：“在山上举行祭祀，是应当培植山林，却砍去山上的树木，他们的罪过大了。”取消了他们的官职封邑。

冬天十月，季孙意如前往晋国参加晋昭公的葬礼，他说：“子服昭伯的话还可信，子服

家有个好儿子啊!"

昭公十七年

【原文】

十有七年:春,小邾子来朝。

夏,六月甲戌朔,日有食之。

秋,郯子来朝。

八月,晋荀吴帅师灭陆浑之戎。

冬,有星孛于大辰。

楚人及吴战于长岸。

十七年春,小邾穆公来朝。公与之燕。季平子赋《采叔》,穆公赋《菁菁者莪》。昭子曰:"不有以国,其能久乎?"

夏六月,甲戌朔,日有食之。祝史请所用币。昭子曰:"日有食之,天子不举,伐鼓于社;诸侯用币于社,伐鼓于朝:礼也。"平子御之,曰:"止也! 唯正月朔,慝未作,日有食之,于是乎有伐鼓用币,礼也。其余则否。"大史曰:"在此月也。日过分而未至,三辰有灾,于是乎百官降物;君不举,辟移时;乐奏鼓,祝用币,史用辞。故《夏书》曰:'辰不集于房,瞽奏鼓,啬夫驰,庶人走。'此月朔之谓也。当夏四月,是谓孟夏。"平子弗从。昭子退,曰:"夫子将有异志,不君君矣。"

秋,郯子来朝,公与之宴。昭子问焉,曰:"少皞氏鸟名官,何故也?"郯子曰:"吾祖也。我知之。昔者黄帝氏以云纪,故为云师而云名;炎帝氏以火纪,故为火师而火名;共工氏以水纪,故为水师而水名;大皞氏以龙纪,故为龙师而龙名。我高祖少皞挚之立也,凤鸟适至,故纪于鸟,为鸟师而鸟名。凤鸟氏,历正也;玄鸟氏,司分者也;伯赵氏,司至者也;青鸟氏,司启者也;丹鸟氏,司闭者也。祝鸠氏,司徒也;鴡鸠氏,司马也;鳲鸠氏,司空也;爽鸠氏,司寇也;鹘鸠氏,司事也:五鸠,鸠民者也。五雉,为五工正,利器用,正度量,夷民者也。九扈,为九农正,扈民无淫者也。自颛顼以来,不能纪远,乃纪于近。为民师而命以民事,则不能故也。"仲尼闻之,见于郯子而学之,既而告人曰:"吾闻之:'天子失官,〔官〕学在四夷。'犹信!"

晋侯使屠蒯如周,请有事于雒与三涂。苌弘谓刘子曰:"客容猛,非祭也,其伐戎乎?陆浑氏甚睦于楚,必是故也。君其备之!"乃警戎备。九月丁卯,晋荀吴帅师涉自棘津,使祭史先用牲于雒。陆浑人弗知,师从之。庚午,遂灭陆浑,数之,以其贰于楚也。陆浑子奔楚,其众奔甘鹿。周大获。宣子梦文公携荀吴而授之陆浑,故使穆子帅师;献俘于文宫。

冬，有星孛于大辰，西及汉。申须曰："彗，所以除旧布新也。天事恒象。今除于火，火出必布焉，诸侯其有火灾乎？"梓慎曰："往年吾见之，是其徵也。火出而见，今兹火出而章，必火；〔火〕入而伏。其居火也久矣，其与不然乎？火出，于夏为三月，于商为四月，于周为五月。夏数得天，若火作，其四国当之，在宋、卫、陈、郑乎！宋，大辰之虚也；陈，大皞之虚也；郑，祝融之虚也：皆火房也。星孛(天)〔及〕汉；汉，水祥也。卫，颛顼之虚也，故为帝丘，其星为大水；水，火之牡也。其以丙子若壬午作乎！水火所以合也。若火入而伏，必以壬午，不过其见之月。"

郑裨灶言于子产曰："宋、卫、陈、郑将同日火。若我用瓘斝玉瓒，郑必不火。"子产弗与。

吴伐楚。阳匄为令尹，卜：战不吉。司马子鱼曰："我得上流，何故不吉？且楚故，司马令龟，我请改卜。"令曰："鲂也以其属死之，楚师继之，尚大克之？"吉。战于长岸，子鱼先死，楚师继之，大败吴师。获其乘舟馀皇，使随人与后至者守之：环而堑之，及泉，盈其隧炭，陈以待命。

吴公子光请于其众，曰："丧先王之乘舟，岂唯光之罪？众亦有焉。请藉取之以救死！"众许之。使长鬣者三人潜伏于舟侧，曰："我呼〔馀〕皇，则对。师夜从之！"三呼，皆迭对。楚人从而杀之。楚师乱，吴人大败之，取余皇以归。

【译文】

鲁昭公十七年春天，小邾穆公前来朝见。夏六月甲戌初一日，发生日食。秋天，郯君前来朝见。八月，晋国的荀吴率军队灭亡了陆浑之戎。冬天，在大火星旁有彗星出现。楚国人与吴国在长岸交战。

鲁昭公十七年春天，小邾穆公前来朝见，昭公和他宴饮。季孙意如吟诵《采菽》，穆公吟诵《菁菁者莪》。叔孙婼说："没有治理国家的人才，难道能长久吗？"

夏六月甲戌初一日，发生日食，祝史请求用来祭祀的祭品。叔孙婼说："发生日食，天子不举行宴享，在土神庙击鼓；诸侯在土神庙用祭品祭祀，在朝廷上击鼓，这是礼制。"季孙意如禁止这样做，说："算了吧。只有周正六月初一，阴气没有兴起，发生日食，在这时击鼓用祭品，这是礼制。其余的时候就不这样。"太史说："就是在这个月。太阳过了春分而没有到夏至，日、月、星发生灾变，在这时候百官脱去朝服穿上素服，国君不举行宴享，避离正寝，躲过日食的时间，乐工击鼓，祝史用祭品，史官使用辞令。所以《夏书》说：'日月交会不处在正常的位置上，乐师击鼓，啬夫驰车，百姓奔跑。'这就是说的本月初一。正当夏历四月，这就叫作孟夏。"季孙意如不听。叔孙婼退出来说："那个人将有别的心思，不把国君当作君主了。"

秋天，郯子来鲁国朝见，昭公和他一起宴饮。叔孙婼问他说："少皞氏用鸟名作官名，是什么原因？"郯子说："他是我的祖先，我知道这个。从前黄帝因为云的吉兆而治理政

事，所以设立官长就以云名作官名。炎帝因为火的吉兆而治理政事，所以设立官长就以火名作官名。共工因为水的吉兆而治理政事，所以设立官长就以水名作官名。太皞氏因为龙的吉兆而治理政事，所以设立官长就以龙名作官名。到我们远祖少皞挚即位时，凤凰恰好飞到，所以就由鸟而治政，设立官长就以鸟名作官名。凤鸟氏，就是掌管历法的官。玄鸟氏，是掌管春分、秋分的官。伯赵氏，是掌管夏至、冬至的官。青鸟氏，是掌管立春、立夏的官。丹鸟氏，是掌管立秋、立冬的官。祝鸠氏，就是司徒。鴡鸠氏，就是司马。鳲鸠氏，就是司空。爽鸠氏，就是司寇。鹘鸠氏，就是司事。这五个鸠氏，是聚集百姓的。五雉，则是五种管理工匠的官长，是改进器物用具，校正度量衡器，安定百姓的官。九扈，则是九种管理农业的官长，是禁止老百姓放纵的官。从颛顼以来，不能治理远方，就从近处百姓开始治理，设立管理百姓的官长而拿百姓的事务来命名，就不能照过去那样了。”孔子听说这件事，进见郯子向他学习。后来告诉别人说：“我听说，天子失去了关于立官的礼制，就在四方小国那儿学，这还是可信的。”

晋顷公派屠蒯前往周朝，请求祭祀洛水和三涂山。苌弘对刘子说：“来客面容凶猛，不是要祭祀山川，恐怕是进攻戎人吧！陆浑氏和楚国非常友好，肯定是这个缘故。您还是防备点吧！”于是为防备戎人而加强警戒。九月二十四日，晋国的荀吴率军队从棘津徒步过河，让祭史先用牲祭祀洛水。陆浑人不知道，军队就跟着进攻。二十七日，就灭亡了陆浑，指责他们对晋国有二心而亲附楚国。陆浑君逃亡到楚国。他的部众逃亡到甘鹿。周朝俘获了许多逃亡的陆浑戎人。韩宣子梦见晋文公拉着荀吴而把陆浑交付给他，所以就派荀吴领兵，到文公庙祭献俘虏。

冬天，有彗星出现在大火星旁，光芒向西延伸到银河。申须说：“扫帚是用来除旧布新的。天上的事情常常有所象征，现在对大火星进行扫除，大火星再出现时必定布散成灾，诸侯恐怕会发生火灾吧！”梓慎说：“去年我见到它，这就是它的征兆了。去年大火星出现而见到彗星，今年大火星出现而彗星更加明亮。一定是在大火星消失时潜伏起来，与大火星处在一起很久了，难道不是这样吗？大火星出现，在夏历是三月，在商历是四月，在周历是五月。夏代的历数符合天时，如果发生火灾，恐怕是四个国家承当，也就是宋、卫、陈、郑四国吧！宋国，是大火星的分野；陈国，是太皞的分野；郑国，是祝融的分野，都是大火星居处的地方。彗星的光芒到达银河，银河，是水的征象。卫国，是颛顼的分野，所以称为帝丘。和卫国相配的星是大水，水，是火的雄性配偶。大概会在丙子日或者壬午日发生火灾吧！那是水火相会合的日子。如果大火星消失而彗星潜伏，一定在壬午日，不会超过它出现的那个月。”

郑国的裨灶对子产说：“宋、卫、陈、郑四国将同一天发生火灾，如果我们用瓘斝、玉瓒祭祀，郑国一定不会发生火灾。”子产不赞成。

吴国攻打楚国，阳匄做令尹，卜问战争的胜负，结果不吉利。司马子鱼说：“我们处在上游，怎么会不吉利？而且按楚国旧例，是由司马在占卜前报告所要卜问的事情，我请求重新占卜。”报告说：“我率领我的部属拼死一战，楚国的大军跟上去，希望大获全胜。”占卜结果吉利。于是在长岸交战，子鱼首先战死，楚军跟上去，大败吴军。缴获他们一条叫余皇的乘船，派随国人和后到的人看守它，围绕着船挖一道堑壕，深及泉水，里面填满木炭，摆好阵势等待命令。

吴国的公子光向他的部众请求说：“丢掉了先王的乘船，难道只是我的罪过，你们大家也有份的。请让我凭借你们的力量夺取回来以挽救死罪。”部众答应了他。于是派遣三个高大健壮的人偷偷埋伏在船旁，说：“我喊余皇，你们就回答，军队在晚上再跟上去。”喊了三声，埋伏的人都交替回答，楚国人循声跟上去把他们杀了。楚军大乱。吴国人大败楚军，夺取余皇船带回去。

昭公十八年

【原文】

十有八年：春，王三月，曹伯须卒。

夏，五月壬午，宋、卫、陈、郑灾。

六月，邾人入鄅。

秋，葬曹平公。

冬，许迁于白羽。

十八年春，王二月乙卯，周毛得杀毛伯过而代之。苌弘曰：“毛得必亡！是昆吾稔之日也，侈故之以。而毛得以济侈于王都，不亡何待？”

三月，曹平公卒。

夏五月，火始昏见。丙子，风。梓慎曰：“是谓融风，火之始也。七日，其火作乎！”戊寅，风甚。壬午，大甚。宋、卫、陈、郑皆火。梓慎登大庭氏之库以望之，曰：“宋、卫、陈、郑也。”数日，皆来告火。

裨灶曰：“不用吾言，郑又将火。”郑人请用之，子产不可。子大叔曰：“宝，以保民也。若有火，国幾亡。可以救亡，子何爱焉？”子产曰：“天道远，人道迩，非所及也，何以知之？灶焉知天道？是亦多言矣，岂不或信？”遂不与。亦不复火。

郑之未灾也，里析告子产曰：“将有大祥，民震动，国幾亡。吾身泯焉，弗良及也。国迁，其可乎？”子产曰：“虽可，吾不足以定迁矣。”及火，里析死矣，未葬；子产使舆三十人迁其柩。

火作，子产辞晋公子、公孙于东门，使司寇出新客，禁旧客勿出于宫。使子宽、子上巡群屏摄，至于大宫。使公孙登徙大龟，使祝史徙祐于周庙，告于先君。使府人、库人各儆其事。商成公儆司宫，出旧宫人，寘诸火所不及。司马、司寇列居火道，行火所焮。城下

之人，伍列登城。明日，使野司寇各保其徼，郊人助祝史除于国北，禳火于玄冥、回禄，祈于四鄘。书焚室而宽其征，与之材。三日哭，国不市。使行人告于诸侯。

宋、卫皆如是。陈不救火，许不吊灾，君子是以知陈、许之先亡也。

六月，鄅人藉稻，邾人袭鄅。鄅人将闭门，邾人羊罗摄其首焉，遂入之，尽俘以归。鄅子曰："余无归矣！"从帑于邾。邾庄公反鄅夫人而舍其女。

秋，葬曹平公。往者见周原伯鲁焉，与之语，不说学。归以语闵子马，闵子马曰："周其乱乎？夫必多有是说，而后及其大人。大人患失而惑，又曰'可以无学，无学不害'。不害而不学，则苟而可；于是乎下陵上替，能无乱乎？夫学，殖也，不学将落。原氏其亡乎！"

七月，郑子产为火故，大为社，祓禳于四方，振除火灾，礼也。乃简兵大蒐，将为蒐除。子大叔之庙在道南，其寝在道北，其庭小；过期三日，使除徒陈于道南庙北，曰："子产过女而命速除，乃毁于而乡！"子产朝，过而怒之。除者南毁。子产及衝，使从者止之，曰："毁于北方。"

火之作也，子产授兵登陴。子大叔曰："晋无乃讨乎？"子产曰："吾闻之：小国忘守则危，况有灾乎？国之不可小，有备故也。"既，晋之边吏让郑曰："郑国有灾，晋君、大夫不敢宁居，卜筮走望，不爱牲玉。郑之有灾，寡君之忧也。今执事撊然授兵登陴，将以谁罪？边人恐惧，不敢不告！"子产对曰："若吾子之言，敝邑之灾，君之忧也。敝邑失政，天降之灾，又惧谗慝之间谋之以启贪人，荐为敝邑不利以重君之忧。幸而不亡，犹可说也；不幸而亡，君虽忧之，亦无及也。郑有他竟，望走在晋。既事晋矣，其敢有二心？"

楚左尹王子胜言于楚子曰："许于郑，仇敌也，而居楚地以不礼于郑。晋、郑方睦，郑若伐许而晋助之，楚丧地矣。君盍迁许？许不专于楚。郑方有令政，许曰：'余旧国也。'郑曰：'余俘邑也。'叶在楚国，方城外之蔽也。土不可易，国不可小，许不可俘，雠不可启。君其图之！"楚子说。冬，楚子使王子胜迁许于析，实白羽。

【译文】

鲁昭公十八年春天，周历三月，曹平公死了。夏天，五月十三日，宋国、卫国、陈国、郑国发生火灾。六月，邾国人进入鄅国。秋天，安葬曹平公。冬天，许国迁移到白羽。

鲁昭公十八年春天，周历二月十五，周朝的毛得杀了毛伯过而取代他的地位。苌弘说："毛得必定逃亡，这一天是昆吾恶贯满盈的日子，是因为他骄横的缘故。而毛得在周王的都城里以骄横成事，不逃亡还等待什么？"

三月，曹平公死。

夏天，五月，大火星在黄昏开始出现。初七日开始刮风。梓慎说："这叫作融风，是火灾的开始。过七天，火灾恐怕会发生了吧！"初九日，风厉害起来。十四日，刮得更加厉害。宋国、卫国、陈国、郑国都发生火灾。梓慎登上大庭家的库房眺望，说："是宋国、卫国、陈国、郑国起火。"一连几天都有来报告火灾的。

禅灶说："不采用我说的办法，郑国又会发生火灾。"郑国人请求采用他的话，子产不同意。子太叔说："宝物是用来安定人民的，如果有火灾，国家都差不多会灭亡。可以用来挽救灭亡，你何必舍不得呢?"子产说："天象幽远，人世间的道理切近，两者并不相干，凭什么知道它们的关系？禅灶怎么会知道天象？这个人也是话太多了，难道不会偶尔言中?"终究没有采用他的办法，也没再发生火灾。

郑国没有发生火灾的时候，里析报告子产说："将发生大灾变，百姓会震惊骚动，国家差不多会灭亡。我自己那时已经死了，不能等到发生灾变。迁移国都，可以吗?"子产说："即使可以，我无法决定迁都的事。"等到火灾发生，里析死了，还没安葬，子产派三十个舆人迁走他的棺柩。

火灾发生，子产在东门辞退晋国的公子公孙，让司寇把新来的客人送出去，禁止老客从客馆中出来。派子宽、子上巡视各祭神之处，直到大宫。派公孙登搬走占卜用的大龟。派祝史把安放神主的石匣搬迁到周庙，并向先君报告。派府人、库人各自警戒他们的职责范围。派商成公警戒管理后宫的官员，把先公的宫女迁出来，安置到大火烧不到的地方。司马、司寇分布在火道上，巡视火烧到的地方。城下的人列队登城。第二天，派野司寇分别管束他们征来的徒役，郊人帮助祝史在国都北面清除地面设置祭坛，祭祀水神、火神以攘除火灾，又在四边城墙上祈祷。记载烧毁的房屋以宽免他们的赋税，发给他们建房材料。郑国臣民哭了三天，国都内停止买卖。派行人向诸侯报告灾情。

宋国、卫国都像这样。陈国不救火，许国不慰问灾民，君子因此推知陈国、许国将首先灭亡。

六月，鄅国国君巡视藉田的稻子，邾国人偷袭鄅国。鄅国人打算关闭城门，邾国人羊罗把关门人的头砍下用手提着，于是进入城内，全部俘虏了鄅国臣民带回去。鄅国国君说："我没有地方可回了。"跟随妻子儿女到了邾国，邾庄公归还他的夫人，而留下他的女儿。

秋天，安葬曹平公。鲁国前去参加葬礼的人在那儿见到周朝的原伯鲁，和他说话，他说到不喜欢学习。回国后把这事告诉闵子马，闵子马说："周朝恐怕要发生动乱了吧！一定有很多人有这种说法，然后才影响到他们当权的人。当权的人担心失去官位而不明事理，又说：'可以不要学习，不学习没有害处。'没有害处而不学习，就苟且马虎而满足，于是在下的人凌驾于在上的，在上的人荒废懈怠，能不发生动乱吗？学习，就好像种植，不学习就将堕落，原氏恐怕要灭亡了吧！"

七月，郑国子产因为火灾的缘故，大修社庙，祭祀四方之神以除灾求福，救治火灾，这是合乎礼的。于是挑选士兵举行大规模检阅，准备为检阅清除场地。子太叔的家庙在路南，他的住房在路北，他的庭院很小。超过拆迁期限三天，他让清除场地的徒卒排列在路南庙北，说："子产经过你们这里而命令赶快拆除时，就朝你们面向的南边拆除。"子产上朝，经过那里而对此感到愤怒，清除场地的徒卒就朝南边毁庙。子产赶到交叉街口，派随

从人员制止他们,说:“朝北边拆毁。”

火灾发生的时候,子产发放兵器登上城墙,子太叔说:“这样晋国恐怕会来讨伐吧?”子产说:“我听说,小国忘记防守就危险,何况有火灾呢?国家不可轻视,就是有防备的缘故。”发放兵器不久,晋国的边境官员责备郑国说:“郑国有了火灾,晋国的君主、大夫都不敢安居,卜问占筮,遍祭山川,不吝惜牺牲玉帛。郑国有火灾,是寡君的忧虑。现在执事气势汹汹地发放兵器登上城墙,打算拿来治谁的罪?边境上的人感到害怕,不敢不向您报告。”子产回答说:‘正像您说的,敝邑的灾害,是贵君的忧虑。敝邑政治不当,上天降下灾祸,又担心进谗言的人挑拨离间,邪恶的人打敝邑的主意,而引起贪婪的人的贪心,频繁造成敝邑的不利,来加重贵君的忧虑。幸而不被灭亡,还可以值得庆幸;不幸而被灭亡,贵君即使为敝邑忧虑,也来不及了。郑国也与其他国家边境相邻,但能仰望投奔的只有晋国。已经侍奉晋国了,岂敢有二心?”

楚国左尹王子胜对楚平王说:“许国对于郑国,是仇敌,而处在楚国领土中,因而对郑国不礼貌。晋国和郑国正和睦友好,郑国如果攻打许国,而晋国又帮助它,楚国就丧失土地了。君王何不迁走许国?许国不专属于楚国,郑国方能施行好的政治。许国说:‘郑国是我们的旧都所在地。’郑国说:‘许国是我们俘获的城邑。’叶地在楚国来说,是方城山外的屏障。领土不可轻视,国家不可小看,许国不可俘获,仇恨不可引起。君王考虑一下吧!”楚平王很高兴。冬天,楚平王派王子胜把许国迁到析地,也就是白羽。

昭公十九年

【原文】

十有九年:春,宋公伐邾。

夏,五月戊辰,许世子止弑其君买。

己卯,地震。

秋,齐高发帅师伐莒。

冬,葬许悼公。

十九年春,楚工尹赤迁阴于下阴,令尹子瑕城郏。叔孙昭子曰:“楚不在诸侯矣,其仅自完也,以持其世而已。”

楚子之在蔡也,郹阳封人之女奔之,生大子建。及即位,使伍奢为之师。费无极为少师,无宠焉,欲谮诸王,曰:“建可室矣。”王为之聘于秦。无极与逆,劝王取之。正月,楚夫人嬴氏至自秦。

鄅夫人,宋向戌之女也,故向宁请师。二月,宋公伐邾,围虫。三月,取之,乃尽归鄅俘。

夏，许悼公疟。五月戊辰，饮大子止之药卒。大子奔晋。书曰“弑其君”。君子曰：“尽心力以事君，舍药物可也。”

邾人、郳人、徐人会宋公。乙亥，同盟于虫。

楚子为舟师以伐濮。费无极言于楚子曰：“晋之伯也，迩于诸夏；而楚辟陋，故弗能与争。若大城城父，而寘大子焉，以通北方，王收南方，是得天下也。”王说，从之。故大子建居于城父。

令尹子瑕聘于秦，拜夫人也。

秋，齐高发帅师伐莒，莒子奔纪鄣。使孙书伐之。

初，莒有妇人，莒子杀其夫；已为嫠妇。及老，托于纪鄣，纺焉以度而去之。及师至，则投诸外。或献诸子占，子占使师夜缒而登。登者六十人，缒绝，师鼓噪；城上之人亦噪。莒共公惧，启西门而出。七月丙子，齐师入纪。

是岁也，郑驷偃卒。子游娶于晋大夫，生丝，弱，其父兄立子瑕。子产憎其为人也，且以为不顺，弗许，亦弗止。驷氏耸。

子游

他日，丝以告其舅。冬，晋人使以币如郑，问驷乞之立故。驷氏惧，驷乞欲逃，子产弗遣；请龟以卜，亦弗予。大夫谋对，子产不待而对客曰：“郑国不天，寡君之二三臣札瘥夭昏。今又丧我先大夫偃，其子幼弱，其一二父兄惧队宗主，私族于谋而立长亲。寡君与其二三老曰：‘抑天实剥乱是，吾何知焉？’谚曰‘无过乱门’，民有乱兵，犹惮过之，而况敢知天之所乱？今大夫将问其故，抑寡君实不敢知，其谁实知之？平丘之会，君寻旧盟曰：‘无或失职！’若寡君之二三臣，其即世者，晋大夫而专制其位，是晋之县鄙也，何国之为？”辞客币而报其使，晋人舍之。

楚人城州来。沈尹(戌)〔戌〕曰：“楚人必败！昔吴灭州来，子旗请伐之，王曰：‘吾未抚吾民。’今亦如之，而城州来以挑吴，能无败乎？”侍者曰：“王施舍不倦，息民五年，可谓抚之矣。”(戌)〔戌〕曰：“吾闻抚民者，节用于内而树德于外，民乐其性而无寇仇。今宫室无量，民人日骇，劳罢死转，忘寝与食，非抚之也！”

郑大水，龙斗于时门之外洧渊，国人请为禜焉。子产弗许，曰：“我斗，龙不我觌也。龙斗，我独何觌焉？禳之，则彼其室也。吾无求于龙，龙亦无求于我。”乃止也。

令尹子瑕言蹶由于楚子，曰：“彼何罪？谚所谓‘室于怒，市于色’者，楚之谓矣。舍前之忿可也。”乃归蹶由。

【译文】

鲁昭公十九年春天，宋元公攻打邾国。夏五月初五日，许国的太子止杀了他的君主许悼公。十六日，发生地震。秋天，齐国的高发领兵攻打莒国。冬天，安葬许悼公。

鲁昭公十九年春天，楚国的工尹赤把阴城迁到下阴，令尹子瑕在郏地筑城。叔孙婼说："楚国的意图不在诸侯了，恐怕仅仅能保全自己，以保持它的世代相传罢了。"

楚平王先前在蔡国的时候，郹阳封人的女儿和他私奔，生了太子建。等到楚王即位，派伍奢做他的师傅，费无极做少师。费无极在太子建那儿不受宠信，想要在楚王面前说坏话诬陷他，就说："太子建可以娶妻了。"楚王为他到秦国行聘娶亲，费无极参加了迎亲，劝楚王自己娶了那个秦国女子。正月，楚夫人嬴氏从秦国来到楚国。

鄅夫人是宋国向戌的女儿，所以向宁请求宋公发兵攻打邾国。二月，宋元公攻打邾国，包围虫地。三月，占取虫地，就把邾国原来抓来的鄅国俘虏全部放了回去。

夏天，许悼公患了疟疾。五月初五日，喝了太子止的药，死了。太子止逃亡到晋国。《春秋》记载说："弑其君。"君子说："尽心尽力地侍奉君主，不进献药物是可以的。"

邾国人、郳国人和徐国人会见宋元公，五月十二日，一起在虫地结盟。

楚平王组成水军去攻打濮，费无极对楚平王说："晋国能做霸主，是因为接近中原各国，而楚国偏僻鄙陋，所以不能与它相争。如果扩大城父的城墙而把太子安置在那里镇守，以结交北方诸侯，君王收取南方，这样就得到天下了。"楚王很高兴，听从了他的话。所以太子建居处城父。

令尹子瑕到秦国聘问，是为了拜谢秦国把嬴氏嫁给楚国做夫人。

秋天，齐国的高发率领军队攻打莒国，莒共公逃亡到纪鄣，齐国又派孙书攻打纪鄣。

当初，莒国有个女人，莒共公杀了她的丈夫，已经成了寡妇。等到年老，寄居在纪鄣。她纺线搓绳量了城墙的高度然后收藏起来。等到齐军到来，就把绳子扔到城外。有人把绳子献给孙书，孙书命令军队在晚上用绳子吊着攀登城墙。登上城的有六十人，绳子断了，军队击鼓呐喊，登上城的人也呐喊。莒共公害怕，打开西门逃出去。七月十四日，齐军进入纪鄣。

这一年，郑国的子游死了。子游娶晋国大夫的女儿为妻，生了丝，还年幼，他的父兄们立了子瑕为继承人。子产厌恶子瑕的为人，而且认为立他不是名正言顺，就不答应，也不制止，子游家族的人很害怕。

过了些日子，驷丝把情况告诉他的舅父。冬天，晋国人派使者带了财礼前往郑国，询问立子瑕的原因。子瑕家族的人害怕，子瑕想要逃走，子产不放行，请求龟甲用来占卜，子产也不给。大夫们商议答复的办法，子产不等他们商量的结果就回答客人说："郑国不能得到上天的保佑，寡君的几位臣子夭折病亡。如今又失去了我们的先大夫子游，他的儿子幼小，他的几个父兄害怕断了宗庙祭主，和家族的人商议立了年长的亲子。寡君和他的几位老臣说：'也许上天确实打乱了这个家族的继承常规，我对此知道什么呢？'俗话说：'不要经过动乱人家的门口。'老百姓动刀枪作乱，尚且害怕经过那里，何况敢知道上天搅乱的东西？现在大夫将要询问它的缘故，寡君确实不敢知道，还有谁能知道它？平丘那次盟会，君主重温过去的盟约说：'不要有人失职。'如果寡君的几位臣子，其中有去世的，晋国大夫都要专断地控制它的职位继承，这就是把我国当成晋国的边远县邑了，还成什么国家？"辞谢客人的财礼而回报他们的使者。晋国人放弃了这件事。

楚国人在州来筑城，沈尹戌说："楚国人一定失败。从前吴国灭亡州来，子旗请求攻打吴国，君王说：'我没有安抚我的百姓。'现在也像从前一样，却在州来筑城去挑动吴国，能不失败吗？"侍从说："君王施舍恩德不厌倦，让老百姓休养生息五年了，可说安抚他们了。"沈尹戌说："我听说安抚老百姓的君王，在朝廷内节约费用，在朝廷外树立德行，老百姓乐于他们的生活，而没有仇敌。现在宫室的费用没有限量，老百姓每天为劳苦疲困、死了无人安葬而担惊受怕，忘掉了睡觉吃饭，这不算是安抚他们了。"

郑国涨大水，有龙在时门外的洧渊里相斗，国人请求举行禜祭，子产不答应，说："我们斗争，龙没有来看我们；龙相斗，我们偏要看什么呢？祭祀而驱除它，但那儿本是它的家。我们对龙没有所求，龙也对我们无所求。"于是作罢。

令尹子瑕向楚平王谈起蹶由说："他有什么罪？俗话所说的'在家里生气，到大街上给人看脸色'，说的就是楚国了。可以抛弃以前的怨恨了。"于是就把蹶由放回吴国。

昭公二十年

【原文】

二十年：春，王正月。

夏，曹公孙会自鄸出奔宋。

秋，盗杀卫侯之兄絷。

冬，十月，宋华亥、向宁、华定出奔陈。

十有一月辛卯，蔡侯庐卒。

二十年春，王二月己丑，日南至。梓慎望氛，曰："今兹宋有乱，国幾亡，三年而后弭。蔡有大丧。"叔孙昭子曰："然则戴、桓也。(汏)〔汏〕侈无礼已甚，乱所在也。"

费无极言于楚子曰："建与伍奢将以方城之外叛，自以为犹宋、郑也，齐、晋又交辅之，将以害楚，其事集矣。"王信之，问伍奢。伍奢对曰："君一过多矣，何信于谗？"王执伍奢，使城父司马奋扬杀大子。未至，而使遣之。三月，大子建奔宋。王召奋扬，奋扬使城父人执己以至。王曰："言出于余口，入于尔耳，谁告建也？"对曰："臣告之。君王命臣曰：'事建如事余。'臣不佞，不能苟贰。奉初以还，不忍后命，故遣之。既而悔之，亦无及已。"王

曰："而敢来，何也？"对曰："使而失命，召而不来，是再奸也。逃无所入。"王曰："归，从政如他日。"

无极曰："奢之子材，若在吴，必忧楚国，盍以免其父召之？彼仁，必来。不然，将为患。"王使召之，曰："来，吾免而父。"棠君尚谓其弟员曰："尔适吴，我将归死。吾知不逮，我能死，尔能报。闻免父之命，不可以莫之奔也；亲戚为戮，不可以莫之报也。奔死免父，孝也；度功而行，仁也；择任而往，知也；知死不辟，勇也。父不可弃，名不可废，尔其勉之！相从为愈。"伍尚归。奢闻员不来，曰："楚君、大夫其旰食乎！"楚人皆杀之。

员如吴，言伐楚之利于州于。公子光曰："是宗为戮，而欲反其雠，不可从也。"员曰："彼将有他志。余姑为之求士，而鄙以待之。"乃见鱄设诸焉，而耕于鄙。

宋元公无信多私，而恶华、向。华定、华亥与向宁谋曰："亡愈于死，先诸？"华亥伪有疾，以诱群公子。公子问之，则执之。夏六月丙申，杀公子寅、公子御戎、公子朱、公子固、公孙援、公孙丁，拘向胜、向行于其廪。公如华氏请焉，弗许，遂劫之。癸卯，取大子栾与母弟辰、公子地以为质。公亦取华亥之子无感、向宁之子罗、华定之子启，与华氏盟，以为质。

卫公孟絷狎齐豹，夺之司寇与鄄。有役则反之，无则取之。公孟恶北宫喜、褚师圃，欲去之。公子朝通于襄夫人宣姜，惧而欲以作乱。故齐豹、北宫喜、褚师圃、公子朝作乱。

初，齐豹见宗鲁于公孟，为骖乘焉。将作乱而谓之曰："公孟之不善，子所知也。勿与乘！吾将杀之。"对曰："吾由子事公孟，子假吾名焉，故不吾远也。虽其不善，吾亦知之；抑以利故，不能去：是吾过也。今闻难而逃，是僭子也。子行事乎，吾将死之以周事子，而归死于公孟，其可也。"

丙辰，卫侯在平寿。公孟有事于盖获之门外。齐子氏帷于门外而伏甲焉，使祝蛙寘戈于车薪以当门，使一乘从公孟以出。(使)华齐御公孟，宗鲁骖乘。及闳中，齐氏用戈击公孟，宗鲁以背蔽之，断肱，以中公孟之肩。皆杀之。

公闻乱，乘，驱自阅门入。庆比御公，公南楚骖乘。使华寅乘贰车。及公宫，鸿骝魋驷乘于公。公载宝以出。褚师子申遇公于马路之衢，遂从。过齐氏，使华寅肉袒执盖以当其阙。齐氏射公，中南楚之背。公遂出，寅闭郭门，逾而从公。公如死鸟。析朱钼宵从窦出，徒行从公。

齐侯使公孙青聘于卫。既出，闻卫乱，使请所聘。公曰："犹在竟内，则卫君也。"乃将事焉，遂从诸死鸟，请将事。辞曰："亡人不佞，失守社稷，越在草莽，吾子无所辱君命。"宾曰："寡君命下臣于朝，曰：'阿下执事。'臣不敢贰！"主人曰："君若惠顾先君之好，(昭)〔照〕临敝邑，镇抚其社稷，则有宗祧在。"乃止。卫侯固请见之。不获命，以其良马见，为未致使故也。卫侯以为乘马。宾将掫，主人辞曰："亡人之忧，不可以及吾子。草莽之中，不足以辱从者。敢辞！"宾曰："寡君之下臣，君之牧圉也。若不获扞外役，是不有寡君也。臣惧不免于戾，请以除死！"亲执铎，终夕与于燎。

齐氏之宰渠子召北宫子。北宫氏之宰不与闻谋，杀渠子，遂伐齐氏，灭之。丁巳晦，公入，与北宫喜盟于彭水之上。秋七月戊午朔，遂盟国人。八月辛亥，公子朝、褚师圃、子玉霄、子高鲂出奔晋。闰月戊辰，杀宣姜。卫侯赐北宫喜谥曰“贞子”，赐析朱钽谥曰“成子”，而以齐氏之墓予之。

卫侯告宁于齐，且言子石。齐侯将饮酒，遍赐大夫曰：“二三子之教也！”苑何忌辞，曰：“与于青之赏，必及于其罚。在《康诰》曰：父子兄弟，罪不相及。况在群臣？臣敢贪君赐以干先王？”

琴张闻宗鲁死，将往吊之。仲尼曰：“齐豹之盗，而孟絷之贼，女何吊焉？君子不食奸，不受乱，不为利疚于回，不以回待人，不盖不义，不犯非礼。”

宋华、向之乱，公子城、公孙忌、乐舍、司马强、向宜、向郑、楚建、郳甲出奔郑。其徒与华氏战于鬼阎，败子城。子城适晋。

华亥与其妻，必盥而食所质公子者而后食。公与夫人每日必适华氏，食公子而后归。华亥患之，欲归公子。向宁曰：“唯不信，故质其子。若又归之，死无日矣！”公请于华费遂，将攻华氏。对曰：“臣不敢爱死。无乃求去忧而滋长乎？臣是以惧，敢不听命？”公曰：“子死亡有命。余不忍其询。”

冬十月，公杀华、向之质而攻之。戊辰，华、向奔陈，华登奔吴。向宁欲杀大子，华亥曰：“干君而出，又杀其子，其谁纳我？且归之有庸！”使少司寇牼以归，曰：“子之齿长矣，不能事人。以三公子为质，必免。”公子既入，华牼将自门行；公遽见之，执其手，曰：“余知而无罪也。入，复而所！”

齐侯疥，遂痁，期而不瘳。诸侯之宾问疾者多在，梁丘据与裔款言于公曰：“吾事鬼神丰，于先君有加矣。今君疾病为诸侯忧，是祝、史之罪也。诸侯不知，其谓我不敬。君盍诛于祝固、史嚚以辞宾？”

公说，告晏子。晏子曰：“日宋之盟，屈建问范会之德于赵武，赵武曰：‘夫子之家事治；言于晋国，竭情无私。其祝、史祭祀，陈信不愧。其家事无猜，其祝、史不祈。’建以语康王，康王曰：‘神人无怨，宜夫子之光辅五君以为诸侯主也。’”公曰：“据与款谓寡人能事鬼神，故欲诛于祝、史。子称是语何故？”对曰：“若有德之君，外内不废，上下无怨，动无违事；其祝、史荐信，无愧心矣。是以鬼神用飨，国受其福，祝、史与焉。其所以蕃祉老寿者，为信君使也，其言忠信于鬼神。其适遇淫君外内颇邪、上下怨疾，动作辟违、从欲厌私，高台深池、撞钟舞女，斩刈民力、输掠其聚，以成其违，不恤后人；暴虐淫从，肆行非度，无所还忌，不思谤讟，不惮鬼神；神怒民痛，无悛于心——其祝、史荐信，是言罪也；其盖失数美，是矫诬也；进退无辞，则虚以求媚。是以鬼神不飨其国以祸之，祝、史与焉。所以夭昏孤疾者，为暴君使也，其言僭嫚于鬼神。”公曰：“然则若之何？”对曰：“不可为也：山林之木，衡鹿守之；泽之萑蒲，舟(鲛)〔鲛〕守之；薮之薪蒸，虞候守之；海之盐蜃，祈望守之。县鄙之人，入从其政；偪(介)〔尒〕之关，暴征其私；承嗣大夫，强易其贿。布常无艺，徵敛

无度;宫室日更,淫乐不违。内宠之妾,肆夺于市;外宠之臣,僭令于鄙。私欲养求,不给则应。民人苦病,夫妇皆诅;祝有益也,诅亦有损:聊、摄以东,姑、尤以西,其为人也多矣。虽其善祝,岂能胜亿兆人之诅?君若欲诛于祝、史,修德而后可。"公说,使有司宽政,毁关去禁,薄敛已责。

十二月,齐侯田于沛。招虞人以弓,不进。公使执之,辞曰:"昔我先君之田也,旃以招大夫,弓以招士,皮冠以招虞人。臣不见皮冠,故不敢进。"乃舍之。仲尼曰:"守道不如守官。"君子韪之。

齐侯至自田。晏子侍于遄台,子犹驰而造焉。公曰:"唯据与我和夫!"晏子对曰:"据亦同也,焉得为和?"公曰:"和与同异乎?"对曰:"异。和如羹焉,水、火、醯、醢、盐、梅以(烹)〔亨〕鱼肉,燀之以薪,宰夫和之,齐之以味;济其不及,以泄其过。君子食之,以平其心。君臣亦然。君所谓可,而有否焉,臣献其否,以成其可;君所谓否,而有可焉,臣献其可,以去其否:是以政平而不干,民无争心。故《诗》曰:'亦有和羹,既戒既平。鬷嘏无言,时靡有争。'先王之济五味,和五声也,以平其心,成其政也。声亦如味,一气,二体,三类,四物,五声,六律,七音,八风,九歌,以相成也;清浊,小大,短长,疾徐,哀乐,刚柔,迟速,高下,出入,周疏,以相济也。君之听之,以平其心。心平,德和,故《诗》曰:'德音不瑕。'今据不然。君所谓可,据亦曰可;君所谓否,据亦曰否。若以水济水,谁能食之?若琴瑟之专壹,谁能听之?同之不可也如是!"

饮酒乐。公曰:"古而无死,其乐若何?"晏子对曰:"古而无死,则古之乐也,君何得焉?昔爽鸠氏始居此地,季萴因之,有逢伯陵因之,蒲姑氏因之,而后大公因之。古(者)〔若〕无死,爽鸠氏之乐,非君所愿也。"

郑子产有疾,谓子大叔曰:"我死,子必为政。唯有德者能以宽服民,其次莫如猛。夫火烈,民望而畏之,故鲜死焉;水懦弱,民狎而玩之,则多死焉:故宽难。"疾数月而卒。大叔为政,不忍猛而宽。郑国多盗,取人于萑苻之泽。大叔悔之,曰:"吾早从夫子,不及此。"兴徒兵以攻萑苻之盗,尽杀之。盗少止。

仲尼曰:"善哉!政宽则民慢,慢则纠之以猛。猛则民残,残则施之以宽。宽以济猛,猛以济宽,政是以和。《诗》曰:'民亦劳止,汔可小康;惠此中国,以绥四方。'施之以宽也。'毋从诡随,以谨无良;式遏寇虐,惨不畏明。'纠之以猛也。'柔远能迩,以定我王。'平之以和也。又曰:'不竞不絿,不刚不柔。布政优优,百禄是遒。'和之至也!"及子产卒,仲尼闻之,出涕曰:"古之遗爱也!"

【译文】

鲁昭公二十年春天,周历正月。夏天,曹国的公孙会从鄸城逃亡到宋国。秋天,作乱的人杀死了卫灵公的哥哥公孟絷。冬天十月,宋国的华亥、向宁、华定逃亡到陈国。十一月初七日,蔡平公庐死了。

鲁昭公二十年春天，周历二月初一日，冬至。梓慎观察天上的云气，说："今年宋国有动乱，国家差不多会灭亡，三年后才止息下来。蔡国有重大丧事。"叔孙婼说："那么就发生在戴、桓两族了！他们骄奢无礼太甚，是动乱发生的地方。"

费无极对楚平王说："太子建和伍奢将率领方城山外的人叛乱，自以为像宋国、郑国一样，齐晋两国又交相辅助他，将因此危害楚国。他们的事快要成功了。"楚平王相信费无极说的话，问伍奢，伍奢回答说："君王犯一次过错已经严重了，怎么还相信谗言？"楚王逮捕了伍奢，派城父的司马奋扬去杀太子建。奋扬还没到达，先派人送走了太子建。三月，太子建逃亡到宋国。楚平王召回奋扬，奋扬让城父人拘捕自己回到朝廷。楚平王问："话从我的口里说出，进入你的耳朵，是谁通报太子建的？"奋扬回答说："是下臣通报他的。君王命令我说：'侍奉太子要像侍奉我一样。'下臣无能，也不能苟且背叛。奉行当初的命令来侍奉太子，就不忍心执行后来杀他的命令，所以送走了他。完了之后为此后悔，也来不及了。"楚王说："那你敢于前来，为什么？"奋扬回答说："执行使命却违背命令，召我而不回来，这样就是两次违犯命令。即使逃跑也没有去的地方。"楚平王说："回城父去吧。"于是治理政事还像往日一样。

费无极说："伍奢的儿子有才能，如果留在吴国，一定会成为楚国的忧患，何不以赦免他父亲为名义召回他们。他们仁爱，一定会来。不然的话，将成为祸患。"楚平王派人召他们，说："回国来，我赦免你们父亲。"棠邑大夫伍尚对他的弟弟伍员说："你前往吴国，我打算回国为父亲去死。我的才智不及你，我能去死，你能报仇。听到赦免父亲的命令，不可不为它奔走；亲人被杀，不可不替他报仇。奔向死亡使父亲免祸，这是孝；估量功效而行事，这是仁；选择应尽的责任去完成，这是智；明知会死而不逃避，这是勇。父亲不能抛弃，名誉不可毁坏，你还是努力吧！听从我的意见为好。"伍尚回到楚国，伍奢听到伍员没来，说："楚国的君王、大夫将不能按时吃饭了吧！"楚国人把伍奢、伍尚都杀了。

伍员前往吴国，向州于说明攻打楚国的好处。公子光说："这是宗族的人被杀戮而想要报他们的私仇，不可听从。"伍员说："他会有异心，我姑且替他寻找勇士，住在郊外等待他。"就拜见鱄设诸，自己在郊野种地。

宋元公没有信用多有私心，讨厌华氏和向氏。华定、华亥和向宁商议说："逃亡比死要强，先下手吧！"华亥假装有病，来引诱公子们。公子来探问他的病情，就抓起来。夏六月初九日，杀了公子寅、公子御戎、公子朱、公子固、公孙援、公孙丁，把向胜、向行拘禁在他们的谷仓里。宋元公到华氏那里去请求，华氏不答应，于是劫持了宋元公。十六日，又捕取太子栾和他的同母兄弟公子辰、公子地作为人质。宋元公也捕取华亥的儿子华无感、向宁的儿子向罗、华定的儿子华启，与华氏结盟，把他们作为人质。

卫国的公孟絷轻慢齐豹，夺取了他的司寇官职和鄄地，有事需要他时就归还给他，没事就又夺取过来。公孟絷还讨厌北宫喜和褚师圃，想要除掉他们。公子朝和襄公的夫人宣姜私通，因为害怕，想要趁机挑起动乱。所以齐豹、北宫喜、褚师圃、公子朝等人发动了

祸乱。

起初，齐豹把宗鲁介绍给公孟絷，做了他的骖乘。将发动祸乱时，就对宗鲁说："公孟絷不善良，这是你所知道的，你不要和他乘车，我打算杀了他。"宗鲁回答说："我由于您而侍奉公孟絷，您又借给我好的名声，所以他不疏远我。虽然他不善良，我也知道这一点，但因为利害关系，不能离开他，这是我的过错。现在听到有祸难就逃走，这是使您没有了信用。您干您的事吧，我打算为此而死，以做到始终侍奉您，而回去死在公孟絷那里，也许是可以的。"

六月二十九日，卫灵公在平寿，公孟絷在盖获之门外祭祀。齐豹在门外张设帷帐埋伏武装的士兵，派祝蛙把戈藏在柴车中来挡住城门，派一辆车跟着公孟絷出来，又派华齐为公孟絷驾车，宗鲁做车右。到达曲门中，齐豹用戈击杀公孟絷，宗鲁用背部挡戈掩护公孟絷，被击断胳膊，因而击中公孟絷的肩部，齐豹就把他们都杀了。

卫灵公听到发生动乱，坐上车子，驱车从阅门进入国都，庆比为卫灵公驾车，公南楚做车右，派华寅乘坐副车。到达公宫时，鸿骝魋也坐上了卫灵公的车子而一车有了四人。卫灵公用车装了宝物出来，褚师子申在马道的交叉口碰上灵公，就跟着走。经过齐豹那儿，派华寅光着上身拿着车盖，以挡住车上的空隙。齐豹用箭射击卫灵公，射中公南楚的背部，灵公于是逃出国都。华寅关闭城门，翻越城墙跟上卫灵公。卫灵公前往死鸟那地方，析朱钼晚上从城墙的孔洞里爬出，步行跟上卫灵公。

齐景公派公孙青到卫国聘问，已经走出国境，听到卫国动乱，派人请示聘问的事情，齐景公说："卫灵公还在卫国境内，就是卫国的国君。"就打算按常规行事，于是跟着到了死鸟那地方。准备请求举行聘礼时，卫灵公推辞说："逃亡的人无能，没有守住国家，沦落在乡野，您用不着执行贵君的命令了。"客人说："寡君在朝廷上命令下臣说：'你要顺从亲附卫君。'下臣不敢违背。"主人说："贵君如果顾念先君的友好关系，让您光临敝国，安定抚慰我们的国家，那么有宗庙在那里。"于是取消了举行聘礼。卫灵公坚决请求见公孙青，没有办法，公孙青拿自己的好马做进见礼物，这是因为没有执行使命的缘故。卫灵公把公孙青送的马作为驾车的马。客人打算巡夜打更，主人推辞说："逃亡人的忧虑，不能连累您；沦落乡野之中的人，不值得屈辱您。冒昧地谢绝您。"客人说："寡君的下臣，就是贵君牧马放牛的人，如果得不到在外守御的差事，这就是心目中没有寡君。下臣害怕不能免于罪过，请求以此免除一死。"亲自拿着大铃，整晚参加燃火守夜。

齐豹的家臣渠子召请北宫喜，北宫喜的家臣没有听说其中的原委，策划杀了渠子，于是攻打齐豹，灭亡了他。六月三十日，卫灵公返回国都，与北宫喜在彭水边上结盟。秋七月初一日，就与国都的臣民盟誓。八月二十五日，公子朝、褚师圃、子玉霄、子高鲂等逃亡到晋国。闰八月十二日，杀死宣姜。后来卫灵公赐给北宫喜谥号叫贞子，赐给析朱钼谥号叫成子，并把齐豹的墓地给了他们。

卫灵公向齐国通报平安，并且说到公孙青的有礼。齐景公准备喝酒，就把酒赏赐给

每位大夫，说："是各位教导的结果。"苑何忌辞谢不喝，说："沾了公孙青的赏赐，必然受到他的罪罚。在《康诰》上说：父子兄弟，罪过互不连累，何况在群臣之间？下臣岂敢贪图君王的赏赐来冒犯先王？"

琴张听说宗鲁死了，打算前去吊唁他。孔子说："他使齐豹成为强盗，使公孟絷被害，你怎么去吊唁他？君子不吃奸人的俸禄，不容忍叛乱，不为了利益而被奸邪所污辱，不用邪恶对待别人，不掩盖不合礼仪的事，不犯非礼的错误。"

宋国华氏、向氏作乱的时候，公子城、公孙忌、乐舍、司马强、向宜、向郑、楚建、郳甲等人逃亡到郑国。他们的徒党在鬼阎与华氏交战，华氏打败公子城，公子城前往晋国。

华亥和他的妻子一定要盥洗干净，让作为人质的公子们吃完饭然后才自己吃。宋元公和夫人每天一定到华氏那里去，让公子吃完饭然后才回去。华亥担心这种情况，想要送回各位公子，向宁说："正因为不讲信用，所以才拿他的儿子做人质，如果又送回他们，我们的死期就没有多少日子了。"宋元公向华费遂请求，打算攻打华氏，华费遂回答说："下臣不敢爱惜一死，但恐怕为求去掉忧患反而滋长忧患吧！下臣因此恐惧，岂敢不听从命令？"宋元公说："儿子们死生有命，我不忍心他们受耻辱。"

冬十月，宋元公杀了华氏、向氏的人质并进攻华氏、向氏。十三日，华氏、向氏逃亡到陈国，华登逃亡到吴国。向宁想要杀掉太子。华亥说："触犯国君而出逃，又杀掉他的太子，谁还会容纳我们？况且放他们回去会有功效。"派少司寇华䝿带着三位公子回去，华亥说："您的年龄大了，不能再侍奉他人，把三位公子送回去作为凭信，一定可以免罪。"公子们已经进入宫中，华䝿将要从宫门走掉，宋元公连忙接见他，握住他的手说："我知道你是无罪的，进来吧，恢复你的职位。"

齐景公生了疥疮，接着又患了疟疾，一年都没好，诸侯派来慰问病情的宾客有很多在齐国。梁丘据和裔款对景公说："我们侍奉鬼神很丰厚，比先君有所增加了。如今君王病情严重，造成诸侯的忧虑，这是祝史的罪过。诸侯不知道情况，大概会说我们不敬奉鬼神，君王何不杀了祝固、史嚚以辞谢各国宾客呢？"

齐景公听了很高兴，告诉晏子。晏子说："从前在宋国的盟会，屈建向赵武询问范会的德行，赵武说：'他老人家的家族事务治理得很好，在朝廷说话，竭尽忠心而没有个人打算。他的祝史祭祀鬼神，陈述实情而内心无愧。他的家族事务无猜无忌，他的祝史对鬼神也无所祈求。'屈建把这些告诉康王，康王说：'神和人都对范会没有怨恨，范会辅佐五位君主而使他们成为诸侯的霸主，就是适宜的了。'"齐景公说："梁丘据和裔款说寡人能侍奉鬼神，所以想要杀了祝史，您举出这些话，是什么原因？"晏子回答说："假如是有德行的君主，内外政务都不荒废，上上下下都没有怨恨，行动没有违背礼仪的事，他的祝史向鬼神进说实情，就没有惭愧之心了。因此鬼神享用祭品，国家蒙受鬼神所赐的福，祝史也分沾到了。他们之所以多福长寿，是作为诚信君主的使者的缘故，他们的话对鬼神忠诚信实。如果恰好碰上荒淫无度的君主，内外政务处理不当，朝野上下都有怨恨，行动邪僻

悖礼，放纵欲望满足私心。兴建高台深池，奏乐歌舞，剥削民力，掠夺他们的积蓄，用来养成自己的过错，而不体恤后人。暴虐放纵，肆意行动没有法度，无所顾忌，不考虑人民的批评怨恨，不害怕鬼神降祸，神灵发怒人民痛心，而内心仍不悔改。他的祝史进说实情，这等于是数说君主的罪过；如果掩盖过失称举美善，这等于是虚假欺骗。左右都不好说话，就只好用空话来讨好鬼神，因此鬼神不享用他们国家的祭品而降祸给他们，祝史也分沾到了。他们之所以生病短寿，是作为暴君使者的缘故，他们的话对鬼神欺诈轻慢。"齐景公说："那么该怎么办？"晏子回答说："不可挽救了。山林的树木，衡鹿看守；沼泽的水草，舟鲛看守；洼地的柴禾，虞候看守；海洋的盐蛤，祈望看守。边远县邑的人，进入国都应征服劳役；迫近国都的关卡，横暴征收私人财物；世袭的大夫，强行收买货物。颁布政令没有准则，征收税赋没有节制，宫室每天更换，放纵享乐不肯离去。后宫的宠妾，在市场上肆意掠夺；朝廷的宠臣，在边远县邑假托君命掠取，个人欲望用来养身和追求玩好的东西，不供给就进行报复。人民痛苦怨恨，丈夫妻子都在诅咒。祷告是有好处，诅咒则有损害。聊地、摄地以东，姑水、尤水以西，那地方的人可多了，即使他们善于祷告，难道能胜过亿兆人的诅咒？君主如果想要杀了祝史，培养德行然后才可以。"齐景公听了很高兴，让官吏放宽政令，撤除关卡，废除禁令，减轻赋税，免去债务。

十二月，齐景公到沛地打猎，用弓招呼虞人，虞人没有前来，景公派人逮了他。虞人申诉说："过去我们先王打猎，用旗帜召唤大夫，用弓召唤士，用皮帽召唤虞人。下臣没有看到皮帽，所以不敢前来。"景公就放了他。孔子说："守着道义不如守着官位，君子都认为虞人做得对。"

齐景公从打猎的地方回宫，晏子在遄台陪侍，梁丘据驱车赶到。景公说："只有梁丘据与我和谐啊！"晏子回答说："梁丘据只是趋同罢了，怎么能算是和谐？"景公说："和谐与趋同不一样吗？"晏子回答说："不一样。和谐就好像做羹汤，用水、火、醋、酱、盐、梅来烹调鱼和肉，用柴烧煮，厨工加以调和，用各种调味品加以调剂，味道不足的添加调料，味道过重的用水冲淡。君子食用羹汤，能使内心和畅。君臣之间也是这样的。君王所认为可行的事而其中有不可行的因素，臣下指出其不可行的因素来促成可行的事；君王所认为不可行的事而其中有可行的因素，臣下指出其可行的因素来去掉不可行的因素，所以政事平允而不违犯礼仪，老百姓没有争夺之心。所以《诗》中说：'也有调和的汤羹，已经告诫厨工，已经调理适中。进献汤羹给神灵，神灵默默来享用，因此朝野无所争。'先王调配五味，调和五声，是用来平静内心，完成政教的。声音也和味道一样，是用一种声气、两种体式、三类体裁、四方之物、五种声音、六种乐律、七种音阶、八面之风、九种赞歌等相辅相成的，是用清浊、大小、长短、缓急、哀乐、刚柔、快慢、高低、出入、疏密等互相调剂的。君子听了，内心平静。内心平静，德行就和柔。所以《诗》中说：'道德品行没有缺点。'如今梁丘据不是这样。君说可行的，他也说可行；君说不可行的，他也说不可行。就好像用水调配水的味道，谁愿吃它？就好像琴瑟专弹一种声音，谁愿听它？趋同的不可取就像

这个道理一样。”

齐景公喝酒喝得很高兴，说：“如果自古以来没有死亡，那种快乐会怎么样？”晏子回答说：“假如自古以来没有死亡，那么那种快乐就是古人的快乐，您怎能得到它？过去爽鸠氏首先居住在这里，其次是季荝承袭下来，有逢伯陵承袭下来，蒲姑氏承袭下来，然后是姜太公承袭下来。如果自古没有死亡，那是爽鸠氏的快乐，不是您所希望的。”

郑国的子产有病，对子太叔说：“我死了，您必然执政。只有有德的人才能用宽厚使人民服从，其他的人不如用严厉的政治。火猛烈，老百姓看着就害怕，所以很少死于火；水柔弱，老百姓轻视而玩弄它，就有很多人死于水。所以宽厚难以治理百姓。”子产病了几个月就死去了。子太叔执政，不忍心严厉而实行宽厚的政治。郑国盗贼很多，在萑苻泽一带掠取人们财物。太叔后悔自己不严厉，说：“我早点听从他老人家的，不会到这种地步。”就发动步兵去攻打萑苻泽的盗贼，全部杀了他们，盗贼才渐渐敛迹。

孔子说：“好啊！政治宽和百姓就轻慢，轻慢就用严厉加以纠正。严厉百姓就受到伤害，受到伤害则实行宽和的政治。用宽和补救严厉，用严厉补救宽和，政治因此平和。《诗》中说：‘百姓也已辛劳，应当使他们稍稍安康，抚爱这中原各国，来安定四面八方。’这是实行宽和政治。‘不要放纵诡谲欺诈，以便谨防不良，以便制止侵暴，不要畏惧他们高明顽强。’这是用严厉纠正轻慢。‘爱抚远近百姓，用以安定我王。’这是用宽和来平定国家。《诗》上又说：‘不强急不宽缓，不刚劲不柔弱，施行德政从容平和，各种福禄都聚合。’这是宽和政治的最高境界。”等到子产死去，孔子听到了，流泪说：“他有着古代遗留的仁爱啊！”

昭公二十一年

【原文】

二十有一年：春，王三月，葬蔡平公。

夏，晋侯使士鞅来聘。

宋华亥、向宁、华定自陈入于宋南里以叛。

秋，七月壬午朔，日有食之。

八月乙亥，叔辄卒。

冬，蔡侯朱出奔楚。

公如晋，至河乃复。

二十一年春，天王将铸无射，泠州鸠曰：“王其以心疾死乎？夫乐，天子之职也。夫音，乐之舆也；而钟，音之器也。天子省风以作乐，器以钟之，舆以行之。小者不窕，大者不摦，则和于物；物和则嘉成。故和声入于耳而藏于心，心亿则乐。窕则不咸，摦则不容，

心是以感，感实生疾。今钟摦矣，王心弗堪，其能久乎？”

三月，葬蔡平公。蔡大子朱失位，位在卑。大夫送葬者归，见昭子；昭子问蔡故，以告。昭子叹曰：“蔡其亡乎！若不亡，是君也必不终。《诗》曰：‘不解于位，民之攸塈。’今蔡侯始即位，而适卑，身将从之。”

夏，晋士鞅来聘，叔孙为政。季孙欲恶诸晋，使有司以齐鲍国归费之礼为士鞅。士鞅怒，曰：“鲍国之位下，其国小，而使鞅从其牢礼，是卑敝邑也。将复诸寡君！”鲁人恐，加四牢焉，为十一牢。

宋华费遂生华貙、华多僚、华登。貙为少司马。多僚为御士，与貙相恶，乃谮诸公曰：“貙将纳亡人。”亟言之。公曰：“司马以吾故亡其良子。死亡有命，吾不可以再亡之。”对曰：“君若爱司马，则如亡。死如可逃，何远之有？”公惧，使侍人召司马之侍人宜僚，饮之酒而使告司马。司马叹曰：“必多僚也！吾有谗子而弗能杀，吾又不死；抑君有命，可若何？”乃与公谋逐华貙，将使田孟诸而遣之。公饮之酒，厚酬之，赐及从者。司马亦如之。张匄尤之，曰：“必有故！”使子皮承宜僚以剑而讯之，宜僚尽以告。张匄欲杀多僚，子皮曰：“司马老矣。登之谓甚，吾又重之，不如亡也！”

五月丙申，子皮将见司马而行，则遇多僚御司马而朝。张匄不胜其怒，遂与子皮、臼任、郑翩杀多僚，劫司马以叛，而召亡人。壬寅，华、向入。乐大心、丰愆、华牼御诸横。华氏居卢门，以南里叛。六月庚午，宋城旧鄘及桑林之门而守之。

秋七月壬午朔，日有食之。公问于梓慎曰：“是何物也？祸福何为？”对曰：“二至、二分、日有食之，不为灾。日月之行也：分，同道也；至，相过也。其他月则为灾，阳不克也，故常为水。”于是叔辄哭日食。昭子曰：“子叔将死，非所哭也。”八月，叔辄卒。

冬十月，华登以吴师救华氏。齐乌枝鸣戍宋。厨人濮曰：“《军志》有之：‘先人有夺人之心，后人有待其衰。’盍及其劳且未定也伐诸！若入而固，则华氏众矣，悔无及也！”从之。丙寅，齐师、宋师败吴师于鸿口，获其二帅公子苦雂、偃州员。华登帅其馀以败宋师。

公欲出，厨人濮曰：“吾小人，可藉死。而不能送亡，君请待之。”乃徇曰：“扬徽者，公徒也！”众从之。公自扬门见之，下而巡之，曰：“国亡君死，二三子之耻也，岂专孤之罪也？”齐乌枝鸣曰：“用少，莫如齐致死。齐致死，莫如去备。彼多兵矣，请皆用剑！”从之。华氏北，复即之。厨人濮以裳裹首而荷以走，曰：“得华登矣！”遂败华氏于新里。

翟偻新居于新里，既战，说甲于公而归。华妵居于公里，亦如之。

十一月癸未，公子城以晋师至。曹翰胡会晋荀吴、齐苑何忌、卫公子朝救宋。丙戌，与华氏战于赭丘。郑翩愿为鹳，其御愿为鹅。子禄御公子城，庄堇为右。干犨御吕封人华豹，张匄为右。相遇，城还。华豹曰：“城也！”城怒而反之，将注，豹则关矣，曰：“平公之灵尚辅相余！”豹射，出其间。将注，则又关矣，曰：“不狎，鄙！”抽矢。城射之，殪。张匄抽殳而下。射之，折股。扶伏而击之，折轸。又射之，死。干犨请一矢，城曰：“余言女于君。”对曰：“不死伍乘，军之大刑也！干刑而从子，君焉用之？子速诸！”乃射之，殪。大败

华氏，围诸南里。

华亥搏膺而呼，见华貙，曰："吾为栾氏矣！"貙曰："子无我迋。不幸而后亡。"使华登如楚乞师。华貙以车十五乘、徒七十人，犯师而出，食于睢上，哭而送之，乃复入。

楚薳越帅师将逆华氏，大宰犯谏曰："诸侯唯宋事其君。今又争国，释君而臣是助，无乃不可乎？"王曰："而告我也后，既许之矣。"

蔡侯朱出奔楚。费无极取货于东国，而谓蔡人曰："朱不用命于楚，君王将立东国。若不先从王欲，楚必围蔡。"蔡人惧，出朱而立东国。朱愬于楚。楚子将讨蔡，无极曰："平侯与楚有盟，故封。其子有二心，故废之。灵王杀隐大子，其子与君同恶，德君必甚。又使立之，不亦可乎！且废置在君，蔡无他矣。"

公如晋，及河。鼓叛晋，晋将伐鲜虞，故辞公。

【译文】

鲁昭公二十一年春天，周历三月，安葬蔡平公。夏天，晋顷公派士鞅来鲁国聘问。宋国的华亥、向宁、华定从陈国进入宋国的南里而叛变。秋七月初一日，发生日食。八月二十五日，叔辄死了。冬天，蔡侯朱出逃楚国。鲁昭公前往晋国，到达黄河边就返回了。

鲁昭公二十一年春天，周景王打算铸造无射钟，乐官泠州鸠说："天子恐怕会因心病而死吧！音乐，是天子所执掌的。声音，是音乐的载车；而钟，是声音的器具。天子审察风俗来制作音乐，用器具汇合它，用声音表现它，声音小的不纤细空虚，大的不粗犷难听，那么就与万物和谐。与万物和谐则合成美好的音乐。所以和谐的声音进入耳朵而藏在心里，心里安适则欢乐。声音纤细空虚就不能传遍各处，粗犷不中听就难以被人接受，内心因此撼动不安。撼动不安就会生病。现在钟声粗犷不中听，天子的心不能承受，难道能长久吗？"

三月，安葬蔡平公。蔡太子朱站错了位置，站到了低于他身份的位置。送葬的鲁国大夫回国后，见到叔孙婼。叔孙婼问到蔡国的事情，大夫把上述情况告诉他，叔孙婼叹气说："蔡国大概会灭亡了吧！如果不亡，这个国君一定不会善终。《诗》中说：'君主在职位上不懈怠，老百姓就能得到休养生息。'现在蔡君刚即位，就站到了卑下的位置。他自己将跟着走向卑微。"

夏天，晋国的士鞅来鲁国聘问，叔孙婼负责接待。季孙意如想使叔孙婼得罪晋国，就让官员用齐国的鲍国返回费城时的礼节接待士鞅。士鞅发怒，说："鲍国的地位低，他的国家小，却让我随他的七牢之礼，这是看不起敝国。我将把这事报告给寡君。"鲁国人害怕，增加四牢，成为十一牢。

宋国的华费遂生了华貙、华多僚、华登三个儿子。华貙做少司马，多僚做御士，而与华貙互相讨厌，多僚就在宋元公面前诬陷华貙，说："华貙打算收容逃亡的人。"屡次说这样的话。宋元公说："华费遂由于我的缘故失去了他的好儿子华登。虽然死和逃亡都由

命中注定，但我不能因此第二次使他失去儿子。"华多僚回答说："君主如果爱惜我父大司马，就应当逃亡。死亡如果可以逃离，有什么远不远的？"宋元公害怕，派侍从人员召来华费遂的侍从宜僚，给他酒喝而让他报告华费遂。华费遂叹息说："一定是多僚搞鬼。我有一个进谗言的儿子却不能杀，我又不死，而君王有命令，可怎么办？"就与宋元公商议放逐华貙，打算让他到孟诸打猎而送走他。宋元公用酒招待华貙，送给他丰厚的礼物，并赏赐到随从人员。华费遂也像这样。张匄对此感到过分，说："一定有缘故。"让华貙拿剑抵住宜僚而追问他，宜僚把内情全部说出来。张匄想杀掉多僚，华貙说："父亲老了，华登逃亡对他的伤害可说是厉害了，我又再伤害一次，不如逃亡。"

五月十四日，华貙打算见华费遂一面就出发，却碰上多僚为他父亲驾车上朝。张匄忍不住愤怒，就和华貙、臼任、郑翩杀了多僚，劫持华费遂而叛变，召集逃亡的人。二十日，华氏、向氏回国。乐大心、丰愆、华牼在横地抵御他们。华氏住在卢门，率领南里的人叛变。六月十九日，宋国修筑旧城以及桑林门用以据守。

秋七月初一，发生日食。鲁昭公问梓慎说："这是什么事呢？是祸还是福？"梓慎回答说："两至两分期间发生日食，不造成灾祸。日月的运行，在春分秋分时，黄道与赤道同交于一点；在冬至夏至时，互相超过相交点。其他月份发生日食则造成灾祸，阳气不胜阴气，所以常常造成水灾。"在这时叔辄为日食哭泣，叔孙婼说："叔辄快要死了，因为不是他应该哭的。"八月，叔辄死。

冬十月，华登凭借吴国军队救援华氏。齐国的乌枝鸣驻守宋国。厨邑大夫濮说："《军志》有这样的说法：'比敌人先下手可以摧垮敌人的士气，比敌人后下手只有等待衰败。'何不趁他们疲劳而且没有安定的时候攻打他们呢！如果华登进入宋国而且稳固下来，那么华氏的人就多了，后悔也来不及了。"乌枝鸣听从了他。十七日，齐军、宋军在鸿口打败吴军，俘虏了公子苦雂、偃州员两个将领。华登率领其余人马击败宋军。

宋元公想要出逃，厨大夫濮说："我是个低微小臣，可以为君主垫死但不能护送逃亡，君主请等待一下。"就巡行全军说："挥舞旗帜的，是国君的战士。"大家听从他举起了旗帜。宋元公从扬门看到这情景，下城巡视，说："国家灭亡君主死难，这是你们各位的耻辱，哪里只是我的罪孽呢！"乌枝鸣说："用少量兵力作战不如一齐拼命，一齐拼命不如撤去守备。他们有很多兵器，让我们都用剑来作战。"宋元公听从了。华氏败逃，宋军、齐军又追击他们。厨大夫濮用裙子包着斩获的脑袋扛着奔跑，喊道："杀了华登了！"于是在新里打败了华氏。

翟偻新住在新里，战斗开始以后，到宋元公那里脱下铠甲而归附他。华貙住在公里，也像翟偻新那样。

十一月初四日，公子城带领晋军来到宋国。曹国翰胡会合晋国荀吴、齐国苑何忌、卫国公子朝救援宋国。初七日，与华氏在赭丘交战。郑翩希望摆成鹳阵，他的御者想要摆成鹅阵。子禄为公子城驾车，庄堇做车右。干犫为吕地封人华豹驾车，张匄做车右。两车相遇,公子城返回。华豹喊道:“这就是公子城!”公子城发怒而转回来。将要架上箭,华豹已经拉紧了弓弦。公子城说:“先君平公的在天之灵,可要帮助我!”华豹发射,箭穿过公子城他们中间。公子城想要搭上箭,华豹又已经拉开了弓弦。公子城说:“不一来一往,卑鄙。”华豹就抽下箭。公子城射他,华豹被射死了。张匄抽出殳从车上下来,公子城射他,射断了他的大腿。张匄伏在地上爬过来用殳攻击公子城,打断了车轸。公子城又射他一箭,死了。干犨请求一箭射死自己,公子城说:“我向国君为你说话。”干犨回答说:“不死在同乘一辆战车的人中间,是违犯军队的大法。违犯军法而跟从您,君王怎么会任用我?您快点射死我吧!”公子城就射他一箭,死了。宋军、齐军大败华氏,把他包围在南里。

华亥拍着胸脯呼喊,进见华貙,说:“我们成了晋国的栾氏了。”华貙说:“你不要吓唬我,万一不幸然后逃亡。”派华登到楚国去请求援军。华貙率领战车十五辆、步兵七十人冲破宋军、齐军的包围而出,在睢水边吃饭,哭着送走华登,就又进入南里。

楚国的薳越率军队打算迎接华氏。太宰犯劝谏说:“诸侯中只有宋国的臣民侍奉他们的君主,现在又争夺国家政权,丢开君主却帮助臣下,恐怕不行吧?”楚王说:“你告诉我的话太晚了,已经答应他们了。”

蔡侯朱逃奔楚国。费无极从东国那儿取得财物,就对蔡国人说:“蔡侯朱对楚国不奉行命令,君王将要立东国为国君。如果不先顺从君王的愿望,楚国一定包围蔡国。”蔡国人害怕,赶走蔡侯朱而立了东国。蔡侯朱向楚国控诉。楚平王打算讨伐蔡国。费无极说:“蔡平侯与楚国有盟约,所以才封他。他的儿子有了二心,所以废黜他。楚灵王杀死隐太子,隐太子的儿子与君王同样憎恶灵王,一定会非常感激您的恩德。又让他立为国君,不也可以吗?而且废和立都在于君王您,蔡国没有别的念头了。”

鲁昭公前往晋国。到达黄河边,鼓地人背叛晋国,晋国打算攻打鲜虞,所以辞谢了昭公。

昭公二十二年

【原文】

二十有二年:春,齐侯伐莒。

宋华亥、向宁、华定自宋南里出奔楚。

大蒐于昌间。

夏,四月乙丑,天王崩。

六月,叔鞅如京师,葬景王。王室乱。

刘子、单子以王猛居于皇。

秋,刘子、单子以王猛入于王城。

冬,十月,王子猛卒。

十有二月癸酉朔,日有食之。

二十二年春,王二月甲子,齐北郭启帅师伐莒。莒子将战,苑羊牧之谏曰:"齐帅贱,其求不多,不如下之。大国不可怒也。"弗听,败齐师于寿馀。齐侯伐莒,莒子行成。司马灶如莒莅盟,莒子如齐莅盟,盟于稷门之外。莒于是乎大恶其君。

楚薳越使告于宋,曰:"寡君闻君有不令之臣为君忧,无宁以为宗羞?寡君请受而戮之。"对曰:"孤不佞,不能媚于父兄,以为君忧,拜命之辱!抑君臣日战,君曰'余必臣是助',亦唯命。人有言曰:'唯乱门之无过。'君若惠保敝邑,无亢不衷以奖乱人,孤之望也。唯君图之!"楚人患之。诸侯之戍谋曰:"若华氏知困而致死,楚耻无功而疾战,非吾利也。不如出之以为楚功,其亦(能)无〔能〕为也已。救宋而除其害,又何求?"乃固请出之,宋人从之。己巳,宋华亥、向宁、华定、华貙、华登、皇奄伤、省臧、士平出奔楚。

宋公使公孙忌为大司马,边卬为大司徒,乐祁为司城,仲几为左师,乐大心为右师,乐輓为大司寇,以靖国人。

王子朝、宾起有宠于景王。王与宾孟说之,欲立之。刘献公之庶子伯蚠事单穆公,恶宾孟之为人也,愿杀之;又恶王子朝之言,以为乱,愿去之。宾孟适郊,见雄鸡自断其尾;问之,侍者曰:"自惮其牺也。"遽归告王,且曰:"鸡其惮为人用乎?人异于是。牺者,实用人。人牺实难,己牺何害?"王弗应。

夏四月,王田北山,使公卿皆从。将杀单子、刘子。王有心疾,乙丑,崩于荣锜氏。戊辰,刘子挚卒,无子。单子立刘蚠。五月庚辰,见王;遂攻宾起,杀之;盟群王子于单氏。

晋之取鼓也,既献而反鼓子焉。又叛于鲜虞。六月,荀吴略东阳,使师伪籴者负甲以息于昔阳之门外;遂袭鼓,灭之;以鼓子鸢鞮归,使涉佗守之。

丁巳,葬景王。王子朝因旧官、百工之丧职秩者与灵、景之族以作乱,帅郊、要、饯之甲以逐刘子。壬戌,刘子奔扬。单子逆悼王于庄宫以归。

王子还夜取王以如庄宫。癸亥,单子出。王子还与召庄公谋,曰:"不杀单旗,不捷。与之重盟,必来。背盟而克者多矣。"从之。樊顷子曰:"非言也,必不克!"遂奉王以追单子,及领,大盟而复。杀挚荒以说。刘子如刘。单子亡。乙丑,奔于平畤,群王子追之。单子杀还、姑、发、弱、鬷、延、定、稠。子朝奔京。丙寅,伐之。京人奔山。刘子入于王城。辛未,巩简公败绩于京。乙亥,甘平公亦败焉。

叔鞅至自京师,言王室之乱也。闵马父曰:"子朝必不克。其所与者,天所废也!"

单子欲告急于晋,秋七月戊寅,以王如平畤,遂如圃车,次于皇。刘子如刘。单子使王子处守于王城。盟百工于平宫。辛卯,鄩肸伐皇,大败;获鄩肸。壬辰,焚诸王城之市。八月辛酉,司徒丑以王师败绩于前城。百工叛。己巳,伐单氏之宫,败焉。庚午,反伐之。辛未,伐东圉。

冬十月丁巳，晋籍谈、荀跞帅九州之戎及焦、瑕、温、原之师，以纳王于王城。庚申，单子、刘蚠以王师败绩于郊，前城人败陆浑于社。

十一月乙酉，王子猛卒，不成丧也。己丑，敬王即位，馆于子旅氏。十二月庚戌，晋籍谈、荀跞、贾辛、司马督帅师军于阴、于侯氏、于溪泉，次于社。王师军于氾、于解，次于任人。闰月，晋箕遗、乐徵、右行诡济师取前城，军其东南；王师军于京楚。辛丑，伐京，毁其西南。

【译文】

鲁昭公二十二年春天，齐景公攻打莒国。宋国的华亥、向宁、华定从宋国南里出逃到楚国。鲁国在昌间举行大阅兵。夏四月十八日，周天子去世。六月，叔鞅前往京都，参加周景王的葬礼。王室发生动乱。刘蚠、单旗带着王子猛住在皇地。秋天，刘蚠、单旗带领王子猛进入王城。冬十月，王子猛死去。闰十二月初一，发生日食。

鲁昭公二十二年春天，周历二月十六日，齐国的北郭启领兵攻打莒国。莒君打算迎战，苑羊牧之劝谏说："齐国将帅地位低贱，他的要求不多，不如向他们低头，大国是不可以激怒的。"莒君不听，在寿余打败齐军。齐景公就攻打莒国，莒君求和。司马灶前往莒国参加结盟，莒君前往齐国参加结盟，在稷门之外签订盟约。莒国人从此非常厌恶他们的国君。

楚国的薳越派人告诉宋元公说："寡君听说君有个不好的臣下成为君的忧患，也许会因此成为宗庙的羞耻，寡君请求接受他加以诛戮。"宋元公回答说："寡人无能，不能从父兄辈那儿取得欢心，因此造成君王的忧虑，拜谢君王赐命的屈辱。只是我君臣间每天争战，君王要说'我一定帮助臣下'，也只有唯命是听。人们有话说：'不要经过动乱人家的门口。'君王如果赐恩保护敝国，不去庇护不善良的人，不因而鼓励作乱的人，这是寡人的愿望。希望君王考虑！"楚国人担心这件事。诸侯驻守宋国的将领商议说："如果华氏知道处于困境而拼死战斗，楚国耻于无功而迅速宣战，这对我们没有好处。不如放华氏出去以作为楚国的功绩，华氏也不能有所作为了。救援了宋国而除掉了他们的祸害，还要求什么呢？"就坚决请求放出华氏，宋国人听从了。二月二十一日，宋国的华亥、向宁、华定、华貙、华登、皇奄伤、省臧、士平出逃到楚国。

宋元公派公孙忌做大司马，边卬做大司徒，乐祁做司城，仲几做左师，乐大心做右师，乐輓做大司寇，以安定国内人民。

王子朝、宾起在周景王面前很得宠信，景王和宾起喜欢王子朝，想要立他做太子。刘献公的庶子伯蚠侍奉单穆公，厌恶宾起的为人，愿意杀掉他；又讨厌王子朝的话，认为会引起动乱，愿意除掉他。宾起去到郊外，看见公鸡自己啄断自己的尾毛，就问这件事，侍者说："公鸡害怕自己将养成祭祀的牺牲。"宾起立即回去报告周景王，并且说："鸡大概是害怕被人用为祭品吧！人与此不同，牺牲实是被人使用的，被别人用做牺牲实在困难，自

己用为牺牲妨碍什么呢?"周景王没答话。

夏四月,景王在北山打猎,让公卿们都跟随,打算杀掉单旗、刘蚠。景王有心脏病,十八日,死在荣锜氏那里。二十二日,刘子挚死了,他没有嫡子,单旗立了刘蚠。五月初四日,进见周景王,于是攻打宾起,杀了他,和王子们在单氏那里结盟。

晋国占取鼓地时,在宗庙献俘之后,就让鼓子回国,鼓子又背叛晋国归顺鲜虞。六月,荀吴巡视东阳,派军队伪装籴粮的人背着铠甲在昔阳城门外休息,就乘机袭击鼓国,灭亡了它,带着鼓子鸢鞮回去,派涉佗据守鼓地。

六月十一日,安葬周景王。王子朝利用过去的官吏和百工中失去官职俸禄的人以及灵王、景王的族人发起叛乱,率领郊地、要地、饯地的甲士驱逐刘蚠。十六日,刘蚠逃亡到扬地。单旗在庄宫迎接悼王带回自己家。

王子还在晚上夺取悼王又送到庄宫。十七日,单旗逃出王都,王子还与召庄公商议说:"不杀掉单旗,不能取胜。和他再次结盟,他必定来。违背盟约而取胜的人很多。"召庄公听从了。樊顷子说:"这不成话,肯定不能取胜。"王子还就奉从景王去追赶单旗。到达领那个地方,隆重举行结盟而返回,杀了挚荒来向单旗解释。刘蚠去到刘地,单旗逃亡。十九日,逃亡到平畤,王子们追赶他。单旗杀了王子还、姑、发、弱、鬷、延、定、稠等八人,王子朝逃亡到京地。二十日,单旗攻打京地,京地人逃亡到山里,刘蚠进入王城。二十五日,巩简公在京地被王子朝打败。二十九日,甘平公也在那里被打败。

叔鞅从京都回到鲁国,叙述王室的动乱。闵马父说:"王子朝肯定不能取胜,他所借助的人,是上天所废弃的人。"

单旗想要向晋国告急,在秋七月初三,带着周天子前往平畤,随即去到圃车,驻在皇地。刘蚠前往刘地,单旗派王子处驻守王城,和百工在平宫结盟。十六日,鄩肸攻打皇地,大败,单旗俘获鄩肸。十七日,把鄩肸烧死在王城的集市上。八月十六日,司徒丑带领的周天子军队在前城被打败,百工背叛。二十四日,百工攻打单旗的住宅,被挫败。二十五日,单旗反攻。二十六日,攻打东圉。

冬十月十三日,晋国的籍谈、荀跞率领九州的戎人以及焦地、瑕地、温地、原地的军队,把周悼王送回王城。十六日,单旗、刘蚠带领的周天子军队在郊地被打败,前城人在社地打败陆浑。

十一月十二日,王子猛死了,但没有举行天子规格的丧礼。十六日,周敬王即位,住在子旅氏家里。十二月初七日,晋国的籍谈、荀跞、贾辛、司马督率军分别驻扎在阴地、侯氏、溪泉以及社地。周天子的军队分驻在氾、解、任人等地。闰十二月,晋国的箕遗、乐征、右行诡等率军渡河攻取前城,驻扎在它的东南面。周天子的军队驻扎在京楚。二十九日,攻打京地,攻破它的西南部。

昭公二十三年

【原文】

二十有三年：春，王正月，叔孙婼如晋。

癸丑，叔鞅卒。

晋人执我行人叔孙婼。

晋人围郊。

夏，六月，蔡侯东国卒于楚。

秋，七月，莒子庚舆来奔。

戊辰，吴败顿、胡、沈、蔡、陈、许之师于鸡父。胡子髡、沈子逞灭。获陈夏啮。

天王居于狄泉。

尹氏立王子朝。

八月乙未，地震。

冬，公如晋；至河，有疾，乃复。

二十三年春，王正月壬寅朔，二师围郊。癸卯，郊、鄩溃。丁未，晋师在平阴，王师在泽邑。王使告间；庚戌，还。

邾人城翼，还，将自离姑。公孙钼曰："鲁将御我。"欲自武城还，循山而南；徐钼、丘弱、茅地曰："道下，遇雨将不出，是不归也。"遂自离姑。武城人塞其前，断其后之木而弗殊；邾师过之，乃推而蹷之。遂取邾师，获钼、弱、地。

邾人诉于晋，晋人来讨。叔孙婼如晋，晋人执之。书曰"晋人执我行人叔孙婼"，言使人也。晋人使与邾大夫坐，叔孙曰："列国之卿，当小国之君，固周制也。邾又夷也。寡君之命介子服回在，请使当之：不敢废周制故也。"乃不果坐。

韩宣子使邾人聚其众，将以叔孙与之。叔孙闻之，去众与兵而朝。士弥牟谓韩宣子曰："子弗良图，而以叔孙与其雠，叔孙必死之！鲁亡叔孙，必亡邾。邾君亡国，将焉归？子虽悔之，何及？所谓盟主，讨违命也。若皆相执，焉用盟主？"乃弗与，使各居一馆。士伯听其辞而诉诸宣子，乃皆执之。

士伯御叔孙，从者四人，过邾馆以如吏。先归邾子。士伯曰："以刍荛之难，从者之病，将馆子于都。"叔孙旦而立，期焉。乃馆诸箕。舍子服昭伯于他邑。

范献子求货于叔孙，使请冠焉。取其冠法，而与之两冠，曰："尽矣。"为叔孙故，申丰以货如晋。叔孙曰："见我，吾告女所行货。"见，而不出。吏人之与叔孙居于箕者，请其吠狗，弗与。及将归，杀而与之食之。叔孙所馆者，虽一日，必葺其墙屋，去之如始至。

夏四月乙酉，单子取訾，刘子取墙人、直人。六月壬午，王子朝入于尹。癸未，尹圉诱

刘佗杀之。丙戌，单子从阪道，刘子从尹道伐尹。单子先至而败，刘子还。己丑，召伯奂、南宫极以成周人戍尹。庚寅，单子、刘子、樊齐以王如刘。甲午，王子朝入于王城，次于左巷。秋七月戊申，鄩罗纳诸庄公。尹辛败刘师于唐。丙辰，又败诸鄩。甲子，尹辛取西闱。丙寅，攻蒯，蒯溃。

莒子庚舆虐而好剑；苟铸剑，必试诸人。国人患之。又将叛齐。乌存帅国人以逐之。庚舆将出，闻乌存执殳而立于道左，惧将止死。苑羊牧之曰："君过之！乌存以力闻可矣，何必以弑君成名！"遂来奔。齐人纳郊公。

吴人伐州来。楚薳越帅师及诸侯之师，奔命救州来。吴人御诸钟离。子瑕卒，楚师熸。

吴公子光曰："诸侯从于楚者众，而皆小国也。畏楚而不获已，是以来。吾闻之曰：'作事威克其爱，虽小必济。'胡、沈之君幼而狂，陈大夫啮壮而顽，顿与许、蔡疾楚政。楚令尹死，其师熸，帅贱、多宠，政令不壹；七国同役而不同心，帅贱而不能整，无大威命：楚可败也。若分师先以犯胡、沈与陈，必先奔；三国败，诸侯之师乃摇心矣。诸侯乖乱，楚必大奔。请先者去备薄威，后者敦陈整旅。"吴子从之。

戊辰晦，战于鸡父。吴子以罪人三千先犯胡、沈与陈，三国争之。吴为三军以系于后，中军从王，光帅右，掩馀帅左。吴之罪人或奔或止，三国乱。吴师击之，三国败；获胡、沈之君及陈大夫。舍胡、沈之囚，使奔许与蔡、顿，曰："吾君死矣！"师噪而从之。三国奔，楚师大奔。书曰"胡子髡、沈子逞灭，获陈夏啮"，君臣之辞也。不言"战"，楚未陈也。

八月丁酉，南宫极震。苌弘谓刘文公曰："君其勉之！先君之力可济也。周之亡也，其三川震。今西王之大臣亦震，天弃之矣！东王必大克。"

楚大子建之母在郹，召吴人而启之。冬十月甲申，吴大子诸樊入郹，取楚夫人与其宝器以归。楚司马薳越追之不及，将死，众曰："请遂伐吴以徼之。"薳越曰："再败君师，死且有罪。亡君夫人，不可以莫之死也！"乃缢于薳澨。

公为叔孙故如晋，及河，有疾而复。

楚囊瓦为令尹，城郢。沈尹(戍)〔戌〕曰："子常必亡郢。苟不能卫，城无益也。古者天子守在四夷；天子卑，守在诸侯。诸侯守在四邻；诸侯卑，守在四竟。慎其四竟，结其四援，民狎其野，三务成功。民无内忧而又无外惧，国焉用城？今吴是惧而城于郢，守已小矣。卑之不获，能无亡乎？昔梁伯沟其公宫而民溃，民弃其上，不亡何待？夫正其疆埸，修其土田，险其走集，亲其民人，明其伍候，信其邻国，慎其官守，守其交礼；不僭不贪，不懦不耆；完其守备，以待不虞：又何畏矣！《诗》曰：'无念尔祖，聿修厥德。'无亦监乎？若敖、蚡冒至于武、文，土不过同；慎其四竟，犹不城郢。今土数圻而郢是城，不亦难乎？"

【译文】

鲁昭公二十三年春，周历正月，叔孙婼前往晋国。十二日，叔鞅死了。晋国人逮捕我鲁国行人叔孙婼。晋国人包围郊地。夏六月，蔡君东国死在楚国。秋七月，莒君庚舆逃奔前来。二十九日，吴国在鸡父打败顿国、胡国、沈国、蔡国、陈国和许国的军队。胡君髡、沈君逞战死，陈国夏啮被俘。周天子住在狄泉。尹氏立了王子朝。八月二十六日，发生地震。冬天，鲁昭公前往晋国，到达黄河边，因有病，就返回了。

鲁昭公二十三年春天，周历正月初一，周天子和晋国两支军队包围郊地。初二日，郊地、鄩地溃败。初六日，晋军驻在平阴，周王的军队驻在泽邑。周王派人向晋军报告王室的动乱基本平定，初九日，晋军撤回。

邾国人到翼地筑城，回去时打算从离姑走。公孙钽说："鲁国将会阻挡我们。"想要经由武城返回，没着山路向南走。徐钽、丘弱、茅地说："那儿道路低洼，碰上下雨，将走不出去，这样就回不去了。"于是从离姑走。武城人堵住他们前进的道路，又在他们后面砍断树木但不完全断开，邾国军队经过那里，就把树木推倒，于是击败邾军，俘获徐钽、丘弱和茅地。

邾国人向晋国控告。晋国人前来讨伐鲁国。叔孙婼去到晋国，晋人逮捕了他。《春秋》记载说："晋人执我行人叔孙婼。"是说晋国逮捕外交使者。晋国人让叔孙婼与邾国大夫对质，叔孙婼说："各国卿相与小国的国君相当，这本是周王的制度。何况邾国又是夷族呢。寡君任命的副使子服回在这里，请让他去顶当吧，这是不敢废弃周王制度的缘故。"叔孙婼就终于没有去对质。

韩宣子让邾国人聚集他们的兵力，打算把叔孙婼交给他们。叔孙婼听说了，去掉侍卫和武器去朝见晋君。士弥牟对韩宣子说："您不好好谋划，而把叔孙婼交给他的仇人，叔孙婼必定死在他们手里。鲁国失去叔孙婼，必然灭亡邾国。邾君灭亡了国家，将回到哪里去？您到时即使后悔，怎么来得及？所谓盟主，就是要讨伐违背命令的诸侯。如果都互相逮捕，哪里用得着盟主？"就不交给邾国，让叔孙婼和子服回各自住一个宾馆。士弥牟听了他们两人的辩辞就告诉韩宣子，就把他们都抓起来。

士弥牟为叔孙婼驾车，带着四个随从，经过邾国人住的宾馆而到官吏那儿去。先让邾君回国。士弥牟说："因为柴草困难，侍从人员劳苦，打算让您住到别的城邑去。"叔孙婼一大早就站着，等待命令。于是让他住在箕邑，让子服回住在别的城邑里。

范献子向叔孙婼索取财货，派人向他请求帽子。叔孙婼取来他帽子的式样，就给了他两顶帽子，说："全在这里了。"为了叔孙婼的缘故，申丰带着财货前往晋国。叔孙婼说："来见我，我告诉你送财货的办法。"申丰来见他，就不让申丰出去。和叔孙婼住在箕邑的监视官员请求得到他的一条爱叫的狗，叔孙婼没给他们。等到将要回国时，杀掉狗和他们一块吃了。叔孙婼所住的房子，即使住一天也必定修理墙屋，离开时就好像刚到的时候一样。

夏四月十四日，单旗攻取訾地，刘盆攻取墙人、直人两地。六月十二日，王子朝进入尹地。十三日，尹圉诱杀了刘佗。十六日，单旗从山路，刘盆从大路攻打尹地，单旗先行

到达而失败，刘盆返回。十九日，召伯奂、南宫极率领成周人戍守尹地。二十日，单旗、刘盆、樊齐带着周王前往刘地。二十四日，王子朝进入王城，驻扎在左巷。秋七月初九日。鄩罗送王子朝到庄宫。尹辛在唐地打败刘盆军，十七日，又在寻地击败了他。二十五日，尹辛占取西闱。二十七日，攻打蒯地，蒯地溃败。

莒君庚舆暴虐而喜爱剑，只要铸了新剑，必定用人试剑，国内人们引以为患。庚舆又打算背叛齐国，乌存率领国人驱逐他。庚舆将要出国都，听到乌存手持殳杖站在路的左边，害怕会被挡住杀死。苑羊牧之说："君主过去吧。乌存凭勇力闻名就可以了，怎么一定要用杀死国君来成名呢？"庚舆就前来投奔鲁国。齐国人把郊公送回莒国。

吴国人攻打州来，楚国薳越率楚军及诸侯的军队奉命奔赴援救州来，吴国人在钟离抵抗他们。令尹子瑕死了，楚军士气衰竭。

吴国的公子光说："诸侯追随楚国的很多，但都是小国，是畏惧楚国而不得已，所以前来攻打我们。我听说：'兴起大事如果威严胜过慈爱，即使弱小也必定成功。'胡国、沈国的君主年幼而狂躁，陈国大夫夏啮年壮却顽钝，顿国、许国和蔡国则憎恨楚国的政治。楚令尹死了，他们的军队士气衰竭，将帅出身低贱而大多得宠，政令也不统一。他们七个国家虽然共同参战但不同心，将帅低贱而不能整齐军队。没有大的威严发布命令，楚国是可以打败的。如果分出军队来先攻击胡国、沈国与陈国，他们必定首先逃跑。这三个国家败逃，诸侯的军队就军心动摇了。诸侯背离混乱。楚军肯定全部逃奔。请让先头部队除去武备减少威严，后续部队巩固阵营整肃师旅。"吴王听从了。

七月二十九日，在鸡父交战。吴王用三千名罪犯首先攻击胡军、沈军与陈军，三军队争着俘虏吴国的罪犯。吴国整编了三军紧跟在后。中军跟从吴王，公子光率领右军，公子掩余率领左军。吴国的罪犯有的逃跑有的停下，三国军队大乱。吴军进攻他们，打败了三国军队，俘获了胡国、沈国的君主和陈国的大夫。吴国释放了胡国、沈国的俘虏，让他们逃奔到许国、蔡国和顿国的军队里，喊道："我们国君死了！"吴军击鼓呐喊跟着他们，三国的军队逃奔，楚国的军队全面溃散。《春秋》记载说："胡子髡、沈子逞灭，获陈夏啮。"这是对国君和臣下使用的不同措辞。不说"战"，是因为楚国没有摆好战阵。

八月二十七日，南宫极死于地震。苌弘对刘盆说："君努力吧，先君所致力的事业是可以成功的。西周灭亡的时候，那三江流域都发生地震。如今西王王子朝的大臣也死于地震，这是上天抛弃了他，东王必定大胜。"

楚国太子建的母亲住在郹地，召来吴国人并为他们打开城门。冬十月十六日，吴太子诸樊进入郹城，掳走了楚夫人和她的宝器回国。楚国司马薳越追赶他，没有追上，打算自杀，部下说："请让我们乘机攻打吴国以求夺回夫人和她的宝器。"薳越说："如果第二次使君王的军队失败，我即使死还是有罪。丢了君王夫人，不能不为此而死。"就在薳澨自缢而死。

鲁昭公因为叔孙婼的缘故前往晋国，到达黄河边，有病而返回。

楚国的囊瓦做令尹，在郢都增修城墙。沈尹戌说："囊瓦一定会丢掉郢都，如果不能保卫，增修城墙也于事无补。古时候天子的守卫在于四方夷族，天子的威望降低时，守卫在于诸侯。诸侯的守卫在于四方邻国，诸侯的威望降低时，守卫仅在于四方边境。谨慎地守卫四境，结交四邻作为外援，老百姓在自己的家园安居乐业，春夏秋三时的农事都有收获，老百姓既没有内忧，又没有外患，国家哪里用得着修筑城墙？现在害怕吴国而在郢都增修城墙，守卫的地方已经很小了。诸侯威望降低时守卫在于四境的程度都达不到，能不灭亡吗？过去梁伯在他的公宫四周挖壕沟而老百姓溃散，老百姓抛弃了他们的君主，不灭亡还指望什么？如能划定疆界，修治田土，加固边境营垒，亲近百姓，明确边境伺望侦察的组织，取信邻国，使官吏慎守职责，遵循外交礼节，既无差失也不过滥，既不软弱也不强霸，完善防守装备，来对付不测事件，又害怕什么呢？《诗》中说：'怀念你的祖先，发扬他们的美德。'不也可以引为借鉴吗？若敖、蚡冒直到楚文王、楚武王，他们那时的领土不过百里见方，谨慎守卫四方边境，尚且不在郢都增修城墙。如今领土数千里见方，却增修郢城，岂不是难以守卫了吗？"

昭公二十四年

【原文】

二十〔有〕四年：春，王二月丙戌，仲孙貜卒。

婼至自晋。

夏，五月乙未朔，日有食之。

秋，八月，大雩。

丁酉，杞伯郁釐卒。

冬，吴灭巢。

葬杞平公。

二十四年春，王正月辛丑，召简公、南宫嚚以甘桓公见王子朝。刘子谓苌弘曰："甘氏又往矣！"对曰："何害？同德度义。《大誓》曰：'纣有亿兆夷人，亦有离德。余有乱(臣)十人，同心同德。'此周所以兴也。君其务德，无患无人。"戊午，王子朝入于邬。

晋士弥牟逆叔孙于箕。叔孙使梁其踁待于门内，曰："余左顾而欬，乃杀之。右顾而笑，乃止。"叔孙见士伯，士伯曰："寡君以为盟主之故，是以久子。不腆敝邑之礼，将致诸从者，使弥牟逆吾子。"叔孙受礼而归。二月，"婼至自晋"，尊晋也。

三月庚戌，晋侯使士景伯莅问周故。士伯立于乾祭而问于介众。晋人乃辞王子朝，不纳其使。

夏五月乙未朔，日有食之。梓慎曰："将水。"昭子曰："旱也。日过分而阳犹不克，克

必甚，能无旱乎？阳不克莫，将积聚也。"

六月壬申，王子朝之师攻瑕及杏，皆溃。

郑伯如晋，子大叔相。见范献子，献子曰："若王室何？"对曰："老夫其国家不能恤，敢及王室？抑人亦有言曰：'嫠不恤其纬，而忧宗周之陨，为将及焉。'今王室实蠢蠢焉，吾小国惧矣；然大国之忧也，吾侪何知焉？吾子其早图之！《诗》曰：'缾之罄矣，惟罍之耻。'王室之不宁，晋之耻也。"献子惧而与宣子图之，乃徵会于诸侯，期以明年。

秋八月，大雩，旱也。

冬十月癸酉，王子朝用成周之宝珪(沈)于河。甲戌，津人得诸河上。阴不佞以温人南侵，拘得玉者，取其玉。将卖之，则为石。王定而献之，与之东訾。

楚子为舟师以略吴疆。沈尹(戍)〔戌〕曰："此行也，楚必亡邑。不抚民而劳之，吴不动而速之，吴踵楚而疆埸无备，邑能无亡乎？"

越大夫胥犴劳王于豫章之汭，越公子仓归王乘舟。仓及寿梦帅师从王，王及圉阳而还。

吴人踵楚，而边人不备，遂灭巢及钟离而还。沈尹(戍)〔戌〕曰："亡郢之始，于此在矣。王壹动而亡二姓之帅，幾如是而不及郢？《诗》曰：'谁生厉阶？至今为梗！'其王之谓乎！"

【译文】

鲁昭公二十四年春天，周历二月二十五日，仲孙貜死了。叔孙婼从晋国回到鲁国。夏五月初一日，发生日食。秋八月，举行求雨大祭。九月初五日，杞君郁釐死了。冬天，吴国灭亡巢国。安葬杞平公郁釐。

鲁昭公二十四年春天，周历正月初五日，召简公、南宫嚚带着甘桓公进见王子朝。刘蚠对苌弘说："甘氏又到王子朝那儿去了。"苌弘回答说："这有什么妨碍？同心同德在于符合道义，《太誓》说：'殷纣王有亿兆平民，但离心离德；我有治世贤臣十人，同心同德。'这就是周朝所以兴起的原因。君王还是务求修德，不要担心没有人才。"二十二日，王子朝进入邬地。

晋国的士弥牟到箕地迎接叔孙婼，叔孙婼派梁其踁躲在门内等待。说："我朝左看并且咳嗽，就杀了他；朝右看并且笑，就不要动。"叔孙婼接见士弥牟，士弥牟说："寡君因为做盟主的缘故，所以把您久留在此。敝国的一份薄礼，将要送给您的随从，派我来迎接您。"叔孙婼接受礼物就回到鲁国去了。二月，"婼至自晋"，《春秋》这样记载，是为了表示尊重晋国。

三月十五日，晋君派士弥牟到周都探问周朝发生的事故，士弥牟站在乾祭门外，向广大百姓询问。晋国人就辞却了王子朝，不接纳他的使者。

夏五月初一日，发生日食。梓慎说："将发生水灾。"叔孙婼说："是旱灾的天象。太阳运行过了春分点但阳气还不胜阴气，一旦胜阴气必然很厉害，能不天旱吗？阳气迟迟没有胜过阴气，是要积聚阳气。”

六月初八日，王子朝的军队攻打瑕地和杏地，两地都溃败。

郑定公前往晋国，子太叔辅相，进见范献子。范献子说：“对王室怎么办？”子太叔回答说：“老夫我连国家都无法担忧，岂敢担心到王室？不过人们有话说：‘寡妇不担忧她织布的纬线，却担心宗周的衰落，因为会连及自己。’现在王室确实动乱不止，我们小国害怕了。但是大国的忧虑，我们怎么知道呢？您还是早点打算吧！《诗》上说：‘酒瓶空了，是酒缸子的耻辱。’王室不安宁，是晋国的耻辱。”范献子害怕，就和韩宣子商量。于是召集诸侯会见。时间约定在第二年。

秋八月，举行求雨大祭，是因为发生旱灾。

冬十月十一日，王子朝使用成周的宝珪沉到黄河里祭河神。十二日，渡河的船夫在黄河中得到那块宝珪。阴不佞率领温地人往南侵袭王子朝，拘捕了得到宝珪的船夫，夺取他的宝珪，打算卖了它，却变成石头。周敬王安定以后阴不佞献上宝珪，敬王赐给他东訾。

楚平王组织水军用以巡行吴国边界，沈尹戌说：“这次行动，楚国肯定会丢失城邑。不安抚老百姓却使他们劳苦，吴国没有出动却去招引它，如果吴国紧追楚国不放，而楚国边界又没有防备，城邑能不丢失吗？”

越国大夫胥犴到豫章河湾慰劳楚平王，越国的公子仓送给楚王一艘乘船。公子仓与寿梦率领军队跟随楚平王，楚平王到达圉阳而返回。

吴国人紧追楚军，而边防军队没有防备，于是吴国灭亡了巢和钟离两城而回国。沈尹戌说：“丢失郢都的开端，就在于此了。君王一次行动而丢掉两姓的元帅，几次像这样的行动灾祸不就到了郢都？《诗》中说：‘谁生出了祸端？到今天还在造成灾祸。’恐怕说的就是君王吧！”

昭公二十五年

【原文】

二十有五年：春，叔孙婼如宋。

夏，叔诣会晋赵鞅、宋乐大心、卫北宫喜、郑游吉、曹人、邾人、滕人、薛人、小邾人于黄父。

有鸜鹆来巢。

秋，七月上辛，大雩；季辛，又雩。

九月己亥，公孙于齐，次于阳州。齐侯唁公于野井。

冬，十月戊辰，叔孙婼卒。

十有一月己亥，宋公佐卒于曲棘。

十有二月，齐侯取郓。

二十五年春，叔孙婼聘于宋。桐门右师见之，语，卑宋大夫而贱司城氏。昭子告其人曰："右师其亡乎？君子贵其身而后能及人，是以有礼。今夫子卑其大夫而贱其宗，是贱其身也，能有礼乎？无礼必亡！"

宋公享昭子，赋《新宫》。昭子赋《车辖》。明日宴，饮酒，乐。宋公使昭子右坐，语，相泣也。乐祁佐，退而告人曰："今兹君与叔孙其皆死乎？吾闻之：'哀乐而乐哀，皆丧心也。'心之精爽，是谓魂魄。魂魄去之，何以能久？"

季公若之姊为小邾夫人，生宋元夫人，生子以妻季平子。昭子如宋聘，且逆之。公若从，谓曹氏勿与，鲁将逐之。曹氏告公，公告乐祁。乐祁曰："与之！如是，鲁君必出。政在季氏三世矣，鲁君丧政四公矣。无民而能逞其志者，未之有也。国君是以镇抚其民。《诗》曰：'人之云亡，心之忧矣！'鲁君失民矣，焉得逞其志？靖以待命犹可，动必忧！"

夏，会于黄父，谋王室也。赵简子令诸侯之大夫输王粟、具戍人，曰："明年将纳王。"

子大叔见赵简子，简子问揖让周旋之礼焉。对曰："是仪也，非礼也。"简子曰："敢问何谓礼？"对曰："吉也闻诸先大夫子产曰：'夫礼，天之经也，地之义也，民之行也。'天地之经，而民则实之。则天之明，因地之性，生其六气，用其五行。气为五味，发为五色，章为五声。淫则昏乱，民失其性。是故为礼以奉之：为六畜、五牲、三牺，以奉五味；为九文、六采、五章，以奉五色；为九歌、八风、七音、六律，以奉五声。为君臣上下以则地义，为夫妇外内以经二物，为父子、兄弟、姑姊、甥舅、昏媾、姻亚以象天明，为政事、庸力、行务以从四时。为刑罚、威狱，使民畏忌，以类其震曜杀戮；为温慈、惠和，以效天之生殖长育。民有好、恶、喜、怒、哀、乐，生于六气，是故审则宜类以制六志：哀有哭泣，乐有歌舞，喜有施舍，怒有战斗；喜生于好，怒生于恶。是故审行信令，祸福赏罚，以制死生：生，好物也；死，恶物也。好物，乐也；恶物，哀也。哀乐不失，乃能协于天地之性，是以长久。"

简子曰："甚哉，礼之大也！"对曰："礼，上下之纪，天地之经纬也，民之所以生也，是以先王尚之。故人之能自曲直以赴礼者，谓之成人。大，不亦宜乎！"简子曰："鞅也请终身守此言也！"

宋乐大心曰："我不输粟。我于周为客。若之何使客？"晋士伯曰："自践土以来。宋何役之不会，而何盟之不同？曰'同恤王室'，子焉得辟之？子奉君命以会大事，而宋背盟，无乃不可乎？"右师不敢对，受牒而退。士伯告简子曰："宋右师必亡！奉君命以使，而欲背盟以干盟主，无不祥大焉！"

有鸜鹆来巢，书所无也，师己曰："异哉！吾闻文、(武)〔成〕之世童谣有之，曰：'鸜之鹆之，公出辱之。鸜鹆之羽，公在外野，往馈之马。鸜鹆跦跦，公在乾侯，徵褰与襦。鸜鹆之巢，远哉遥遥；稠父丧劳，宋父以骄。鸜鹆鸜鹆，往歌来哭！'童谣有是，今鸜鹆来巢，其将及乎？”

秋，书再雩，旱甚也。

初，季公鸟娶妻于齐鲍文子，生甲。公鸟死，季公亥与公思展与公鸟之臣申夜姑相其室。及季姒与饔人檀通，而惧，乃使其妾抶己，以示秦遄之妻，曰：“公若欲使余，余不可；而抶余。”又诉于公甫，曰：“展与夜姑将要余！”秦姬以告公之。公之与公甫告平子。平子拘展于卞而执夜姑，将杀之；公若泣而哀之，曰：“杀是，是杀余也！”将为之请，平子使竖勿内。日中不得请，有司逆命，公之使速杀之。故公若怨平子。

季、郈之鸡斗。季氏介其鸡，郈氏为之金距。平子怒，益宫于郈氏，且让之。故郈昭伯亦怨平子。

臧昭伯之从弟会，为谗于臧氏而逃于季氏。臧氏执旃。平子怒，拘臧氏老。将禘于襄公，万者二(人)〔八〕，其众万于季氏。臧孙曰：“此之谓不能庸先君之庙。”大夫遂怨平子。

公若献弓于公为，且与之出射于外，而谋去季氏。公为告公果、公贲，公果、公贲使侍人僚柤告公。公寝，将以戈击之，乃走。公曰：“执之！”亦无命也。惧而不出，数月不见。公不怒。又使言，公执戈以惧之，乃走。又使言，公曰：“非小人之所及也！”公果自言。公以告臧孙，臧孙以难；告郈孙，郈孙以可，劝。告子家懿伯，懿伯曰：“谗人以君侥幸。事若不克，君受其名，不可为也。舍民数世以求克事，不可必也。且政在焉，其难图也！”公退之。辞曰：“臣与闻命矣，言若泄，臣不获死！”乃馆于公。

叔孙昭子如阚。公居于长府。九月戊戌，伐季氏，杀公之于门，遂入之。平子登台而请曰：“君不察臣之罪，使有司讨臣以干戈，臣请待于沂上以察罪。”弗许。请囚于费，弗许。请以五乘亡，弗许。子家子曰：“君其许之。政自之出久矣！隐民多取食焉，为之徒者众矣；日入慝作，弗可知也。众怒不可蓄也，蓄而弗治，将蕴；蕴畜，民将生心；生心，同求将合。君必悔之！”弗听。郈孙曰：“必杀之！”公使郈孙逆孟懿子。

叔孙氏之司马鬷戾言于其众曰：“若之何？”莫对。又曰：“我家臣也，不敢知国。凡有季氏与无，于我孰利？”皆曰：“无季氏，是无叔孙氏也。”鬷戾曰：“然则救诸！”帅徒以往，陷西北隅以入。公徒释甲执冰而踞，遂逐之。

孟氏使登西北隅以望季氏，见叔孙氏之旌，以告。孟氏执郈昭伯，杀之于南门之西，遂伐公徒。

子家子曰：“诸臣伪劫君者而负罪以出，君止。意如之事君也，不敢不改。”公曰：“余不忍也！”与臧孙如墓谋，遂行。

己亥，公孙于齐，次于阳州。齐侯将唁公于平阴，公先至于野井。齐侯曰：“寡人之罪也。使有司待于平阴，为近故也。”书曰：“公孙于齐，次于阳州。齐侯唁公于野井。”礼也。将求于人，则先下之，礼之善物也。齐侯曰：“自莒疆以西，请致千社以待君命。寡人将帅敝赋以从执事，唯命是听。君之忧，寡人之忧也。”公喜。子家子曰：“天禄不再。天若胙

君，不过周公，以鲁足矣。失鲁而以千社为臣，谁与之立？且齐君无信，不如早之晋。”弗从。

臧昭伯率从者将盟，载书曰：“戮力壹心，好恶同之！信罪之有无，缱绻从公，无通外内！”以公命示子家子。子家子曰：“如此，吾不可以盟。羁也不佞，不能与二三子同心，而以为皆有罪。或欲通外内，且欲去君。二三子好亡而恶定，焉可同也？陷君于难，罪孰大焉！通外内而去君，君将速入，弗通何为？而何守焉？”乃不与盟。

昭子自阚归，见平子。平子稽颡，曰：“子若我何？”昭子曰：“人谁不死？子以逐君成名，子孙不忘，不亦伤乎？将若子何？”平子曰：“苟使意如得改事君，所谓生死而肉骨也！”

昭子从公于齐，与公言。子家子命：“适公馆者，执之！”公与昭子言于幄内。曰：“将安众而纳公。”公徒将杀昭子，伏诸道。左师展告公，公使昭子自铸归。

平子有异志。冬十月辛酉，昭子齐于其寝，使祝宗祈死。戊辰，卒。左师展将以公乘马而归，公徒执之。

壬申，尹文公涉于巩，焚东訾，弗克。

十一月，宋(公)元公将为公故如晋，梦大子栾即位于庙，已与平公服而相之。旦召六卿，公曰：“寡人不佞，不能事父兄，以为二三子忧，寡人之罪也！若以群子之灵，获保首领以没，唯是楄柎所以藉幹者，请无及先君！”仲幾对曰：“君若以社稷之故，私降昵宴，群臣弗敢知。若夫宋国之法，死生之度，先君有命矣；群臣以死守之，弗敢失队。臣之失职，常刑不赦。臣不忍其死，君命祇辱。”宋公遂行。己亥，卒于曲棘。

十二月庚辰，齐侯围郓。

初，臧昭伯如晋；臧会窃其宝龟偻句，以卜为信与僭，僭吉。臧氏老将如晋问，会请往。昭伯问家故，尽对。及内子与母弟叔孙，则不对；再三问，不对。归，及郊，会逆；问，又如初。至，次于外而察之，皆无之。执而戮之，逸，奔郈。郈鲂假使为贾正焉。计于季氏；臧氏使五人以戈楯伏诸桐汝之闾，会出，逐之；反奔，执诸季氏中门之外。平子怒，曰：“何故以兵入吾门？”拘臧氏老，季、臧有恶。及昭伯从公，平子立臧会。会曰：“偻句不余欺也！”

楚子使薳射城州屈，复茄人焉；城丘皇，迁訾人焉。使熊相禖郭巢，季然郭卷。子大叔闻之，曰：“楚王将死矣！使民不安其土，民必忧；忧将及王，弗能久矣。”

【译文】

鲁昭公二十五年春天，叔孙婼去到宋国。夏天，叔诣在晋国黄父与晋国的赵鞅、宋国乐大心、卫国北宫喜、郑国子太叔、曹国人、邾国人、滕国人、薛国人以及小邾人会见。有八哥鸟来鲁国筑巢。秋七月初三日，举行求雨大祭。二十三日，又祭。九月十二日，鲁昭公逃亡到齐国，驻在阳州。齐景公到野井慰问昭公。冬十月十一日，叔孙婼死了。十一月十三日，宋元公佐死在曲棘。十二月，齐景公攻取郓地。

鲁昭公二十五年春，叔孙婼到宋国聘问，桐门右师乐大心接见他，两人交谈时，乐大心很瞧不起宋国大夫及司城氏。叔孙婼告诉他的随从说：“右师恐怕会逃亡了吧！君子能尊重自己然后能及于别人，因此有礼仪。如今这位先生瞧不起他国家的大夫以及他的宗族，这就是轻视他自己，能有礼仪吗？没有礼仪必然逃亡。”

宋元公宴享叔孙婼，吟诵《新宫》一诗，叔孙婼吟诵了《车辖》。第二天设宴，喝酒喝得很开心，宋元公让叔孙婼坐在右边，谈话间互相流泪。乐祁作陪，退席后告诉别人说：“今年君主与叔孙婼大概都会死去吧！我听说，哀伤时高兴而高兴时却哀伤，都是有丧事的心态。心的神明，就叫魂魄。魂魄离了身，怎么会长久？”

季公若的姐姐是小邾国君的夫人，生了宋元公夫人，宋元公夫人生了女儿又嫁给季孙意如。叔孙婼前往宋国聘问，同时就是为季孙氏迎亲。季公若跟随前去，对宋元公夫人说不要把女儿嫁给季孙意如，因为鲁国将要驱逐季孙氏。宋元公夫人告诉宋元公，宋元公告诉乐祁，乐祁就说：“嫁给他。像这样做，鲁君必然被赶出来。政权在季氏手中已三代了，鲁君丧失政权已经历四公了。没有老百姓而能满足他的愿望的事，是没有的，所以国君要安抚他的百姓。《诗》中说：‘人才的丧失，是内心的忧虑。’鲁君失去人民了，怎么能满足他的心愿？安静地等待命运安排还可以，有所行动肯定带来忧患。”

夏天，诸侯在晋国黄父会谈，是为了商量王室的安定问题。赵鞅命令诸侯的大夫给周王输送粮食，安排戍守的卫兵，说：“明年将要护送周王回都。”

子太叔进见赵鞅，赵鞅向他询问宾主会见及应酬的礼节，子太叔回答说：“这是仪式，不是礼节。”赵鞅说：“请问什么叫作礼节？”子太叔回答说：“我从先大夫子产那儿听说：‘所谓礼，是天的规则，地的义理，人的行为。’天地的规范，而人民效法它。效法上天的光明，顺应大地的本性，产生天地的六气，使用天地的五行。气化为五种味道，表现为五种颜色，显示为五种声音。过分了就昏乱，百姓就失去他们的本性，所以制定礼来遵从它们。制定六畜、五牲、三牺来遵从五味，制定九文、六彩、五章来遵从五色，制定九歌、八风、七音、六律来遵从五声，制定君臣、上下的关系来效法大地的义理，制定夫妇外内的关系来取法二物，制定父子、兄弟、姑姊、甥舅、婚姻、姻亲关系来象征上天的光明，制定君臣事务、百姓劳作、行动目的来顺从四时，制定刑罚、牢狱使百姓畏惧来模仿雷电的杀戮，制定温和、慈爱的措施来效法上天的繁殖生长万物。老百姓有好恶、喜怒、哀乐的情感，产生于六气，所以要谨慎适当地规范它，以制约这六种情感。悲哀就有哭泣，欢乐就有歌舞，高兴就有施舍，愤怒就有争斗。高兴产生于爱好，愤怒产生于憎恶。所以要使行为谨慎，政令有信用，用祸福赏罚来制约死生。生，是好事；死，是坏事。好事，就欢乐；坏事，就悲哀。悲哀与欢乐不失于礼，才能与天地的本性相协调，因此也就长久。”

赵鞅说：“礼的深广可真到了极点啊！”子太叔回答说：“礼，是君臣上下的纲纪，天地的秩序，老百姓生活的准则，所以先王崇尚它。因此能够使自己直接达到或约束自己达到礼的人，叫作完人。礼的深广，不也是适当的吗？”赵鞅说：“我赵鞅将一辈子遵守您说

的这些话。"

宋国乐大心说:"我不输送粮食,对周朝来说我是客,怎么能支使客人?"晋国的士弥牟说:"自从践土那次结盟以来,宋国哪次战役没有参与,哪次结盟不同在一起?说过要共同忧恤王室,您怎能躲避责任呢?您奉行君命,来会谈大事,却让宋国背弃盟约,恐怕不可以吧?"乐大心不敢回答,接受了简札退出去。士弥牟告诉赵鞅说:"宋国的右师乐大心必定败亡,奉君命出使,却打算背弃盟约而触犯盟主,没有比这更不吉利这的了。"

"有鸜鹆来巢",这是记载所没有发生过的事。师己说:"怪异啊!我听说文公、成公时代有童谣这样说:'鸜鹆啊鸜鹆,国君出国受羞辱。鸜鹆有毛羽,国君住在郊野中,臣下前去把马送。鸜鹆在跳跃,国君住在乾侯里,求取套裤与短衣。鸜鹆有巢,路远遥遥,裯父失位又辛劳,宋父以此而骄傲。鸜鹆啊鸜鹆,去时唱歌,回来哀哭。'童谣有这样的说法,现在鸜鹆又来做窝,恐怕将赶上灾祸了吧?"

秋天,记载两次雩祭,是因为天旱很厉害。

起初,季公鸟娶齐国鲍文子的女儿为妻,生了儿子甲。公鸟死了,季公亥、公思展和公鸟的家臣申夜姑管理他的家务。到公鸟的夫人季姒与饔人檀私通,季姒害怕,就让她的侍妾鞭打自己,去给秦遄的妻子看,并说:"公亥想要让我陪他睡觉,我不答应就鞭打我。"又向公甫控诉说:"公思展和申夜姑想胁迫我。"秦遄的妻子把事情告诉公之,公之和公甫告诉季孙意如,季孙意如把公思展拘禁在卞地又逮捕了申夜姑,打算杀了他们。季公亥哭得很伤心,说:"杀了这个人,这等于杀了我。"想要替他们求情。季孙意如让仆人不要放公亥进来,因此到中午也没得到请求的机会。有关官吏领取了季孙意如的命令,公之也让他赶快杀掉公思展和申夜姑,所以季公亥怨恨季孙意如。

季氏、郈氏两家的鸡相斗,季氏给鸡披上铠甲,郈氏给鸡做了金属的距趾套。季孙意如发怒,从郈氏那儿侵占土地增建房屋,并且责备郈氏,因此郈昭伯也怨恨季孙意如。

臧昭伯的堂弟臧会对臧氏进行诬陷,就逃到季氏那儿去了,臧氏逮捕了他。季孙意如发怒,拘留了臧氏的家臣。将要在襄公庙里举行禘祭,跳万舞的只有两人,其他多数人到季氏那里跳万舞去了。臧昭伯说:"这就叫作不能在先君庙里酬报先君的功绩。"大夫们于是怨恨季孙意如。

季公亥向公为献弓,并且和他到郊外去射箭,同时商量除掉季氏。公为告诉了公果、公贲,公果和公贲派侍从僚柤报告昭公。昭公正在睡觉,打算用戈去敲击僚柤,僚柤就跑了。昭公说:"抓住他。"但没有正式下命令。僚柤害怕而不敢出来,几个月不露面,昭公也不发怒。又让僚柤去说,昭公拿着戈吓唬他,他就跑走。又派他去说,昭公说:"这不是奴仆管得到的事。"公果自己去说。昭公把这事告诉臧昭伯,臧昭伯认为难办。告诉郈孙,郈孙认为可行,鼓励昭公行动。又告诉子家懿伯,懿伯说:"奸佞之人凭借君主侥幸行事,事情如果不成功,君主背上坏名声,不可以这样做。丧失民心已经几代了,因此要求得事情成功,不可能有把握。而且政权在季氏手中,恐怕难以谋取。"昭公让懿伯退下,懿

伯解释说："下臣已经听到命令了，话要是泄漏出去，我会不得好死。"就住在公宫里。

叔孙婼前往阚地，鲁昭公住在长府。九月十一日，攻打季氏，在门口杀死公之，就攻进季氏家中。季孙意如登上殿台请求说："君主没有审察下臣的罪过，就派官吏使用武力讨伐下臣，下臣请求在沂水边等待君主审察我的罪过。"昭公不答应。季孙意如请求囚禁在费地，也不答应。又请求带五辆车逃亡，也不答应。子家子说："君主还是答应他吧！政令从他那儿颁发已经很久了，穷困的百姓很多人从他那儿获得吃的，做他的徒党的人可多了。太阳落山后邪恶的事是否发生，还不知道呢。众人的怨怒不可以让它积蓄，积蓄起来而不平息，就会越来越盛。盛怒积蓄起来，老百姓将产生叛乱之心。产生了叛乱之心，欲望相同的人就将结合在一起。君主一定会后悔的。"昭公不听从。郈孙说："一定要杀了他。"鲁昭公派郈孙迎接孟懿子。

叔孙氏的司马鬷戾对他的部下说："怎么办？"没有人回答。鬷戾又说："我是家臣，不敢过问国家大事。有季氏与没有季氏，哪种情况对我们有利？"部下都说："没有季氏，这等于没有叔孙氏。"鬷戾说："那么就去援救他吧！"率领部下前去，攻陷西北角进入公宫。昭公的士卒脱下铠甲，拿着箭筒盖蹲坐在地，鬷戾的军队赶走了他们。

孟懿子派人登上西北角，以观察季氏家的情况，看到了叔孙氏的旗帜，报告孟懿子。孟懿子逮捕了郈孙，在南门的西边把他杀了，于是攻打鲁昭公的军队。

子家子说："下臣们假装劫持君主的样子，然后背着罪名逃出，君主留下来。季孙意如侍奉君主的态度，不敢不改变。"昭公说："我不忍心这样。"就和臧昭伯到先君墓前商议，于是出走。

九月十二日，鲁昭公逃亡到齐国，住在阳州。齐景公准备到平阴去慰问昭公，昭公先行到了野井。齐景公说："这是寡人的罪过。派官吏到平阴等候您，是因为就近的缘故。"《春秋》记载说："公孙于齐，次于阳州，齐侯唁公于野井。"这是合于礼的。将要向别人有所求，就要首先居人之下，这是合乎礼的好事。齐景公说："从莒国边境以西，请让我奉送给您二万五千户，以等候君的命令。寡人将率领敝国军队跟从您，一切听从您的命令。君主的忧患，也就是寡人的忧患。"昭公很高兴。子家子说："上天的福禄不会两次降给您，上天如果赐福给君主，也不会超过周公，把鲁国赐给君主就足够了。失去鲁国而带着二万五千户做别国臣下，谁还替您恢复君位？而且齐国没有信用，不如早去晋国。"昭公不听从。

臧昭伯率领随从将要结盟，盟书说："并力同心，爱憎一致，明确罪过的有无，紧紧跟从国君，不要内外勾结。"用昭公的命令给子家子看。子家子说："像这样，我不可以盟誓。我无能，不能和各位同心，而认为都有罪过。我或者要沟通内外，并且想要离开国君。各位喜欢逃亡而厌恶安定，怎么可以同心？使君主陷入危难，罪行有什么比这更大？沟通内外而离开国君，国君将可以快点进入鲁国，为什么不可以沟通？将死守什么呢？"就没有参加盟誓。

叔孙婼从阚地回国，进见季孙意如。季孙意如磕头说："您将把我怎么样？"叔孙婼说："人生哪个不死？你因为驱逐国君成名，子孙后代都不会忘记，不也可悲吗？我会把你怎么样？"季孙意如说："如果能让我得到机会改变侍奉国君的态度，那真是所说的使死人再生，让白骨长肉了。"

叔孙婼跟随昭公到达齐国，和昭公讨论。子家子命令把到昭公宾馆去的人抓起来。昭公和叔孙婼在帐幕内商议，说："准备安定民众而护送君主回国。"昭公的士卒打算杀掉叔孙婼，埋伏在路边。左师展报告昭公，昭公让叔孙婼从铸地回国。

季孙意如有了异心。冬十月初四日，叔孙婼在他的寝宫斋戒，让祝主为自己祈祷死去，十一日，果然死了。左师展准备与昭公驾车马回国，昭公的士卒逮捕了他。

十月十五日，尹文公在巩地渡过洛水，火攻东訾，没有取胜。

十一月，宋元公为了昭公的缘故打算去晋国，梦见太子栾在宗庙中即位，自己和宋平公穿着礼服辅佐他。早晨，召见六卿，对他们说："寡人无能，不能侍奉父兄，因而造成各位的忧虑，这是我的罪过。如果能托诸位的福，得以保全脑袋而死，那么用来装载我骸骨的棺木，请不要达到先君的规格。"仲几回答说："君主如果因为国家的缘故，私自减损欢宴的享受，下臣们不敢过问。至于宋国的法制，以及死生的礼度，先君早有成命了。下臣们冒死遵守它，不敢违背废弃。下臣失职，按正常的法制是不可赦免的。下臣不忍那样去死，只能是不从君的命令。"宋元公就动身起程。十三日，死在曲棘。

十二月十四日，齐景公包围郓城。

起初，臧昭伯去到晋国，臧会偷了他的宝龟偻句，用来卜问办事诚实还是虚假，结果是虚假吉利。臧氏家臣准备前往晋国问候臧昭伯，臧会请求前往。昭伯问到家事，臧会一一回答。昭伯问及妻子和同母弟弟叔孙时，臧会就不回答。两次三番问，还是不回答。后来臧昭伯回国，到达都城郊外，臧会去迎接他，臧昭伯又问，还像当初一样不回答。昭伯回到国都，住在外面访查妻子及同母弟弟的事，都没有查出什么事。昭伯逮捕臧会要杀了他，臧会逃脱，逃亡到郈地，郈鲂假让他在那里做了贾正。臧会有次到季氏家送账簿，臧氏就派五个人带着戈和盾埋伏在桐汝的里门后。臧会出来，就追赶他，臧会返身逃跑，在季氏家的中门外逮住了他。季孙意如发怒，说："为什么带着武器进入我的家门？"拘禁了臧氏的家臣，季、臧两家因此关系恶化。到臧昭伯跟从鲁昭公逃亡时，季孙意如立了臧会。臧会说："偻句宝龟没有欺骗我呀！"

楚平王派薳射在州屈筑城，使茄地人回到那里居住。又在丘皇筑城。把訾地人迁到那里。派熊相禖在巢地修筑外城，派季然在卷地修筑外城。子太叔听到这件事，说："楚王将会死了，使老百姓不能安居他们的故土，老百姓必定忧伤。忧伤将到达楚王的身上，不会长久了。"

昭公二十六年

【原文】

二十有六年:春,王正月,葬宋元公。

三月,公至自齐,居于郓。

夏,公围成。

秋,公会齐侯、莒子、邾子、杞伯,盟于鄟陵。

公至自会,居于郓。

九月庚申,楚子居卒。

冬,十月,天王入于成周。

尹氏、召伯、毛伯以王子朝奔楚。

二十六年春,王正月庚申,齐侯取郓。

葬宋元公如先君,礼也。

三月,公至自齐,处于郓,言鲁地也。

夏,齐侯将纳公,使无受鲁货。申丰从女贾,以币锦二两缚一如瑱,适齐师,谓子犹之人高齮:“能货子犹,为高氏后,粟五千庾。”高齮以锦示子犹,子犹欲之;齮曰:“鲁人买之,百两一布。以道之不通,先入币财。”子犹受之,言于齐侯曰:“群臣不尽力于鲁君者,非不能事君也。然据有异焉:宋元公为鲁君如晋,卒于曲棘;叔孙昭子求纳其君,无疾而死。不知天之弃鲁耶?抑鲁君有罪于鬼神,故及此也?君若待于(曲)棘,使群臣从鲁君以卜焉:若可,师有济也,君而继之,兹无敌矣;若其无成,君无辱焉。”齐侯从之,使公子钽帅师从公。

成大夫公孙朝谓平子曰:“有都以卫国也,请我受师。”许之。请纳质;弗许,曰:“信女足矣!”告于齐师曰:“孟氏,鲁之敝室也。用成已甚,弗能忍也;请息肩于齐。”齐师围成。成人伐齐师之饮马于淄者,曰:“将以厌众。”鲁成备而后告曰:“不胜众。”

师及齐师战于炊鼻。齐子渊捷从泄声子,射之,中楯瓦,繇朐汰輈,匕入者三寸。声子射其马,斩鞅,殪。改驾,人以为鬷戾也,而助之。子车曰:“齐人也!”将击子车;子车射之,殪。其御曰:“又之。”子车曰:“众可惧也,而不可怒也。”子囊带从野泄,叱之;泄曰:“军无私怒。报乃私也。将亢子。”又叱之,亦叱之。冉竖射陈武子,中手;失弓而骂。以告平子,曰:“有君子白皙、鬒须眉,甚口。”平子曰:“必子强也。无乃亢诸?”对曰:“谓之‘君子’,何敢亢之?”

林雍羞为颜鸣右,下。苑何忌取其耳,颜鸣去之。苑子之御曰:“视下!”顾。苑子刜林雍,断其足,(鑋)〔踅〕而乘于他车以归。颜鸣三入齐师,呼曰:“林雍乘!”

四月，单子如晋告急。五月戊午，刘人败王城之师于尸氏。戊辰，王城人、刘人战于施谷，刘师败绩。

秋，盟于郀陵，谋纳公也。

七月己巳，刘子以王出。庚午，次于渠。王城人焚刘。丙子，王宿于褚氏。丁丑，王次于萑谷。庚辰，王入于胥靡。辛巳，王次于滑。晋知跞、赵鞅帅师纳王，使女宽守(关)〔阙〕塞。

九月，楚平王卒。令尹子常欲立子西，曰："大子壬弱；其母非適也，王子建实聘之。子西长而好善。立长则顺，建善则治。王顺国治，可不务乎？"子西怒曰："是乱国而恶君王也。国有外援，不可渎也。王有適嗣，不可乱也。败亲，速雠，乱嗣，不祥！我受其名。赂吾以天下，吾滋不从也，楚国何为？必杀令尹！"令尹惧，乃立昭王。

冬十月丙申，王起师于滑。辛丑在郊，遂次于尸。十一月辛酉，晋师克巩。召伯盈逐王子朝。王子朝及召氏之族、毛伯得、尹氏固、南宫嚚奉周之典籍以奔楚。阴忌奔莒以叛。召伯逆王于尸，及刘子、单子盟。遂军圉泽，次于隄上。癸酉，王入于成周。甲戌，盟于襄宫。晋师〔使〕成公般戍周而还。十二月癸未，王入于庄宫。

王子朝使告于诸侯曰："昔(成)〔武〕王克殷，成王靖四方，康王息民，并建母弟以蕃屏周，亦曰：'吾无专享文、武之功，且为后人之迷败倾覆而溺入于难，则振救之。'至于夷王，王愆于厥身，诸侯莫不并走其望，以祈王身。至于厉王，王心戾虐，万民弗忍，居王于彘。诸侯释位，以间王政；宣王有志，而后效官。至于幽王，天不吊周，王昏不若，用愆厥位。携王奸命，诸侯替之，而建王嗣，用迁郏鄏，则是兄弟之能用力于王室也。至于惠王，天不靖周，生颓祸心，施于叔带。惠、襄辟难，越去王都，则有晋、郑咸黜不端，以绥定王家，则是兄弟之能率先王之命也。在定王六年，秦人降妖，曰：'周其有頿王，亦克能修其职；诸侯服享，二世共职。王室其有间王位，诸侯不图，而受其乱灾。'至于灵王，生而有頿；王甚神圣，无恶于诸侯。灵王、景王，克终其世。

"今王室乱，单旗、刘狄剥乱天下，壹行不若，谓：'先王何常之有？唯余心所命，其谁敢(请)〔讨〕之？'帅群不吊之人，以行乱于王室，侵欲无厌，(规)〔玩〕求无度，贯渎鬼神，慢弃刑法，倍奸齐盟，傲很威仪，矫诬先王。晋为不道，是摄是赞，思肆其罔极。兹不穀震荡播越，窜在荆蛮，未有攸厎。若我一二兄弟甥舅奖顺天法，无助狡猾，以从先王之命，毋速天罚，赦图不穀，则所愿也。敢尽布其腹心及先王之经，而诸侯实深图之！

"昔先王之命曰：'王后无適则择立长，年钧以德，德钧以卜。'王不立爱，公卿无私，古之制也。穆后及大子寿早夭即世，单、刘赞私立少，以间先王。亦唯伯仲叔季图之！"

闵马父闻子朝之辞，曰："文辞以行礼也。子朝干景之命、远晋之大以专其志，无礼甚矣！文辞何为？"

齐有彗星，齐侯使禳之。晏子曰："无益也，祇取诬焉。天道不谄，不贰其命，若之何禳之！且天之有彗也，以除秽也；君无秽德，又何禳焉？若德之秽，禳之何损？《诗》曰：

‘惟此文王，小心翼翼；昭事上帝，聿怀多福。厥德不回，以受方国。’君无违德，方国将至，何患于彗？《诗》曰：‘我无所监，夏后及商。用乱之故，民卒流亡。’若德回乱，民将流亡，祝、史之为无能补也！”公说，乃止。

齐侯与晏子坐于路寝。公叹曰：“美哉室！其谁有此乎？”晏子曰：“敢问何谓也？”公曰：“吾以为在德。”对曰：“如君之言，其陈氏乎！陈氏虽无大德而有施于民。豆、区、釜、钟之数，其取之公也薄，其施之民也厚。公厚敛焉；陈氏厚施焉，民归之矣。《诗》曰：‘虽无德与女，式歌且舞。’陈氏之施，民歌舞之矣。后世若少惰，陈氏而不亡，则国其国也已！”公曰：“善哉！是可若何？”对曰：“唯礼可以已之。在礼：家施不及国，民不迁，农不移，工贾不变，士不滥，官不滔，大夫不收公利。”公曰：“善哉！我不能矣。吾今而后知礼之可以为国也！”对曰：“礼之可以为国也久矣，与天地并！君令臣共，父慈子孝，兄爱弟敬，夫和妻柔，姑慈妇听，礼也。君令而不违，臣共而不贰；父慈而教，子孝而箴；兄爱而友，弟敬而顺；夫和而义，妻柔而正；姑慈而从，妇听而婉：礼之善物也。”公曰：“善哉！寡人今而后闻此礼之上也！”对曰：“先王所禀于天地以为其民也，是以先王上之。”

【译文】

鲁昭公二十六年春天，周历正月，安葬宋元公。三月，昭公从齐国回到鲁国，住在郓地。夏天，昭公包围成邑。秋天，昭公在郇陵与齐景公、莒君、邾君、杞悼公会见并盟誓。昭公从会盟回到鲁国，住在郓地。九月初九日，楚平王熊居死了。冬十月，周天子进入成周。尹氏、召伯、毛伯带着王子朝逃亡到楚国。

鲁昭公二十六年春天，周历正月初五日，齐景公攻取郓地。

安葬宋元公，像安葬宋国先君一样，这是合乎礼的。

三月，昭公从齐国回到鲁国，住在郓地，这是说郓地本是鲁国领土。

夏天，齐景公打算送昭公回国，命令不要接受鲁国的财礼。申丰跟着女贾，用礼锦两匹，捆在一起像镇圭的样子，去到齐国军队里，对梁丘据的家臣高齮说：“你如能收买梁丘据，就让你做高氏的宗主，送给你粮食五千庾。”高齮把锦给梁丘据看。梁丘据想要它。高齮说：“鲁国人买了这样的锦，百匹一堆，因道路不通，先把这些送给您做礼物。”梁丘据接受了，对齐景公说：“群臣对鲁君不尽力，不是不能侍奉君主。但我有些奇怪，宋元公为了鲁君去到鲁国，死在曲棘。叔孙婼谋求接回他的君主，没有生病就死了。不知是上天抛弃鲁国呢？还是鲁君得罪了鬼神，所以到达这种地步呢？君如能在棘地等待，就派臣下们跟从鲁君去作战试探。如果可以，部队有成功，君就跟着前进，就所向无敌了。如果部队没有成功，君主就不要屈驾了。”齐景公听从了他，派公子鉏率领军队跟着鲁昭公前进。

成邑大夫公孙朝对季孙意如说：“国家立有都市，是用来保卫国都的，请允许我迎战齐军。”季孙意如答应了他。公孙朝请求送上人质，季孙意如没答应，说：“相信你就足够

了。”公孙朝告诉齐军说：“孟氏，是鲁国的破落户。鲁国使用成邑的人力物力太过分了，我们不能忍受，请让我们在齐国卸下负担得到休息。”齐军包围成邑，成邑人攻击在淄水饮马的齐军，说：“这是用来压压大家的愤怒。”等鲁国做好准备后就告诉齐国说：“我们顶不住众人。”

于是鲁军与齐军在炊鼻开战。齐国的子渊捷追击泄声子，用箭射他，射中盾脊，箭从车轭穿过车辕，箭头陷入盾脊三寸。泄声子射子渊捷的马，射断马颈上的皮带，马死。子渊捷改乘战车，鲁人以为是鬷戾而帮助他。子渊捷说：“我是齐国人。”鲁人打算攻击子渊捷，子渊捷用箭射他，射死了。他的御者说：“再射。”子渊捷说：“众人可以使他们害怕，但不能激怒他们。”齐大夫子囊带追击泄声子，叱骂他。泄声子说：“军中没有个人怨怒，我要回骂就是个人怨怒了，我将抵抗你。”子囊带又骂他，泄声子也骂子囊带。冉竖射陈武子，射中他的手，陈武子掉了弓就骂。冉竖把这事告诉季孙意如说：“有个君子皮肤白皙，眉毛胡子又黑又密，很会骂人。”季孙意如说：“一定是子强，是不是抵抗他了？”冉竖回答说：“称他做君子，哪里敢抵抗他？”

林雍耻于做颜鸣的车右，下车，苑何忌割取了他的耳朵。颜鸣跑开了。苑何忌的御者说：“看下面！”回头看着林雍的脚。苑何忌砍林雍，砍断了他的一只脚。林雍一只脚跳着坐上别的车逃回来。颜鸣三次冲进齐军，喊道：“林雍来坐车！”

四月，单旗前往晋国告急。五月初五日，刘国人在尸氏打败王城的军队。十五日，王城人和刘国人在施谷交战，刘军失败。

秋天，诸侯在郓陵会盟，是为了商议送鲁昭公回国。

七月十七日，刘盆带了周敬王逃出。十八日，驻在渠地。王城人焚烧刘地。二十四日。周敬王住在褚氏。二十五日，驻在萑谷。二十八日，进入胥靡。二十九日，驻扎在滑地。晋国的知跞、赵鞅领兵接纳周敬王，派女宽把守阙塞。

九月，楚平王死了，令尹子常打算立子西，说：“太子壬年幼，他的母亲不是嫡妻，而是壬子建所聘娶的。子西年长而喜欢行善，立年长的就顺乎情理，立善良的就安定。君王顺理国家安定，能不那样做吗？”子西发怒说：“这是扰乱国家而使君王背上恶名。国家有外援，不可以轻慢，君王有嫡子继位，不可以扰乱。损害亲人会招来仇敌，扰乱继承制度不吉利，我也将背上它的恶名。用整个天下来收买我，我也不会听从，楚国有什么用？一定要杀了令尹！”令尹害怕，就立了昭王。

冬十月十六日，周敬王从滑地发兵。二十一日，到达郊地，于是驻扎在尸氏。十一月十一日，晋军攻下巩地。召伯盈追击王子朝，王子朝和召氏的族人、毛伯得、尹氏固以及南宫嚚保护着周朝的典籍逃往楚国。阴忌逃往莒邑叛变。召伯盈在尸地迎接周敬王，和刘盆、单旗结盟，于是驻扎在圉泽，住在隄上。二十三日，周敬王进入成周。二十四日，在襄王庙盟誓。晋军派成公般戍守成周，就回去了。十二月初四日，敬王进入庄宫。

王子朝派人通告诸侯说：“过去武王征服殷朝，成王平定四方，康王使人民得到休养

生息，都分封同母兄弟，以佐助护卫周朝。又说：‘我无意独享文王、武王的功绩，并且在后世子孙迷乱失败，政权倾覆而陷入灾难时，就将拯救他们。’到了夷王，身缠恶疾，诸侯无不遍祭名山大川，来为夷王的身体健康祈祷。到了厉王，由于内心凶残，广大百姓无法忍受，就把厉王迁居到彘地。诸侯放下自己的职位，来参与王朝的政事。宣王胸有大志，然后把天子的职位奉还给他。到了幽王，上天不忧悯周朝，天子昏乱不循常礼，因而失掉他的王位。携王触犯天命，诸侯废弃了他，另立王位继承人，因而迁到郏鄏，这就是由于兄弟能为王室效力。到了惠王，上天不安抚周朝，使王子颓产生祸心，延及到叔带，于是惠王、襄王为躲避祸难，离开国都而流亡。这时就有晋国、郑国都来铲除不正派的人，以安定王室，这就是由于兄弟能遵从先王的命令。在定王六年的时候，秦国人降下妖孽，说‘周朝将有个嘴上长胡须的天子，也能治理好他的政事，诸侯服从而享有国家，两代谨守自己的职位。王室将有人介入王位，诸侯不为此谋划，就会遭受其动乱的灾祸。’到了灵王，生下来就有胡须，他非常神明圣哲，对诸侯没有做不好的事。灵王、景王在他们的朝代都得到了善终。

“现在王室动乱，单旗、刘蚠扰乱天下，专门倒行逆施，说：‘先王即位有什么常规？只看我心里想立谁，谁敢讨伐我？’领着一群不善之人，在王室制造混乱。他们侵夺的欲望没有满足，谋求没有限度，习惯于亵渎鬼神，轻慢地抛弃刑法，背弃触犯盟誓，在法令礼仪面前倨傲凶狠，诬蔑先王。晋国行为不合道义，辅佐帮助他们，想放纵他们没有准则限度的欲望。现在我动荡流离，逃藏在楚蛮之地，没有归宿。如果我们几位兄弟甥舅能辅助顺从上天的法度，不要帮助狡猾之徒，以遵从先王的命令。不要招致上天的惩罚，免除我的忧虑并为我谋划，则正是我的愿望。冒昧地表明我的内心及先王的治国之经，望各位君侯深入考虑。

“过去先王的命令说：‘王后没有嫡子，就选立年长的庶子。年龄相等则论德行，德行相当则按占卜的结果。’天子不立偏爱的人，公卿没有私心，这是古代的制度。穆后和太子寿夭折去世，单旗、刘蚠帮助偏爱的人，立了年幼的新王，而违犯先王的制度，望各位君侯考虑这件事！”

闵马父听到王子朝的言论，说：“文辞是用来施行礼仪的。王子朝违犯景王的命令，疏远强大的晋国，一意专行他想做天子的欲望，无礼到极点了，文辞有什么用？”

齐国有彗星出现，齐景公让人举行禳祭驱灾。晏子说：“没有好处的，只是自欺欺人。天道不可怀疑，它的命令没有差错，为什么要禳祭驱灾？况且天上有扫帚星，是用来扫除污秽的。君主没有污秽的德行，又何必禳祭呢？如果德行污秽，禳祭怎么能减轻？《诗》中说：‘这位文王小心翼翼，光明地侍奉天帝，向往众多福禄。他的德行不违背天意，因而受到四方国家的拥护。’君主没有违背天意的德行，四方国家都将到来，对彗星担心什么？《诗》中说：‘我没有什么借鉴，只有夏朝和殷商，因为政治混乱的缘故，老百姓终于流亡。’如果德行逆乱，百姓就将流亡，祝史的祭祀祈祷，是不能弥补的。”齐景公听了很高

兴，就停止禳祭。

齐景公和晏子坐在寝宫里，景公感叹说："这房子多漂亮啊！谁将据有这里呢？"晏子说："请问说的是什么？"齐景公说："我认为在于德行。"晏子回答说："照您说的，恐怕是陈氏吧！陈氏虽然没有大的德行，但对老百姓有恩。豆、区、釜、钟的容量，从公田征税时减少，施舍给老百姓时就加重。您向百姓征收的多，陈氏对百姓施舍的多，老百姓归向他了。《诗》说：'即使没有恩德给予你，也能载歌载舞。'陈氏的施舍，老百姓已经为他载歌载舞了。后代如果稍稍懈怠，陈氏如果不灭亡，那将以他的封邑为国家了。"景公说："说得好啊！这该怎么办？"晏子回答说："只有礼可以阻止，合乎礼，大夫的施舍赶不上国家，老百姓不迁徙，农民不离乡，工匠商人不改行，士不失职，官府不怠慢，大夫不占公家的利益。"齐景公说："好啊！但我做不到了。我从今以后知道礼可以用来治理国家了。"晏子回答说："礼可用来治理国家由来已久了，礼和天地同时存在。君主发令臣下恭敬，父亲慈爱儿子孝顺，兄长仁爱弟弟尊敬，丈夫和蔼妻子温柔，婆婆慈祥媳妇顺从，这是合乎礼的。君主发令而没有违误，臣下恭敬而没有二心，父亲慈爱而教育儿子，儿子孝顺而规谏父亲，兄长仁爱而友善，弟弟尊敬而服从，丈夫和蔼而合乎义理，妻子温柔而品行端正，婆婆慈祥而又听从规谏，媳妇顺从而又婉词规谏，这是礼中的美好事物了。"齐景公说："好啊！寡人从今以后听到这种礼就当崇尚它了。"晏子回答说："先王从天地那里接受了礼来治理他的百姓，因此先王崇尚礼。"

昭公二十七年

【原文】

二十有七年：春，公如齐。

公至自齐，居于郓。

夏，四月，吴弑其君僚。

楚杀其大夫郤宛。

秋，晋士鞅、宋乐祁犁、卫北宫喜、曹人、邾人、滕人会于扈。

冬，十月，曹伯午卒。

邾快来奔。公如齐。

公至自齐，居于郓。

二十七年春，公如齐。公至自齐，处于郓。言在外也。

吴子欲因楚丧而伐之，使公子掩余、公子烛庸帅师围潜，使延州来季子聘于上国，遂聘于晋，以观诸侯。楚莠尹然、(工)〔王〕尹麇帅师救潜，左司马沈尹(戌)〔戍〕帅都君子与王马之属以济师，与吴师遇于穷。令尹子常以舟师及沙汭而还。左尹郤宛、工尹寿帅

师至于潜。吴师不能退。

吴公子光曰："此时也，弗可失也。"告鱄设诸曰："上国有言曰：'不索，何获？'我，王嗣也。吾欲求之。事若克，季子虽至，不吾废也。"鱄设诸曰："王可弑也。母老、子弱，是无若我何？"光曰："我，尔身也。"

夏四月，光伏甲于堀室而享王。王使甲坐于道，及其门。门、阶、户、席，皆王亲也，夹之以铍。羞者献体改服于门外。执羞者坐行而入，执铍者夹承之，及体，以相授也。光伪足疾，入于堀室。鱄设诸寘剑于鱼中以进，抽剑刺王，铍交于胸，遂弑王。阖庐以其子为卿。

季子至，曰："苟先君无废祀，民人无废主，社稷有奉，国家无倾，乃吾君也，吾谁敢怨？哀死事生，以待天命；非我生乱，立者从之：先人之道也。"复命哭墓，复位而待。吴公子掩馀奔徐，公子烛庸奔钟吾。楚师闻吴乱而还。

郤宛直而和，国人说之。鄢将师为右领，与费无极比而恶之。令尹子常贿而信谗；无极谮郤宛焉，谓子常曰："子恶欲饮子酒。"又谓子恶："令尹欲饮酒于子氏。"子恶曰："我贱人也，不足以辱令尹。令尹将必来辱，为惠已甚；吾无以酬之，若何？"无极曰："令尹好甲兵。子出之，吾择焉。"取五甲五兵，曰："寘诸门。令尹至，必观之，而从以酬之。"及飨日，帷诸门左。无极谓令尹曰："吾幾祸子！子恶将为子不利，甲在门矣。子必无往！且此役也，吴可以得志；子恶取赂焉而还，又误群帅，使退其师，曰：'乘乱不祥。'吴乘我丧，我乘其乱，不亦可乎？"令尹使视郤氏，则有甲焉；不往，召鄢将师而告之。将师退，遂令攻郤氏，且爇之。

子恶闻之，遂自杀也。国人弗爇。令曰："不爇郤氏，与之同罪！"或取一编菅焉，或取一秉秆焉，国人投之，遂弗爇也。令尹炮之，尽灭郤氏之族党，杀阳令终与其弟完及佗，与晋陈及其子弟。晋陈之族呼于国曰："鄢氏、费氏自以为王，专祸楚国，弱寡王室，蒙王与令尹以自利也；令尹尽信之矣，国将如何！"令尹病之。

秋，会于扈，令戍周，且谋纳公也。宋、卫皆利纳公，固请之。范献子取货于季孙，谓司城子梁与北宫贞子曰："季孙未知其罪，而君伐之。请囚，请亡，于是乎不获，君又弗克而自出也。夫岂无备而能出君乎？季氏之复，天救之也，休公徒之怒，而启叔孙氏之心，不然，岂其伐人而说甲执冰以游！叔孙氏惧祸之滥而自同于季氏，天之道也。鲁君守齐，三年而无成。季氏甚得其民，淮夷与之，有十年之备，有齐、楚之援，有天之赞，有民之助，有坚守之心，有列国之权；而弗敢宣也，事君如在国。故鞅以为难。二子皆图国者也；而欲纳鲁君，鞅之愿也。请从二子以围鲁；无成，死之。"二子惧，皆辞，乃辞小国，而以难复。

孟懿子、阳虎伐郓。郓人将战，子家子曰："天命不慆久矣！使君亡者，必此众也。天既祸之，而自福也，不亦难乎？犹有鬼神，此必败也。乌呼！为无望也夫！其死于此乎？"公使子家子如晋，公徒败于且知。

楚郤宛之难，国言未已，进胙者莫不谤令尹。沈尹(戍)〔戌〕言于子常曰："夫左尹与

中厩尹莫知其罪,而子杀之,以兴谤讟,至于今不已。(戌)〔戍〕也惑之:仁者杀人以掩谤,犹弗为也;今吾子杀人以兴谤,而弗图,不亦异乎!夫无极,楚之谗人也,民莫不知:去朝吴,出蔡侯朱,丧大子建,杀连尹奢,屏王之耳目使不聪明。不然,平王之温惠共俭有过成、庄,无不及焉;所以不获诸侯,迩无极也。今又杀三不辜以闪大谤,幾及子矣。子而不图,将焉用之?夫鄢将师矫子之命,以灭三族——国之良也,而不愆位。吴新有君,疆埸日骇。楚国若有大事,子其危哉!知者除谗以自安也;今子爱谗以自危也,甚矣其惑也!"子常曰:"是瓦之罪,敢不良图!"九月己未,子常杀费无极与鄢将师,尽灭其族,以说于国。谤言乃止。

冬,公如齐。齐侯请飨之,子家子曰:"朝夕立于其朝,又何飨焉?其饮酒也。"乃饮酒,使宰献,而请安。子仲之子曰重,为齐侯夫人,曰:"请使重见。"子家子乃以君出。

十二月,晋籍秦致诸侯之戍于周。鲁人辞以难。

【译文】

鲁昭公二十七年春天,昭公去到齐国。昭公从齐国回到鲁国,住在郓地。夏四月,吴国杀了他们的君主僚。楚国杀了他们的大夫郤宛。秋天,晋国士鞅、宋国乐祁犁、卫国北宫喜、曹国人、邾国人、滕国人在扈地会盟。冬十月,曹悼公午死了。邾国的臣子快前来投奔我国。昭公去到齐国。昭公从齐国回到鲁国,住在郓地。

鲁昭公二十七年春天,昭公去到齐国。昭公从齐国回到鲁国,住在郓地,这是说住在国都之外。

吴王僚想趁楚国有丧事而进攻,派公子掩余、公子烛庸率军队包围潜地,派延州来季子到中原各国聘问。于是到晋国聘问,以观察诸侯的态度。楚国的莠尹然、王尹麇领兵救援潜地,左司马沈尹戌率领都邑亲兵及王室马卒以增援部队,与吴军在穷相遇。令尹子常率水军到达沙汭而返回,左尹郤宛、工尹寿领兵到达潜地,吴军无法退却。

吴国的公子光说:"这是一个时机,不可丧失。"告诉鲊设诸说:"中原国家有话说:'不去追求,怎能得到?'我是王位继承人,我想要追求继位。事情如果成功,季子即使到来,也不能废掉我。"鲊设诸说:"君王可以杀掉,但母亲年老儿子幼弱,我拿他们怎么办?"公子光说:"我就是你自己。"

夏四月,公子光在地下室埋伏甲士而设宴款待吴王。吴王让甲士坐在通道两旁直到宴会厅的门口,门口的台阶上和门里的坐席上,都有吴王的亲兵,手持短剑在两边护卫吴王。进献食物的人在门外解衣露体换掉衣服,端食物的人跪行进入宴会厅,手持铍的卫士用铍夹着他们,铍抵着他们的身体,把食物送上去。公子光假装脚有毛病,进入地下室。鲊设诸把剑放在鱼中献上去。抽出剑来刺杀吴王,卫士们的铍交叉刺进鲊设诸的胸部,结果还是杀死了吴王。公子光即位做了吴王,也就是阖庐,他让鲊设诸的儿子做了卿。

季子回到吴国，说："只要先君的祭祀没有废弃，人民不废弃君主，土神谷神得到敬奉，国家不颠覆，这个人就是我的国君，我敢怨恨谁呢？哀痛死者侍奉活着的，以等待天命。不是我生出祸乱，谁立为君主就服从他，这是先人的立身之道。"就在吴王墓前哭泣复命，恢复原有的官位等待命令。吴公子掩余逃亡到徐国，公子烛庸逃亡到钟吾。楚国军队听到吴国发生内乱就撤回去了。

郤宛正直而温和，国内的人们都喜欢他。鄢将师做右领，和费无极勾结而憎恨郤宛。令尹子常贪财货而信谗言，费无极在他面前诬陷郤宛，对子常说："郤宛想要请您喝酒。"又对郤宛说："令尹想要到您家里喝酒。"郤宛说："我是个卑贱的人，不值得令尹屈驾光临。令尹如果一定要屈驾光临，给我的恩惠就太大了，我没有用来回报的东西，怎么办？"费无极说："令尹喜欢铠甲兵器，您拿出来，我从中挑选一下。"就选取了五件铠甲五件兵器，说："把它放在门边，令尹到来时，一定会观看，就趁机会回献给他。"到宴享的那天，郤宛在门的左边用帷帐把铠甲兵器遮盖起来。费无极对令尹说："我差点让您遭祸。郤宛打算害您，兵器都藏在门口了，您一定不要去。而且这次潜地的战役，本来可以得志于吴国，但郤宛获得贿赂就收兵，又蛊惑将领们，让他们退兵，说：'乘人之乱不吉利。'其实吴国利用我们有丧，我们利用他们的动乱，不也可以吗？"令尹派人去察看郤宛家，看到那里有铠甲兵器，就不去参加宴享，召见鄢将师而把情况告诉他。鄢将师退下，就下令攻打郤宛，并且放火烧他的家。

郤宛听到消息，就自杀了。国内的人们不肯放火，鄢将师命令说："不烧郤家，与他同罪。"有的人从郤家房子上取下一张草席，有的人取下一把禾秆，人们都拿来扔了，于是没有烧起来。令尹烧了郤氏的家，全部灭掉了他的族人和同党，杀了阳令终以及他的弟弟完和佗，以及晋陈和他的子弟。晋陈的族人在国都里呼喊道："鄢氏、费氏以王自居，专横跋扈危害楚国，削弱孤立王室，欺蒙君王和令尹来为自己谋利。令尹完全相信他们了，国家将怎么办？"令尹对此很忧虑。

秋天，诸侯在扈地会见，这是为了讨论派诸侯戍守成周，并且商议护送鲁昭公回国。宋国、卫国都认为护送昭公回国有利，坚决请求护送的任务。范献子从季孙那儿获得财货，就对司城子梁和北宫喜说："季孙意如还不知道自己的罪过，而君主却攻打他，他请求坐牢，请求逃亡，在当时都没获准，君主又没有战胜他，就自己出奔了。难道季孙没有准备就能赶走国君吗？季氏恢复原来的权势，是上天挽救了他，平息了昭公部属的愤怒，启发了叔孙氏的心志。不然的话，难道去攻打别人却脱下铠甲手拿箭筒盖而游荡吗？叔孙氏害怕灾祸延及自己，就自愿和季氏结成同盟，这是上天的意志。鲁君依靠齐国，三年却一无所获。季氏很得他的百姓拥护，淮夷信赖他，有十年的守备，有齐国楚国的支援，有上天的佑助，有老百姓的帮助，有坚守的决心，有诸侯的权势，但没有敢宣扬，侍奉国君仍像在国内一样。所以我认为攻打季氏困难。您二位都是为国家着想的人，想要护送鲁君回国，这也是我的愿望，请让我跟从您二位去包围鲁国，如果不成功，我就为此而死。"子

梁和北宫喜很害怕,都辞谢了。于是就辞退小国,答复晋国说事情难办。

孟懿子、阳虎攻打郓地,郓地人想迎战,子家羁说:“天命从来就无可疑惑。让君主逃亡的,肯定就是这些人。上天已经降祸给君主,而想要自己求福,不也难吗?如果还有鬼神,这一仗必然失败。哎呀!没有希望了吧!恐怕会死在这里了吧!”鲁昭公派子家羁去到晋国,昭公的部属在且知被打败。

楚国的郤宛之难,国内议论纷纷,进献胙肉的人无不批评指责令尹。沈尹戌对令尹子常说:“左尹和中厩尹,没有人知道他们的罪过,而您却杀了他们,因而引起了批评指责,到现在没有止息。我很疑惑,仁爱的人杀人来制止指责,他还不干。如今您杀人而引起指责却不考虑,不也令人感到奇怪吗?费无极是楚国的谗人,老百姓没有人不知道。他铲除朝吴,赶走蔡侯朱,赶跑太子建,杀死连尹奢,遮蔽君王的耳目,使君王耳目失灵。如果不是这样,平王的温和仁惠,恭谨节俭,有超过成王、庄王而没有不及他们的地方,之所以得不到诸侯,是因为亲近费无极的缘故。现在又杀了三个无罪的人,因而引起极大的批评指责,几乎危及您的地位了。您如果不想办法补救这件事,那哪里还用得着您?鄢将师假传您的命令,而灭掉了郤氏、阳氏、晋陈氏三个家族。这三个家族是国家的优秀人才,在位没有过失。吴国刚刚立了新君,边界一天天紧急。楚国如果发生战事,您恐怕就危险了啊!聪明的人铲除谗人来稳定自己,现在您亲爱谗人而使自己受到危害,您的糊涂太过分了!”子常说:“这是我的过错,哪里敢不好好打算?”九月十四日,子常杀了费无极和鄢将师,全部灭了他们的族人,来向全国解说,批评指责就平息了。

冬天,鲁昭公去到齐国,齐景公请求宴享他。子家羁说:“一天到晚站在他的朝廷上,又何必宴享呢?还是喝酒吧。”于是就喝酒,让宰臣向昭公献酒,而景公自己请求退席安歇。子仲的女儿名叫重,是齐景公的夫人。景公说:“请让重来见昭公。”子家羁就带着昭公出去了。

十二月,晋国的秦籍把诸侯戍守的军队送往周都。鲁国人以祸难为由推辞派兵。

昭公二十八年

【原文】

二十有八年:春,王三月,葬曹悼公。

公如晋,次于乾侯。

夏,四月丙戌,郑伯宁卒。

六月,葬郑定公。

秋,七月癸巳,滕子宁卒。

冬,葬滕悼公。

二十八年春，公如晋，将如乾侯。子家子曰："有求于人而即其安，人孰矜之？其造于竟。"弗听。使请逆于晋，晋人曰："天祸鲁国！君淹恤在外，君亦不使一个辱在寡人，而即安于甥舅，其亦使逆君？"使公复于竟而后逆之。

晋祁胜与邬臧通室。祁盈将执之，访于司马叔游。叔游曰："《郑书》有之：'恶直丑正，实蕃有徒。'无道立矣，子惧不免。《诗》曰：'民之多辟，无自立辟。'姑已，若何？"盈曰："祁氏私有讨，国何有焉？"遂执之。祁胜赂荀跞，荀跞为之言于晋侯，晋侯执祁盈。祁盈之臣曰："钧将皆死，憖使吾君闻胜与臧之死也以为快！"乃杀之。夏六月，晋杀祁盈及杨食我。食我，祁盈之党也，而助乱，故杀之。遂灭祁氏、羊舌氏。

初，叔向欲娶于申公巫臣氏，其母欲娶其党。叔向曰："吾母多而庶鲜，吾惩舅氏矣。"其母曰："子灵之妻杀三夫、一君、一子，而亡一国两卿矣，可无惩乎？吾闻之：'甚美必有甚恶。'是郑穆少妃姚子之子，子貉之妹也。子貉早死，无後，而天钟美于是，将必以是大有败也。昔有仍氏生女，黰黑而甚美，光可以鉴，名曰'玄妻'。乐正后夔取之，生伯封，实有豕心，贪惏无餍，忿纇无期，谓之'封豕'。有穷后羿灭之，夔是以不祀。且三代之亡，共子之废，皆是物也。女何以为哉？夫有尤物足以移人，苟非德义，则必有祸。"叔向惧，不敢取。平公强使取之，生伯石。

伯石始生，子容之母走谒诸姑，曰："长叔姒生男。"姑视之，及堂，闻其声而还，曰："是豺狼之声也，狼子野心。非是，莫丧羊舌氏矣！"遂弗视。

秋，晋韩宣子卒，魏献子为政。分祁氏之田以为七县，分羊舌氏之田以为三县。司马弥牟为邬大夫，贾辛为祁大夫，司马乌为平陵大夫，魏戊为梗阳大夫，知徐吾为涂水大夫，韩固为马首大夫，孟丙为盂大夫，乐霄为铜鞮大夫，赵朝为平阳大夫，僚安为杨氏大夫。谓贾辛、司马乌为有力于王室，故举之。谓知徐吾、赵朝、韩固、魏戊，馀子之不失职、能守业者也。其四人者，皆受县而后见于魏子，以贤举也。

魏子谓成鱄："吾与戊也县，人其以我为党乎？"对曰："何也？戊之为人也，远不忘君，近不偪同，居利思义，在约思纯，有守心而无淫行。虽与之县，不亦可乎？昔武王克商，光有天下，其兄弟之国者十有五人，姬姓之国者四十人，皆举亲也。夫举无他，唯善所在，亲疏一也。《诗》曰：'唯此文王，帝度其心。莫其德音，其德克明。克明克类，克长克君。王此大国，克顺克比；比于文王，其德靡悔。既受帝祉，施于孙子。'心能制义曰'度'，德正应和曰'莫'，照临四方曰'明'，勤施无私曰'类'，教诲不倦曰'长'，赏庆刑威曰'君'，慈和遍服曰'顺'，择善而从之曰'比'，经纬天地曰'文'。九德不愆，作事无悔，故袭天禄，子孙赖之。主之举也，近文德矣，所及其远哉！"

贾辛将适其县，见于魏子。魏子曰："辛来！昔叔向适郑；鬷蔑恶，欲观叔向，从使之收器者而往，立于堂下，一言而善。叔向将饮酒，闻之，曰：'必鬷明也！'下，执其手以上，曰：'昔贾大夫恶，娶妻而美，三年不言不笑。御以如皋，射雉，获之，其妻始笑而言，贾大夫曰："才之不可以已！我不能射，女遂不言不笑夫！"今子少不飏；子若无言，吾幾失子

矣。言之不可以已也如是!'遂如故知。今女有力于王室,吾是以举女。行乎,敬之哉!毋堕乃力!"

仲尼闻魏子之举也,以为义,曰:"近不失亲,远不失举,可谓义矣。"又闻其命贾辛也,以为忠:"《诗》曰:'永言配命,自求多福。'忠也。魏子之举也义,其命也忠,其长有后于晋国乎!"

冬,梗阳人有狱,魏戊不能断,以狱上。其大宗赂以女乐,魏子将受之。魏戊谓阎没、女宽曰:"主以不贿闻于诸侯。若受梗阳人,贿莫甚焉。吾子必谏!"皆许诺,退朝,待于庭。馈入,召之。比置,三叹。既食,使坐;魏子曰:"吾闻诸伯叔,谚曰:'唯食忘忧。'吾子置食之间三叹,何也?"同辞而对曰:"或赐二小人酒,不夕食;馈之始至,恐其不足,是以叹。中置,自咎曰:'岂将军食之而有不足?'是以再叹。及馈之毕,愿以小人之腹为君子之心,属厌而已。"献子辞梗阳人。

【译文】

鲁昭公二十八年春,周历三月,安葬曹悼公。昭公前往晋国,临时住在乾侯。夏四月十四日,郑定公宁死了。六月,安葬郑定公。秋七月二十三日,滕悼公宁死了。冬天,安葬滕悼公。

鲁昭公二十八年春天,昭公前往晋国,打算到乾侯去,子家羁说:"对晋国人有所求,却跑到别的地方安稳地住着,人家谁还怜惜您?还是到我国与晋国的边境上去吧。"昭公不听,派人到晋国请求迎接。晋国人说:"上天降祸给鲁国,君主在外避难,又不派一个使臣来屈尊问候寡人,而跑去安稳地住在甥舅之国,难道还要派人来迎接君主?"让昭公回到边境上然后去迎接他。

晋国的祁胜和邬臧交换妻子通奸,祁盈打算逮捕他们,向司马叔游征求意见。叔游说:"《郑书》有话说:'嫉恨陷害正直,实在有很多那样的人。'无道的人在位,您当忧惧难免于灾祸。《诗》中说:'老百姓中有许多邪恶,自己不要站到邪恶中去。'暂且停下,怎么样?"祁盈说:"祁家内部的讨伐,与国家有什么关系呢?"就逮捕了祁胜和邬臧。祁胜贿赂荀跞,荀跞为他向晋顷公说情。晋顷公逮捕了祁盈,祁盈的家臣说:"同样都将被杀死,宁肯让我的主人听到祁胜和邬臧的死而感到痛快点。"就杀了祁胜和邬臧。夏六月,晋国杀了祁盈和杨食我。杨食我,是祁盈的党羽,帮助作乱,所以杀了他。于是灭掉了祁氏、羊舌氏。

起初,叔向想要娶申公巫臣的女儿为妻,而他的母亲想要他娶自己娘家的女人。叔向说:"我母亲多而庶兄弟少,对娶舅家女我引以为戒了。"他的母亲说:"巫臣的妻子杀死三个丈夫、一个国君、一个儿子,又亡掉了一个国家和两个卿,可不引为鉴戒吗?我听说,很美丽的东西必定有很丑恶的一面。巫臣的妻子这个人是郑穆公少妃姚子的女儿,子貉的妹妹。子貉死得早,没有后代,而上天把美丽聚集在这个人身上,必然是要用她来造成极大的败亡。过去有仍氏生了女儿，头发乌黑稠密而很漂亮，光泽可以用来照人，名字叫作玄妻。乐正后夔娶了她，生下伯封，有猪一样的性情，贪婪而没有满足，蛮横而没有限度，把他叫作封豕。有穷国的后羿灭掉了他，乐正后夔因此断了祭祀。而且三代的灭亡，共子的废立，都是由于这种女人，你为什么要娶这样的女人呢？有了姿色出众的女人，足以让人迷乱不定，如果不是有德义的人，就一定造成灾祸。"叔向害怕，不敢娶巫臣的女儿。晋平公硬叫叔向娶了她，生了伯石。

伯石刚生下，子容的母亲跑去告诉婆婆，说："大弟媳生了个男孩。"婆婆去看，走到堂前，听到小孩的哭声就往回走，说："这是豺狼的声音。豺狼似的孩子将来会有野心，不是这个人，没有人会毁掉羊舌氏了。"于是就不去看小孩。

秋天，晋国的韩宣子死了，魏献子掌政，把祁氏的田地划分为七个县，把羊舌氏的田地划分为三个县。任命司马弥牟做邬大夫，贾辛做祁大夫，司马乌做平陵大夫，魏戊做梗阳大夫，知徐吾做涂水大夫，韩固做马首大夫，孟丙做盂地大夫，乐霄做铜鞮大夫，赵朝做平阳大夫，僚安做杨氏大夫。魏献子认为贾辛、司马乌是对王室有功，所以举荐他们。认为知徐吾、赵朝、韩固、魏戊是庶子中没有失职、能够守住家业的人。其余四个人，都接受县大夫的职位后才与魏献子见面，是由于贤能而被举拔的。

魏献子对成鲔说："我给了魏戊一个县，人家恐怕会认为我偏私吧？"成鲔回答说："怎么会呢？魏戊的为人，远不忘国君，近不压同僚，处在有利的地位时想到道义，处在穷困中就想到纯洁清廉，有保持操守的思想而没有失度的行为，虽然给他一个县，不也是可以的吗？从前武王战胜商朝，广有天下，他的兄弟中封国的有十五人，同姓中封国的有四十人，这都是举拔亲属。举拔没有别的标准，只要是善之所在，亲疏是一样的。《诗》中说：'这位文王，天帝使他的心能规范于道义，使他的政令清静。他的德行能光照四方，能遍施无党，能为君为长。他做这大国的君王，能慈爱和顺使臣民亲附。亲附文王，他的德行没有遗恨，已经承受了天帝的福禄，能一直绵延到子子孙孙。'内心能规范于道义叫作度，德行正直响应和谐叫作莫，光照四方叫作明，勤于施恩没有偏私叫作类，教导人民不知倦怠叫作长，奖赏得当惩罚威严叫作君，慈爱祥和使人人归服叫作顺，择善而从叫作比，使天道人事有秩序叫作文。这九种德行没有过失，兴办事业没有悔恨，所以能承袭上天的福禄。子子孙孙都以之为利。您的举拔，已经接近文德了，影响将是很深远的啊！"

贾辛将要前往他的县邑，进见魏献子。魏献子说："辛，你来！从前叔向前往郑国，鬷蔑面貌丑陋，想要看看叔向，就跟着派他们收拾食具的人前去。站在堂下，一说话就说得很中听。叔向正要喝酒，听到他说的话，说：'那一定是鬷蔑。'下堂，握住他的手上堂，说：'从前贾大夫相貌很丑，娶的妻子却很漂亮。他妻子三年不说不笑，贾大夫为她驾车去到沼泽地边，射猎野鸡，射中了，他妻子才开始说笑。贾大夫说："才干不能够埋没。我不能射箭的话，你就不说不笑了啊！"如今您年纪轻，相貌不太出众，如果您不说话，我差点失去您了。话不能不说的道理就像这样！'于是两人如同旧交一样，现在您对王室有功，我

因此举拔您。去上任吧！敬守职责吧！不要毁坏了你的功劳。”

孔子听到魏献子举拔的情况，认为合乎道义，说：“近不失去亲族，远不失去应当举拔的人，可说是合乎道义了。”又听到他叮嘱贾辛的话，认为是尽心尽责：“《诗》中说：‘长久地顺应天命，自己追求各种福禄。’这是忠。魏献子的举拔人才合乎道义，他的命令又尽心尽责，大概他在晋国会长期有后代继享禄位吧！”

孔子

冬天，梗阳人有诉讼案件，魏戊不能断案，把案子上交给魏献子。诉讼双方中的大宗用女乐人贿赂魏献子，魏献子打算接受。魏戊对阎没、女宽说：“主君以不贪财货而闻名于诸侯，如果接受梗阳人的贿赂，贪求财货没有比这再厉害的了。你们二位一定要劝谏！”两人都答应了。退朝以后，在庭院里等候魏献子。送饭菜进来，魏献子召他们一起吃饭。等到摆上饭菜时，两人三次叹息。吃完饭后，魏献子让他们坐，说：“我从伯父叔父那儿听说过，有句俗话说：‘只有吃饭时忘记了忧愁。’你们在上菜的中间三次叹息，是什么原因？”阎没、女宽同声回答说：“有人赐给我们两个小人酒喝，没有吃晚饭。饭菜刚端上来时，担心它不够吃，因此叹息。到端上一半时，我们责备自己说：‘难道将军让我们吃饭却有不够吃的？’因此第二次叹息。到饭菜全部上完，我们愿意拿自己的肚子作为君子的心，刚刚满足就行了。”魏献子就拒绝了梗阳人的贿赂。

昭公二十九年

【原文】

二十有九年：春，公至自乾侯，居于郓。齐侯使高张来唁公。

公如晋，次于乾侯。

夏，四月庚子，叔诣卒。

秋，七月。

冬，十月，郓溃。

二十九年春，公至自乾侯，处于郓。齐侯使高张来唁公，称“主君”。子家子曰：“齐卑君矣，君祇辱焉！”公如乾侯。

三月己卯，京师杀召伯盈、尹氏固及原伯鲁之子。尹固之复也，有妇人遇之周郊，尤之曰：“处则劝人为祸，行则数日而反，是夫也，其过三岁乎？”

夏五月庚寅，王子赵车入于鄻以叛，阴不佞败之。

平子每岁贾马，具从者之衣屦而归之于乾侯。公执归马者，卖之，乃不归马。

卫侯来献其乘马曰“启服”，堑而死。公将为之椟，子家子曰：“从者病矣，请以食之。”乃以帏裹之。

公赐公衍羔裘，使献龙辅于齐侯，遂入羔裘。齐侯喜，与之阳穀。公衍、公为之生也，其母偕出。公衍先生，公为之母曰：“相与偕出，请相与偕告。”三日，公为生；其母先以告，公为为兄。公私喜于阳穀而思于鲁，曰：“务人为此祸也，且後生而为兄，其诬也久矣！”乃黜之，而以公衍为大子。

秋，龙见于绛郊。魏献子问于蔡墨曰：“吾闻之：虫莫知于龙；以其不生得也，谓之知。信乎？”对曰：“人实不知，非龙实知。古者畜龙，故国有豢龙氏，有御龙氏。”献子曰：“是二氏者，吾亦闻之，而〔不〕知其故。是何谓也？”对曰：“昔有飂叔安，有裔子曰董父，实甚好龙，能求其耆欲以饮食之；龙多归之。乃扰畜龙，以服事帝舜。帝赐之姓曰董，氏曰豢龙，封诸鬷川；鬷夷氏其後也。故帝舜氏世有畜龙。及有夏孔甲，扰于有帝；帝赐之乘龙，河、汉各二，各有雌雄。孔甲不能食，而未获豢龙氏。有陶唐氏既衰，其后有刘累，学扰龙于豢龙氏，以事孔甲，能饮食之；夏后嘉之，赐氏曰御龙，以更豕韦之後。龙一雌死，潜醢以食夏后。夏后飨之，既而使求之。惧而迁于鲁县，范氏其後也。”

献子曰：“今何故无之？”对曰：“夫物，物有其官，官修其方，朝夕思之。一日失职，则死及之。失官不食。官宿其业，其物乃至；若泯弃之，物乃坻伏，郁湮不育。故有五行之官，是为五官，实列受氏姓，封为上公，祀为贵神。社稷五祀，是尊是奉。木正曰句芒，火正曰祝融，金正曰蓐收，水正曰玄冥，土正曰后土。龙，水物也；水官弃矣，故龙不生得。不然，《周易》有之：在‘乾䷀’之‘姤䷫’，曰‘潜龙勿用’，其‘同人䷌’曰‘见龙在田’，其‘大有䷍’曰‘飞龙在天’，其‘夬䷪’曰‘亢龙有悔’，其‘坤䷁’曰‘见群龙无首，吉’，‘坤’之‘剥䷖’曰‘龙战于野’。若不朝夕见，谁能物之？”

献子曰：“社稷五祀，谁氏之五官也？”对曰：“少皞氏有四叔，曰重，曰该，曰修，曰熙，实能金、木及水。使重为句芒，该为蓐收，修及熙为玄冥，世不失职，遂济穷桑，此其三祀也。颛顼氏有子曰犁，为祝融；共工氏有子曰句龙，为后土：此其二祀也。后土为社。稷，田正也。有烈山氏之子曰柱为稷，自夏以上祀之。周弃亦为稷，自商以来祀之。

冬，晋赵鞅、荀寅帅师城汝滨，遂赋晋国一鼓铁，以铸刑鼎，著范宣子所为刑书焉。仲尼曰：“晋其亡乎？失其度矣！夫晋国将守唐叔之所受法度，以经纬其民；卿大夫以序守之，民是以能尊其贵，贵是以能守其业。贵贱不愆，所谓度也。文公是以作执秩之官，为被庐之法，以为盟主。今弃是度也而为刑鼎，民在鼎矣，何以尊贵？贵何业之守？贵贱无序，何以为国？且夫宣子之刑，夷之蒐也，晋国之乱制也，若之何以为法！”蔡史墨曰：“范氏、中行氏其亡乎？中行寅为下卿而干上令，擅作刑器以为国法，是法奸也。又加范氏焉，易之，亡也！其及赵氏，赵孟与焉；然不得已，若德，可以免。”

【译文】

鲁昭公二十九年春,昭公从乾侯回到鲁国,住在郓地。齐景公派高张来慰问昭公。昭公又前往晋国,驻扎在乾侯。夏四月初五日,叔诣死了。秋七月。冬十月,郓地溃败。

鲁昭公二十九年春天,昭公从乾侯回到鲁国,住在郓地,齐景公派高张来慰问昭公,称昭公为主君。子家羁说:“齐国轻视您了,您只是得到羞辱。”昭公就又前往乾侯。

三月十三日,京都杀了召伯盈、尹氏固及原伯鲁的儿子。尹氏固三年前逃亡归来时,有个女人在周都城郊外碰到他,责备他说:“住在都城就唆使别人制造祸乱,逃出去又几天就回来了,这个人啊,难道能活过三年吗?”

夏五月二十五日,王子赵车进入鄻地而叛乱,阴不佞打败了他。

季孙意如每年都买马,并备办侍从的衣服鞋子送到乾侯去。昭公拘禁了送马的人并卖掉马,于是季孙意如不再送马。

卫灵公来给昭公献他的名叫启服的坐骑,掉进壕沟死了,昭公打算给马做棺材,子家羁说:“侍从们很疲弱了,请把马给他们吃了。”于是就用破帷幕把马裹起来。

昭公赐给公衍羔羊皮衣,让他向齐景公进献龙辅玉,公衍就把羔羊皮衣也献上去了。齐景公很高兴,把阳谷那块地方给了他。公衍、公为出生的时候,他们的母亲一同出去住进产房。公衍先出生,公为的母亲说:“我们一同出来,请一同去报喜。”过三天,公为出生,他的母亲先行报喜,公为做了哥哥。昭公自己对阳谷很喜欢而又想到鲁国,就说:“是公为引起这场祸的,而且后出生却做了兄长,欺骗很久了。”于是废了公为,立公衍为太子。

秋天,龙出现在绛城郊外,魏献子向蔡墨询问说:“我听说过,虫类动物没有比龙更聪明的了,因为它不能被活捉。说它聪明,可信吗?”蔡墨回答说:“实为人不聪明,并非龙聪明。古时候养龙,所以国家有豢龙氏,有御龙氏。”魏献子说:“这两人我也听说过,但不了解他们的来由,这是指的什么呢?”蔡墨回答说:“从前有飂国的叔安,有个后代叫董父,实在是非常喜欢龙,能够找到龙的嗜好来喂养它们,龙多有归服他的。于是驯化畜养龙,来服侍帝舜。帝舜赐给他姓董,赐给他氏号叫豢龙,封他在鬷川,鬷夷氏就是他的后代,所以帝舜氏代代有养龙的。到了夏代,孔甲顺服天帝,天帝赐给他驾车的龙,黄河、汉水中各两条,各有一雌一雄。孔甲不能喂养,又没有找到豢龙氏。陶唐氏衰落之后,其后代有个叫刘累的,向豢龙氏学习驯龙,以侍奉孔甲,能饲养龙。夏君嘉赏他,赐给他氏号叫御龙,以代替豕韦的后代。一条雌龙死了,刘累暗地里做成肉酱拿来给夏君吃。夏君享用了之后,又让他找来吃。刘累害怕而迁移到鲁县,范氏就是他的后代。”

魏献子说:“现在为什么没有龙呢?”蔡墨回答说:“物类,每种都有管理的官吏。官吏学习其相应的管理方法。从早到晚想着自己的职责。一旦失职,死亡就会到来。丢了官位就不得食俸禄。官吏安守他的事业,那种东西才会到来。如果要泯灭抛弃它们,它们

就会潜伏，滞塞而不能生长。所以有管理五行的官吏，这就叫五官，都列位接受姓氏的封赐，被封爵为上公，被祭祀为尊神。土神谷神和五官之神，尊崇他们，敬奉他们。木官之长叫句芒，火官之长叫祝融，金官之长叫蓐收，水官之长叫玄冥，土官之长叫后土。龙，是水中的灵物，水官废弃了，所以龙不能被人活捉。不是这样的话，为什么《周易》有记载：在《乾》卦变到《姤》卦时，说'潜伏的龙不被使用'，其《同人》卦说'见到龙在土田里'，其《大有》卦说'会飞的龙在天上'，其《夬》卦说'僵直的龙有懊悔'，其《坤》卦说'看见群龙没有首领，吉利'，《坤》卦变到《剥》卦时说'龙在荒野搏斗'。如果不是早晚都见到龙，谁能分别描绘它们？"

魏献子说："土神谷神和五官之神，是哪家帝王的五官呢？"蔡墨回答说："少皞氏有四个弟弟，分别叫重、该、修、熙，能管理金、木和水。让重做句芒，该做蓐收，修和熙做玄冥。世世代代不失职，终于帮助少皞氏在穷桑即帝位，这就是其中的三祀。颛顼氏有个儿子叫犁，做祝融；共工氏有个儿子叫句龙，做后土，这就是其中的两祀。后土做了土神；谷神则是管田地的官长。有烈山氏的儿子叫柱，做了谷神，从夏朝以前祭祀他。周朝的弃也做了谷神，从商朝以来祭祀他。"

冬天，晋国的赵鞅、荀寅率军队在汝水边上筑城。就从国内征收了一鼓铁，用来铸造刑鼎，把范宣子所制定的刑书铸在上面。孔子说："晋国恐怕要灭亡了吧！它失掉法度了。晋国应该遵守唐叔所授传的法度，以使它的老百姓有秩序，卿大夫根据自己的职位维护它，老百姓因此才能尊敬他们的上级贵人，上级贵人因此才能保守他们的功业。贵与贱没有错乱这就是所说的法度。晋文公为此设立执秩之官，在被庐修订法令，因此做了盟主。如今丢掉了这种法度，而铸造刑鼎，老百姓了解鼎上的刑律了，怎么还会尊敬上级贵人？上级贵人还有什么功业可守？贵与贱失去次序，用什么治理国家？而且范宣子的刑书，是在夷地检阅军队时制定的，是晋国的乱法，怎么能把它作为法令？"蔡墨说："范氏、中行氏恐怕要灭亡了吧！中行寅作为下卿，却触犯上级的命令，擅自铸造刑器，把它作为国家的法律，这是法律的罪人。又加上范氏，改变被庐制订的法令，要灭亡了。还将涉及赵氏，因为赵孟参与到中间了。但赵孟是不得已，如果有德，可以因而免于祸难。"

昭公三十年

【原文】

三十年：春，王正月，公在乾侯。

夏，六月庚辰，晋侯去疾卒。

秋，八月，葬晋顷公。

冬，十有二月，吴灭徐，徐子章羽奔楚。

三十年春，王正月，公在乾侯。不先书"郓"与"乾侯"，非公，且徵过也。

夏六月，晋顷公卒；秋八月，葬。郑游吉吊，且送葬。魏献子使士景伯诘之，曰："悼公之丧，子西吊，子蟜送葬。今吾子无贰，何故？"对曰："诸侯所以归晋君，礼也。礼也者，小事大、大字小之谓。事大在共其时命，字小在恤其所无。以敝邑居大国之间，共其职贡，与其备御不虞之患，岂忘共命？先王之制：诸侯之丧，士吊，大夫送葬；唯嘉好、聘享、三军之事，于是乎使卿。晋之丧事，敝邑之闲，先君有所助执绋矣；若其不闲，虽士、大夫有所不获数矣。大国之惠，亦庆其加而不讨其乏，明厎其情，取备而已，以为礼也。灵王之丧，我先君简公在楚，我先大夫印段实往，敝邑之少卿也；王吏不讨，恤所无也。今大夫曰：'女盍从旧？'旧有丰有省，不知所从。从其丰，则寡君幼弱，是以不共；从其省，则吉在此矣。唯大夫图之！"晋人不能诘。

吴子使徐人执掩馀，使钟吾人执烛庸。二公子奔楚。楚子大封而定其徙，使监马尹大心逆吴公子，使居养，莠尹然、左司马沈尹(戌)〔戍〕城之；取于城父与胡田以与之：将以害吴也。子西谏曰："吴光新得国而亲其民，视民如子，辛苦同之，将用之也。若好吴边疆，使柔服焉，犹惧其至；吾又(疆)〔彊〕其雠以重怒之，无乃不可乎？吴，周之胄裔也，而弃在海滨，不与姬通；今而始大，比于诸华，光又甚文，将自同于先王。不知天将以为虐乎，使翦丧吴国而封大异姓乎？其抑亦将卒以祚吴乎？其终不远矣。我盍姑亿吾鬼神而宁吾族姓，以待其归，将焉用自播扬焉？"王弗听。

吴子怒。冬十二月，吴子执钟(吴)〔吾〕子，遂伐徐，防山以水之。己卯，灭徐。徐子章禹断其髮，携其夫人以逆吴子。吴子唁而送之，使其迩臣从之，遂奔楚。楚沈尹(戌)〔戍〕帅师救徐，弗及；遂城夷，使徐子处之。

吴子问于伍员曰："初而言伐楚，余知其可也，而恐其使余往也，又恶人之有余之功也。今余将自有之矣，伐楚何如？"对曰："楚执政众而乖，莫适任患。若为三师以肄焉：一师至，彼必皆出；彼出则归，彼归则出，楚必道敝。亟肄以罢之，多方以误之，既罢而后以三军继之，必大克之！"阖庐从之。楚于是乎始病。

【译文】

鲁昭公三十年春天，周历正月，昭公住在乾侯。夏六月二十二日，晋顷公去疾死去。秋八月，安葬晋顷公。冬十二月，吴国灭亡徐国，徐君章羽逃亡到楚国。

鲁昭公三十年春天，周历正月，昭公住在乾侯。《春秋》在这以前不记载"公在郓"和"公在乾侯"，是为了责备昭公，并且表明过错由来。

夏六月，晋顷公死了。秋八月，安葬晋顷公。郑国的游吉前去吊唁，并且送葬。魏献子派士景伯诘问游吉，说："悼公的丧事，你们派子西吊唁，子蟜送葬，现在您没有两个人，什么原因？"游吉回答说："诸侯之所以归顺晋君，是因为晋君有礼。所谓礼，就是说小国侍奉大国，大国抚爱小国。侍奉大国在于随时奉行它的命令，抚爱小国在于体恤它的匮乏。以敝国处在大国之间的地位，供应大国经常的贡赋，参与它们对意外灾患的防备，哪里敢忘掉奉行命令？按先王的礼制，诸侯的丧事，士吊唁，大夫送葬，只有友好朝会、聘问宴享、军事行动时，才派遣卿。晋国的丧事，敝国在安闲时，先君曾亲自送葬。如果不得安闲，即使派遣士和大夫也有可能做不到。大国的仁惠，只赞许小国礼节的加重，而不声讨它的匮乏，明察它表达的忠情，求得礼仪的具备就够了，就可以认为合乎礼了。周灵王的丧事，我们先君简公在楚国，我国先大夫印段前去参加葬礼，他是敝国的少卿。天子的官吏没有责备，就是体恤敝国的匮乏。如今大夫说：'你为什么不遵从旧例？'旧例有时隆重有时简省，不知遵从什么。遵从隆重，则寡君年幼，因此无法奉行命令。遵从简省，则游吉我在这里了。望大夫考虑！"晋国人无法再诘问。

吴王派徐国人拘捕掩余，让钟吾人拘捕烛庸，两个公子逃亡到楚国。楚王封给大块土地，安顿他们迁居的地方，派监马尹大心迎接吴国公子，让他们住在养地，派莠尹然、左司马沈尹戌为他们筑城，又从城父和胡地划取田地给他们，打算以此危害吴国。子西劝谏说："吴公子光刚刚取得国家权位，就亲爱他的百姓，视民如子，辛苦同享，这是将要使用老百姓。如果和吴国边界的人民友好，使他们顺服，还害怕他们入侵。我们又让他们的仇敌强大来加重他们的愤怒，恐怕不可以吧！吴国是周朝的后代，而被抛弃在海边，不和姬姓国家往来，现在才开始强大，能与中原各华夏国家相比。公子光又非常有文略，想要使自己与先王齐同，不知是上天将要利用他残害吴国，使他灭亡吴国而扩大异姓国家的领土呢，还是打算最后保佑吴国呢？它的结果不会太远了。我们何不暂且安定我们的鬼神，安抚我们的百姓，来等待它的归属，哪里用得着自己兴师动众呢？"楚王不听从。

吴王发怒。冬十二月，吴王拘捕了钟吾子，于是攻打徐国，在山中修筑堤坝蓄水来冲灌徐国。二十三日，灭亡徐国。徐君章羽剪断头发，带着他的夫人，来迎接吴王。吴王安慰后送走了他，让他的近臣跟着他，章羽就逃亡到楚国。楚国的沈尹戌率军救援徐国，没有赶上，于是在夷地筑城，让徐君住在那里。

吴王问伍员说："起初你说攻打楚国，我知道那是可以的，但担心王僚让我去，又讨厌别人占有我的功劳。现在我打算自己拥有这份功劳了。攻打楚国怎么样？"伍员回答说："楚国当权的人又多又互相格格不入，没有人出来承担忧患。如果组成三军来突然袭击并旋即撤退，一军到达那儿，他们就必然都出来应战，他们出动我们就撤回，他们退回我们就出动，楚国军队必定疲于奔命。多次突袭并快速撤退来使他们疲敝，用多种战术使他们失误，他们疲敝之后再以三军继续攻击，一定大胜他们。"吴王阖庐听从了伍员的计谋，楚军从此开始疲顿。

昭公三十一年

【原文】

三十有一年：春，王正月，公在乾侯。

季孙意如会晋荀跞于適历。

夏,四月丁巳,薛伯穀卒。

晋侯使荀跞唁公于乾侯。

秋,葬薛献公。

冬,黑肱以滥来奔。

十有二月辛亥朔,日有食之。

三十一年春,王正月,公在乾侯。言不能外内也。

晋侯将以师纳公,范献子曰:“若召季孙而不来,则信不臣矣;然后伐之,若何?”晋人召季孙。献子使私焉,曰:“子必来,我受其无咎。”季孙意如会晋荀跞于適历,荀跞曰:“寡君使跞谓吾子:‘何故出君?有君不事,周有常刑。子其图之!’”季孙练冠麻衣,跣行,伏而对曰:“事君,臣之所不得也,敢逃刑命?君若以臣为有罪,请囚于费,以待君之察也,亦唯君;若以先臣之故,不绝季氏,而赐之死;若弗杀弗亡,君之惠也,死且不朽;若得从君而归,则固臣之愿也,敢有异心?”

夏四月,季孙从知伯如乾侯。子家子曰:“君与之归!一惭之不忍,而终身惭乎?”公曰:“诺!”众曰:“在一言矣,君必逐之!”荀跞以晋侯之命唁公,且曰:“寡君使跞以君命讨于意如,意如不敢逃死,君其入也!”公曰:“君惠顾先君之好,施及亡人,将使归粪除宗祧以事君,则不能见夫人。己所能见夫人者,有如河!”荀跞掩耳而走,曰:“寡君其罪之恐,敢与知鲁国之难?臣请复于寡君。”退而谓季孙:“君怒未怠,子姑归祭。”子家子曰:“君以一乘入于鲁师,季孙必与君归。”公欲从之。众从者胁公,不得归。

薛伯穀卒。同盟,故书。

秋,吴人侵楚,伐夷,侵潜、六。楚沈尹(戊)〔戌〕帅师救潜,吴师还。楚师迁潜于南冈而还。吴师围弦。左司马(戊)〔戌〕、右司马稽帅师救弦,及豫章;吴师还。始用子胥之谋也。

冬,邾黑肱以滥来奔。贱而书名,重地故也。君子曰:“名之不可不慎也如是!夫有所有名,而不如其已。以地叛,虽贱,必书地以名其人,终为不义,弗可灭已。是故君子动则思礼,行则思义,不为利回,不为义疚。或求名而不得,或欲盖而名章,惩不义也。齐豹为卫司寇,守嗣大夫,作而不义,其书为‘盗’。邾庶其、莒牟夷、邾黑肱以土地出,求食而已,不求其名:贱而必书。此二物者,所以惩肆而去贪也。若艰难其身以险危大人,而有名章彻,攻难之士将奔走之。若窃邑叛君以徼大利而无名,贪冒之民将置力焉,是以《春秋》书齐豹曰‘盗’,三叛人名,以惩不义,数恶无礼,其善志也。故曰:《春秋》之称微而显,婉而辨。上之人能使昭明,善人劝焉,淫人惧焉,是以君子贵之。”

十二月辛亥朔,日有食之。是夜也,赵简子梦童子裸而转以歌,旦占诸史墨,曰:“吾梦如是,今而日食,何也?”对曰:“六年及此月也,吴其入郢乎?终亦弗克。入郢必以庚辰,日月在辰尾。庚午之日,日始有谪。火胜金,故弗克。”

【译文】

鲁昭公三十一年春天，周历正月，昭公住在乾侯。季孙意如在适历与晋国的荀跞会见。夏四月初三日，薛献公谷死了。晋定公派荀跞到乾侯慰问昭公。秋天，安葬薛献公。冬天，邾国的黑肱带着滥地前来投奔。十二月初一日，发生日食。

鲁昭公三十一年春天，周历正月，昭公住在乾侯，这是说明他既不能得到外援，又不能回到国内。

晋定公打算靠军队送昭公回国，范献子说："如果召见季孙意如而他不来，那就确实没有臣道了，然后再去攻打他，怎么样！"晋国人召见季孙，范献子派人私下见他，说："您一定要来，我保证没有灾祸。"季孙意如在适历与晋国的荀跞会见，荀跞说："寡君让我问您，为什么把国君赶出来？有君不侍奉，周王将有一定的刑罚，请您考虑这件事！"季孙意如戴着布丧帽，穿着麻衣。赤脚行走，趴在地上回答说："侍奉国君，是下臣我求之不得的事，岂敢逃避刑罚？君如果认为下臣有罪，请把我囚禁在费地，以等待君的明察，一切听从君的命令。如果因为先臣的缘故，不断绝季氏的后代，而赐我一死，死将不朽。如果不杀也不让逃亡，则是君的恩惠。如果能跟从寡君回国，那本来是下臣的愿望，哪敢有别的想法？"

夏四月，季孙意如跟着荀跞前往乾侯。子家羁说："君主和他回国吧。一次羞愧都不能忍受，能忍受终身的羞愧玛？"昭公说："好的。"部下们说："就在您一句话了，君主一定要赶走季孙。"荀跞以晋定公的名义慰问昭公，并且说："寡君让我用您的命令谴责意如，意如不敢逃避死罪，君主还是回国吧！"昭公说："君惠顾先君的友好关系，恩惠施及逃亡的人，打算让我回国扫除宗庙以侍奉君，但我不能见那个人。我自己要是会去见那个人，有像河神之类的神为证！"荀跞捂着耳朵跑开，说："寡君惟恐得罪，岂敢介入了解鲁国的灾难？请让我向寡君回报。"退下去对季孙意如说："君主的愤怒没有缓解，您暂且回去代他祭祀。"子家羁说："君主乘一辆车进入鲁军，季孙意如一定和君主回国。"昭公想要采纳它，但随从们胁迫昭公，未能回国。

薛献公谷死了，因为是同盟国，所以记载。

秋天，吴国人侵袭楚国，攻打夷地，侵袭潜地和六地。楚国沈尹戌领兵救潜，吴军撤退。楚军把潜地人迁到南冈就收兵。吴军包围弦地，左司马戌和右司马稽率军救援弦地，到达豫章，吴军退走。这是开始使用伍员的计谋了。

冬天，邾国的黑肱带着滥地前来投奔，他地位低贱而《春秋》记载他的名字，是看重土地的缘故。君子说："名义的不可不慎重就像这样。有的地方有名义反而不如没有。带了土地叛变，虽然低贱也必定记载地名，用以称说那个人，终于因为不合道义，不可磨灭了。所以君子行动就想到礼仪，办事就想到道义，不为图利而违背礼仪，不为行义而内心痛苦。有人求名却得不到，有人想要隐名反而名声显赫，这是惩罚不义。齐豹做卫国司

寇，保有世袭大夫的地位，但因办事不合道义，被记载为‘盗’。邾国庶其、莒国牟夷、邾国黑肱带了土地出逃，只是求取食禄而已，并不追求名位，虽然低贱也一定记载他们的名字。这两件事，就是惩罚放纵、去掉贪婪的做法。如果让自己经受艰难，来使上面的人处于危险境地，却名声显赫，那么攻伐作难的人，将会卖力去干。如果窃取城邑背叛君主以求得大利却不记载他的名字，那么贪财夺利的人将为此卖力。因此《春秋》记载齐豹称他作‘盗’，三个叛臣也记载名字，以惩罚不义的人，数说他们的罪恶和无礼，真是好笔法啊。所以说：《春秋》的称说隐微而意义显明，婉约而是非分明。上面的人能使《春秋》大义显明，让好人从中得到鼓励，坏人从中受到震慑，所以君子重视《春秋》。”

十二月初一日，发生日食。这天晚上，赵鞅梦见一个小孩赤裸身体边跳边唱，早上就让史墨占梦，说：“我做了个这样的梦，今天就发生日食，是什么原因？”史墨回答说：“六年后到这个月，吴国恐怕会进入郢都吧！但最后还是不能取胜。进入郢都，必定在庚辰那天，日月处在苍龙七宿之尾宿。庚午那天，太阳开始有云气变化。火战胜金，所以不能取胜。”

昭公三十二年

【原文】

三十有二年：春，王正月，公在乾侯。取阚。

夏，吴伐越。

秋，七月。

冬，仲孙何忌会晋韩不信、齐高张、宋仲几、卫世叔申、郑国参、曹人、莒人、薛人、杞人、小邾人，城成周。

十有二月己未，公薨于乾侯。

三十二年春，王正月，公在乾侯。言不能外内，又不能用其人也。

夏，吴伐越，始用师于越也。史墨曰：“不及四十年，越其有吴乎？越得岁而吴伐之，必受其凶！”

秋八月，王使富辛与石张如晋，请城成周。天子曰：“天降祸于周，俾我兄弟并有乱心，以为伯父忧。我一二亲昵甥舅，不皇启处，于今十年；勤戍五年。余一人无日忘之，闵闵焉如农夫之望岁，惧以待时。伯父若肆大惠，复二文之业，弛周室之忧，徼文、武之福以固盟主，宣昭令名，则余一人有大愿矣！昔成王合诸侯城成周以为东都，崇文德焉。今我欲徼福假灵于成王，修成周之城，俾戍人无勤，诸侯用宁，蝥贼远屏，晋之力也。其委诸伯父，使伯父实重图之，俾我一人无徵怨于百姓，而伯父有荣施，先王庸之！”范献子谓魏献子曰：“与其戍周，不如城之。天子实云，虽有后事，晋勿与知可也。从王命以纾诸侯，晋

国无忧，是之不务，而又焉从事？”魏献子曰：“善！”使伯音对曰：“天子有命，敢不奉承以奔告于诸侯？迟速衰序，于是焉在。”

冬十一月，晋魏舒、韩不信如京师，合诸侯之大夫于狄泉，寻盟，且令城成周。魏子南面。卫彪傒曰：“魏子必有大咎！干位以令大事，非其任也。《诗》曰：‘敬天之怒，不敢戏豫。敬天之渝，不敢驰驱。’况敢干位以作大事乎？”

己丑，士弥牟营成周。计丈数，揣高卑；度厚薄，仞沟洫；物土方，议远迩；量事期，计徒庸，虑(财)〔材〕用，书餱粮：以令役于诸侯。属役赋丈，书以授帅，而效诸刘子。韩简子临之，以为成命。

十二月，公疾。遍赐大夫，大夫不受。赐子家子双琥、一环、一璧、轻服，受之。大夫皆受其赐。己未，公薨。子家子反赐于府人，曰：“吾不敢逆君命也。”大夫皆反其赐。书曰“公薨于乾侯”，言失其所也。

赵简子问于史墨曰：“季氏出其君，而民服焉，诸侯与之。君死于外，而莫之或罪〔何〕也？”对曰：“物生有两，有三，有五，有陪贰。故天有三辰，地有五行，体有左右，各有妃耦；王有公，诸侯有卿，皆有贰也。天生季氏以贰鲁侯，为日久矣；民之服焉，不亦宜乎？鲁君世从其失，季氏世修其勤，民忘君矣。虽死于外，其谁矜之？社稷无常奉，君臣无常位，自古以然。故《诗》曰：‘高岸为谷，深谷为陵。’三后之姓，于今为庶，(王)〔主〕所知也。在《易》卦，雷乘‘乾’曰‘大壮䷡’，天之道也。昔成季友，桓之季也，文姜之爱子也；始震而卜，卜人谒之，曰：‘生有嘉闻，其名曰友，为公室辅。’及生，如卜人之言，有文在其手曰‘友’，遂以名之。既而有大功于鲁，受费以为上卿。至于文子、武子，世增其业，不(费)〔废〕旧绩。鲁文公薨，而东门遂杀適立庶，鲁君于是乎失国，政在季氏，于此君也四公矣。民不知君，何以得国？是以为君慎器与名，不可以假人！”

【译文】

鲁昭公三十二年春，周历正月，昭公住在乾侯。占取阚地。夏天，吴国攻打越国。秋七月。冬天，孟懿子与晋国韩不信、齐国高张、宋国仲几、卫国世叔申、郑国国参以及曹国人、莒国人、薛国人、杞国人、小邾人等会合修筑成周的城墙。十二月十四日，鲁昭公在乾侯去世。

鲁昭公三十二年春天，周历正月，昭公住在乾侯，这样记载是说他既得不到外援又不能回到国内，而又不会使用他身边的人。

夏天，吴国攻打越国，这是首次对越国用兵。史墨说：“不到四十年，越国也许会占有吴国吧！越国得到岁星而吴国攻打它，必然承受岁星的凶灾。”

秋八月，周王派富辛和石张前往晋国，请求修筑成周的城墙。周天子说：“上天降祸给周朝，使我的兄弟都怀有乱心，而成为伯父的忧虑。我的几个亲近的甥舅之国无暇安居，到现在已经十年了，辛苦戍守也有五年了，寡人没有哪天忘记过这些，内心忧虑就像

农夫盼望丰年,惶恐地等待收获的时节。伯父如果布施大恩,恢复文侯、文公的大业,解除周室的忧虑,祈求文王、武王的福禄,以巩固盟主的地位,发扬光大晋国的美名,那就是寡人的最大愿望了。从前成王会合诸侯修筑成周都城,以作为东都,从此文德大兴。现在我想要向成王求取福佑,增修成周的城墙,使卫戍将士不再劳苦,诸侯因此安宁,乱贼排除到远地,这都要依靠晋国的力量。我将把这委托给伯父,愿伯父慎重考虑。使寡人不会招来百姓的怨恨,而伯父有光荣的功绩,先王会酬报伯父的。"范献子对魏献子说:"与其戍守成周,不如为它筑城墙,天子也这样说了。即使今后有事故,晋国可以不参与。服从天子命令而使诸侯减轻负担,晋国没有了忧患,这样的事不干,又去干什么呢?"魏献子说:"好!"就派伯音回答说:"天子有命令,岂敢不奉承而奔走通告给诸侯?工程的快慢和任务分配的等级次序,都在这次确定。"

冬十一月,晋国魏献子、韩不信前往周都,在狄泉会合诸侯的大夫,重温旧盟,并且下令增修成周的城墙。魏献子面朝南边而坐,卫国的彪傒就说:"魏献子必有大灾,超越本位而命令大事,这不是他应该承担的。《诗》中说:'敬畏上天的愤怒,不敢游戏轻忽;敬畏上天的变态,不敢遨游懈怠。'何况敢逾越本位来兴起大事呢?"

十四日,士弥牟经管成周的增修方案,他计算城墙丈数,估算高低,度量厚薄,测量沟壕,物色取土方向,商定运输远近,估计工程日期,计划劳力人数,考虑器材费用,记载所需口粮,以命令诸侯服劳役,交付工程任务颁布修城长度,并记载下来交给统领的大夫,然后都送到刘文公那里汇总。韩不信加以监督审查,以作为确定的方案。

十二月,鲁昭公生病,赏赐所有大夫,大夫们不接受。赐给子家羁一对琥玉、一个玉环、一块玉璧、轻软的衣服,他接受了。于是大夫们都接受了他的赏赐。十四日,昭公去世。子家羁把昭公的赐物还给财物管理官员,说:"我当时是不敢违背国君的命令。"大夫们也都归还了昭公的赐物。《春秋》记载说:"公薨于乾侯。"是说他的死不得其所。

赵鞅问史墨说:"季孙意如把他的君主赶出国外,但老百姓服从他,诸侯赞成他,君主死在国外也没有人向他问罪,为什么呢?"史墨回答说:"事物的出现有的成对,有的成三,有的成五,有的有相辅相成的一面。所以天有日月星三辰,地有五行,身体有左右,各有配偶。君王有公,诸侯有卿,都有辅佐的人。上天降生季氏,来辅佐鲁君,时间已经很长了。老百姓服从他,不也是应该的吗?鲁君世代放纵他们的过错,季氏世代修治他们的勤政,老百姓已经忘记国君了。鲁君虽然死在国外,有谁怜悯他?社稷没有不变的祭祀。君臣没有不变的地位,自古以来就是这样。所以《诗》说:'高高的山崖变成河谷,深深的河谷变作山陵。'虞、夏、商三代君主的子孙,到今天成了平民,这是主人所知道的。在《易》卦中,《震》卦驾临《乾》卦之上就叫《大壮》,这是天道。过去的成季友,是桓公的小儿子,文姜的宠儿,刚刚怀孕就占卜,卜人报告说:'生下来会有好名声,他的名字叫友,将成为公室的辅佐。'到出生时,就像卜人说的,在他手上有个'友'字。就用来给他取名。后来对鲁国有大功,受封费地做了上卿。一直到文子、武子,世世代代都扩大了他们的家

业,没有废弃过去的业绩。鲁文公去世,东门遂杀了嫡子立了庶子,鲁君从此失去国政,政权落在季氏手中,到这一代国君已历经四代了。老百姓不知道国君,国君怎么能得到国家呢?因此做君主的要慎重对待器物与名位,不可以用来借给他人。"

定公

定公元年

【原文】

元年:春,王。

三月,晋人执宋仲几于京师。

夏,六月癸亥,公之丧至自乾侯。

戊辰,公即位。

秋,七月癸巳,葬我君昭公。

九月,大雩。

立炀宫。

冬,十月,陨霜杀菽。

元年春,王正月辛巳,晋魏舒合诸侯之大夫于狄泉,将以城成周。魏子莅政。卫彪傒曰:"将建天子,而易位以令,非义也。大事奸义,必有大咎!晋不失诸侯,魏子其不免乎?"是行也,魏献子属役于韩简子及原寿过,而田于大陆,焚焉;还,卒于宁。范献子去其柏椁,以其未复命而田也。

孟懿子会城成周。庚寅,栽。宋仲幾不受功,曰:"滕、薛、郳,吾役也。"薛宰曰:"宋为无道,绝我小国于周,以我适楚,故我常从宋。晋文公为践土之盟,曰:'凡我同盟,各复旧职!'若从践土,若从宋,亦唯命!"仲幾曰:"践土固然。"薛宰曰:"薛之皇祖奚仲,居薛以为夏车正。奚仲迁于邳。仲虺居薛,以为汤左相。若复旧职,将承王官,何故以役诸侯?"仲幾曰:"三代各异物,薛焉得有旧?为宋役,亦其职也。"士弥牟曰:"晋之从政者新,子姑受功。归,吾视诸故府。"仲幾曰:"纵子忘之,山川鬼神其忘诸乎?"士伯怒,谓韩简子曰:"薛徵于人,宋徵于鬼。宋罪大矣!且己无辞而抑我以神,诬我也。'启宠纳侮',其此之谓矣。必以仲幾为戮!"乃执仲幾以归。三月,归诸京师。

城三旬而毕,乃归诸侯之戍。

齐高张后,不从诸侯。晋女叔宽曰:"周苌弘、齐高张皆将不免。苌叔违天,高子违人。天之所坏,不可支也;众之所为,不可奸也。"

夏，叔孙成子逆公之丧于乾侯。季孙曰："子家子亟言于我，未尝不中吾志也。吾欲与之从政。子必止之，且听命焉。"子家子不见叔孙，易幾而哭。叔孙请见子家子，子家子辞，曰："羁未得见，而从君以出。君不命而薨，羁不敢见。"叔孙使告之曰："公衍、公为实使群臣不得事君。若公子宋主社稷，则群臣之愿也。凡从君出而可以入者，将唯子是听。子家氏未有后，季孙愿与子从政。此皆季孙之愿也，使不敢以告。"对曰："若立君，则有卿士、大夫与守龟在，羁弗敢知。若从君者，则貌而出者，入可也；寇而出者，行可也。若羁也，则君知其出也，而未知其入也，羁将逃也！"

丧及坏隤，公子宋先入，从公者皆自坏隤反。六月癸亥，公之丧至自乾侯。戊辰，公即位。

季孙使役如阚公氏，将沟焉；荣(驾)〔驾〕鹅曰："生不能事，死又离之，以自旌也？纵子忍之，后必或耻之。"乃止。季孙问于荣(駕)〔驾〕鹅曰："吾欲为君谥，使子孙知之。"对曰："生弗能事，死又恶之，以自信也？将焉用之？"乃止。

秋七月癸巳，葬昭公于墓道南。孔子之为司寇也，沟而合诸墓。

昭公出故，季平子祷于炀公。九月，立炀宫。

周巩简公弃其子弟，而好用远人。

【译文】

鲁定公元年春天。周历三月，晋国人在京都拘捕了宋国的仲几。夏六月二十一日，昭公的灵柩从乾侯到达国都。二十六日，鲁定公即位。秋七月二十二日，安葬我国君昭公。九月，举行求雨大祭。重新建立炀公庙。冬十月，降霜冻死了豆类作物。

鲁定公元年春天，周历正月初七日，晋国的魏献子在狄泉会合诸侯的大夫，将以诸侯的力量增修成周的城墙。魏献子主持工程事务，卫国的傒侯说："将要为天子建城，而超越本位发号施令，不合乎道义。大事违背道义，必有大灾。晋国要是不失去诸侯，魏献子恐怕不能免于灾祸吧！"这次行动中，魏献子把工程事务交付给韩不信和原寿过，而自己到大陆打猎，放火烧猎，返回时，死在宁地。范献子取消他的柏木外棺，这是由于他没有完成使命来回报就打猎去了。

孟懿子参加增修成周城墙的工程，十六日，开始设立筑城夹板。宋国的仲几不接受工程任务，说："滕国、薛国、郳国，是为我国服役的。"薛国宰相说："宋国没有道义，把我们小国与周朝隔开，带着我们去追随楚国，所以我们长期跟着宋国。晋文公在践土订立盟约，说：'凡是我的同盟，各自恢复原来的职位。'或者遵从践土的盟约，或者服从宋国，都唯命是从。"仲几说："践土的盟约本来就是这样。"薛国宰臣说："薛国始祖奚仲住在薛地而做了夏朝的车正。奚仲迁到邳地，仲虺住在薛地而做了汤王的左相。如果恢复原来的职位，将要继承天子授予的官职，为什么要为诸侯服役？"仲几说："三代的事各不相同，薛国哪能恢复过去的官职？为宋国服役，也是你们的职责。"士弥牟说："晋国执政的人刚到

任，您暂且接受工程任务，回去后，我到故府查看一下盟约。”仲几说：“纵使您忘了，山川鬼神难道也忘了吗？”士弥牟发怒，对韩不信说：“薛国取证于人，宋国取证于鬼，宋国的罪过大了。而且自己无言以答却用鬼神压我，是欺诈我们。‘给予宠信却招来侮辱’，大概说的就是这种情况了。一定要拿仲几来加以惩处。”就拘捕仲几带回国。三月，把他送到周都。

筑城工程三十天就完工了，于是让诸侯的卫戍部队回国。

齐国的高张晚到，没有赶上诸侯的筑城工程。晋国的女叔宽说：“周朝的苌弘、齐国的高张都将不免于祸难。苌弘违背上天，高张违背众人。上天所要毁坏的，不可能保住；众人所要干的，不可以违犯。”

夏天，叔孙成子到乾侯迎接昭公的灵柩。季孙意如说：“子家羁多次和我谈话，每次都很合我的心意。我想要帮助他从政，您一定要留住他，并且听从他的意见。”子家羁不与叔孙成子见面，改变时间去为昭公哭丧。叔孙成子请求进见子家羁，子家羁辞谢了，说：“我没有机会见到您，就跟着国君出国了。国君没有命令就去世了，我不敢见您。”叔孙成子派人告诉子家羁说：“实在是公衍、公为让群臣不能侍奉国君，如果公子宋主持国政，那是群臣的愿望。凡是跟随国君出国而可以回国的人，都将听从您的命令。子家氏没有继承人，季孙意如愿意帮助您从政，这都是季孙意如的愿望，派我来向您报告。”子家羁回答说：“如果要立君主，那么有卿士、大夫和守龟在，我不敢知道。至于跟从国君的人，如果是表面跟随出国的人，可以回国；如果是与季孙结仇而出去的，可以离开。至于我，则国君是知道我出国，而不知道我回国的。我打算逃亡。”

昭公灵柩到达坏隤，公子宋先进入国内，跟随昭公的人都从坏隤折回去了。六月二十一日，昭公的灵柩从乾侯回到鲁国。二十六日，定公即位。

季孙意如派役人前往阚公氏造墓，打算挖壕沟把昭公墓与先公的墓隔开。荣驾鹅说：“君主活着时不能侍奉，死了又隔离他，用来表明自己的清白吗？即使您忍心这样做，今后一定有人认为可耻。”季孙意如就停止了。季孙意如又向荣驾鹅询问说：“我想要给国君制定谥号，让子孙后代了解他。”荣驾鹅回答说：“活着时不能侍奉，死了又丑化他，来展现自己的贤良，哪里用得着这样？”季孙意如就停止了。

秋七月二十二日，把昭公安葬在墓道南边。孔子做司寇的时候，在昭公墓外挖壕沟使它和先公的墓地合在一起。

因昭公出国的缘故，季孙意如向炀公祈祷。九月，建立炀公庙。

周朝的巩简公丢开他的子弟，而喜欢任用疏远的异族人。

定公二年

【原文】

二年：春，王正月。

夏，五月壬辰，雉门及两观灾。

秋，楚人伐吴。

冬，十月，新作雉门及两观。

二年夏，四月辛酉，巩氏之群子弟贼简公。

桐叛楚。吴子使舒鸠氏诱楚人，曰："以师临我。我伐桐。为我使之无忌。"秋，楚囊瓦伐吴，师于豫章。吴人见舟于豫章，而潜师于巢。冬十月，吴军楚师于豫章，败之；遂围巢，克之，获楚公子繁。

邾庄公与夷射姑饮酒。私出，阍乞肉焉；夺之杖以敲之。

【译文】

鲁定公二年春天，周历正月。夏五月二十五日，鲁宫雉门以及两边的台观发生火灾。秋天，楚国人攻打吴国。冬十月，新修雉门及两观。

鲁定公二年夏，四月二十四日，巩家的子弟们杀死了巩简公。

桐国人背叛楚国，吴王阖庐派舒鸠氏诱骗楚国人，说："以军队逼近我国，我国就去攻打桐地，这样做是为了使桐地人对我们没有猜忌。"秋天，楚国的囊瓦攻打吴国，驻扎在豫章。吴国人让水师出现在豫章，而在巢地潜伏军队。冬十月，吴军在豫章攻击楚军，打败了他们。于是包围巢地，攻克了它，俘获了楚公子繁。

邾庄公和夷射姑喝酒，夷射姑出去小便，守门人向他讨肉，他夺过守门人的手杖来打他。

定公三年

【原文】

三年：春，王正月，公如晋，至河乃复。

二月辛卯，邾子穿卒。

夏，四月。

秋，葬邾庄公。

冬，仲孙何忌及邾子盟于拔。

三年春，二月辛卯。邾子在门台，临廷。阍以缾水沃廷；邾子望见之，怒。阍曰："夷射姑旋焉。"命执之。弗得。滋怒，自投于床，废于炉炭，烂，遂卒。先葬以车五乘，殉五人。庄公卞急而好洁，故及是。

秋九月，鲜虞人败晋师于平中，获晋观虎，恃其勇也。

冬，盟于郯，修邾好也。

蔡昭侯为两佩与两裘以如楚，献一佩一裘于昭王。昭王服之，以享蔡侯；蔡侯亦服其一。子常欲之，弗与；三年止之。

唐成公如楚，有两肃爽马。子常欲之，弗与；亦三年止之。唐人或相与谋，请代先从者，许之。饮先从者酒，醉之；窃马而献之子常。子常归唐侯。自拘于司败，曰："君以弄马之故，隐君身，弃国家。群臣请相夫人以偿马，必如之。"唐侯曰："寡人之过也。二三子无辱！"皆赏之。

蔡人闻之，固请而献佩于子常。子常朝，见蔡侯之徒，命有司曰："蔡君之久也，官不共也。明日礼不毕，将死！"蔡侯归，及汉，执玉而沈，曰："余所有济汉而南者，有若大川！"蔡侯如晋，以其子元与其大夫之子为质焉，而请伐楚。

【译文】

鲁定公三年春，周历正月，定公前往晋国，到达黄河边，就返回了。二月二十九日，邾庄公穿死了。夏四月。秋，安葬邾庄公。冬，仲孙何忌和邾君在拔地会盟。

鲁定公三年春天的二月二十九日，邾庄公在门台上，面对着外廷。守门人把一瓶水浇在廷上，邾庄公看见廷上有水，发怒。守门人说："夷射姑在这里小便。"邾庄公命令逮捕夷射姑，没有抓到，更加愤怒，自己从坐床上跳下，掉到了火炉的炭上，皮肤溃烂，就死了。先用车子五辆和五个人殉葬。邾庄公性子急躁而好干净，所以才落到这种地步。

秋九月，鲜虞人在平中打败晋国军队，俘获了晋国的观虎，是因为他自恃勇敢所致。

冬天，仲孙何忌和邾君在郯地会盟，是为了重修和邾国的友好关系。

蔡昭侯做了两件玉佩和两件皮衣带着前往楚国，献了一个玉佩和一件皮衣给楚昭王。楚昭王穿戴着它来宴享蔡昭侯，蔡昭侯也穿戴了另一件皮衣和玉佩。囊瓦想要蔡昭侯的皮衣玉佩，没给他，就把蔡昭侯扣留了三年。

唐成公去到楚国，他有两匹肃爽马，囊瓦想要，没给，也把唐成公扣留了三年。唐国有人共同商量，请求替代原来的随从人员，楚国同意了。唐国的那些人让唐成公原来的随从喝酒，把他们灌醉了，偷取肃爽马献给囊瓦，囊瓦送还了唐成公。偷马的人在司寇面前把自己捆绑起来，说："君主因为玩赏马的缘故，使自己遭到幽禁，丢掉了国家。下臣们请求帮助马官来偿还马，一定会像那两匹肃爽马一样。"唐成公说："这是寡人的过错，你们几位不要委屈自己了！"就都赏赐他们。

蔡国人听说这事，就坚决请求，把玉佩献给了囊瓦。囊瓦上朝，接见蔡昭侯的随从

们，命令有关官员说："蔡君久留不归，是你们下官没有供给礼物。到明天礼物还不完备，将处死你们。"蔡昭侯回国，到达汉水，拿出玉沉到水里，说："我如果再渡过汉水南去楚国的话，有如大河之类的神为证！"蔡昭侯去到晋国，拿自己的儿子元和大夫的儿子做人质，请求攻打楚国。

定公四年

【原文】

四年：春，王二月癸巳，陈侯吴卒。

三月，公会刘子、晋侯、宋公、蔡侯、卫侯、陈子、郑伯、许男、曹伯、莒子、邾子、顿子、胡子、滕子、薛伯、杞伯、小邾子、齐国夏于召陵，侵楚。

夏，四月庚辰，蔡公孙姓帅师灭沈，以沈子嘉归，杀之。

五月，公及诸侯盟于皋鼬。

杞伯成卒于会。

六月，葬陈惠公。

许迁于容城。

秋，七月，公至自会。

刘卷卒。

葬杞悼公。

楚人围蔡。

晋士鞅、卫孔圉帅师伐鲜虞。

葬刘文公。

冬，十有一月庚午，蔡侯以吴子及楚人战于柏举，楚师败绩。

楚囊瓦出奔郑。

庚辰，吴入郢。

四年春三月，刘文公合诸侯于召陵，谋伐楚也。

晋荀寅求货于蔡侯，弗得；言于范献子曰："国家方危，诸侯方贰，将以袭敌，不亦难乎？水潦方降，疾疟方起，中山不服。弃盟取怨，无损于楚，而失中山不如辞蔡侯。吾自方城以来，楚未可以得志，祇取勤焉。"乃辞蔡侯。

晋人假羽旄于郑，郑人与之。明日，或旆以会，晋于是乎失诸侯。

将会，卫子行敬子言于灵公曰："会同难，啧有烦言，莫之治也。其使祝佗从！"公曰："善！"乃使子鱼；子鱼辞，曰："臣展四体以率旧职，犹惧不给而烦刑书；若又共二，徼大罪也。且夫祝，社稷之常隶也。社稷不动，祝不出竟，官之制也。君以军行，祓社衅鼓，祝奉

以从，于是乎出竟。若嘉好之事，君行师从，卿行旅从，臣无事焉。”公曰：“行也！”

及皋鼬，将长蔡于卫，卫侯使祝佗私于苌弘曰：“闻诸道路，不知信否。若闻蔡将先卫，信乎？”苌弘曰：“信！蔡叔，康叔之兄也。先卫，不亦可乎！”子鱼曰：“以先王观之，则尚德也。昔武王克商，成王定之，选建明德以藩屏周，故周公相王室以尹天下，于周为睦。分鲁公以大路、大旂，夏后氏之璜，封父之繁弱，殷民六族——条氏、徐氏、萧氏、索氏、长勺氏、尾勺氏，使帅其宗氏、辑其分族、将其类丑以法则周公；用即命于周，是使之职事于鲁，以昭周公之明德。分之土田陪敦，祝、宗、卜、史，备物、典策，官司、彝器，因商奄之民，命以《伯禽》而封于少皞之虚。分康叔以大路、少帛、綪茷、旃旌、大吕，殷民七族——陶氏、施氏、繁氏、锜氏、樊氏、饥氏、终葵氏；封畛土略，自武父以南及圃田之北竟，取于有阎之土以共王职，取于相土之东都以会王之东蒐。聃季授土，陶叔授民，命以《康诰》而封于殷虚。皆启以商政，疆以周索。分唐叔以大路，密须之鼓，阙巩，沽洗，怀姓九宗，职官五正，命以《唐诰》而封于夏虚，启以夏政，疆以戎索。三者皆叔也，而有令德，故昭之以分物；不然，文、武、成、康之伯犹多，而不获是分也：唯不尚年也。

“管蔡启商，惎间王室，王于是乎杀管叔而蔡蔡叔，以车七乘、徒七十人。其子蔡仲改行帅德，周公举之，以为己卿士，见诸王而命之以蔡。其命书云：‘王曰：“胡！无若尔考之违王命也！”’若之何其使蔡先卫也？

“武王之母弟八人，周公为大宰，康叔为司寇，聃季为司空，五叔无官，岂尚年哉？曹，文之昭也；晋，武之穆也。曹为伯甸，非尚年也。今将尚之，是反先王也。

“晋文公为践土之盟。卫成公不在；夷叔，其母弟也，犹先蔡。其载书云：‘王若曰：“晋重，鲁申，卫武，蔡甲午，郑捷，齐潘，宋王臣，莒期。”’藏在周府，可覆视也。吾子欲复文、武之略而不正其德，将如之何？”

苌弘说，告刘子，与范献子谋之，乃长卫侯于盟。

反自召陵，郑子大叔未至而卒。晋赵简子为之临，甚哀，曰：“黄父之会，夫子语我九言，曰：‘无始乱，无怙富，无恃宠，无违同，无敖礼，无骄能，无复怒，无谋非德，无犯非义。’”

沈人不会于召陵，晋人使蔡伐之。夏，蔡灭沈。秋，楚为沈故，围蔡。

伍员为吴行人以谋楚。楚之杀郤宛也，伯氏之族出；伯州犁之孙嚭，为吴大宰以谋楚。楚自昭王即位，无岁不有吴师。蔡侯因之，以其子乾与其大夫之子为质于吴。

冬，蔡侯、吴子、唐侯伐楚，舍舟于淮汭，自豫章与楚夹汉。左司马(戌)〔戍〕谓子常曰：“子沿汉而与之上下。我悉方城外以毁其舟，还塞大隧、直辕、冥阨。子济汉而伐之，我自后击之，必大败之！”既谋而行。武城黑谓子常曰：“吴用木也。我用革也，不可久也。不如速战！”史皇谓子常：“楚人恶子而好司马。若司马毁吴舟于淮，塞城口而入，是独克吴也。子必速战！不然，不免。”乃济汉而陈。自小别至于大别，三战。子常知不可，欲奔；史皇曰：“安，求其事；难，而逃之：将何所入？子必死之，初罪必尽说。”

十一月庚午，二师陈于柏举。阖庐之弟夫概王晨请于阖庐曰："楚瓦不仁，其臣莫有死志；先伐之，其卒必奔。而后大师继之，必克！"弗许。夫概王曰："所谓'臣义而行，不待命'者，其此之谓也。今日我死，楚可入也！"以其属五千，先击子常之卒。子常之卒奔，楚师乱，吴师大败之。子常奔郑。史皇以其乘广死。

吴从楚师，及清发。将击之，夫概王曰："困兽犹斗，况人乎？若知不免而致死，必败我。若使先济者知免，后者慕之，蔑有斗心矣。半济而后可击也。"从之。又败之。楚人为食，吴人及之；奔。食而从之，败诸雍澨。五战及郢。

己卯，楚子取其妹季芈畀我以出，涉睢。鍼尹固与王同舟。王使执燧象以奔吴师。

庚辰，吴入郢。以班处宫。子山处令尹之宫，夫概王欲攻之；惧而去之。夫概王入之。

左司马(戌)〔戍〕及息而还，败吴师于雍澨，伤。初，司马臣阖庐；故耻为禽焉，谓其臣曰："谁能免吾首？"吴句卑曰："臣贱，可乎？"司马曰："我实失子。可哉！"三战皆伤，曰："吾不〔可〕用也已！"句卑布裳，刭而裹之；藏其身而以其首免。

楚子涉睢，济江，入于云中。王寝，盗攻之，以戈击王；王孙由于以背受之，中肩。王奔郧，钟建负季芈以从。由于徐苏而从。

郧公辛之弟怀将弑王，曰："平王杀吾父；我杀其子，不亦可乎！"辛曰："君讨臣，谁敢雠之？君命，天也；若死天命，将谁雠？《诗》曰：'柔亦不茹，刚亦不吐。不侮矜寡，不畏强御。'唯仁者能之。违强陵弱，非勇也；乘人之约，非仁也；灭宗废祀，非孝也；动无令名，非知也。必犯是，余将杀女！"

斗辛与其弟巢以王奔随。吴人从之，谓随人曰："周之子孙在汉川者，楚实尽之。天诱其衷，致罚于楚。而君又窜之，周室何罪？君若顾报周室，施及寡人，以奖天衷，君之惠也。汉阳之田，君实有之。"楚子在公宫之北，吴人在其南。子期似王，逃王而己为王，曰："以我与之，王必免。"随人卜："与之？不吉。"乃辞吴曰："以随之辟小而密迩于楚，楚实存之。世有盟誓，至于今未改。若难而弃之，何以事君？执事之患不唯一人，若鸠楚竟，敢不听命？"吴人乃退。(鑪)〔鑢〕金初(官)〔宦〕于子期氏，实与随人要言。王使见；辞，曰："不敢以约为利。"王割子期之心，以与随人盟。

初，伍员与申包胥友。其亡也，谓申包胥曰："我必复楚国。"申包胥曰："勉之！子能复之，我必能兴之。"及昭王在随，申包胥如秦乞师，曰："吴为封豕长蛇，以荐食上国，虐始于楚。寡君失守社稷，越在草莽，使下臣告急，曰：'夷德无厌，若邻于君，疆埸之患也。逮吴之未定，君其取分焉。若楚之遂亡，君之土也。若以君灵抚之，世以事君。'"秦伯使辞焉，曰："寡人闻命矣。子姑就馆，将图而告。"对曰："寡君越在草莽，未获所伏，下臣何敢即安？"立，依于庭墙而哭，日夜不绝声，勺饮不入口七日。秦哀公为之赋《无衣》。九顿首而坐，秦师乃出。

【译文】

鲁定公四年春天，周历二月初六日，陈惠公吴死了。三月，定公与刘文公、晋定公、宋景公、蔡昭侯、卫灵公、陈君、郑献公、许男斯、曹隐公、莒君、邾君、顿君、胡君、滕君、薛君、杞君、小邾君、齐国的国夏等在召陵会合，讨伐楚国。夏四月二十四日，蔡国的公孙姓率领军队灭亡沈国，带了沈君嘉回国，杀了他。五月，定公和诸侯在皋鼬盟誓。杞悼公成死在会盟当中。六月，安葬陈惠公。许国人迁徙到容城。秋七月，定公从会盟回到鲁国。刘文公死了。安葬杞悼公。楚国人包围蔡国。晋国的士鞅、卫国的孔圉领兵攻打鲜虞。安葬刘文公。冬十一月十八日，蔡昭侯和吴王在柏举与楚国人交战，楚国军队失败。楚国的囊瓦出逃到郑国。二十八日，吴国人进入郢都。

句芒，选自明蒋应镐绘图本。

鲁定公四年春三月，刘文公在召陵会合诸侯，这是为了商议攻打楚国。

晋国的荀寅向蔡昭侯索要财货，没有得到，就对范献子说："国家正在危急之中，诸侯正在三心二意，打算在这时袭击敌人，不也很难吗？水潦正在发生，疟疾正在流行，中山人没有归服，背弃盟约得到怨恨，对楚国没有损害，而又失去中山，像这样不如拒绝蔡昭侯。我们自从方城战役以来，还未能够在楚国面前得志，只是自取劳苦。"于是拒绝了蔡昭侯的请求。

晋国人向郑国借羽毛和牦牛尾，郑国人给了他们。第二天，有人用羽旄装饰了旗帜用去参加会谈。晋国从此失去了诸侯拥戴。

将要举行会谈，卫国的子行敬子对卫灵公说："会谈有困难，意见纷纷而不统一，没有谁能治理得了。还是派祝佗随行吧。"卫灵公说："好的。"就派遣祝佗随行。祝佗辞谢不去，说："下臣竭尽全力以奉行先人留下的职责，还害怕不能完成使命而触犯刑法，如果让

我奉行两职，将招致大罪。况且祝史是土神、谷神的固定臣仆，土神、谷神不动，祝史不出国境，这是关于官职的制度。君主率领军队出行，祭祀神庙杀牲衅鼓，祝史奉土神、谷神随行，在这种情况下才走出国境。至于朝会结盟的事，君主出行有一师人马跟着，卿出行有一旅跟着，下臣我没有事。"卫灵公说："去吧！"

到达皋鼬，打算让蔡国先于卫国歃血，卫灵公派祝佗私下对苌弘说："在路上听到消息，不知是否真的。似乎听说蔡国将先于卫国歃血，确实吗？"苌弘说："确实。蔡叔是康叔的兄长，先于卫国，不也可以吗？"祝佗说："从先王的传统看，是崇尚德行的。过去武王战胜商朝，成王平定它，选拔建立有光明德行的人，来辅佐保卫周王室。所以周公辅助王室，以治理天下，在周朝最为亲睦。分赐给鲁公大路车、大旗、夏后氏的璜玉、封父的繁弱弓，以及六个家族的殷民：条氏、徐氏、萧氏、索氏、长勺氏、尾勺氏，让他们率领其大宗，聚集其分族，统帅其下属奴隶，来效法周公，以服从周朝的命令。这就是让他在鲁国治理政事，以发扬周公的光明德行。分赐给鲁国土田和附庸国，以及太祝、宗人、太卜、太史、服用器物、典籍简册、百官职掌、宗庙彝器。依靠商奄的百姓，用《伯禽》告诫他，而把他封在少皞的故城。分赐给康叔大路车、少帛旗、大红旗、旃旌旗、大吕钟，还有七个家族的殷民：陶氏、施氏、繁氏、锜氏、樊氏、饥氏、终葵氏，封土划定疆界，从武父以南直到圃田的北界，从有阎氏分取土地，以供奉天子赋予的职责，取得了相土的东都，以协助天子在东方的巡视。聃季授予土地，陶叔授予百姓，用《康诰》来告诫他，而把他封在殷朝的故城。鲁公和康叔都启用商代的政治制度。而按照周朝的法制来划分土地疆界。分赐给唐叔大路车、密须的鼓、阙巩的甲、沽洗钟、九个怀姓的宗族、五个官长的职位。用《唐诰》来告诫他，而把他封在夏朝的故城。唐叔启用夏朝的政治制度，用戎人的制度来划分土地疆界。周公、康叔、唐叔三人都是天子的弟弟，因有美德，故用分赐物品来宣明他们的德行。如果不是这样，文王、武王、成王、康王的兄长还很多，却没有获得这种分赐，这只是不崇尚年龄的缘故。

"管叔、蔡叔诱导殷商遗民，图谋侵犯王室。天子于是杀了管叔放逐蔡叔，给了蔡叔七辆车、七十个徒仆。他的儿子蔡仲，改变做法遵循德政，周公举拔他，作为自己的卿士，让他晋见天子，天子把蔡地赐封给他。封书说：'天子说：胡！不要像你父亲那样违背天子的命令！'为什么让蔡国先于卫国呢？

"武王的同母兄弟八人，周公做太宰，康叔做司寇，聃季做司空，五个叔父没有官职，难道是崇尚年龄吗？曹国的先祖是文王的儿子，晋国的先祖是武王的儿子。曹国以伯爵而作为甸服，这不是崇尚年龄。如今要崇尚年龄，这是背弃先王。

"晋文公召集践土的盟会，卫成公不在，夷叔是卫成公的同母兄弟，还是在蔡国之先。那次盟书上说：'天子这样说：晋国重耳、鲁国申、卫国叔武、蔡国甲午、郑国捷、齐国潘、宋国王臣、莒国期。'盟书藏在周朝的府库里，可以查阅。您想要恢复文王、武王的治略，却不端正自己的德行，将打算怎么办？"

苌弘很高兴，报告刘文公，和范献子商量，就让卫灵公在盟誓时排在蔡国之先。

从召陵返回，郑国的子太叔没有回到国内就死了。晋国的赵鞅临丧吊唁，很悲伤。说："黄父那次会盟。先生教我九句话，叫作：'不要引起动乱，不要依仗富裕，不要凭借宠信，不要违背同僚，不要傲视礼仪，不要恃才骄傲，不要重复发怒，不要策划不道德的事。不要去干不正义的事。'"

沈国人没有到召陵参加盟会，晋国派蔡国去讨伐它。夏天，蔡国灭亡了沈国。秋天，楚国为了沈国的缘故包围蔡国。

伍子胥作为吴国的外交官而策划对付楚国。楚国杀死郤宛的时候，伯氏的族人逃离出国。伯州犁的孙子嚭做了吴国太宰以谋划对付楚国。楚国自从昭王即位，每年都遭到吴军攻击，蔡昭侯趁此机会，把自己的儿子乾和他的大夫的儿子送到吴国做人质。

冬天，蔡昭侯、吴王、唐侯攻打楚国，把船停在淮河水湾里。从豫章起与楚军隔汉水对峙。左司马戌对囊瓦说："您沿着汉水与敌人上下周旋，我带领方城山外的全部兵力去摧毁他们的船。然后回兵封锁大隧、直辕、冥阨等地，您渡过汉水进攻他们，我从背后攻打他们，必定把他们打得大败。"订好计谋之后就出发。武城黑对囊瓦说："吴军的战车使用木头，我们使用皮革，不能打持久战，不如速战速决。"史皇对囊瓦说："楚国人讨厌您而喜欢司马戌，如果司马戌在淮河摧毁了吴军船只，封锁了城口而回，那就是他单独战胜吴国了。您一定要迅速作战，不然的话不能免于祸难。"于是渡过汉水摆开战阵，从小别山直到大别山。三次交战，囊瓦知道不能取胜，想要奔逃。史皇说："太平时您寻求当政，国难时却逃避它，打算逃到哪里去？您一定要拼一死战，以前的罪责必然会全部解脱。"

十一月十八日，两军在柏举摆开战阵。吴王的弟弟夫概王清早向吴王请求说："楚国的囊瓦不仁，他的臣下没有人有拼死战斗的心，首先进攻他，他的士兵一定会逃跑，然后大军接着攻打，必定战胜。"吴王不答应。夫概王说："所谓'下臣符合道义就行动，不必等待命令'，说的就是这个吧。今天我去决一死战，楚国就可以攻入了。"就带领他的部属五千人首先攻击囊瓦的士卒，囊瓦的士卒逃跑，楚军大乱，吴军大败他们。囊瓦逃亡郑国。史皇带着他的乘广战车战死。

吴军追击楚军，追到清发，打算攻打他们。夫概王说："被困的野兽还要挣扎，何况人呢？如果他们知道不免于死而拼命战斗，一定会打败我们。如果让他们先过河的人知道可以免于一死，后面的人羡慕他们，就没有斗志了。等他们渡过一半时才可以攻打。"听从了他的计策，又打败了楚军。楚军做饭，吴军追上他们，楚军逃跑了。吴军吃了他们的饭又追击他们，在雍澨打败了楚军。五次交战之后，到达郢都。

二十七日，楚王带着他的妹妹季芈畀我逃出郢都，渡过了濉河。鍼尹固和楚王同坐一船，楚王让他驱使火象奔进吴军。

二十八日，吴军进入郢都，按地位等次住进王宫。子山住在令尹的宫室里，夫概王想要打他，他害怕就离开了，夫概王住了进去。

左司马戌到达息地就返回攻击，在雍澨打败了吴军，负了伤。当初，司马戌曾臣事阖庐，所以耻于被吴军俘虏，就对自己的臣下说："谁能使我的头免于落到吴军手里？"吴句卑说："我地位卑贱，可以吗？"司马戌说："我实在看错您了，可以啊！"司马戌三次交战都负了伤，说："我不行了。"吴句卑铺开裙子，割下司马戌的头包起来，藏好他的身子，就带着他的头逃脱了。

楚王渡过淮水，渡过长江，进入云梦泽中。楚王睡觉，有强盗攻击，用戈刺击楚王。王孙由于用背去挡戈，被击中肩部。楚王逃奔郧地，钟建背着季芈跟随，由于慢慢苏醒后也跟上去。

郧公辛的弟弟怀打算杀楚王，说："楚平王杀了我的父亲，我杀掉他的儿子，不也可以吗？"郧公辛说："君王讨伐臣下，谁敢记仇？君王的命令，就是天命，如果死于天命，将仇恨哪个？《诗》中说：'软的不吃，硬的不吐。不欺鳏寡，不怕恶霸。'只有仁义的人能这样。逃避强暴，欺陵软弱，这不是勇敢；乘人之困，这不是仁慈；灭亡家族，废弃祭祀，这不是孝顺；行动没有好的名声，这不是聪明。如果一定要犯这些过错，我将杀掉你！"

斗辛和他的弟弟斗巢带着楚昭王逃奔到随国。吴国人追赶他们，对随国人说："周朝子孙在汉川的人，楚国全部灭掉了他们。上天实行它的意愿，把惩罚降给楚国，而君侯却把他们窝藏起来，周王室有什么罪过呢？君侯如果顾念报答周王室，而延及到寡人身上，以助成天意，那是君的恩惠。汉水以北的田土，您可拥有它。"楚昭王在随宫的北面，吴国人在他的南面。子期相貌像楚昭王，让昭王逃跑，而自己装作楚王，说："把我交给他们，昭王一定能脱身。"随国人就交出子期进行占卜，不吉利，就拒绝吴国人说："因为随国偏僻弱小而紧靠楚国，楚国确实保存了我们，世代都有盟誓，到现在还未改变。如果有难就背弃楚国，凭什么侍奉君主？您的忧患不只是楚王一人，如果安定楚国全境。岂敢不听从您的命令？"吴国人就退兵。鑢金当初在子期家做过家臣，这次保护昭王实际上是他与随国有过约定。楚昭王让他进见，鑢金辞谢，说："不敢乘人之危谋取利禄。"楚昭王割破子期的胸部，用他的血和随国人盟誓。

当初，伍员和申包胥友好。伍员逃亡的时候，对申包胥说："我一定要颠覆楚国。"申包胥说："那你努力吧！您能颠覆它，我一定能使它复兴。"到楚昭王逃到随国时，申包胥前往秦国请求救兵，说："吴国是大猪、长蛇，而屡屡侵吞中原国家，作恶就从楚国开始。寡君失守国家，流浪在乡野，派下臣前来告急，说：'夷人的德性没有满足，如果与君为邻，那将是贵国边境的祸患。趁吴国还未安定，君去分取楚国吧。如果楚国终于灭亡，就是君的领土了。如果靠君的福气安抚楚国，将世世代代侍奉君侯。'"秦哀公派人推辞楚国，说："寡人听到命令了，您暂且住到宾馆去，我们将商议以后告诉您。"申包胥回答说："寡君流浪乡野，没有得到安身之处，下臣哪里敢享受安逸？"站着，靠在庭院的墙上哭泣，哭声日夜不停，滴水不进达七天之久。秦哀公为他吟诵了《无衣》这首诗，申包胥连磕九个头才坐下。秦国于是出兵。

定公五年

【原文】

五年:春,王三月辛亥朔,日有食之。

夏,归粟于蔡。

於越入吴。

六月丙申,季孙意如卒。

秋,七月壬子,叔孙不敢卒。

冬,晋士鞅帅师围鲜虞。

五年春,王人杀子朝于楚。

夏,归粟于蔡,以周亟,矜无资。

越入吴,吴在楚也。

六月,季平子行东野;还,未至,丙申卒于房。阳虎将以玙璠敛,仲梁怀弗与,曰:“改步改玉。”阳虎欲逐之,告公山不狃。不狃曰:“彼为君也,子何怨焉?”

既葬,桓子行东野,及费。子泄为费宰,逆劳于郊,桓子敬之;劳仲梁怀,仲梁怀弗敬。子泄怒,谓阳虎:“子行之乎!”

申包胥以秦师至。秦子蒲、子虎帅车五百乘以救楚。子蒲曰:“吾未知吴道。”使楚人先与吴人战,而自稷会之,大败夫概王于沂。

吴人获薳射于柏举,其子帅奔徒以从子西,败吴师于军祥。

秋七月,子期、子蒲灭唐。

九月,夫概王归,自立也;以与王战而败,奔楚,为堂谿氏。

吴师败楚师于雍澨,秦师又败吴师。吴师居麇,子期将焚之;子西曰:“父兄亲暴骨焉,不能收,又焚之,不可!”子期曰:“国亡矣!死者若有知也,可以歆旧祀?岂惮焚之?”焚之而又战,吴师败。又战于公壻之谿,吴师大败,吴子乃归。囚闉舆罢。闉舆罢请先,遂逃归。

叶公诸梁之弟后臧从其母于吴,不待而归;叶公终不正视。

乙亥,阳虎囚季桓子及公父文伯,而逐仲梁怀。冬十月丁亥,杀公何藐。己丑,盟桓子于稷门之内。庚寅,大诅。逐公父歜及秦遄,皆奔齐。

楚子入于郢。初,斗辛闻吴人之争宫也,曰:“吾闻之:‘不让则不和。不和,不可以远征。’吴争于楚,必有乱;有乱则必归。焉能定楚?”王之奔随也,将涉于成臼;蓝尹亹涉其帑,不与王舟。及宁,王欲杀之。子西曰:“子常唯思旧怨以败,君何效焉?”王曰:“善!使复其所,吾以志前恶。”王赏斗辛、王孙由于、王孙圉、钟建、斗巢、申包胥、王孙贾、宋木、斗

怀。子西曰："请舍怀也！"王曰："大德灭小怨，道也。"申包胥曰："吾为君也，非为身也。君既定矣，又何求？且吾尤子旗，其又为诸？"遂逃赏。

王将嫁季芈，季芈辞曰："所以为女子，远丈夫也。钟建负我矣！"以妻钟建，以为乐尹。

王之在随也，子西为王舆服以保路，国于脾泄。闻王所在，而後从王。王使由于城麇，复命。子西问高厚焉，弗知。子西曰："不能，如辞。城不知高厚小大，何知？"对曰："固辞不能，子使余也。人各有能有不能。王遇盗于云中，余受其戈，其所犹在。"袒而视之背，曰："此余所能也。脾泄之事，余亦弗能也。"

晋士鞅围鲜虞，报观虎之(役)〔败〕也。

【译文】

鲁定公五年春三月初一日，发生日食。夏天，鲁国送粮食给蔡国。越国进入吴国。六月十七日，季孙意如死了。秋七月初四日，叔孙不敢死了。冬天，晋国的范献子领兵包围鲜虞。

鲁定公五年春天，周敬王的人在楚国杀死王子朝。

夏天，鲁国送粮食给蔡国，用以救急，并对他们没有粮资表示怜悯。

越国进入吴国，是因为吴国人正在楚国。

六月，季孙意如出巡东野，返回，还没到达鲁都，于十七日死在房地。阳虎打算用玙璠玉随葬，仲梁怀不给，说："改变了步子，用玉也要改变。"阳虎想要赶走他，告诉公山不狃。不狃说："他是为了国君，您怨什么呢？"

安葬之后，桓子出巡东野，到达费地。不狃做费地邑宰，到郊外迎接慰劳桓子，桓子很尊敬他。慰劳仲梁怀，仲梁怀不恭敬。不狃发怒，对阳虎说："您把他赶走吗？"

申包胥带着秦国军队到达，秦国的子蒲、子虎率五百辆兵车救援楚国。子蒲说："我不了解吴国的战术。"就让楚国人先和吴军交战，而秦军则从稷地前去会合，在沂地大胜夫概王。

吴国人在柏举俘获了薳射，薳射的儿子率领逃跑的士兵跟随子西，在军祥打败了吴军。

秋七月，子期、子蒲灭亡了唐国。

九月，夫概王回国，是为了自立为王。由于和吴王作战失败了，逃亡到楚国，成为堂溪氏。

吴军在雍澨打败楚军，秦国军队又打败吴军。吴军驻在麇地，子期准备放火烧他们，子西说："父兄亲戚的尸骨暴露在那里，不能收葬，又去烧他们，不可以。"子期说："国家要灭亡了，死者如果有知，能够享受过去那样的祭祀，怎么会怕烧掉尸骨？"于是放火焚烧吴军，又进行战斗，吴军失败。又在公壻溪交战，吴军大败，吴王就回国了。吴军囚禁了闉

舆罢，闉舆罢请求先去吴国，就逃回了楚国。

叶公诸梁的弟弟后臧跟着他的母亲在吴国，不顾他的母亲就回到楚国，叶公诸梁始终不正眼看他。

九月二十八日，阳虎囚禁桓子和公父文伯，驱逐了仲梁怀。冬十月初十日，杀了公何藐。十二日，和桓子在稷门内盟誓。十三日，举行大诅祭。驱逐公父歜和秦遄，他们都逃奔到齐国。

楚昭王回到郢都。当初，斗辛听说吴国人争夺楚宫，说："我听说：不礼让就不和睦，不和睦就不可以征战远地。吴国人在楚国争夺，必然发生内乱。发生内乱就必然撤回，怎么能平定楚国？"

楚昭王逃亡到随国时，准备渡过成臼河。蓝尹亹让他的妻子儿女渡河，不给昭王船只。到安定时，昭王想要杀了他。子西说："囊瓦只因想报旧怨而失败，君王何必仿效他？"楚昭王说："好。让他回到他的原有职位上去，我要用来记住以前的坏事。"昭王奖赏斗辛、王孙由于、王孙圉、钟建、斗巢、申包胥、王孙贾、宋木、斗怀。子西说："请去掉斗怀。"昭王说："大恩抵消小怨，这是符合道义的。"申包胥说："我是为了国君，不是为了自己。国君已经安定了，我又贪求什么呢？而且我指责子旗，难道又像他那样吗？"就躲开赏赐。

楚昭王打算让季芈出嫁，季芈推辞说："做女人的规矩，就是要远离男人。钟建背过我了。"于是把她嫁给钟建，让钟建做了乐尹。

楚昭王在随国的时候，子西仿制了国君的车子服饰来安定溃逃的路人，在脾泄建了临时国都，听到昭王所在的地方，然后跟去。昭王派由于到麇地筑城，由于回都报告执行使命情况，子西向他问城墙的高度厚度，由于不知道。子西说："不能干，就应当辞去不干。不知道城墙的高度厚度，城的大小又怎么知道？"由于回答说："我坚决推辞干不了，是您一定派遣我去的。人各有能干的和不能干的事。君王在云梦泽中遇到强盗，我挡住了强盗的戈，受伤的痕迹还在。"就脱去衣服露出背部给子西看，说："这就是我能干的事。脾泄的差事，我也是不能干的。"

晋国的范献子包围鲜虞，是对观虎的战败被俘进行报复。

定公六年

【原文】

六年：春，王正月癸亥，郑游速帅师灭许，以许男斯归。

二月，公侵郑。公至自侵郑。

夏，季孙斯、仲孙何忌如晋。

秋，晋人执宋行人乐祁犁。

冬，城中城。

季孙斯、仲孙忌帅师围郓。

六年春，郑灭许，因楚败也。

二月，公侵郑取匡，为晋讨郑之伐胥靡也。往不假道于卫；及还，阳虎使季、孟自南门入，出自东门，舍于豚泽。卫侯怒，使弥子瑕追之；公叔文子老矣，辇而如公，曰："尤人而效之，非礼也。昭公之难，君将以文之舒鼎、成之昭兆、定之鞶鉴，苟可以纳之，择用一焉；公子与二三臣之子，诸侯苟忧之，将以为之质。此群臣之所闻也。今将以小忿蒙旧德，无乃不可乎？大姒之子，唯周公、康叔为相睦也；而效小人以弃之，不亦诬乎？天将多阳虎之罪以毙之。君姑待之，若何？"乃止。

夏，季桓子如晋，献郑俘也。阳虎强使孟懿子往报夫人之币，晋人兼享之。孟孙立于房外，谓范献子曰："阳虎若不能居鲁而息肩于晋，所不以为中军司马者，有如先君！"献子曰："寡君有官，将使其人，鞅何知焉？"献子谓简子曰："鲁人患阳虎矣！孟孙知其衅，以为必适晋，故强为之请以取入焉。"

四月己丑，吴大子终纍败楚舟师，获潘子臣、小惟子及大夫七人。楚国大惕，惧亡。子期又以陵师败于繁扬。令尹子西喜曰："乃今可为矣！"于是乎迁郢于都，而改纪其政，以定楚国。

周儋翩率王子朝之徒，因郑人将以作乱于周。郑于是乎伐冯、滑、胥靡、负黍、狐人、阙外。六月，晋阎没戍周，且城胥靡。

秋八月，宋乐祁言于景公曰："诸侯唯我事晋。今使不往，晋其憾矣！"乐祁告其宰陈寅，陈寅曰："必使子往！"他日，公谓乐祁曰："唯寡人说子之言，子必往！"陈寅曰："子立后而行，吾室亦不亡。唯君亦以我为知难而行也。"见溷而行。赵简子逆，而饮之酒于绵上；献杨楯六十于简子。陈寅曰："昔吾主范氏；今子主赵氏，又有纳焉。以杨楯贾祸，弗可为也已。然子死晋国，子孙必得志于宋。"范献子言于晋侯曰："以君命越疆而使，未致使而私饮酒，不敬二君，不可不讨也！"乃执乐祁。

阳虎又盟公及三桓于周社，盟国人于亳社，诅于五父之衢。

冬，十二月，天王处于姑莸，辟儋翩之乱也。

【译文】

鲁定公六年春天，周历正月十八日，郑国的游速率军队灭亡了许国，带了许国国君斯回国。二月，鲁定公偷袭郑国。定公偷袭郑国回到鲁国。夏天，季桓子、孟懿子前往晋国。秋天，晋国人拘捕了宋国外交官乐祁犁。冬天，在内城修筑城墙。季桓子、孟懿子领兵包围郓地。

鲁定公六年春天，郑国灭亡了许国，是趁楚国失败而灭掉的。

二月，鲁定公偷袭郑国，夺取匡地，这是替晋国讨伐郑国攻打胥靡。去时没有向卫国借路，到返回时，阳虎让季桓子、孟献子从南门进，从东门出，驻扎在豚泽。卫灵公发怒，派遣弥子瑕追击他们。公叔文子已经年老退休了，坐了人力车去到卫灵公那里，说："指责别人却又效法他，不合乎礼。鲁昭公有难的时候，您准备拿出我文公的舒鼎、成公的宝龟、定公的鞶鉴，如果可以用来使鲁昭公回国，您将从中选用一件。诸侯如果为鲁昭公操心，您的公子和几位下臣的儿子，也准备用来作为人质。这些都是群臣听到了的。如今将要因为小小的怨忿而掩盖过去的恩德，恐怕不行吧？太姒的儿子当中，只有周公、康叔是互相和睦的，而如今要效法小人来抛弃他们建立的两国和睦关系，不是大错特错吗？上天将会加重阳虎的罪过而使他垮台，您暂且等待一下，怎么样？"卫灵公就停止追击。

夏天，季桓子前往晋国，是去奉献郑国的俘虏。阳虎硬派孟懿子前去回报晋夫人聘问鲁国的财礼，晋国人在宴享季桓子时一并宴享他。孟懿子站在房外，对范献子说："阳虎如果不能待在鲁国，而到晋国来歇脚，贵国要是不任用他做中军司马，有如先君之神灵为证！"范献子说："寡君有官职要封，将使用合适的人，我知道什么？"范献子对赵鞅说："鲁国人担心阳虎了，孟懿子了解其征兆，他认为阳虎必然来到晋国，所以极力替他向晋国请求，以达到进入晋国的目的。"

四月十五日，吴国的太子终累打败了楚国的水军，俘获了潘子臣、小惟子和大夫七人。楚国大为担心，害怕被灭亡。子期率领陆军在繁扬又被打败。令尹子西高兴地说："如今楚国可以治理了。"于是把郢都迁到鄀地，改变治理政事的办法，来稳定楚国。

周朝的儋翩率领王子朝的士卒，依靠郑国人打算在成周发动叛乱，郑国趁此机会就攻打冯地、滑地、胥靡、负黍、狐人、阙外等地。六月，晋国的阎没成守成周，并且在胥靡筑城。

秋八月，宋国的乐祁对宋景公说："诸侯中只有我国侍奉晋国，现在使者不去晋见，晋国恐怕会不满意了。"乐祁把这话告诉他的家宰陈寅，陈寅说："一定会派您去。"过了几天，宋景公对乐祁说："只有寡人高兴您的建议，您一定要去！"陈寅说："您立了继承人再去，我们的家室也不会灭亡，君主也会认为我们是明知有祸难而前往的。"乐祁就让儿子溷进见景公然后出发。赵鞅前来迎接，在绵上招待他喝酒。乐祁向赵鞅献上六十副杨木盾。陈寅说："过去我们奉范氏为主，现在您奉赵氏为主，又有礼物献给他，用杨木盾招祸，没有办法了。不过您为出使晋国而死，子孙一定会在宋国得志。"范献子对晋定公说："奉君命越过别国疆界而出使，没有报告使命就私自饮酒，对两国国君不恭敬，不可不讨伐。"于是就拘捕了乐祁。

阳虎又在周社和鲁定公及孟孙、叔孙、季孙盟誓，和国内的人们在亳社盟誓。在五父之衢举行诅祭。

冬天十二月。周敬王住在姑莸，是躲避儋翩发动的祸乱。

定公七年

【原文】

七年:春,王正月。

夏,四月。

秋,齐侯、郑伯盟于鹹。

齐人执卫行人北宫结以侵卫。齐侯、卫侯盟于沙。

大雩。

齐国夏帅师伐我西鄙。

九月,大雩。

冬,十月。

七年春二月,周儋翩入于仪栗以叛。

齐人归郓、阳关,阳虎居之以为政。

夏四月,单武公、刘桓公败尹氏于穷谷。

秋,齐侯、郑伯盟于鹹,徵会于卫。卫侯欲叛晋,诸大夫不可。使北宫结如齐,而私与齐侯曰:"执结以侵我!"齐侯从之,乃盟于琐。

齐国夏伐我。阳虎御季桓子,公敛处父御孟懿子,将宵军齐师。齐师闻之,堕,伏而待之。处父曰:"虎不图祸,而必死!"苫夷曰:"虎陷二子于难,不待有司,余必杀女!"虎惧,乃还,不败。

冬十一月戊午,单子、刘子逆王于庆氏。晋籍秦送王。己巳,王入于王城,馆于公族党氏,而後朝于庄宫。

【译文】

鲁定公七年春天,周历正月。夏四月。秋天,齐景公、郑献公在咸地会盟。齐国人拘捕卫国外交官北宫结而侵袭卫国。齐景公、卫灵公在沙地会盟。举行求雨大祭。齐国的国夏率军队攻打我鲁国西部边城。九月,举行求雨大祭。冬十月。

鲁定公七年春二月,周朝的儋翩进入仪栗而叛乱。

齐国人归还郓地、阳关,阳虎居守在那里主持政事。

夏四月,单武公、刘桓公在穷谷打败尹氏。

秋天,齐景公、郑献公在咸地会盟,在卫国召集诸侯会见。卫灵公想要背叛晋国,大夫们不赞成,卫灵公就派北宫结前往齐国,而私下对齐景公说:"拘捕北宫结来侵袭我国。"齐景公听从了他的话,于是在琐地结盟。

齐国的国夏攻打我鲁国。阳虎为季桓子驾车，公敛处父为孟懿子驾车，打算晚上出兵攻击齐军。齐军听到消息，拆散军队，埋伏起来等待鲁军。处父说："阳虎不考虑灾祸，一定会死。"苫夷说："阳虎使季桓子、孟懿子二位陷入祸难。不等法官惩处，我一定杀了你。"阳虎害怕，就退兵，没有吃败仗。

冬十一月二十三日，单武公、刘桓公到庆氏那儿迎接周敬王，晋国籍秦护送周敬王。十二月初五日，周敬王进入王城，住在公族党氏家中，然后朝拜庄王庙。

定公八年

【原文】

八年：春，王正月，公侵齐。公至自侵齐。

二月，公侵齐。

三月，公至自侵齐。

曹伯露卒。

夏，齐国夏帅师伐我西鄙。

公会晋师于瓦。公至自瓦。

秋，七月戊辰，陈侯柳卒。

晋士鞅帅师侵郑，遂侵卫。

葬曹靖公。

九月，葬陈怀公。

季孙斯、仲孙何忌帅师侵卫。

冬，卫侯、郑伯盟于曲濮。

从祀先公。

盗窃宝玉、大弓。

八年春，王正月，公侵齐，门于阳州。士皆坐列，曰："颜高之弓六钧。"皆取而传观之。阳州人出，颜高夺人弱弓；籍丘子钼击之，与一人俱毙；偃，且射子钼，中颊；殪。颜息射人中眉，退曰："我无勇。吾志其目也。"师退，冉猛伪伤足而先。其兄会乃呼曰："猛也殿！"

二月己丑，单子伐穀城，刘子伐仪栗。辛卯，单子伐简城，刘子伐盂，以定王室。

赵鞅言于晋侯曰："诸侯唯宋事晋。好逆其使，犹惧不至；今又执之，是绝诸侯也！"将归乐祁，士鞅曰："三年止之，无故而归之，宋必叛晋。"献子私谓子梁曰："寡君惧不得事宋君，是以止子。子姑使溷代子。"子梁以告陈寅，陈寅曰："宋将叛晋，是弃溷也。不如待之！"乐祁归，卒于大行。士鞅曰："宋必叛！不如止其尸以求成焉。"乃止诸州。

公侵齐，攻廪丘之郛。主人焚衝，或濡马褐以救之，遂毁之。主人出，师奔。阳虎伪

不见冉猛者,曰:"猛在此,必败!"猛逐之,顾而无继,伪颠。虎曰:"尽客气也!"

苫越生子,将待事而名之。阳州之役获焉,名之曰阳州。

夏,齐国夏、高张伐我西鄙。晋士鞅、赵鞅、荀寅救我。公会晋师于瓦。范献子执羔,赵简子、中行文子皆执雁。鲁于是始尚羔。

晋师将盟卫侯于鄟泽,赵简子曰:"群臣谁敢盟卫君者?"涉佗、成何曰:"我能盟之。"卫人请执牛耳,成何曰:"卫,吾温、原也,焉得视诸侯?"将歃,涉佗挼卫侯之手,及捥。卫侯怒,王孙贾趋进,曰:"盟以信礼也。有如卫君,其敢不唯礼是事而受此盟也?"

卫侯欲叛晋,而患诸大夫。王孙贾使次于郊。大夫问故,公以晋诟语之,且曰:"寡人辱社稷,其改卜嗣,寡人从焉!"大夫曰:"是卫之祸,岂君之过也?"公曰:"又有患焉,谓寡人:'必以而子与大夫之子为质!'"大夫曰:"苟有益也,公子则往,群臣之子敢不皆负羁绁以从?"将行,王孙贾曰:"苟卫国有难,工商未尝不为患,使皆行而后可。"公以告大夫,乃皆将行之。行有日,公朝国人,使贾问焉,曰:"若卫叛晋,晋五伐我,病何如矣?"皆曰:"五伐我,犹可以能战!"贾曰:"然则如叛之,病而后质焉,何迟之有?"乃叛晋。晋人请改盟,弗许。

秋,晋士鞅会成桓公,侵郑,围虫牢,报伊阙也。遂侵卫。

九月,师侵卫,晋故也。

季寤、公钼极、公山不狃皆不得志于季氏,叔孙辄无宠于叔孙氏,叔仲志不得志于鲁,故五人因阳虎。阳虎欲去三桓,以季寤更季氏,以叔孙辄更叔孙氏,己更孟氏。冬十月,顺祀先公而祈焉。辛卯,禘于僖公。壬辰,将享季氏于蒲圃而杀之,戒都车,曰:"癸巳至!"成宰公敛处父告孟孙,曰:"季氏戒都车,何故?"孟孙曰:"吾弗闻。"处父曰:"然则乱也,必及于子。先备诸!"与孟孙以壬辰为期。

阳虎前驱;林楚御桓子,虞人以铍、盾夹之;阳越殿。将如蒲圃,桓子咋谓林楚曰:"而先皆季氏之良也,尔以是继之。"对曰:"臣闻命后。阳虎为政,鲁国服焉;违之徵死,死无益于主。"桓子曰:"何后之有?而能以我适孟氏乎?"对曰:"不敢爱死,惧不免主。"桓子曰:"往也!"孟氏选圉人之壮者三百人,以为公期筑室于门外。林楚怒马及衢而骋。阳越射之,不中。筑者阖门,有自门间射阳越,杀之。阳虎劫公与武叔,以伐孟氏。公敛处父帅成人,自上东门入,与阳氏战于南门之内,弗胜。又战于棘下,阳氏败。

阳虎说甲如公宫,取宝玉、大弓以出;舍于五父之衢,寝而为食。其徒曰:"追其将至!"虎曰:"鲁人闻余出,喜于徵死,何暇追余?"从者曰:"嘻,速驾!公敛阳在。"公敛阳请追之,孟孙弗许。阳欲杀桓子,孟孙惧而归之。子言辨舍爵于季氏之庙而出。阳虎入于讙、阳关以叛。

郑驷歂嗣子大叔为政。

【译文】

鲁定公八年春天,周历正月,定公侵袭齐国。定公侵袭齐国回到鲁国。二月,定公再次侵袭齐国。三月,定公侵袭归来。曹靖公死了。夏天,齐国的国夏领兵攻打我鲁国西部边城。定公在瓦地会见晋国军队。定公从瓦地回到国内。秋七月初七日,陈怀公柳死了。晋国的范献子率军队偷袭郑国,随即侵袭卫国。安葬曹靖公。九月,安葬陈怀公。季桓子、孟懿子领兵侵袭卫国。冬天,卫灵公、郑献公在曲濮结盟。阳虎等按次序祭祀先公。盗贼偷走了宝玉、大弓。

鲁定公八年春天,周历正月,定公侵袭齐国,攻打阳州的城门。士卒们都坐成一排排,说:"颜高的弓要一百八十斤力才能张开。"都拿来传观。阳州人冲出城来,颜高夺过别人的弱弓应战,籍丘子钼攻击他,颜高和另一个人都倒在地上。颜高仰卧在地,一面射击子钼,射中面颊,死了。颜息射人射中眉毛,退下来说:"我没有勇力,我本来是拿他的眼睛当靶子的。"部队撤退,冉猛假装伤了脚而走在前面,他的哥哥冉会就喊道:"冉猛,到后面去压阵!"

二月二十六日,单武公攻打谷城,刘桓公攻打仪栗。二十八日,单武公攻打简城,刘桓公攻打盂地,以安定王室。

赵鞅对晋定公说:"诸侯中只有宋国侍奉晋国,友好地迎接他们的使者,还怕不到来,如今又拘禁他们的使者,这是断绝诸侯的做法。"打算送回乐祁,范献子说:"扣留了他三年,无缘无故又放回去,宋国一定会背叛晋国。"范献子私下对乐祁说:"寡君担心不能侍奉宋君,所以留住您。您暂时让乐溷来替代您。"乐祁把这事告诉陈寅,陈寅说:"宋国将要背叛晋国,这等于是抛弃了乐溷,不如等待一下。"乐祁回国,死在太行。范献子说:"宋国必定背叛,不如留下乐祁的尸首来求和。"于是就把尸首留在州地。

鲁定公侵袭齐国,攻打廪丘的外城。廪丘人焚烧冲车,鲁军有人打湿了麻布短衣去救火,于是就摧毁了外城。廪丘人出城反击,鲁军奔逃。阳虎假装没看见冉猛,说:"冉猛如果在这里,一定能打败他们。"冉猛就去追逐敌人,回头看到没有人跟上,就假装跌倒。阳虎说"都是假意!"

苫越生了儿子,打算等待发生大事再给他取名。阳州这次战役获得了战绩,就给儿子取名叫阳州。

夏天,齐国的国夏、高张攻打我鲁国西部边城。晋国的范献子、赵鞅、荀寅援救我国。定公在瓦地会见晋国军队,范献子手持羊羔,赵鞅、荀寅都手持大雁作为礼物。鲁国从此开始以羊羔为贵重礼。

晋军打算在鄟泽和卫灵公结盟,赵鞅说:"大臣们谁敢和卫灵公结盟?"涉佗、成何说:"我们能去和他结盟。"卫国人请涉佗两人执牛耳,成何说:"卫国,就好像我国的温、原两地一样,怎么能做诸侯对待?"将要歃血,涉佗推卫灵公的手,血流到了手腕上,卫灵公发怒。王孙贾快步上前,说:"结盟是用来伸张礼仪的,能做到像我卫君一样,难道谁敢不唯礼是从而接受这样的盟约?"

卫灵公想要背离晋国,但又担心大夫们不同意。王孙贾让卫灵公临时住在郊外,大

夫们询问原因，卫灵公把在晋国受的耻辱告诉他们，并且说："寡人让国家蒙受羞辱，如果改卜新君继位，寡人服从。"大夫说："这是卫国的祸难，哪里是君主的过错？"卫灵公说："还有可担忧的事呢，晋国人对寡人说：一定要拿你的儿子和大夫们的儿子作为人质。"大夫说："如果有好处，公子就去，下臣们的儿子谁敢不背着马笼头和缰绳跟着？"公子们将要动身，王孙贾说："如果卫国有难，工匠商人未尝不成为灾患，要让他们都走才行。"卫灵公把这告诉大夫，就打算都让他们走。动身的日期定下后，卫灵公接见国内要人，派王孙贾问他们，说："如果卫国背离晋，晋国五次攻打我国，灾难会是什么样子？"人们都说："五次攻打我国，还是可以凭能力迎战。"王孙贾说："那么应当背离晋国，有了灾难然后交人质，有什么迟的？"于是背离晋国。晋国人请求另行结盟，卫国不答应。

秋天，晋国的范献子会合成桓公一起侵袭郑国。包围虫牢，是为了报复伊阙那次战役。随即又侵袭卫国。

九月，鲁军侵袭卫国，是因为要协同晋国。

季寤、公钼极、公山不狃都在季氏那里不得志，叔孙辄在叔孙氏那里不受宠信，叔仲志在鲁国不得志，所以五个人都投靠阳虎。阳虎想要除掉三桓，用季寤代替季氏，用叔孙辄代替叔孙氏，自己代替孟氏。冬十月，阳虎等按位次祭祀先公并为此祈祷。初二日，在僖公庙举行禘祭。初三日，打算在蒲圃宴享季桓子而杀了他，就命令都邑的战车说："癸巳那天都要赶到。"成地的宰臣公敛处父告诉孟孙说："季氏命令都邑战车备战，什么原因？"孟孙说："我没听说。"处父说："那么就是要叛乱，一定会延及到您，先防备着吧！"就和孟懿子约定以初三为戒备的日期。

阳虎驱车先往蒲圃：林楚为季桓子驾车，警备人员持铍和盾夹护两边，阳越压阵，将前往蒲圃，季桓子突然对林楚说："你的先人都是季氏的好家臣，你要用这次行动继承他们的传统。"林楚回答说："我听到您的命令晚了。阳虎掌权，鲁国人服从他，违背他会招致死亡，死了对主人也没有好处。"季桓子说："有什么晚的？你能带我去孟懿子那里吗？"林楚回答说："不敢爱惜死，只是怕不能使主人免除灾难。"季桓子说："去吧！"孟懿子挑选了三百个强壮的奴隶，在门外为公期修筑房子。林楚奋力策马，到了大路上就奔驰起来，阳越射他，没有射中，筑房子的人关上门，有人从门缝中用箭射阳越，射死了他。阳虎劫持定公和武叔，以此攻打孟氏。公敛处父率领成地人从上东门进入，和阳氏在南门里边交战，没有取胜。又在棘下交战，阳氏失败。

阳虎脱下铠甲去到公宫，偷取宝玉、大弓而出逃，住在五父之衢，睡了一觉才做饭。他的随从说："追兵恐怕将要到了。"阳虎说："鲁国人听到我出逃，高兴我的自找灭亡，哪有空闲追我？"随从的人说："哇！赶快驾车，公敛处父在那里！"公敛处父请求追击，孟懿子不同意。公敛处父想要杀掉季桓子，孟懿子害怕就把他遣归了。季寤在季氏的祖庙里一一摆酒祭告然后出逃。阳虎进入讙地、阳关而叛变。

郑国的驷歂继承子太叔治理政事。

定公九年

【原文】

九年:春,王正月。

夏,四月戊申,郑伯虿卒。

得宝玉、大弓。

六月,葬郑献公。

秋,齐侯、卫侯次于五氏。

秦伯卒。

冬,葬秦哀公。

九年春,宋公使乐大心盟于晋,且逆乐祁之尸;辞,伪有疾。乃使向巢如晋盟,且逆子梁之尸。子明谓桐门右师出,曰:“吾犹衰绖,而子击钟,何也?”右师曰:“丧不在此故也。”既而告人曰:“已衰绖而生子,余何故舍钟?”子明闻之,怒,言于公曰:“右师将不利戴氏。不肯适晋,将作乱也。不然无疾。”乃逐桐门右师。

郑驷歂杀邓析而用其竹刑。君子谓子然于是不忠。苟有可以加于国家者,弃其邪可也。《静女》之三章,取彤管焉。《竿旄》“何以告之”,取其忠也。故用其道,不弃其人。《诗》云:“蔽芾甘棠,勿翦勿伐,召伯所茇。”思其人犹爱其树,况用其道而不恤其人乎?子然无以劝能矣!

夏,阳虎归宝玉、大弓,书曰“得”,器用也。凡获器用曰“得”,得用焉曰“获”。

六月,伐阳关。阳虎使焚莱门,师惊。犯之而出,奔齐,请师以伐鲁,曰:“三加,必取之!”齐侯将许之,鲍文子谏曰:“臣尝为隶于施氏矣。鲁未可取也。上下犹和,众庶犹睦,能事大国,而无天灾,若之何取之?阳虎欲勤齐师也:齐师罢,大臣必多死亡,己于是乎奋其诈谋。夫阳虎有宠于季氏而将杀季孙,以不利鲁国,而求容焉。亲富不亲仁,君焉用之?君富于季氏而大于鲁国,兹阳虎所欲倾覆也。鲁免其疾,而君又收之,无乃害乎?”

齐侯执阳虎,将东之;阳虎愿东。乃囚诸西鄙。尽借邑人之车,锲其轴,麻约而归之。载葱灵,寝于其中而逃。追而得之,囚于齐。又以葱灵逃,奔〔宋,遂奔〕晋,适赵氏。仲尼曰:“赵氏其世有乱乎!”

秋,齐侯伐晋夷仪。敝无存之父将室之,辞,以与其弟,曰:“此役也不死,反必娶于高、国。”先登,求自门出,死于霤下。东郭书让登,犁弥从之,曰:“子让而左,我让而右,使登者绝而后下。”书左,弥先下。书与王猛息,猛曰:“我先登!”书敛甲,曰:“曩者之难,今又难焉!”猛笑曰:“吾从子,如骖之靳。”

晋车千乘在中牟。卫侯将如五氏,卜过之龟焦。卫侯曰:“可也。卫车当其半,寡人

当其半，敌矣！”乃过中牟。中牟人欲伐之；卫褚师圃亡在中牟，曰：“卫虽小，其君在焉，未可胜也。齐师克城而骄，其帅又贱；遇，必败之。不如从齐。”乃伐齐师，败之。齐侯致禚、媚、杏于卫。

齐侯赏犁弥，犁弥辞曰：“有先登者，臣从之。晢帻而衣狸制。”公使视东郭书，曰：“乃夫子也——吾贶子。”公赏东郭书；辞，曰：“彼，宾旅也。”乃赏犁弥。

齐师之在夷仪也，齐侯谓夷仪人曰：“得敝无存者，以五家免。”乃得其尸。公三襚之，与之犀轩与直盖，而先归之。坐引者，以师哭之，亲推之三。

【译文】

鲁定公九年春天，周历正月。夏四月二十二日，郑献公虿死去。鲁定公得到了宝玉、大弓。六月，安葬郑献公。秋天，齐景公、卫灵公驻扎在五氏。秦哀公死了。冬天，安葬秦哀公。

鲁定公九年春天，宋景公派乐大心跟晋国结盟，并且接回乐祁的尸体。乐大心推辞，装着有病，于是派向巢前往晋国结盟，同时接回乐祁的尸体。乐溷叫乐大心出国迎接，说：“我还在服丧，您却敲钟作乐，为什么？”乐大心说：“是因为丧事不在这里。”不久又告诉别人说：“自己服丧却生了孩子，我为什么不能敲钟？”乐溷听到了，发怒，对宋景公说：“乐大心将不利于戴氏，不肯去晋国，是打算作乱。不然的话，没有病为何装病？”于是就驱逐乐大心。

郑国的驷歂杀了邓析，而又采用他的《竹刑》。君子认为：“驷歂在这件事上不忠。如果有人对国家有利，可以放过他的不正当行为。《静女》三章诗，是取其中的彤管。《竿旄》中说的‘用什么劝告他’，是取它的忠心。所以采用一个人的学说，就不抛弃这个人。《诗》中说：‘高大繁茂的甘棠树，不要砍伐不要剪除，召伯曾在这里止宿。’思念那个人尚且爱惜那棵树，何况采用那个人的学说却不怜惜那个人？驷歂没有办法勉励有才能的人了。”

夏天，阳虎归还宝玉和大弓，《春秋》记载说“得”，因为是器物用具的缘故，凡获得器物用具就说“得”，得到活物就说“获”。

六月，鲁军攻打阳关。阳虎派人焚烧莱门，鲁军惊恐，阳虎反攻鲁军而突围出城，逃往齐国，请求齐军以攻打鲁国，说：“进攻三次一定可以攻取它。”齐景公打算答应他，鲍文子劝谏说：“下臣曾经在施氏那里做家臣，知道鲁国是不可攻取的。君臣上下很融洽，老百姓很和睦，能侍奉大国，又没有天灾，怎么能攻取它？阳虎是想要使齐军疲劳，齐军疲劳了，大臣必然有很多人死伤逃亡，于是他自己就可实现阴谋。阳虎在季氏面前有过宠信，却打算杀害季桓子，以危害鲁国，而在他国求得容身。亲近富有而不亲近仁义，君怎么能用他？君比季氏富有，比鲁国强大，这就是阳虎想要颠覆的原因，鲁国免除了它的祸患，而君又收容他，恐怕有害吧！”

齐景公拘捕了阳虎，将把他关押到东部去。阳虎希望到东部去，于是就把他囚禁到西部边城。阳虎把城里人的车子都借来，切割车轴，用麻缠上还回去。阳虎把葱灵车装上衣物，睡在衣物中逃走。齐军追上去抓住他，关押到齐国都城。阳虎又利用葱灵车逃跑，逃到宋国，随即逃到晋国，去了赵氏家中。孔子说："赵氏恐怕会世世代代有祸乱了吧！"

秋天，齐景公攻打晋国的夷仪。敝无存的父亲打算为他娶妻，敝无存辞谢了，把她给了他弟弟，说："这一仗如果没死，能返回，一定在高氏、国氏那儿娶个妻子。"他首先登城，又寻求办法从城门出来，结果死在城门檐霤下。东郭书抢先登城，犁弥跟着他，说："您抢先登上去往左，我抢先登上去往右，让登城的人全都上来后再下去。"东郭书往左，犁弥抢先下了城墙。战后东郭书和犁弥一起歇息，犁弥说："我先登上城墙。"东郭书收拾铠甲，说："先前为难我，现在又为难我。"犁弥笑着说："我跟着您就像骖马有游环。"

晋国的一千辆兵车部署在中牟，卫灵公将要去五氏，为经过中牟而占卜，龟甲灼焦了。卫灵公说："可以经过！卫国的战车对付他们的一半，寡人对付他们的一半，相当了。"就通过中牟。中牟人想要攻打他们，卫国的褚师圃逃亡在中牟，他说："卫国虽小，但它的国君在那里，不能战胜的。齐军攻下夷仪城而骄傲，他们的将帅又地位低贱，和他们交战，一定能打败他们，不如追击齐军。"于是就攻打齐军，打败了他们。齐景公把禚、媚、杏等地割让给卫国。

齐景公封赏犁弥，犁弥推辞说："有人先登城，我只是跟着他，那个人头戴白色帻巾，身披狸皮斗篷。"齐景公派他去看东郭书是不是，他看到东郭书说："就是这位先生——我为您带来了赏赐。"齐景公赏赐东郭书，他推辞说："他是客人。"于是就赏赐犁弥。

齐军在夷仪的时候，齐景公对夷仪人说："找到敝无存的，赏给五户的食禄并免去服劳役。"就找到了他的尸体。齐景公三次为死尸穿衣服，给予犀皮车和长柄车盖，让灵车先行回国。齐景公让拉灵车的人跪坐，自己带着军队哭丧，亲自推灵车三次。

定公十年

【原文】

十年：春，王三月，及齐平。

夏，公会齐侯于夹谷。公至自夹谷。

晋赵鞅帅师围卫。

齐人来归郓、讙、龟阴田。

叔孙州仇、仲孙何忌帅师围郈。

秋，叔孙州仇、仲孙何忌帅师围郈。

宋乐大心出奔曹。

宋公子地出奔陈。

冬，齐侯、卫侯、郑游速会于安甫。

叔孙州仇如齐。

宋公之弟辰暨仲佗、石弫出奔陈。

十年春，及齐平。

夏，公会齐侯于祝其，实夹谷。孔丘相。犁弥言于齐侯曰："孔丘知礼而无勇。若使莱人以兵劫鲁侯，必得志焉。"齐侯从之。孔丘以公退，曰："士兵之！两君合好，而裔夷之俘以兵乱之，非齐君所以命诸侯也。裔不谋夏，夷不乱华，俘不干盟，兵不偪好。于神为不祥，于德为愆义，于人为失礼，君必不然！"齐侯闻之，遽辟之。

将盟，齐人加于载书曰："齐师出竟而不以甲车三百乘从我者，有如此盟！"孔丘使兹无还揖对，曰："而不反我汶阳之田，吾以共命者，亦如之！"齐侯将享公。孔丘谓梁丘据曰："齐、鲁之故，吾子何不闻焉？事既成矣，而又享之，是勤执事也。且牺象不出门，嘉乐不野合。飨而既具，是弃礼也；若其不具，用秕稗也。用秕稗，君辱；弃礼，名恶。子盍图之？夫享所以昭德也；不昭，不如其已也。"乃不果享。

齐人来归郓、讙、龟阴之田。

晋赵鞅围卫，报夷仪也。初，卫侯伐邯郸午于寒氏，城其西北而守之；宵熸。及晋围卫，午以徒七十人门于卫西门，杀人于门中，曰："请报寒氏之役！"涉佗曰："夫子则勇矣。然我往，必不敢启门！"亦以徒七十人，旦门焉；步左右，皆至而立，如植。日中不启门，乃退。反役，晋人讨卫之叛故，曰："由涉佗、成何。"于是执涉佗以求成于卫，卫人不许。晋人遂杀涉佗，成何奔燕。君子曰："此之谓弃礼，必不钧。《诗》曰：'人而无礼，胡不遄死？'涉佗亦遄矣哉！"

初，叔孙成子欲立武叔，公若藐固谏曰："不可！"成子立之而卒。公南使贼射之，不能杀。公南为马正，使公若为郈宰。武叔既定，使郈马正侯犯杀公若；弗能。其圉人曰："吾以剑过朝，公若必曰：'谁之剑也？'吾称子以告，必观之。吾伪固而授之末，则可杀也。"使如之。公若曰："尔欲吴王我乎？"遂杀公若。

侯犯以郈叛。武叔懿子围郈，弗克。秋，二子及齐师复围郈，弗克。叔孙谓郈工师驷赤曰："郈非唯叔孙氏之忧，社稷之患也。将若之何？"对曰："臣之业，在《扬水》卒章之四言矣。"叔孙稽首。驷赤谓侯犯曰："居齐、鲁之际而无事，必不可矣！子盍求事于齐以临民？不然，将叛。"侯犯从之。齐使至，驷赤与郈人为之宣言于郈中曰："侯犯将以郈易于齐，齐人将迁郈民。"众凶惧。驷赤谓侯犯曰："众言异矣！子不如易于齐，与其死也；犹是郈也，而得纾焉。何必此？齐人欲以此偪鲁，必倍与子地。且盍多舍甲于子之门，以备不虞。"侯犯曰："诺！"乃多舍甲焉。

侯犯请易于齐，齐有司观郈。将至，驷赤使周走呼曰："齐师至矣！"郈人大骇，介侯犯

之门甲，以围侯犯。驷赤将射之，侯犯止之，曰："谋免我！"侯犯请行，许之。驷赤先如宿，侯犯殿。每出一门，郈人闭之。及郭门，止之，曰："子以叔孙氏之甲出，有司若诛之，群臣惧死。"驷赤曰："叔孙氏之甲有物，吾未敢以出。"犯谓驷赤曰："子止而与之数。"驷赤止而纳鲁人，侯犯奔齐。齐人乃致郈。

宋公子地嬖蘧富猎，十一分其室，而以其五与之。公子地有白马四；公嬖向魋，魋欲之。公取而朱其尾、鬣以与之。地怒，使其徒抶魋而夺之。魋惧，将走，公闭门而泣之，目尽肿。母弟辰曰："子分室以与猎也，而独卑魋，亦有颇焉。子为君礼，不过出竟，君必止子。"公子地出奔陈，公弗止。辰为之请，弗听。辰曰："是我迋吾兄也。吾以国人出，君谁与处？"冬，母弟辰暨仲佗、石彄出奔陈。

武叔聘于齐。齐侯享之，曰："子叔孙！若使郈在君之他竟，寡人何知焉？属与敝邑际，故敢助君忧之。"对曰："非寡君之望也。所以事君，封疆社稷是以，敢以家隶勤君之执事？夫不令之臣，天下之所恶也，君岂以为寡君赐？"

【译文】

鲁定公十年，周历三月，鲁国和齐国议和。夏天，定公在夹谷会见齐景公。定公从夹谷回到鲁国。晋国的赵鞅领兵包围卫国。齐国人来归还郓地、讙地、龟阴的田土。武叔、孟懿子率军队包围郈地。秋天，武叔、孟懿子领兵包围郈地。宋国乐大心逃亡到晋国。宋公子地出逃到陈国。冬天，齐景公、卫灵公、郑国游速在安甫会盟。武叔前往齐国。宋景公的弟弟辰和仲佗、石彄出逃到陈国。

鲁定公十年春天，鲁国和齐国言和。

夏天，鲁定公在祝其会见齐景公，实际上就是在夹谷。孔子担任辅相。犁弥对齐景公说："孔丘懂得礼仪但没有勇武，如果叫莱地人用武力劫持鲁君，一定可以实现愿望。"齐景公听从了。孔子奉定公退出，说："战士们拿起武器去攻打！两国君主友好会见，边远夷人的俘虏却用武力扰乱，这不是齐君用来命令诸侯的办法。边远国家不能觊觎中原，夷人不能扰乱华夏民族，俘虏不能侵犯盟会，武力不能胁迫友好，否则对神灵来说是不吉利的，在德行而言是违失道义的，对人来说是失去礼仪的，君主肯定不会这样的。"齐景公听说了，立即让莱地人避开。

将要盟誓，齐国人在盟约上加了一句话说："齐军出境而鲁国不派三百辆甲车跟随我们的话，有如这盟约中所说的加以追究！"孔子派兹无还作揖回答说："你们如果不归还我汶阳的田地，以使我们用来奉行贵国的命令，也像这盟约所说的那样！"齐景公打算宴享鲁定公，孔子对梁丘据说："齐国、鲁国的旧礼，您怎么没听说过呢？事情已经完成了，又来宴享，这是让办事的人受苦。而且礼器不出国门，雅乐不在郊野合奏。如果宴享时这些东西全都具备，那是背弃礼制；如果不具备，用物又粗劣卑微。用物粗劣卑微，是屈辱君主；背弃礼制，则名声不好，您何不考虑一下？享礼，是用来显示德行的，德行不能显

鲁国在夹谷与齐会盟，选自《孔子圣迹图》。

示，不如作罢。”于是终于没有宴享定公。

齐国人前来归还郓地、讙地和龟阳的田土。

晋国人赵鞅包围卫国，是对夷仪战役的报复。起初，卫灵公在寒氏攻打邯郸午，攻陷邯郸城的西北并据守在那里，但到晚上部队就溃散了。到晋国包围卫国时，午带领七十个徒卒攻打卫国西门，把守门人杀死在门里，说：“让我报复寒氏那次战役。”涉佗说：“先生倒是勇敢，但我去攻门，他们肯定不敢开门。”他也带了七十个徒卒清早去攻门，走向城门左右，到那儿就都站住，像栽的树一样。到中午卫国人还不敢打开城门，就退回来。收兵回国，晋国人责问卫国背叛的原因，卫国人说：“是由于涉佗、成何。”于是就逮捕涉佗来向卫国求和，卫国人不答应，晋国人就杀了涉佗，成何逃往燕国。君子说：“这就叫作背弃礼仪，两人的罪过肯定不一样。《诗》中说：‘人如果没有礼仪，何不快点死去？’涉佗也算是死得快了啊！”

起初，叔孙成子想要立武叔，公若藐坚决劝止说：“不可以。”叔孙成子立了武叔就死了。公南派杀手射公若，没能杀到。公南做马正，让公若做郈地宰臣。武叔已经稳定之后，派郈地马正侯犯去杀公若，没能成功，他的马倌说：“我带剑经过朝宫，公若必定问是谁的剑，我说出您来告诉他，他一定要观剑。我就装作固陋不懂礼节而把剑尖递给他，就可以杀掉他。”武叔就让他像说的那样去做。公若说：“你想要把我当吴王吗？”于是就杀了公若。

侯犯带领郈地人叛变，武叔包围郈地，没有攻下。秋天，武叔、公南二人和齐军再次包围郈地，没有攻下。武叔对郈地工师驷赤说：“郈地不只是叔孙家的忧虑，也是国家的祸患，打算怎么办？”驷赤回答说：“下臣的事在《扬水》诗末章的四个字里了。”武叔磕头。

驷赤对侯犯说："处在齐、鲁之间而不侍奉他们，肯定不行，您何不请求侍奉齐国以统治百姓？不这样，他们将叛变。"侯犯听从了。齐国使者来到郈地，驷赤和郈地人为此在城中散布言论说："侯犯打算用郈地和齐国交换，齐国人将迁走郈地百姓。"众人喧嚷恐惧。驷赤对侯犯说："大家的说法各不相同，与其死，您不如和齐国交换。换来的还像是这郈地，同时又缓解了局势，何必死守在这里？齐国人想要利用这里威逼鲁国，一定会加倍换给你土地。而且何不多放些铠甲在您门口，以防备意外？"侯犯说："好。"就在门口放了很多铠甲。

侯犯请求和齐国交换郈地，齐国官员要视察郈地，将到来的时候，驷赤派人到处奔跑呼喊："齐军到了！"郈地人大为震惊，穿上侯犯放在门口的铠甲，来包围侯犯。驷赤准备射那些人，侯犯制止他说："想办法让我脱身。"侯犯请求出走，大家答应了他。驷赤先去到宿地，侯犯随后，每走出一道门，郈地人就关上门。到了外城门，守门的挡住他，说："您带着叔孙氏的铠甲出走，官员如果责问这件事，臣下们害怕会死。"驷赤说："叔孙氏的铠甲有标志，我们不敢带走。"侯犯对驷赤说："您留下和他们点数。"驷赤留下而接纳了鲁国人。侯犯逃奔到齐国，齐国人就把郈地交给了鲁国。

宋国的公子地宠爱蘧富猎，把自己的家产分成十一份，而把其中的五份给了他。公子地有白马四匹，宋景公宠爱向魋，向魋想要那些马。宋景公弄来马而染红它们的尾巴和鬃毛，把它们给了向魋。公子地发怒，叫他的仆卒鞭打向魋并夺回马。向魋害怕，打算逃跑，宋景公关上门为向魋哭泣，眼睛全肿了。宋君同母弟弟辰对公子地说："您分出家产给遽富猎，却单单瞧不起向魅，也有偏心。您对国君有礼，出走而不到走出国境，国君肯定会挽留您。"公子地出逃陈国，宋景公没有留他。辰替他请求，不听。辰说："这是我欺骗我兄长。我带领国内人们出国，君主和谁在一起？"冬天，同母弟弟辰和仲佗、石驱出逃到陈国。

武叔到齐国聘问，齐景公宴享他，说："子孙叔！如果让郈地处在君之外的其他边境，寡人知道什么呢？这里正好与敝国交界，所以敢帮着君分忧。"武叔回答说："这不是寡君的希望。之所以侍奉君，是为了国家，岂敢拿家臣的事来让执事受苦？不善良的臣下，是天下人憎恶的对象，君难道用这个作为对寡君的赐予？"

定公十一年

【原文】

十有一年：春，宋公之弟辰及仲佗、石彄、公子地自陈入于萧以叛。

夏，四月。

秋，宋乐大心自曹入于萧。

冬,及郑平。

叔还如郑莅盟。

十一年春,宋公母弟辰暨仲佗、石𫐄、公子地入于萧以叛。秋,乐大心从之。大为宋患,宠向魋故也。

冬,及郑平,始叛晋也。

【译文】

鲁定公十一年春天,宋景公的同母弟弟辰和仲佗、石𫐄公子地从陈国进入萧地而叛变。夏四月。秋天,宋国乐大心从曹国进入萧地。冬天,鲁国和郑国言和。叔还前往郑国参加结盟。

鲁定公十一年春天,宋景公同母弟弟辰和仲佗、石𫐄、公子地进入萧地而叛变。秋天,乐大心追随他们叛变,给宋国造成很大的祸害,这是宠爱向魋的缘故。

冬天,鲁国和郑国言和,这是背离晋国的开始。

定公十二年

【原文】

十有二年:春,薛伯定卒。

夏,葬薛襄公。

叔孙州仇帅师堕郈。

卫公孟𫐄帅师伐曹。

季孙斯、仲孙何忌帅师堕费。

秋,大雩。

冬,十月癸亥,公会齐侯,盟于黄。

十有一月丙寅朔,日有食之。

公至自黄。

十有二月,公围成。公至自围成。

十二年夏,卫公孟𫐄伐曹,克郊。还,滑罗殿。未出,不退于列。其御曰:"殿而在列,其为无勇乎?"罗曰:"与其素厉,宁为无勇。"

仲由为季氏宰,将堕三都。于是叔孙氏堕郈。季氏将堕费,公山不狃、叔孙辄帅费人以袭鲁。公与三子入于季氏之宫,登武子之台。费人攻之,弗克。入及公侧,仲尼命申句须、乐颀下,伐之。费人北;国人追之,败诸姑蔑。二子奔齐,遂堕费。将堕成,公敛处父谓孟孙:"堕成,齐人必至于北门。且成,孟氏之保障也;无成,是无孟氏也。子(伪)〔为〕

不知，我将不（坠）〔堕〕。”

冬十二月，公围成，弗克。

【译文】

鲁定公十二年春天，薛襄公定死了。夏天，安葬薛襄公。武叔率领军队摧毁郈城。卫国的公孟弫领兵攻打曹国。季桓子、孟懿子领兵毁坏费邑。秋天，举行求雨大祭。冬十月二十七日，鲁定公会合齐景公在黄地结盟。十一月初一日，发生日食，鲁定公从黄地回到鲁国。十二月，定公包围成地。定公包围成地后回到国都。

鲁定公十二年夏，卫国公孟弫攻打曹国，攻占郊地。军队返回时，滑罗殿后。还未走出曹国，滑罗就不离开队列了。他的驾车人说：“殿后却走在队列中，恐怕是缺少勇气吧？”滑罗说：“与其空得勇猛之名，不如表现得缺少勇气。”

仲由做季氏的宰臣，打算摧毁三都，于是叔孙氏就毁掉郈城。季氏准备毁掉费邑，公山不狃、叔孙辄率领费邑人侵袭鲁国都城。鲁定公和孟懿子、武叔、季桓子三人进入季氏宫中，登上武子之台。费邑人攻打他们，没有攻下。攻进宫的人到了定公一侧，孔子命令申句须、乐颀下台，去攻击他们，费邑人败走。国都的人们追击他们，在姑蔑打败他们。公山不狃、叔孙辄两人逃亡到齐国，于是就摧毁了费邑。准备毁掉成邑，公敛处父对孟孙说：“毁掉成邑，齐国人肯定会从北门到来。而且成邑是孟氏的保障，没有它，那就等于没有孟氏。您假装不知道，我打算不毁掉成邑。”

冬十二月，定公包围成邑，没有攻下。

定公十三年

【原文】

十有三年：春，齐侯、卫侯次于垂葭。

夏，筑蛇渊囿。

大蒐于比蒲。

卫公孟弫帅师伐曹。

秋，晋赵鞅入于晋阳以叛。

冬，晋荀寅、士吉射入于朝歌以叛。

晋赵鞅归于晋。

薛弑其君比。

十三年春，齐侯、卫侯次于垂葭，实（郥）〔郹〕氏。使师伐晋。将济河，诸大夫皆曰“不可”，邴意兹曰：“可。锐师伐河内，传必数日而后及绛。绛不三月，不能出河，则我既

济水矣。”乃伐河内。齐侯皆敛诸大夫之轩，唯邴意兹乘轩。

齐侯欲与卫侯乘，与之宴而驾乘广，载甲焉；使告曰：“晋师至矣！”齐侯曰：“比君之驾也，寡人请摄。”乃介而与之乘，驱之。或告曰：“无晋师。”乃止。

晋赵鞅谓邯郸午曰：“归我卫贡五百家，吾舍诸晋阳。”午许诺；归，告其父兄。父兄皆曰：“不可！卫是以为邯郸；而寘诸晋阳，绝卫之道也。不如侵齐而谋之。”乃如之，而归之于晋阳。赵孟怒，召午而囚诸晋阳；使其从者说剑而入，涉宾不可。乃使告邯郸人曰：“吾私有讨于午也。二三子，唯所欲立！”遂杀午。赵稷、涉宾以邯郸叛。

夏六月，上军司马籍秦围邯郸。邯郸午，荀寅之甥也；荀寅，范吉射之姻也。而相与睦，故不与围邯郸，将作乱。董安于闻之，告赵孟曰：“先备诸！”赵孟曰：“晋国有命：‘始祸者死！’为后可也。”安于曰：“与其害于民，宁我独死！请以我说。”赵孟不可。

秋七月，范氏、中行氏伐赵氏之宫。赵鞅奔晋阳，晋人围之。范皋夷无宠于范吉射，而欲为乱于范氏。梁婴父嬖于知文子，文子欲以为卿。韩简子与中行文子相恶，魏襄子亦与范昭子相恶。故五子谋将逐荀寅而以梁婴父代之，逐范吉射而以范皋夷代之。荀跞言于晋侯曰：“君命大臣：‘始祸者死！’载书在河。今三臣始祸，而独逐鞅，刑已不钧矣。请皆逐之！”

冬十一月，荀跞、韩不信、魏曼多奉公以伐范氏、中行氏，弗克。二子将伐公，齐高强曰：“三折肱知为良医。唯伐君为不可，民弗与也。我以伐君在此矣！三家未睦，可尽克也。克之，君将谁与？若先伐君，是使睦也。”弗听，遂伐公。国人助公，二子败；从而伐之。丁未，荀寅、士吉射奔朝歌。

韩、魏以赵氏为请。十二月辛未，赵鞅入于绛，盟于公宫。

初，卫公叔文子朝而请享灵公；退，见史鳅而告之。史鳅曰：“子必祸矣！子富而君贪，罪其及子乎！”文子曰：“然。吾不先告子，是吾罪也。君即许我矣，其若之何？”史鳝曰：“无害。子臣，可以免。富而能臣，必免于难。上下同之。（戍）〔戍〕也骄，其亡乎？富也不骄者鲜，吾唯子之见。骄而不亡者，未之有也。（戍）〔戍〕必与焉！”及文子卒，卫侯始恶于公叔（戍）〔戍〕，以其富也。公叔（戍）〔戍〕又将去夫人之党，夫人愬之曰：“戍将为乱。”

【译文】

鲁定公十三年春，齐景公、卫灵公临时住在垂葭。夏天，修筑蛇渊囿。在比蒲举行大规模阅兵。卫国公孟彄领兵攻打曹国。秋天，晋国赵鞅进入晋阳而叛变。冬天，晋国的荀寅、范吉射进入朝歌而叛变。赵鞅归顺晋国。薛国杀了他们的国君比。

鲁定公十三年春天，齐景公、卫灵公临时住在垂葭，实际上就是郹氏。派兵攻打晋国，准备渡过黄河，大夫们都说不行，邴意兹说：“可以。以精锐部队攻打河内，敌人送信的传车一定会几天才能到达绛地。绛地人没有三个月到不了黄河，那我们已经凯旋渡河了。"于是就攻打河内。齐景公把大夫们的车子都收起来,只有邴意兹乘车。齐景公想要和卫灵公一起坐车,和他一起宴饮,然后驾起乘广车,装上铠甲。使者报告说:"晋军到了。"齐景公说:"等到君套好了车,寡人请求代理驾车。"齐景公就穿上铠甲和卫灵公同乘,驱车前进。有人报告说:"没有晋军。"就停了下来。

晋国赵鞅对邯郸午说:"把卫国的五百家贡户归还我,我要把他们安置到晋阳。"邯郸午答应了。邯郸午回家,告诉他的父兄,父兄都说:"不行。卫国是用这五百户帮助邯郸的,却把他们迁到晋阳去,这是断了与卫国的来往。不如侵袭齐国以寻求办法。"就像说的那样做,从而把五百户迁到了晋阳。赵鞅发怒,召见邯郸午,把他囚禁在晋阳。赵鞅让他的随从解下剑再进去,涉宾不肯。赵鞅就派人告诉邯郸人说:"我私人对邯郸午将进行惩罚,您几位尽管立想要立的人。"赵鞅就杀了邯郸午。赵稷、涉宾带领邯郸人叛变。

夏六月,上军司马籍秦包围邯郸。邯郸午,是荀寅的外甥,荀寅,是范吉射的亲家,彼此和睦,所以没参与包围邯郸,将要发起叛乱。董安于听说了,报告赵鞅说:"先防备他们吧!"赵鞅说:"晋国有命令,首先发起祸乱的处死,我们事发后对付他们就可以了。"董安于说:"与其害民,宁愿我一人死,请拿我做解释。"赵鞅不同意。秋七月,范氏、中行氏攻打赵氏的宫室,赵鞅逃到晋阳,晋国人包围那里。

范皋夷不受范吉射宠爱,就想要在范氏家族中作乱。梁婴父被荀跞所宠信,荀跞想让他做卿。韩不信和荀寅关系恶劣,魏曼多和范吉射也互相不和。所以范皋夷等五人策划,打算赶走荀寅而让梁婴父代替他,驱逐范吉射而让范皋夷取代他。荀跞对晋定公说:"君命令大臣,首先发动祸乱的处死,盟书还在黄河里。如今范氏、中行氏、赵氏三位大臣首先挑起祸乱,却只驱逐赵鞅,处罚已经不公平了,请都赶走。"

冬十一月,荀跞、韩不信、魏曼多奉晋定公攻打范氏、中行氏,没有取胜。这两个人打算还击晋定公,齐国的高强说:"多次折断胳膊懂得做个好医生了。只有攻打国君是不可取胜的,因为老百姓不赞成。我就因攻打国君而逃到这里了。那三家不和睦,完全可以战胜他们,打败了他们,君主将依靠哪个?如果先攻打国君,那是促使他们和睦。"不听,于是攻打晋定公。国内人们帮助晋定公,范氏、中行氏失败,三家跟着又攻打他们。十八日,荀寅、范吉射逃往朝歌。韩不信、魏曼多因赵鞅的事向晋定公请求。十二月十二日,赵鞅进入绛地,在公宫盟誓。

起初,卫国的公叔发上朝请求设宴招待卫灵公,退朝后,见到史鳍就告诉了他。史鳍说:"您一定遭祸了!您富有而君主贪心,罪祸将落到您头上了吧!"公叔发说:"是这样。我没有先告诉您,是我的罪过。国君已经答应我了,该怎么办?"史鳍说:"没有妨害,您尽臣子之礼,可以免祸。富有而能尽臣礼,肯定可以免于祸难,上上下下都是这样。您儿子戍骄纵,恐怕会逃亡吧!富有而不骄纵的少有,我只见到您。骄纵而不逃亡的人,是没有的。公叔戍必定会陷进去。"到公叔发死了,卫灵公开始厌恶公叔戍,就因为他富有。公叔戍又打算去掉卫灵公夫人的党羽,夫人控告他说:"公叔戍将作乱。"

定公十四年

【原文】

十有四年：春，卫公叔(戌)〔戍〕来奔。卫赵阳出奔宋。

二月辛巳，楚公子结、陈公孙佗人帅师灭顿，以顿子牂归。

夏，卫北宫结来奔。

五月，於越败吴于槜李。

吴子光卒。

公会齐侯、卫侯于牵。

公至自会。

秋，齐侯、宋公会于洮。

天王使石尚来归脤。

卫世子蒯聩出奔宋。卫公孟彄出奔郑。

宋公之弟辰自萧来奔。

大蒐于比蒲。

邾子来会公。

城莒父及霄。

十四年春，卫侯逐公叔戍与其党，故赵阳奔宋，戍来奔。

梁婴父恶董安于，谓知文子曰："不杀安于，使终为政于赵氏，赵氏必得晋国。盍以其先发难也讨于赵氏？"文子使告于赵孟曰："范、中行氏虽信为乱，安于则发之，是安于与谋乱也。晋国有命：'始祸者死！'二子既伏其罪矣，敢以告！"赵孟患之，安于曰："我死而晋国宁、赵氏定，将焉用生？人谁不死？吾死莫矣！"乃缢而死。赵孟尸诸市，而告于知氏曰："主命戮罪人，安于既伏其罪矣。敢以告。"知伯从赵孟盟。而后赵氏定，祀安于于庙。

顿子牂欲事晋，背楚而绝陈好。二月，楚灭顿。

夏，卫北宫结来奔。公叔戍之故也。

吴伐越，越子句践御之，陈于槜李。句践患吴之整也，使死士再禽焉；不动。使罪人三行，属剑于颈，而辞曰："二君有治，臣奸旗鼓。不敏于君之行前，不敢逃刑，敢归死！"遂自刭也。师属之目。越子因而伐之，大败之。

灵姑浮以戈击阖庐，阖庐伤将指；取其一屦。还，卒于陉，去槜李七里。夫差使人立于庭；苟出入，必谓己曰："夫差！而忘越王之杀而父乎？"则对曰："唯，不敢忘！"三年，乃报越。

晋人围朝歌。公会齐侯、卫侯于脾、上梁之间，谋救范、中行氏。析成鲋、小王桃甲率

狄师以袭晋，战于绛中，不克而还。士鲋奔周，小王桃甲入于朝歌。

秋，齐侯、宋公会于洮，范氏故也。

卫侯为夫人南子召宋朝。会于洮，大子蒯聩献盂于齐，过宋野。野人歌之，曰："既定尔娄猪，盍归吾艾豭？"大子羞之，谓戏阳速曰："从我而朝少君！少君见我，我顾，乃杀之！"速曰："诺！"乃朝夫人。夫人见大子。大子三顾，速不进。夫人见其色，啼而走，曰："蒯聩将杀余！"公执其手以登台。大子奔宋。尽逐其党，故公孟彄出奔郑，自郑奔齐。

大子告人曰："戏阳速祸余。"戏阳速告人曰："大子则祸余。大子无道，使余杀其母。余不许，将戕于余；若杀夫人，将以余说。余是故许而弗为，以纾余死。谚曰：'民保于信。'吾以信义也！"

冬十二月，晋人败范、中行氏之师于潞，获籍秦、高强。又败郑师及范氏之师于百泉。

【译文】

鲁定公十四年春，卫国的公叔戍逃亡前来。卫国的赵阳出逃宋国。二月二十三日，楚国的公子结、陈国的公孙佗人率军队灭亡了顿国，带了顿国君主牂回国。夏天，卫国北宫结逃亡来到鲁国。五月，越国在槜李打败吴国。吴王阖庐死了。鲁定公在牵地会见齐景公、卫灵公。定公从会见的地方回到鲁国。秋天，齐景公、宋景公在洮地盟会。周敬王派石尚来鲁国赠送脤肉。卫国太子蒯聩出逃宋国。卫国公孟彄出逃到郑国。宋景公的弟弟辰从萧地逃亡来到鲁国。在比蒲举行大规模阅兵。邾国君主前来会见鲁定公。在莒父和霄地筑城。

鲁定公十四年春天，卫灵公驱逐公叔戍和他的同党，所以赵阳逃往宋国，公叔戍逃亡来到鲁国。

梁婴父讨厌董安于，对荀跞说："不杀董安于，让他始终在赵氏家族主持政事，赵氏必然得到晋国。何不利用他首先发难的借口讨伐赵氏呢？"荀跞派人向赵鞅报告说："范氏、中行氏虽然确实发动了叛乱，但实际上是董安于引起的，这等于是安于参与策划叛乱。晋国有命令，首先制造祸乱的处死，他们二人已经伏罪了，大胆以实情相告。"赵鞅对此很担心。董安于说："我死而晋国安宁，赵氏稳定，哪里还用活着？人哪个不死，我死得算晚了。"就自缢而死。赵鞅把他的尸体陈列街头，向荀跞报告说："您命令诛杀罪人，董安于已经伏罪了。谨以此相告。"荀跞跟赵鞅结盟，然后赵氏才安定，在家庙里祭奠董安于。

顿国君主牂想要侍奉晋国，背叛楚国而断绝和陈国的友好关系。二月，楚国灭亡顿国。

夏天，卫国北宫结逃亡来到鲁国，是因为公叔戍的缘故。

吴国攻打越国，越王句践抵御吴国，在槜李摆开战阵。句践担心吴军阵容严整，便派敢死兵两次擒拿吴军，吴军不动。又派罪人排成三队，把剑架在脖子上，致辞说："两国君王治兵交战，下臣违犯军令，在君王的军队前表现出无能，不敢逃避处罚，大胆归向死

亡。"于是自刎。吴军注视着他们，越王就乘机攻打，大败吴军。

灵姑浮用戈攻击吴王，吴王伤了大脚趾，灵姑浮夺取了他的一只鞋。吴王返回，死在陉地，离檇李七里。夫差派人站在庭院里，只要自己出来进去，一定要对自己说："夫差，你忘了越王杀死你的父亲吗？"夫差就回答说："嗯，不敢忘！"三年才报复了越国。

晋国人包围朝歌，鲁定公在脾地、上梁之间和齐景公、卫灵公会见，商量救援范氏和中行氏。析成鲋、小王桃甲率领狄军来袭击晋国，在绛中交战，没有取胜而返回，析成鲋逃亡到成周，小王桃甲进入朝歌。

秋天，齐景公、宋定公在洮地会见，是为了营救范氏的缘故。

卫灵公为了夫人南子召见宋朝，在洮地会见，卫太子蒯聩到齐国去献盂地，经过宋国乡野。乡野的人对他唱道："已经安定了你们的母猪，为什么不归还我们的老公猪？"太子感到羞耻，对戏阳速说："跟我去朝见夫人，夫人接见我，我回头看时，就杀了她。"戏阳速说："好的。"就朝见夫人。夫人接见太子，太子三次回头看，戏阳速不进去。夫人看到太子的脸色，哭叫着逃跑，说："蒯聩想要杀我！"卫灵公抓住她的手登上高台。卫太子逃往宋国，卫灵公全部赶跑他的同党，所以公孟驱出逃郑国，从郑国逃到齐国。

蒯聩告诉别人说："戏阳速害我。"戏阳速告诉别人说："是太子害我。太子没有道义，叫我杀他的母亲。我不答应，会残杀我。如果杀了夫人，将用我解脱自己。因此我答应他但不去干，以让自己死得慢点。俗话说：'百姓用信义保全自己。'我用的就是信义。"

冬十二月，晋国人在潞地打败范氏、中行氏，俘虏了籍秦、高强。又在百泉打败了郑国军队和范氏的家兵。

定公十五年

【原文】

十有五年：春，王正月，邾子来朝。

鼷鼠食郊牛，牛死；改卜牛。

二月辛丑，楚子灭胡，以胡子豹归。

夏，五月辛亥，郊。

壬申，公薨于高寝。

郑罕达帅师伐宋。

齐侯、卫侯次于渠蒢。

邾子来奔丧。

秋，七月壬申，姒氏卒。

八月庚辰朔，日有食之。

九月，滕子来会葬。

丁巳，葬我君定公；雨，不克葬。戊午，日下昃，乃克葬。辛巳，葬定姒。

冬，城漆。

十五年春，邾隐公来朝。子贡观焉：邾子执玉高，其容仰；公受玉卑，其容俯。子贡曰："以礼观之：二君者皆有死亡焉。夫礼，死生存亡之体也。将左右周旋、进退俯仰于是乎取之，朝、祀、丧、戎于是乎观之。今正月相朝而皆不度，心已亡矣！嘉事不体，何以能久？高、仰，骄也；卑、俯，替也。骄近乱，替近疾。君为主，其先亡乎！"

吴之入楚也，胡子尽俘楚邑之近胡者。楚既定，胡子豹又不事楚，曰："存亡有命，事楚何为？多取费焉。"二月，楚灭胡。

夏五月壬申，公薨。仲尼曰："赐不幸言而中。是使赐多言者也！"

郑罕达败宋师于老丘。

齐侯、卫侯次于蘧挐，谋救宋也。

秋七月壬申，姒氏卒。不称"夫人"，不赴，且不祔也。

葬定公，雨，不克襄事，礼也。

葬定姒。不称"小君"，不成丧也。

冬，城漆。书，不时告也。

【译文】

鲁定公十五年春，周历正月，邾国君主前来朝见。鼷鼠咬食准备用来郊祭的牛，牛死了，通过占卜换了一头牛。二月十九日，楚昭王灭亡胡国，带了胡君豹回国。夏五月初一日，举行郊祭。二十二日，鲁定公死在正寝。郑国的罕达率军队攻打宋国。齐景公、卫灵公临时驻扎在渠蒢。邾君前来奔丧。秋七月二十三日，定公夫人姒氏死了。八月初一日，发生日食。九月，滕君前来参加葬礼。初九日，安葬我国君定公，下雨，安葬没有完成。初十日，太阳偏西时才完成安葬。十月初三日，安葬姒氏。冬天，修筑漆城。

鲁定公十五年春天，邾隐公前来朝见，子贡在朝上观礼。邾隐公献玉时把玉举得很高，他的脸仰着；定公接受玉时姿势很低，他的脸俯着。子贡说："按照礼来看，两位君主都有死亡的迹象。礼是生死存亡的本体，人的一举一动，应酬揖让，进退俯仰都从这里取得准则，朝觐、祭祀、服丧、征战都在这里观察得失。如今在正月互相朝见，却都不合礼法，说明心志已经衰亡了。好事做得不合礼仪，靠什么能够长久？高和仰，这是骄傲；低和俯，这是衰落。骄傲离祸乱不远，衰落接近于疾病，定公是主人，恐怕会先死吧！"

吴军进入楚国的时候，胡君全部俘虏了靠近胡国的楚国城邑的居民。楚国安定之后，胡君豹又不侍奉楚国，说："存亡自有天命，侍奉楚国干什么？那样只是多花去一些费用而已。"二月，楚国灭掉了胡国。

夏五月二十二日，定公去世。孔子说："子贡不幸而言中，这使得子贡成了多嘴

的人。"

郑国的罕达在老丘打败宋军。

齐景公、卫灵公临时驻扎在渠蒢,是为了谋求救援宋国。

秋七月二十三日,姒氏死了。《春秋》不称她夫人,是因为没有发讣告,而且没有举行祔祭。

安葬定公,下雨,没能完成丧事,这是合乎礼的。

安葬姒氏,《春秋》没称她为小君,是因为没办成夫人规格的葬礼。

冬天,鲁国修筑漆城。《春秋》加以记载,是因为没有按时祭告。

哀公

哀公元年

【原文】

元年:春,王正月,公即位。

楚子、陈侯、随侯、许男围蔡。

鼷鼠食郊牛。改卜牛。

夏,四月辛巳,郊。

秋,齐侯、卫侯伐晋。

冬,仲孙何忌帅师伐邾。

元年春,楚子围蔡,报柏举也。里而栽,广丈,高倍。夫屯昼夜九日,如子西之素。蔡人男女以辨。使疆于江、汝之间而还。蔡于是乎请迁于吴。

吴王夫差败越于夫椒,报槜李也。遂入越。越子以甲楯五千保于会稽,使大夫种因吴大宰嚭以行成。吴子将许之,伍员曰:"不可!臣闻之:'树德莫如滋,去疾莫如尽。'昔有过浇杀斟灌以伐斟鄩,灭夏后相。后缗方娠,逃出自窦,归于有仍,生少康焉。为仍牧正,惎浇,能戒之。浇使椒求之,逃奔有虞,为之庖正,以除其害。虞思于是妻之以二姚,而邑诸纶,有田一成,有众一旅,能布其德而兆其谋,以收夏众,抚其官职。使女艾谍浇,使季杼诱豷。遂灭过、戈,复禹之绩,祀夏配天,不失旧物。今吴不如过,而越大于少康,或将丰之,不亦难乎?句践能亲而务施,施不失人,亲不弃劳。与我同壤,而世为仇雠。于是乎克而弗取,将又存之,违天而长寇雠;后虽悔之,不可食已!姬之衰也,日可俟也!介在蛮夷而长寇雠,以是求伯,必不行矣。"弗听。退而告人曰:"越十年生聚,而十年教训,二十年之外,吴其为沼乎!"三月,越及吴平。"吴入越"不书,吴不告庆,越不告败也。

夏四月,齐侯、卫侯救邯郸,围五鹿。

吴之入楚也,使召陈怀公。怀公朝国人而问焉,曰:“欲与楚者右,欲与吴者左。陈人从田,无田从党。”逢滑当公而进,曰:“臣闻国之兴也以福,其亡也以祸。今吴未有福,楚未有祸,楚未可弃,吴未可从。而晋,盟主也;若以晋辞吴,若何?”公曰:“国胜君亡,非祸而何?”对曰:“国之有是多矣,何必不复?小国犹复,况大国乎?臣闻:国之兴也,视民如伤,是其福也;其亡也,以民为土芥,是其祸也。楚虽无德,亦不艾杀其民。吴日敝于兵,暴骨如莽,而未见德焉。天其或者正训楚也,祸之适吴,其何日之有?”陈侯从之。及夫差克越,乃修先君之怨。秋八月,吴侵陈,修旧怨也。

齐侯、卫侯会于乾侯,救范氏也。师及齐师、卫孔圉、鲜虞人伐晋,取棘蒲。

吴师在陈,楚大夫皆惧,曰:“阖庐惟能用其民,以败我于柏举。今闻其嗣又甚焉,将若之何?”子西曰:“二三子恤不相睦,无患吴矣。昔阖庐食不二味,居不重席,室不崇坛,器不彤镂,宫室不观,舟车不饰,衣服财用择不取费;在国,天有灾疠,亲巡孤寡而共其乏困;在军,孰食者分而后敢食,其所尝者卒乘与焉:勤恤其民而与之劳逸,是以民不罢劳,死(不)知〔不〕旷。吾先大夫子常易之,所以败我也。今闻夫差:次有台榭陂池焉,宿有妃嫱嫔御焉。一日之行,所欲必成,玩好必从,珍异是聚,观乐是务;视民如雠而用之日新。夫先自败也已,安能败我?”

冬十一月,晋赵鞅伐朝歌。

【译文】

鲁哀公元年春,周历正月,哀公即位。楚昭王、陈闵公、随君、许君包围蔡国。鼷鼠咬食准备用来郊祭的牛,为换牛举行占卜。夏四月初六日,举行郊祭。秋天,齐景公、卫灵公攻打晋国。冬天,孟懿子领兵攻打邾国。

鲁哀公元年春天,楚昭王包围蔡国,是报复柏举那次战役。距离蔡都一里而修筑堡垒,宽一丈,高两丈。士卒驻守九个昼夜,就像子西的预定计划那样。蔡国人男女分别出城投降,楚王就让蔡国在长江、汝水之间划界为国就返回楚国。蔡国于是请求迁到吴国去。

吴王夫差在夫椒打败越国,报复槜李那次战役,随即进入越国。越王率领五千披甲持盾的战士守在会稽山,派大夫文种通过吴国太宰嚭去求和,吴王准备答应越国。伍员说:“不可以。我听说:‘树立德行最好是使它不断滋长,去除疾患最好是使它断根。’从前有过国的君主浇杀了斟灌以攻打斟鄩,灭掉了夏后相,夏后相的妻子后缗正有身孕,从墙洞里逃出来,回到有仍国,生了少康。少康做了有仍国的牧长,憎恨浇,能防备他。浇派椒搜寻少康,他逃亡到有虞国,做了它的庖正,以消除自己的祸难。虞思于是把两个女儿嫁给他为妻,把他封在纶邑,有十里见方的田土,有徒众五百人。能遍施他的恩德,开始实行他自己的谋略,来收罗夏朝的遗民,抚慰他们的官吏。派女艾刺探浇,派季杼引诱

殪，于是灭亡了有过和戈国，恢复了禹的业绩，将夏朝的祖先与天帝一起祭祀，没有丢掉过去的典章制度。如今吴国不及有过，而越国比少康强大，上天或许要使它强盛起来，吴国不又是难办了吗？句践能亲爱别人并致力于施恩，施恩则不失人心，亲爱别人则得到别人的效劳，和我们同一块土地，却又世世代代是仇敌。在这时战胜了却不夺取它，又打算保存它，违背上天而使仇敌成长，以后即使后悔，也是吃不消的。姬姓国家的衰亡，指日可待。夹在蛮夷之间，又使仇敌成长，用这样的方法求做霸主，肯定是不行的。"吴王不听。伍员退下就告诉别人说："越国用十年时间生息积蓄，用十年时间教育训导，二十年之后，吴国恐怕会成为废墟了。"三月，越国和吴国言和。吴国人进入越国，《春秋》不记载，是因为吴国没有报告喜庆胜利，越国也没有报告失败。

夏四月，齐景公、卫灵公救援邯郸，包围五鹿。

吴国攻入楚国的时候，派人召见陈怀公。陈怀公让国都内的贵族上朝而向他们询问，说："想要赞助楚国的站在右边，想要赞助吴国的站到左边。"陈国人都根据田土的位置分别站到左边或右边，没有田土的则跟从族党。逢滑正对着陈怀公走上前去，说："我听说国家的兴盛是因为福，它的灭亡是由于祸。如今吴国没有福，楚国没有祸，楚国不能背弃，吴国不能追随。而晋国是盟主，如果借晋国拒绝吴国，怎么样？"陈怀公说："国家被战胜而君主逃亡，不是祸又是什么？"逢滑回答说："国家有这种事的很多，怎么就肯定不能复兴？小国尚且能复兴，何况是大国呢？我听说国家在兴盛时，看待老百姓就像受伤的人一样，这是它的福。在它灭亡的时候，把老百姓当作尘土草芥，这正是它的祸。楚国即使没有德，也没有杀它的百姓。吴国在战争中一天天衰败，暴露尸骨像草莽一样多，而又没有表现出德行。上天也许要使楚国正直和顺，灾祸到达吴国，还会有多少时候呢？"陈怀公听从了。等到夫差攻下越国，就清算先君的仇怨。秋八月，吴国侵袭陈国，就是清算过去的怨恨。

齐景公、卫灵公在乾侯会见，为的是援救范氏。鲁军和齐军、卫国的孔圉及鲜虞人攻打晋国，夺取棘蒲。

吴军驻在陈国，楚国大夫都很害怕，说："阖庐善于使用他的老百姓，因而在柏举打败我们。如今听说他的接班人比他更厉害，将把他怎么办？"子西说："您几位要担忧互相不和睦，不要担心吴国。过去阖庐吃饭不用两个菜，坐地不用两重席垫，房屋不筑高坛，器具不染色彩不加雕刻，宫室不修建楼台亭观，车船不加装饰，衣服货物器用的选择不浪费。在国内，天有灾害疫病时，亲自巡视安抚孤寡，在他们缺衣少食、艰难困苦的时候，供给他们衣食和用度。在军中，食物做熟了要等分给了每个士卒然后自己才吃，他所品尝的食物，士兵也能分享。辛勤地体恤他的百姓并和他们甘苦与共，因此老百姓不辞疲劳，死了也知道不会白死。我们的先大夫囊瓦改变了做法，这才是使我国失败的原因。现在听说夫差临时住宿也有楼台池塘，睡觉有嫔妃宫女。一天的行程，想要的享受必定办成，玩赏爱好的东西必定带上。积聚珍贵稀有的东西，追求观赏取乐，看待百姓如同仇敌，而

驱使他们一天一个花样。这是首先把自己打败了,怎么能打败我们呢?”

冬十一月,晋国的赵鞅攻打朝歌。

哀公二年

【原文】

二年:春,王二月,季孙斯、叔孙州仇、仲孙何忌帅师伐邾,取漷东田及沂西田。癸巳,叔孙州仇、仲孙何忌及邾子盟于句绎。

夏,四月丙子,卫侯元卒。

滕子来朝。

晋赵鞅帅师纳卫世子蒯聩于戚。

秋,八月甲戌,晋赵鞅帅师及郑罕达(帅师)战于铁,郑师败绩。

冬,十月,葬卫灵公。

十有一月,蔡迁于州来。

蔡杀其大夫公子驷。

二年春,伐邾,将伐绞。邾人爱其土,故赂以漷、沂之田而受盟。

初,卫侯游于郊,子南仆。公曰:“余无子,将立女。”不对。他日,又谓之。对曰:“郢不足以辱社稷,君其改图!君夫人在堂,三揖在下,君命祗辱。”夏,卫灵公卒。夫人曰:“命公子郢为大子,君命也!”对曰:“郢异于他子;且君没于吾手,若有之,郢必闻之。且亡人之子辄在。”乃立辄。

六月乙酉,晋赵鞅纳卫大子于戚。宵迷,阳虎曰:“右河而南,必至焉。”使太子绖,八人衰绖,伪自卫逆者。告于门,哭而入,遂居之。

秋八月,齐人输范氏粟,郑子姚、子般送之。士吉射逆之,赵鞅御之。遇于戚。阳虎曰:“吾车少,以兵车之旆与罕、驷兵车先陈,罕、驷自后随而从之。彼见吾貌,必有惧心。于是乎会之,必大败之!”从之。卜战,龟焦。乐丁曰:“《诗》曰:‘爰始爰谋,爰契我龟。’谋协,以故兆询可也。”简子誓曰:“范氏、中行氏反易天明,斩艾百姓,欲擅晋国而灭其君。寡君恃郑而保焉。今郑为不道,弃君助臣;二三子顺天明,从君命,经德义,除诟耻,在此行也!克敌者,上大夫受县,下大夫受郡,士田十万,庶人工商遂,人臣隶圉免。志父无罪,君实图之!若其有罪,绞缢以戮:桐棺三寸,不设属、辟;素车朴马,无入于兆:下卿之罚也。”

甲戌,将战,邮无恤御简子,卫大子为右。登铁上,望见郑师众,大子惧,自投于车下。子良授大子绥而乘之,曰:“妇人也!”简子巡列,曰:“毕万,匹夫也:七战皆获,有马百乘,死于牖下。群子勉之!死不在寇。”繁羽御赵罗,宋勇为右。罗无勇,麇之;吏诘之,御对

曰:“痁作而伏。”卫大子祷曰:“曾孙蒯聩敢昭告皇祖文王、烈祖康叔、文祖襄公:郑胜乱从,晋午在难,不能治乱,使鞅讨之。蒯聩不敢自佚,备持矛焉。敢告无绝筋,无折骨,无面伤,以集大事,无作三祖羞。大命不敢请,佩玉不敢爱。”

郑人击简子;中肩,毙于车中。获其蜂旗。大子救之以戈,郑师北。获温大夫赵罗。大子复伐之,郑师大败;获齐粟千车。赵孟喜曰:“可矣!”傅傁曰:“虽克郑,犹有知在,忧未艾也。”

初,周人与范氏田。公孙尨税焉,赵氏得而献之。吏请杀之,赵孟曰:“为其主也,何罪?”止,而与之田。及铁之战,以徒五百人宵攻郑师,取蜂旗于子姚之幕下,献,曰:“请报主德!”

追郑师。姚、般、公孙林殿而射,前列多死。赵孟曰:“国无小!”

既战,简子曰:“吾伏弢呕血,鼓音不衰,今日我上也!”大子曰:“吾救主于车,退敌于下;我,右之上也!”邮良曰:“我两靷将绝,吾能止之;我,御之上也!”驾而乘材,两靷皆绝。

吴泄庸如蔡纳聘,而稍纳师。师毕入,众知之。蔡侯告大夫,杀公子驷以说。哭而迁墓。冬,蔡迁于州来。

【译文】

鲁哀公二年春,周历二月,季桓子、武叔、孟懿子率领军队攻打邾国。夺取漷水以东的田土及沂水以西的田土。二十三日,武叔、孟懿子与邾国君主在句绎结盟。夏四月初七日,卫灵公元死了。滕国君主前来朝见鲁国。晋国的赵鞅领兵把卫国的太子蒯聩送到戚地。秋八月初七日,晋国的赵鞅率领军队在铁地与郑国的罕达交战。郑国军队大败。冬十月,安葬卫灵公。十一月,蔡国迁到州来。蔡国杀了它的大夫公子驷。

鲁哀公二年春天,鲁军攻打邾国,准备攻打绞地,邾国人爱惜他们的故土,所以用漷水、沂水一带的田土来贿赂而接受盟约。

起初,卫灵公到郊外游览,公子郢奉侍。卫灵公说:“我没有嫡子,打算立你为太子。”公子郢没有回答。另一天又对他说起,公子郢回答说:“我不值得烦扰国家,君还是另谋他人。君夫人在堂上,卿、大夫、士在下边,君主这样命令只会招来麻烦。”夏天,卫灵公去世,夫人说:“命令公子郢为太子,这是君的命令。”公子郢回答说:“我和别的公子不同,而且君是在我的亲手侍候下去世的,如果有命令,我一定会听到的。况且逃亡人的儿子辄还在。”于是立了辄。

六月十七日,晋国赵鞅把卫国的太子蒯聩送到戚地。晚上迷了路,阳虎说:“往右渡过黄河再向南走,一定到达那里。”就让太子脱帽用布包住发髻,八个人穿了丧服,假装成从卫国来迎接太子的人,向守门人报告,哭着进入城内,于是就住了下来。

秋八月,齐国人运送粮食给范氏,郑国的罕达、驷弘护送。士吉射前往迎接,赵鞅前去阻挡,在戚地相遇。阳虎说:“我们的兵车少,应该用兵车上的旌旗和罕达、驷弘的兵车

首先对阵，罕达、驷弘从后面随着跟上来，他们看到我们的阵容，一定会有恐惧之心。在这时合攻他们，必定大败他们。"赵鞅听从了。为战斗占卜，龟甲灼焦了，乐丁说："《诗》讲过：'首先谋划，然后占卜。'谋划相合，按过去的卜兆谋事就可以了。"赵鞅发誓说："范氏、中行氏违背、轻视上天的明教，屠杀百姓，想要独裁晋国而灭亡国君。寡君依赖郑国而安定国家。如今郑国施行无道，抛弃国君协助臣下，您几位服从天帝的明教，听从君主的命令，施行德义，铲除耻辱，就在这一次行动了。攻克敌人的人，上大夫受封县邑，下大夫受封郡，士受封十万亩田土，平民工匠商人做官，奴隶免除奴隶身份。我这次如果无罪，请君主加以考虑。如果有罪，就用绞索诛戮我，用三寸厚的桐棺埋了，不用设属棺椑棺，只用不加装饰的车马送葬，不要埋入本族的墓地，这些就是对下卿的惩罚。"

八月初七日，将要作战，邮无恤为赵鞅驾车，卫国太子做车右。登上铁丘，望见郑国军队人很多，太子害怕，自己掉到车下。邮无恤把拉绳递给他让他上了车，说："你像个妇人。"赵鞅巡视军队，说："毕万是个普通人，七次参战都俘获了敌人，拥有四百匹马，在家里得到善终。诸位努力吧，死不一定死在敌人手中。"繁羽为赵罗驾车，宋勇做车右。赵罗不勇敢，就把他捆绑起来。官吏责问这件事，御手回答说："是疟疾发作而趴下了。"卫国太子祷告说："后代蒯聩大胆禀告我皇祖文王、烈祖康叔、文祖襄公：郑胜扰乱正常的秩序，晋午处在危难之中，不能平息祸乱，派遣赵鞅讨伐他们。蒯聩我不敢让自己安逸，手持兵器充做车右。谨祷告保佑我不断筋骨，不伤面容，以成就大事，不造成三位祖先的羞辱。生死大命不敢请求，佩玉不敢爱惜。"

郑国人击中赵鞅的肩膀，赵鞅倒在车中，郑国人获得他的蜂旗。蒯聩用戈去救他，郑军败退，俘虏了温地大夫赵罗。蒯聩又攻打郑军，郑军大败，俘获了齐国的一千车粮食。赵鞅高兴地说："可以了！"傅傁说："虽然战胜了郑国，还有知氏存在，忧患还没有消除。"

起初，周朝人给范氏田土，公孙尨帮范氏到那里去收租，赵家人抓到他献给赵鞅，官吏请求杀了他。赵鞅说："是为了他的主人，有什么罪？"制止了官吏并给了他田土。等到铁丘战役的时候，公孙尨带领五百名部下在晚上攻打郑军，在罕达的帐幕里夺回了蜂旗，献给赵鞅，说："让我报答主上的恩德。"

晋军追击郑军，罕达、驷弘、公孙林殿后射杀晋军，走在前列的士兵死了很多。赵鞅说："国家无所谓小。"

战斗结束后，赵鞅说："我趴在弓袋上吐血，鼓声也不减弱，今天我的功劳为上。"太子说："我从车中救起主人，在车下打退敌人，我是车右中功劳最大的。"邮无恤说："我的服马上两个游环快要断了，我也能控制骖马，我是御手中功劳最大的。"说着驾车装上木料，两个游环果然都断了。

吴国的泄庸到蔡国去送聘问礼物，就逐渐潜入军队。军队全部潜入蔡国，大家才知道。蔡昭公告诉大夫，杀了公子驷来作为解释，哭着迁走了先君的坟墓。冬天，蔡国迁到州来。

哀公三年

【原文】

三年:春,齐国夏、卫石曼姑帅师围戚。

夏,四月甲午,地震。

五月辛卯,桓宫、僖宫灾。

季孙斯、叔孙州仇帅师城启阳。

宋乐髡帅师伐曹。

秋,七月丙子,季孙斯卒。

蔡人放其大夫公孙猎于吴。

冬,十月癸卯,秦伯卒。

叔孙州仇、仲孙何忌帅师围邾。

三年春,齐、卫围戚,求援于中山。

夏五月,辛卯,司铎火。火逾公宫,桓、僖灾。救火者皆曰:"顾府!"南宫敬叔至,命周人出御书,俟于宫,曰:"庀女！而不在,死!"子服景伯至,命宰人出礼书以待命,命不共有常刑;校人乘马,巾车脂辖;百官官备,府库慎守,官人肃给;济濡帷幕,郁攸从之,蒙葺公屋,自大庙始,外内以悛;助所不给:"有不用命,则有常刑,无赦!"公父文伯至,命校人驾乘车。季桓子至,御公立于象魏之外,命救火者:"伤人则止。财可为也。"命藏象魏,曰:"旧章不可亡也!"富父槐至,曰:"无备而官办者,犹拾瀋也。"于是乎去表之槀,道还公宫。孔子在陈,闻火,曰:"其桓、僖乎!"

刘氏、范氏世为婚姻,苌弘事刘文公,故周与范氏。赵鞅以为讨。六月癸卯,周人杀苌弘。

秋,季孙有疾,命正常曰:"无死！南孺子之子,男也,则以告而立之;女也,则肥也可。"季孙卒,康子即位。既葬,康子在朝。南氏生男,正常载以如朝,告曰:"夫子有遗言,命其圉臣曰:'南氏生男,则以告于君与大夫而立之。'今生矣,男也,敢告。"遂奔卫。康子请退。公使共刘视之,则或杀之矣。乃讨之。召正常,正常不反。

冬十月,晋赵鞅围朝歌,师于其南。荀寅伐其郛,使其徒自北门入,己犯师而出。癸丑,奔邯郸。十一月,赵鞅杀士皋夷,恶范氏也。

【译文】

鲁哀公三年春天,齐国的国夏、卫国石曼姑领兵包围戚地。夏四月初一日,发生地震。五月二十八日,桓公庙、僖公庙发生火灾。季桓子、武叔率领军队修筑启阳城。宋国的乐髡领兵攻打曹国。秋七月十四日，季桓子死了。蔡国把它的大夫公孙猎放逐到吴国。冬十月十三日，秦惠公死了。武叔、孟懿子领兵包围邾国。

鲁哀公三年春天，齐国、卫国包围戚地，戚地向中山求援。

夏五月二十八日，司铎署起火，火越过公宫，桓公庙和僖公庙遭到火灾。救火的人都说："注意府库。"南宫敬叔赶到，命令周人搬出御书，在宫里等待，说："整理保管好，你要是不守在这，处死！"子服景伯赶到，命令宰人搬出礼书，以等待命令。命令如果不奉行，实行规定的处罚。校人驾上马，巾车为车辖上好油脂，各种官员备守职责，府库谨慎把守，官吏严肃执行供给。浸湿帷帐，有火气的地方就跟上去，用帷帐覆盖公房，从太庙开始盖起，从外到里按顺序进行，人力物力不足的予以帮助。有不听从命令的，就按规定处罚，不加赦免。公父文伯赶来，命令校人驾好哀公的坐车。季桓子赶到，为哀公驾车停在象魏之外，命令救火的人受了伤就停止，因为财物是可以创造的。命令收藏好法典，说："旧的典章不可失去。"富父槐来到，说："没有防备而让官员们办事，就好像捡起地上的汤汁一样。"于是就除去外围的枯干易燃物，环绕公宫开出火道。孔子在陈国，听说起火，说："恐怕是桓公庙、僖公庙吧！"

刘氏、范氏世代结为姻亲，苌弘曾侍奉刘蚠，所以周朝亲近范氏。赵鞅因此进行讨伐。六月十一日，周朝的人杀了苌弘。

秋天，季桓子有病，命令正常说："你不要殉身！南孺子生的孩子，如果是男的，就去报告国君而立他为继承人；如果是女的，那么肥可以立为继承人。"季桓子死了，季孙肥即位。安葬季桓子不久，季孙肥正在朝廷上，南孺子生了个男孩，正常用车载了去到朝廷，报告说："他老人家有遗言，命令他的贱臣说：'南孺子生了男孩，就把我的话禀告给君主与大夫而立他为继承人。'现在生了，是男的，大胆禀告！"于是正常逃往卫国。季孙肥请求退位。哀公派共刘去察看，就已经有人杀了小孩，于是讨伐凶手。召正常回国，正常不回来。

冬十月，晋国赵鞅包围朝歌，军队驻扎在城南。荀寅攻打朝歌外城，派他的部下从北门攻进，自己则冲破敌军而出。二十三日，逃往邯郸。十一月，赵鞅杀了士皋夷，是因为憎恶范氏。

哀公四年

【原文】

四年：春，王二月庚戌，盗杀蔡侯申。

蔡公孙辰出奔吴。

葬秦惠公。

宋人执小邾子。

夏，蔡杀其大夫公孙姓、公孙霍。

晋人执戎蛮子赤，归于楚。

城西郛。

六月辛丑，亳社灾。

秋，八月甲寅，滕子结卒。

冬，十有二月，葬蔡昭公。葬滕顷公。

四年春，蔡昭侯将如吴；诸大夫恐其又迁也，承公孙翩逐而射之；入于家人而卒。以两矢门之，众莫敢进。文之锴后至，曰："如墙而进，多而杀二人。"锴执弓而先；翩射之，中肘；锴遂杀之。故逐公孙辰，而杀公孙姓、公孙盱。

夏，楚人既克夷虎，乃谋北方。左司马眅、申公寿馀、叶公诸梁致蔡于负函，致方城之外于缯关，曰："吴将泝江入郢，将奔命焉。"为一昔之期，袭梁及霍。单浮馀围蛮氏，蛮氏溃，蛮子赤奔晋阴地。司马起丰、析与狄戎以临上雒，左师军于菟和，右师军于仓野，使谓阴地之命大夫士蔑曰："晋楚有盟，好恶同之。若将不废，寡君之愿也。不然，将通于少习以听命！"士蔑请诸赵孟，赵孟曰："晋国未宁，安能恶于楚？必速与之！"士蔑乃致九州之戎，将裂田以与蛮子而城之，且将为之卜；蛮子听卜。遂执之与其五大夫，以畀楚师于三户。司马致邑、立宗焉，以诱其遗民，而尽俘以归。

秋七月，齐陈乞、弦施、卫宁跪救范氏。庚午，围五鹿。九月，赵鞅围邯郸。冬十一月，邯郸降。荀寅奔鲜虞，赵稷奔临。十二月，弦施逆之，遂堕临。国夏伐晋，取邢、任、栾、鄗、逆畤、阴人、盂、壶口，会鲜虞，纳荀寅于柏人。

【译文】

鲁哀公四年春天，周历二月二十一日，盗贼杀了蔡昭公申。蔡国的公孙辰出逃到吴国。安葬秦惠公。宋国人拘捕了小邾国君主。夏天，蔡国杀了它的大夫公孙姓、公孙霍。晋国人抓了蛮子赤把他送交给楚国。鲁国修筑西面的外城墙。六月十四日，亳社发生火灾。秋天八月二十八日，滕国君主结死去。冬十二月，安葬蔡昭公。安葬滕顷公。

鲁哀公四年春天，蔡昭公准备去吴国，大夫们担心他又要迁移，跟在公孙翩后追赶蔡昭公而用箭射他，蔡昭公逃进百姓家就死了。公孙翩用两支箭守住门口，众人没有谁敢进去。文之锴随后赶到，说："像堵墙一样排着前进，最多杀死我们两人。"文之锴手持弓箭走在前头，公孙翩射杀他，射中了手肘，文之锴立即杀了公孙翩，因此驱逐了公孙辰而杀了公孙姓、公孙盱。

夏天，楚国人攻克夷虎之后，于是图谋攻取北方。左司马眅、申公寿余、叶公诸梁在负函召集蔡国人，在缯关召集方城山外的人，说："吴国人将沿江而上进入我郢都，为此大家要准备赴命。"约定过一个晚上就袭击梁地和霍地。单浮余包围蛮氏，蛮氏溃败，蛮子

赤逃往晋国的阴地。左司马眅发动丰地、析地的人和狄戎,逼近上洛。左军屯驻在菟和,右军屯驻在仓野,派人对阴地的命大夫士蔑说:“晋国、楚国有盟约,友好和仇恨都相同。如果不打算废弃盟约,这是寡君的愿望。否则,我军将打通少习山再来听从命令。”士蔑向赵鞅请示这件事,赵鞅说:“晋国没有安宁,怎么能得罪楚国?一定要赶快把蛮子赤交给他们。”士蔑就召集九州之戎,表示要划出田土给蛮子赤并让他在那里筑城,而且要为此占卜。蛮子赤接受占卜,于是拘捕了他和他的五大夫,在三户交给了楚军。司马眅送给蛮子赤城邑建立宗主,用以引诱他的遗民,然后全部俘虏带回去。

秋七月,齐国陈乞、弦施、卫国宁跪救援范氏。十四日,包围五鹿。九月,赵鞅包围邯郸。冬十一月,邯郸投降。荀寅逃往鲜虞,赵稷逃往临地。十二月,弦施迎接赵稷,随即毁掉了临地的城邑。国夏攻打晋国,攻占了邢地、任地、栾地、鄗地、逆畤、阴人、盂地、壶口等,会合鲜虞,把荀寅送到柏人那地方。

哀公五年

【原文】

五年:春,城毗。

夏,齐侯伐宋。

晋赵鞅帅师伐卫。

秋,九月癸酉,齐侯杵臼卒。

冬,叔还如齐。

闰月,葬齐景公。

五年春,晋围柏人,荀寅、士吉射奔齐。初,范氏之臣王生恶张柳朔,言诸昭子,使为柏人。昭子曰:“夫非而雠乎?”对曰:“私雠不及公,好不废过,恶不去善,义之经也。臣敢违之?”及范氏出,张柳朔谓其子:“尔从主,勉之!我将止死。王生授我矣,吾不可以僭之!”遂死于柏人。

夏,赵鞅伐卫,范氏之故也;遂围中牟。

齐燕姬生子,不成而死。诸子鬻姒之子荼嬖,诸大夫恐其为大子也,言于公曰:“君之齿长矣,未有大子,若之何?”公曰:“二三子间于忧虞,则有疾疢。亦姑谋乐,何忧于无君?”公疾,使国惠子、高昭子立荼,寘群公子于莱。秋,齐景公卒。冬十月,公子嘉、公子驹、公子黔奔卫,公子鉏、公子阳生来奔。莱人歌之,曰:“景公死乎不与埋,三军之事乎不与谋;师乎师乎,何党之乎?”

郑驷秦富而侈,嬖大夫也,而常陈卿之车服于其庭。郑人恶而杀之。子思曰:“《诗》曰:‘不解于位,民之攸塈。’不守其位,而能久者,鲜矣。《商颂》曰:‘不僭不滥,不敢怠

皇,命以多福。'"

【译文】

鲁哀公五年春天,在毗地修筑城墙。夏天,齐景公攻打宋国。晋国赵鞅率领军队攻打卫国。秋天,九月二十四日,齐景公杵臼死了。冬天,叔还前往齐国。闰月,安葬齐景公。

鲁哀公五年春天,晋国包围柏人,荀寅、士吉射逃往齐国。起初,范氏的家臣王生讨厌张柳朔,向士吉射谈到张柳朔,建议让他做柏人的邑宰。士吉射说:"他不是你的仇人吗?"王生回答说:"个人仇怨不影响到公事,喜爱一个人不要无视他的过错,厌恶一个人不要丢掉他的优点,这是道义的原则,我敢违背吗?"到范氏从柏人出逃齐国时,张柳朔对自己的儿子说:"你跟着主人,努力吧!我打算留下战死,王生已教给我死的节义,我不能对他没有信用。"于是战死在柏人。

夏天,赵鞅攻打卫国,是为了范氏的缘故,于是包围中牟。

齐国燕姬生了儿子,没有成年就死了。诸子鬻姒的儿子荼受到齐景公宠幸,大夫们担心他做了太子,就对齐景公说:"君年岁大了,还没有太子,怎么办?"齐景公说:"你们几位陷入忧愁,就会生病,姑且去谋求快乐的事,何必担心没有国君?"齐景公病了,派遣国夏、高张立荼为太子,把公子们安置到莱地。秋天,齐景公死了。冬十月,公子嘉、公子驹、公子黔逃亡到卫国,公子钼、公子阳生逃亡前来鲁国。莱地人为他们唱道:"景公去世啊不参加葬礼,三军的事啊不参与谋议,诸位啊诸位,你们可去哪里?"

郑国的驷秦富有而骄纵,是个下大夫,但经常在他的庭院里陈放着卿的车马服饰。郑国人厌恶他就杀了他。子思说:"《诗》中讲:'在职位上努力不懈,老百姓得以休养安歇。'不安守他的职位而能长久的人是很少的。《商颂》说:'不僭越不自满,不懈怠不悠闲,上天会赐给他许多福。'"

哀公六年

【原文】

六年:春,城邾瑕。

晋赵鞅帅师伐鲜虞。

吴伐陈。

夏,齐国夏及高张来奔。

叔还会吴于柤。

秋,七月庚寅,楚子轸卒。

齐阳生入于齐。

齐陈乞弑其君荼。

冬，仲孙何忌帅师伐邾。

宋向巢帅师伐曹。

六年春，晋伐鲜虞，治范氏之乱也。

吴伐陈，复修旧怨也。楚子曰："吾先君与陈有盟，不可以不救！"乃救陈，师于城父。

齐陈乞(伪)〔为〕事高、国者，每朝必骖乘焉；所从必言诸大夫，曰："彼皆偃蹇，将弃子之命，皆曰：'高、国得君，必偪我，盍去诸？'固将谋子，子早图之！图之，莫如尽灭之。需，事之下也。"及朝，则曰："彼虎狼也，见我在子之侧，杀我无日矣。请就之位。"又谓诸大夫曰："二子者祸矣，恃得君而欲谋二三子，曰：'国之多难，贵宠之由。尽去之而后君定。'既成谋矣。盍及其未作也，先诸？作而后悔，亦无及也！"大夫从之。夏六月戊辰，陈乞、鲍牧及诸大夫以甲入于公宫。昭子闻之，与惠子乘如公。战于庄，败。国人追之，国夏奔莒，遂及高张、晏圉、弦施来奔。

秋七月，楚子在城父，将救陈。卜战，不吉；卜退，不吉。王曰："然则死也！再败楚师，不如死！弃盟逃雠，亦不如死！死，一也；其死雠乎！"命公子申为王，不可；则命公子结，亦不可；则命公子启，五辞而后许。将战，王有疾。庚寅，昭王攻大冥，卒于城父。子闾退，曰："君王舍其子而让，群臣敢忘君乎？从君之命，顺也。立君之子，亦顺也。二顺不可失也！"与子西、子期谋，潜师闭涂，逆越女之子章，立之而后还。

是岁也，有云如众赤鸟，夹日以飞，三日。楚子使问诸周大史，周大史曰："其当王身乎？若禜之，可移于令尹、司马。"王曰："除腹心之疾，而寘诸股肱，何益？不穀不有大过，天其夭诸？有罪受罚，又焉移之？"遂弗禜。

初，昭王有疾，卜曰："河为祟。"王弗祭。大夫请祭诸郊，王曰："三代命祀，祭不越望。江、汉、雎、漳，楚之望也。祸福之至，不是过也。不穀虽不德，河非所获罪也。"遂弗祭。孔子曰："楚昭王知大道矣！其不失国也宜哉！《夏书》曰：'惟彼陶唐，帅彼天常，有此冀方。今失其行，乱其纪纲，乃灭而亡。'又曰：'允出兹在兹。'由己率常，可矣！"

八月，齐邴意兹来奔。

陈僖子使召公子阳生。阳生驾而见南郭且于，曰："尝献马于季孙，不入于上乘，故又献此，请与子乘之。"出莱门而告之故。阚止知之，先待诸外。公子曰："事未可知。反与壬也处。"戒之，遂行。逮夜至于齐，国人知之。僖子使子士之母养之，与馈者皆入。

冬十月，丁卯，立之。将盟，鲍子醉而往。其臣差车鲍点曰："此谁之命也？"陈子曰："受命于鲍子。"遂诬鲍子，曰："子之命也。"鲍子曰："女忘君之为孺子牛而折其齿乎？而背之也！"悼公稽首，曰："吾子奉义而行者也。若我可，不必亡一大夫；若我不可，不必亡一公子。义则进，否则退，敢不唯子是从？废兴无以乱，则所愿也。"鲍子曰："谁非君之子？"乃受盟。使胡姬以安孺子如赖，去鬻姒，杀王甲，拘江说，囚王豹于句窦之丘。

公使朱毛告于陈子，曰："微子则不及此。然君异于器，不可以二。器二不匮，君二多难。敢布诸大夫。"僖子不对而泣，曰："君举不信群臣乎？以齐国之困，困又有忧。少君不可以访，是以求长君。庶亦能容群臣乎？不然，夫孺子何罪？"毛复命，公悔之。毛曰："君大访于陈子，而图其小可也。"使毛迁孺子于骀，不至，杀诸野幕之下，葬诸殳冒淳。

【译文】

鲁哀公六年春天，鲁国在邾瑕修筑城墙。晋国赵鞅领兵攻打鲜虞。吴国攻打陈国。夏天，齐国的国夏和高张前来投奔鲁国。叔还在柤地与吴国人会合。秋天，七月十六日，楚王轸死了。齐国的阳生回到齐国。齐国陈乞杀了他的国君荼。冬天，孟懿子率军队攻打邾国。宋国的向巢领兵攻打曹国。

鲁哀公六年春天，晋国攻打鲜虞，是为了平定范氏之乱。

吴国攻打陈国，是重算过去怨仇的老账。楚昭王说："我们先君和陈国有盟约，不能不援救。"就去救援陈国，驻扎在城父。

齐国的陈乞假意地侍奉高张、国夏，每次上朝必定陪坐一辆车，所到之处必定谈到各位大夫，说："他们都很高傲，将会背弃您的命令，都在说：'高氏、国氏得到君主欢心，一定会威胁我们，为什么不除去他们呢？'他们肯定会打您的主意，您要早点想办法对付。对付的办法，最好是完全灭掉他们。迟疑观望，是办事的下策。"到朝廷上就说："他们是虎狼，看到我在您的旁边，不要多久就会杀死我了，请让我靠拢他们的行列吧。"又对大夫们说："高氏、国氏两人要发动祸乱了！依仗得到国君的欢心就想要打您几位的主意，说：'国家多难，是由于贵幸恩宠，全部铲除他们然后君主才能稳定。'已经形成计划了，何不趁他们还未行动时先于他们下手呢？他们行动起来然后感到后悔，也来不及了。"大夫们听从了他。夏天六月二十三日，陈乞、鲍牧和大夫们率领甲士进到公宫。高张听到消息，和国夏乘车去到国君那里，在庄地交战，失败了。国都的人追赶他们，国夏逃亡到莒国，随即和高张、晏圉、弦施逃亡前来鲁国。

秋天七月，楚昭王驻在城父，准备救援陈国。占卜开战，不吉利；占卜后退，也不吉利。楚王说："那么就是死啦！两次使楚军失败，不如死；背弃盟国逃避仇敌，也不如死。同样是死，还是与仇敌战死吧！"命令公子申做楚王，公子申不答应；就命令公子结，公子结也不答应；则命令公子启，公子启推辞了五次之后同意了。将要开战，楚昭王生病了。十六日，楚昭王进攻大冥，死在城父。公子启撤退，说："君王放弃他的儿子而让位，群臣岂敢忘记君王呢？听从君王的命令，是顺服；拥立君王的儿子，也是顺服。两种顺服都不能丢弃。"就和公子申、公子结商议，秘密调遣军队，封锁道路，迎接越国女子的儿子章，立他做国君然后返回楚国。

这一年，有像一群红鸟的云彩围着太阳飞翔了三天，楚昭王派人向周朝的太史询问，周朝的太史说："恐怕要在楚王身上应验吧。如果举行禜祭，可转移到令尹、司马身上。"

楚昭王说："去掉腹心的疾病，却把它转移到大腿胳膊上，有什么好处？我没有大的过错，上天难道能使我夭折？如果有罪受到惩罚，又怎能转移它？"于是不举行禜祭。

起初，楚昭王有病，占卜结果说："是黄河之神作祟。"楚王不祭祀。大夫们请求到郊外祭祀黄河之神，楚昭王说："夏、商、周三代按规定祭祀，不超越本国的山川。长江、汉水、淮水、漳水，是楚国望祭的对象，祸福的到来，不会超过这些。我即使没有德行，黄河之神也不是我遭受罪罚的原因。"结果没有祭祀。孔子说："楚昭王懂得大道理了，他没有失去国家是应该的啊！《夏书》说：'那位陶唐帝，遵行上天的常道，拥有冀方这块土地。如今后代失去了他的治道，搅乱了他治国的大纲，于是被灭亡。'又说：'推行这个，福禄也就在于这个。'由自己遵行常道就可以了。"

八月，齐国的邴意兹逃亡前来鲁国。

陈乞派人召公子阳生回国，阳生驾车去见南郭且于，说："曾经献马给季孙，但没有列入上等乘马之中，所以又献上这些，请让我和您坐上试试。"出了鲁都的莱门后就告诉他原因。阚止知道了，预先在门外等待阳生。阳生说："事情还难于估计，回去吧，和壬待在一起。"告诫阚止提高警觉，就出发了。到夜里，到达齐国，国内的人知道他回国了。陈乞派儿子士的母亲招待阳生，然后与送食物的人一起进入公宫。

冬十月二十四日，立阳生为齐君。将要盟誓，鲍牧喝醉了酒前去。他管车的家臣鲍点说："这是谁的命令？"陈乞说："从鲍牧那里接受的命令。"于是诬赖鲍牧说："这是您的命令。"鲍牧说："你忘了先君给孺子荼当牛而跌断牙齿吗？如今却要背叛先君！"阳生磕头说："您是奉行道义办事的人，如果我可以做国君，不必丧失一位大夫；如果我不可以，不必杀掉一个公子。合乎道义就前进，否则就后退，岂敢不听从您？废和立都不要因此造成动乱，这是我的愿望。"鲍牧说："你们哪个不是先君的儿子呢？"就接受了盟誓。公子阳生让胡姬带着安孺子前往赖地，打发走了鬻姒，杀了王甲，拘禁江说，把王豹囚禁到句窦之丘。

鲍牧

齐悼公派朱毛告诉陈乞说："如果没有您，我就不能达到这一步。但是君主与器具不同，不可以有两个。器具有两件不会匮缺，君主有两个灾难更多，谨向贤大夫表白这一点。"陈乞不回答而哭泣，说："君对群臣都不相信吗？因为齐国的困乏，又加上有忧患，年幼君主不能请示，所以找来了年长的君主，大概还能容纳群臣吧！不这样的话，那孺子荼有什么罪？"朱毛向齐悼公回复使命，齐悼公后悔。朱毛说："君主大事向陈乞征求意见，而小事自己考虑就行了。"齐悼公就派朱毛将孺子荼

迁到骀地，没有到达，把他杀死在郊野的帐幕中，埋葬在殳冒淳。

哀公七年

【原文】

七年：春，宋皇瑗帅师侵郑。

晋魏曼多帅师侵卫。

夏，公会吴于鄫。

秋，公伐邾。八月己酉，入邾，以邾子益来。

宋人围曹。

冬，郑驷弘帅师救曹。

七年春，宋师侵郑，郑叛晋故也。

晋师侵卫，卫不服也。

夏，公会吴于鄫。吴来徵百牢，子服景伯对曰："先王未之有也。"吴人曰："宋百牢我，鲁不可以后宋。且鲁牢晋大夫过十，吴王百牢，不亦可乎！"景伯曰："晋范鞅贪而弃礼，以大国惧敝邑，故敝邑十一牢之。君若以礼命于诸侯，则有数矣；若亦弃礼，则有淫者矣。周之王也，制礼：上物不过十二，以为天之大数也。今弃周礼而曰必百牢，亦唯执事。"吴人弗听，景伯曰："吴将亡矣，弃天而背本。不与，必弃疾于我。"乃与之。

大宰嚭召季康子，康子使子贡辞。大宰嚭曰："国君道长而大夫不出门，此何礼也？"对曰："岂以为礼？畏大国也！大国不以礼命于诸侯，苟不以礼，岂可量也？寡君既共命焉，其老岂敢弃其国？大伯端委以治周礼；仲雍嗣之，断发文身，裸以为饰，岂礼也哉？有由然也！"

反自鄫。以吴为无能为也，季康子欲伐邾，乃飨大夫以谋之。子服景伯曰："小所以事大，信也；大所以保小，仁也。背大国，不信；伐小国，不仁。民保于城，城保于德。失二德者，危，将焉保？"孟孙曰："二三子以为何如？恶贤而逆之？"对曰："禹合诸侯于涂山，执玉帛者万国。今其存者无数十焉，唯大不字小、小不事大也。知必危，何故不言？鲁德如邾，而以众加之，可乎？"不乐而出。

秋，伐邾。及范门，犹闻钟声。大夫谏，不听。茅成子请告于吴，不许，曰："鲁击柝闻于邾。吴二千里，不三月不至，何及于我？且国内岂不足？"成子以茅叛。师遂入邾，处其公宫。众师昼掠，邾众保于绎。师宵掠，以邾子益来，献于亳社；囚诸负瑕，负瑕故有绎。

邾茅夷鸿以束帛乘韦，自请救于吴，曰："鲁弱晋而远吴，冯恃其众，而背君之盟，辟君之执事，以陵我小国。邾非敢自爱也，惧君威之不立。君威之不立，小国之忧也。若夏盟于鄫衍，秋而背之，成求而不违，四方诸侯其何以事君？且鲁赋八百乘，君之贰也；邾赋六百乘，君之私也。以师奉贰，唯君图之！”吴子从之。

宋人围曹。郑桓子思曰：“宋人有曹，郑之患也。不可以不救！”冬，郑师救曹，侵宋。

初，曹人或梦众君子立于社宫而谋亡曹；曹叔振铎请待公孙强，许之。旦而求之曹，无之。戒其子，曰：“我死，尔闻公孙强为政，必去之！”及曹伯阳即位，好田弋。曹鄙人公孙强好弋，获白雁，献之，且言田弋之说；说之，因访政事，大说之。有宠，使为司城以听政。梦者之子乃行。

强言霸说于曹伯，曹伯从之，乃背晋而奸宋。宋人伐之，晋人不救；筑五邑于其郊，曰黍丘、揖丘、大城、钟、邘。

【译文】

鲁哀公七年春天，宋国的皇瑗率军队侵袭郑国。晋国的魏曼多领兵侵袭卫国。夏天，鲁哀公在鄫地会见吴国人。秋天，哀公攻打邾国。八月十一日，进入邾国，带着邾君益回国。宋国人包围曹国。冬天，郑国驷弘率军队救援曹国。

鲁哀公七年春天，宋军侵袭郑国，是因为郑国背叛晋国的缘故。

晋军侵袭卫国，是因为卫国不顺从。

夏天，鲁哀公在鄫地会见吴国人。吴国前来求取百牢，子服景伯回答说：“先王没有这样的先例。”吴国人说：“宋国献给我们百牢，鲁国不能落在宋国后头。而且鲁国献给晋大夫的超过十牢，吴王一百牢，不也可以吗？”景伯说：“晋国的范鞅贪婪而背弃礼仪，拿大国威胁敝国，所以敝国给他十一牢。君主如果对诸侯依礼发布命令，那么就有一定的数目。如果也背弃礼仪，那么又比晋国更加过分了。周朝统治天下，制定礼仪，上等的物品不超过十二，认为这是天道的极数。如果现在背弃周礼，而说非百牢不可，也只好唯命是从。”吴国人不听。景伯说：“吴国将灭亡了，因为它抛弃天道而违背根本。不给他们，一定会加害于我国。”于是送给他们百牢。

吴国太宰嚭召见季康子，季康子派子贡去辞谢。太宰嚭说：“国君长途跋涉，而大夫不出国门，这是什么礼制？”子贡回答说：“哪里是把它作为礼制？是因为畏惧大国。大国不按礼来向诸侯发令，如果不按照礼，难道可以用礼衡量？寡君已经来此奉行命令，他的大臣岂敢丢下国家外出？太伯穿戴着礼服礼帽来施行周礼，仲雍继承了他，剪掉头发在身上刺画花纹，赤裸身体进行装饰，难道是礼吗？是有缘由才这样的呀。”

子贡从鄫地回来，认为吴国是无所作为的。季康子想要攻打邾国，就宴享大夫来进行谋划。子服景伯说：“小国用来侍奉大国的，是信用；大国用来安抚小国的，是仁义。背离大国，是不讲信用；攻打小国，是不仁义。老百姓靠城池保护，城池靠德行保全，失去了信用、仁义两种德行的人，就有危险，将靠什么保护？”孟懿子说：“您几位认为怎么样？哪位说得好就接受他的。”大夫回答说：“夏禹在涂山会合诸侯，拿着玉帛前来的有一万个国家。如今还存在的，没有几十个了，就是因为大国不抚育小国，小国不侍奉大国。知道必

有危险，为什么不说？鲁国的德行和邾国一样，却要用武力侵袭它，行吗？”大家不欢而散。

秋天，鲁国攻打邾国，到达范门，还听得到钟乐声。大夫劝谏，邾隐公不听从。茅成子请求向吴国报告，也不答应，说：“鲁国敲梆子的声音在邾国都可以听到，吴国则相距两千里，没有三个月赶不到，怎么能顾及我们？况且国内的力量难道不足够？”成子率领茅地的人叛变，鲁军就进入邾国，住在他们的公宫。各路军队在大白天抢劫，邾国的群众在绎地守御。鲁军在夜里劫掠，带了邾隐公益回来，在亳社献功，然后把他囚禁到负瑕，负瑕因此有了绎地人。

邾国的茅成子带了束帛乘韦自行到吴国去请求救援，说：“鲁国以为晋国软弱而吴国遥远，依仗他们人多，而背弃了与君王订立的盟约，轻视君王的下臣，来欺凌我们小国。邾国并不敢爱惜自己的利益，而是担心君王的威严不能建立。君王的威严不能建立，是小国的忧虑。如果夏天在鄫衍结盟，秋天就违背它，并且成全他们的欲望而不反对，那四方诸侯将用什么侍奉君王？而且鲁国有战车八百辆，等于是君王的敌人；邾国有战车六百辆，等于是君王的部属。把部属奉送给敌人，但愿君王考虑这一点。”吴王听从了茅成子的话。

宋国人包围曹国。郑国的桓子思说：“宋国人一旦据有曹国，是郑国的忧患，不能不救援。”冬天，郑国军队救援曹国，侵袭宋国。

起初，曹国有人梦见一群贵族站在社宫，商议灭亡曹国。曹叔振铎请求等等公孙强，大家答应了。早晨起来后寻找这个人，曹国都城中没有。做梦的人告诫他的儿子说：“我死后，你听到公孙强主持政事，一定要离开他。”等到曹伯阳即位后，喜欢打猎射鸟。曹国边城人公孙强爱好射猎，射得一只白雁，献给曹伯阳，并且谈到田猎的技艺。曹伯阳听了很高兴，就向他询问关于政事的意见，非常喜欢他。曹伯阳对他很宠信，让他做司城来主持政事。做梦人的儿子就走了。

公孙强向曹伯阳论说称霸的方法，曹伯阳听从了，于是背离晋国而侵犯宋国。宋国人攻打曹国，晋国人不去救援，公孙强在国都的郊外修筑了五个城邑，叫作黍丘、揖丘、大城、钟、邘。

哀公八年

【原文】

八年：春，王正月，宋公入曹，以曹伯阳归。

吴伐我。

夏，齐人取讙及阐。

归邾子益于邾。

秋，七月。

冬，十有二月癸亥，杞伯过卒。

齐人归讙及阐。

八年春，宋公伐曹。将还，褚师子肥殿；曹人诟之。不行，师待之。公闻之，怒，命反之；遂灭曹，执曹伯〔阳〕及司城强以归，杀之。

吴为邾故，将伐鲁，问于叔孙辄。叔孙辄对曰："鲁有名而无情。伐之，必得志焉！"退而告公山不狃，公山不狃曰："非礼也！君子违，不适雠国。未臣而有伐之，奔命焉，死之可也！所托也，则隐。且夫人之行也，不以所恶废乡。今子以小恶而欲覆宗国，不亦难乎！若使子率，子必辞！王将使我。"子张疾之。

王问于子泄，对曰："鲁虽无与立，必有与毙。诸侯将救之，未可以得志焉。晋与齐、楚辅之，是四雠也。夫鲁，齐、晋之唇。唇亡齿寒，君所知也。不救何为？"

三月，吴伐我。子泄率，故道险，从武城。初，武城人或有因于吴竟田焉，拘鄫人之沤菅者，曰："何故使吾水滋？"及吴师至，拘者道之以伐武城，克之。王犯尝为之宰，澹台子羽之父好焉，国人惧。懿子谓景伯："若之何？"对曰："吴师来，斯与之战，何患焉？且召之而至，又何求焉？"

吴师克东阳而进，舍于五梧。明日，舍于蚕室。公宾庚、公甲叔子与战于夷，获叔子与析朱锄，献于王。王曰："此同车。必使能，国未可望也。"明日，舍于庚宗，遂次于泗上。

微虎欲宵攻王舍，私属徒七百人，三踊于幕庭；卒三百人，有若与焉。及稷门之内，或谓季孙曰："不足以害吴，而多杀国士，不如已也。"乃止之。吴子闻之，一夕三迁。

吴人行成。将盟，景伯曰："楚人围宋，易子而食，析骸而爨，犹无城下之盟。我未及亏而有城下之盟，是弃国也。吴轻而远，不能久，将归矣，请少待之。"弗从。景伯负载，造于莱门。乃请释子服何于吴，吴人许之；以王子姑曹当之，而后止。吴人盟而还。

齐悼公之来也，季康子以其妹妻之；即位而逆之。季鲂侯通焉；女言其情，弗敢与也；齐侯怒。夏五月，齐鲍牧帅师伐我，取讙及阐。

或谮胡姬于齐侯，曰："安孺子之党也。"六月，齐侯杀胡姬。

齐侯使如吴请师，将以伐我。乃归邾子。邾子又无道，吴子使大宰子馀讨之，囚诸楼台，栫之以棘；使诸大夫奉大子革以为政。

秋，及齐平。九月，臧宾如如齐莅盟。齐闾丘明来莅盟，且逆季姬以归，嬖。

鲍牧又谓群公子曰："使女有马千乘乎？"公子愬之。公谓鲍子："或谮子，子姑居于潞以察之。若有之，则分室以行；若无之，则反子之所。"出门，使以三分之一行；半道，使以二乘；及潞，麇之以入，遂杀之。

冬十二月，齐人归讙及阐，季姬嬖故也。

【译文】

鲁哀公八年春天，周王历正月，宋景公进入曹国，带了曹伯阳回国。吴国攻打我国。夏天，齐国人占取讙地和阐地。齐国人把邾君益送回邾国。秋天七月。冬天十二月初三，杞僖公过死了。齐国人归还讙地和阐地。

鲁哀公八年春天，宋景公攻打曹国，将要收兵回国，褚师子肥压阵。曹国人骂他，他不走了，军队在等待他。宋景公听说了，发怒，命令军队回过头去进攻，于是灭亡了曹国，抓住了曹伯阳和司城强带回国，杀了他们。

吴国因为邾国的缘故，打算攻打鲁国，向叔孙辄询问意见，叔孙辄回答说："鲁国有名而无实，攻打它，一定能实现愿望。"叔孙辄回去就告诉公山不狃。公山不狃说："你这是不合乎礼的。君子离开自己的国家，不到敌国去。没有臣事祖国而又攻打它，为敌国的命令奔走，死了也不足惜。敌国有所委任就要隐退。而且一个人出走他乡，也并不因为怨恨的事而败坏故乡。如今您因为小小怨恨就要推翻祖国，不也难吗？如果让您引路，您一定要拒绝，吴王将派遣我。"叔孙辄对自己的行为感到悔恨。

吴王又询问子泄，子泄回答说："鲁国即使没有与它站在一起的盟国，但必定有可能与它一起倒台的邻国，诸侯会救援它，不能从它那里得志的。晋国、齐国和楚国帮助它，这就是四个仇敌了。鲁国，好比是齐国、晋国的嘴唇，嘴唇没有了牙齿就要受冻，这是君王所知道的，不救援还干什么？"

三月，吴国攻打我国，公山不狃领路，故意走险路，经过武城。起初，武城有个人靠着吴国边境种田，抓住一个浸泡菅草的鄫地人，说："为什么把我的水弄污浊？"等到吴军来到，被抓的鄫地人为他们带路，来攻打武城，攻下了。王犯曾经做过武城宰，澹台子羽的父亲与他要好，国内的人很害怕王犯。孟懿子对景伯说："怎么办？"景伯回答说："吴军一来，就和他们交战，担心什么？而且是招惹他们来的，又能寻求什么别的办法呢？"

吴军攻克东阳而进军，驻扎在五梧。第二天，驻扎在蚕室。公宾庚、公甲叔子在夷地和吴军作战，吴军俘获了公甲叔子和析朱钼的尸体，献给吴王。吴王说："这是同一辆战车的人，鲁国必定任用了能人，这个国家还不能指望得到。"第二天，驻扎在庚宗，最后驻扎在泗水边上。

微虎想要在晚上攻打吴王住处，私下带领兵徒七百人，在幕庭中每人跳三次，最后选定三百人，有若在其中。他们到达稷门之内，有人对季孙说："不足以危害吴国，反而会葬送国家许多人才，不如罢手。"于是停止了行动。吴王听说了，一个晚上迁移了三次。

吴国人求和，将要签订盟约，景伯说："楚国人包围宋国，宋国人交换儿子来吃，剖开尸骨来做饭，还没有签订城下之盟；我们未到衰败的时候，就要订立城下之盟，这是抛弃国家。吴国轻率而远离本国，不能持久，将要回国了，请稍等待一下。"季孙不依从。景伯背着盟书，到达莱门。鲁国就请求把景伯放到吴国去，吴国人答应了，因为鲁国要求用王子姑曹与景伯相抵，最后就停止了交换人质。吴国人签订盟约就回国了。

齐悼公来鲁国时，季康子把他的妹妹嫁给齐悼公，悼公即位后来迎接她。季鲂侯与她私通，她说出了实情，季康子不敢把她嫁给悼公了。齐悼公发怒。夏五月，齐国的鲍牧领兵攻打我国，攻取了讙地和阐地。

有人在齐悼公面前诬陷胡姬说："她是安孺子的党羽。"六月，齐悼公杀了胡姬。

齐悼公派人前往吴国请求军队，打算用来攻打我国，我国就送回了邾君。邾君又无道，吴王派太宰嚭讨伐他，把他囚禁在楼台上，用荆棘织成篱笼围住他。让大夫们侍奉太子革来执政。

秋天，与齐国讲和。九月，臧宾如前往齐国参加结盟。齐国的闾丘明前来参加结盟，并且迎接季姬回国，季姬得到宠幸。

鲍牧又对公子们说："帮助你们那位拥有四千匹马吧！"公子们告诉了齐悼公，齐悼公对鲍牧说："有人说您的坏话，您暂且住到潞地去以便调查。如果有这样的事，就分掉你的家产让你走；如果没有，就回到您的地方去。"鲍牧走出门，让他带着三分之一的家产走。走到半路，只让他带两辆车走。到达潞地，把他捆绑了带进去，于是杀了他。

冬十二月，齐国人归还讙地和阐地，是因为季姬受宠的缘故。

哀公九年

【原文】

九年：春，王二月，葬杞僖公。

宋皇瑗帅师取郑师于雍丘。

夏，楚人伐陈。

秋，宋公伐郑。

冬，十月。

九年春，齐侯使公孟绰辞师于吴。吴子曰："昔岁寡人闻命，今又革之；不知所从，将进受命于君。"

郑武子剩之嬖许瑕求邑，无以与之。请外取，许之；故围宋雍丘。宋皇瑗围郑师，每日迁舍，垒合。郑师哭。子姚救之，大败。二月甲戌，宋取郑师于雍丘，使有能者无死，以郏张与郑罗归。

夏，楚人伐陈，陈即吴故也。

宋公伐郑。

秋，吴城邗，沟通江、淮。

晋赵鞅卜救郑，遇水适火，占诸史赵、史墨、史龟。史龟曰："'是谓沈阳，可以兴兵；利

以伐姜，不利子商。'伐齐则可，敌宋不吉。"史墨曰："盈，水名也。子，水位也。名位敌，不可干也。炎帝为火师，姜姓其后也。水胜火，伐姜则可。"史赵曰："是谓如川之满，不可游也。郑方有罪，不可救也。救郑则不吉，不知其他。"阳虎以《周易》筮之，遇"泰☷"之"需☵"，曰："宋方吉，不可与也。微子启，帝乙之元子也。宋、郑，甥舅也。祉，禄也。若帝乙之元子归妹而有吉禄，我安得吉焉！"乃止。

冬，吴子使来儆师伐齐。

【译文】

鲁哀公九年春天，周历二月，安葬杞僖公。宋国的皇瑗率领军队在雍丘歼灭了郑国军队。夏天，楚国人攻打陈国。秋天，宋景公攻打郑国。冬十月。

鲁哀公九年春天，齐悼公派公孟绰到吴国去辞谢出兵，吴王说："去年我听到命令，现在又改变它，不知听从什么，我将进见君王接受命令。"

郑国罕达的宠臣许瑕求取城邑，没有拿来给他的地方。许瑕请求到外国去求取，罕达同意了他，所以许瑕包围宋国的雍丘。宋国的皇瑗包围郑军，每天迁移军营，壁垒连成一体，郑军将士痛哭。罕达去救援他们，大败。二月十四日，宋国在雍丘歼灭了郑军，只让有才能的人不死，带了郑张和郑罗回去。

夏天，楚国人攻打陈国，是因为陈国靠拢吴国的缘故。

宋景公攻打郑国。

秋天，吴国在邗地筑城，开沟贯通长江、淮河。

晋国的赵鞅为救援郑国占卜，遇到水流向火的卦象，让史赵、史墨、史龟预测吉凶。史龟说："这叫作阳气下沉，可以出兵，攻打姜姓有利，攻打子商氏不利。攻打齐国就可以，对抗宋国不吉利。"史墨说："盈，是水名；子，是水位。名与位相当，不可以触犯。炎帝是火师，姜姓是他的后代。水胜过火，攻打姜姓是可以的。"史赵说："这像河川水满，不可以游过。郑国正有罪，不能够救援。救援郑国就不吉利，其他我不知道。"阳虎用《周易》为此事占筮，遇到《泰》卦变到《需》卦，说："宋国正吉利，不能与它为敌。微子启是帝乙的长子。宋、郑两国是甥舅关系。祉，就是福禄。如果帝乙的长子嫁女而有吉利的福禄，我们怎么能吉利呢？"就停止了救援郑国的行动。

冬天，吴王派使者前来通知出兵攻打齐国。

哀公十年

【原文】

十年：春，王二月，邾子益来奔。

公会吴伐齐。

三月戊戌，齐侯阳生卒。

夏，宋人伐郑。

晋赵鞅帅师侵齐。

五月，公至自伐齐。

葬齐悼公。

卫公孟驱自齐归于卫。

薛伯夷卒。

秋，葬薛惠公。

冬，楚公子结帅师伐陈。吴救陈。

十年春，邾隐公来奔。齐甥也，故遂奔齐。

公会吴子、邾子、郯子伐齐南鄙，师于鄎。齐人弑悼公，赴于师。吴子三日哭于军门之外。徐承帅舟师，将自海入齐；齐人败之，吴师乃还。

夏，赵鞅帅师伐齐，大夫请卜之。赵孟曰："吾卜于此起兵。事不再令，卜不袭吉。行也！"于是乎取犁及辕，毁高唐之郭，侵及赖而还。

秋，吴子使来复儆师。

冬，楚子期伐陈。吴延州来季子救陈，谓子期曰："二君不务德而力争诸侯，民何罪焉？我请退，以为子名：务德而安民。"乃还。

【译文】

鲁哀公十年春天，周历二月，邾国君主益逃亡前来。哀公会合吴国攻打齐国。三月十四日，齐悼公阳生死了。夏天，宋国人攻打郑国。晋国赵鞅率领军队侵袭齐国。五月，哀公攻打齐国回到鲁国。安葬齐悼公。卫国的公孟驱从齐国回到卫国。薛国君主夷死了。秋天，安葬薛惠公。冬天，楚国公子结领兵攻打陈国。吴国救援陈国。

鲁哀公十年春天，邾隐公逃亡前来，因为他是齐国的外甥，所以随即逃往齐国。

哀公会合吴王、邾隐公、郯君攻打齐国南方的边镇，驻扎在鄎地。齐国人杀了齐悼公，向联军发了讣告。吴王在军门外哭了三天。徐承率领水军，准备从海上进入齐国，齐国人打败了他们，吴军就退回来了。

夏天，赵鞅领兵攻打齐国，大夫请求为此占卜。赵鞅说："对于这次出兵我占卜过了，一件事不占卜两次，占卜也不一定再次得到吉卦，出发吧！"于是攻取犁地和辕地，拆毁了高唐的外城，侵袭到赖地然后收兵。

秋天，吴王派使者再次来通知我军出兵。

冬天，楚国公子结攻打陈国。吴国延州来季子救援陈国，对公子结说："两国君主不致力于德政，却用武力争夺诸侯，老百姓有什么罪呢？请让我退兵，来造成您的好名声，

以便施行德政而安定百姓。"就退兵回去了。

哀公十一年

【原文】

十有一年:春,齐国书帅师伐我。

夏,陈辕颇出奔郑。

五月,公会吴伐齐。

甲戌,齐国书帅师及吴战于艾陵,齐师败绩。获齐国书。

秋,七月辛酉,滕子虞毋卒。

冬,十有一月,葬滕隐公。

卫世叔齐出奔宋。

十一年春,齐为鄎故,国书、高无丕帅师伐我,及清。季孙谓其宰冉求曰:"齐师在清,必鲁故也,若之何?"求曰:"一子守,二子从公御诸竟。"季孙曰:"不能。"求曰:"居封疆之间。"季孙告二子,二子不可。求曰:"若不可,则君无出。一子帅师,背城而战。不属者,非鲁人也。鲁之群室,众于齐之兵车,一室敌车,优矣,子何患焉?二子之不欲战也宜,政在季氏。当子之身,齐人伐鲁而不能战,子之耻也。大不列于诸侯矣。"

季孙使从于朝,俟于党氏之沟。武叔呼而问战焉,对曰:"君子有远虑,小人何知?"懿子强问之,对曰:"小人虑材而言,量力而共者也。"武叔曰:"是谓我不成丈夫也。"退而蒐乘。孟孺子泄帅右师,颜羽御,邴泄为右。冉求帅左师,管周父御,樊迟为右。季孙曰:"须也弱。"有子曰:"就用命焉。"季氏之甲七千,冉有以武城人三百为己徒卒,老幼守宫,次于雩门之外。五日,右师从之。公叔务人见保者而泣,曰:"事充政重,上不能谋,士不能死,何以治民?吾既言之矣,敢不勉乎!"

师及齐师战于郊。齐师自稷曲。师不逾沟,樊迟曰:"非不能也。不信子也。请三刻而逾之。"如之。众从之。师入齐军。

右师奔,齐人从之。陈瓘、陈庄涉泗。孟之侧后入以为殿,抽矢策其马,曰:"马不进也!"林不狃之伍曰:"走乎?"不狃曰:"谁不如?"曰:"然则止乎?"不狃曰:"恶贤?"徐步而死。

师获甲首八十,齐人不能师。宵,谍曰:"齐人遁。"冉有请从之,三;季孙弗许。

孟孺子语人曰:"我不如颜羽,而贤于邴泄。子羽锐敏,我不欲战而能默,泄曰'驱之'。"

公为与其嬖僮汪锜乘,皆死,皆殡。孔子曰:"能执干戈以卫社稷,可无殇也!"冉有用矛于齐师,故能入其军。孔子曰:"义也!"

夏，陈辕颇出奔郑。初，辕颇为司徒，赋封田以嫁公女；有馀，以为己大器。国人逐之，故出。道渴，其族辕咺进稻醴、粱糗、腵脯焉；喜曰："何其给也？"对曰："器成而具。"曰："何不吾谏？"对曰："惧先行。"

为郊战故，公会吴子伐齐。五月，克博；壬申，至于嬴。中军从王，胥门巢将上军，王子姑曹将下军，展如将右军。

齐国书将中军，高无丕将上军，宗楼将下军。陈僖子谓其弟书："尔死，我必得志！"宗子阳与闾丘明相厉也。桑掩胥御国子，公孙夏曰："二子必死。"将战，公孙夏命其徒歌《虞殡》，陈子行命其徒具含玉，公孙挥命其徒曰："人寻约！吴发短。"东郭书曰："三战必死。于此三矣！"使问弦多以琴，曰："吾不复见子矣！"陈书曰："此行也，吾闻鼓而已，不闻金矣！"

甲戌，战于艾陵。展如败高子。国子败胥门巢；王卒助之，大败齐师，获国书、公孙夏、闾丘明、陈书、东郭书，革车八百乘，甲首三千，以献于公。

将战，吴子呼叔孙，曰："而事何也？"对曰："从司马。"王赐之甲、剑铍，曰："奉尔君事，敬无废命！"叔孙未能对；卫赐进，曰："州仇奉甲从君！"而拜。

公使大史固归国子之元，寘之新箧，褽之以玄纁，加组带焉；寘书于其上，曰："天若不识不衷，何以使下国？"

吴将伐齐，越子率其众以朝焉，王及列士皆有馈赂。吴人皆喜，惟子胥惧，曰："是豢吴也夫！"谏曰："越在，我心腹之疾也。壤地同而有欲于我。夫其柔服，求济其欲也。不如早从事焉！得志于齐，犹获石田也，无所用之。越不为沼，吴其泯矣！使医除疾，而曰'必遗类焉'者，未之有也。《盘庚之诰》曰：'其有颠越不共，则劓殄无遗育，无俾易种于兹邑。'是商所以兴也。今君易之，将以求大，不亦难乎！"弗听。使于齐，属其子于鲍氏，为王孙氏。反役，王闻之，使赐之属镂以死。将死，曰："树吾墓槚，槚可材也，吴其亡乎！三年，其始弱矣。盈必毁，天之道也。"

秋，季孙命修守备，曰："小胜大，祸也。齐至无日矣。"

冬，卫大叔疾出奔宋。初，疾娶于宋子朝，其娣嬖。子朝出，孔文子使疾出其妻而妻之。疾使侍人诱其初妻之娣，寘于犁，而为之一宫，如二妻。文子怒，欲攻之，仲尼止之。遂夺其妻。或淫于外州，外州人夺之轩以献。耻是二者，故出。卫人立遗，使室孔姞。疾臣向魋，纳美珠焉，与之城鉏。宋公求珠，魋不与，由是得罪。及桓氏出，城鉏人攻大叔疾，卫庄公复之。使处巢，死焉。殡于郧，葬于少禘。

初，晋悼公子慭亡在卫，使其女仆而田。大叔懿子止而饮之酒，遂聘之，生悼子。悼子即位，故夏戊为大夫。悼子亡，卫人翦夏戊。孔文子之将攻大叔也，访于仲尼。仲尼曰："胡簋之事，则尝学之矣。甲兵之事，未之闻也。"退，命驾而行，曰："鸟则择木，木岂能择鸟？"文子遽止之，曰："圉岂敢度其私？访卫国之难也。"将止，鲁人以币召之，乃归。

季孙欲以田赋，使冉有访诸仲尼。仲尼曰："丘不识也。"三发，卒曰："子为国老，待子

而行，若之何子之不言也？”仲尼不对，而私于冉有曰：“君子之行也，度于礼，施取其厚，事举其中，敛从其薄。如是，则以丘亦足矣。若不度于礼，而贪冒无厌，则虽以田赋，将又不足。且子季孙若欲行而法，则周公之典在。若欲苟而行，又何访焉？”弗听。

【译文】

鲁哀公十一年春天，齐国的国书率领军队攻打我国。夏天，陈国辕颇出逃到郑国。五月，哀公会合吴军攻打齐国。二十七日，齐国的国书领兵在艾陵与吴军作战，齐军大败，俘获国书。秋七月十五日，滕君虞毋死了，冬十一月，安葬滕隐公。卫国的世叔齐出逃到宋国。

鲁哀公十一年春天，齐国因为鄎地战役的缘故，派国书、高无丕领兵攻打我国，到达清地。季孙对他的家臣冉求说：“齐军驻在清地，一定是为了鲁国的缘故，怎么办？”冉求说：“您一人留守，叔孙、孟孙两位跟着哀公到边境去抵御齐军。”季孙说：“难以办到。”冉求说：“那就守在边境之内。”季孙告诉叔孙、孟孙，两人不同意。冉求说：“如果不同意，那国君就不用出宫。您一人率领部队，背城而战，不跟从您参战的人，就不是鲁国人。鲁国卿大夫各家的兵车，比齐国的兵车要多，您一家抵挡齐国兵车就足够了，您担心什么呢？他们两位不想参战是当然的，因为政权在季氏家。在您亲自执政的时候，齐国人攻打鲁国而不能抗战，这样您的耻辱就大了，不能和诸侯并列了。”

季孙派冉求跟着上朝，然后在党氏之沟等着。武叔把冉求叫来向他询问作战的计划，冉求回答说：“君子有深谋远虑，小人知道什么？”孟懿子硬是问他，冉求回答说：“小人是考虑能力才说话，估计力量才办事的。”武叔说：“这是说我不成男子汉了。”回去就检阅兵车。孟孺子泄率领右军，颜羽为他驾车，邴泄做车右。冉求率领左军，管周父为他驾车，樊迟做车右。季孙说：“樊迟太年轻了。”冉求说：“因为他能执行命令。”季孙有甲士七千人，冉求用三百个武城人作为自己的步兵，老人少年守卫宫室，全军驻扎在雩门外边。五天后，右军才跟上来。公叔务人看到保卫宫室的人就哭了，说：“劳役繁多，赋税苛重，在上的不能谋划，战士不能拼死，怎么能安定百姓？我已经说了这些话，岂敢不努力！”

我军和齐军在郊外作战。齐军从稷曲进攻，我军没有越过壕沟迎战，樊迟说：“不是不能越过，是不信任您，请反复责求部队以越过沟去。”冉求听从了他的意见，大家就跟着过了沟。军队攻入齐国军中。

右军逃跑，齐国人追击他们，陈瓘、陈庄徒步渡过泗水。孟之侧因为殿后而最后进入都城，他抽出箭来打他的马，说：“马不肯向前跑。”林不狃的伙伴说：“跑吧！”不狃说：“我跑谁不会跟着跑？”那伙伴说：“那么就停下来抵抗吗？”不狃说：“哪里比逃跑强些？”就慢慢行走而被杀死。

鲁军斩获甲士首级八十个，齐国人溃不成军。晚上，侦察人员报告说：“齐国人逃跑了。”冉求三次请求追击，季孙不答应。

孟孺子告诉别人说：“我不如颜羽，但比邴泄强。颜羽急于奋勉参战，我不想参战而能不说逃跑，邴泄则说：‘赶马逃跑。’”

公叔务人和他宠爱的家僮汪锜同坐一车，都战死了，一起入殓。孔子说：“汪锜能拿起武器来保卫国家，可以不当作夭折的人来举行葬礼。”冉求在攻击齐军时使用了矛，所以能攻入他们的军阵。孔子说：“这是合乎道义的。”

夏天，陈国的辕颇出逃到郑国。起初，辕颇做陈国司徒，征取封田的赋税来为陈闵公的女儿陪嫁，有剩余的部分，用来给自己铸造大礼器。国内人驱逐他，所以出逃。在路上渴了，他的族人辕咺向他进献稻米甜酒、精细小米干粮和腌制肉干，辕颇高兴地说：“怎么这样丰富？”辕咺回答说：“礼器铸成时就准备好了。”辕颇说：“为什么不劝谏我？”辕咺回答说：“害怕被先赶走。”

因为郊外那次战役的缘故，哀公会合吴王攻打齐国。五月，攻下博地。二十五日，到达嬴地。吴国中军由吴王率领，胥门巢率领上军，王子姑曹率领下军，展如率领右军。

齐国由国书率领中军，高无丕率领上军，宗楼率领下军。陈乞对他的弟弟陈书说：“你如果战死，我一定会得志。”宗楼和闾丘明互相勉励。桑掩胥为国书驾车，公孙夏说：“这两位一定会战死。”将要开战，公孙夏命令他的部下唱《虞殡》挽歌。陈逆命令他的部下准备好含玉。公孙挥命令他的部下说：“每人准备一根八尺长的绳子，吴国人头发短。”东郭书说：“作战三次必定阵亡，我到这次是第三次了。”就派人带了一张琴去问候弦施，说：“我不能再见到您了。”陈书说：“这次行动，我只能听到进军的鼓声，听不到收兵的锣声了。”

五月二十七日，在艾陵作战。展如打败了高无丕，国书击败了胥门巢，吴王率领的士兵支援胥门巢，大败齐军，俘获了国书、公孙夏、闾丘明、陈书、东郭书，缴获革车八百辆，斩获甲士的首级三千个，用来向哀公献功。

将要开战时，吴王喊叔孙，说：“你的职务是什么？”叔孙回答说：“做司马。”吴王赐给他铠甲和铍剑，说：“奉行你们君主交给的任务，严肃对待而不要废弃命令！”叔孙不能回答，子贡上前说：“叔孙敬受铠甲跟从君王。”就下拜。

哀公派太史固送还国书的脑袋，把它装在新箱子里，用黑红和浅红的帛垫在下面，并加上编织的丝带，在上面放了一封信，信中说：“上天如果不知道你们的不善，为什么让我小国得胜呢？”

吴国准备攻打齐国，越王率领他的部下去朝贡，吴王和臣下们都得到了赠送的财物。吴国人都很高兴，只有伍子胥担心，他说：“这是像喂猪一样豢养吴国啊！”就劝谏说：“越国对于我们来说，是心腹之疾，地区相同，而对我国抱有欲望。他们的顺服，是谋求实现他们的欲望，不如早点对越国采取行动。在齐国面前得志，犹如获得一块石田，没有用处。越国不沦为沼泽，吴国就将被消灭了。让医生除病，却说‘一定要留下病根’的人，是

吴王夫差赐伍子胥属镂剑自裁

没有的。《盘庚》的诰令说：'如果有人毁坏礼法，不恭敬从命，就斩尽杀绝不留后代，不使他的种族在这个地方延续下去。'这就是商朝所以兴起的办法。如今君王改变这种办法，想要用来求得强大，不也难吗？"吴王不听。伍子胥出使到齐国，把自己的儿子托付给鲍氏，就是王孙氏。从艾陵战役回来，吴王听说了这件事，派人赐给他属镂剑自杀。临死时伍子胥说："在我的墓旁栽上槚树，槚树可以做木材的时候，吴国大概会灭亡了吧！三年之后，将开始衰弱了。满了就必然毁坏，这是自然的道理。"

秋天，季孙命令整修防御设施，说："小国战胜大国，这是祸患，齐国人的到来没有几天了。"

冬天，卫国的太叔疾出逃到宋国。起初，太叔疾娶了宋国子朝的女儿为妻，从嫁的姨妹很受宠爱。子朝逃亡出国，孔文子让太叔疾休了他的妻子而把女儿嫁给他。太叔疾派仆人引诱他前妻的妹妹，把她安顿在犁邑，给她建了一座房子，好像有两个妻子一样。孔文子发怒，想要讨伐太叔疾，孔子制止了他，于是孔文子就接回了女儿。太叔疾有时在外州与人通奸，外州人夺取他的车子献上来。太叔疾对这两件事感到羞耻，所以出逃。卫国人立了太叔遗做继承人，让他娶了孔姞。太叔疾做向魋的家臣，献给向魋美丽的珍珠，向魋给了他城钼。宋景公索取珍珠，向魋不给，因此得罪。到向魋出逃时，城钼人攻打太叔疾，卫庄公让他回国，让他住在巢地，死在那里。在郧地停柩，葬在少禘。

起初，晋悼公的儿子慭逃亡在卫国，让女儿为自己赶车去打猎，太叔懿子留下请他们喝酒，于是聘娶他的女儿为妻，生了太叔疾。太叔疾即卿位，所以夏戊做了大夫。太叔疾逃亡后，卫国人削除了夏戊的官爵封邑。

孔文子准备攻打太叔疾，向孔子征求意见，孔子说："祭祀之类的事，倒是曾经学过，战争的事，我没有听说过。"退下去后，命令套好车子就走，说："鸟则要选择树木，树木岂能选择鸟？"孔文子赶快拦住他，说："我岂敢为自己的私事谋算，是就卫国困难的事向您询问。"孔子打算留下，鲁国人用财礼召请他，就回国了。

季孙想要按田亩征税，派冉求向孔子询问此事，孔子说："我不知道。"问了三次，冉求最后说："您是国家元老，等着您的意见办事，为什么您不肯说呢？"孔子不回答，而私下对

冉求说："君子办事，要用礼来衡量，施舍要选用丰厚的标准，劳役要选用适中的标准，赋敛要遵从轻微的标准，像这样做在我看来也就够了。如果不合乎礼法，而贪得无厌，那么即使按田亩征税，还会不够，而且季孙他如果要办事合乎礼法，那么周公的典章在。如果想随便行事，那又询问什么呢？"季孙不听从。

哀公十二年

【原文】

十有二年：春，用田赋。

夏，五月甲辰，孟子卒。

公会吴于橐皋。

秋，公会卫侯、宋皇瑗于郧。

宋向巢帅师伐郑。

冬，十有二月，螽。

十二年春，王正月，用田赋。

夏五月，昭夫人孟子卒。昭公娶于吴，故不书姓。死不赴，故不称"夫人"。不反哭，故不言"葬小君"。孔子与吊，适季氏。季氏不绕。放绖而拜。

公会吴于橐皋。吴子使大宰嚭请寻盟；公不欲，使子贡对曰："盟所以周信也，故心以制之，玉帛以奉之，言以结之，明神以要之。寡君以为苟有盟焉，弗可改也已；若犹可改，日盟何益？今吾子曰'必寻盟'，若可寻也，亦可寒也。"乃不寻盟。

吴徵会于卫。初，卫人杀吴行人且姚而惧，谋于行人子羽；子羽曰："吴方无道，无乃辱吾君？不如止也。"子木曰："吴方无道。国无道，必弃疾于人。吴虽无道，犹足以患卫。往也！长木之毙，无不摽也；国狗之瘈，无不噬也；而况大国乎？"

秋，卫侯会吴于郧。公及卫侯、宋皇瑗盟，而卒辞吴盟。吴人藩卫侯之舍。子服景伯谓子贡曰："夫诸侯之会，事既毕矣，侯伯致礼、地主归饩以相辞也。今吴不行礼于卫，而藩其君舍以难之，子盍见大宰？"乃请束锦以行。语及卫故，大宰嚭曰："寡君愿事卫君，卫君之来也缓，寡君惧，故将止之。"子贡曰："卫君之来，必谋于其众；其众或欲或否，是以缓来。其欲来者，子之党也。其不欲来者，子之雠也。若执卫君，是堕党而崇雠也，夫堕子者得其志矣。且合诸侯而执卫君，谁敢不惧？堕党崇雠而惧诸侯，或者难以霸乎？"大宰嚭说，乃舍卫侯。

卫侯归，效夷言。子之尚幼，曰："君必不免，其死于夷乎！执焉，而又说其言，从之固矣！"

冬十二月，螽。季孙问诸仲尼，仲尼曰："丘闻之：火伏而后蛰者毕。今火犹西流，司

历过也。”

宋郑之间有隙地焉，曰弥作、顷丘、玉畅、喦、戈、钖。子产与宋人为成，曰：“勿有是！”及宋平、元之族自萧奔郑，郑人为之城喦、戈、钖。九月，宋向巢伐郑，取钖，杀元公之孙；遂围喦。十二月，郑罕达救喦；丙申，围宋师。

【译文】

鲁哀公十二年春天，按田亩征税，夏五月初三，昭公夫人孟子死了。哀公在橐皋与吴国人会见。秋天，哀公在郧地会见卫出公和宋国的皇瑗。宋国向巢率军队攻打郑国。冬十二月，发生蝗灾。

鲁哀公十二年春天，周历正月，季孙实行按田亩征税。

夏五月，昭公夫人孟子死了。昭公从吴国娶孟子，所以《春秋》不记载她的姓。死了没有发讣告，所以不称她为夫人。安葬后没有返回祖庙哭丧，所以不说“葬小君”。孔子参加吊唁，去到季氏家，季氏没戴丧帽，孔子解下丧带下拜。

哀公在橐皋会见吴国人，吴王让太宰嚭请求重温旧盟，哀公不愿意，派子贡答复说：“盟约是用来巩固信用的，所以用心来制定它，用玉帛来尊奉它，用言辞来缔结它，用神明来约束它。寡君认为如果有了盟约，就不能改变了。如果还可改变，那即使天天结盟又有什么好处？现在您说‘一定要重温旧盟’，如果盟约可以重温，也就可以冷落。”于是不再重温盟约。

吴国召集卫国参加会见。起初，卫国人杀了吴国行人且姚而害怕，就和行人子羽商量。子羽说：“吴国正横暴无道，恐怕会污辱我们国君，不如不去。”子木说：“吴国正横暴无道，国家无道，就一定会加害别人。吴国虽然没有道义，还足以祸害卫国。去吧！高大树木倒下，没有不砸东西的；一国最好的狗发狂，没有不咬人的，何况是大国呢？”

秋天，卫出公在郧地与吴王会见。哀公和卫出公、宋国皇瑗签订盟约，而终于拒绝了与吴国结盟。吴国人包围了卫出公的住所。子服景伯对子贡说：“诸侯的盟会，事情完毕之后，盟主向各国致礼，所在地的主人赠送食物，以此互相辞别。如今吴国不向卫国施礼，反而包围他们君主的住所来为难他们，您何不去见见太宰？”于是子贡申请了五匹锦就去了。谈话谈到卫国的事情，太宰嚭说：“寡君希望侍奉卫君，卫君来得很慢，寡君害怕，所以打算留下他。”子贡说：“卫君来此，一定与他的臣下们商量，臣下们有的愿意他来有的不愿意，因此来晚了。那些愿意他来的人，是您的朋友；那些不希望他来的人，是您的敌人。如果拘留卫君，那就是毁了朋友而帮助了敌人，那些要摧垮您的人就实现他们的愿望了。而且会合诸侯却逮捕卫君，谁会不害怕？毁坏朋友帮助敌人，而又使诸侯惧怕，恐怕难以做霸主吧！”太宰嚭听了很高兴，就放了卫出公。

卫出公回国，常学讲夷地话。子之当时还年幼，说：“君主一定难免于祸难，大概会死在夷地吧！被那里的人拘禁而又喜欢那里的语言，跟从他们够坚决的了。”

冬十二月，发生蝗灾。季孙向孔子询问此事，孔子说："我听说，大火星下沉然后昆虫蛰伏完毕。如今大火星还从西方经过，是掌握历法的错误。"

宋国、郑国之间有些空地，叫作弥作、顷丘、玉畅、嵒、戈、钖。子产和宋国人达成协议，说："不要占有这些空地。"到宋平公、宋元公的族人从萧地逃亡到郑国的时候，郑国人为他们在嵒、戈、钖等地筑城。九月，宋国的向巢攻打郑国，占领钖地，杀了宋元公的孙子，随即包围嵒地。十二月，郑国的罕达救援嵒地，二十八日，围攻宋国军队。

哀公十三年

【原文】

十有三年：春，郑罕达帅师取宋师于嵒。

夏，许男成卒。

公会晋侯及吴子于黄池。

楚公子申帅师伐陈。

於越入吴。

秋，公至自会。

晋魏曼多帅师侵卫。

葬许元公。

九月，螽。

冬，十有一月，有星孛于东方。

盗杀陈夏区夫。

十有二月，螽。

十三年春，宋向魋救其师。郑子剩使徇曰："得桓魋者有赏。"魋也逃归。遂取宋师于嵒，获成讙、郜延。以六邑为虚。

夏，公会单平公、晋家公、吴夫差于黄池。

六月丙子，越子伐吴，为二隧。畴无馀、讴阳自南方，先及郊。吴大子友、王子地、王孙弥庸、寿於姚自泓上观之。弥庸见姑蔑之旗，曰："吾父之旗也。不可以见雠而弗杀也！"大子曰："战而不克，将亡国。请待之。"弥庸不可，属徒五千，王子地助之。乙酉战，弥庸获畴无余，地获讴阳。越子至，王子地守。丙戌，复战，大败吴师。获大子友、王孙弥庸、寿於姚。丁亥、入吴，吴人告败于王，王恶其闻也，自刭七人于幕下。

秋七月，辛丑，盟，吴、晋争先。吴人曰："于周室，我为长。"晋人曰："于姬姓，我为伯。"赵鞅呼司马寅曰："日旰矣，大事未成，二臣之罪也。建鼓整列，二臣死之，长幼必可知也。"对曰："请姑视之。"反曰："肉食者无墨。今吴王有墨，国胜乎？大子死乎？且夷

德轻,不忍久,请少待之。”乃先晋人。

吴人将以公见晋侯,子服景伯对使者曰:“王合诸侯,则伯帅侯牧以见于王。伯合诸侯,则侯帅子男以见于伯。自王以下,朝聘玉帛不同。故敝邑之职贡于吴,有丰于晋,无不及焉,以为伯也。今诸侯会,而君将以寡君见晋君,则晋成为伯矣,敝邑将改职贡。鲁赋于吴八百乘。若为子男,则将半邾以属于吴,而如邾以事晋。且执事以伯召诸侯,而以侯终之,何利之有焉?”吴人乃止。既而悔之,将囚景伯。景伯曰:“何也立后于鲁矣。将以二乘与六人从,迟速唯命。”遂囚以还。及户牖,谓大宰曰:“鲁将以十月上辛,有事于上帝先王,季辛而毕。何世有职焉,自襄以来,未之改也。若不会,祝宗将曰:‘吴实然。’且谓:‘鲁不共而执其贱者七人,何损焉?’”大宰嚭言于王曰:“无损于鲁,而祗为名,不如归之。”乃归景伯。

吴申叔仪乞粮于公孙有山氏。曰:“佩玉縈兮,余无所系之。旨酒一盛兮,余与褐之父睨之。”对曰:“粱则无矣,粗则有之。若登首山以呼曰:‘庚癸乎!’则诺。”

王欲伐宋,杀其丈夫而囚其妇人。大宰嚭曰:“可胜也,而弗能居也。”乃归。

冬,吴及越平。

【译文】

鲁哀公十三年春天,郑国的罕达率领军队在嵒地获取宋军。夏天,许元公死了。哀公在黄池会见晋定公及吴王。楚国的公子申率军攻打陈国。越国侵入吴国。秋天,哀公从黄池会见回到国内。晋国的魏曼多领兵侵袭卫国。安葬许元公。九月,发生蝗灾。冬十一月,有彗星出现在东方。刺客杀死了陈国的夏区夫。十二月,发生蝗灾。

鲁哀公十三年春天,宋国的向魋援救他们的军队。郑国子剩派人宣告说:“俘虏向魋的人有赏。”向魋逃回宋国。于是在嵒地获取宋军,俘虏了成讙、郜延,把六个城邑变成废墟。

夏天,哀公在黄池会见单平公、晋定公和吴王夫差。

六月十一日,越王攻打吴国,兵分两路,畴无余、讴阳从南面进军,先行到达吴都郊外。吴国的太子友、王子地、王孙弥庸、寿于姚在泓水岸边观察越国军队。弥庸看到姑蔑的旗帜,说:“这是我父亲的旗帜。不能看到仇敌却不杀他们。”太子说:“作战如果不能取胜,将亡国,请等待一下。”弥庸不同意,带领士卒五千人,王子地辅助他。二十日,开战,弥庸俘获了畴无余,王子地俘获了讴阳。越王赶到,王子地防守。二十一日,再次交战,大败吴军,俘获了太子友、王孙弥庸、寿于姚。二十二日,越军进入吴国。吴国人向吴王报告失败,吴王讨厌这消息被诸侯听到,亲自在帐幕下杀死了七个人。

秋七月初六日,准备盟誓,吴国和晋国争着要先歃血。吴国人说:“在周王室中,我们是老大。”晋国人说:“在姬姓国中,我们是霸主。”赵鞅喊司马寅说:“天晚了,大事没有办成,这是我们两个臣子的罪责。立起战鼓,整齐队伍,我们两人拼死一战,先后必定可以知晓。”司马寅回答说：“请暂且观察对方一下。”观察回来，说：“有高官厚禄的人没有脸色昏暗的，现在吴王脸色暗淡无光，是国家被战胜了吧？太子死了吧？而且夷人品性轻佻，不能长久忍耐，请稍微等待一下。”于是吴国人在晋国人之先歃血。

吴国人打算带着鲁哀公进见晋定公，子服景伯回答吴国使者说：“天子会合诸侯，那么霸主率领诸侯去晋见天子。霸主会合诸侯，那么由侯率领子、男去晋见霸主。从天子以下，朝聘使用的玉帛并不相同，所以敝邑献给吴国的贡赋，只有比晋国丰厚，没有赶不上的，因为是把吴国当成霸主。现在诸侯会合，君王却打算带着寡君去见晋君，那晋国就成为霸主了，敝邑将改变贡赋。鲁国献给吴国的贡赋有八百辆兵车，如果变成子爵、男爵，就将取邾国贡赋的一半来交给吴国，而按邾国的级别来侍奉晋国。而且执事以霸主的身份召见诸侯，却以诸侯的身份告终，又有什么好处呢？”吴国人就停止那样做，不久又后悔，打算囚禁景伯。景伯说：“我在鲁国立了继承人，打算带两辆车和六个人跟从你们，早走晚走唯命是从。”于是吴国人就拘禁了景伯带回国去。到达户牖，景伯对太宰说：“鲁国将在十月的第一个辛日对上帝先王举行祭祀，在最后一个辛日结束。我家世代在祭典中担任职事，从襄公以来，没有改变。如果这次不参加，主祭官将说：‘是吴国使他这样的。’而且贵国说鲁国不恭，但只是拘捕了他们七个低贱的人，对鲁国又有什么损伤呢？”太宰嚭对吴王说：“对鲁国没有损伤，而只是得个坏名声，不如放他回国。”就把景伯放回去了。

吴国的申叔仪向公孙有山求取粮食，说：“佩玉沉沉啊，我没有系过它；美酒一杯啊，我和贫贱的老头只能望着它。”公孙有山回答说：“细粮已经没有了，粗粮倒是有，如果你登上首山而呼喊：‘给点下等货吧！’就答应你。”吴王想要攻打宋国，杀死那里的男人而囚禁女人，太宰嚭说：“可以战胜它，但无法住在那里。”吴王就回国了。

冬天，吴国和越国订立和约。

哀公十四年

【原文】

十有四年：春，西狩获麟。小邾射以句绎来奔。

夏，四月，齐陈恒执其君，寘于舒州。庚戌，叔还卒。

五月庚申朔，日有食之。陈宗竖出奔楚。

宋向魋入于曹以叛。莒子狂卒。

六月，宋向魋自曹出奔卫。宋向巢来奔。齐人弑其君壬于舒州。

秋，晋赵鞅帅师伐卫。

八月辛丑，仲孙何忌卒。

冬，陈宗竖自楚复入于陈，陈人杀之。陈辕买出奔楚。有星孛。饥。

十四年春，西狩于大野。叔孙氏之车子钼商获麟，以为不祥，以赐虞人。仲尼观之，曰："麟也。"然后取之。

小邾射以句绎来奔，曰："使季路要我，吾无盟矣。"使子路，子路辞。季康子使冉有谓之曰："千乘之国，不信其盟，而信子之言，子何辱焉？"对曰："鲁有事于小邾，不敢问故，死其城下可也。彼不臣而济其言，是义之也。由弗能！"

齐简公之在鲁也，阚止有宠焉。及即位，使为政。陈成子惮之，骤顾诸朝。诸御鞅言于公曰："陈、阚不可并也，君其择焉。"弗听。

子我夕，陈逆杀人，逢之，遂执以入。陈氏方睦，使疾而遗之潘沐，备酒肉焉，飨守囚者，醉而杀之而逃。子我盟诸陈于陈宗。

初，陈豹欲为子我臣，使公孙言己，已有丧而止。既而言之，曰："有陈豹者，长而上偻，望视，事君子必得志。欲为子臣，吾惮其为人也，故缓以告。"子我曰："何害？是其在我也。"使为臣。他日，与之言政，说，遂有宠。谓之曰："我尽逐陈氏，而立女，若何？"对曰："我远于陈氏矣。且其违者，不过数人，何尽逐焉？"遂告陈氏。子行曰："彼得君；弗先，必祸子。"子行舍于公宫。

夏五月，壬申，成子兄弟四乘如公。子我在幄，出逆之，遂入，闭门。侍人御之，子行杀侍人。公与妇人饮酒于檀台，成子迁诸寝。公执戈，将击之。大史子馀曰："非不利也，将除害也。"

成子出舍于库，闻公犹怒，将出，曰："何所无君？"子行抽剑曰："需，事之贼也。谁非陈宗？所不杀子者，有如陈宗！"乃止。

子我归，属徒攻闱与大门，皆不胜，乃出。陈氏追之，失道于弇中，适丰丘。丰丘人执之以告，杀诸郭关。成子将杀大陆子方，陈逆请而免之，以公命取车于道。及彨，众知而东之。出雍门，陈豹与之车，弗受，曰："逆为余请，豹与余车，余有私焉。事子我而有私于其雠，何以见鲁、卫之士？"东郭贾奔卫。庚辰，陈恒执公于舒州。公曰："吾早从鞅之言，不及此。"

宋桓魋之宠，害于公。公使夫人骤请享焉，而将讨之。未及，魋先谋公，请以鞌易薄。公曰："不可。薄，宗邑也。"乃益鞌七邑，而请享公焉。以日中为期，家备尽往。公知之，告皇野曰："余长魋也。今将祸余，请即救。"司马子仲曰："有臣不顺，神之所恶也，而况人乎？敢不承命。不得左师不可，请以君命召之。"

左师每食击钟。闻钟声，公曰："夫子将食。"既食，又奏。公曰："可矣。"以乘车往，曰："迹人来告曰：'逢泽有介麇焉。'公曰：'虽魋未来，得左师，吾与之田，若何？'君惮告子，野曰：'尝私焉。'君欲速，故以乘车逆子。"与之乘，至，公告之故，拜不能起。司马曰："君与之言。"公曰："所难子者，上有天，下有先君。"对曰："魋之不共，宋之祸也。敢不唯命是听。"司马请瑞焉，以命其徒攻桓氏。其父兄故臣曰："不可。"其新臣曰："从吾君之命。”遂攻之。

子颀骋而告桓司马。司马欲入，子车止之，曰：“不能事君，而又伐国，民不与也，祇取死焉。”向魋遂入于曹以叛。

六月，使左师巢伐之，欲质大夫以入焉。不能。亦入于曹取质。魋曰：“不可。既不能事君，又得罪于民，将若之何？”乃舍之。民遂叛之，向魋奔卫。向巢来奔，宋公使止之，曰：“寡人与子有言矣，不可以绝向氏之祀。”辞曰：“臣之罪大，尽灭桓氏可也。若以先臣之故，而使有后，君之惠也。若臣则不可以入矣。”

司马牛致其邑与珪焉，而适齐。向魋出于卫地，公文氏攻之，求夏后氏之璜焉。与之他玉，而奔齐，陈成子使为次卿。司马牛又致其邑焉，而适吴。吴人恶之而反。赵简子召之，陈成子亦召之，卒于鲁郭门之外，阬氏葬诸丘舆。

甲午，齐陈恒弑其君壬于舒州。孔丘三日齐，而请伐齐三。公曰：“鲁为齐弱久矣，子之伐之，将若之何？”对曰：“陈恒弑其君，民之不与者半。以鲁之众，加齐之半，可克也。”公曰：“子告季孙。”孔子辞，退而告人，曰：“吾以从大夫之后也，故不敢不言。”

初，孟孺子泄将圉马于成。成宰公孙宿不受，曰：“孟孙为成之病，不圉马焉。”孺子怒，袭成。从者不得入，乃反。成有司使，孺子鞭之。秋八月，辛丑，孟懿子卒。成人奔丧，弗内。袒免哭于衢。听共，弗许。惧，不归。

【译文】

鲁哀公十四年春天，在西部打猎捕获一只麒麟。小邾国的射奉献句绎前来投奔。夏天四月，齐国的陈恒拘捕了他们的君主，安置到舒州。四月二十日，叔还死了。五月初一日，发生日食。陈国的宗竖出逃到楚国。宋国向魋进入曹地而叛乱。莒国君主狂死了。六月，宋国向魋从曹地出逃到卫国。宋国向巢逃亡前来我国。齐国人在舒州杀了他们的国君壬。秋天，晋国的赵鞅率领军队攻打卫国。八月十三日，孟懿子死了。冬天，陈国的宗竖从楚国重新进入陈国，陈国人杀了他。陈国的辕买出逃到楚国。有彗星出现。发生灾荒。

鲁哀公十四年春天，哀公到西部的大野打猎，叔孙氏的车手子钽商猎获一只麒麟，认为不吉利，把它赐给虞人。孔子看了之后，说：“是麒麟。”这才取回它。

小邾国的射奉献句绎前来投奔，说：“派子路和我订约，我就不用与鲁国盟誓了。”鲁国派子路去，子路推辞。季康子派冉求对子路说：“拥有千辆兵车的国家，不信任它的盟誓，却相信您的话，您有什么屈辱呢？”子路回答说：“鲁国若对小邾国采取军事行动，我不敢问什么原因，战死在他们城下就行了。射不尽臣道，却让他的话得以实现，这是把他的不尽臣道当成正义，我不能那样。”

齐简公在鲁国时，阚止受到宠幸。等到简公即君位后，就让阚止执政。陈成子对此感到害怕，在朝廷上频频看他。御者鞅就对齐简公说：“陈成子和阚止不可同时任用，君

应当在中间选择一个。"齐简公不听从。

阚止在晚上进见齐简公,陈逆杀了人,被阚止碰见了,就抓住他带进公宫。陈氏一族当时很和睦,就让陈逆装成有病,给他送去洗头用的淘米水,准备了酒肉,招待看守囚犯的人吃喝,把他们灌醉之后就杀了他们,陈逆就逃走了。阚止和陈氏家族的人在陈氏宗庙中盟誓。

起初,陈豹想要做阚止的家臣,让公孙介绍自己,不久有了丧事就停止了。丧事已完,公孙就向阚止介绍他说:"有个叫陈豹的人,身材高大而肩背伛偻,总是仰视,侍奉君子必定善解人意,想要做您的家臣。我惧怕他的为人,所以迟迟才告诉您。"阚止说:"那有什么妨害?这都在于我。"就让陈豹做了家臣。过了些日子,阚止和陈豹讨论政事,很高兴,于是陈豹得到宠幸。阚止对陈豹说:"我把陈氏家族的人全部赶走而立你为继承人,怎么样?"陈豹回答说:"我在陈氏家族是远支,而且那些违背您的不过几人,为什么要全部赶走呢?"陈豹就报告了陈氏家族的人。陈逆对陈成子说:"阚止他得到君主的信任,不先下手,必定会危害您。"陈逆就住到公宫里去。

夏五月十三日,陈成子兄弟乘四辆车前往齐简公那儿。阚止正在帐幕里,出来迎接他们,陈成子兄弟几个就进入公宫,把门关上。齐简公的仆人阻挡他们,陈逆杀了仆人。齐简公和宫女在檀台喝酒,陈成子要把他转移到寝宫去。简公拿起戈,准备击杀陈成子。太史子余说:"不是要对君不利,是打算除掉害人。"

陈成子出去住在库房里,听说简公还在发怒,准备出逃,说:"哪里没有国君!"陈逆抽出剑来说:"迟疑等待,是办事的祸害,谁不能做陈氏宗主?如果不杀了您,有这历代陈氏宗主为证!"陈成子就没有出逃了。

阚止回去,带领部下攻打公官小门和大门,都没有取胜,就逃出去了。陈氏追赶他,在弇中阚止迷了路,到了丰丘。丰丘人逮住了他,报告陈成子,在郭关杀死了他。陈成子打算杀大陆子方,陈逆求情就赦免了他。子方用简公的名义在路上征取车子,到达耏地,大家发现了就逼他东返。出了雍门,陈豹给他一辆车,他不接受,说:"陈逆替我求情,陈豹给我车子,我与他们有私交。侍奉阚止却与他的仇敌有私交,用什么脸面去见鲁国、卫国的士人?"子方就逃往卫国。五月二十一日,陈成子在舒州逮捕了齐简公。简公说:"我早听鞅的话,不会落到这种田地!"

宋国的向魋受宠而危害到宋景公,宋景公让母亲突然邀请向魋参加宴享,打算趁机讨伐他。没等到宴享,向魋先谋算景公,请求用鞌邑换取薄邑。景公说:"不行。薄邑是祖庙所在的城邑。"就增加七个封邑给鞌邑,向魋就请求设宴答谢景公,以正午作为宴享的时间,私家的武装全部带去了。宋景公知道了,告诉皇野说:"我把向魋抚养大了,如今将要害我,请赶快援救。"皇野说:"有臣下不服从,连神灵都厌恶,何况人呢?岂敢不接受命令。但不得到左师支持不行,请用君的命令把他召来。"

左师每餐吃饭都敲钟,这时听到了钟声,景公说:"他要吃饭了。"左师吃完饭后又奏

乐，景公说："可以去了。"皇野坐了一辆车前往，对左师说："迹人来报告说：'逢泽有一只鹿。'国君说：'虽然向魋没来，但可找来左师，我和他去打猎，怎么样？'国君顾忌直接告诉您，我说：'我试着私下去谈谈。'国君希望快点，所以我用一辆车来迎接您。"左师就和皇野坐一辆车，到达公宫，景公告诉他缘由，左师下拜，不能站起，皇野说："君主和他盟誓。"景公说："如果要为难您的，上有天，下有先君为证！"左师回答说："向魋不恭，是宋国的祸害，哪敢不唯命是听！"皇野请求出兵的符节，甩来命令他的部下攻打向魋。他的父辈兄弟旧臣说："不行。"他的新臣说："听从我们国君的命令。"于是攻打向魋。

子颀驱马报告向魋，向魋想要攻入公宫，子车阻止他，说："不能侍奉国君，又要攻打首都，老百姓是不会帮助你的，只是自取灭亡。"向魋就进入曹地叛变。

六月，宋景公派左师向巢攻打向魋，向巢想要以大夫做人质而与向魋回到国都。没有办到，向巢也进入曹地，并抓了人质。向魅说："不行，既不能侍奉君主，又得罪老百姓，将打算怎么办？"就放了人质。老百姓于是背叛他们，向魋逃往卫国。向巢逃亡前来鲁国，宋景公派人留他，说："寡人和您有过盟誓，不能够断了向氏的香火。"向巢辞谢说："臣下罪过太大，全部灭掉桓氏也是可以的。如果因为先臣的缘故，让桓氏有继承人，这是君主的恩惠。至于我就不能再回去了。"

司马牛把他的封邑和珪上交给宋景公，就去了齐国。向魋从卫地经过时，公文氏攻打他，向他索取夏后氏的玉璜。向魋给了公文氏别的玉，就逃往齐国，陈成子让向魋做了次卿。司马牛又把封邑交还齐国，去了吴国。吴国人讨厌他，就返回宋国。赵鞅召请他，陈成子也召请他，但他死在鲁国外城的门外，阬氏把他埋葬在舆地。

六月初五日，齐国的陈恒在舒州杀了他们的国君壬。孔子斋戒三天，请求攻打齐国，请求了三次。鲁哀公说："鲁国被齐国削弱已很久了，您主张攻打它，打算怎么办？"孔子回答说："陈恒杀了他们的国君，人民有一半不赞成。用鲁国的广大将士加上齐国的一半百姓，可以取胜。"哀公说："您去告诉季孙。"孔子辞谢，退朝告诉别人说："我因为曾位列大夫之末，所以不敢不说。"

起初，孟孺子泄打算在成邑养马，成邑的宰臣公孙宿不接受，说："你父亲孟孙因为成邑困苦，不在这里养马。"孟孺子发怒，袭击成邑，跟从的部下没能攻入，就返回去了。成邑的官员派人来，孟孺子鞭打来人。秋八月十三日，孟懿子死了，成邑人去奔丧，孺子不接纳，他们就脱去上衣穿上丧服在街上哭，表示听从命令供奉驱使，孺子还是不答应。成邑人害怕，不敢回去。

哀公十五年

【原文】

十有五年：春，王正月，成叛。

夏，五月，齐高无丕出奔北燕。

郑伯伐宋。

秋，八月，大雩。晋赵鞅帅师伐卫。

冬，晋侯伐郑。及齐平。卫公孟弫出奔齐。

十五年春，成叛于齐。武伯伐成，不克，遂城输。

夏，楚子西、子期伐吴，及桐汭。陈侯使公孙贞子吊焉，及良而卒。将以尸入，吴子使大宰嚭劳，且辞曰："以水潦之不时，无乃廪然陨大夫之尸，以重寡君之忧。寡君敢辞。"上介芋尹盖对曰："寡君闻楚为不道，荐伐吴国，灭厥民人。寡君使盖备使，吊君之下吏。无禄，使人逢天之慼，大命陨队，绝世于良。废日共积，一日迁次。今君命逆使人曰：'无以尸造于门。'是我寡君之命委于草莽也。且臣闻之曰：'事死如(事)生，礼也。'于是乎有朝聘而终，以尸将事之礼，又有朝聘而遭丧之礼。若不以尸将命，是遭丧而还也，无乃不可乎！以礼防民，犹或逾之。今大夫曰：'死而弃之'，是弃礼也，其何以为诸侯主？先民有言曰：'无秽(虐)〔虚〕士。'备使奉尸将命，苟我寡君之命达于君所，虽陨于深渊，则天命也。非君与涉人之过也。"吴人内之。

秋，齐陈瓘如楚。过卫，仲由见之，曰："天或者以陈氏为斧斤，既斫丧公室，而他人有之，不可知也。其使终飨之，亦不可知也。若善鲁以待时，不亦可乎？何必恶焉？"子玉曰："然，吾受命矣。子使告我弟。"

冬，及齐平。子服景伯如齐，子赣为介，见公孙成，曰："人皆臣人。而有背人之心；况齐人虽为子役，其有不贰乎？子，周公之孙也。多飨大利，犹思不义。利不可得，而丧宗国，将焉用之？"成曰："善哉！吾不早闻命。"

陈成子馆客，曰："寡君使恒告曰：'寡人愿事君如事卫君。'"景伯揖子赣而进之。对曰："寡君之愿也。昔晋人伐卫，齐为卫故，伐晋冠氏，丧车五百，因与卫地，自济以西，禚、媚、杏以南，书社五百。吴人加敝邑以乱，齐因其病，取讙与阐。寡君是以寒心。若得视卫君之事君也，则固所愿也。"成子病之，乃归成。公孙宿以其兵甲入于嬴。

卫孔圉取大子蒯聩之姊，生悝。孔氏之竖浑良夫，长而美，孔文子卒，通于内。大子在戚，孔姬使之焉。大子与之言曰："苟使我入获国，服冕乘轩，三死无与。"与之盟。为请于伯姬。

闰月，良夫与大子入，舍于孔氏之外圃。昏，二人蒙衣而乘，寺人罗御，如孔氏。孔氏之老栾宁问之，称姻妾以告。遂入，适伯姬氏。既食，孔伯姬杖戈而先，大子与五人介，舆豭从之。迫孔悝于厕，强盟之，遂劫以登台。栾宁将饮酒，炙未熟，闻乱，使告季子。召获驾乘车，行爵食炙，奉卫侯辄来奔。

季子将入，遇子羔将出，曰："门已闭矣。"季子曰："吾姑至焉。"子羔曰："弗及，不践其难。"季子曰："食焉，不辟其难。"子羔遂出。子路入，及门，公孙敢门焉，曰："无入为也！"季子曰："是公孙〔也〕，求利焉而逃其难。由不然，利其禄，必救其患。"有使者出，乃入。曰:“大子焉用孔悝?虽杀之,必或继之。”且曰:“大子无勇,若燔台,半,必舍孔叔。”大子闻之惧,下石乞、盂黡敌子路。以戈击之,断缨。子路曰:“君子死,冠不免。”结缨而死。孔子闻卫乱,曰:“柴也其来,由也死矣。”

孔悝立庄公。庄公害故政,欲尽去之。先谓司徒瞒成曰:“寡人离病于外久矣,子请亦尝之。”归告褚师比,欲与之伐公,不果。

【译文】

鲁哀公十五年春天,周历正月,成邑叛变。夏五月,齐国高无丕出逃到北燕。郑声公攻打宋国。秋八月,举行求雨大祭。晋国赵鞅率领军队攻打卫国。冬天,晋定公攻打郑国。鲁国与齐国议和。卫国公孟弫出逃到齐国。

鲁哀公十五年春天,成邑背叛孟氏而投靠齐国,孟孺子攻打成邑,没有攻克,就在输地筑城。

夏天,楚国的子西、子期攻打吴国,到达桐汭。陈闵公派公孙贞子慰问吴国,走到良地就死了,随行人员打算带着灵柩进入吴国。吴王派太宰嚭前去慰劳,并且推辞说:“因为雨水不合时节,恐怕洪水泛滥会毁了大夫的灵柩,而增加寡君的忧虑,寡君大胆辞谢。”上介芋尹盖回答说:“寡君听说楚国施行无道,多次攻打吴国,杀害你们的百姓,寡君派遣我充做使者,慰问贵君的下级官吏。使臣没有福分,遭到上天降下的忧虑,丧了性命,死在良地。我们耗费时日准备了慰问的物资,又每天迁徙驻地赶路,如今贵君却命令拒绝使者,说:‘不要带着灵柩进到吴国的门。’这样我们寡君的命令就被抛弃在草莽中了。而且我听说:‘侍奉死人要像侍奉他活着一样。这是合乎礼的。’于是有了在朝聘中死去使臣,而带着灵柩完成使命的礼仪,又有了在朝聘时遇到对方丧葬的礼仪。如果不带着灵柩完成使命,这就像是遇到对方有丧事就回国,恐怕不行吧!用礼仪来规范百姓,还有人逾越它,如今大夫说‘死了就丢掉他’,这是丢掉礼仪,还凭什么做诸侯的盟主呢?先民有句话说:‘不要把死者当成污秽。’我奉守灵柩完成使命,如果我们寡君的命令能传达到贵君那里,即使是坠入深渊,那也是天命,不是贵君和摆渡人的过错。”吴国人就接纳了他们。

秋天,齐国的陈瓘前往楚国,途经卫国时,子路拜见他,说:“上天也许以陈氏做斧头,削弱公室以后,而别人拥有它,这是难以预知的。也许让陈氏最终享有它,这也难以预料。如果和鲁国友好而等待时机,不也可以吗?何必搞坏关系呢?”陈瓘说:“说得对,我接受教命了,您让人告诉我弟弟。”

冬天,鲁国与齐国达成和议。子服景伯前往齐国,子贡做副使,拜见公孙宿说:“人人都在别人面前称臣,却有背叛别人的想法,何况齐国人呢?他们虽然为您出力,难道没有二心吗?您是周公的后代,享受过很多大的好处,还想着做不合道义的事。结果利益得不到,反而丧失了祖国,哪里用得着这样呢?”公孙宿说:“对啊!我没有早听到您的

教命。"

陈成子让宾客住在客馆里,说:"寡君派我报告诸位:'寡人愿意像侍奉卫君一样侍奉贵君。'"景伯拱手请子贡走向前去,回答说:"这是寡君的愿望。过去晋国人攻打卫国,齐国因为卫国的缘故,攻打晋国的冠氏,损失了五百辆战车,因而割让土地给卫国。从济水以西,禚地、媚地、杏地以南,共五百个村子。吴国人将战乱加给敝国,齐国趁我困难,占取了讙地和阐地,寡君因此心灰意冷。如能像侍奉卫君那样侍奉我们寡君,那本来就是我们所希望的。"陈成子感到很难过,就把成邑归还给鲁国。公孙宿带着他的武器进入嬴地。

卫国孔圉娶了太子蒯聩的姐姐,生了孔悝。孔家的僮仆叫浑良夫,身材又高又漂亮,孔圉死了后,与他的夫人通奸。太子在戚地,孔姬派浑良夫去到那里。太子与浑良夫说:"如果能使我回国获得国家政权,我让你戴大夫的帽子,坐大夫的车子,赦免三次死罪。"就和他盟誓。浑良夫为太子向孔姬请求。

闰十二月,浑良夫和太子进入国都,住在孔家外面的菜园里。黄昏,两人用衣蒙头坐在车上,寺人罗为他们驾车,前往孔氏家。孔氏的管家栾宁盘问他们,他们谎称是亲家的仆妾,就进了孔家,到了孔姬那儿。吃完饭后,孔姬拄着戈走在前头,太子与另五人披着铠甲,用车拉着雄猪跟着她,把孔悝逼到背人的地方,强行与他盟誓,随即劫持他登上台去。栾宁打算喝酒,烤肉没熟,听说有动乱,派人报告子路。自己召来获,驾上坐车,边赶路边喝酒吃肉,侍奉卫出公辄逃亡前来鲁国。

子路正要进入国都,碰到子羔正要出去,说:"城门已经关闭了。"子路说:"我暂且到城里去。"子羔说:"来不及了,不要去赴难!"子路说:"吃了他的俸禄,不能逃避他的祸难。"子羔就出了城。子路进入国都,走到孔家门口,公孙敢在那里守门,说:"不要进去干什么了。"子路说:"这就是公孙敢啊,在这里谋求利益而逃避祸难。我不这样,享用他的俸禄,就一定要救援他的祸难。"正好有使者出来,子路于是进了孔家,说:"太子哪里用得着孔悝?即使杀了他,必定有人继承他。"并且说:"太子没有勇力,如果放火烧台,烧到一半,必定会放弃孔悝。"太子听了这话,很害怕,叫石乞、盂黡下来抵抗子路,用戈打他,打断了冠带。子路说:"君子死了,帽子也不脱下。"系好冠带就死了。孔子听到卫国动乱,说:"子羔将会到来,子路会死掉。"

孔悝立蒯聩为卫庄公。庄公担心过去的大臣,想要全部去掉,先对司徒瞒成说:"寡人在外遭受困苦很久了,请您也尝尝。"瞒成回去告诉褚师比,想要和他一起攻打庄公,没有实现。

哀公十六年

【原文】

十有六年:春,王正月己卯,卫世子蒯聩自戚入于卫。

卫侯辄来奔。

二月,卫子还成出奔宋。

夏,四月己丑,孔丘卒。

十六年春,瞒成、褚师比出奔宋。

卫侯使鄢武子告于周,曰:“蒯聩得罪于君父君母,逋窜于晋。晋以王室之故,不弃兄弟,寘诸河上。天诱其衷,获嗣守封焉,使下臣肸敢告执事。”王使单平公对,曰:“肸以嘉命来告余一人,往谓叔父:余嘉乃成世,复尔禄次。敬之哉!方天之休。弗敬弗休,悔其可追?”

夏四月己丑,孔丘卒。公诔之曰:“旻天不吊,不憖遗一老;俾屏余一人以在位,茕茕余在疚。呜呼哀哉,尼父!无自律。”子赣曰:“君其不没于鲁乎?夫子之言曰:‘礼失则昏,名失则愆。’失志为昏,失所为愆。生不能用,死而诔之,非礼也。称‘一人’,非名也。君两失之。”

六月,卫侯饮孔悝酒于平阳,重酬之。大夫皆有纳焉。醉而送之,夜半而遣之。载伯姬于平阳而行,及西门,使贰车反祏于西圃。子伯季子初为孔氏臣,新登于公,请追之;遇载祏者,杀而乘其车。许公为反祏,遇之,曰:“与不仁人争明,无不胜。”必使先射。射三发,皆远许为。许为射之,殪。或以其车从,得祏于橐中。孔悝出奔宋。

楚大子建之遇谗也,自城父奔宋;又辟华氏之乱于郑。郑人甚善之。又适晋,与晋人谋袭郑,乃求复焉。郑人复之如初。晋人使谍于子木,请行而期焉。子木暴虐于其私邑,邑人诉之。郑人省之,得晋谍焉,遂杀子木。其子曰胜,在吴。子西欲召之,叶公曰:“吾闻胜也诈而乱,无乃害乎?”子西曰:“吾闻胜也信而勇,不为不利。舍诸边竟,使卫藩焉。”叶公曰:“周仁之谓信,率义之谓勇。吾闻胜也好复言,而求死士,殆有私乎?复言,非信也;期死,非勇也。子必悔之!”弗从。召之,使处吴竟,为白公。

请伐郑,子西曰:“楚未节也。不然,吾不忘也。”他日又请,许之。未起师,晋人伐郑。楚救之,与之盟。胜怒曰:“郑人在此,雠不远矣!”胜自厉剑,子期之子平见之,曰:“王孙何自厉也?”曰:“胜以直闻。不告女,庸为直乎?将以杀尔父!”平以告子西。子西曰:“胜如卵,余翼而长之。楚国第我死,令尹、司马非胜而谁?”胜闻之,曰:“令尹之狂也!得死,乃非我。”子西不悛。胜谓石乞曰:“王与二卿士,皆五百人当之,则可矣。”乞曰:“不可得也。”曰:“市南有熊宜僚者,若得之,可以当五百人矣。”乃从白公而见之。与之言,说。告之故,辞。承之以剑,不动。胜曰:“不为利谄,不为威惕,不泄人言以求媚者。去之。”

吴人伐慎,白公败之。请以战备献,许之,遂作乱。秋,七月,杀子西、子期于朝,而劫惠王。子西以袂掩面而死。子期曰:“昔者吾以力事君,不可以弗终。”抉豫章以杀人而后死。石乞曰:“焚库、弑王。不然,不济。”白公曰:“不可!(杀)〔弑〕王不祥。焚库无聚。将何以守矣?”乞曰:“有楚国而治其民,以敬事神,可以得祥,且有聚矣。何患?”弗从。叶

公在蔡，方城之外皆曰："可以入矣！"子高曰："吾闻之，以险侥幸者，其求无餍，偏重必离。"闻其杀齐管修也，而后入。

白公欲以子闾为王，子闾不可，遂劫以兵。子闾曰："王孙若安靖楚国、匡正王室，而后庇焉，启之愿也，敢不听从？若将专利，以倾王室，不顾楚国，有死不能！"遂杀之，而以王如高府。石乞尹门。圉公阳穴宫，负王以如昭夫人之宫。

叶公亦至，及北门，或遇之，曰："君胡不胄？国人望君，如望慈父母焉。盗贼之矢若伤君，是绝民望也，若之何不胄？"乃胄而进。又遇一人曰："君胡胄？国人望君，如望岁焉，日日以幾；若见君面，是得艾也。民知不死，其亦夫有奋心，犹将旌君以徇于国，而又掩面以绝民望，不亦甚乎？"乃免胄而进。

遇箴尹固帅其属，将与白公。子高曰："微二子者，楚不国矣。弃德从贼，其可保乎？"乃从叶公。使与国人以攻白公。

白公奔山而缢，其徒微之。生拘石乞，而问白公之死焉。对曰："余知其死所，而长者使余勿言。"曰："不言，将(烹)〔亨〕！"乞曰："此事克则为卿，不克则(烹)〔亨〕。固其所也，何害？"乃(烹)〔亨〕石乞。王孙燕奔頯黄氏。

〔沈〕诸梁兼二事。国宁。乃使宁为令尹，使宽为司马，而老于叶。

卫侯占梦。嬖人求酒于大叔僖子，不得；与卜人比而告公曰："君有大臣在西南隅，弗去，惧害。"乃逐大叔遗。遗奔晋。

卫侯谓浑良夫曰："吾继先君而不得其器，若之何？"良夫代执火者，而言曰："疾与亡君，皆君之子也。召之，而择材焉可也；若不材，器可得也。"竖告大子。大子使五人舆豭从己，劫公而强盟之，且请杀良夫。公曰："其盟免三死。"曰："请三之后有罪杀之。"公曰："诺哉！"

【译文】

鲁哀公十六年春天，周历正月二十九日，卫国太子蒯聩从戚地回到卫国，卫出公辄逃亡来到鲁国。二月，卫国的瞒成出逃到宋国。夏四月十一日，孔子死了。

鲁哀公十六年春天，卫国的瞒成、褚师比出逃到宋国。卫庄公派鄢武子到成周报告，说："我君蒯聩得罪了君父君母，逃藏到晋国。晋国因为王室的缘故，不抛弃兄弟，而把他安置在戚地。上天降下善意，蒯聩得以继承君位管理国家，派下臣我谨向天子报告。"周敬王派单平公回答说："肸带着美好的使命来报告我，你回去对叔父说：我赞许你继承君位，恢复你的禄位，严肃地奉行职位吧！这样就可以享有上天的福禄。如果不严肃奉职就不能得到福禄，后悔难道来得及？"

夏四月十一日，孔子死了，鲁哀公追悼他说："上天不怜悯我，不肯留下这位贤老，让他辅助我一人奉守君位，而让我孤独地处在忧苦中。啊啊，悲痛啊！尼父！我没有用来诫敕自己的榜样了。"子贡说："君主恐怕不能在鲁国善终吧！老师有话说：'丧失礼仪就

会昏乱，丧失名分就会犯错误。’失去意志就是昏乱，失去本位就是过错。先生活着时不能重用，死了又追悼他，这是非礼。自称一人，这是不合名分。国君两样都失去了。”

六月，卫庄公在平阳宴请孔悝喝酒，用厚礼酬报他，大夫们也都有赠送的礼物。孔悝喝醉了就送回去，到半夜就遣送他走。孔悝在平阳用车子装上孔姬出发，到达西门，派副车返回西圃取神主。子伯季子起初做孔氏家臣，新近升迁到庄公那里。他请求追赶孔悝，碰上装载神主的副车，杀了他们而坐上他们的车子。许公为又返回去取神主，遇上了子伯季子，说：“和不仁的人争高下，没有不胜的。”一定要让子伯季子先射，射了三箭，都离许公为很远。许公为射子伯季子，射死了。有人坐着那辆副车跟着许公为，在袋中找到了神主。孔悝出逃到宋国。

楚国太子建遭到诬陷时，从城父逃往宋国，又去郑国躲避华氏之乱，郑国人对他很友好。太子建又去到晋国，和晋国人谋划袭击郑国，于是要求回到郑国。郑国人让他回到郑国并像当初一样对待他。晋国人派间谍到太子建那里，请求行动并约定日期。太子建在他的私邑中施行暴政，邑中百姓控告他。郑国人前去调查，抓到了晋国间谍，于是杀了太子建。太子建的儿子名叫胜，住在吴国，子西想要召他来，叶公说：“我听说胜这个人奸诈而暴乱，恐怕有危害吧？”子西说：“我听说胜说话守信而且勇敢，召来不是没有好处，把他安置在边境，让他保卫边疆。”叶公说：“完全合乎仁德叫作信，遵循道义叫作勇。我听说胜轻率地实践诺言，而又搜罗不怕死的人，大概是有私心吧？实践诺言，不一定是信；寻求敢死的人，这不是勇敢。您召他来一定要后悔的。”子西不听，把胜召来让他住在与吴国交界的地方，称为白公。

胜请求攻打郑国，子西说：“楚国还未形成气候，不然的话，我没有忘记报仇。”过些日子，胜又请求，子西答应了他。还没有出兵，晋国人攻打郑国，楚国救援郑国，和郑国结盟。胜发怒说：“郑国人就在这里，仇人不远了。”白公胜自己磨剑，子期的儿子平看见了，问他说：“王孙为什么亲自磨剑？”白公胜说：“我以直率闻名，不告诉你，难道还算得上直率吗？我将用它杀你的父亲。”平把这事告诉子西，子西说：“胜像鸟卵，我把他孵出来喂大。在楚国，如果我死了，令尹、司马不是他又是谁？”胜听到这话，说：“令尹这样狂妄，要是得到好死，我就不是我。”子西还没觉察到。胜对石乞说：“楚王和两位卿士共用五百人对付，就可以了。”石乞说：“得不到这样五百人的。”又说：“市场南边有个叫熊宜僚的人，如果得到他，可以抵五百人了。”石乞就跟着白公胜去见他，和他谈话，谈得很愉快。告诉他想请他干的事，熊宜僚拒绝了。把剑架在他脖子上，他一动不动。胜说：“这是个不为利益所劝诱、不被威武所吓倒、不泄露别人的话去讨好的人，离开他吧。”

吴国人攻打慎地，白公胜击败了他们。胜请求献捷，惠王同意了，白公胜于是发动叛乱。秋七月，白公胜在朝廷上杀死子西、子期，劫持了楚惠王。当时子西用衣袖遮着脸死去。子期说：“过去我凭勇力侍奉君王，不可不善始善终。”就抠取一块樟木用来杀了一个人，然后死去。石乞说：“烧毁府库杀了惠王，不然不能成功。”白公胜说：“不行。杀了君

王不吉利，烧毁府库没有积蓄，将凭什么保住国家？”石乞说：“拥有楚国而治理它的百姓，用恭敬侍奉神灵，可以得到吉祥，而且享有积蓄，担心什么？”白公胜不听从。当时叶公在蔡地，方城山以外的人都说：“可以进攻首都了。”叶公说：“我听说，凭冒险而侥幸取胜的人，他的贪求不会满足，到失去稳定时人们必然背离他。”听到白公杀了齐国的管修时，才进攻国都。

白公想要立子闾做楚王，子闾不答应，就用武力劫持他。子闾说：“您如果安定楚国，辅正王室，然后受它的庇护，这是我的愿望，岂敢不听从？如果要专营私利来颠覆王室，不关心楚国，那我即使死也不能听从。”白公于是杀了子闾，带着惠王去了高府。石乞守护着高府之门，圉公阳在宫墙上挖开一个孔，背着惠王到了昭夫人的宫里。

叶公也在这时到达，当他到达北门时，有人碰到他，说：“您为什么不戴头盔？国内人民盼望您就像盼望慈爱的父母，敌寇的箭如果射伤您，那就断绝了百姓的希望，为什么不戴呢？”叶公就戴上头盔前进。又碰到一个人说：“您为什么要戴头盔？国内人民盼望您如同盼望好的年成，天天盼望。如能见到您的面，那就是得到安定了。老百姓知道自己不会死，也将人人有奋起战斗的想法，还将举起您的旗帜来向国人宣告，您却又把面孔遮起来而断绝老百姓的希望，不也太过分了吗？”于是叶公就脱下头盔前进。

碰到箴尹固率领着他的部下，准备去援助白公，叶公说：“如果没有子西、子期两位的话，楚国就不成为国家了。抛弃德义跟从叛贼，难道可以安身吗？”箴尹固就跟随叶公。叶公派他和国都的人去攻打白公。

白公逃到山上自缢了，他的部下把他的尸体隐藏起来。叶公活捉石乞而追问白公的尸体，石乞回答说：“我知道他死的地方，但白公让我别说。”叶公说：“不说出来将被煮死。”石乞说：“这件事情成功了就做卿，不成功就被煮死，本来就是这样的下场，有什么妨碍？”叶公就烹煮石乞。王孙燕逃往頯黄氏。

叶公身兼二职，国家安定之后，就让宁做令尹，让宽做司马，自己在叶地告老卸职。

卫庄公为梦占卜，他的一个宠臣向大叔僖子索要酒，没得到，就和占卜的人勾结起来报告卫庄公说：“君主在西南角有位大臣，不除掉的话，恐怕有危害。”卫庄公于是赶走了大叔僖子。僖子逃亡到晋国。

卫庄公对浑良夫说：“我继承了先君但没有得到他的传国宝器，怎么办？”良夫替下持火烛的侍者才开口说：“公子疾和逃亡在外的废君都是您的儿子，召公子辄回来在他们两人中选择有才能的任用是可以的。如果不堪任用，可以得到宝器。”宫中一个小臣向太子疾报告，太子派五个人用车子装了公猪跟随自己，劫持了卫庄公而强行和他盟誓，并且请求杀掉浑良夫。卫庄公说：“我和他盟誓赦免他三次死罪。”太子说：“请在三次之后，有罪就杀了他。”卫庄公说：“好啊！”

哀公十七年

【原文】

十七年春，卫侯为虎幄于藉圃，成，求令名者而与之始食焉。大子请使良夫。良夫乘衷甸两牡，紫衣狐裘；至，袒裘，不释剑而食。大子使牵以退，数之以三罪而杀之。

三月，越子伐吴，吴子御之笠泽，夹水而陈。越子为左右句卒，使夜或左或右，鼓噪而进；吴师分以御之。越子以三军潜涉，当吴中军而鼓之；吴师大乱。遂败之。

晋赵鞅使告于卫曰："君之在晋也，志父为主。请君若大子来，以免志父。不然，寡君其曰'志父之为也'。"卫侯辞以难，大子又使椓之。夏六月，赵鞅围卫。齐国观、陈瓘救卫，得晋人之致师者。子玉使服而见之，曰："国子实执齐柄，而命瓘曰：'无辟晋师！'岂敢废命？子又何辱？"简子曰："我卜伐卫，未卜与齐战。"乃还。

楚白公之乱，陈人恃其聚而侵楚。楚既宁，将取陈麦。楚子问帅于大师子穀与叶公诸梁，子穀曰："右领差车与左史老，皆相令尹、司马以伐陈，其可使也。"子高曰："率贱，民慢之，惧不用命焉。"子穀曰："观丁父，鄀俘也；武王以为军率，是以克州、蓼，服随、唐，大启群蛮。彭仲爽，申俘也；文王以为令尹，实县申、息，朝陈、蔡，封畛于汝。唯其任也，何贱之有？"子高曰："天命不(谄)〔谞〕。令尹有憾于陈，天若亡之，其必令尹之子是与，君盍舍焉？臣惧右领与左史有二俘之贱而无其令德也！"王卜之，武城尹吉；使帅师取陈麦。陈人御之，败。遂围陈。秋七月己卯，楚公孙朝帅师灭陈。

王与叶公枚卜子良以为令尹。沈尹朱曰："吉！过于其志。"叶公曰："王子而相国，过将何为？"他日，改卜子国，而使为令尹。

卫侯梦于北宫，见人登昆吾之观，被髮北面而噪曰："登此昆吾之虚，绵绵生之瓜。余为浑良夫，叫天无辜！"公亲筮之。胥弥赦占之，曰："不害。"与之邑，寘之；而逃奔宋。卫侯贞卜，其繇曰："如鱼竀尾，衡流而方羊。裔焉大国，灭之将亡。阖门塞窦，乃自後逾。"

冬十月，晋复伐卫，入其郛。将入城，简子曰："止！叔向有言曰：'怙乱灭国者无後。'"卫人出庄公而与晋平。晋立襄公之孙般师而还。

十一月，卫侯自鄄入，般师出。

初，公登城以望，见戎州，问之；以告。公曰："我姬姓也，何戎之有焉？"翦之。公使匠久。公欲逐石圃，未及而难作。辛巳，石圃因匠氏攻公。公阖门而请，弗许；逾于北方而队，折股。戎州人攻之。大子疾、公子青逾从公，戎州人杀之。公入于戎州己氏。初，公自城上见己氏之妻髮美，使髡之，以为吕姜髢。既入焉，而示之璧，曰："活我，吾与女璧。"己氏曰："杀女，璧其焉往？"遂杀之而取其璧。

卫人复公孙般师而立之。十二月，齐人伐卫，卫人请平。立公子起，执般师以归，舍诸潞。

公会齐侯，盟于蒙。孟武伯相。齐侯稽首，公拜。齐人怒。武伯曰："非天子，寡君无所稽首。"武伯问于高柴曰："诸侯盟，谁执牛耳？"季羔曰："鄫衍之役，吴公子姑曹。发阳之役，卫石魋。"武伯曰："然则彘也。"

宋皇瑗之子麇，有友曰田丙，而夺其兄酁般邑以与之。酁般愠而行，告桓司马之臣子仪克。子仪克适宋，告夫人曰："麇将纳桓氏。"公问诸子仲。初，子仲将以杞姒之子非我为子，麇曰："必立伯也，是良材。"子仲怒，弗从；故对曰："右师则老矣。不识麇也。"公执之。皇瑗奔晋。召之。

【译文】

鲁哀公十七年春天，卫庄公在藉圃修建一座饰有虎形图案的小木屋，完成后，寻找有好名声的人，要与他在小屋里首次用餐。太子疾请求用浑良夫。良夫坐着两匹公马拉的衷甸车，穿着紫色衣服和皮袍，来到小木屋，敞开皮袍，不解下佩剑就吃。太子疾派人捆了他带下去，列举他三条罪状就杀了他。

三月，越王攻打吴国，吴王在笠泽抵抗他，两军隔河对阵。越王建立左翼句卒和右翼句卒，让他们在夜里一左一右，击鼓呐喊进军，吴国军队分两边抵御越军。越王率领三军暗中渡河，直指吴国中军而击鼓进攻，吴军大乱，于是打败了吴军。

晋国的赵鞅派人告诉卫国说："君在晋国时，我做的主。请君主或太子来一趟，以免除我的罪过。不这样的话，寡君恐怕会说是我造成的。"卫庄公用国家有祸难加以拒绝，太子疾又派人诋毁卫庄公。夏六月，赵鞅包围卫国。齐国的国观、陈瓘救援卫国，俘获了晋国的单车挑战的人。陈瓘让俘虏穿上本来的衣服而接见他，说："国观实际上掌握齐国大权，而命令我说：'不要逃避晋军！'哪里敢废弃命令？您又何必委屈前来呢？"赵鞅说："我占卜过攻打卫国，没有卜问和齐国交战。"就撤兵回国。

楚国白公的那次动乱时，陈国人依仗他们有积聚而侵袭楚国。楚国安定之后，打算夺取陈国的麦子。楚惠王向太师子谷和叶公诸梁询问统帅的人选，子谷说："左领差车和左史老都辅佐过令尹、司马攻打陈国，也许可以派遣。"子高说："统帅低贱，老百姓会瞧不起他们，恐怕不服从命令。"子谷说："观丁父，是都国的俘虏，武王任用他为军帅，因此攻克州国、蓼国，征服随国、唐国，从群蛮之地大大开拓了自己的领土。彭仲爽，是申国的俘虏，文王任用他为令尹，因而使申国、息国成为自己的县邑，使陈国、蔡国来朝，扩大疆界直到汝水之滨。只要能够胜任，有什么低贱不低贱的？"子高说："天命不可怀疑。令尹对陈国抱有遗恨，上天如果要灭亡陈国，将一定帮助令尹的儿子，君王何不任用他呢？我担心右领和左史有上述两位俘虏的低贱而没有他们那种美德。"楚惠王为这件事占卜，武城尹出任统帅吉利，于是派他率领军队夺取陈国的麦子。陈国人抵抗，被打败，于是包围陈国。秋七月初八日，楚国的公孙朝领兵灭亡陈国。

楚惠王和叶公诸梁占卜让子良做令尹。沈尹朱说："吉利。超出了他的期望。"叶公说："王子而做国相，超出了他的期望将会做什么呢？"过了几天，又改卜子国而让他做了令尹。

卫庄公在北宫做了个梦，梦见有人登上昆吾观，披头散发朝北边喊叫："登上这昆吾之墟的台观，绵延生长的瓜儿不断。我是浑良夫，叫喊老天我无辜。"卫庄公亲自占筮，胥弥赦预测吉凶，说："没有妨害。"庄公赐给胥弥赦封邑，他丢下封邑，逃亡到宋国。卫庄公再次占卜，繇辞说："像鱼儿红了尾巴。横游急流而彷徨。和大国相接壤，大国来侵犯就将灭亡。闭门堵洞，就从后面越墙逃亡。"

子贡

冬十月，晋国再次攻打卫国，进入了他们的外城，准备进入城内，赵鞅说："停止！叔向有话说：依仗动乱而灭亡别国的人没有后嗣。"卫国人赶走卫庄公而与晋国求和，晋国人立卫襄公的孙子般师为君就收兵回国了。

十一月，卫庄公从鄄地回到卫国，般师出逃。

起初，卫庄公登上都城远望，看到戎州。他询问戎州的情况，有人告诉了他。庄公说："我是姬姓，有什么戎人呢？"就毁掉了戎州。庄公使用工匠长时间不让歇息。庄公又想要赶走石圃，但没来得及就发生了祸难。十二日，石圃利用工匠攻打卫庄公。庄公关闭宫门请求和解，石圃不答应。庄公从北面爬墙时掉了下去，摔断了大腿骨。戎州人攻打庄公，太子疾、公子青翻墙跟随庄公，戎州人杀了他们。卫庄公跑进戎州人己氏家里。当初，庄公从城上看到己氏的妻子头发很美，就派人剪下来，拿它作为夫人吕姜的假发。进入己氏家后，就拿玉璧给他看，说："救我一命，我给你玉璧。"己氏说："杀了你，玉璧将跑到哪里去？"己氏就杀了卫庄公而取得了那块玉璧。

卫国人让公孙般师回国而立他为君。十二月，齐国人攻打卫国，卫国人请求议和。齐国人立了公子起，逮捕了般师带回国内，让他住在潞地。

鲁哀公在蒙地会见齐平公并且结盟，孟武伯做辅相。齐平公磕头，哀公拱手弯腰，齐国人发怒。孟武伯说："不是天子，寡君没有理由磕头。"孟武伯问高柴说："诸侯结盟，谁执牛耳？"高柴说："鄫衍那次结盟，是吴国公子姑曹；发阳那次结盟，是卫国石魋。"武伯说："那么这次是我了。"

宋国皇瑗的儿子皇麇有个朋友叫田丙，皇麇夺了自己哥哥鄒般的封邑给田丙。鄒般生气就离开了，告诉桓司马的家臣子仪克。子仪克前往宋国，报告给夫人说："皇麇将要接纳桓氏回国。"宋景公向皇野询问此事。起初，皇野打算把杞姒的儿子非我立为嫡子。皇麇说："一定要立老大，这是个好人才。"皇野发怒，不听从。所以这次就回答说："右师倒是老了，但不知皇麇怎样。"宋景公就逮捕了皇麇。皇瑗逃往晋国，景公又召他回来。

哀公十八年

【原文】

十八年春，宋杀皇瑗。公闻其情，复皇氏之族，使皇缓为右师。

巴人伐楚，围鄾。初，右司马子国之卜也，观瞻曰："如志。"故命之。及巴师至，将卜帅，王曰："宁如志，何卜焉？"使帅师而行。请承，王曰："寝尹、工尹，勤先君者也。"三月，楚公孙宁、吴由于、薳固败巴师于鄾，故封子国于析。君子曰："惠王知志。《夏书》曰：'官占：唯能蔽志，昆命于元龟。'其是之谓乎！《志》曰：'圣人不烦卜筮。'惠王其有焉。"

夏，卫石圃逐其君起，起奔齐。卫侯辄自齐复归，逐石圃，而复石魋与大叔遗。

【译文】

鲁哀公十八年春天，宋国人杀了皇瑗。宋景公听说了事件的实情后，恢复了皇氏的家族，让皇缓做右师。

巴国人攻打楚国，包围鄾地。起初，右司马子国占卜时，观瞻说："符合你的意愿。"所以就任命子国为右司马。等到巴国军队到达时，准备卜问统帅人选，楚惠王说："子国已经符合心愿，还占卜什么？"就派遣他率领军队出发。子国请求任命副手，惠王说："寝尹吴由于、工尹薳固是为先君出过力的人。"三月，楚国的子国、吴由于、薳固在鄾地打败巴军，所以把析地封给子国。君子说："惠王懂得人的心愿。《夏书》说：'卜问官员，只有能够断定人的心愿，然后才用神龟占卜吉凶。'大概说的就是这种情况吧！《志》说：'圣人不常使用卜筮。'惠王就有这种圣人之风吧！"

夏天，卫国的石圃赶走了他的国君公子起，公子起逃奔到齐国。卫出公辄从齐国又回到卫国，驱逐石圃，恢复了石魋和太叔遗的官职。

哀公十九年

【原文】

十九年春，越人侵楚，以误吴也。夏，楚公子庆、公孙宽追越师，至冥，不及乃还。

秋，楚沈诸梁伐东夷，三夷男女及楚师盟于敖。

冬，趣青如京师，敬王崩故也。

【译文】

鲁哀公十九年春天，越国人侵袭楚国，是为了使吴国产生错觉。夏天，楚国的公子

庆、公孙宽追击越国军队，追到冥地，没追上，就收兵回国了。

秋天，楚国的沈诸梁攻打东夷，东夷三地的男女和楚军在敖地结盟。

冬天，叔青前往周都，这是由于周敬王死去的缘故。

哀公二十年

【原文】

二十年春，齐人来徵会。夏，会于廪丘，为郑故，谋伐晋。郑人辞诸侯。秋，师还。

吴公子庆忌骤谏吴子曰："不改，必亡。"弗听。出居于艾，遂适楚。闻越将伐吴，冬，请归平越，遂归。欲除不忠者以说于越，吴人杀之。

十一月，越围吴。赵孟降于丧食。楚隆曰："三年之丧，亲昵之极也。主又降之，无乃有故乎？"赵孟曰："黄池之役，先主与吴王有质，曰：'好恶同之。'今越围吴，嗣子不废旧业而敌之，非晋之所能及也，吾是以为降。"楚隆曰："若使吴王知之，若何？"赵孟曰："可乎？"隆曰："请尝之。"乃往。

先造于越军，曰："吴犯间上国多矣。闻君亲讨焉，诸夏之人莫不欣喜。唯恐君志之不从，请入视之。"许之。告于吴王曰："寡君之老无恤，使陪臣隆敢展谢其不共。黄池之役，君之先臣志父得承齐盟，曰：'好恶同之。'今君在难，无恤不敢惮劳，非晋国之所能及也，使陪臣敢展布之。"王拜稽首曰："寡人不佞，不能事越，以为大夫忧，拜命之辱。"与之一箪珠，使问赵孟，曰："句践将生忧寡人，寡人死之不得矣！"王曰："溺人必笑。吾将有问也：史黯何以得为君子？"对曰："黯也，进不见恶，退无谤言。"王曰："宜哉！"

【译文】

鲁哀公二十年春天，齐国人前来召集诸侯盟会。夏天，在廪丘会盟，为了郑国的缘故，商议攻打晋国。郑国人辞谢了诸侯的计划。秋天，诸侯的军队撤回。

吴国的公子庆忌屡次劝谏吴王，说："不改变政令，一定会灭亡。"吴王夫差不听，公子庆忌离开国都住在艾地，随即去到楚国。听到越国将要攻打吴国，冬天，请求回国与越国议和，就回到了吴国。他想要除掉不忠的人来向越国解说，吴国人杀了他。

十一月，越国包围吴国，赵孟的饮食比服父丧时还要减省。楚隆说："三年的丧礼，是亲人关系的最高表现了，主人又减省丧期饮食，恐怕有原因吧？"赵孟说："黄池那次盟会，先主与吴王有过盟信，说：'好恶相同。'如今越国包围吴国，作为嗣子要不废弃旧盟而抗越救吴，又不是晋国力所能及的。因此我饮食降等。"楚隆说："如果让吴王知道这情况，怎么样？"赵孟说："可以吗？"楚隆说："请让我试试。"就前去吴国。

楚隆先到了越军那里，说："吴国侵犯中原各国多次了，听说君王亲自来讨伐，中原各国的人们无不欢喜，唯恐君王的心愿不能实现。请让我进入吴国看看。"越王答应了他。

楚隆向吴王报告说："寡君的老臣赵孟派陪臣我前来对他的不恭表示道歉！黄池那次盟会，寡君的先臣赵鞅得以参加盟誓，说：'好恶相同。'现在君王处在危难之中，赵孟不敢害怕劳苦，但又不是晋国力所能及的，所以派陪臣我冒昧向您禀告。"吴王下拜磕头说："寡人无能，不能侍奉越国，从而造成大夫的忧虑，特此拜谢他的屈尊赐命。"吴王给了一盒珍珠，让楚隆送给赵孟，说："勾践将使寡人产生忧患，寡人不得善终了。"吴王又说："快淹死的人必定会笑，我还有一个问题，史墨为什么能成为君子？"楚隆回答说："他做官不被人嫌恶，退官没有诽谤的话。"吴王说："他应该成为君子啊！"

哀公二十一年

【原文】

二十一年夏五月，越人始来。

秋八月，公及齐侯、邾子盟于顾。齐人责稽首，因歌之，曰："鲁人之皋，数年不觉，使我高蹈。唯其儒书，以为二国忧。"是行也，公先至于阳穀，齐闾丘息曰："君辱举玉趾以在寡君之军，群臣将传遽以告寡君。比其复也，君无乃勤？为仆人之未次，请除馆于舟道。"辞曰："敢勤仆人？"

【译文】

鲁哀公二十一年夏五月，越国人首次前来鲁国。

秋八月，鲁哀公和齐平公、邾君在顾地结盟。齐国人责备鲁哀公用拱手礼回报齐平公磕头的那件事，因而为此歌唱道："鲁国人的过错，多年还没察觉，使得我们暴跳。就因为他固守儒家教条，造成了两国的忧愁。"这次盟会，鲁哀公先到达阳谷。齐国的闾丘息说："君主屈尊驾临，来慰问寡君的军队，群臣将用驿车报告寡君。等到臣下们报告回来，君恐怕太辛劳。因为仆人们还没安排好馆舍，就请在舟道下榻吧。"哀公辞谢说："岂敢烦劳贵国仆人？"

哀公二十二年

【原文】

二十二年，夏四月，邾隐公自齐奔越，曰："吴为无道，执父立子。"越人归之，大子革奔越。

冬十一月，丁卯，越灭吴，请使吴王居甬东。辞曰："孤老矣，焉能事君？"乃缢。越人以归。

【译文】

鲁哀公二十二年夏四月，邾隐公从齐国逃亡到越国，说："吴国施行暴政，逮了父亲立了儿子。"越国人把他护送回国，太子革逃亡到越国。

冬十一月二十七日，越国灭亡吴国，表示要让吴王夫差住到甬东去，吴王拒绝说："我老了，怎么能侍奉君王？"就自缢而死。越国人把他的尸体送回。

哀公二十三年

【原文】

二十三年春，宋景曹卒。季康子使冉有吊且送葬，曰："敝邑有社稷之事，使肥与有职竞焉，是以不得助执绋，使求从舆人，曰：'以肥之得备弥甥也，有不腆先人之产马，使求荐诸夫人之宰，其可以称旌繁乎！'"

夏六月，晋荀瑶伐齐。高无丕帅师御之。知伯视齐师，马骇，遂驱之，曰："齐人知余旗，其谓余畏而反也？"及垒而还。将战，长武子请卜，知伯曰："君告于天子，而卜之以守龟于宗祧，吉矣；吾又何卜焉？且齐人取我英丘；君命瑶，非敢耀武也，治英丘也。以辞伐罪足矣，何必卜？"壬辰，战于犁丘。齐师败绩，知伯亲禽颜庚。

秋八月，叔青如越，始使越也。越诸鞅来聘，报叔青也。

【译文】

鲁哀公二十三年春，宋元公夫人景曹死了。季康子派冉有前去吊唁，并且送葬，说："敝国有重要国事，使得我参与其中而职事繁忙，因此不能帮助送葬，派冉有前来跟从舆人送葬。"又说："由于我得以充做远房外甥，有先人饲养的几匹劣马，派冉有把它们进献给夫人的宰臣，也许可以用来与夫人的马饰相配吧！"

夏六月，晋将荀瑶攻打齐国，高无丕率军抵御晋军。荀瑶观察齐军，马受惊，于是就驱马迫近齐军，说："齐国人认识我的旗帜，不向前恐怕会说我是害怕而返回去了。"到达齐军的营垒边才返回。将要开战，长武子请求占卜，荀瑶说："君主报告了天子，并且用龟甲在宗庙占卜过此事，是吉兆了，我又占卜什么呢？况且齐国人占取了我国的英丘，君主命令我来，不敢炫耀武勇，而是要收复英丘。据理讨伐有罪就足够了，何必占卜？"二十六日，在犁丘交战，齐军大败，荀瑶亲手俘虏了齐将颜庚。

秋八月，叔青前往越国，这是鲁国人首次出使越国。越国的诸鞅前来鲁国聘问，是对叔青出使越国的回报。

哀公二十四年

【原文】

二十四年夏四月，晋侯将伐齐，使来乞师，曰："昔臧文仲以楚师伐齐，取穀；宣叔以晋

师伐齐，取汶阳。寡君欲徼福于周公，愿乞灵于臧氏。”臧石帅师会之，取廪丘。军吏令缮，将进，莱章曰：“君卑政暴；往岁克敌，今又胜都，天奉多矣，又焉能进？是躛言也。役将班矣！”晋师乃还。饩臧石牛，大史谢之，曰：“以寡君之在行，牢礼不度，敢展谢之！”

邾子又无道，越人执之以归，而立公子何。何亦无道。

公子荆之母嬖，将以为夫人，使宗人衅夏献其礼。对曰：“无之。”公怒，曰：“女为宗司；立夫人，国之大礼也，何故无之？”对曰：“周公及武公娶于薛，孝、惠娶于商，自桓以下娶于齐，此礼也则有。若以妾为夫人，则固无其礼也。”公卒立之，而以荆为太子，国人始恶之。

闰月，公如越，得大子适郢，将妻公而多与之地。公孙有山使告于季孙。季孙惧，使因大宰嚭而纳赂焉，乃止。

【译文】

鲁哀公二十四年夏四月，晋出公准备攻打齐国，派人前来鲁国请求出兵。说：“从前臧文仲率领楚军攻打齐国，攻取谷地；宣叔率领晋军攻打齐国，攻取汶阳。寡君想要从周公那儿求取福泽，也希望向臧氏求福。”臧石率领鲁军与晋军会合，攻取廪丘。军吏命令整修军备，准备进军。齐将莱章说：“晋国君主地位卑贱，政治暴虐，去年战胜对手，现在又攻陷都邑，上天赐给他们的很多了，又哪能再前进？这是左说大话，晋军将要收兵回朝了。”晋军果然退兵了。晋国人赠送给臧石活牛，太史并且致歉说：“因为寡君身在军中，赠奉的牲口够不上礼度，谨此告歉！”

邾隐公又施行无道，越国人逮了他带回去，立了公子何为君。公子何同样无道。

公子荆的母亲受到哀公宠幸，打算立她为夫人，就让宗人衅夏来禀报立夫人的礼节。衅夏回答说：“没有这样的礼节。”哀公发怒说：“你身为宗人，立夫人，是国家的重大典礼，为什么说没有这礼节？”衅夏回答说：“周公和武公从薛国娶妻，孝公、惠公从宋国娶妻，从桓公以下都在齐国娶妻，这种礼节倒是有。至于立妾做夫人，则本来就没有那样的礼节。”哀公最终还是立了她，并立公子荆为太子，国内人们开始讨厌哀公。

闰月，鲁哀公去到越国，很得越太子适郢的欢心。适郢打算把女儿嫁给哀公，并且给他很多土地。公孙有山派人把这事告诉季康子，季康子害怕，派人通过越国太宰嚭劝说并献上财礼，事情才平息。

哀公二十五年

【原文】

二十五年夏五月庚辰，卫侯出奔宋。

卫侯为灵台于藉圃，与诸大夫饮酒焉。褚师声子袜而登席，公怒；辞曰：“臣有疾，异于人；若见之，君将㱿之。是以不敢。”公愈怒。大夫辞之，不可；褚师出。公戟其手，曰：

"必断而足!"闻之。褚师与司寇亥乘,曰:"今日幸而后亡!"

公之入也,夺南氏邑,而夺司寇亥政。公使侍人纳公文懿子之车于池。

初,卫人翦夏丁氏,以其帑赐彭封弥子。弥子饮公酒,纳夏戊之女。嬖,以为夫人。其弟期,大叔疾之从孙甥也;少畜于公,以为司徒。夫人宠衰,期得罪。公使三匠久。公使优狡盟拳弥,而甚近信之。

故褚师比、公孙弥牟、公文要、司寇亥、司徒期因三匠与拳弥以作乱。皆执利兵,无者执斤。使拳弥入于公宫,而自大子疾之宫噪以攻公。鄄子士请御之,弥援其手,曰:"子则勇矣,将若君何?不见先君乎?君何所不逞欲?且君尝在外矣,岂必不反?当今不可,众怒难犯。休而易间也。"乃出。

将适蒲,弥曰:"晋无信,不可。"将适鄄,弥曰:"齐、晋争我,不可。"将适泠,弥曰:"鲁不足与。请适城钼以鉤越,越有君。"乃适城钼。弥曰:"卫盗不可知也。请速!自我始。"乃载宝以归。

公为支离之卒,因祝史挥以侵卫。卫人病之。懿子知之,见子之,请逐挥。文子曰:"无罪。"懿子曰:"彼好专利而妄。夫见君之入也,将先道焉。若逐之,必出于南门而适君所。夫越新得诸侯,将必请师焉。"挥在朝,使吏遣诸其室。挥出,信,弗内。五日,乃馆诸外里,遂有宠;使如越请师。

六月,公至自越,季康子、孟武伯逆于五梧。郭重仆,见二子,曰:"恶言多矣,君请尽之!"公宴于五梧,武伯为祝;恶郭重,曰:"何肥也?"季孙曰:"请饮彘也!以鲁国之密迩仇雠,臣是以不获从君,克免于大行。又谓重也肥?"公曰:"是食言多矣,能无肥乎?"饮酒不乐。公与大夫始有恶。

【译文】

鲁哀公二十五年夏五月二十五日,卫出公逃亡到宋国。

卫出公在藉圃修建了灵台,和大夫们在那儿饮酒。褚师比穿着袜子走上席子,卫出公发怒。褚师比解释说:"下臣脚上有疮,和别人不一样,如果看到我的脚,君主会呕吐的,因此不敢脱袜。"卫出公更加愤怒,大夫们都劝说此事,卫出公还是不听。褚师比退出,卫出公一手叉腰,说:"一定要砍断你的脚!"褚师比听到了,和司寇亥同坐一辆车,说:"今天幸运才逃出来。"

卫出公回国时,剥夺了公孙弥牟的封邑,又夺取了司寇亥的权。还派侍人把公文懿子的车子投进池塘里。

起初,卫国人灭了夏戊家族,把他们的财产赐给彭封弥子。弥子请卫出公喝酒,把夏戊的女儿送给他,很受出公宠爱,让她做了夫人。她的弟弟夏期,是太叔疾的从外甥。小时候放在公宫里养育,卫出公让他做了司徒。夫人的受宠衰落之后,夏期也因而获罪。卫出公使用工匠们长时间不让休息,又让名叫狡的优人与拳弥盟誓,而且非常亲近信任他。

所以褚师比、公孙弥牟、公文懿子、司寇亥、司徒夏期就利用工匠们和拳弥来发动叛乱,都

手持锐利的武器，没有武器的拿着斧子。他们让拳弥进入公宫，其余从太子疾的宫里哄叫着攻打卫出公。鄄子士请求抵抗，拳弥牵住他的手，说："您倒是勇敢，但打算把君主怎么办？您没看到先王的事吗？君主在哪个地方不能满足欲望？而且君主曾经在国外待过了，难道一定不能回来？现在不可抵抗，众怒难犯，等平息后就容易分化了。"于是卫出公就出走。

打算前往蒲地，拳弥说："晋国没有信用，不能去。"准备前去鄄地，拳弥说："齐、晋两国都在争夺我们，不可去。"将要去泠地，拳弥说："鲁国不足以相处，请到城钼去，以便和越国联络，越国有好君主。"卫出公于是前往城钼。拳弥说："卫国的盗贼难以防备，请快点离开，由我先离开。"就装了宝物带回了卫国。

卫出公部署了分散的军队，凭着祝史挥做内应而侵袭卫国。卫国人对此感到担忧。公文懿子了解到这一情况，就去会见公孙弥牟，请求赶走祝史挥。公孙弥牟说："祝史挥没有什么罪过。"懿子说："那个人喜欢专横谋利而又狂妄，要是看到君回国，会为君在前面引路的。如果驱逐他，他一定会从南门出去而前往国君那里。越国刚获得诸侯拥护，他们一定会向越国请求出兵的。"祝史挥在朝廷上，公孙弥牟就派官吏把他遣送回家。祝史挥出朝后，过了两天，朝廷不再接纳他。第五天就将他迁居到都外的乡里。于是祝史挥得到卫出公宠幸，派他前往越国请求援军。

六月，鲁哀公从越国回到国内，季康子、孟武伯到五梧迎接。郭重做哀公的随从，见到了他们两位，对哀公说："他们说的坏话可多了，君主请听他们全部说出来吧。"哀公在五梧设宴，孟武伯在席上祝酒，厌恶郭重，就说："你为什么这么肥呢？"季康子说："请让我罚孟孙彘喝酒！因鲁国紧靠仇国，下臣因此不能跟随君主，得以免于远行，却又去说郭重很肥。"哀公说："这是食言太多了，能不肥吗？"喝酒喝得很不愉快，哀公开始和大夫有了嫌恶。

哀公二十六年

【原文】

二十六年夏五月，叔孙舒帅师会越皋如、(后)〔舌〕庸、宋乐筏纳卫侯。文子欲纳之，懿子曰："君愎而虐。少待之，必毒于民，乃睦于子矣。"师侵外州，大获。出御之，大败。掘褚师定子之墓，焚之于平庄之上。

文子使王孙齐私于皋如，曰："子将大灭卫乎？抑纳君而已乎？"皋如曰："寡君之命无他，纳卫君而已。"文子致众而问焉，曰："君以蛮夷伐国，国幾亡矣，请纳之。"众曰："勿纳！"曰："弥牟亡而有益，请自北门出。"众曰："勿出！"重赂越人；申开守陴而纳公，公不敢入。师还。

立悼公，南氏相之。以城钼与越人，公曰："期则为此。"令苟有怨于夫人者报之。司徒期聘于越，公攻而夺之币。期告王；王命取之，期以众取之。公怒，杀期之甥之为大子者，遂卒于越。

宋景公无子，取公孙周之子得与启畜诸公宫，未有立焉。于是皇缓为右师，皇非我为大司马，皇怀为司徒，灵不缓为左师，乐筏为司城，乐朱钼为大司寇。六卿三族降听政，因大尹以达。大尹常不告，而以其欲称君命以令；国人恶之。司城欲去大尹，左师曰："纵之，使盈其罪。重而无基，能无敝乎？"

冬十月，公游于空泽。辛巳，卒于连中。大尹兴空泽之士千甲，奉公自空桐入，如沃宫。使召六子，曰："闻下有师，君请六子画。"六子至，以甲劫之，曰："君有疾病，请二三子盟。"乃盟于少寝之庭，曰："无为公室不利！"大尹立启，奉丧殡于大宫，三日而后国人知之。司城筏使宣言于国曰："大尹惑蛊其君而专其利；(令)〔今〕君无疾而死，死又匿之。是无他矣，大尹之罪也！"

得梦启北首而寝于卢门之外，己为(鸟)〔乌〕而集于其上，咮加于南门，尾加于桐门，曰："余梦美，必立！"

大尹谋曰："我不在盟，无乃逐我？复盟之乎！"使祝为载书。六子在唐盂。将盟之，祝襄以载书告皇非我。皇非我因子潞、门尹得、左师谋曰："民与我，逐之乎？"皆归授甲，使徇于国，曰："大尹惑蛊其君，以陵虐公室。与我者，救君者也！"众曰："与之！"大尹徇曰："戴氏、皇氏将不利公室。与我者，无忧不富！"众曰："无别！"戴氏、皇氏欲伐公，乐得曰："不可！彼以陵公有罪。我伐公，则甚焉。"使国人施于大尹，大尹奉启以奔楚。乃立得，司城为上卿。盟曰："三族共政，无相害也！"

卫出公自城钼使以弓问子赣，且曰："吾其人乎？"子赣稽首受弓，对曰："臣不识也。"私于使者曰："昔成公孙于陈，宁武子、孙庄子为宛濮之盟而君入。献公孙于(卫)齐，子鲜、子展为夷仪之盟而君入。今君再在孙矣，内不闻献之亲，外不闻成之卿，则赐不识所由入也。《诗》曰：'无竞惟人，四方其顺之。'若得其人，四方以为主，而国于何有？"

【译文】

鲁哀公二十六年夏五月，鲁将叔孙舒率领军队会合越国的皋如、舌庸和宋国的乐筏，护送卫出公回国，公孙弥牟想要接纳。公文懿子说："国君固执而又暴虐，只要稍等些时候，他一定会加害百姓，百姓就和您亲睦了。"联军侵袭外州，大肆劫掠。卫军出城抵抗，大败。卫出公挖开褚师定子的坟墓，在平庄陵上把棺材烧了。

公孙弥牟派王孙齐去和皋如私下见面，说："您是打算彻底灭亡卫国呢？还是把国君送回去罢了呢？"皋如说："寡君的命令没有别的，送回卫君罢了。"公孙弥牟召来众人征求意见，说："国君利用蛮夷来攻打国家，国家几乎要灭亡了，请接纳他。"大家说："不要接纳。"公孙弥牟又说："如果我逃亡而对国家有好处，请让我从北门逃出。"众人说："不要出逃。"于是送给越国人很多的财货，层层打开城门，守住城墙而接纳卫出公，但卫出公不敢进入都城。联军撤回去了。

卫国立了悼公为国君，公孙弥牟做他的宰相。把城钼给了越国人。卫出公说："司徒期干的这事！"就叫对夫人如果有怨恨的人报复夫人。司徒期到越国聘问，出公攻击他并

且夺走了他带的礼物。司徒期报告越王,越王命令把财礼夺回,司徒期率领部众又夺回了财礼。出公发怒,杀了司徒期的外甥中可以立为太子的人。出公最后死在越国。

宋景公没有儿子,收了公孙周的儿子得和启两人,抚养在公宫里,没有立他们为继承人。当时皇缓做右师,皇非我做大司马,皇怀做司徒,灵不缓做左师,乐茷做司城,乐朱钽做大司寇,六卿三族共同掌政,通过大尹上达宋景公。大尹常常不禀告景公,而按照他自己的意愿假称君令来发号施令,国内人们都厌恶他。司城想要去掉大尹,左师说:"先放一放,让他恶贯满盈。权势过重而没有基础,能不败坏吗?"

冬十月,宋景公在空泽游览。初四日,死在连中馆。大尹发动空泽的甲士一千人,护送景公的尸体从空桐进入都城,回到沃宫,派人召来六卿,说:"听说底下有军队造反,君主请六位前来策划。"六卿到达,大尹派甲士劫持他们,说:"君主有重病,请各位盟誓。"于是在景公小寝的庭院里盟誓,说:"不要干对公室不利的事!"大尹立启为继承人,护送景公的灵柩停放到祖庙大宫。三天后,国人才知道景公死了。司城茷派人在国都宣传说:"大尹蛊惑他的国君并且独揽权力,现在君主没有疾病就死去,死了又被隐瞒,这没有别的,就是大尹的罪过。"

景公的养子得梦见启头向北边睡在卢门之外,自己变成乌鸦停在他身上,嘴巴搁在南门上,尾巴架在桐门上。得因此说:"我的梦很好,我必定会立为国君。"

大尹和人商议说:"我没参加盟誓,恐怕会赶我走,再举行一次盟誓吧!"叫祝人起草了盟书。六卿正在唐盂,打算与大尹盟誓。祝襄拿盟书去报告皇非我,皇非我与乐茷、乐得、左师商议说:"老百姓赞成帮助我们,把大尹赶跑吧!"他们都回去发放武器装备,让部下在国都内巡行宣扬说:"大尹蛊惑他的国君,欺凌残害公室成员。帮助我们的人,就是救助君主的人。"大伙说:"帮助他们。"大尹也派人巡行宣布说:"戴氏、皇氏两族将要危害公室,帮助我的人,不必担忧不富裕。"大家说:"他和危害公室的人没有区别。"戴氏、皇氏想要攻打新立为君的启,乐得说:"不可以。大尹因欺凌国君而有罪,我们攻打国君,就比他更过分了。"就动员国内人们清算大尹的罪行,大尹侍奉启逃奔楚国,于是立了得为国君,司城乐茷做了上卿。盟誓说:"三族共掌国政,不要互相残害。"

卫出公从城钽派人带了宝弓去问候子赣,并且说:"我可以回到国内吗?"子赣磕头接受了宝弓,回答说:"我不知道。"子赣私下对使者说:"过去成公流亡陈国,宁武子、孙庄子订立宛濮之盟然后成公回国。献公流亡齐国,子鲜、子展订立夷仪之盟然后献公回国。如今国君两度流亡在外了,在国内没听说有献公亲信那样的人,在国外没听说有成公贤卿那样的人,所以我就不知道有什么条件回国了。《诗》中说:'最强不过得贤人,四方人们都顺从。'如果得到那样的贤人,四方的人们把他作为主人,要得到国家有什么难的。"

哀公二十七年

【原文】

二十七年春,越子使(后)〔舌〕庸来聘,且言邾田,封于骀上。二月,盟于平阳,三子皆从。康子病之，言及子赣，曰："若在此，吾不及此夫！"武伯曰："然。何不召？"曰："固将召之。"文子曰："他日请念。"

夏四月，己亥，季康子卒。公吊焉，降礼。

晋荀瑶帅师伐郑，次于桐丘。郑驷弘请救于齐。齐师将兴，陈成子属孤子，三日朝。设乘车两马，系五邑焉。召颜涿聚之子晋，曰："隰之役，而父死焉。以国之多难，未女恤也。今君命女以是邑也，服车而朝，毋废前劳。"乃救郑。及留舒，违谷七里，谷人不知。及濮，雨，不涉。子思曰："大国在敝邑之宇下，是以告急。今师不行，恐无及也！"成子衣制杖戈，立于阪上；马不出者，助之鞭之。知伯闻之，乃还，曰："我卜伐郑，不卜敌齐。"使谓成子曰："大夫陈子，陈之自出。陈之不祀，郑之罪也，故寡君使瑶察陈衷焉，谓大夫'其恤陈乎'？若利本之颠，瑶何有焉？"成子怒曰："多陵人者皆不在，知伯其能久乎？"

中行文子告成子。曰："有自晋师告寅者，将为轻车千乘，以厌齐师之门，则可尽也。"成子曰："寡君命桓曰：'无及寡，无畏众。'虽过千乘，敢辟之乎？将以子之命告寡君。"文子曰："吾乃今知所以亡。君子之谋也，始、衷、终皆举之，而后入焉。今我三不知而入之，不亦难乎？"

公患三桓之侈也，欲以诸侯去之。三桓亦患公之妄也，故君臣多间。公游于陵阪，遇孟武伯于孟氏之衢，曰："请有问于子，余及死乎？"对曰："臣无由知之。"三问，卒辞不对。

公欲以越伐鲁，而去三桓。秋八月，甲戌，公如公孙有陉氏，因孙于邾，乃遂如越。国人施公孙有山氏。

悼之四年，晋荀瑶帅师围郑。未至，郑驷弘曰："知伯愎而好胜，早下之，则可行也。"乃先保南里以待之。知伯入南里，门于桔柣之门。郑人俘酅魁垒，赂之以知政，闭其口而死。

将门，知伯谓赵孟："入之。"对曰："主在此。"知伯曰："恶而无勇，何以为子？"对曰："以能忍耻，庶无害赵宗乎！"知伯不悛，赵襄子由是惎知伯，遂丧之。知伯贪而愎，故韩、魏反而丧之。

【译文】

鲁哀公二十七年春天，越王勾践派舌庸来鲁国聘问，并且提起邾国土田的事，商定在骀上一带划分鲁、邾两国的疆界。二月，在平阳会盟，季康子、叔孙文子、孟武伯三人都跟随哀公前去。季康子对会盟感到痛心，谈到子赣，说："他如果在这里，我不会参加这种会盟的！"孟武伯说："是这样。为什么不叫子赣来呢？"季康子说："本来要叫他来。"叔孙文子说："别的时候也请记得他。"

夏四月二十五日，季康子死了，鲁哀公为他吊丧，礼节降低了等级。

晋国的荀瑶率军队攻打郑国，驻扎在桐丘。郑国的驷弘到齐国请求救援。齐国的军队准备出动，陈成子召集阵亡将士的遗孤在三天内上朝。为此设立了一辆车两匹马，加上五个城邑。召来颜涿聚的儿子颜晋，对他说："隰地那次战役，你的父亲战死在那里。

因为国家多难,没有抚恤你。现在君主命令把这个城邑封给你,你驾上车子去朝见国君,不要废弃了以前你父亲的功劳。”于是出兵救援郑国。

齐军到达留舒,离开谷地七里,谷地人不知道。到达濮水,下雨,没有渡河。子思说:“大国的军队到了敝国的屋檐下,因此告急。今天部队不前进,恐怕来不及了。”陈成子穿着雨衣拄着戈,站在山坡上,马不肯出来的,就帮着用鞭子赶。荀瑶听说了,就收兵回去,说:“我占卜过攻打郑国,没有占卜抵挡齐军。”派使者对陈成子说:“大夫陈子,是从陈国分支出来的。陈国断了香火,是郑国的罪过,所以寡君派我来考察陈国被灭亡的个中缘由,大夫您该会忧虑陈国吧?如果认为陈国倒台有好处,的我荀瑶有什么关系呢?”陈成子发怒说:“欺人太多的人都没有好结果,荀瑶难道能长久吗?”

子思

中行文子告诉陈成子说:“有人从晋国军中来告诉我,晋军准备组织一千辆轻捷的战车,来攻陷齐军的营门,就可以全歼齐军。”陈成子说:“寡君命令我:‘不要追赶人少的敌人,也不要害怕人多的敌人。’即使超过一千辆兵车,敢躲避他们吗?我将拿您的命令禀告寡君。”中行文子说:“我今天才知道自己之所以逃亡的原因。君子的谋划,开头、中间、结局都要考虑到,然后进宫禀报。现在我三方面都不了解就入朝禀报,不也很难吗?”

鲁哀公担心孟孙、叔孙、季孙这三桓的猖狂放肆,想要利用诸侯去掉他们。三桓也担忧哀公的狂乱,所以君臣之间多有隔阂。有次哀公在陵阪游玩,在孟氏邑中的大路上遇到孟武伯,说:“请问您,我能达到寿终正寝吗?”武伯回答说:“下臣无从知道。”哀公问了三次,武伯始终推辞不肯回答。

哀公想要利用越国攻打鲁国而去掉三桓,秋天八月初一日,哀公去到公孙有陉氏那里,因而流亡到邾国,随即就去了越国。国内的人们弹劾拘捕了公孙有山氏。

鲁悼公四年,晋国荀瑶率领军队包围郑国,还未到达,郑国驷弘说:“荀瑶固执而好胜,早点向他们低头,就可以使他们走了。”于是预先据守南里以等待晋军。荀瑶进入南里,攻打桔柣之门。郑国人俘虏了晋将酅魁垒,用执掌大卿的政事来收买他,他不肯,就堵住他的嘴而把他捂死了。

将要攻门,荀瑶对赵孟说:“攻进去!”赵孟回答说:“主人在此。”荀瑶说:“你丑陋而懦弱,凭什么成为继承人的?”赵孟回答说:“因为能忍受耻辱,大概对赵氏家族没有危害吧!”荀瑶不悔改,赵孟从此忌恨荀瑶,荀瑶于是想灭亡他。荀瑶贪婪而固执,所以韩、魏反过来联合赵灭亡了他。

中华传世藏书

儒家经典

图文珍藏本

春秋公羊传

[战国] 公羊高 ◎ 著

导读

《春秋公羊传》，儒家经典之一。上起鲁隐公元年，止于鲁哀公十四年，与《春秋》起讫时间相同。相传其作者为子夏的弟子，战国时齐人公羊高。起初只是口说流传，西汉景帝时，传至玄孙公羊寿，由公羊寿与胡毋生（子都）一起将《春秋公羊传》着于竹帛。《公羊传》有东汉何休撰《春秋公羊解诂》、唐朝徐彦作《公羊传疏》、清朝陈立撰《公羊义疏》。

《春秋公羊传》是专门解释《春秋》的一部典籍，其释史十分简略，而着重阐释《春秋》所谓的"微言大义"，用问答的方式解经。在汉代，公羊学大显于世。魏晋以后虽经一千多年的消沉，至鸦片战争前后却重新复兴，而且风靡一时，成为近代维新运动的思想武器，并且是十九世纪、二十世纪之交中国思想界接受西方进化论的思想基础。

春秋公羊传卷一

隐公上

隐公元年

【原文】

元年春,王正月。元年者何?君之始年也。春者何?岁之始也。王者孰谓?谓文王也。曷为先言王而后言正月?王正月也。何言乎王正月?大一统也。公何以不言即位?成公意也。何成乎公之意?公将平国而反之桓。曷为反之桓?桓幼而贵,隐长而卑,其为尊卑也微,国人莫知。隐长又贤,诸大夫扳隐而立之。隐于是焉而辞立,则未知桓之将必得立也。且如桓立,则恐诸大夫之不能相幼君也,故凡隐之立为桓立也。隐长又贤,何以不宜立?立适以长不以贤,立子以贵不以长。桓何以贵?母贵也。母贵则子何以贵?子以母贵,母以子贵。

三月,公及邾娄仪父盟于眛。及者何?与也,会及暨皆与也。曷为或言会,或言及,或言暨?会犹最也,及犹汲汲也,暨犹暨暨也。及我欲之,暨不得已也。仪父者何?邾娄之君也。何以名?字也。曷为称字?褒之也。曷为褒之?为其与公盟也。与公盟者众矣,曷为独褒乎此?因其可褒而褒之。此其为可褒奈何?渐进也。眛者何?地期也。

夏五月,郑伯克段于鄢。克之者何?杀之也。杀之则曷为谓之克?大郑伯之恶也。曷为大郑伯之恶?母欲立之,己杀之,如勿与而已矣。段者何?郑伯之弟也。何以不称弟?当国也。其地何?当国也。齐人杀无知,何以不地?在内也。在内虽当国不地也,不当国,虽在外亦不地也。

秋七月,天王使宰咺来归惠公仲子之赗。宰者何?官也。咺者何?名也。曷为以官氏?宰士也。惠公者何?隐之考也。仲子者何?桓之母也。何以不称夫人?桓未君也。赗者何?丧事有赗。赗者,盖以马,以乘马束帛,车马曰赗,货财曰赙,衣被曰襚。桓未君则诸侯曷为来赗之?隐为桓立,故以桓母之丧告于诸侯。然则何言尔?成公意也。其言来何?不及事也,其言惠公仲子何?兼之,兼之非礼也。何以不言及仲子,仲子微也。

九月,及宋人盟于宿。孰及之,内之微者也。

冬十有二月,祭伯来。祭伯者何?天子之大夫也。何以不称使?奔也。奔则曷为不言奔?王者无外,言奔则有外之辞也。

公子益师卒,何以不日?远也。所见异辞,所闻异辞,所传闻异辞。

【译文】

元年春王正月。元年是什么？是君王就位的第一年。春是什么？是一年的开始。王指的是谁？是指周文王。为什么先说王而后说正月呢？是周王的正月。为什么说周王正月呢？这是大一统的缘故。为什么不说鲁隐公即位呢？这是为了成全隐公的心意。怎么样能够成全隐公的意志呢？隐公打算把鲁国治理好了以后，交还给鲁桓公。为什么要还给鲁桓公呢？桓公年幼而地位贵重，隐公年长而地位卑贱，他们的尊卑之间区别不明显，鲁国的贵族们没有人能够明白。隐公年长而又贤能，诸大夫们推选着隐公把他立了。这时隐公辞让不肯为君，就不知道桓公将来是否必定被立。假设桓公立了，又恐怕诸位大夫不能够辅相年幼的君主。所以隐公立的时候，就是为的将来桓公可以立。隐公既年长而又贤良，为什么他不能立呢？立適子是论年长，不论他贤不贤，立儿子是以地位尊贵，而不以年长。桓公为什么地位尊贵，是因为他母亲地位尊贵。母亲地位尊贵，儿子为什么地位尊贵呢？儿子因为母亲而尊贵。母亲也因为儿子而尊贵。

三月，鲁隐公及邾娄仪父在眜地会盟，为什么叫作及？是同他一起，会同暨都是同他一起。为什么有时候说会，有时候说及，有时候说暨呢？会等于聚会；及等于聚集；暨等于随意。及是我愿意去，暨就是被迫不得已去。仪父是什么人呢？是邾娄国的国君。用什么称呼？是表字。为什么叫表字？因为褒奖他的缘故。为什么褒奖他？因为他同隐公盟会。当时同鲁隐公盟会的人很多，为什么独独只褒奖他呢？因为他值得褒奖，所以就褒奖他。因为他在德行上逐渐有所进步。什么叫作眜？是约定会盟的地方。

夏五月，郑庄公在鄢战胜了公叔段。克是什么意思？就是把他杀了。杀他为什么叫作克呢？这是夸大郑庄公的坏处。为什么夸大郑庄公的坏处呢？他母亲愿意把他立为君，而郑庄公把他杀掉，不如不给他就算了。段是什么人？是郑庄公的弟弟。为什么不称弟弟呢？因为他掌握国家政权，为什么写上地名？因为他掌握国家政权。齐国人杀了公孙无知，为什么不写地名？因为是在国内。在国内虽然掌政权也不写地名。不掌政权，即使在国都之外也不写地点。

秋七月，周王派宰咺送来吊唁惠公同仲子的礼物。宰是什么？是一种官名。咺是什么？是人名。为什么用官名作氏？因为宰是天子的上士。惠公是什么人？是隐公的父亲。仲子是什么人？是桓公的母亲。为什么不称夫人呢？因为桓公尚没有立为国君。赗是什么？办丧事时才有赗。赗是用马匹加上成捆的丝绸，有车有马叫作赗，有财物就叫作赙，有衣服被子就叫作禭。桓公没有立为国君，诸侯为什么来送赗呢？鲁隐公是为了桓公才即位的，所以把桓公母亲的丧事通告给了诸侯。为什么这样说？这是要表达隐公的意思。为什么说来呢？因为他已经赶不上办丧事了。为什么说惠公仲子呢？这是两个人一齐说，两个人一齐说是不合礼的。为什么不说和仲子呢？是仲子地位比夫人低微。

九月，鲁国人同宋国人在宿国会盟。谁去和宋国使者会盟？是鲁国官中地位低微的

人，即士。

冬十二月，祭伯来到鲁国。祭伯是什么人呢？是周天子的大臣，为什么不称使者？因为他是逃奔到鲁国。为什么不说奔呢？国王的天下无所谓外内，说出奔就是有外国的说法啦。

公子益师去世。为什么不写明日子？因为距离孔子太远了。所看到的不同，所听到的也不同，所传闻的说法也不同。

春秋公羊传卷二

隐公中

隐公二年

【原文】

二年春，公会戎于潜。

夏五月，莒人入向。入者何？得而不居也。

无骇帅师入极。无骇者何？展无骇也。何以不氏？贬。曷为贬？疾始灭也。始灭昉于此乎？前此矣。前此，则曷为始乎此？托始焉尔。曷为托始焉尔？《春秋》之始也。此灭也，其言入何？内大恶，讳也。

秋，八月庚辰，公及戎盟于唐。

九月，纪履緰来逆女。纪履緰者何？纪大夫也。何以不称使。婚礼不称主人。然则曷称？称诸父兄师友。宋公使公孙寿来纳币，则其称主人何？辞穷也。辞穷者何？无母也。然则纪有母乎？曰有。有则何以不称母？母不通也。外逆女不书，此何以书？讥。何讥尔？讥始不亲迎也。始不亲迎昉于此乎？前此矣。前此则曷为始乎此？托始焉尔。曷为托始焉尔。《春秋》之始也。女曷为或称女，或称妇，或称夫人？女在其国称女，在途称妇，入国称夫人。

冬十月，伯姬归于纪。伯姬者何？内女也。其言归何？妇人谓嫁曰归。

纪子伯、莒子盟于密，纪子伯者何？无闻焉尔。

十有二月乙卯，夫人子氏薨。夫人子氏者何？隐公之母也。何以不书葬？成公意也。何成乎公之意，将不终为君，故母亦不终为夫人也。

郑人伐卫。

【译文】

二年春天,鲁隐公在潜邑与戎国国君会盟。

夏天五月,莒国人侵入了向国。进入是什么意思?是攻下都邑而不加占据。

鲁国的无骇,率领军队进入极国。无骇是什么人呢?是展无骇。为什么不用他的姓氏呢?这是贬低他的地位。为什么要贬呢?因为痛恨他开始灭人的国家。开始灭人国家,就开始在这里吗?从前已经有过。既然已经有过,为什么又假设他在此时开始呢?只是把这里作为开始,为什么把这时作为开始呢?因为这是春秋的开始。这是灭人的国家,为什么说进入呢?因为这是国家的大坏事,所以给他避讳。

秋天八月庚辰这天,鲁隐公同戎国国君在唐这地方会盟。

九月的时候,纪履缟来迎接新浪,纪履缟是什么人呢?是纪国的大夫。为什么不说派遣呢?在婚礼中,不能够称呼主人的名字。那么称什么呢?就称作他的父亲,哥哥或老师,朋友。宋公派公孙寿来送聘礼,为什么又称主人呢?因为他没有合适的言语,为什么没有合适的言语?因为他没有母亲。那么纪君有母亲吗?回答说有。既然有,为什么不称他母亲呢?因为他的母亲不能同外边往来。平常外国来鲁国接女子不写,这又为什么写呢?因为是讥讽。为什么讥讽这件事呢?因为讥讽他开始不亲自迎接。不迎接是由这里开始吗?以前就有了。以前就有为什么又说这是开始呢?只是把这时作为开始罢了。为什么把这作为开始呢?因为这是春秋的开始。女子为什么有时称为“女”,有时称为“妇”,有时称为“夫人”呢?因为女子在她的国里应当称为“女”,在路上就称为“妇”,进了夫婿之国就称为“夫人”。

冬天十月,伯姬嫁给纪国,伯姬是什么人呢?是鲁国公室的女人。为什么说归呢?女人出嫁叫作归。

纪国的子伯同莒国君在密地盟誓,纪子伯是什么人呢?没有听说过。

十二月乙卯,夫人子氏去世。夫人子氏是谁呢?是隐公的母亲。为什么不记载下葬呢?为了成全隐公的心意。什么是成全隐公的心意呢?儿子最终将不做国君,所以母亲也终究不做夫人。

郑国人讨伐卫国。

隐公三年

【原文】

三年春,王二月己巳,日有食之。何以书?记异也。日食则曷为或日或不日?或言朔或不言朔,曰某月某日朔,日有食之者,食正朔也,其或日或不日,或失之前,或失之后。失之前者,朔在前也。失之后者,朔在后也。

三月庚戌，天王崩。何以不书葬？天子记崩不记葬，必其时也。诸侯记卒记葬，有天子存，不得必其时也。曷为或言崩或言薨？天子曰崩，诸侯曰薨，大夫曰卒，士曰不禄。

夏四月辛卯，尹氏卒。尹氏者何？天子之大夫也。其称尹氏何？贬。曷为贬？讥世卿，世卿非礼也。外大夫不卒，此何以卒？天王崩，诸侯之主也。

秋，武氏子来求赙。武氏子者何？天子之大夫也。其称武氏子何？讥，何讥尔？父卒，子未命也。何以不称使？当丧未君也。武氏子来求赙何以书？讥，何讥尔？丧事无求，求赙非礼也，盖通于下。

八月庚辰，宋公和卒。

冬十有二月，齐侯、郑伯盟于石门。

癸未，葬宋缪公，葬者曷为或日或不日？不及时而日，渴葬也。不及时而不日，慢葬也，过时而日，隐之也。过时而不日，谓之不能葬也。当时而不日，正也。当时而日，危不得葬也。此当时，何危尔？宣公谓缪公曰："以吾爱与夷则不若爱女。以为社稷宗庙主，则与夷不若女。盍终为君矣。"宣公死，缪公立，缪公逐其二子庄公冯与左师勃，曰："尔为吾子，生毋相见，死毋相哭。"与夷复曰："先君之所为不与臣国而纳国乎君者，以君可以为社稷宗庙主也。今君逐君之二子而将致国乎与夷，此非先君之意也，且使子而可逐，则先君其逐臣矣。"缪公曰："先君之不尔逐可知矣，吾立乎此摄也，终致国乎与夷。"庄公冯弑与夷。故君子大居正，宋之祸，宣公为之也。

【译文】

三年春周历二月，己巳这天发生了日食。为什么要写下呢？这是记载异常的事情。为什么日食有时写日期有时不写，或说初一，或不说初一。譬如某月某日初一发生日食。因为初一这天正是日食，或写日期，或不写日期，或者是靠前，或者是靠后，靠前的初一在前，靠后的初一在后。

三月庚戌日，周平王去世，为什么不写下葬的日子？天子只记载去世，不记载下葬。因为他的下葬必定是按着时候的。诸侯记载去世，也记载行葬礼，因为有天子在，不能够一定按着时候下葬，为什么有的说崩有的就说薨呢？天子死叫作崩，诸侯叫作薨，大夫叫作卒，士人叫作不禄。

夏天四月辛卯日，尹氏去世。尹氏是什么人呢？他是周天子的大夫。为什么称他尹氏，而不称他的名字？是为贬低他的地位。为什么贬低他的地位，因为讥讽他世代做卿，世代做卿是不合礼法的。鲁国以外的大夫不记去世，这为什么写呢？因为周平王去世时，鲁隐公到京师悼丧，尹氏作为他的居所主人。

秋天，武氏的儿子到鲁国来求助葬的财币。武氏子是什么人呢？是周王的大夫。为什么称他为武氏的儿子呢？这是讥讽他，为什么要讥讽他呢？他父亲死了，而他尚没有得到命令做大夫。为什么不说派遣呢？这时天子已经死了，尚没有人被立为君。武氏子来求助葬的财币，为什么写下来？这是讥讽他。为什么讥讽他呢？办丧事不能对人有所

求。求助葬的财币是不合礼法的，这个标准一直通到臣下。

八月庚辰，宋缪公去世。

冬天十二月，齐侯同郑伯在石门这地方会盟。

癸未，给宋缪公行葬礼。下葬的时候，为什么有时候记日期，有时不记呢？不到时候，而记了日期，这是急于要下葬。不到时候，而不记日期是下葬得很慢。过了葬期而写了日子，这是痛丧贤君，过了葬期而不写日子，叫作不能下葬。正在葬日而又不写日期，这是正规的做法。正在葬日而写着日期，这是危难不得下葬。这次正在葬日，有什么危难呢？当时宋宣公对宋缪公说："要说我喜欢与夷就比不上喜欢你，拿做国家公室的主人来说，则与夷不如你，你何不做君呢？"宣公死后，他弟弟缪公即位，缪公把他两个儿子庄公冯同左师勃赶走，并且说："你们是我的儿子，生不要相见，死了也不要哭。"与夷回答说："先君所以不给我国家，而给你国家的缘故，以为你可以做社稷宗庙的主人。现在你把你的两个儿子赶出去，而将要把国家给我，这不是先君的意思。假如儿子可以驱逐走，那么先君也就把我撵走了。"缪公就说："先君不赶走你，可以明白他的原意，我现在此等于摄政，将来必定把国家交给与夷。"后来庄公冯杀了与夷。所以君子尊尚坚守正规，宋国的祸乱，就是宣公造成的。

隐公四年

【原文】

四年春，王二月，莒人伐杞，取牟娄。牟娄者何？杞之邑也。外取邑不书。此何以书？疾始取邑也。

戊申，卫州吁弑其君完，曷为以国氏？当国也。

夏，公及宋公遇于清。遇者何？不期也。一君出，一君要之也。

宋公、陈侯、蔡人、卫人伐郑。

秋，翚帅师会宋公、陈侯、蔡人、卫人伐郑。翚者何？公子翚也。何以不称公子？贬。曷为贬？与弑公也。其与弑公奈何？公子翚谄乎隐公，谓隐公曰："百姓安子，诸侯说子，盍终为君矣。"隐曰："吾否，吾使修涂裘，吾将老焉。"公子翚恐若其言闻乎桓，于是谓桓曰："吾为子口隐矣。隐曰：'吾不反也。"'桓曰："然则奈何？"曰："请作难，弑隐公。"于钟巫之祭焉弑隐公也。

九月，卫人杀州吁于濮。其称人何？讨贼之辞也。

冬十有二月，卫人立晋。晋者何？公子晋也。立者何？立者不宜立也。其称人何？众立之之辞也。然则孰立之？石碏立之。石碏立之，则其称人何？众之所欲立也。众虽欲立之，其立之非也。

【译文】

四年春天周历二月，莒国人攻伐杞国，拿下了牟娄这个城，牟娄是什么地方呢？是杞国的城邑。在鲁国境外拿下别人的城邑，不记下来，这里为什么写上呢？因为憎恨他开始占领城邑。

戊申这天，卫国的公子州吁，杀他的国君桓公完。为什么以国为氏呢？因为州吁与国为敌。

夏天，鲁隐公同宋公相遇在清这地方。什么叫作遇呢？是没有预先约定好。一国的国君出境，另一国的国君中途拦住他。

宋公同陈侯、蔡人、卫人攻伐郑国。

秋天，公子翚率领着军队会合宋公、陈侯、蔡人、卫人伐郑国。翚是什么人？就是公子翚。为什么不称公子呢？因为贬低他，为什么贬低他？因为他参加杀隐公。他怎么样参加杀隐公的呢？公子翚最初巴结隐公，对隐公说："百姓们习惯于你统治，诸侯们也很喜爱你，你为什么不做国君呢？"隐公回答说："我不做，我派人修涂裘这地方的房子，我将在那里养老。"公子翚恐怕这句话被桓公知道，就对桓公说："我已经替你探听了。隐公说：'我不会归还国君的位置了。"'桓公说："这样的话那怎么办呢？"公子翚说："请发动政变，杀了隐公。"于是就在隐公祭祀钟巫时，把他杀掉。

九月，卫国人在濮杀了州吁。为什么要称卫国人呢？因为是讨贼的文辞。

冬季十二月，卫国人立了公子晋为国君，谁是晋呢？是卫国的公子晋。为什么说立他？说立他就是不应当立他。为什么说卫国人呢？表示众人立他的意思。但是谁立他呢？石碏立了他。石碏立了他，为什么还说是卫国人呢？是众人都想立他。虽然卫国人全想立他，但是立他也是不对的。

春秋公羊传卷三

隐公下

隐公五年

【原文】

五年春，公观鱼于棠。何以书？讥。何讥尔？远也。公曷为远而观鱼？登来之也。百金之鱼公张之。登来之者何？美大之之辞也。棠者何？济上之邑也。

夏四月，葬卫桓公。

秋，卫师入盛。曷为或言率师或不言率师？将尊师众称某率师，将尊师少称将；将卑

师众称师;将卑师少称人。君将不言率师,书其重者也。

九月,考仲子之宫。考宫者何?考犹入室也,始祭仲子也。桓未君则曷为祭仲子?隐为桓立,故为桓祭其母也。然则何言尔?成公意也。初献六羽。初者何?始也。六羽者何?舞也。初献六羽何以书?讥。何讥尔?讥始僭诸公也。六羽之为僭奈何?天子八佾,诸公六,诸侯四。诸公者何?诸侯者何?天子三公称公,王者之后称公,其馀大国称侯,小国称伯、子、男。天子三公者何?天子之相也。天子之相则何以三?自陕而东者,周公主之,自陕而西者,召公主之,一相处乎内。始僭诸公昉于此乎?前此矣。前此则曷为始乎此?此僭诸公犹可言也,僭天子不可言也。

邾娄人、郑人伐宋。

螟,何以书?记灾也。

冬十有二月辛巳,公子彄卒。

宋人伐郑,围长葛。邑不言围,此其言围何?强也。

【译文】

五年春天,鲁隐公到在棠邑观看捕鱼。为什么记下来呢?这是讥讽。为什么讥讽呢?因为棠邑距鲁国都城很远。鲁隐公为什么到远处去看鱼呢?是为了得利。鲁隐公用网来猎取很贵重的鱼。为什么说得来呢?这是说鱼又好又大的话。棠邑在什么地方呢?是在济水边的一个城。

夏天四月,安葬卫桓公。

秋天,卫国军队入盛国。为什么有时说率领军队有时又不讲率领军队呢?假设将领地位尊贵,军队很多,就说某人率军队,假设将领地位尊贵,军队少,就称为将。假设将领地位低,军队多就称为师。将领地位低军队又少就称人。国君自己率领军队。不说他率领军队,因为要记载重要的事。

九月,仲子的庙落成,什么叫作庙落成呢?落成等于进入她的庙,这是开始祭祀仲子。桓公没有做国君,为什么还祭祀仲子呢?隐公是为了桓公而立的,所以他为桓公而祭祀他的母亲。为什么如此说呢?这是为成全隐公的心意。初次奉献六羽的祭祀,什么叫作初呢?这是开始。什么叫作六羽,这是一种舞蹈。初次贡献六羽,为什么记载下来呢?这是讥讽。为什么要讥讽这件事?讥讽他开始仿效诸公的地位。为什么说用六羽的舞是超越了本身的地位呢?天子是八佾,诸公是六佾,诸侯是四佾。什么做叫诸公呢?什么叫作诸侯呢?天子三公称为公,王者的后人称为公,其余的大国称为侯,小国称为伯,子或男。天子三公是什么呢?是天子的宰相。天子的宰相何以有三个呢?自陕县以东由周公主管,陕县以西由召公主管,另外一相在内宫。超越本身地位仿效公开始在这时候吗?在前面已经有了,既然在前面有了,为什么又说在此时开始呢?这次仿效诸公还可以说,只有比拟天子是不可以说的。

邾娄人同郑人攻伐宋国。

鲁国有蝗虫害。为什么记下来呢？是为了记录灾情。

冬天十二月辛巳这天，公子彄死了。

宋人攻伐郑国，围困长葛城。城邑不说围困，这里为什么说围困呢？因为长葛兵力很强大。

隐公六年

【原文】

六年春，郑人来输平。输平者何？输平犹堕成也。何言乎堕成？败其成也。曰："吾成败矣。"吾与郑人末有成也。吾与郑人则曷为末有成？狐壤之战，隐公获焉。然则何以不言战？讳获也。

夏五月辛酉，公会齐侯盟于艾。秋七月。此无事，何以书？春秋虽无事，首时过则书。首时过则何以书？春秋编年，四时具然后为年。

冬，宋人取长葛。外取邑不书，此何以书？久也。

【译文】

六年春天，郑国人来输平。什么叫作输平呢？输平等于毁坏和约。怎样叫作毁掉和约呢？把订好的和约毁掉。鲁国人说："我们的和约取消"，我跟郑国人没有了和约。我跟郑国人为什么没有了和约呢？是因为狐壤战役中，鲁隐公被俘获了。但是为什么不提狐壤之战呢？因为避讳说被俘获的事。

夏天五月辛酉，鲁隐公同齐僖公在艾地结盟。秋天七月。这个月没事情，为什么还写呢？《春秋》时，即使没有事情，四季的头一个月过去了，就写下来。为什么四季头一个月过去就写上呢？因为《春秋》是编年的，四个季度完全就成为一年。

冬天，宋国人占据了长葛。从国外所取的城邑不写下来，这次为什么写呢？因为时间很长久。

隐公七年

【原文】

七年春，王三月，叔姬归于纪。滕侯卒。何以不名？微国也。微国则其称侯何？不嫌也。《春秋》贵贱不嫌同号，美恶不嫌同辞。

夏，城中丘。中丘者何？内之邑也。城中丘何以书？以重书也。

齐侯使其弟年来聘。其称弟何？母弟称弟，母兄称兄。

秋，公伐邾娄。

冬，天王使凡伯来聘，戎伐凡伯于楚丘以归。凡伯者何？天子之大夫也。此聘也，其言伐之何？执之也。执之则其言伐之何？大之也。曷为大之？不与夷狄之执中国也。其地何？大之也。

【译文】

七年春周历三月，叔姬出嫁到纪国。滕侯去世，为什么不写明名字？因为他的国家很微小。国家虽然微小，为什么也称他侯呢？因为对于称呼没有分别。《春秋》的时代，贵君同贱君，不怕用同一个称号。美的同恶的，也不嫌用同一个文辞。

夏天修中丘城墙。中丘这个城在什么地方？是鲁国境内的一个城邑。修筑中丘为什么写下来呢？因为工作很重所以写上。

齐侯派他弟弟年来鲁国聘问？为什么称弟呢？同母的弟弟就称弟，同母的哥哥就称兄。

秋天，鲁隐公攻伐邾娄国。

冬天，周天王派了凡伯来鲁国访问，戎人在楚丘讨伐凡伯，把他逮了回去。凡伯是什么人呢？是天子的大夫。这是来访问，为什么说攻伐他呢？因为把他逮起来。把他逮起来，为什么说攻伐他呢？为什么提高他呢？是不赞成夷狄人逮起中国人来。为什么记着地名呢？这也是为了提高凡伯身份。

隐公八年

【原文】

八年春，宋公、卫侯遇于垂。

三月，郑伯使宛来归邴。宛者何？郑之微者也。邴者何？郑汤沐之邑也。天子有事于泰山，诸侯皆从。泰山之下，诸侯皆有汤沐之邑焉。庚寅，我入邴。其言入何？难也。其日何？难也。其言我何？言我者非独我也，齐亦欲之。

夏六月己亥，蔡侯考父卒。

辛亥，宿男卒。

秋七月庚午，宋公、齐侯、卫侯盟于瓦屋。

八月，葬蔡宣公。卒何以名而葬不名？卒从正，而葬从主人。卒何以日而葬不日？卒赴而葬不告。

九月辛卯，公及莒人盟于包来。公曷为与微者盟？称人则从不疑也。

螟。

冬十有二月，无骇卒。此展无骇也。何以不氏？疾始灭也，故终其身不氏。

【译文】

八年春天，宋殇公同卫宣公在垂这地方碰见。

三月，郑庄公派宛来归还邴地给鲁国。宛是什么人呢？是郑国一个地位低微的人。邴是什么地方呢？是供给郑伯休息的地方。周天子每回祭泰山的时候，诸侯全都随从着。泰山的底下，诸侯全有休息的地方。庚寅这天，鲁国进入邴这个城，为什么说进入呢？因为有困难。为什么说入的日子呢？也是因为困难。为什么说我国？说我国就是不只我鲁国，因为齐国也想要这个地方。

夏天六月己亥，蔡侯考父去世。

辛亥这天，宿国的君宿男去世。

秋天七月庚午这天，宋殇公、齐僖公、卫宣公在瓦屋这地方会盟。

八月，安葬蔡宣公，去世以后为什么写名字，而下葬时不写名字呢？因为去世以后赴告天子，所以用名字，而下葬时随他本人。去世了为什么写日子，而葬不写日子，因为去世以后要报告天子，而葬礼不报告天子。

九月辛卯这天，鲁隐公同莒国人在包来这地方盟誓。隐公为什么跟没职位的人盟誓呢？称人就是随从着很多人，人家不会疑惑。

鲁国有螟虫害。

冬天十二月，无骇去世。这就是展无骇，为什么不称他的氏？因为他开始灭人国家，所以终身不写出他的氏。

隐公九年

【原文】

九年春，天王使南季来聘。

三月癸酉，大雨震电。何以书？记异也。何异尔？不时也。

庚辰，大雨雪。何以书？记异也。何异尔？俶甚也。

侠卒。侠者何？吾大夫之未命者也。

夏，城郎。

秋七月。

冬，公会齐侯于邴。

【译文】

九年春天，周王派遣南季来鲁国访问。

三月癸酉，大雨又加上打雷带闪电。为什么写下来呢？这是记载异常。有什么异常

呢？不按时节出现雷雨。

庚辰这天下大雪，为什么写下来呢？因为是记载异常。有什么怪异呢？这是雪太厚了。

鲁国一个名叫侠的大夫去世。这个大夫侠是什么人呢？是鲁国没有任命的大夫。

夏天，修筑郎这个城。

秋天七月。

冬天，鲁隐公同齐侯在邴邑这地方会盟。

隐公十年

【原文】

十年春，王二月，公会齐侯、郑伯于中丘。

夏，翚帅师会齐人、郑人伐宋。此公子翚也，何以不称公子？贬。曷为贬？隐之罪人也。故终隐之篇贬也。

六月壬戌，公败宋师于菅。辛未取郜，辛巳取防，取邑不日，此何以日？一月而再取也。何言乎一月而再取？甚之也。内大恶讳，此其言甚之何？《春秋》录内而略外，于外大恶书，小恶不书，于内大恶讳，小恶书。

秋，宋人，卫人入郑。

宋人、蔡人、卫人伐载，郑伯伐取之。其言伐取之何？易也。其易奈何？因其力也。因谁之力？因宋人、蔡人、卫人之力也。

冬十月壬午、齐人、郑人入盛。

【译文】

十年春季，周历二月，隐公同齐侯郑伯在中丘见面。

夏天，翚率领军队会同齐人、郑人攻伐宋国。这是公子翚啊，为什么不称公子？因为是贬低他的地位。为什么贬低他的地位呢？他是鲁隐公的罪人。在鲁隐公这一篇中全把他贬低了。

六月壬戌这天，鲁隐公在菅邑打败了宋国军队。辛未这天，拿下了郜。辛巳占据了防。取郜邑按道理不写那个日子，这次为什么写日子？因为一个月里拿下了两个城。为什么要说一个月拿下了两个城呢？是表示鲁国太过分了。鲁国有大坏事，全都避讳，这次为什么说太过分了？《春秋》书里，记载鲁国内里的事，而记载外国的事很简略。对于外国，把大坏事写上，小坏事不写上。对于国内，大坏事就避讳，小坏事写上。

秋天，宋国人同卫国人侵入郑国。

宋国人、蔡国人、卫国人攻伐载国，郑伯借这机会拿下它，为什么说拿下它，因为夺取

得容易。怎么样的容易呢？是仗着旁人的力量。借着谁的力量呢？借着宋国人、蔡国人、卫国人的力量。

冬天十月壬午、齐国人、郑国人进入盛国。

隐公十一年

【原文】

十有一年春，滕侯、薛侯来朝。其言朝何？诸侯来曰朝，大夫来曰聘。其兼言之何？微国也。

夏五月，公会郑伯于祁黎。

秋七月壬午，公及齐侯、郑伯入许。

冬十有一月壬辰，公薨。何以不书葬？隐之也。何隐尔？弑也。弑则何以不书葬？《春秋》君弑，贼不讨，不书葬，以为无臣子也。子沈子曰："君弑，臣不讨贼，非臣也。不复仇，非子也。葬，生者之事也。《春秋》君弑，贼不讨，不书葬，以为不系乎臣子也。公薨何以不地？不忍言也。隐何以无正月？隐将让乎桓，故不有其正月也。

【译文】

十一年春天，滕国国君同薛国国君来鲁国朝见，为什么说朝见呢？别国的诸侯来鲁国叫作朝，各国大夫来叫作聘。为什么有时候兼说两国来朝呢？因为这全是小国。

夏天五月，鲁隐公同郑伯在祁黎会盟。

秋天七月壬午，鲁隐公会同齐僖公及郑庄公侵入许国。

冬天十月一日壬辰这天，隐公去世。为什么不写葬礼呢？因为是隐瞒的原故。为什么要隐瞒呢？因为是被鲁桓公所杀。杀为什么就不写葬礼？《春秋》，国君被杀，如果不讨贼，就不写葬礼，认为等于没有臣子。子沈子说："国君被杀，臣下不讨戮凶手，那就不是臣下，儿子不报仇，那就不是儿子，行葬礼是活着人的事情。《春秋》时，国君被杀，而贼不被讨伐就不写葬礼，因为与臣子没有连系。鲁隐公去世，为什么不写在什么地方？因为不忍心说明。为什么隐公这年没有正月呢？因为隐公将把国家让给桓公，所以没有正月。

春秋公羊传卷四

桓公上

桓公元年

【原文】

元年春，王正月，公即位。继弑君不言即位，此其言即位何？如其意也。

三月，公会郑伯于垂。

郑伯以璧假许田。其言以璧假之何？易之也。易之则其言假之何？为恭也。曷为为恭，有天子之存，则诸侯不得专地也。许田者何？鲁朝宿之邑也。诸侯时朝乎天子，天子之郊，诸侯皆有朝宿之邑焉。此鲁朝宿之邑也，则曷为谓之许田？讳取周田也。讳取周田则曷为谓之许田？系之许也。曷为系之许？近许也。此邑也，其称田何？田多邑少称田，邑多田少称邑。

夏四月丁未，公及郑伯盟于越。

秋大水。何以书？记灾也。

冬十月。

郑庄公

【译文】

桓公元年春季，周历正月，鲁桓公即位为国君。照例继承被杀的国君不讲即位，而这里何以说即位呢？这是为了顺遂桓公的心愿。

三月，鲁桓公同郑庄公在垂会见。

郑庄公拿玉璧来借用许的田地。为什么他说拿玉璧来借用呢？因为是来交换。交换为什么说借用呢？为的是恭敬。为什么恭敬，因为有天子存在，诸侯不能够专有个人地方。什么叫作许田呢？这是鲁公上朝住宿的地方。诸侯有时到天子那里上朝，天子的郊外，诸侯全有上朝住宿的地方。这是鲁公上朝住宿的地方，为什么叫他许田呢？为的避讳说取得周的田地，既然避讳说取得周的田地，又为什么叫他做许田呢？因为把这块田地靠近许邑。为什么挂到许邑呢？因为它与许邑接近。这是一个城邑，为什么称他为田呢？田地多而城邑少，就称为田，城邑多而田地少，就称为邑。

夏天四月丁未，鲁桓公同郑庄公在越地会盟。

秋天鲁国发洪水。为什么写下来呢？因为这是记录灾害。

冬天十月。

桓公二年

【原文】

二年春，王正月戊申，宋督弑其君与夷及其大夫孔父。及者何？累也。弑君多矣，舍此无累者乎？曰："有仇牧，荀息，皆累也。"舍仇牧、荀息无累者乎？曰："有。"有则此何以书？贤也。何贤乎孔父？孔父可谓义形于色矣。其义形于色奈何？督将弑殇公，孔父生而存则殇公不可得而弑也，故于是先攻孔父之家。殇公知孔父死，己必死，趋而救之，皆死焉。孔父正色而立于朝，则人莫敢过而致难于其君者，孔父可谓义形于色矣。

滕子来朝。

三月，公会齐侯、陈侯、郑伯于稷，以成宋乱。内大恶讳，此其目言之何？远也。所见异辞，所闻异辞，所传闻异辞。隐亦远矣，曷为为隐讳？隐贤而桓贱也。

夏四月，取郜大鼎于宋。此取之宋，其谓之郜鼎何？器从名，地从主人。器何以从名？地何以从主人？器之与人非有即尔。宋始以不义取之，故谓之郜鼎。至乎地之与人则不然。俄而可以为其有矣。然则为取可以为其有乎？曰："否。"何者？若楚王之妻娟，无时焉可也。戊申，纳于大庙。何以书？讥。何讥尔？遂乱受赂，纳于大庙，非礼也。

秋七月，纪侯来朝。

蔡侯、郑伯会于邓，离不言会，此其言会何？盖邓与会尔。

九月入杞。

公及戎盟于唐。

冬，公至自唐。

【译文】

二年春季，周历正月，戊申这天，宋国华父督杀了他的国君与夷同他们的大夫孔父嘉。什么叫作及呢？是受株连。杀国君的事很多，除此以外就没有受株连的吗？回答说："有的。仇牧同荀息，全是受株连的人"，除了仇牧及荀息就没有受株连的吗？回答说："有"。既然有为什么这里把孔父写下来呢？因为他是贤臣。为什么说孔父嘉是贤臣呢？孔父嘉可以说大义表现在脸色上。他怎么样把大义表现在脸色上呢？华父督将弑宋殇公，孔父嘉要活着，殇公就不会被弑，于是就先攻打孔父嘉的家。殇公知道孔父嘉死了，自己必定要死，就赶紧跑去救孔父嘉，两个人全去世了。孔父嘉满脸正气地立到朝廷上，没有人敢过去对他的国君发难，孔父嘉可以说大义凛然，表现在面色上。

滕国国君来访。

三月，鲁桓公会同齐侯、陈侯、郑伯在稷这地方会盟，为的是平身宋国的祸乱。国内的大坏事要避讳，这里为什么看见就记载，因为事情很远了。所看见的记载不同，所听见的说法也不同，听见旁人传说的记载又不同。鲁隐公也很久远了，为什么为隐公避讳？因为隐公很贤明而桓公很卑贱。

夏天四月，从宋国把郜国的大鼎拿来。这是从宋国拿来，为什么叫作郜鼎呢？器物随着原来的名字，地就从主人的称呼。器物为什么依从原来的名字？土地为什么从着主人呢？器物同人不是一样。宋国从前以不道义的手段拿了郜鼎，所以人们都称为郜鼎。至于土地从人就不同。须臾之间，就可以为他所有。那么拿来以后就可以为他所有吗？回答说："不是"。为什么呢？比如楚王娶妹妹为妻就没有可以的时候。戊申这天，把郜鼎摆到鲁国的太庙。为什么写下来呢？这是讥讽。为什么讥讽这件事呢？因为乘宋国的祸乱，收受贿赂，摆到太庙里，这是不合礼法的。

秋天七月，纪国国君到鲁国来朝见。

蔡桓公同郑庄公在邓国会见。普通不说会，这次为什么说会见呢？因为邓国也参加会见了。

九月，鲁国侵入杞国。

鲁桓公同戎国国君在唐邑这地方会盟。

冬天，鲁桓公从唐邑这地方回来。

桓公三年

【原文】

三年春，正月，公会齐侯于嬴。

夏，齐侯、卫侯胥命于蒲。胥命者何？相命也。何言乎相命？近正也。此其为近正奈何？古者不盟，结言而退。

六月，公会纪侯于盛。

秋七月壬辰朔，日有食之，既。既者何？尽也。

公子翚如齐逆女。

九月，齐侯送姜氏于讙。何以书？讥。何讥尔？诸侯越竟送女，非礼也。此入国矣，何以不称夫人？自我言齐，父母之于子，虽为邻国夫人，犹曰吾姜氏。

公会齐侯于讙，夫人姜氏至自齐。翚何以不致？得见乎公矣。

冬，齐侯使其弟年来聘。

有年。有年何以书？以喜书也。大有年何以书？亦以喜书也。此其曰有年何？仅有年也。彼其曰大有年何？大丰年也。仅有年亦足以当喜乎？恃有年也。

【译文】

三年春季,周历正月,鲁桓公同齐僖公在嬴邑地会见。

夏天,齐僖公同卫宣公在蒲地互相听令。什么叫作互相听令?就是以言语为盟誓。什么叫作以言语为盟誓呢?这是近于古代的办法。为什么说近于古代呢?古代时候不举行盟誓,口头订立约定就离去。

六月,鲁桓公同纪侯在盛邑开会。

秋天七月壬辰初一这天,有日全食。说既是什么意思呢?就是完全被吃了。

公子翚到齐国迎接新娘。

九月,齐僖公送他的女儿文姜到讙地,为什么写下来呢?这是为的讥讽。为什么讥讽这件事呢?诸侯出了国境去送他的女儿出嫁这是不合于礼法的。这已经进入鲁国,为什么不称她为夫人呢?从我自己的地位来说齐国。父母对于女儿,虽然已经做邻国的夫人,仍称为我们姜氏。

鲁桓公同齐僖公在讙邑见面。夫人姜氏从齐国来到,公子翚为什么不来见夫人呢?因为他早已见过鲁桓公了。

冬天,齐僖公派遣他弟弟夷仲年来鲁国访问。

有丰收。有丰收为什么写下来呢?这是为喜事写的。大丰收为什么写下来?也是为了喜事而写下。这里说丰收,有什么用意呢?仅仅是有丰收。那么说大丰收又为什么?是特别丰收的年成。仅仅说丰收,也值得称作喜事吗?是依赖着丰收的关系。

桓公四年

【原文】

四年春,正月,公狩于郎。狩者何?田狩也,春曰苗,秋曰蒐,冬曰狩。常事不书,此何以书?讥。何讥尔?远也。诸侯曷为必田狩?一曰乾豆,二曰宾客,三曰充君之庖。

夏,天王使宰渠伯纠来聘。宰渠伯纠者何?天子之大夫也。其称宰渠伯纠何?下大夫也。

【译文】

四年春季正月,鲁桓公到郎邑这地方打猎。什么叫作田狩呢?是到田地去打猎。春天打猎叫作苗,秋天打猎叫作蒐,冬天叫作狩。平常的事情不写下来,这次为什么写下来呢?这是表示讥讽。为什么表示讥讽呢?因为郎这地方很远。诸侯为什么一定要打猎呢?一是为了祭祀。二是为了招待宾客。三是为了丰富国君的庖厨。

夏天,周王派遣宰渠伯纠到鲁国来访问。宰渠伯纠是什么人呢?是天子的大夫。为

什么称他为宰渠伯纠呢？因为他是下大夫。

桓公五年

【原文】

五年春，正月甲戌、己丑，陈侯鲍卒。曷为以二日？卒之怴也。甲戌之日亡。己丑之日死，而得君子疑焉，故以二日卒之也。

夏，齐侯郑伯如纪。外相如不书，此何以书？离不言会。

天王使仍叔之子来聘。仍叔之子者何？天子之大夫也。其称仍叔之子何？讥。何讥尔？讥父老子代从政也。

葬陈桓公。

城祝丘。

秋，蔡人、卫人、陈人从王伐郑。其言从王伐郑何？正也。

大雩。大雩者何？旱祭也。然则何以不言旱？言雩则旱见，言旱则雩不见。何以书？记灾也。

螽。何以书？记灾也。

冬，州公如曹。外相如不书。此何以书？过我也。

【译文】

五年春天正月，甲戌、己丑这两天，陈侯鲍去世。为什么说他这两天去世呢？因为他是发狂而去世。甲戌这天他就已经去世了，己丑这天才完全去世，君子对此有所怀疑，所以写上这两天去世的。

夏天，齐僖公同郑庄公到纪国去。在鲁国以外来往不记下来。这里为什么写呢？因为纪国没有参加会见。

周王派遣仍叔的儿子来鲁国访问，仍叔的儿子是谁呢？是天子的大夫。为什么称他仍叔的儿子呢？这是讥讽，为什么讥讽？因为父亲老了，儿子替代从事正务的缘故。

给陈桓公行葬礼。

鲁国修筑祝丘的城墙。

秋天，蔡人、卫人同陈人跟随周王攻伐郑国。为什么说随从着周王攻伐郑国呢？随从着周王是合乎正道的。

鲁国行求雨的典礼。什么是求雨的典礼呢？是旱灾时的祭祀。那为什么不说旱灾呢？因为说求雨的典礼，就可知道是旱灾，说旱灾就不知道有祭礼。为什么写下来呢？为的是记录灾情。

鲁国有蝗虫。为什么写下来？是记载灾害的缘故。

冬天，州国国君到曹国去。在鲁国以外来往不写下来，这里为什么写呢？因为他经过鲁国。

桓公六年

【原文】

六年春，正月，寔来。寔来者何？犹曰是人来也。孰谓？谓州公也。曷为谓之寔来？慢之也。曷为慢之？化我也。

夏四月，公会纪侯于成。

秋八月壬午，大阅。大阅者何？简车徒也。何以书？盖以罕书也。蔡人杀陈佗。陈佗者何？陈君也。陈君则曷为谓之陈佗？绝也。曷为绝之？贱也。其贱奈何？外淫也。恶乎淫，淫于蔡，蔡人杀之。

九月丁卯，子同生，子同生者孰谓？谓庄公也。何言乎子同生？喜有正也。未有言喜有正者，此其言喜有正何？久无正也。子公羊子曰："其诸以病桓与？"

冬，纪侯来朝。

【译文】

六年春天正月，州公实来到鲁国。为什么说实来呢？等于说这个人来了。这指着谁呢？指着州公而说的。为什么称作是实来？这是轻慢他的说法。为什么轻慢他？因为他路过这里而不行礼。

夏天四月，鲁桓公同纪国国君在成邑会面。

秋天八月壬午，鲁国举行大检阅。什么叫作大检阅呢？是检阅兵车与步卒。为什么写下来呢？因为少见所以写上。蔡国人把陈佗杀掉。陈佗是什么人？是陈君。陈君为什么称陈佗？因他的国家与他断绝关系。为什么断绝？因为他行为卑鄙。怎么样卑鄙呢？他到外国去淫乱。怎么样淫乱呢？他到蔡国去搞淫乱，所以蔡国人把他杀掉。

九月丁卯这天，桓公的儿子同出生了。这指着什么人呢？这是指着鲁庄公说的。为什么说子同生呢？因为喜欢鲁国有了正式的后嗣。从前没有说过喜欢有正式的后嗣，这次为什么说喜欢有正嗣呢？因为很久没有正嗣了。子公羊子说："这就是以此表现桓公有毛病吗？"

冬天纪国国君到鲁国来访问。

春秋公羊传卷五

桓公下

桓公七年

【原文】

七年春,二月己亥,焚咸丘。焚之者何?樵之也。樵之者何?以火攻也。何言乎以火攻?疾始以火攻也。咸丘者何?邾娄之邑也。曷为不系乎邾娄?国之也。曷为国之?君存焉尔。

夏,谷伯绥来朝。邓侯吾离来朝。皆何以名?失地之君也。其称侯朝何?贵者无后,待之以初也。

【译文】

七年春天二月己亥这天,把咸丘这座城邑烧了。什么叫作把它烧了呢?把它看作木柴。什么叫看作木柴?是用火攻击他。为什么说用火攻?因为是憎恨开始用火攻。咸丘又是什么地方呢?是邾娄的一个城。为什么不说他是邾娄国呢?因为是把成丘当作一个国。为什么把它当作一个国呢?因为邾娄的国君住在咸丘。

夏天,谷伯绥来访。邓侯吾离也来访。为什么全叫他们名字呢?因为他们是失掉了土地的君主。为什么称侯而说他朝见呢?贵重的人虽是没有后继者,还是应该像当初一样来对待他。

桓公八年

【原文】

八年春,正月己卯,烝。烝者何?冬祭也,春曰祠。夏曰礿。秋曰尝。冬曰烝。常事不书,此何以书?讥。何讥尔?讥亟也。亟则黩,黩则不敬。君子之祭也。敬而不黩。疏则怠,怠则忘。士不及兹四者,则冬不裘,夏不葛。

天王使家父来聘。

夏五月丁丑,烝。何以书?讥亟也。

秋，伐邾娄。

冬十月，雨雪。何以书？记异也。何异尔？不时也。

祭公来，遂逆王后于纪。祭公者何？天子之三公也。何以不称使？婚礼不称主人。遂者何？生事也。大夫无遂事，此其言遂何？成使乎我也。其成使乎我奈何？使我为媒，可则因用是往逆矣。女在其国称女，此其称王后何？王者无外，其辞成矣。

【译文】

八年春天正月己卯这天，举行祭祀祖先仪式。什么叫作烝呢？这是一种冬天的祭祀。春天的祭祀叫作祠，夏天的祭祀叫作礿，秋天的祭祀叫作尝，冬天的祭祀就叫作烝。一般平常的事不写下来，这里为什么写呢？这是讥讽他。为什么讥讽他呢？讥讽他屡次的祭祀。屡次的祭祀就显得怠慢，怠慢了就不恭敬。君子的祭祀，是恭敬而不怠慢的。疏忽了就懈怠，懈怠就忘了祭祀。士人要来不及参加这四种祭祀，就冬天不要穿皮袄，夏天不要穿葛布的衣裳。

周天王派遣家父到鲁国来访问。

夏天五月丁丑这天又来举行烝祭。为什么写下来呢？因为讥讽他屡次的祭祀。

秋天，鲁国讨伐邾娄。

冬天十月，下雪像雨一样。为什么写下来？是记录异常的事。这有什么异常的呢？因为是不合时令的。

祭公来了，就迎接周王后到纪国，祭公是什么人？是天子的三公。为什么不称使臣呢？照婚礼的规矩不称呼主人是谁。什么叫作遂？遂是产生新的事件。大夫没有称遂的。这里为什么称遂呢？因为他被派到鲁国来。为什么派到鲁国来？是让鲁国做媒人，鲁国若是成功？就继续由此派祭公到纪国去迎接。女子在她国里称“女”，这里为什么称王后呢？对周王来讲没有外人，因此这用语也就定下了。

桓公九年

【原文】

九年春，纪季姜归于京师。其辞成矣，则其称纪季姜何？自我言，纪父母之于子。虽为天王后，犹曰吾季姜。京师者何？天子之居也。京者何？大也。师者何？众也。天子之居，必以众大之辞言之。

夏四月。

秋七月。

冬，曹伯使其世子射姑来朝。诸侯来曰朝，此世子也，其言朝何？《春秋》有讥父老子代从政者，则未知其在齐与曹与？

【译文】

九年春天，纪国的季姜嫁到京师。她的婚礼已经成功，为什么仍旧称她纪季姜？从本国来说，纪国的父母的女儿，虽然成了周王的王后，还是说“我的季姜”。京师是什么？是天子居住的地方。京是什么意思呢？是大的意思。师又是什么意思呢？表示众多的意思。天子居住的地方，必定用人多地大的言词来表明。

夏天四月。

秋天七月。

冬天，曹伯派他的世子射姑到鲁国朝见。诸侯来叫作朝，这是一位世子，为什么也叫朝呢？《春秋》讥讽父亲老了，儿子代行政事，但是不知道这件事是在齐国还是在曹国。

桓公十年

【原文】

十年春，王正月庚申，曹伯终生卒。

夏五月，葬曹桓公。

秋，公会卫侯于桃丘，弗遇。会者何？期辞也。其言弗遇何？公不见要也。

冬十有二月丙午，齐侯、卫侯、郑伯来战于郎。郎者何？吾近邑也。吾近邑则其言来战于郎何？近也。恶乎近？近乎围也。此偏战也，何以不言师败绩？内不言战，言战乃败矣。

【译文】

十年春天正月庚申这天，曹伯终生去世了。

夏天五月，给曹桓公行葬礼。

秋天，鲁桓公同卫宣公在桃丘相见，但没相遇。会是什么？是预先约好时间见面，为什么说没有碰见？因为鲁桓公不想同卫侯见面。

冬季十二月丙午这天，齐僖公、卫宣公同郑庄公在郎这地方交战。郎是什么地方？是离我们都城很近的一个城。是我们的近邑为什么说他来到郎这地方交战呢？因为是很近。怎么样近法？近到都城外围了。这是全体加入的战争，为什么不说军队打败了呢？因为在鲁国境内不能说作战，说作战就是失败了。

桓公十一年

【原文】

十有一年春，正月，齐人、卫人、郑人盟于恶曹。

夏五月癸未，郑伯寤生卒。

秋七月，葬郑庄公。

九月，宋人执郑祭仲，祭仲者何？郑相也。何以不名？贤也。何贤乎祭仲？以为知权也。其为知权奈何？古者郑国处于留。先郑伯有善于郐公者，通乎夫人以取其国，而迁郑焉，而野留。庄公死已葬，祭仲将往省于留，途出于宋，宋人执之。谓之曰："为我出忽而立突。"祭仲不从其言，则君必死，国必亡。从其言，则君可以生易死，国可以存易亡。少辽缓之，则突可故出，而忽可故反，是不可得则病，然后有郑国。古人之有权者，祭仲之权是也。权者何？权者反于经，然后有善者也。权之所设，舍死亡无所设。行权有道，自贬损以行权，不害人以行权，杀人以自生，亡人以自存，君子不为也。

突归于郑。突何以名？挈乎祭仲也。其言归何？顺祭仲也。

郑忽出奔卫。忽何以名？《春秋》伯子男一也，辞无所贬。

柔会宋公、陈侯、蔡侯，盟于折。柔者何？吾大夫之未命者也。

公会宋公于夫童。

冬十有二月，公会宋公于阚。

【译文】

十一年春天正月，齐国人、卫国人同郑国人在恶曹结盟。

夏天五月，癸未这天，郑庄公寤生去世。

秋天七月，安葬郑庄公。

九月，宋人把郑国祭仲捉拿了。是什么人？他是郑国的宰相。为什么不称呼他的名字？因为他贤明。为什么说祭仲贤明呢？因为他懂得权术。为什么说他懂权术？古时候郑国本在留地。有一位郑伯同郐公要好，与郐公夫人私通，就因此拿到郐国，把郑国迁到这里，而把留弃为野地。庄公死以后，已经下葬了，祭仲将到留邑去，路过宋国。宋人把他捉拿了，对他说："你为我们把忽驱逐出去，而立突"。祭仲当时若不听他的话，那么郑国的国君必定死，国家必定亡。听了他的话，郑国君可以用生存来替换死亡，郑国也可以拿存在来交换灭亡。假设慢慢的来办，突可以借此理由出国，忽可以借此理由回去。要是不这样做，就不能够成功，但终归保存了郑国。古人所谓有权术的，就是祭仲这种。什么叫作权术呢？它与经常的作法不同，然后结果会更好，权术的施展，除去死亡是没有方法设施的，施行权术也有原则：自己贬损自己以施行权术，不害旁人以施行权术。杀了

别人为自己活着,使别人灭亡,为自己生存,这是君子不会做的事。

郑国的公子突回到郑国。为什么叫突名字?因为他被祭仲所领导,为什么说他回国呢?因为他听从祭仲的计策。

郑国的公子忽逃到卫国。忽为什么叫他名字?春秋的时候伯子男相等,文辞上无所贬损。

柔会同宋公、陈侯、蔡叔,在折这地方盟誓。柔是什么人?是鲁国没有得到王命的大夫。

鲁桓公与宋公在夫童开会。

冬天十二月,鲁桓公同宋公在阚会盟。

桓公十二年

【原文】

十有二年春,正月。

夏六月壬寅,公会纪侯、莒子,盟于殴蛇。

秋七月丁亥,公会宋公、燕人,盟于谷丘。

八月壬辰,陈侯跃卒。

公会宋公于郯。

冬十有一月,公会宋公于龟。

丙戌,公会郑伯,盟于武父。

丙戌,卫侯晋卒。

十有二月,及郑师伐宋。丁未,战于宋。战不言伐,此其言伐何?辟嫌也。恶乎嫌?嫌与郑人战也。此偏战也,何以不言师败绩?内不言战?言战乃败矣。

【译文】

十二年春天正月。

夏天六月壬寅这天,鲁桓公会见纪国国君、莒国国君在殴蛇结盟。

秋天七月丁亥这天,鲁桓公同宋庄公,南燕国国君在谷丘结盟。

八月壬辰,陈侯跃去世。

鲁桓公同宋庄公在郯开会。

冬天十一月,鲁桓公同宋庄公在龟邑开会。

丙戌这天,鲁桓公同郑伯在武父结盟。

丙戌这天,卫侯晋去世。

十二月,鲁国同郑国军队攻伐宋国。丁未这天在宋国境内交战。每次作战不先说攻

伐。这次为什么先说攻伐呢？为躲避嫌疑。有什么嫌疑？嫌疑是跟郑国一起作战。这是全面交战？为什么不说军队大败呢？在鲁国内部不说作战，一说作战就是已经败了。

桓公十三年

【原文】

十有三年春，二月，公会纪侯、郑伯。己巳，及齐侯、宋公、卫侯、燕人战，齐师、宋师、卫师、燕师败绩。曷为后日？恃外也。其恃外奈何？得纪侯、郑伯然后能为日也。内不言战，此其言战何？从外也。曷为从外？恃外，故从外也。何以不地？近也。恶乎近？近乎围。郎亦近矣，郎何以地？郎犹可以地也。

三月，葬卫宣公。

夏，大水。

秋七月。

冬十月。

【译文】

十三年春天二月，鲁桓公与纪国国君同郑厉公会见，己巳这天，与齐僖公、宋庄公、卫惠公、燕人作战。齐国、卫国、燕国这三国的军队全被打败。为什么把日子写在后面？因为鲁国依靠外国的力量。他怎样依靠外国的力量？先得纪国国君、郑厉公的帮助，然后才能定下作战的日期。在鲁国内部不说作战，这里为什么说作战呢？因为追随着外国诸侯。为什么追随外国诸侯呢？因为自己依靠着外国的力量，所以必须听从外国诸侯。为什么不说地名？因为太近。怎样近法？接近城市外围了。郎这地方已经很近了，为什么郎要写上呢？郎还可以作为一个交战地点而记下。

三月，给卫宣公行葬礼。

夏天，鲁国发大水。

秋天七月。

冬天十月。

桓公十四年

【原文】

十有四年春，正月，公会郑伯于曹。

无冰。何以书？记异也。

夏五。郑伯使其弟语来盟。夏五者何？无闻焉尔。

秋八月壬申，御廪灾。御廪者何？粢盛委之所藏也。御廪灾何以书？记灾也。

乙亥，尝。常事不书，此何以书？讥。何讥尔？讥尝也。曰："犹尝乎？"御廪灾，不如勿尝而已矣。

冬十有二月丁巳，齐侯禄父卒。

宋人以齐人，卫人，蔡人，陈人伐郑。以者何？行其意也。

【译文】

十四年春天正月，鲁桓公同郑厉公在曹地会见。

没有冰，为什么把它写下来？因为这是记录气候异常。

夏天五月，郑厉公派他弟弟语来鲁国结盟，什么叫作夏五呢？我们也没听说过。

秋天八月壬申这天，御廪发生火灾。什么叫作御廪呢？这是存放祭宗庙粮食地方。御廪有火灾为什么写下来？因为是记录灾情。

秋天季乙亥这天祭祀宗庙。普通的事不写，这件事为什么写下来？为的是讥讽。为什么讥讽这件事呢？是讥讽秋天祭祀宗庙。就问他说："还要在秋天祭祀宗庙吗？"御廪已受火灾，不如不祭祀吧！

冬天十二月丁巳这天，齐侯禄父去世。

宋人用齐国、卫人、蔡人及陈人的军队攻伐郑国。什么叫作以？是照他的意思去执行。

桓公十五年

【原文】

十有五年春，二月，天王使家父来求车。何以书？讥。何讥尔？王者无求，求车非礼也。

三月乙未，天王崩。

夏四月己巳，葬齐僖公。

五月，郑伯突出奔蔡。突何以名？夺正也。

郑世子忽复归于郑。其称世子何？复正也。曷为或言归或言复归？复归者，出恶归无恶。复入者，出无恶，入有恶。入者，出入恶。归者，出入无恶。

许叔入于许。

公会齐侯于鄗。

邾娄人、牟人、葛人来朝。皆何以称人？夷狄之也。

秋九月，郑伯突入于栎。栎者何？郑之邑。曷为不言入于郑？末言尔。曷为末言尔？祭仲亡矣。然则曷为不言忽之出奔？言忽为君之微也，祭仲存则存矣，祭仲亡则

亡矣。

冬十有一月，公会齐侯、宋公、卫侯、陈侯于侈，伐郑。

【译文】

十五年春天二月，周天王派遣大夫家父来鲁国求取车辆。为什么写下来？是讥讽他。为什么讥讽这件事？王者对诸侯没有要求，求车是不合于礼法的。

三月乙未这天，周桓王死了。

夏天四月己巳这天，安葬齐僖公礼。

五月，郑伯突然逃亡到蔡国去，为什么叫突名字呢？因为他是夺到正统地位的国君。

郑国世子忽，复归于郑国都城。这次为什么称他做世子呢？因为他又恢复了正位。为什么有时说回来，有时说再回来？再回来是表示出去时有恶行，回来时没有恶行了。复入的意思是说出去时没有坏事，回来有坏事。用入的字样，表示出入全有坏事。用归的字样，表示出入全没有坏事。

许君的弟弟许叔回到许国去了。

鲁桓公同齐侯在鄗邑会见齐襄公。

邾娄人，牟人，葛人到鲁国来访。为什么称人？把他们当作夷狄。

秋天九月，郑伯突进到栎邑这地方。什么叫作栎？是郑国的一个城邑。为什么不说进入郑国这件事呢？因为没话可说。为什么没话可说？因为恐怕祭仲要死了。为什么不说忽逃奔到外国去呢？意思说忽的政权太微弱了。祭仲若存在，忽就存在。祭仲不存在，忽也就不存在。

冬天十一月，鲁桓公同齐襄公，宋庄公、卫惠公及陈庄公在侈开会。为的是攻伐郑国。

桓公十六年

【原文】

十有六年春，正月，公会宋公、蔡侯、卫侯于曹。

夏四月，公会宋公、卫侯、陈侯、蔡侯伐郑。

秋七月，公至自伐郑。

冬，城向。

十有一月，卫侯朔出奔齐。卫侯朔何以名？绝。曷为绝之？得罪于天子也。其得罪于天子，奈何？见使守卫朔，而不能使卫小众，越在岱阴齐。属负兹，舍不即罪尔。

【译文】

十六年春天正月，鲁桓公同宋庄公、蔡桓侯，卫惠公在曹地结盟。

夏天四月，鲁桓公会同宋庄公、卫惠公、陈庄公及蔡桓侯攻伐郑国。

秋天七月，鲁桓公从讨伐郑国回来。

冬天，鲁国修理向邑城墙。

十一月，卫侯朔逃亡到齐国去。为什么称卫侯朔名字？跟他断绝关系。为什么跟他断绝关系？因为他得罪周天子。为什么得罪周天子？因为周天子派他到卫国看守，主持宗庙告朔，却不能征发卫国的小部分军队服从，而逃到泰山的北边齐国，假托有病，所以周天王也不加罪给他。

桓公十七年

【原文】

十有七年春，正月丙辰，公会齐侯、纪侯，盟于黄。

二月丙午，公及邾娄仪父盟于趡。

五月丙午，及齐师战于奚。

六月丁丑，蔡侯封人卒。

秋八月，蔡季自陈归于蔡。

癸巳，葬蔡桓侯。

及宋人、卫人伐邾娄。

冬十月朔，日有食之。

【译文】

十七年春天正月丙辰这天，鲁桓公同齐襄公、纪国国君在黄会盟。

二月丙午，鲁桓公同邾娄仪父在趡邑会盟。

五月丙午，同齐国军队在奚邑交战。

六月丁丑这天，蔡桓侯去世。

秋天八月，蔡季从陈国回到蔡国。

癸巳这天，给蔡桓侯行葬礼。

鲁国同宋国人及卫国人讨伐邾娄。

冬天十月初一，鲁国有日食。

桓公十八年

【原文】

十有八年春，王正月，公会齐侯于泺。公与夫人姜氏遂如齐。公何以不言及夫人？

夫人外也。夫人外者何？内辞也，其实夫人外公也。

夏四月丙子，公薨于齐。丁酉，公之丧至自齐。

秋七月。

冬，十有二月己丑，葬我君桓公。贼未讨何以书葬？仇在外也。仇在外则何以书葬？君子辞也。

【译文】

十八年春天周历正月，鲁桓公同齐襄公在泺邑相会。鲁桓公同他夫人姜氏就到齐国去。为什么说桓公时不说夫人呢？因为夫人已经同桓公断绝关系了。为什么夫人同桓公断绝叫外呢？因为国家的缘故，其实是夫人同桓公断绝了。

夏四月丙子这天，鲁桓公在齐国去世。丁酉这天，鲁桓公的灵柩从齐国回来。

秋天七月。

冬天十二月己丑这天，给鲁桓公举行葬礼。贼人还没有讨伐，怎么能写行葬礼呢？因为仇敌在国外。仇敌在国外，为什么写行葬礼呢？这是君子的用语。

春秋公羊传卷六

庄公一

庄公元年

【原文】

元年春，王正月，公何以不言即位？《春秋》君弑子不言即位。君弑则子何以不言即位？隐之也。孰隐？隐子也。

三月，夫人孙于齐。孙者何？孙犹孙也。内讳奔谓之孙。夫人固在齐矣，其言孙于齐何？念母也。正月以存君，念母以首事。夫人何以不称姜氏？贬。曷为贬？与弑公也。其与弑公奈何？夫人谮公于齐侯，公曰："同非吾子，齐侯之子也。"齐侯怒，与之饮酒。于其出焉，使公子彭生送之。于其乘焉，搚干而杀之。念母者所善也，则曷为于其念母焉贬？不与念母也。

夏，单伯逆王姬。单伯者何？吾大夫之命乎天子者也。何以不称使？天子召而使之也。逆之者何？使我主之也。曷为使我主之？天子嫁女于诸侯，必使诸侯同姓者主之。诸侯嫁女于大夫，必使大夫同姓者主之。

秋，筑王姬之馆于外。何以书？讥。何讥尔？筑之礼也，于外非礼也。于外何以非礼？筑于外非礼也。其筑之何以礼？主王姬者必为之改筑。主王姬者则曷为必为之改筑？于路寝则不可。小寝则嫌。群公子之舍则以卑矣。其道必为之改筑者也。

冬十月乙亥，陈侯林卒。

王使荣叔来锡桓公命。锡者何？赐也。命者何？加我服也。其言桓公何？追命也。

王姬归于齐。何以书？我主之也。

齐师迁纪、郱、鄑、郚。迁之者何？取之也。取之则曷为不言取之也？为襄公讳也。外取邑不书，此何以书？大之也。何大尔？自是始灭也。

厚趠方鼎

【译文】

元年春季周历正月。为什么不写庄公即位？《春秋》时候，国君如果被害，他的儿子就不写即位。为什么国君被害，他儿子就不写即位呢？这是伤痛他。伤痛谁呢？是伤痛儿子。

三月，夫人逃到齐国去。什么叫作孙呢？孙等于说逊。为鲁国的事避讳，把逃奔叫作逊。夫人本来就在齐国了，为什么说她逃到齐国呢？因为庄公想念母亲的关系。写上正月以表示国君的存在，思念母亲以表示事业的开始。夫人为什么不称姜氏呢？这是一种贬语。为什么贬斥呢？由于她参与了杀害桓公。她怎样参与杀害桓公呢？夫人对齐襄公说鲁桓公的坏话，说鲁桓公说："同不是我的儿子，是齐襄公的儿子。"齐侯听了这话很恼怒，就同鲁桓公喝酒，等他出去时，叫公子彭生送他，等到他上车后，彭生就拉鲁桓公的身体，把他杀掉。想念母亲是件好事，可为什么在庄公想念母亲时贬他呢？因为不赞成庄公思念母亲。

夏天，单伯去迎接王姬。单伯是什么人？是鲁国的一位受天子之命大夫。为什么不说派遣呢？因为是天子叫他来派他去的。为什么迎接王姬？这是派我来主婚。为什么派我来主婚呢？天子嫁女儿给诸侯，必定使同姓的诸侯做主婚人，诸侯嫁女儿给大夫，必定使同姓的大夫做主婚人。

秋天，在鲁庄公的国都之外修建王姬的馆舍。为什么写下来？这是表示讥讽。为什么表示讥讽这件事？修住处这是合礼的，但是在鲁庄公宫外是不合礼的。为什么在鲁庄公的宫外就不合礼呢？筑在鲁庄公的宫外就不合理。为什么修建住所是合于礼的？主持王姬婚礼的国家，必须给她改建新住所。为王姬主持婚礼的人，为什么必须给她盖住所呢？王姬不可以住在鲁庄公的路寝，在小寝住又嫌太近，女公子的住处似乎太卑下了，按道理必给她改修一所。

冬天十月己亥这天，陈侯林去世。

周王派荣叔来赏赐给鲁桓公命服。锡是什么呢？就是赏赐。命是什么呢？就是加

给桓公的衣服？为什么说桓公呢？这是追加的命服。

王姬下嫁到齐国。为什么写下来？因为由鲁国主持婚礼的缘故。

齐国军队把纪国的郱、鄑，郚三个城迁走了。什么叫作迁走呢？是把它占领了。占领为什么不说占领呢？这是为齐襄公避讳。国外占领城邑不写下来，这里为什么写呢？是强调它。为什么强调这件事呢？因为从此齐国就开始灭掉纪国。

庄公二年

【原文】

二年春，王二月，葬陈庄公。

二年夏，公子庆父帅师伐馀丘。于馀丘者何？邾娄之邑也。曷为不系乎邾娄？国之也。曷为国之？君存焉尔。

秋七月，齐王姬卒，外夫人不卒，此何以卒？录焉尔。曷为录焉尔？我主之也。

冬十月二日，夫人姜氏会齐侯于郜。

乙酉，宋公冯卒。

【译文】

二年春天周历二月，安葬陈庄公。

夏天，公子庆父率领着军队攻伐馀丘这地方。馀丘是什么？是邾娄的城。为什么不与邾娄写在一起呢？因为把它当作国都。为什么把它看成一个呢？是因为邾娄的国君还住到那里。

秋天七月，齐国的王姬去世了。国外的夫人死了不写下来，这里为什么写上呢？因为这里要照讣告抄录下来。为什么要抄录呢？因为是我国主持她的婚事。

冬天十二月，夫人姜氏同齐襄公在郜邑会见。

乙酉这天，宋公冯去世。

庄公三年

【原文】

三年春，王正月，溺会齐师伐卫。溺者何？吾大夫之未命者也。

夏四月，葬宋庄公。

五月，葬桓王。此未有言崩者何以书葬？盖改葬也。

秋，纪季以酅入于齐。纪季者何？纪侯之弟也。何以不名？贤也。何贤乎？纪季服罪也。其服罪奈何？鲁子曰："请后五庙以存姑姊妹。"

冬，公次于郎。其言次于郎何？刺欲救纪而后不能也。

【译文】

三年春天周历正月，鲁国大夫溺会同齐国军队攻伐卫国。溺是什么人？是鲁国还没有被鲁庄公任命的大夫。

夏天四月，安葬宋庄公。

五月，安葬周桓王。这里为什么没有说死就写下葬呢？大概是改葬。

秋天，纪季把酅这个城交给齐国。谁叫纪季呢？是纪侯的弟弟。为什么不称名字？因为他贤能。为什么说纪季贤能呢？因为他对齐国认了罪。他认罪了又怎么样呢？鲁子说："请立纪国的五个宗庙，以保存纪国的诸姑姊妹。"

冬天，鲁庄公率领军队到达郎邑这地方。为什么说鲁庄公率领军队到郎邑这地方呢？是讥讽他想要救纪国，而后来终究没有成功。

庄公四年

【原文】

四年春，王二月，夫人姜氏飨齐侯于祝丘。

三月，纪伯姬卒。

夏，齐侯，陈侯，郑伯遇于垂。

纪侯大去其国。大去者何？灭也。孰灭之？齐灭之。曷为不言齐灭之？为襄公讳也。《春秋》为贤者讳。何贤乎襄公？复仇也。何仇尔？远祖也。哀公亨乎周，纪侯谮之。以襄公之为于此焉者，事祖祢之心尽矣。尽者何？襄公将复仇乎纪，卜之曰："师丧分焉。""寡人死之，不为不吉也。"远祖者几世乎？九世矣。九世犹可以复仇乎？虽百世可也。家亦可乎？曰："不可。"国何以可？国君一体也。先君之耻，犹今君之耻也。今君之耻，犹先君之耻也。国君何以为一体？国君以国为体，诸侯世，故国君为一体也。今纪无罪，此非怒与？曰："非也。"古者有明天子，则纪侯必诛，必无纪者。纪侯之不诛，至今有纪者，犹无明天子也。古者诸侯必有会聚之事，相朝聘之道，号辞必称先君以相接，然则齐纪元说焉，不可以并立乎天下。故将去纪侯者，不得不去纪也，有明天子则襄公得为若行乎？曰："不得也。"不得则襄公曷为为之，上无天子，下无方伯，缘恩疾者可也。

六月乙丑，齐侯葬纪伯姬。外夫人不书葬，此何以书？隐之也。何隐尔？其国亡矣，徒葬于齐尔。此复仇也，曷为葬之？灭其可灭，葬其可葬。此其为何葬奈何？复仇者非将杀之，逐之也。以为虽遇纪侯之殡，亦将葬之也。

秋七月。

冬，公及齐人狩于郜。公曷为与微者狩？齐侯也。齐侯则其称人何？讳与仇狩也，前此者有事矣，后此者有事矣，则曷为独于此焉？讥于仇者将壹讥而已。故择其重者而讥焉，莫重乎其与仇狩也。于仇者则曷为将壹讥而已？仇者无时焉可与通，通则为大讥，不可胜讥，故将壹讥而已，其余从同同。

【译文】

四年春天周历二月，夫人姜氏在祝丘这地方超规格宴请齐襄公。

三月，纪伯姬去世。

夏天，齐襄公、陈宣公及郑伯在垂地相遇。

纪国国君永远离开他的国家。为什么说永远离开呢？因为纪国是被灭了。谁把它灭了？齐国把它灭了。为什么不说齐国把它灭了？是为齐襄公避讳。《春秋》是为贤者避讳。为什么说齐襄公贤呢？因为他是为了报仇。他有什么仇呢？是齐国远祖的仇。因为周天子把齐哀公在周都城烹煮了，是由于纪侯说了齐哀公的坏话。齐襄公为什么这样做呢？为的把对远祖的心尽了。怎么样尽呢？齐襄公预备对纪国报仇，就先占卜，说："军队要丧失一半。"齐襄公回答说："我也在其内，可见不是不吉祥。"远祖有几辈呢？九世了。九世还能复仇吗？就是一百辈也可以。大夫家也可以吗？回答说："不可以。"国家为什么可以？因为国同君等于一体。先君的耻辱，等于是今国君的耻辱一样，现在国君的耻辱，也与先君的耻辱一样。国同君为什么是一体呢？国君以国家为体，诸侯世传，所以国同君是一体。现在的纪侯没有罪，这是不是太过分呢？回答说："不是"，古时有贤明的天子，则纪侯必被天子所杀，因此也就没有纪国。纪侯不被杀，至今有纪国，就是因为没有贤明的天子。古代的诸侯一定常有会聚的事情，有互相朝见聘问的道理，说话必称先君，以相连接，可是现在齐公同纪侯，见面就不高兴，不能够并存于天地间。所以要去掉纪侯，不得不灭掉纪国，有贤明的天子存在，齐襄公还可以这样办吗？回答说："不能够"。不能够，那齐襄公为什么那样做呢？因为上边没有天子，下边没有方伯，齐襄公只好依循着恩仇就行了。

六月乙丑这天，齐侯安葬纪伯姬。外国的夫人行葬礼不写下来，这里为什么写下来呢？因为是隐瞒他，为什么隐瞒呢？纪国灭亡了。只能葬在齐国。这是报仇。为什么要葬她？消灭那些可以被消灭的，葬那些可以收葬的。这是可以收葬的，该怎么办呢？复仇的人不是想把人全杀掉，全驱逐走。虽然遇见纪侯的灵柩，也将给她行葬礼。

秋天七月。

冬天，鲁庄公同齐人在郜邑打猎。庄公为什么与卑微的人打猎呢？实际是齐襄公。是齐侯为什么称他人呢？是避讳同仇人打猎。在此以前已经有过了，在此以后也已经有过了。为什么只在这儿特别讥讽呢？对仇人只作一次讥讽就行了。所以选择重要的来讥讽，因为最重要的是跟仇人一起打猎。对于仇人为什么讥讽一次就行了？仇人不论什么时候都不可以跟鲁庄公相通。相通就变成大的讥讽，太多了都讥讽不过来，只好讥讽一次罢了，其余的都随同一样看待。

庄公五年

【原文】

五年春,王正月。

夏,夫人姜氏如齐师。

秋,倪黎来来朝。倪者何?小邾娄也。小邾娄则曷为谓之倪?未能以其名通也。黎来者何?名也。其名何?微国也。

冬,公会齐人、宋人、陈人、蔡人伐卫。此伐卫何?纳朔也。曷为不言纳卫侯朔?辟王也。

【译文】

五年春天周历正月。

夏天,夫人姜氏前往齐国军队去。

秋天,小邾娄的国君叫黎来,来鲁国访问。倪是什么呢?就是小邾娄。既然是小邾娄为什么又称他为倪呢?因为他还没能得到附庸的地位,所以不用他的名称直接通达鲁国。黎来是什么呢?是他国君的名字。为什么说他的名字呢?因为他是一个很小的国家。

冬天鲁庄公会合齐国人、宋国人、陈国人、蔡国人攻伐卫国。这次为什么讨伐卫国?为了要让卫侯朔回国。为什么不说让卫侯朔回国呢?因为躲避周王出兵的事。

庄公六年

【原文】

六年春,王三月,王人子突救卫。王人者何?微者也。子突者何?贵也。贵则其称人何?系诸人也。曷为系诸人?王人耳。

夏六月,卫侯朔入于卫。卫侯朔何以名?绝。曷为绝之?犯命也。其言入何?篡辞也。

秋,公至自伐卫。曷为或言致会?或言致伐?得意致会,不得意致伐。卫侯朔入于卫,何以致伐?不敢胜天子也。

螟。

冬,齐人来归卫宝。此卫宝也,则齐人曷为来归之?卫人归之也。卫人归之,则其称齐人何?让乎我也。其让乎我奈何?齐侯曰:“此非寡人之力,鲁侯之力也!”

【译文】

六年春天周历三月，周王的人叫子突的率领军队来救卫国。王人是什么呢？是地位不高的人。子突是什么人？是位贵人。贵人为什么又称他做王人呢？因为他受人约束。为什么说他受人约束？他只是周王的人罢了。

夏天六月，卫侯朔入到卫国都城。为什么称卫侯朔的名字呢？是表示和他断绝关系。为什么和他断绝关系？因为他干犯了周天子的命令。为什么说他入到都城呢？因为与说他篡位一样。

秋天，鲁庄公讨伐卫国到达鲁国。为什么有时说去盟会？有时说去讨伐。要是所伐的国家服从，用兵的国家得意了。就说是盟会。要是所伐的国家仍旧不服，用兵的国家不得意，就说讨伐回来。卫侯朔进入卫国都城，为什么说是讨伐？因为不敢战胜周天子的兵。

鲁国有螟虫灾害。

冬天，齐国人送来卫国的宝器。这是卫国的宝器，为什么说齐人送来。实际上是卫国人送来。既然卫国送来，为什么说齐人呢？因为齐国把功劳让给鲁国。他怎么样让给我们？齐侯说："这不是我个人的力量，是鲁侯的力量。"

庄公七年

【原文】

七年春，夫人姜氏会齐侯于防。

夏四月辛卯，夜，恒星不见，夜中，星陨如雨。恒星者何？列星也。列星不见何以知？夜之中星反也。如雨者何？如雨者非雨也。非雨则曷为谓之如雨？不修《春秋》曰"雨星不及地尺而复"。君子修之曰："星陨如雨。"何以书？记异也。

秋，大水。

无麦苗。无苗则曷为先言无麦而后言无苗？一灾不书，待无麦然后书无苗。何以书？记灾也。

冬，夫人姜氏会齐侯于谷。

【译文】

七年春天，夫人姜氏在防邑与齐襄公相会。

夏天四月辛卯夜间，常见的星星没有看见，夜半时分落下来跟下雨一样。恒星是什么呢？是常见的星星。常见的星星不见了，怎么能知道呢？在夜里星星又回来了。什么叫作如雨呢？如雨就是不是下雨。既然不是下雨为什么说如雨呢？鲁国的旧史说："星

星降落下来，离地不到一尺又返上去了。”孔子修订说：“星星落得跟下雨一样。”为什么写下来呢？这是记录异常现象。

秋天，鲁国发生大水成灾。

没有麦苗。没有苗为什么先说没有麦，然后才说没有苗？单独一个灾害不写下来，等到没有麦然后才写上没有苗。为什么写下来？为的记录灾情。

冬天，夫人姜氏与齐襄公在谷地相会。

春秋公羊传卷七

庄公二

庄公八年

【原文】

八年春，王正月，师次于郎，以俟陈人、蔡人。次不言俟，此其言俟何？托不得已也。甲午，祠兵。祠兵者何？出曰祠兵，入曰振旅，其礼一也，皆习战也。何言乎祠兵？为久也。曷为为久？吾将以甲午之日，然后祠兵于是。

夏，师及齐师围成，成降于齐师。成者何？盛也。盛则曷为谓之成？讳灭同姓也。曷为不言降吾师？辟之也。

秋，师还。还者何？善辞也。此灭同姓何善尔？病之也。曰：“师病矣”。曷为病之，非师之罪也。

冬十有一月癸未，齐无知弑其君诸儿。

【译文】

八年春周历正月，鲁国军队驻扎在郎邑这地方，以等待陈国，蔡国的军队。多日停留不说等待，这次为什么说等待？这是托词，表示不得已。甲午这天祭祀兵器，什么叫作祭祀兵器？出兵的时候就叫作祭祀兵器，军队回来叫作振旅，这是一个礼仪，全是为的练习打战。为什么说祭祀兵器呢？为的是长久。什么叫为了长久？鲁国要等到在甲午这一天，然后才在这里祭祀兵器。

夏天，鲁国军队同齐国军队包围了成国，成国对齐国军队投降。成国是什么呢？成国是盛国。盛国为什么叫作成国呢？为了避讳说灭同姓的国家。为什么不说对鲁国军队投降呢？是为了避讳。

秋天，鲁国军队回来了。所谓回来怎么讲？是一种好听的话。这是灭同姓有什么好话可说呢？军队疲惫了。说："军队疲惫了。"为什么疲惫了？这不是军队的毛病。

冬天十一月癸未这天，齐国公孙无知杀了他的国君齐襄公诸儿。

庄公九年

【原文】

九年春，齐人杀无知。

公及齐大夫盟于暨。公曷为与大夫盟？齐无君也。然则何以不名？其讳与大夫盟也，使若众然。

夏，公伐齐纳纠。纳者何？入辞也。其言伐之何？伐而言纳者，犹不能纳也。纠者何？公子纠也。何以不称公子？君前臣名也。齐小白入于齐。曷为以国氏？当国也。其言入何？篡辞也。

秋，七月丁酉，葬齐襄公。

八月庚申，及齐师战于乾时，我师败绩。内不言败，此其言败何？伐败也。曷为伐败？复仇也。此复仇乎大国，曷为使微者？公也。公则曷为不言公？不与公复仇也。曷为不与公复仇？复仇者在下也。

九月，齐人取子纠，杀之。其取之何？内辞也，胁我使我杀之也。其称子纠何？贵也。其贵奈何？宜为君者也。

冬，浚洙。洙者何？水也。浚之者何？深之也。曷为深之？畏齐也。曷为畏齐也？辞杀子纠也。

【译文】

九年春天，齐国人杀了公孙无知。

鲁庄公同齐大夫在暨邑会盟。鲁庄公为什么跟齐大夫会盟呢？因为齐国没有国君。这样的话那么为什么不称齐大夫的名字呢？为的是避讳说跟大夫会盟，好像是有众多的大夫一样。

夏天鲁庄公攻伐齐国，为的是把公子纠送到齐国去。什么叫作纳呢？纳是进入齐国的一种说法。为什么说攻伐齐呢？攻伐时又说纳，等于不能够纳。纠是什么人？就是公子纠。为什么不称公子呢？因为在鲁君的前面，臣子只能称名。齐国的小白进入齐国都城。为什么拿齐国做他的氏呢？因为他掌了国家的政权。为什么说他入齐国都城呢？这是说他篡位的用语。

秋天七月丁酉这天，安葬齐襄公。

八月庚申，鲁国军队同齐国军队在乾时交战，鲁国军队败绩。在国内不说打败，这里

为什么说打败呢？因为这是夸大功劳，以致于打败，所以叫作伐败。为什么伐败呢？因为是想着报仇。这是对大国报仇，为什么派没有地位的人？其实是庄公自己。既是庄公自己为什么不说庄公呢？因为不赞成庄公自己报仇。为什么不赞成庄公自己报仇？复仇的对象应该是后一世了。

九月，齐国人捉了公子纠，把他杀掉。什么叫作取？这是表明是内部的措辞。威胁鲁国，使鲁国把他杀掉。为什么称子纠呢？认为他身份尊贵。为什么认为他尊贵呢？因为他适合做齐国的国君。

冬天，加深洙水的水道。什么叫作洙呢？是洙水。浚是什么呢？把河加深。为什么加深呢？因为害怕齐国的缘故。为什么害怕齐国呢？因为鲁国推辞了去杀死公子纠。

庄公十年

【原文】

十年春，王正月，公败齐师于长勺。

二月，公侵宋，曷为或言侵，或言伐？觕者曰侵，精者曰伐。战不言伐，围不言战，入不言围，灭不言入，书其重者也。

三月，宋人迁宿。迁之者何？不通也，以地还之也。子沈子曰："不通者，盖因而臣之也。"

夏六月，齐师、宋师次于郎。公败宋师乘丘。其言次于郎何？伐也。伐则其言次何？齐与伐而不与战，故言伐也。我能败之，故言次也。

秋九月，荆败蔡师于莘，以蔡侯献舞归。荆者何？州名也。州不若国，国不若氏，氏不若人，人不若名，名不若字，字不若子。蔡侯献舞何以名？绝。曷为绝之？获也。曷为不言其获？不与夷狄之获中国也。

冬十月，齐师灭谭，谭子奔莒。何以不言出？国已灭矣，无所出也。

【译文】

十年春季，周历正月，鲁庄公在长勺这地方打败齐国军队。

二月，鲁庄公侵犯宋国。为什么有时说侵，有时说伐呢？用蛮力的战争叫侵略，精心计划的战争叫作伐，攻战就不说伐，围城就不说作战，攻入那国都，就不说围城，灭人的国家，就不说攻人。都是写程度上重的。

三月，宋国人把宿国迁到旁处去了。迁宿是为了什么？为使宿跟四面的交通不便，用宋国土地环绕着宿国都城。子沈子说："使宿国与其他国家隔绝交通，是要借此使宿国变成宋国的附庸国。"

夏天六月，齐国军队同宋国军队停在郎邑这地方。鲁庄公在乘丘这地方打败宋国军队。为什么说停在郎邑这地方。因为他们全要攻伐鲁国。攻伐又说停留，是为什么呢？因为齐国只参加攻伐，而不参加交战，所以只说攻伐。鲁国能打败他们，所以说停在郎邑这地方。

秋天九月，荆国在莘邑这地方打败蔡国军队。把蔡侯献舞逮走了。什么叫作荆，是九州的名称之一。称州不如称国。国就不如氏，氏就不如某国人，某国人不如他的名字，名不如他的号，号还不如爵位。蔡侯献舞为什么称他的名字？因为跟他断绝关系。为什么跟他断绝关系？因为他被楚人捉住。为什么不说他被捉住呢？因为不赞成夷狄之国俘获中原国家的国君。

冬天十月，齐国军队打败了谭国，谭国的国君投奔到莒国。为什么不说出奔？谭国已经被灭，没有地方可以出了。

庄公十一年

【原文】

十有一年春，王正月。

夏五月戊寅，公败宋师于鄑。

秋，宋大水。何以书，记灾也。外灾不书，此何以书？及我也。

冬，王姬归于齐。何以书？过我也。

【译文】

十一年春天周历正月。

夏天五月戊寅这天，鲁庄公在鄑地打败了宋国军队。

秋天，宋国大水灾。为什么写下来？为了记录灾情。外国灾害不写下来，这里为什么写呢？因为灾害波及鲁国了。

冬天，周王姬嫁到齐国。为什么写下来？因为她路过鲁国。

庄公十二年

【原文】

十有二年春，王三月，纪叔姬归于酅。其言归于酅何？隐之也。何隐尔？其国亡矣，徒归于叔尔也。

夏四月。

秋八月甲午，宋万弑其君接，及其大夫仇牧。及者何？累也。弑君多矣，舍此无累者乎？孔父荀息皆累也。舍孔父荀息无累者乎？曰："有。"有则此何以书？贤也。何贤乎

仇牧？仇牧可谓不畏强御矣。其不畏强御奈何？万尝与庄公战，获乎庄公。庄公归，散舍诸宫中，数月然后归之。归反为大夫于宋。与闵公博，妇人皆在侧。万曰："甚矣，鲁侯之淑，鲁侯之美也！天下诸侯宜为君者，唯鲁侯尔！"闵公矜此妇人，妒其言，顾曰："此虏也！尔虏焉故，鲁侯之美恶乎至？"万怒，搏闵公，绝其脰。仇牧闻君弑，趋而至，遇之于门，手剑而叱之。万臂摋仇牧，碎其首，齿著乎门阖。仇牧可谓不畏强御矣。

冬十月，宋万出奔陈。

【译文】

十二年春，周历三月，纪叔姬嫁到酅邑。为什么说嫁到酅邑？是伤痛她。为什么伤痛这件事呢？她的国家灭亡了，只是嫁给纪侯的弟弟纪季罢了。

夏天四月。

秋天八月甲午，宋万杀死他的国君接与大夫仇牧。什么叫作及呢？这就是受株连。杀君常有，除此以外就没有受株连的吗？孔父同荀息全是被连累了。除孔父与荀息之外就没有累及的吗？回答说："也有。"既然有为什么只把这次写下来呢？因为仇牧贤能。为什么说仇牧贤能呢？仇牧可说是不怕强暴的人。他是怎样不怕强暴呢？宋万曾与鲁庄公作战，被鲁庄公所捕获，庄公把他带回鲁国，并放开他让他住在宫中，几个月后，让他回宋国。他本来是士，回到宋国重新做了大夫。他同宋闵公博戏，妇女全在旁边。宋万说："鲁侯好，鲁侯真美好！天下诸侯适合做国君的，只有鲁侯而已。"宋闵公要在妇人面前摆面子，很忌妒他所说的。就对妇女说："这是被鲁侯俘虏的人，你被俘虏了所以这样说，鲁侯的好怎么能达到这等程度呢？"宋万发了脾气就跟宋闵公打架，把他的脖子打断。仇牧听见宋君被杀快步跑去，在门口遇见宋万，手持宝剑叱骂宋万。宋万就用臂撞杀了仇牧，把他的头也打碎了，牙齿碰到门上。仇牧可以说是不怕强暴的人了。

冬天十月，宋万逃亡到陈国去了。

庄公十三年

【原文】

十有三年春，齐侯、宋人、陈人、蔡人、邾娄人会于北杏。

夏六月，齐人灭遂。

秋七月。

冬，公会齐侯，盟于柯。何以不日？易也。其易奈何？桓之盟不日，其会不致，信之也。其不日何以始乎此？庄公将会乎桓，曹子进曰："君之意何如？"庄公曰："寡人之生则不若死矣。"曹子曰："然则君请当其君，臣请当其臣。"庄公曰："诺。"于是会乎桓。庄公升坛，曹子手剑而从之。管子进曰："君何求乎？"曹子曰："城坏压竟，君不图与？"管子

曰:“然则君将何求?”曹子曰:“愿请汶阳之田。”管子顾曰:“君许诺。”桓公曰:“诺。”曹子请盟,桓公下与之盟。已盟,曹子摽剑而去之。要盟可犯,而桓公不欺。曹子可仇,而桓公不怨,桓公之信著乎天下,自柯之盟始焉。

【译文】

十三年春天,齐桓公同宋人,陈人,蔡人,邾娄人在北杏这地方相会。

夏天六月,齐国人灭了遂国。

秋天七月。

冬天,鲁庄公同齐桓公在柯邑结盟。为什么不写日期?是因为相安无事,怎么样容易呢?齐桓公的盟会不写日子,会见也不叫臣子来,因为很信用他。不写日子,为什么从这时开始呢?鲁庄公将跟齐桓公会见,曹谋进见,问:“国君的心情怎么样?”鲁庄公说:“我活着都不如死了。”曹谋说:“那么请国君去对付齐国的国君,臣子我去对付齐国的臣。”庄公说:“好吧!”于是就同齐桓公会见。鲁庄公上到坛上,曹谋手拿着宝剑随着他。管仲近前说:“鲁君有什么要求吗?”曹谋说:“鲁国的城池崩塌了,就压到齐国的境内,你齐君不计谋计谋吗?”管仲说:“那么你将有什么要求呢?”曹谋说:“希望您把汶阳的田地还给鲁国”。管仲对齐桓公说:“您可以答应他。”齐桓公说:“好吧!”曹谋请求盟誓,齐桓公下来同他盟誓。盟誓以后,曹谋把宝剑搁到地下离开了。在要胁下立的盟誓,可以毁弃。而齐桓公不愿意欺骗人。曹谋可以是仇人,而齐桓公不怨恨他,桓公的信用,开始闻名天下,这是从柯这次的会盟开始的。

庄公十四年

【原文】

十有四年春,齐人、陈人、曹人伐宋。

夏,单伯会伐宋。其言会伐宋何?后会也。

秋七月荆入蔡。

冬,单伯会齐侯、宋公、卫侯、郑伯于鄄。

【译文】

十四年春天,齐国人,陈国人同曹国人攻伐宋国。

夏天,周大夫单伯参加讨伐宋国。为什么说他参加攻伐宋国呢?因为他来得很晚。

秋天七月,楚军进入蔡国。

冬天,单伯在鄄邑与齐桓公,宋桓公,卫惠侯,郑厉公会见。

庄公十五年

【原文】

十有五年春，齐侯、宋公、陈侯、卫侯、郑伯会于鄄。

夏，夫人姜氏如齐。

秋，宋人、齐人、邾娄人伐儿。

郑人侵宋。

冬十月。

【译文】

十五年春天，齐桓公同宋桓公，陈宣侯，卫惠侯，鄄伯在鄄邑会见。

夏天，夫人姜氏到齐国去。

秋天，宋国人、齐国人同邾娄人讨伐儿国。

郑国人侵略宋国。

冬天十月。

庄公十六年

【原文】

十有六年春，王正月。

夏，宋人、齐人、卫人伐郑。

秋，荆伐郑。

冬十有二月，公会齐侯、宋公、陈侯、卫侯、郑伯、许男、曹伯、滑伯、滕子同盟于幽。同盟者何？同欲也。

邾娄子克卒。

【译文】

十六年春天周历正月。

夏天，宋国人，齐国人，卫国人攻伐郑国。

秋天，楚攻打郑国。

冬天十二月，鲁庄公会同齐桓公、宋桓公、陈宣公、卫惠公、郑厉公、许穆公、曾伯、滑伯、滕子，在幽地盟誓。同盟是什么？是同心想要结盟。

邾娄君克去世。

庄公十七年

【原文】

十有七年春，齐人执郑瞻。郑瞻者何？郑之微者也。此郑之微者，何言乎齐人执之？书甚佞也。

夏，齐人瀐于遂。瀐者何？瀐积也，众杀戍者也。

秋，郑瞻自齐逃来。何以书？书甚佞也。曰："佞人来矣，佞人来矣。"

冬，多麋。何以书，记异也。

【译文】

十七年春天，齐国人捉拿了郑瞻。郑瞻是什么人？是郑国一个地位卑微的人。这是郑国的卑微的人，为什么说齐国人捉拿他呢？表示他会用花言巧语谄媚的人。

夏天，齐国人在遂国被歼灭了。什么叫瀐？是聚在一起杀死，遂国众人把齐国的戍兵一起杀掉。

秋天，郑瞻从齐国逃到鲁国来。为什么写这些？是记录会用花言巧语谄媚的人，就说："奸佞的人来了，奸佞的人来了"。

冬天麋鹿来得很多。为什么写下来？这是记录异常情况。

春秋公羊传卷八

庄公三

庄公十八年

【原文】

十有八年春，王三月，日有食之。

夏，公追戎于济西。此未有言伐者，其言追何？大其为中国追也。此未有伐中国者，则其言为中国追何？大其未至而豫御之也。其言于济西何？大之也。

秋，有蜮。何以书？记异也。

冬十月。

【译文】

十八年春天周历三月,鲁国有日食。

夏天,鲁庄公追戎狄一直到济水的西边。这里为什么不说攻伐,而说追呢?为的夸奖他为全中国追逐戎人。这里没有戎人讨伐中国。为什么就说他为中国追逐戎人呢?这是为的夸奖戎人没来以前已经防备了。为什么说一直到济水的西边呢?为了赞誉他。

秋天,鲁国有蜮,为什么写下来?为的是记录异常情况。

冬天十月。

庄公十九年

【原文】

十有九年春,王正月。

夏四月。

秋,公子结媵陈人之妇于鄄,遂及齐侯、宋公盟。媵者何?诸侯娶一国,则二国往媵之,以侄娣从。侄者何?兄之子也。娣者何?弟也。诸侯壹聘九女,诸侯不再娶。媵不书,此何以书?为其有遂事书。大夫无遂事,此其言遂何?聘礼,大夫受命不受辞,出竟有可以安社稷利国家者,则专之可也。

夫人姜氏如莒。

冬,齐人、宋人、陈人伐我西鄙。

【译文】

十九年春天周历正月。

夏天四月。

秋天,鲁国公子结,给陈国的妇人做媵陪嫁到鄄邑,他就同齐桓公及宋桓公盟会。什么叫作媵呢?诸侯娶一国的女子,另两国就去人作媵,各以姪与娣随从。什么叫作姪呢?是哥哥的女儿。什么叫作娣呢?就是妹妹。诸侯一次娶女共九个人,诸侯的夫人死后不再娶。平常的媵不记,这里为什么记呢?因为有能成事情的人。大夫没有成事情的,这次为什么说成呢?照聘礼说,大夫接受去交好的命令,而没有接受聘问的文辞。出了国家以后,凡是可以安定社稷,对国家有利的,他可以专行。

夫人姜氏前往莒国去。

冬天,齐人、宋人、陈人攻伐鲁国西边的边境。

庄公二十年

【原文】

二十年春,王二月,夫人姜氏如莒。

夏,齐大灾。大灾者何?大瘠也。大瘠者何?痢也。何以书?记灾也。外灾不书,此何以书:及我也。

秋七月。

冬,齐人伐戎。

【译文】

二十年春天周历二月,夫人姜氏前往莒国去。

夏天,齐国发生大灾害。是什么大灾呢?就是大病。什么叫作大病呢?就是一种瘟疫,这是为的记录灾情。国外的灾害不写,这里为什么写?因为连累到鲁国。

秋天七月。

冬天,齐国人讨伐戎人。

庄公二十一年

【原文】

二十有一年春,王正月。

夏五月,辛酉,郑伯突卒。

秋七月戊戌,夫人姜氏薨。

冬十有二月,葬郑厉公。

【译文】

二十一年春天周历正月。

夏天五月辛酉这天,郑厉公突然去世。

秋天七月戊戌这天,夫人姜氏去世。

冬天十二月,安葬郑厉公。

庄公二十二年

【原文】

二十有二年春，王正月，肆大省，肆者何？跌也。大省者何？灾省也。大省何以书？讥。何讥尔？讥始忌省也。

癸丑，葬我小君文姜。文姜者何？庄公之母也。陈人杀其公子御寇。

夏五月。

秋七月丙申，及齐高傒盟于防。齐高傒者何？贵大夫也。曷为就吾微者而盟？公也。公则曷为不言公？讳与大夫盟也。

冬，公如齐纳币。纳币不书，此何以书？讥。何讥尔？亲纳币，非礼也。

【译文】

二十二年春天周历正月，实行大简省。什么叫作肆呢？是极大地减少。什么叫作大简省呢？由于灾害而简省。大简省为什么写下来？这是讥讽。为什么讥讽这件事呢？讥讽他开始是忌讳简省的。

癸丑这天，给夫人姜氏行葬礼。文姜是什么人呢？是庄公的母亲。

陈国人杀了他们国家的公子御寇。

夏天五月。

秋天七月丙申这天，与齐大夫高傒在防地盟会。谁是齐高傒呢？是齐国地位尊贵的大夫。为什么同我们微贱的人结盟呢？实际是与鲁庄公。既然是鲁庄公，为什么不说鲁庄公呢？因为避讳说国君同齐大夫盟会。

冬天，鲁庄公到齐国订婚送财礼。普通送礼不写下来，这里为什么写下来呢？因为讥讽。为什么讥讽呢？亲自去送财礼是不合礼法的。

庄公二十三年

【原文】

二十有三年春，公至自齐。桓公之盟不日，其会不致，信之也。此之桓国何以致，危之也。何危尔？公一陈佗也。

祭叔来聘。

夏，公如齐观社。何以书？讥。何讥尔？诸侯越竟观社，非礼也。公至自齐。

荆人来聘。荆何以称人？始能聘也。

公及齐侯遇于谷。

萧叔朝公。其言朝公何？公在外也。

秋，丹桓宫楹。何以书？讥。何讥尔？丹桓宫楹，非礼也。

冬，十有一月，曹伯射姑卒。

十有二月甲寅，公会齐侯，盟于扈。桓之盟不日，此何以日？危之也。何危尔？我贰也。鲁子曰："我贰者，非彼然，我然也。"

【译文】

二十三年春天，鲁庄公从齐国到达鲁国。齐桓公的结盟不写日子，聚会也不叫臣子来，因为很相信他。这次齐桓公盟会有臣子来，因为觉得很危险。为什么忧虑这件事呢？因为鲁庄公跟陈佗一样。

周大夫祭叔到鲁国来聘问。

夏天，鲁庄公前往齐国去看社神。为什么写下来？这是讥讽他。为什么讥讽这件事？诸侯越过边境去看社神，这是不合于礼法的。鲁庄公从齐国回来。

荆人来鲁国聘问。荆为什么称人？因为他们开始能够去外国聘问。

鲁庄公同齐侯在谷这地方相会。

萧叔到鲁国来朝见。为什么说朝见公呢？因为鲁庄公正在外国。

秋天，把桓公的庙柱子漆成红颜色。为什么写下来？是讥讽。为什么表示讥讽这件事？因为把桓公庙的柱子漆成红颜色是不合于礼法的。

冬天十一月，曹伯射姑去世。

十二月甲寅这天，鲁庄公同齐侯在扈邑这地方结盟。齐桓公的结盟一般不讲日期，这次为什么讲日期？因为有忧虑。有什么忧虑？因为我有贰心。鲁子说："我有贰心，不是齐国如此，而是鲁国如此。"

庄公二十四年

【原文】

二十有四年春，王三月，刻桓宫桷。何以书？讥。何讥尔？刻桓宫桷，非礼也。

葬曹庄公。

夏，公如齐逆女。何以书？亲迎礼也。

秋，公至自齐。八月丁丑，夫人姜氏入。其言入何？难也。其言日何？难也。其难奈何？夫人不偻，不可使入，与公有所约，然后入。戊寅，大夫、宗妇觌，用币。宗妇者何？大夫之妻也。觌者何？见也。用者何？用者不宜用也。见用币，非礼也。然则曷用？枣栗云乎？腶脩云乎。

大水。

冬,戎侵曹,曹羁出奔陈。曹羁者何?曹大夫也。曹无大夫,此何以书?贤也。何贤乎曹羁?戎将侵曹,曹羁谏曰:"戎众以无义。君请勿自敌也。"曹伯曰:"不可。"三谏不从,遂去之,故君子以为得君臣之义也。

赤归于曹郭公。赤者何?曹无赤者,盖郭公也。郭公者何?失地之君也。

【译文】

二十四年春天周历三月,雕刻桓公庙中的椽子。为什么写下来?这是讥讽。为什么讥讽这件事?因为雕刻桓公庙中的椽子是不合于礼法的。

给曹庄公行葬礼。

夏天,鲁庄公前往齐国去迎娶新娘。为什么写下来?因为他亲自去迎接是合于礼的。

秋天,鲁庄公从齐国到达鲁国。八月丁丑,夫人姜氏进入鲁国都城。为什么说她进入鲁国都城?因为困难。为什么说她那天来的呢?也是因为困难。究竟有什么困难呢?夫人没病,就不可以叫她进来,因为她同鲁庄公有约,然后才能进入鲁国都城。戊寅这天,大夫同他的夫人拜见,用布币行礼。宗妇是什么呢?是大夫的妻子。觌是什么?是见面。用是什么?是不应当用的。见面用布币这是不合礼的。那么用什么呢?应当用枣同栗子啊或者五香干肉之类啊。

鲁国发生大水灾。

冬天,戎国入侵曹国,曹羁出奔陈国。谁是曹羁?他是曹国的大夫。曹国没有大夫,这里为什么写上呢?因为他很贤明。曹羁有什么贤明呢?戎人将侵略曹国,曹羁进谏说:"戎人人马众多,不讲道义,请国君不要仅凭自己去抵抗。"曹伯说:"这不可以。"谏诤了三次,曹伯都不听从,他就离开了曹国。所以君子认为他很合乎君臣的道义。

赤回到曹郭公,赤是什么人?曹国没有叫赤的,大概就是郭公吧。郭公又是谁呢?是一位失去了国土的国君。

庄公二十五年

【原文】

二十有五年春,陈侯使女叔来聘。

夏五月癸丑,卫侯朔卒。

六月辛未朔,日有食之,鼓,用牲于社。日食则曷为鼓用牲于社?求乎阴之道也,以朱丝营社,或曰胁之,或曰为暗,恐人犯之,故营之。

伯姬归于杞。

秋,大水,鼓用牲于社于门。其言于社于门何?于社礼也,于门非礼也。

冬，公子友如陈。

【译文】

二十五年春天，陈宣公派遣女叔来鲁国访问。

夏天五月癸丑这天，卫侯朔去世。

六月辛未初一这天，鲁国有日食。敲着鼓用牛羊祭祀社神。为什么在有日食的时候敲着鼓用牛羊来祭祀社神呢？是为了寻求阴性的道理。用红丝线来围绕着社神庙，有人说是威胁他，有人说是把他变得黑暗，恐怕有人侵犯它，所以把它围绕着。

鲁国的伯姬嫁到杞国。

秋天，鲁国发生大水灾。敲着鼓用牛羊祭祀社神，也祭祀门神。为什么说祭祀社神也祭祀门神呢？祭祀社神是合于礼法的，祭祀门神不合于礼法。冬天，鲁国的公子友到陈国去回访。

庄公二十六年

【原文】

二十有六年，公伐戎。

夏，公至自伐戎。

曹杀其大夫。何以不名？众也。曷为众杀之？不死于曹君者也。君死乎位曰灭。曷为不言其灭？为曹羁讳也。此盖战也，何以不言战？为曹羁讳也。

秋，公会宋人、齐人、伐徐。

冬十有二月癸亥朔，日有食之。

【译文】

二十六年，鲁庄公讨伐戎国。

夏天，鲁庄公从讨伐戎人的战场到达鲁国。

曹国人杀了他们的大夫。为什么不说名字呢？因为杀的人多。为什么杀死这么多人呢？因为曹君跟戎人作战死了而大夫们不肯死的原故。君要死在位子上叫作灭。为什么不说灭呢？这是为曹羁避讳。这是交战，为什么不说交战呢？也是为曹羁避讳。

秋天，鲁庄公会同宋人，齐人攻伐徐国。

冬天十二月癸亥初一，鲁国有日食。

庄公二十七年

【原文】

二十有七年春，公会杞伯姬于洮。

夏六月，公会齐侯，宋公、陈侯、郑伯，同盟于幽。

妊簋

秋，公子友如陈，葬原仲。原仲者何？陈大夫也。大夫不书葬，此何以书？通乎季子之私行也。何通乎季子之私行？辟内难也。君子辟内难而不辟外难。内难者何？公子庆父、公子牙、公子友皆庄公之母弟也。公子庆父、公子牙通乎夫人以胁公，季子起而治之，则不得与于国政，坐而视之则亲亲。因不忍见也，故于是复请至于陈而葬原仲也。

冬，杞伯姬来。其言来何？直来曰来，大归曰来归。

莒庆来逆叔姬。莒庆者何？莒大夫也。莒无大夫，此何以书？讥。何讥尔？大夫越竟逆女，非礼也。

杞伯来朝。

公会齐侯于城濮。

【译文】

二十七年春天，鲁庄公同杞伯姬在洮邑这地方相会。

夏天六月，鲁庄公同齐侯，宋公，陈侯，郑伯在幽这地方会盟。

秋天，公子季友前往陈国去参加原仲的葬礼。谁是原仲呢？是陈国的大夫。大夫的葬礼不写下来，这为什么写呢？这是关于公子季友的私人行动。为什么说是公子季友自己的行动呢？因为他是躲避鲁国祸难，君子躲避国里的祸难，而不躲避国外的祸难。鲁国内有什么祸难？因为公子庆父，公子牙同公子友都是鲁庄公的弟弟。公子庆父同公子牙与庄公的夫人私通，以此来挟制鲁庄公。公子季友要出来过问这件事，他就不能参加国家的政务，要坐视不动，就会由于亲属关系成为一体，因为他不忍看见这祸难，就请求到陈国去参加原仲的葬礼。

冬天，杞伯姬回到鲁国来。为什么说来？只是回来看看就叫作来，要是被夫家所休弃就叫作来归。

莒国的大夫庆到鲁国来迎接鲁君的女儿叔姬。莒庆是什么人？是莒国的大夫。莒

国没有大夫，这里为什么写上？这是讥讽。为什么讥讽这件事？大夫越过了自己国家的边境去迎接了自己的夫人，这是不合礼法的。

杞伯到鲁国来访。

鲁庄公同齐侯在城濮这地方会见。

春秋公羊传卷九

庄公四

庄公二十八年

【原文】

二十有八年春，王三月甲寅，齐人伐卫。卫人及齐人战，卫人败绩。伐不日，此何以日？至之日也。战不言伐，此其言伐何？至之日也。《春秋》伐者为客，伐者为主，故使卫主之也。曷为使卫主之？卫未有罪尔。败者称师，卫何以不称师？未得乎师也。

夏四月丁未，邾娄子琐卒。

秋，荆伐郑。公会齐人、宋人、邾娄人救郑。

冬，筑微。大无麦禾。冬既见无麦禾矣，曷为先言筑微而后言无麦禾？讳，以凶年造邑也。

臧孙辰告籴于齐。告籴者何？请籴也。何以不称使？以为臧孙辰之私行也。曷为以臧孙辰之私行？君子之为国也，必有三年之委。一年不熟告籴，讥也。

【译文】

二十八年春天周历三月甲寅这天，齐国人攻伐卫国。卫国军队同齐国人交战，卫国军队全崩溃了。讨伐不写日子，这为什么写日子，因为这是军队到了的日子。打仗不说攻伐，这里为什么说攻伐？也是到那天就打起来了。《春秋》攻伐旁人的叫作客，被讨伐的叫作主，所以称卫国人作主。为什么称卫国人作主呢？因为卫国人没有罪过。打败的一方称军队，卫为什么不称军队呢？因为他还没有摆成阵势就败了。

夏天四月丁未这天，邾娄的君琐去世。

秋天，荆人攻伐郑国。鲁庄公会同齐国人，宋国人以及邾娄人去救郑国。

冬天，建筑微这座城邑。麦禾都没有收获。冬天既然已经看到没有麦禾了。为什么先说建筑微这个城，而后说没有麦禾呢？避讳在荒年来建筑城邑。

臧孙辰到齐国去请求买粮食。告籴是什么，请求买谷子。为什么不说派他去？认为这是臧孙辰以私人的名义出行的，为什么作为臧孙辰私人的名义？君子治理国家，必须有三年的储蓄，一年谷子不熟，就去买谷子，这是讥讽。

庄公二十九年

【原文】

二十有九年春，新延厩。新延厩者何？修旧也。修旧不书，此何以书？讥。何讥尔？凶年不修。

夏，郑人侵许。

秋，有蜚。何以书？记异也。

冬十有二月，纪叔姬卒。

城诸及防。

【译文】

二十九年春天，新扩展公宫的马房。什么叫作新扩展马房呢？是把旧的修理好。普通修理旧的不写下来，这里为什么写呢？因为讥讽。为什么讥讽这件事呢？因为荒年不应该动工程。

夏天，郑国人侵略许国。

秋天，发生虫灾。为什么写下来呢？这是表示记录异常情况。

冬天十二月，纪叔姬去世。

修筑诸同防这两个城邑。

庄公三十年

【原文】

三十年春，王正月。

夏，师次于成。

秋七月，齐人降鄣。鄣者何？纪之遗邑也。降之者何？取之也。取之则曷为不言取之？为桓公讳也。外取邑不书，此何以书？尽也。

八月癸亥，葬纪叔姬。外夫人不书葬，此何以书？隐之也。何隐尔？其国亡矣，徒葬乎叔尔。

九月庚午朔，日有食之，鼓，用牲于社。

冬，公及齐侯遇于鲁济。

齐人伐山戎。此齐侯也，其称人何？贬。曷为贬？子司马子曰："盖以操之为已蹙矣。"此盖战也，何以不言战？《春秋》敌者言战，桓公之与戎狄，驱之尔。

【译文】

三十年春天周历正月。

夏天，鲁国军队在成邑这地方停驻。

秋天七月，齐国人把鄣邑这地方占据了。什么叫作鄣邑呢？是纪国剩下的城邑。什么叫作降呢？就是把他占领了。占领为什么不说占领呢？这是为齐桓公避讳。在鲁国以外占领城邑不写下来，这里为什么写呢？因为纪国的城邑已经全部丧失了。

八月癸亥，安葬纪叔姬。国外的夫人不写安葬，这为什么写呢？这是伤痛她。伤痛是什么意思呢？纪国已经亡了，只是为了给叔姬行葬礼罢了。

九月庚午初一，鲁国有日食，在社庙里敲鼓用牛羊祭社神。

冬天，鲁庄公同齐国在鲁济这地方相遇。

齐国人讨伐山戎。这是齐桓公，为什么称他人呢？这是把他贬低了。为什么把他贬低了？子司马子说："这是因为操之过急了。"这是交战，为什么不说交战呢？《春秋》对敌人才说交战，齐桓公对戎狄，只是把他驱逐出中国以外罢了。

庄公三十一年

【原文】

三十有一年春，筑台于郎。何以书？讥。何讥尔？临民之所漱浣也。

夏四月，薛伯卒。

筑台于薛。何以书？讥。何讥尔？远也。

六月，齐侯来献戎捷。齐大国也，曷为亲来献戎捷？威我也。其威我奈何？旗获而过我也。

秋，筑台于秦。何以书？讥。何讥尔？临国也。

冬，不雨，何以书？记异也。

【译文】

三十一年春天，在郎邑这地方筑台。为什么写下来？表示讽刺。为什么讽刺这件事呢？这个台筑在百姓洗浴盥漱的地方。

夏天四月，薛伯去世。

在薛邑这地方筑台。为什么写下来？是表示讽刺。为什么讽刺这件事？因为太远了。

六月，齐桓公来鲁国献上他与山戎作战的战利品。齐国是大国，为什么自己来献战利品？这是为的使鲁国害怕。他怎么样使鲁国害怕呢？是举着他获得的山戎旗帜给鲁国人观看。

秋天，在秦邑这地方修筑高台。为什么写下来？这是讥讽。为什么讥讽这件事？因为台子临着宗庙。

冬天不下雨。为什么写下来？这是记录气候异常。

庄公三十二年

【原文】

三十有二年春，城小谷。

夏，宋公、齐侯遇于梁丘。

秋七月癸巳，公子牙卒。何以不称弟？杀也。杀则曷为不言刺？为季子讳杀也，曷为为季子讳杀？季子之遏恶也，不以为国狱，缘季子之心而为之讳。季子之遏恶奈何？庄公病将死，以病召季子，季子至而授之以国政，曰："寡人即不起此病，吾将焉致乎鲁国？"季子曰："般也存，君何忧焉？"公曰："庸得若是乎？牙谓我曰：'鲁一生一及，君已知之矣。庆父也存。'"季子曰："夫何敢？是将为乱乎？夫何敢？"俄而牙弑械成。季子和药而饮之曰："公子从吾言而饮此，则必可以无为天下戮笑，必有后乎鲁国。不从吾言而不饮此，则必为天下戮笑，必无后乎鲁国。"于是从其言而饮之，饮之无傫氏，至乎王堤而死。公子牙今特尔。辞曷为与亲弑者同？君亲无将，将而诛焉，然则善之与？曰："然。"杀世子母弟直称君者，甚之也。季子杀母兄何善尔？诛不得辟兄，君臣之义也。然则曷为不直诛而鸩之？行诛乎兄，隐而逃之，使托若以疾死然，亲亲之道也。

八月癸亥，公薨于路寝。路寝者何？正寝也。

冬十月乙未，子般卒。子卒云子卒，此其称子般卒何？君存称世子，君薨称子某，既葬称子，逾年称公。子般卒，何以不书葬？未逾年之君也。有子则庙，庙则书葬。无子不庙，不庙则不书葬。

公子庆父如齐。

狄伐邢。

【译文】

三十二年春天，齐国修筑小谷这个城墙。

夏天，宋公同齐侯在梁丘这地方相遇。

秋天七月癸巳，公子牙去世。为什么不称弟弟呢？因为把他杀了。杀为什么不说刺死他呢？这是避讳说季子杀人的关系。为什么避讳季子杀人呢？季子在阻止罪恶时，不把它变成国家的刑狱。根据季子的心意，而为他避讳。季子是怎么样阻止恶事情的呢？庄公病得要死，因为病重，从陈国叫季子回来。季子到了以后，就交给他鲁国的政权。并且说："我倘若病不起，我将鲁国交给谁呢？"季子说："子般仍然健在，你担心什么呢？"庄子说："能这样做吗？叔牙对我说：'鲁国的规矩，是一个活着传位儿子，另一个就传弟兄，你已经知道了。庆父现在还活着。'"季子说："他怎么敢呢？这岂不是造反了，他怎么敢呢？"不久叔牙已经准备好弑君。季子就给他药喝，并且说："你要听我的话而喝了这杯，就可以不被天下所耻笑，必定有后代传在鲁国，要不听我的话，而不喝，你必定为天下所耻笑，必定没有后人传在鲁国。"于是叔牙就听了他的话喝了，在大夫无儽氏家中喝了药，走到王堤就死了。公子牙如今只是打算罢了。所用的文辞，为什么与亲自弑君的相同？国君的亲戚不要领兵，领兵恐怕就被杀。然而是说季子很好吗？回答说："是这样。"杀掉世子和亲弟弟直接称君，比这更要严重了。季子杀了亲兄有什么好呢？诛杀不能避开哥哥，这是君臣的道理。然而为什么不直接杀他，而让他喝毒药呢？公子牙要弑他的哥哥，隐瞒这件事，让他逃脱罪名，好像是病死的。这是亲近亲属的道理。

八月癸亥这天，鲁庄公在路寝去世。路寝是什么？就是正室。

冬天十月乙未这天，庄公的儿子子般去世。平常只说卒，这里为什么称子般去世？君存在就称世子，君死了就称某一个儿子，下葬以后，就称子，过了年就称公。子般去世，为什么不写行葬礼？因为他是没有过一年的国君。有儿子就建庙，建庙就写安葬。没有儿子就不给他建庙，不建庙就不写行葬礼。

公子庆父前往齐国去。

狄人攻伐邢国。

闵公元年

【原文】

元年春，王正月。公何以不言即位？继弑君不言即位。孰继？继子般也。孰弑子般？庆父也。杀公子牙，今将尔，季子不免。庆父弑君，何以不诛？将而不免遏恶也，既而不可及，因狱有所归，不探其情而诛焉，亲亲之道也。恶乎归狱？归狱仆人邓扈乐。曷为归狱仆人邓扈乐？庄公存之时，乐曾淫于宫中，子般执而鞭之。庄公死。庆父谓乐曰："般之辱尔，国人莫不知，盍弑之矣？"使弑子般，然后诛邓扈乐而归狱焉，季子至而不变也。

齐人救邢。

夏六月辛酉，葬我君庄公。

秋八月，公及齐侯盟于洛姑。

季子来归。其称季子何？贤也。其言来归何？喜之也。

冬，齐仲孙来。齐仲孙者何？公子庆父也。公子庆父则曷为谓之齐仲孙？系之齐也。曷为系之齐？外之也。曷为外之？《春秋》为尊者讳，为亲者讳，为贤者讳，子女子曰："以《春秋》为《春秋》，齐无仲孙，其诸吾仲孙与？"

【译文】

元年春季周历正月，闵公为什么不说鲁公行即位典礼呢？因为继承被弑的国君，就不说行即位典礼。继承谁呢？是继承子般。谁杀了子般呢？就是公子庆父。他先是杀了公子牙，现在又如此，恐怕季子也不免于被杀。庆父杀了子般，为什么不杀庆父呢？庆父弑君前不能免除制止罪恶发生。弑君后又无法涉及庆父，因为罪犯有人了。不详细研究他的案情就杀，这是亲亲的道理。罪名归给谁？罪名归到仆人邓扈乐身上。怎么样把这罪归到仆人邓扈乐身上？庄公还在的时候，扈乐曾在宫中淫乱，子般把他逮起来，用鞭子抽他。庄公死了，庆父对扈乐说："子般侮辱你，国人没有不知道的，你何不把他杀了。"就使他杀了子般，然后庆父又杀了邓扈乐，而把罪名归到扈乐身上，季子来了以后也没有办法变更。

齐国人去救援邢国。

夏天六月辛酉，给我们的国君庄公行葬礼。

秋天八月，鲁闵公同齐桓公在洛姑这地方结盟。

季子回来。为什么称季子？因为他贤明。为什么说他回来呢？因为喜欢他回来。

冬天齐国仲孙来。齐国仲孙是什么人？就是公子庆父。那么公子庆父为什么叫作齐仲孙呢？把他和齐国联系在一起。为什么和齐国联系在一起呢？是把他排除在鲁国之外。为什么把他排除在鲁国之外？《春秋》是为尊者避讳，为亲者避讳，也为贤者避讳，子女子说："以《春秋》作为《春秋》来说，齐国并没有仲孙，恐怕就是我们的仲孙吧！"

闵公二年

【原文】

二年春，王正月，齐人迁阳。

夏五月乙酉，吉禘于庄公。其言吉何？言吉者，未可以吉也。曷为未可以吉？未三年也。三年矣，曷为谓之未三年？三年之丧，实以二十五月。其言于庄公何？未可以称宫庙也。曷为未可以称宫庙？在三年之中矣。吉禘于庄公何以书？讥。何讥尔？讥始不三年也。

秋八月辛丑，公薨。公薨何以不地？隐之也。何隐尔？弑也。孰弑之？庆父也。弑公子牙，今将尔，季子不免。庆父弑二君何以不诛？将而不免遏恶也。既而不可及，缓追逸贼，亲亲之道也。

九月，夫人姜氏孙于邾娄。公子庆父出奔莒。

冬，齐高子来盟。高子者何？齐大夫也。何以不称使？我无君也。然则何以不名？喜之也。何喜尔？正我也。其正我奈何？庄公死，子般弑，闵公弑，比三君死，旷年无君，设以齐取鲁，曾不兴师，徒以言而已矣。桓公使高子将南阳之甲，立僖公而城鲁，或曰自鹿门至于争门者是也，或曰自争门至于吏门者是也，鲁人至今以为美谈曰："犹望高子也。"

十有二月，狄入卫。

郑弃其师，郑弃其师者何？恶其将也。郑伯恶高克，使之将逐而不纳，弃师之道也。

【译文】

二年春天周历正月，齐国人把阳国迁走。

夏天五月乙酉这天，在庄公的神主前进行吉祥的祭祀。为什么说吉呢？说吉的意思是不可以用吉祭。为什么不可以用吉祭？因为还没有到三年。已经到了三年了，为什么还说不到三年。三年的服丧，实在是二十五个月。他说在庄公的神主前面是什么意思？因为尚不能说庄公的庙。为什么不能称庄公的庙呢？因为是在三年以内。吉祭庄公的神位为什么要写下来呢？这是讥讽，为什么讥讽这件事呢？是讥讽他为服丧服不到三年就祭祀。

秋天八月辛丑这天，闵公去世。去世为什么不说地点？因为替他隐瞒。为什么隐瞒？因为他被下人所杀。是谁杀他呢？就是公子庆父。他杀了公子牙，他本来只是打算罢了，季子还不能放过他。公子庆父杀了两个国君，为什么不杀他？未出事前杀他将不能够阻止坏事，出事又无法涉及庆父。慢慢追查逃脱的贼人，这是亲亲的道理。九月，夫人姜氏逃到邾娄国去了，公子庆父也逃奔到莒国。

冬天，齐国高子前来鲁国结盟。谁是高子呢？就是齐国大夫。为什么不说他是派遣呢？因为鲁国没有国君存在。那么为什么不称名字？因为很欢喜他，为什么欢喜他？因为他使鲁国走上正轨。他怎样使鲁国走上正轨呢？庄公死了，子般被人所弑，闵公又被弑，这三个国君全死了，连年没国君，假设齐国要侵占鲁国，他不必兴起军队，一句话就成功了，齐桓公派高子率领南阳的军队来，立鲁僖公为国君，而且修筑鲁国的都城，有的人说从鹿门到争门是高子修的，有人说从争门到吏门是高子修的，鲁国人至今还把它当作美谈，说："还是希望高子来。"

十有二月，狄人攻进卫国。

郑国丢弃了他的军队。郑国为什么丢弃军队？因为憎恨他的将领。郑文公憎恨高克，派他率领军队，驱逐他，而不让他回来，这就是丢弃军队的道理。

春秋公羊传卷十

僖公上

僖公元年

【原文】

元年春,王正月,公何以不言即位?继弑君,子不言即位。此非子也,其称子何?臣子一例也。

齐师、宋师、曹师次于聂北,救邢。救不言次,此其言次何?不及事也。不及事者何?邢已亡矣。孰亡之?盖狄灭之。曷为不言狄灭之?为桓公讳也。曷为为桓公讳?上无天子,下无方伯,天下诸侯有相灭亡者,桓公不能救,则桓公耻之。曷为先言次而后言救?君也。君则其称师何?不与诸侯专封也。曷为不与?实与,而文不与。文曷为不与?诸侯之义不得专封也。诸侯之义不得专封,则其曰实与之何?上无天子,下无方伯,天下诸侯有相灭亡者,力能救之,则救之可也。

夏六月,邢迁于陈仪。迁者何?其意也。迁之者何?非其意也。

齐师、宋师、曹师城邢。此一事也,曷为复言齐师、宋师、曹师?不复言师则无以知其为一事也。

秋七月戊辰,夫人姜氏薨于夷,齐人以归。夷者何?齐地也。齐地则其言齐人以归何?夫人薨于夷,则齐人以归。夫人薨于夷,则齐人曷为以归?桓公召而缢杀之。

楚人伐郑。

八月,公会齐侯、宋公、郑伯、曹伯、邾娄人于朾。

九月,公败邾娄师于缨。

冬十月壬午,公子友帅师于犂,获莒挐。莒挐者何?莒大夫也。莒无大夫,此何以书?大季子之获也。何大乎季子之获?季子治内难以正,御外难以正。其御外难以正奈何?公子庆父弑闵公,走而之莒,莒人逐之,将由乎齐,齐人不纳,却反舍于汶水之上,使公子奚斯入请。季子曰:"公子不可以入,入则杀矣。"奚斯不忍反命于庆父,自南涘北面而哭。庆父闻之曰:"嘻!此奚斯之声也,诺已。"曰:"吾不得入矣。"于是抗辀经而死。莒人闻之曰:"吾已得子之贼矣,以求赂乎鲁。"鲁人不与,为是兴师而伐鲁,季子待之以偏战。

十有二月丁巳,夫人氏之丧至自齐。夫人何以不称姜氏?贬。曷为贬?与弑公也,

然则曷为不于弑焉贬？贬必于重者，莫重乎其以丧至也。

【译文】

元年春天周历正月，僖公为什么不说即位呢？他是继承被弑的君，儿子不说即位。这不是儿子，为什么称他儿子呢？因为臣同子是一例看待的。

齐国军队、宋国军队以及曹国军队住到聂邑以北这地方，去救邢国。每回救人不说停到那里，这次为什么说停到那里？因为没有赶上事变。为什么说没有赶上事变？因为邢国已经亡了。谁灭了邢国？是狄人把他灭了。为什么不说狄人把他灭了？这是为齐桓公避讳的缘故。为什么为齐桓公避讳呢？因为上边没有好的天子，下边没有方伯，天下诸侯有互相消灭的，齐桓公不能去救，就让齐桓公以此为羞耻。为什么先说住到那里，然后说救呢？因为齐桓公是国君。国君为什么说是军队呢？因为是不许诸侯专擅封疆大事。为什么不赞许呢？实际上是赞许了，而文辞中不能讲准许。文辞中为什么不能说准许呢？诸侯的本义是不能够专擅封疆的。诸侯的本义既然不能专擅封疆，为什么又说实际上准许呢？因为上边没有天子，下边没有方伯，天下诸侯有互相消灭的，力量能去救他，就可以救他。

夏天六月，邢国迁徙到陈仪这地方。迁徙是什么意思？是符合他们的意愿。迁徙到陈仪的原因又是什么呢？这不是他的意愿。

齐国军队，宋国军队同曹国军队修建邢国都城，这是同一件事，为什么重复说齐国军队宋国军队和曹国军队呢？因为若不重复说各国军队，就不知道这是一件事。

秋七月戊辰，夫人姜氏在夷地去世。齐国人把她带回去。什么叫作夷呢？是齐国地方。齐国地方，为什么说齐人把他送回去呢？夫人死在夷这地方，齐人就带回去，夫人死在夷这地方。为什么齐人把她带回去呢？因为齐桓公叫她回去，把她缢死了。

楚国人攻伐郑国。

八月，鲁僖公同齐，宋公，郑伯，曹伯，邾娄人在柽这地方会见。

九月，鲁僖公在缨邑这地方打败邾娄军队。冬十月壬午这天，公子友在犁邑这地方捉到了莒挐。莒挐是什么人？是莒国大夫。莒没有大夫，这里为什么写下来？为了宣扬季子的收获。为什么宣扬季子的收获呢？季子治理内难用正法，对付外难也用正法。他怎么样对付外难也用正法呢？公子庆父杀了闵公，逃到莒国去，莒人驱逐他，他想着到齐国，齐人也不接受他，就返回来，住在汶水旁，派公子奚斯到鲁国请求。季子回答说："公子不能进国都，如回到鲁国，必定被杀掉。"奚斯不忍去告诉庆父，在水的南面，冲着北面哭。庆父听见了说："这不就是奚斯的声音，是吧？"自己说："我没法回鲁国去了。"于是抬高车杠自己吊死了。莒国人听见了说："我们已经得到害你们的贼子了，用他求鲁国的贿赂。"鲁国人不肯给，他们就发兵讨伐鲁国，季子布好了队形严阵以待。

十二月丁巳这天，夫人氏的灵柩从齐国回来。为什么不称夫人姜氏？因为贬低她。为什么贬低她？因为她参加弑闵公，那么为什么不在弑闵公时就贬低她呢？贬低一定要

在重要的地方,没有比她灵柩来时更重要的时候了。

僖公二年

【原文】

二年春,王正月,城楚丘。孰城?城卫也。曷为不言城卫?灭也。孰灭之?盖狄灭之。曷为不言狄灭之?为桓公讳也。曷为为桓公讳?上无天子,下无方伯,天下诸侯有相灭亡者,桓公不能救,则桓公耻之也。然则孰城之?桓公城之。曷为不言桓公城之?不与诸侯专封也。曷为不与?实与而文不与。文曷为不与?诸侯之义,不得专封。诸侯之义,不得专封,则其曰实与之何?上无天子,下无方伯,天下诸侯有相灭亡者,力能救之,则救之可也。

夏五月辛巳,葬我小君哀姜。哀姜者何?庄公之夫人也。

虞师、晋师灭夏阳。虞微国也,曷为序乎大国之上?使虞首恶也。曷为使虞首恶?虞受赂,假灭国者道,以取亡焉。其受赂奈何?献公朝诸大夫而问焉,曰:“寡人夜者寝而不寐,其意也何?”诸大夫有进对者曰:“寝不安与?其诸侍御有不在侧者与?”献公不应。荀息进曰:“虞、郭见与?”献公揖而进之,遂与之入而谋曰:“吾欲攻郭,则虞救之,攻虞则郭救之,如之何?愿与子虑之。”荀息对曰:“君若用臣之谋,则今日取郭,而明日取虞尔,君何忧焉?”献公曰:“然则奈何?”荀息曰:“请以屈产之乘,与垂棘之白璧往,必可得也。则宝出之内藏,藏之外府,马出之内厩,系之外厩尔,君何丧焉?”献公曰:“诺。虽然,宫之奇存焉,如之何?”荀息曰:“宫之奇知则知矣。虽然,虞公贪而好宝,见宝必不从其言,请终以往。”于是终以往,虞公见宝许诺。宫之奇果谏:“记曰:‘唇亡则齿寒。’虞、郭之相救,非相为赐,则晋今日取郭,而明日虞从而亡尔,君请勿许也。”虞公不从其言,终假之道以取郭。还四年,反取虞。虞公抱宝牵马而至。荀息见曰:“臣之谋何如?”献公曰:“子之谋则已行矣,宝则吾宝也,虽然,吾马之齿亦已长矣。”盖戏之也。夏阳者何?郭之邑也。曷为不系于郭?国之也,曷为国之?君存焉尔。

秋九月,齐侯、宋公、江人、黄人盟于贯泽。江人、黄人者何?远国之辞也。远国至矣,则中国曷为独言齐、宋?至尔大国言齐、宋,远国言江、黄,则以其余为莫敢不至也。

冬十月,不雨。何以书?记异也。

楚人侵郑。

【译文】

二年春天周历正月,修建楚丘的城墙。谁修建呢?这是给卫国修城墙。为什么不说给卫国修城墙?因为卫国被灭了。是谁把他灭了?是狄人把他灭了。为什么不说狄人把他灭了呢?这是为齐桓公避讳。为什么为齐桓公避讳呢?上边没有天子,下边没有方

伯，天下诸侯有互相消灭的，齐桓公不能救他，齐桓公就以此为羞耻，那么是谁筑的城墙呢？这也是齐桓公。为什么不说齐桓公给他修城呢？因为不给诸侯专封的权力。为什么不给他？实际上给他，而文辞里不能说。文辞里为什么不能说？诸侯的道理，不能专封。既然诸侯的道理不能专封，为什么又说给他呢？因为上无天子，下无方伯，天下诸侯有互相消灭的，如果力量能救的，就救援它好了。

夏天五月辛巳，安葬我小君哀姜。哀姜是什么人呢？就是鲁庄公的夫人。

虞国军队，晋国军队灭了夏阳。虞是小国，为什么把他摆到大国的晋国上边。因为表示虞国是首恶。为什么说虞国是首恶呢？因为虞受了晋国的贿赂，借道给晋国，结果虞国自取灭亡。他怎么受的贿赂呢？晋献公在朝上问大夫们说："我昨天夜里睡在床上，睡不着觉，怎么回事呢？"大夫们中有一个上前回答说："睡得不安，是不是有的妃嫔不在旁边呢？"献公听了不回答。荀息上前来说："是不是你心全在虞同郭上呢？"献公就同他作揖，请他进来，跟他商量说："我想攻郭国，虞国就会去救他，我想攻虞国，郭国就会去救他，怎么办呢？愿同你一起商量，商量。"荀息回答说："你要用我的计谋，我能够今天占据郭国，而明天占据虞国，你何必发愁呢？"献公说："这样的话，那怎么办呢？"荀息说："请拿屈这地方所产的名马同垂棘这地方所产的白璧，到虞国去，必然可以得到两国。就是白璧由内藏里出来，藏到外府中。马匹由内里马房出来，拴到外边马房中。你有什么损失呢？"晋献公说："好吧！但是宫之奇仍旧存在，怎么办呢？"荀息说："宫之奇明智是明智了，但是虞公贪心而喜好宝物，见到宝物一定不会听他的话，我们仍旧送宝物到虞国去吧！"后来终究送宝物去。虞公看见宝物答应了。宫之奇果然诤谏说："记载上说：'您嘴唇没有了，牙齿就感觉寒冷'。虞国同郭国相救不是为了互相赠与，否则晋国今天占据了郭国，明天虞国也就跟着完了，请你不要答应他吧？"虞公不听他的话，终究借给晋国道路，就把郭国占领了。晋国回来四年，又占领了虞国。虞公抱着白璧，牵着马来了。荀息看见了说："我的计谋怎么样？"晋献公说："你的计谋已经实行了。白璧仍旧是我的白璧，但是我的马年龄已经长大了。"这话是开玩笑了。什么叫作夏阳？是郭国的城邑。为什么不写上郭国呢？因为把他当成一国。为什么把他当成一国？因为郭国的国君还在那儿。

秋天九月，齐桓公、宋桓公同江人、黄人在贯泽会盟。江人、黄人是什么？是说远国的意思。远国到了，那么中国为什么只说齐国、宋国来了？在这里大国说齐国、宋国，远国说江人、黄人，那么其余国家没有不敢来的。

冬天十月，鲁国不下雨。为什么写下来？这是记录气候异常。

楚国人侵入郑国。

僖公三年

【原文】

三年春,王正月,不雨。

夏四月,不雨。何以书?记异也。

徐人取舒。其言取之何?易也。

六月,雨。其言六月雨何?上雨而不甚也。

秋,齐侯、宋公、江人、黄人会于阳谷。此大会也,曷为末言尔?桓公曰:"无障谷,无贮粟,无易树子,无以妾为妻。"

冬,公子友如齐莅盟。莅盟者何?往盟乎彼也。其言来盟者何?来盟于我也。

楚人伐郑。

【译文】

三年春天周历正月,鲁国不下雨。

夏天四月,鲁国不下雨,为什么写下来?是记录气候异常。

徐国人拿下了舒国。为什么说拿下呢?表示很容易地就占领了。

六月下雨。为什么说六月下雨呢?因为天上下雨而不很厉害。

秋天,齐侯、宋公、江人及黄人在阳谷聚会。这是一个大会,为什么不说盟誓呢?齐桓公说:"不要拦断溪谷,不要贮存谷子,不要把应当立的儿子换掉,不要把妾当成妻。"

冬天,公子友到齐国去盟会。什么叫做到齐国盟会呢?是到他那里去盟会。他说来盟是什么意思?是来到我们国里结盟。

楚国人讨伐郑国。

僖公四年

【原文】

四年春,王正月,公会齐侯、宋公、陈侯、卫侯、郑伯、许男、曹伯侵蔡,蔡溃。溃者何?下叛上也。国曰溃,邑曰叛。遂伐楚,次于陉。其言次于陉何?有俟也。孰俟?俟屈完也。

夏,许男新臣卒。

楚屈完来盟于师,盟于召陵。屈完者何?楚大夫也。何以不称使?尊屈完也。曷为尊屈完?以当桓公也。其言盟于师、盟于召陵何?师在召陵也。师在召陵,则曷为再言盟?喜服楚也。何言乎喜服楚?楚有王者则后服,无王者则先叛。夷狄也。而亟病中国，南夷与北狄交。中国不绝若线，桓公救中国，而攘夷狄，卒怗荆，以此为王者之事也。其言来何？与桓为主也。前此者有事矣，后此者有事矣，则曷为独于此焉？与桓公为主，序绩也。

齐人执陈袁涛涂。涛涂之罪何？辟军之道也。其辟军之道奈何？涛涂谓桓公曰："君既服南夷矣，何不还师滨海而东，服东夷且归。"桓公曰："诺。"于是还师滨海而东，大陷于沛泽之中。顾而执涛涂。执者曷为或称侯？或称人？称侯而执者，伯讨也。称人而执者，非伯讨也。此执有罪，何以不得为伯讨？古者周公东征则西国怨，西征则东国怨。桓公假途于陈而伐楚，则陈人不欲其反由己者，师不正故也。不修其师而执涛涂，古人之讨，则不然也。

秋，及江人、黄人伐陈。

八月，公至自伐楚。楚已服矣，何以致伐？楚叛盟也。

葬许缪公。

冬十有二月，公孙慈帅师会齐人、宋人、卫人、郑人、许人、曹人侵陈。

【译文】

四年春季周历正月，鲁僖公会合齐桓公、宋桓公、陈宣公、卫文公、郑文公、许缪公、曹昭公入侵蔡国，蔡国军队溃败了。什么叫作溃呢？就是下边的军队反叛了上边。一国就叫作溃，一城就叫作叛。于是各国军队就讨伐楚国，住在陉这地方。说住在陉这地方？是什么意思呢？是为了等待。等待谁呢？等着楚国大夫屈完。

夏天，许男新臣去世。

楚大夫屈完在军中盟会，也就是在召陵结盟。屈完是什么人呢？他是楚国的一位大夫，为什么不说派他呢？因为这是为的尊重屈完，为什么尊重屈完呢？等于尊重齐桓公。为什么说盟于师又说盟于召陵呢？因为军队就在召陵。军队既然在召陵，为什么两次说盟誓呢？因为喜欢使楚国服从。为什么说喜欢楚国服从呢？楚国在有王者出现时才服从，要没有王者，就头一个反叛。他们全是夷狄，常常侵略中国。南方的楚和北方的狄，互相联合，而中国的命运就跟线一样容易断。齐桓公救中国而排斥夷狄，末了使楚国服从，这等于是王者的事情。为什么说来呢？推举齐桓公为霸主。从前有过这样的事，后来也有这样的事，为什么独在此推举桓公为霸主，是表彰他屡次功劳的意思。

齐国人拿下了陈大夫袁涛涂。袁涛涂的罪状是什么呢？因为他改变军队应该走的道路。他怎样改变军队的道路呢？涛涂对齐桓公说："你既然使南夷的楚国服从了，何不将军队回去时，顺着海向东边走，使东夷服从了，才回去。"齐桓公说："好吧！"就顺着海向东边走，陷入沼泽大湖中，回头就把袁涛涂捉拿了。捉人的时候，为什么有时称侯？有时称人呢？称侯而捉拿人的，是表示霸主来捉拿人。称人捉拿人时，表示不是霸主来捉拿人。这里是逮有罪的人，为什么不能说是霸主捉拿人呢？古时周公往东边征伐，西边国家就会怨望，往西边征伐时，东方的国家就怨望。齐桓公借道陈国讨伐楚国，就使陈国人

不愿意他回来时经过陈国,因为齐国军队不规矩的缘故。齐桓公不修整自己的军队,而把袁涛涂捉拿起来,古人的讨伐就不如此。

秋天,鲁僖公和江人、黄人讨伐陈国。

八月,鲁僖公从讨伐楚国的战场到达鲁国。楚国已经顺服了,为什么还用伐楚的名义告至呢?因为他违反了盟誓。

安葬许缪公。

冬天十二月,鲁大夫公孙慈率领着军队同齐人、宋人、卫人、郑人、许人、曹人侵入陈国。

僖公五年

【原文】

五年春,晋侯杀其世子申生。曷为直称晋侯以杀?杀世子,母弟直称君者,甚之也。

杞伯姬来,朝其子。其言来朝其子何?内辞也,与其子俱来朝也。

夏,公孙慈如牟。

公及齐侯、宋公、陈侯、卫侯、郑伯、许男、曹伯会王世子于首戴。曷为殊会王世子?世子贵也,世子犹世世子也。

秋八月,诸侯盟于首戴。诸侯何以不序?一事而再见者,前目而后凡也。郑伯逃归不盟。其言逃归不盟者何?不可使盟也。不可使盟,则其言逃归何?鲁子曰:"盖不以寡犯众也。"

楚人灭弦。弦子奔黄。

九月戊申朔,日有食之。

冬,晋人执虞公。虞已灭矣,其言执之何?不与灭也。曷为不与灭?灭者亡国之善辞也,灭者上下之同力者也。

【译文】

五年春天,晋献公杀了世子申生。为什么直接说晋献公杀的?在杀世子同母弟时直接说是君杀的,这是认为他太过分了。

杞伯姬来派她儿子朝见。为什么说她让儿子来朝见呢?这是对国内的一种说法,表示同他儿子一同来访。

夏天,公孙慈前往牟这地方去。

鲁僖公同齐侯、宋公、陈侯、卫侯、郑伯、许男、曹伯在首戴与王世子会见。为什么专门会见王世子呢?世子是地位尊贵的人,世子等于世代尊他为世子。

秋天八月,诸侯前往首戴盟誓。是诸侯为什么不说次序呢?因为一件事再次出现

时，前面等于序目，后面等于凡例。郑伯逃回去不参加盟誓。为什么说他逃回去不参加盟誓呢？因为不能使他参加盟誓。不能使他参加盟誓，为什么说他逃回去呢？鲁子说："因为不能够以一个人得罪了大家的缘故。"

楚国人灭了弦国，弦国国君投奔黄国。

九月戊申初一，鲁国有日食。

冬天，晋国人捉拿了虞公。虞国已经灭了，说逮捕他是什么意思呢？是不赞成说他被灭了。为什么不赞成说他被灭了？灭是亡国的一种好听的说法，灭是上下一心同心合力抵御的用语。

僖公六年

【原文】

六年春，王正月。

夏，公会齐侯、宋会、陈侯、卫侯、曹伯伐郑，围新城。邑不言围，此其言围何？强也。

秋，楚人围许，诸侯遂救许。

冬，公至自伐郑。

【译文】

六年春季周历正月。

夏天，鲁僖公会合齐桓公、宋桓公、陈宣公、卫文公、曹昭公一同讨伐郑国，围了新城这地方。通常城邑不说包围，这里为什么说包围？因为齐桓公很强大。

秋天，楚国人包围了许这地方，诸侯就去救援许国。

冬天，鲁僖公从讨伐郑国的战场回来。

僖公七年

【原文】

七年春，齐人伐郑。

夏，小邾娄子来朝。

郑杀其大夫申侯。其称国以杀何？称国以杀者，君杀大夫之辞也。

秋七月，公会齐侯、宋公、陈世子款、郑世子华，盟于宁毋。

曹伯般卒。

公子友如齐。

冬，葬曹昭公。

【译文】

七年春天，齐国人讨伐郑国。

夏天，小邾娄子到鲁国来访问。

郑国把他的大夫申侯杀掉。为什么称国家来杀他呢？称国家来杀他，是表示国君杀他大夫的用语。

秋天七月，鲁僖公会同齐桓公、宋桓公、陈国的世子款、郑国的世子华在宁毋盟誓。

曹昭公般去世。

公子友前往齐国去。

冬天，安葬曹昭公。

春秋公羊传卷十一

僖公中

僖公八年

【原文】

八年春，王正月，公会王人、齐侯、宋公、卫侯、许男、曹伯、陈世子款、郑世子华盟于洮。王人者何？微者也。曷为序乎诸侯之上？先王命也。郑伯乞盟。乞盟者何？处其所而请与也。其处其所而请与奈何？盖酌之也。

夏，狄伐晋。

秋七月，禘于太庙，用致夫人。用者何？用者不宜用也。致者何？致者不宜致也。禘用致夫人，非礼也。夫人何以不称姜氏？贬。曷为贬？讥以妾为妻也。其言以妾为妻奈何？盖胁于齐媵女之先至者也。

冬十有二月丁未，天王崩。

【译文】

八年春季周历正月，鲁僖公会同周王的使者、齐桓公、宋桓公、卫文公、许僖公、曹共公、陈国的世子款、郑国的世子华在洮盟会。什么叫王人呢？指地位卑下的人。为什么把他排列在诸侯的上面？因为把王放在前面。郑伯要求加入盟誓。什么叫作要求加入盟誓？住在国都里，而要求参加盟誓。为什么住在国都里而要求参加盟誓呢？这大概是让诸侯们商量决定吧。

夏天，北狄讨伐晋国。

秋天七月，在太庙举行禘礼，为的是使夫人能够进入太庙。为什么说用呢？因为不应当用。什么叫作致呢？说致也就是不应该去。禘要使夫人进庙，这是不合礼的。夫人为什么不称姜氏呢？是为了贬低她。为什么贬低呢？这是讥讽鲁国以妾为妻。为什么说是以妾为妻呢？因为齐国的媵女先到，僖公被齐国所威胁的原因。

冬天十二月丁未这天，周惠王去世。

僖公九年

【原文】

九年春，王三月丁丑，宋公御说卒。何以不书葬？为襄公讳也。

夏，公会宰周公、齐侯、宋子、卫侯、郑伯、许男、曹伯于葵丘。宰周公者何？天子之为政者也。

秋七月乙酉，伯姬卒。此未适人何以卒？许嫁矣。妇人许嫁，字而笄之，死则以成人之丧治之。

九月戊辰，诸侯盟于葵丘。桓之盟不日，此何以日？危之也。何危尔？贯泽之会，桓公有忧中国之心，不召而至者江人、黄人也。葵丘之会，桓公震而矜之，叛者九国。震之者何？犹曰振振然。矜之者何？犹曰莫若我也。

甲戌，晋侯诡诸卒。

冬，晋里克弑其君之子奚齐。此未逾年之君，其言弑其君之子奚齐何？杀未逾年君之号也。

【译文】

九年春季周历三月丁丑这天，宋公御说去世。为什么不写葬礼呢？因为为宋襄公避讳的缘故。夏天，鲁僖公同周天子的宰周公、齐桓公、宋襄公、卫文公、郑文公、许僖公、曹共公在葵丘开会。宰周公是什么人呢？是为周天子掌政权的人。

秋天七月乙酉这天，鲁国的伯姬死了。她没嫁人，为什么这里写她死呢？她已经订婚了。女子订了婚以后，就不称名而称她号，并且给她带上簪子。若死了以后，就跟成人一样行葬礼。

九月戊辰这天，诸侯在葵丘结盟。齐桓公每次去盟会，都不写日子，这次为什么写日子呢？因为齐桓公的地位很危险了。有什么危险呢？贯泽会盟时，齐桓公有为中国担心的心思，远处的江人同黄人不经召唤就自己前来。葵丘这次会盟，齐桓公自以为不得了，又自以为没有人比他再厉害，于是反叛不服的有九个国家。什么叫作震呢？等于说自己不得了。什么叫作矜之呢？等于说没有比我好的了。

甲戌这天，晋献公诡诸死了。

冬天，晋国大夫里克杀了他国君的儿子。这是立了没过一年的国君，为什么说杀了他的国君的儿子奚齐呢？这是对杀未过一年的国君的名号。

僖公十年

【原文】

十年春，王正月，公如齐。

狄灭温。

温子奔卫。

晋里克弑其君卓子及其大夫荀息。及者何？累也。弑君多矣，舍此无累者乎？曰："有孔父、仇牧皆累也。"舍孔父、仇牧无累者乎？曰："有。"有则此何以书？贤也。何贤乎荀息？荀息可谓不食其言矣。其不食其言奈何？奚齐、卓子者，骊姬之子也，荀息傅焉。骊姬者，国色也。献公爱之甚，欲立其子，于是杀世子申生。申生者，里克傅之。献公病将死，谓荀息曰："士何如则可谓之信矣？"荀息对曰："使死者反生，生者不愧乎其言，则可谓信矣。"献公死，奚齐立。里克谓荀息曰："君杀正而立不正，废长而立幼，如之何？愿与子虑之。"荀息曰："君尝讯臣矣，臣对曰：'使死者反生，生者不愧乎其言，则可谓信矣。'"里克知其不可与谋，退弑奚齐。荀息立卓子，里克弑卓子，荀息死之。荀息可谓不食其言矣。

夏，齐侯，许男伐北戎。

晋杀其大夫里克。里克弑二君，则曷为不以讨贼之辞言之？惠公之大夫也。然则孰立惠公？里克也。里克杀奚齐、卓子，逆惠公而入。里克立惠公，则惠公曷为杀之？惠公曰："尔既杀夫二孺子矣，又将图寡人，为尔君者，不亦病乎？"于是杀之。然则曷为不言惠公之入？晋之不言出入者，踊为文公讳也。齐小白入于齐，则曷为不为桓公讳？桓公之享国也长，美见乎天下，故不为之讳本恶也。文公之享国也短，美未见乎天下，故为之讳本恶也。

秋七月。

冬，大雨雹。何以书？记异也。

【译文】

十年春季周历正月，鲁僖公前往齐国去。

狄人打败了温国。

温子出逃到卫国。

晋国大夫里克杀他的国君卓子和大夫荀息。什么叫作及呢？这是连累。杀君的很多,除此以外就没有连累吗?回答说:“有,宋国的孔父同仇牧皆是连累的。”除去孔父同仇牧就没有连累的吗?回答说:“有。”那么这里为什么写下来?因为荀息很贤能。为什么说荀息贤能呢?荀息可说是不自食其言的。他怎么样不自食其言?奚齐同卓子,全是骊姬的儿子,荀息做他们的老师。骊姬是晋国最美丽的女子。晋献公很喜欢她,很想立她的儿子。因此就杀了晋世子申生。申生的老师是里克。献公病得要死时,对荀息说:“士人怎么样就可以说是诚信。”荀息回答说:“使死的人又活了,活着的人对他所说的话不感到惭愧,就可以说是诚信。”献公去世,奚齐即位。里克就对荀息说:“国君杀了应该立的,而立了不应该立的。废了年长的而立了年幼的,这怎么办呢?希望能与你再认真考虑一下。”荀息说:“国君曾问过我。我回答说‘使死者再活了,活的人对他所说的话不感到羞愧,就可以说是诚信。’”里克知道同他没法商量,退下去就杀了奚齐。荀息又立了卓子,里克又杀了卓子,荀息就为此自杀了。荀息可以说是不自食其言的人了。

齐桓公同许男讨伐北戎。

晋国杀了他的大夫里克。里克杀了晋国两个国君,为什么不用讨贼词去说他呢?因为他是惠公的大夫。那么谁立了惠公呢?就是里克。里克杀了奚齐同卓子,迎接惠公到晋都城。那么里克既然立了惠公,惠公为什么把他杀掉呢?惠公说:“你已经杀了那两个小孩子,又将要打我的主意,做你的国君,岂不是太困难了?”就把他杀了。那么为什么不说惠公的进入都城呢?晋国不说出奔,或者回来,这是提前为晋文公避讳。齐桓公回到齐国都城,为什么不为齐桓公避讳呢?齐桓公在位的时间很长,天下人都知道他的德性,所以不为他避讳他原来的恶事。晋文公在位的时间很短,他的德性不为天下所共知,所以给他避讳他原来的坏处。

秋天七月。

冬天,下大雹子。为什么写下来?是记录气象异常。

僖公十一年

【原文】

十有一年春,晋杀其大夫丕郑父。

夏,公及夫人姜氏会齐侯于阳谷。

秋八月,大雩。

冬,楚人伐黄。

【译文】

十一年春天,晋惠公杀了他的大夫丕郑父。

夏天,鲁僖公同他的夫人姜氏在阳谷和齐桓公会面。

秋天八月，鲁国举行盛大求雨的典礼。
冬天，楚国攻伐黄国。

僖公十二年

【原文】

十有二年春，王三月庚午，日有食之。
夏，楚人灭黄。
秋七月。
冬十有二月丁丑，陈侯处臼卒。

【译文】

十二年春天三月庚午这天，鲁国有日食。
夏天，楚国灭了黄国。
秋天七月。
十二月丁丑那天，陈侯处臼去世。

僖公十三年

【原文】

十有三年春，狄侵卫。
夏四月，葬陈宣公。
公会齐侯、宋公、陈侯、卫侯、郑伯、许男、曹伯于咸。
秋九月，大雩。
冬，公子友如齐。

【译文】

十三年春天，狄国侵略卫国。
夏天四月，安葬陈宣公。
鲁僖公同齐侯、宋公、陈侯、卫侯、郑伯、许男、曹伯在咸地会见。
秋天九月，鲁国举行盛大的求雨典礼。
冬天，鲁国公子友前往齐国去。

僖公十四年

【原文】

十有四年春，诸侯城缘陵。孰城之？城杞也。曷为城杞？灭也。孰灭之？盖徐、莒胁之。曷为不言徐、莒胁之？为桓公讳也。曷为为桓公讳？上无天子，下无方伯，天下诸侯有相灭亡者，桓公不能救，则桓公耻之也。然则孰城之？桓公城之。曷为不言桓公城之？不与诸侯专封也。曷为不与？实与而文不与。文曷为不与？诸侯之义不得专封也。诸侯之义不得专封，则其曰实与之何？上无天子，下无方伯，天下诸侯有相灭亡者，力能救之，则救之可也。

夏六月，季姬及鄫子遇于防，使鄫子来朝。鄫子曷为使乎季姬来朝？内辞也。非使来朝，使来请己也。

秋八月辛卯，沙鹿崩。沙鹿者何？河上之邑也。此邑也，其言崩何？袭邑也。沙鹿崩何以书？记异也。外异不书，此何以书？为天下记异也。

狄侵郑。

冬，蔡侯肹卒。

德鼎

【译文】

十四年春天，诸侯们修了缘陵城墙。谁修的城墙呢？这是为杞国修城墙。为什么说是为杞国修城墙呢？因为杞国被灭了。谁灭他呢？大概是徐国同莒国威胁他。为什么不说徐国同莒国威胁他呢？这是为齐桓公避讳。为什么为齐桓公避讳呢？因为上边没有有力的天子。下边没有有力的方伯，天下诸侯有互相消灭的，齐桓公不能救他，齐桓公就以为羞耻。那么谁修的城呢？是齐桓公修的。为什么不说齐桓公修的？不赞成诸侯专封另一国。为什么不赞成呢？实在是赞成而文辞上不能说赞成。文辞上为什么不赞成呢？诸侯的道理不能专封，诸侯的道理既然不得专封，为什么又说实在是赞成呢？上边没有有力的天子，下边没有有力的方伯，天子诸侯有互相消灭的，力量能够救的，就可以去救他。

夏天六月，鲁国的季姬与鄫国君在防邑这地方相遇，使鄫君来鲁国朝见。季姬为什么让鄫子来朝见？这是鲁国对内的隐讳之辞。不是让他来朝见，是让他来请求娶自己作他的夫人。

秋八月辛卯这天，沙鹿崩塌了。什么是沙鹿呢？它是黄河边上的一个城邑。这是一

个城邑为什么说是崩呢？因为没人发觉它就突然塌了。沙鹿崩为什么写下来？这是记录异常情况。国外的异常情况不写，这里为什么写？这是为天下记录异常情况的缘故。

狄人侵略郑国。

冬天，蔡侯肹死了。

僖公十五年

【原文】

十有五年春，王正月，公如齐。

楚人伐徐。

三月，公会齐侯、宋公、陈侯、卫侯、郑伯、许男、曹伯盟于牡丘，遂次于匡。公孙敖率师及诸侯之大夫救徐。

夏五月，日有食之。

秋七月，齐师、曹师伐厉。

八月，螽。

九月，公至自会。桓公之会不致，此何以致？久也。

季姬归于鄫。

己卯晦，震夷伯之庙。晦者何？冥也。震之者何？雷电击夷伯之庙者也。夷伯者曷为者也？季氏之孚也。季氏之孚则微者，其称夷伯何？大之也。曷为大之？天戒之，故大之也。何以书？记异也。

冬，宋人伐曹。

楚人败徐于娄林。

十有一月壬戌，晋侯及秦伯战于韩，获晋侯。此偏战也，何以不言师败绩？君获不言师败绩也。

【译文】

十五年春季周历正月，鲁僖公前往齐国去。

楚国人攻伐徐国。

三月，鲁僖公同齐侯、宋公、陈侯、卫侯、郑伯、许男、曹伯在牡丘这地方会盟，于是在匡邑驻留多日。

公孙敖率领军队同诸侯的大夫去救援徐国。

夏天五月，鲁国有日食。

秋天七月，齐国军队同曹国军队攻伐厉国。

八月鲁国有蝗虫的灾害。

九月，鲁僖公从会见的地点回来。齐桓公的会盟全没有提及，这里为什么提呢？因为从三月开会到现在，已经很长久了。

季姬嫁到鄫国去。

九月己卯三十这天，雷劈了夷伯的祖庙。什么叫作晦呢？就是那天没有太阳。什么叫作震呢？就是雷电把夷伯的祖庙击坏了。夷伯是什么人呢？是季孙氏信用的人。季孙信用的人，一定是职位不高的人，为什么称他夷伯呢？是抬高他的身份。为什么呢？上天特为告诫季孙氏，所以抬高他的身份。为什么写下来呢？是记录异常情况。

冬天，宋国人攻伐曹国。

楚人在娄林这地方打败徐国。

十一月壬戌这天，晋侯同秦伯在韩这地方交战，晋侯被俘。这是两国间的战争，为什么不说晋国军队溃败？国君被俘了，所以不说晋国军队溃败了。

僖公十六年

【原文】

十有六年春，王正月戊申朔，陨石于宋五。是月，六鹢退飞过宋都。曷为先言陨而后言石？陨石记闻，闻其磌然，视之则石，察之则五。是月者何？仅逮是月也。何以不日？晦日也。晦则何以不言晦？《春秋》不书晦也。朔有事则书，晦虽有事不书。曷为先言六而后言鹢？六鹢退飞，记见也，视之则六，察之则鹢，徐而察之则退飞。五石六鹢何以书？记异也。外异不书，此何以书？为王者之后记异也。

三月壬申，公子季友卒。其称季友何？贤也。

夏四月丙申，鄫季姬卒。

秋七月甲子，公孙慈卒。

冬十有二月，公会齐侯、宋公、陈侯、卫侯、郑伯、许男、邢侯、曹伯于淮。

【译文】

十六年春季周历正月戊申初一这天，宋国掉下五块石头。在这个月里，六只水鸟退着飞过宋国都城。为什么先说掉下，而后说石头呢？掉下石头，是记载所听见的事，先听见声音响亮，去看是石头，细数它是五块。为什么说这个月呢？这是刚巧赶上这个月。为什么不说日子呢？因为这是月底。那么晦日为什么不说晦呢？因为《春秋》的规矩不写晦日。初一朔日有事必定写上，要是晦日即使有事情也不写。为什么先说六，而后说水鸟呢？六只水鸟退着飞，这是记载看见的事。先看见是六只，细看就是水鸟，再细看就是退着飞。五块石头，六只水鸟为什么写在竹简上？这是记录异常情况。外国的异常情况不写下来，这次为什么写呢？因为宋国是商的后人，所以为他记录异常情况。

三月壬申这天，公子季友去世。为什么称他季友呢？因为他很贤明。

夏天四月丙申，鄫国的季姬去世。

秋七月甲子这天，公孙慈去世。

冬天十二月，鲁僖公同齐侯、宋公、陈侯、郑伯、许男、邢侯、曹伯在淮会见。

僖公十七年

【原文】

十有七年春，齐人、徐人伐英氏。

夏，灭项。孰灭之？齐灭之。曷为不言齐灭之？为桓公讳也。《春秋》为贤者讳。此灭人之国，何贤尔？君子之恶恶也疾始，善善也乐终。桓公尝有继绝存亡之功，故君子为之讳也。

秋，夫人姜氏会齐侯于卞。

九月，公至自会。

十有二月乙亥，齐侯小白卒。

【译文】

十七年春天，齐国人同徐国人攻伐英氏国。

夏天，灭了项。谁灭了它？是齐国灭了它。为什么不说齐国把它灭了？这是为齐桓公避讳。《春秋》这部书是为贤者避讳。这是灭人的国家，有什么贤呢？君子憎恨坏事，从一开始就痛恨，推崇好事，喜欢它自始至终。齐桓公曾经对鲁国有扶助僖公继续绝绪的功劳。对邢国、卫国有保存它们，使之不灭亡的功劳。所以君子为他避讳。

秋天，夫人姜氏在卞邑这地方齐桓公会面。

九月，鲁僖公从会见的地方回来。

十二月乙亥这天，齐桓公去世。

僖公十八年

【原文】

十有八年春，王正月，宋公会曹伯、卫人、邾娄人伐齐。

夏，师救齐。

五月戊寅，宋师及齐师战于甗，齐师败绩。战不言伐，此其言伐何？宋公与伐而不与战，故言伐。《春秋》伐者为客，伐者为主。曷为不使齐主之？与襄公之征齐也。曷为与襄公之征齐？桓公死，竖刁，易牙争权不葬，为是故伐之也。

狄救齐。

秋八月丁亥，葬齐桓公。

冬，邢人、狄人伐卫。

【译文】

十八年春季周历正月，宋公会与曹伯、卫人及邾娄人攻伐齐国。

夏天，鲁国军队去救齐国。

王月戊寅这天，宋国军队同齐国军队在甗这地方交战，齐国军队溃败了。每次作战不说伐，这里为什么说伐呢？宋襄公参加了攻伐而不参加交战，所以说伐。《春秋》中写伐人的人表示是客方，被伐的是主方。为什么不使齐国做主呢？为了表示赞成宋襄公征伐齐国。为什么赞成宋襄公征伐齐国呢？因为桓公去世以后，竖刁同易牙两个人争政权，使齐桓公不得下葬，因为这缘故，宋襄公攻伐齐国。

狄人救齐国。

秋八月丁亥这天，安葬齐桓公。

冬天，邢国人与狄人攻伐卫国。

僖公十九年

【原文】

十有九年春，王三月，宋人执滕子婴齐。

夏六月，宋人、曹人、邾娄人盟于曹南。鄫子会于邾娄。其言会盟何？后会也。己酉，邾娄人执鄫子用之。恶乎用之？用之社也。其用之社奈何？盖叩其鼻以血社也。

秋，宋人围曹。

卫人伐邢。

冬，公会陈人、蔡人、楚人、郑人盟于齐。

梁亡，此未有伐者，其言梁亡何？自亡也。其自亡奈何？鱼烂而亡也。

【译文】

十九年春季周历三月，宋国人把滕子婴齐捉拿了。

夏天六月，宋人与曹人、邾娄人在曹南这地方结盟。鄫子到邾娄去开会。他为什么说结盟呢？因为他在结盟后才来。己酉这天，邾娄人把鄫子逮起来，用他来祭祀。用他在哪祭祀呢？用他来祭社神。怎么样用他来祭社神呢？把他的鼻子碰出血来，用鼻血染到社神牌位上。

秋天，宋国人围攻了曹国。

卫国人攻伐邢国。

冬天,鲁僖公与陈国人、蔡国人、楚国人、郑国人在齐国结盟。

梁国灭亡了。这没有人讨伐他,为什么说亡了?他自己灭亡的。他怎么样自己亡呢?就像鱼自己腐烂一样地灭亡了。

僖公二十年

【原文】

二十年春,新作南门。何以书?讥。何讥尔?门有古常也。

夏,郜子来朝,郜子者何?失地之君也。何以不名?兄弟辞也。

五月乙巳,西宫灾。西宫者何?小寝也。小寝则曷为谓之西宫?有西宫则有东宫矣。鲁子曰:"以有西宫,亦知诸侯之有三宫也。"西宫灾何以书?记异也。

郑人入滑。

秋,齐人、狄人盟于邢。

冬,楚人伐随。

【译文】

二十年春天,新作都城的南门。为什么写下来?这是讥讽。为什么讥讽这件事呢?因为城门规格在古代有固定的制度。

夏天,郜子前往鲁国访问。谁是郜子呢?他是丢掉土地的国君。为什么不称名字?因为用这种言语表示国君之间的兄弟关系。

五月乙巳这天,西宫发生火灾。什么是西宫?是较小的寝殿。是小寝殿为什么叫作西宫?有了西宫就有东宫。鲁子说:"因为有西宫,所以知道诸侯有三宫。"西宫发生了火灾,为什么写下来?是记录灾情。

郑国人侵入滑国。

秋天,齐国人与狄人在邢国会盟。

冬天,楚国人攻伐随国。

僖公二十一年

【原文】

二十有一年春,狄侵卫。

宋人、齐人、楚人盟于鹿上。

夏,大旱。何以书?记灾也。

秋，宋公、楚子、陈侯、蔡侯、郑伯、许男、曹伯会于霍，执宋公以伐宋。孰执之？楚子执之。曷为不言楚子执之？不与夷狄之执中国也。

冬，公伐邾娄。

楚人使宜申来献捷。此楚子也，其称人何？贬。曷为贬？为执宋公贬。曷为为执宋公贬？宋公与楚子期以乘车之会，公子目夷谏曰："楚，夷国也，强而无义，请君以兵车之会往。"宋公曰："不可。吾与之约以乘车之会，自我为之，自我堕之，曰不可。"终以乘车之会往，楚人果伏兵车，执宋公以伐宋。宋公谓公子目夷曰："子归守国矣，国，子之国也。吾不从子之言，以至乎此。"公子目夷复曰："君虽不言国，国固臣之国也。"于是归设守械而守国。楚人谓宋人曰："子不与我国，吾将杀子君矣。"宋人应之曰："吾赖社稷之神灵，吾国已有君矣。"楚人知虽杀宋公犹不得宋国，于是释宋公。宋公释乎执，走之卫。公子目夷复曰："国为君守之，君曷为不入？"然后逆襄公归。恶乎捷？捷乎宋？曷为不言捷乎宋。为襄公讳也。此围辞也，曷为不言其围？为公子目夷讳也。

十有二月癸丑，公会诸侯盟于薄。释宋公。执未有言释之者，此其言释之何？公与为尔也。公与为尔奈何？公与议尔也。

【译文】

二十一年春天，北狄侵犯卫国。

宋国人与齐国人、楚国人在鹿上这地方会盟。

夏天，鲁国大旱。为什么写下来？这是记录异常情况。

秋天，宋襄公与楚子、陈侯、蔡侯、郑伯、许男、曹伯在霍地会面，就把宋襄公逮捉拿起来去讨伐宋国。谁捉拿起宋襄公？是楚子把他捉拿起来。为什么不说楚子把他捉拿起来？因为不赞成夷狄捉拿中原的诸侯。

冬天，鲁僖公讨伐邾娄。

楚国人派斗宜申来鲁国献他的战胜品。这是楚子，为什么称他人呢？这是把他贬低了。为什么把他贬低了？因为他将宋襄公捉拿起来，所以贬低了。为什么捉拿着宋襄公就把他贬低呢？宋襄公跟楚成王约好不用兵车，坐普通的车会见。他的弟弟公子目夷劝他说："楚国是个蛮夷的国家，有力量而没有信义，请你用兵车去会见。"宋襄公说："不可以。我跟他约好，坐乘车去会见，这是我说的，而我又毁约，是不可以的。"结果宋襄公坐乘车去会见，楚国人果然用了兵车，把宋襄公捉拿起来，并且用兵攻伐宋国。宋襄公对公子目夷说："你就回去守卫国家，宋国是你的。我不听你的话，才到了这种情形。"公子目夷回答说："你即使不提到国家，国家也一向就是我的祖国。"于是就回去安排守国的计谋。楚人对宋人说："你若不给我宋国，我就杀掉你们的国君。"宋人回答说："我们仰赖社稷的神灵，我们国家已经有了国君。"楚国人知道就是把宋襄公杀了，也不能得到宋国，就把宋襄公放了。宋襄公被放了，就逃到卫国去。公子目夷派人告诉他说："我是为你守着宋国，你为什么不回来呢？"然后将襄公请回来了。战胜了谁呢？战胜了宋国。为什么不

说战胜了宋国呢？这是为襄公避讳。这是包围宋国的都城，为什么不说围呢？是为公子目夷避讳。

十二月癸丑这天，鲁僖公会同诸侯在薄邑这地方会盟。

释放宋襄公。逮捕时没有说释放，这里为什么说释放呢？因为鲁僖公参加这件事。鲁僖公怎样参加这件事？因为他参加谈判。

春秋公羊传卷十二

僖公下

僖公二十二年

【原文】

二十有二年春，公伐邾娄，取须朐。

夏，宋公、卫侯、许男、滕子伐郑。

秋八月丁未，及邾娄人战于升陉。

冬十有一月己巳朔，宋公及楚人战于泓，宋师败绩。偏战者日尔，此其言朔何？《春秋》辞繁而不杀者，正也。何正尔？宋公与楚人期战于泓之阳。楚人济泓而来。有司复曰："请迨其未毕济而击之。"宋公曰："不可。吾闻之也，君子不厄人，吾虽丧国之余，寡人不忍行也。"既济，未毕陈，有司复曰："请迨其未毕陈而击之。"宋公曰："不可。吾闻之也，君子不鼓不成列。"已陈，然后襄公鼓之，宋师大败。故君子大其不鼓不成列，临大事而不忘大礼，有君而无臣，以为虽文王之战，亦不过此也。

【译文】

二十二年春天，鲁僖公攻伐邾娄国，取得了须朐国。

夏天，宋襄公与卫侯、许男、滕子攻伐郑国。

秋天八月丁未这天，鲁国同邾娄人在升陉打仗。

冬天十一月己巳初一这天，宋襄公同楚人在泓地方交战，宋国军队战败。每回作战都不记日，这里为什么说初一呢？《春秋》这书言语繁多而不减省时间是表现正道的。怎么样合于正道？宋襄公同楚人订好了在泓水的北边交战，楚人渡过泓水来，宋国的官吏说："请趁他没完全渡过来就打他。"宋襄公说："不可以。我听见说过，君子不乘人之危。我虽是商朝亡国的后人，也不忍这样去做。"等到楚国人渡过了河，但还没有摆成阵势时。

宋国官吏又说："请趁他没摆成阵势就打他。"宋襄公说："不可以。我听说过，君子不进兵攻击未摆阵的军队。"等着楚国已经摆好阵，然后宋襄公敲鼓进兵，宋国军队大败。所以君子很赞成他的不攻击不摆阵式的军队，遇见大事而不忘了大礼，有君而没有臣下。以为周文王的战争，也不过如此而已。

僖公二十三年

【原文】

二十有三年春，齐侯伐宋，围缗。邑不言围，此其言围何？疾重故也。

夏五月庚寅，宋公慈父卒。何以不书葬？盈乎讳也。

秋，楚人伐陈。

冬十有一月，杞子卒。

【译文】

二十三年春天，齐侯攻伐宋国，围了缗城。普通不说围，这里为什么说围呢？因为齐国太严酷。

夏五月庚寅这天，宋襄公去世。为什么不写葬呢？因为他该避讳的事太多了。

秋天，楚国人攻伐陈国。

冬天十一月，杞国国君去世。

僖公二十四年

【原文】

二十有四年春，王正月。

夏，狄伐郑。

秋七月。

冬，天王出居于郑。王者无外，此其言出何？不能乎母也。鲁子曰："是王也，不能乎母者，其诸此之谓与。"

晋侯夷吾卒。

【译文】

二十四年春季周历正月。

夏天，狄人攻伐郑国。

秋天七月。

冬天,周天王前往郑国去住。王者没有内外之分,为什么在这里说他出去呢?因为他不能侍奉他母亲。鲁子说:"这个周王,不能侍奉他母亲,不就造成了这种说法吗?"

晋侯夷吾去世。

僖公二十五年

【原文】

二十有五年春,王正月丙午,卫侯毁灭邢。卫侯毁何以名?绝。曷为绝之?灭同姓也。

夏四月癸酉,卫侯毁卒。

宋荡伯姬来逆妇。宋荡伯姬者何?荡氏之母也。其言来逆妇何?兄弟辞也。其称妇何?有姑之辞也。

宋杀其大夫。何以不名?宋三世无大夫,三世内娶也。

秋,楚人围陈,纳顿子于顿。何以不言遂?两之也。

葬卫文公。

冬十有二月癸亥,公会卫子、莒庆盟于洮。

【译文】

二十五年春季周历正月丙午这天,卫侯毁灭了邢国。为什么用他的名字卫侯毁呢?因为跟他断绝关系。为什么跟他断绝关系呢?因为他灭了同是姬姓的国家。

夏天四月癸酉这天,卫侯毁去世。

宋国荡伯姬来迎接她的儿媳妇。宋国荡伯姬是谁呢?是宋国大夫荡氏的母亲。说她来迎接儿媳妇是什么意思?这是表示兄弟国家的言语。为什么称妇?是表示有婆婆的言语。

宋国杀了他的大夫。为什么不说名字?宋国三代没有大夫,因为三代全是在国内娶的夫人。

秋天,楚人包围了陈国,把顿子送回顿国。为什么不说遂呢?因为把两件事搁在一起。

安葬卫侯毁。

冬天十二月癸亥这天,鲁僖公与卫子、莒庆在洮邑会盟。

僖公二十六年

【原文】

二十有六年春,王正月己未,公会莒子、卫宁遬盟于向。

齐人侵我西鄙。公追齐师至嶲,弗及。其言至嶲弗及何?侈也。

夏,齐人伐我北鄙。

卫人伐齐。公子遂如楚乞师。乞师者何?卑辞也。曷为以外内同若辞?重师也。曷为重师?师出不正,反战不正,胜也。

秋,楚人灭隗,以隗子归。

冬,楚人伐宋,围缗。邑不言围,此其言围何?刺道用师也。

公以楚师伐齐,取谷。公至自伐齐。此取谷矣,何以致伐?未得乎取谷也。曷为未得乎取谷?曰:"患之起,必自此始也。"

【译文】

二十六年春季周历正月己未这天,鲁僖公与莒子、卫大夫宁遬,在向这地方结盟。

齐国人侵略鲁国西部边境。鲁僖公追齐国军队到嶲这地方,没能赶上。为什么说到了嶲这地方没能赶上呢?这是夸大的语言。

夏天,齐国人攻打鲁国北部边境。

卫国人攻伐齐国。

公子遂到楚国去乞求军队帮助。什么叫作乞师呢?这是卑下的言语。为什么对内对外全用同样的言语?这是尊重军队。为什么尊重军队呢?军队出去不合正理,回来打战也不合正理,但是能胜利。

秋天,楚人把隗国打败了,带着隗子回到楚国。

冬天,楚国人攻宋国包围了缗。城邑不说用围,这里为什么说用围呢?讥讽使用归途上的楚国军队。

鲁僖公用楚国军队攻伐齐国,占领了谷这地方。后来鲁僖公从伐齐的战场回来。这时已经占据谷这地方了,为什么还说伐齐呢?因为占据这地方没有获益。为什么占据谷这地方鲁国没有获益呢?回答说:"鲁国产生忧患一定是从这儿来。"

僖公二十七年

【原文】

二十有七年春，杞子来朝。

夏六月庚寅，齐侯昭卒。

秋八月乙未，葬齐孝公。

乙巳，公子遂帅师入杞。

冬，楚人、陈侯、蔡侯、郑伯、许男围宋。此楚子也，其称人何？贬。曷为贬？为执宋公贬，故终僖之篇贬也。

十有二月甲戌，公会诸侯盟于宋。

【译文】

二十七年春天，杞国君前往鲁国来朝见。

夏天六月庚寅这天，齐孝公去世。

秋八月乙未这天，安葬齐孝公。

乙巳这天，公子遂率领军队进入杞国。

冬天，楚人、陈侯、蔡侯、郑伯、许男包围了宋国。这是楚子，为什么称人呢？为的贬低。为什么贬低呢？因为楚子捉拿了宋公所以贬低他，因而在僖公的时代全贬低楚子。

十二月甲戌这天，鲁僖公与诸侯们在宋国会盟。

僖公二十八年

【原文】

二十有八年春，晋侯侵曹，晋侯伐卫。曷为再言晋侯？非两之也。然则何以不言遂？未侵曹也。未侵曹则其言侵曹何？致其意也。其意侵曹，则曷为伐卫？晋侯将侵曹，假途于卫，卫曰不可得，则固将伐之也。

公子买戍卫，不卒戍，刺之。不卒戍者何？不卒戍者，内辞也，不可使往也。不可使往则其言戍卫何？遂公意也。刺之者何？杀之也。杀之则曷为谓之刺之？内讳杀大夫谓之刺之也。

楚人救卫。

三月丙午，晋侯入曹，执曹伯，畀宋人。畀者何？与也。其言畀宋人何？与使听之也。曹伯之罪何？甚恶也。其甚恶奈何？不可以一罪言也。

夏四月己巳，晋侯、齐师、宋师、秦师及楚人战于城濮，楚师败绩，此大战也，曷为使微者，子玉得臣也。子玉得臣则其称人何？贬。曷为贬？大夫不敌君也。

楚杀其大夫得臣。

卫侯出奔楚。

五月癸丑，公会晋侯、齐侯、宋公、蔡侯、郑伯、卫子、莒子盟于践土。陈侯如会。其言如会何？后会也。

公朝于王所。曷为不言公如京师？天子在是也。天子在是，则曷为不言天子在是？不与致天子也。

六月，卫侯郑自楚复归于卫。

卫元咺出奔晋。

陈侯款卒。

秋，杞伯姬来。

公子遂如齐。

冬，公会晋侯、齐侯、宋公、蔡侯、郑伯、陈子、莒子、邾娄子、秦人于温。

天王狩于河阳。狩不书，此何以书？不与再致天子也。鲁子曰："温近而践土远也。"

壬申，公朝于王所。其日何？录乎内也。

晋人执卫侯归之于京师。归之于者何？归于者何？归之于者罪已定矣，归于者罪未定也。罪未定，则何以得为伯讨？归之于者，执之于天子之侧者也，罪定不定，已可知矣。归于者，非执之于天子之侧者也，罪定不定，未可知矣。卫侯之罪何？杀叔武也。何以不书？为叔武讳也。《春秋》为贤者讳。何贤乎叔武？让国也。其让国奈何？文公逐卫侯而立叔武，叔武辞立而他人立，则恐卫侯之不得反也，故于是己立，然后为践土之会，治反卫侯。卫侯得反曰："叔武篡我。"元咺争之曰："叔武无罪。"终杀叔武，元咺走而出。此晋侯也，其称人何？贬。曷为贬？卫之祸，文公为之也。文公为之奈何？文公逐卫侯而立叔武，使人兄弟相疑，放乎杀母弟者，文公为之也。

卫元咺自晋复归于卫。自者何？有力焉者也。此执其君，其言自何？为叔武争也。

诸侯遂围许。

曹伯襄复归于曹。

遂会诸侯围许。

【译文】

二十八年春天，晋侯侵略曹国，晋侯攻伐卫国。为什么再次说晋侯呢？因为这不是两次出兵。那么为什么不说遂呢？因晋国没有侵略曹国。没有侵略曹国。为什么说侵略曹国呢？表示他的用意。他的用意是侵略曹国，为什么说攻伐卫国呢？晋侯将侵略曹国，向卫国借道，卫国说不可以，就一定要攻伐他。

公子买守卫卫国，守卫时间没有到就被杀了。什么叫作守卫的时间没有到？这是对

内的言语,表示不可以叫他去。不可以叫他去,为什么又说派遣他守卫卫国呢?为了满足鲁僖公的意愿。什么叫作刺之呢?就是把他杀了。杀了为什么叫作刺之?对内避讳说杀大夫,就称为刺之。

楚国人救卫国。

三月丙午这天,晋侯进入曹国都城,把曹伯捉拿给了宋国人。什么叫作畀呢?就是给他。他说给宋人怎么样呢?给他使他能听狱讼的曲直。曹伯的罪怎么样呢?很坏。怎么样很坏呢?不可以拿一件罪来说。

夏天四月己巳这天,晋文公与齐国军队,宋国军队,秦国军队与楚人在城濮交战,楚国军队溃败。这是一个大战,为什么派一个地位低的官呢?是楚国令尹得臣号子玉。子玉得臣为什么称楚人呢?这是贬低他。为什么贬低呢?因为大夫不能与国君相提并论。

楚国把他们的大夫得臣杀了。

卫侯出逃到楚国去。

五月癸丑这天,鲁僖公与晋文公、齐侯、宋公、蔡侯、郑伯、卫子、莒子在践土盟会。陈侯去盟会。为什么说他去盟会呢?因为他去的迟了。

鲁僖公到周王所在地访问。为什么不说到京师访问呢?因为周天子在这里,天子在这里,为什么不说天子在这里呢?表示不赞成把天子送到这里来。

六月,卫侯郑从楚国又回到卫国。

卫国大夫元咺逃奔到晋国去。

陈侯欵去世。

秋天,杞国伯姬来鲁国。

公子遂到齐去。

冬天,鲁僖公与晋侯、齐侯、宋公、蔡侯、郑伯、陈子、莒子、邾娄子、秦人在温这地方会面。

天王到河阳去巡狩。普通巡狩不写下来,这次为什么写下来?表示不赞成再次叫天子来。鲁子说:“温较近,而践土离得远。”

壬申这天,鲁僖公到周王所在地去访问。为什么写日期呢?这是鲁国内部所记载的。

晋人逮着了卫侯,把他送到京师去。所谓归之于者怎么讲?归于者又怎么讲?归之于者表示罪状已定了,归于的罪状还未定。罪状未定,怎么能叫作霸主讨伐?归之于者,是把他捉到天子的旁边,罪状定不定,已经可以知道。归于者不把他捉到天子的旁边,罪状定不定,还不知道。卫侯是什么罪状呢?就是杀了他弟弟叔武。为什么不写下来呢?这是为叔武避讳。《春秋》这本书是为贤者避讳的。为什么说叔武贤明呢?因为他让出国家。他怎么样的让出国家?晋文公赶走了卫侯,而立叔武,叔武推辞,不肯即位,如立了旁人,又恐怕卫侯不能返回卫国,所以叔武就自己即位了,然后参加践土的盟会,而能够使卫侯回国。卫侯回国以后就说:“叔武篡了我的侯位。”元咺争论说:“叔武没有罪。”

终究把叔武杀了，元咺就逃走了。这是晋文公，为什么称他人呢？是贬低他。为什么贬低他？卫国的祸乱，是晋文公所造成的。晋文公如何造成的呢？晋文公驱逐卫侯而立了叔武，使人家兄弟互相猜疑，造成了杀亲弟弟的状况，是晋文公造成的。

卫国元咺自晋国回到卫国。什么叫作自呢？是他有力量。这是捉住了他的国君，为什么说自呢？是为叔武争道理。

诸侯们就围了许国。

曹伯襄重新回到了曹国。

于是就会同诸侯围困了许国。

僖公二十九年

【原文】

二十有九年春，介葛卢来。介葛卢者何？夷狄之君也。何以不言朝？不能乎朝也。

公至自围许。

夏六月，公会王人、晋人、宋人、齐人、陈人、蔡人、秦人盟于狄泉。

秋，大雨雹。

冬，介葛卢来。

【译文】

二十九年春天，介葛卢来访问。介葛卢是谁呢？他是夷狄的君主。为什么不说上朝呢？因为他不懂朝见的礼节。

鲁僖公从包围许国的战场回来。

夏天六月，鲁僖公会与周王的人、晋人、宋人、齐人、陈人、蔡人、秦人在狄泉这地方会盟。

秋天，鲁国下的雹子像雨一样。

冬天，介葛卢前往鲁国朝见。

僖公三十年

【原文】

三十年春，王正月。

夏，狄侵齐。

秋，卫杀其大夫元咺及公子瑕。卫侯未至，其称国以杀何？道杀也。

卫侯郑归于卫。此杀其大夫,其言归何?归恶乎元咺也。曷为归恶乎元咺?元咺之事君也,君出则已入,君入则已出,以为不臣也。

晋人、秦人围郑。

介人侵萧。

冬,天王使宰周公来聘。

公子遂如京师,遂如晋。大夫无遂事,此其言遂何?公不得为政尔。

【译文】

三十年春周历正月。

夏天,狄人侵略齐国。

秋天,卫国杀了他的大夫元咺同公子瑕。卫侯还没有回来,为什么称卫国杀的呢?是在路上把他杀了。

卫侯郑回到卫国。这是杀他大夫的人,为什么说他回来?把他的坏事全归到元咺身上。为什么把他的坏事全归到元咺身上呢?元咺侍奉国君时,君要出去,他就回来,君要回来,他就自己出去,所以认为他不合于臣子的礼法。

晋人同秦人包围郑国。

介人侵略萧国。

冬天,周天王派宰相周公来鲁国聘问。

公子遂前往京师,于是就到了晋国。大夫没有说遂的事情,这里为什么说遂呢?因为僖公不能自己专政。

僖公三十一年

【原文】

三十有一年春,取济西田。恶乎取之?取之曹也。曷为不言取之曹?讳取同姓之田也。此未有伐曹者,则其言取之曹何?晋侯执曹伯班其所取侵地于诸侯也。晋侯执曹伯班其所取侵地于诸侯,则何讳乎取同姓之田?久也。

公子遂如晋。

夏四月,四卜郊不从,乃免牲,犹三望。曷为或言三卜?或言四卜?三卜礼也,四卜非礼也。三卜何以礼?四卜何以非礼?求吉之道三。禘尝不卜,郊何以卜?卜郊非礼也。卜郊何以非礼?鲁郊非礼也。鲁郊何以非礼?天子祭天,诸侯祭土。天子有方望之事,无所不通。诸侯山川有不在其封内者,则不祭也。曷为或言免牲?或言免牛?免牲,礼也,免牛,非礼也。免牛何以非礼?伤者曰牛。三望者何?望祭也。然则曷祭?祭泰山河海。曷为祭泰山河海?山川有能润于百里者,天子秩而祭之。触石而出,肤寸而合,

不崇朝而遍雨乎天下者，唯泰山尔。河海润于千里。犹者何？通可以已也。何以书？讥不郊而望祭也。

秋七月。

冬，杞伯姬来求妇。其言来求妇何？兄弟辞也。其称妇何？有姑之辞也。

狄围卫。

十有二月，卫迁于帝丘。

【译文】

三十一年春天，鲁国夺取齐水西边的田地。从哪里夺取的？从曹国夺取的。为什么不说从曹国夺取的？是避讳取了同姓的田地。这里并没有攻伐曹国，为什么说从曹国夺来的是为什么呢？晋侯捉拿着曹伯，把他所侵略诸侯的田地全各自归还给诸侯。为什么又说避讳夺取同姓的田地呢？因为这是很久前的事了。

公子遂前往晋国去。

夏天四月，四次占卜郊天，都表示不吉祥，就免用牛牲，但是仍旧三次望祭。为什么有时说三次卜？有时又说四次卜？三次卜是合于礼的，四次卜是不合于礼的。为什么三卜合于礼？四卜不合于礼呢？求吉祥的方法有三种。禘祭同尝祭不占卜，郊天为什么占卜？郊天占卜是不合于礼的。郊天占卜为什么不合于礼法呢？鲁国郊天是不合于礼法的。鲁国郊天为什么不合于礼法呢？只有天子才祭天，诸侯祭社神。天子望祭四方没有不通达的。诸侯对不在本国境内的山川都不祭祀。为什么有时说免牲，有时说免牛呢？免牲是合于礼法的，免牛是不合于礼法的。免牛为什么说不合于礼法呢？牺牲受伤以后才叫牛。什么叫作三望呢？望是一种祭祀。那么祭什么呢？祭泰山河海。为什么祭泰山河海呢？山川凡能润泽百里之内的，周天子就定了爵位而祭祀他。碰到石头水就出来，流了没有一寸远就合在一起。不到一个早晨就使天下全下雨，这只有泰山能够。河海全都能润泽千里。什么叫作犹呢？通达就可以止住。为什么写下来？这是讥讽不郊天，而进行望祭。

秋天七月。

冬天，杞伯姬来给她儿子求配偶。他说来求配偶是什么意思？是表示兄弟的言语。为什么称妇呢？是表示有婆婆的言语。

狄人包围了卫国。

十二月，卫国把都城迁到帝丘这地方。

僖公三十二年

【原文】

三十有二年春，王正月。

夏四月己丑，郑伯接卒。

卫人侵狄。

秋，卫人及狄盟。

冬十有二月己卯，晋侯重耳卒。

【译文】

三十二年春天周历的正月。

夏四月己丑这天，郑伯接去世。

卫国人侵略狄国。

秋天，卫国人与狄人结盟。

冬十二月己卯这天，晋侯重耳去世。

僖公三十三年

【原文】

三十有三年春，王二月，秦人入滑。

齐侯使国归父来聘。

夏四月辛巳，晋人及姜戎败秦于殽。其谓之秦何？夷狄之也。曷为夷狄之？秦伯将袭郑，百里子与蹇叔子谏曰："千里而袭人，未有不亡者也。"秦伯怒曰："若尔之年者，宰上之木拱矣，尔曷知。"师出，百里子与蹇叔子送其子而戒之曰："尔即死必于殽之嵚岩，是文王之所辟风雨者也，吾将尸尔焉。"子揖师而行。百里子与蹇叔子从其子而哭之。秦伯怒曰："尔曷为哭吾师？"对曰："臣非敢哭君师，哭臣之子也。"弦高者，郑商也，遇之殽，矫以郑伯之命而犒师焉，或曰往矣，或曰反矣。然而晋人与姜戎要之殽而击之，匹马只轮无反者。其言及姜戎何？姜戎，微也，称人亦微者也。何言乎姜戎之微？先轸也，或曰襄公亲之。襄公亲之则其称人何？贬。曷为贬？君在乎殡而用师危，不得葬也。诈战不日，此何以日？尽也。

癸巳，葬晋文公。

狄侵齐。

公伐邾娄，取丛。

秋，公子遂帅师伐邾娄。

晋人败狄于箕。

冬十月，公如齐。

十有二月，公至自齐。

乙巳，公薨于小寝。

陨霜不杀草，李梅实。何以书？记异也。何异尔？不时也。

晋人、陈人、郑人伐许。

【译文】

三十三年春季周历二月，秦国人进入滑国都城。

齐侯派齐大夫国归父来鲁国聘问。

夏天四月辛巳，晋国人同姜戎在殽打败了秦国。为什么称他秦呢？等于把他看成夷狄。为什么把他看成夷狄呢？秦伯将偷袭郑国，秦大夫百里子与蹇叔子劝说："走上千里路去偷袭旁人，没有不失败的。"秦伯发怒说："像你们这种年纪，坟上的树都该一抱粗了，你们又懂得什么呢？"军队出发了，百里子同蹇叔子送他们的儿子，而告诫他们说："你们若死了，一定是在殽的险阻地方，这是周文王在那里挡风雨的，我将在那儿找到你们的尸首。"他们的儿子从军中拜别而去。百里奚同蹇叔跟着他们儿子哭着走。秦伯发怒说："你们怎么敢哭我的军队？"他们回答说："臣子不敢哭你的军队，是哭我的儿子。"弦高是郑国的商人，在殽这地方遇见秦国军队，假装用郑伯的命令去犒赏军队，秦军有的说还去郑国，有的说收兵回去。然而晋国人跟姜戎在殽这地方截击秦军，秦国军队连一匹马一只车轮也没能回到秦国。为什么说同姜戎呢？姜戎是微不足道的，称人也是微不足道的，为什么说姜戎微不足道呢？因为是晋大夫先轸领兵，有的说是晋襄公亲自领兵。晋襄公亲自领兵，为什么称晋人呢？这是把他贬低。为什么贬低？因为晋公正在丧葬期间，而危及用兵，不能够下葬的缘故。用诡诈来作战不记日子，这里为什么写日子呢？表示晋国不仁。

百里奚

癸巳这天，安葬晋文公。

狄人侵略齐国。

鲁僖公攻伐邾娄，取下了丛邑。

秋天，公子遂率领军队攻伐邾娄。

晋国人在箕这地方打败狄人。

冬天十月，鲁僖公前往齐国去。

十二月，鲁僖公从齐国回来。

乙巳这天，鲁僖公死在小寝。

下霜而没伤害到草，李树同梅树全结了果子。为什么记下来？这是记录异常情况。是什么灾异，因为不按着时节。

晋人与陈人，郑人攻伐许国。

春秋公羊传卷十三

文公上

文公元年

【原文】

元年春，王正月，公即位。

三月癸亥朔，日有食之。

天王使叔服来会葬。其言来会葬何？会葬礼也。

夏四月丁巳，葬我君僖公。

天王使毛伯来锡公命。锡者何？赐也。命者何？加我服也。

晋侯伐卫。

叔孙得臣如京师。

卫人伐晋。

秋，公孙敖会晋侯于戚。

冬十月丁未，楚世子商臣弑其君髡。

公孙敖如齐。

【译文】

元年春季周历正月，文公举行即位典礼。

三月癸亥初一，鲁国发生日食。

周天王派叔服来鲁国参加僖公的葬礼。为什么说来会葬呢？会葬是合于礼的。

夏四月丁巳日，给鲁僖公行葬礼。

周天王派毛伯来赏赐鲁文公命服。什么叫作锡呢？就是赏赐。什么叫作命呢？是增加我的爵服。

晋侯攻伐卫国。

鲁大夫叔孙得臣前往周王的都城去。

卫国人讨伐晋国。

秋天，鲁大夫公孙敖同晋侯在戚这地方会面。

冬十月丁未这天，楚国的世子商臣把他的君主髡杀掉。

公孙敖前往齐国。

文公二年

【原文】

二年春，王二月甲子，晋侯及秦师战于彭衙，秦师败绩。

丁丑，作僖公主。作僖公主者何？为僖公作主也。主者曷用？虞主用桑，练主用栗。用栗者，藏主也。作僖公主何以书？讥。何讥尔？不时也。其不时奈何？欲久丧而后不能也。

三月乙巳，及晋处父盟。此晋阳处父也，何以不氏？讳与大夫盟也。

夏六月，公孙敖会宋公、陈侯、郑伯、晋士縠盟于垂敛。

自十有二月不雨，至于秋七月。何以书？记异也。大旱以灾书，此亦旱也，曷为以异书？大旱之日短而云灾，故以灾书。此不雨之日长而无灾，故以异书也。

八月丁卯，大事于大庙，跻僖公。大事者何？大祫也。大祫者何？合祭也。其合祭奈何？毁庙之主陈于大祖，未毁庙之主皆升，合食于大祖，五年而再殷祭。跻者何？升也。何言乎升僖公？讥。何讥尔？逆祀也。其逆祀奈何？先祢而后祖也。

冬，晋人、宋人、陈人、郑人伐秦。

公子遂如齐纳币。纳币不书，此何以书？讥。何讥尔？讥丧娶也。娶在三年之外，则何讥乎丧娶？三年之内不图婚。吉禘于庄公，讥。然则曷为不于祭焉讥？三年之恩疾矣，非虚加之也。以人心为皆有之。以人心为皆有之，则曷为独于娶焉讥？娶者大吉也，非常吉也。

其为吉者主于己，以为有人心焉者，则宜于此焉变矣。

【译文】

春季二月甲子这天，晋侯同秦国军队在彭衙这地方交战，秦国军队被击败了。

丁丑这天,制作僖公庙中神主。什么叫制作僖公庙中的神主呢?是为的给僖公立神主。神主有什么用处呢?下葬以后所作的神主,是用桑木作的,一年以后祭祀所用的神主,是用栗木作的。用栗木作的是藏在宗庙的神主。制作僖公的神主为什么写下来?这是讥讽。为什么讥讽呢?因为时间不适合。什么叫时间不适合呢?先想要长久地服丧,而后来又不能够。

三月乙巳这天,鲁文公同晋国处父盟会。这是晋国的大夫阳处父,为什么不说阳氏呢?为鲁君跟大夫盟会这件事避讳。

夏天六月,鲁大夫公孙敖与宋公、陈侯、郑伯、晋国大夫士谷在垂敛会盟。

杞从去年十二月一直到今年秋天七月都没雨。为什么写下来呢?是记载异常。大旱的时候,记为天灾,这也是旱灾,为什么写成异常呢?大旱的日子短,就说是灾,所以写作灾害。这里不下雨的日子很长而没有灾,所以写作异常。

八月丁卯这天,在祭祀大庙的时候,把僖公神主的位置升上去了。什么叫作大事呢?就是大祫的典礼。什么叫作大祫呢?是合起来祭祀。怎么样合起来祭祀呢?神庙被损坏了的神主就摆在大祖的庙中,神庙没有毁的神主也提高位置同大祖合起来,共同受祭,五年以后再次举行大祭祀。什么叫作跻呢?就是提高神主的地位。为什么叫作升僖公呢?这是讥讽。为什么讥讽呢?这是反常的祭祀。怎么样是反常的祭祀?因为他是先祭父亲而后祭祖父。

冬天,晋人与宋人、陈人、郑人一同攻伐秦国。

公子遂到齐国送订婚的聘礼。普通送聘礼不记载下来,这里为什么记载呢?是讥讽。为什么讥讽呢?因为在丧事期间就娶夫人。这次娶夫人已经在三年之外了,为什么还讥讽他在丧事中娶夫人?三年之中不应商议婚姻的问题。用吉礼禘祀庄公,这是讥讽。为什么不在祭祀的时候讥讽呢?为他三年的恩情感到悲痛。这不是无中生有地责备他。因为人心全应该如此。人心既然全都如此,为什么专讥讽娶夫人呢?因为娶夫人不是一般吉祥的事,不是平常的吉祥。做吉祥的事在于自己的意念。

君子认为有良知的人,就应在丧期中商议娶妻时悲痛哭泣。

文公三年

【原文】

三年春,王正月,叔孙得臣会晋人、宋人、陈人、卫人、郑人伐沈。沈溃。

夏五月,王子虎卒。王子虎者何?天子之大夫也。外大夫不卒,此何以卒?新使乎我也。

秦人伐晋。

秋,楚人围江。

雨螽于宋。雨螽者何？死而坠也。何以书？记异也。外异不书，此何以书？为王者之后记异也。

冬，公如晋。十有二月己巳，公及晋侯盟。

晋阳处父帅师伐楚救江。此伐楚也，其言救江何？为谖也。其为谖奈何？伐楚为救江也。

【译文】

三年春季周历的正月，鲁大夫叔孙得臣会合晋人、宋人、陈人、卫人、郑人一起攻伐沈国，沈国溃散。

夏天五月，王子虎去世了，王子虎是什么人呢？是周天子的大夫。鲁国以外的大夫不写他去世，这里为什么写去世呢？因为他新近被派出使鲁国。

秦国人讨伐晋国。

秋天，楚国人包围江国。

在宋国，天上掉下很多蝗虫，跟下雨似的。为什么说蝗虫像下雨一样落下呢？它们是死了以后掉下来的。为什么写下来？因为记载灾异。鲁国以外的灾异不写下来，这里为什么写呢？因为宋是商王的后裔，所以为他记载灾异。

冬天，鲁文公到晋国去。十二月己巳这天，文公同晋侯结盟。

晋大夫阳处父率领军队讨伐楚国救援江国。这是讨伐楚国，为什么说救江国呢？为的说谎话。怎么样说谎话？讨伐楚国是为了救援江国。

文公四年

【原文】

四年春，公至自晋。

夏，逆妇姜于齐。其谓之逆妇姜于齐何？略之也。高子曰："娶乎大夫者，略之也。"

狄侵齐。

秋，楚人灭江。

晋侯伐秦。

卫侯使宁俞来聘。

冬十有一月壬寅，夫人风氏薨。

【译文】

四年春季，文公从晋国回到鲁国。

夏天，到齐国迎接妇姜。为什么说到齐国去迎接妇姜呢？这是简略的说法。高子

说:“因为娶的是齐国大夫的女儿,所以记载得很简略。”

狄人侵犯齐国。

秋天,楚国人灭掉江国。

晋襄公攻伐秦国。

卫侯派大夫宁俞来鲁国访问。

冬天十一月壬寅日,僖公的母亲风氏去世。

文公五年

【原文】

五年春,王正月,王使荣叔归含且赗。含者何?口实也。其言归含且赗何?兼之,兼之非礼也。

三月辛亥,葬我小君成风。成风者何?僖公之母也。王使召伯来会葬。

夏,公孙敖如晋。葬晋襄公。

秦人入鄀。

秋,楚人灭六。

冬十月甲申,许男业卒。

【译文】

五年春季周历正月,周王派遣周大夫荣叔来鲁国送风氏口中所含的珠玉,并且送葬礼赠品。什么叫作含呢?是嘴里含的东西。为什么说送含和葬礼用品呢?这是两种兼说,兼说是不合于礼的。

三月辛亥这天,给我们鲁国小君成风行葬礼。成风是谁呢?就是僖公的母亲。周王派召伯来参加葬礼。

夏天,公孙敖到晋国去。给晋襄公行葬礼。

秦国人进入鄀国都城。

秋天,楚国人灭掉六国。

冬十月甲申这天,许僖公去世。

文公六年

【原文】

六年春,葬许僖公。

夏,季孙行父如陈。

秋,季孙行父如晋。

八月乙亥,晋侯讙卒。

冬十月,公子遂如晋。

晋杀其大夫阳处父。

晋狐射姑出奔狄。晋杀其大夫阳处父,则狐射姑曷为出奔?射姑杀也。射姑杀则其称国以杀何?君漏言也。其漏言奈何?君将使射姑将。阳处父谏曰:“射姑民众不说,不可使将。”于是废将。阳处父出,射姑入。君谓射姑曰:“阳处父言曰:‘射姑民众不说,不可使将。’”射姑怒,出刺阳处父于朝而走。

闰月不告月,犹朝于庙。不告月者何?不告朔也。曷为不告朔?天无是月也。闰月矣,何以谓之天无是月?非常月也。犹者何?通可以已也。

【译文】

六年春季,给许僖公行葬礼。

夏季,季孙行父到陈国去。

秋季,季孙行父到鲁国去。

八月乙亥这天,晋襄公讙去世。

冬天十月,公子遂前往晋国。

晋国杀死他们的大夫阳处父。

晋国狐射姑逃奔到狄国去。晋国杀了他们的大夫阳处父,那么狐射姑为什么要出奔呢?是射姑杀了阳处父。既然是射姑杀的,为什么说国家杀了他?这是晋君泄漏了消息。他怎么样泄漏了消息?晋君将让狐射姑做将军。阳处父反对说:“人民不喜欢狐射姑,不可以使他作将军。”于是就不再让他作将军。阳处父出来,狐射姑进去。晋君对射姑说:“阳处父说:‘民众不喜欢狐射姑,不可以使他当将军。’”射姑发怒,出去就在朝廷上杀死阳处父,然后逃走了。

闰月不宣告初一,但是还去庙中行朝拜之礼。为什么不宣告月分,等于不宣告初一。为什么不宣布初一?因为上天没有这个月。已经有了闰月了,为什么说上天没有这个月?这不是一个常有的月份。什么叫作犹呢?意思是说平常可以不这样做。

文公七年

【原文】

七年春,公伐邾娄。

三月甲戌,取须朐。取邑不日,此何以日?内辞也,使若他人然。

遂城郚。

夏四月，宋公王臣卒。

宋人杀其大夫，何以不名？宋三世无大夫，三世内娶也。

戊子，晋人及秦人战于令狐。晋先昧以师奔秦。此偏战也，何以不言师败绩？敌也。此晋先昧也，其称人何？贬。曷为贬？外也。其外奈何？以师外也。何以不言出？遂在外也。

狄侵我西鄙。

秋八月，公会诸侯、晋大夫盟于扈。诸侯何以不序？大夫何以不名？公失序也。公失序奈何？诸侯不可使与公盟，眣晋大夫使与公盟也。

冬，徐伐莒。

公孙敖如莒莅盟。

【译文】

七年春天，文公攻伐邾娄国。

三月甲戌这天，鲁国人夺取了须朐。每回占领城邑不写日子，这里为什么写？这是对内的讳辞，让它好像是别人做的一样。

就修筑郚这个城邑。

夏季四月，宋公王臣死了。

宋人杀了他们的大夫，为什么不称他的名字呢？宋国三代没有大夫，三代宋公全是娶国内大夫的女儿。

戊子这天，晋人同秦人在令狐这地方交战，晋国先昧率军队逃奔秦国。这是一个局部战役，为什么不说全师崩溃呢？因为是两边没有什么胜负。这是晋国的先昧，为什么称他为人呢？这是贬低他身份。为什么贬低他身份？因为他在外国。他怎样在外国？他率领军队逃到外国。为什么不说他出奔呢？他已经是在外边了。

狄人侵犯鲁国西边的边境。

秋天八月，文公同诸侯及晋大夫在扈地结盟。诸侯们为什么不写次序？大夫为什么也不写名字呢？因为文公失去了次序。文公怎样失了次序？不能让诸侯与文公盟会，是晋大夫以目示意，叫文公与他们盟会。

冬天，徐国攻伐莒国。

鲁大夫公孙敖到莒国监视盟誓。

文公八年

【原文】

八年春,王正月。

夏四月。

秋八月戊申,天王崩。

冬十月壬午,公子遂会晋赵盾,盟于衡雍。乙酉,公子遂会伊雒戎盟于暴。

公孙敖如京师,不至复。丙戌,奔莒。不至复者何?不至复者,内辞也,不可使往也。不可使往则其言如京师何?遂公意也。何以不言出?遂在外也。

螽。

宋人杀其大夫司马。宋司城来奔。司马者何?司城者何?皆官举也。曷为皆官举?宋三世无大夫,三世内娶也。

【译文】

八年春季周历正月。

夏季四月。

秋季八月戊申这天,周天王去世。

冬十月壬午这天,鲁大夫公子遂同晋大夫赵盾在衡雍这地方结盟。

乙酉这天,公子遂会同伊水雒水附近的戎狄在暴这地方盟誓。

鲁大夫公孙敖,到周天子的都城去,还没有到就回来了。丙戌这天,他逃奔莒国去,什么叫作没到就回来呢?这句话是鲁国内部用的讳辞,表示不可以让他去。既然不可以派他去,为什么又写下来他到天王的都城去呢?这是尊敬鲁文公的意思。为什么不说出奔呢?因为他本来就在鲁国之外。

鲁国闹蝗虫。

宋国人把他们的大夫司马杀死。

宋国的司城官逃奔鲁国来。什么叫作司马呢?什么叫作司城呢?全都是列举他们的官名。为什么全都列举他们的官名?宋国三代没有大夫,因为三代的国君全都娶了国内大夫的女儿。

文公九年

【原文】

九年春，毛伯来求金。毛伯者何？天子之大夫也。何以不称使？当丧未君也。逾年矣，何以谓之未君？即位矣而未称王也。未称王何以知其即位？以诸侯之逾年即位，亦知天子之逾年即位也。以天子三年然后称王，亦知诸侯于其封内三年称子也。逾年称公矣，则曷为于其封内三年称子？缘民臣之心不可一日无君，缘终始之义，一年不二君，不可旷年无君。缘孝子之心，则三年不忍当也。毛伯来求金何以书？讥。何讥尔？王者无求，求金非礼也。然则是王者与？曰："非也。"非王者则曷为谓之王者？王者无求，曰："是子也。继文王之体，守文王之法度，文王之法无求而求。故讥之也。"

夫人姜氏如齐。

二月，叔孙得臣如京师。

辛丑，葬襄王。王者不书葬，此何以书？不及时书。过时书，我有往者则书。

晋人杀其大夫先都。

三月，夫人姜氏至自齐。

晋人杀其大夫士穀及箕郑父。

楚人伐郑。

公子遂会晋人、宋人、卫人、许人救郑。

夏，狄侵齐。

秋八月，曹伯襄卒。

九月癸酉，地震。地震者何？动地也。何以书？记异也。

冬，楚子使椒来聘。椒者何？楚大夫也。楚无大夫？此何以书？始有大夫也。始有大夫，则何以不氏？许夷狄者不一而足也。

秦人来归僖公、成风之禭。其言僖公、成风何？兼之。兼之非礼也。曷为不言及成风？成风尊也。

葬曹共公。

【译文】

九年春天，毛伯来求取金子。谁是毛伯呢？他是周天子的大夫。为什么不称派遣呢？周天子服丧期间，还不能称君。已经过了一年了，为什么还说没有称君呢？他是已经即位，还没有自称王。没有称王，怎么知道他已经即位呢？因为诸侯过年就即位，所以知道天子是过年即位。因为天子三年以后才称王，所以也知道诸侯在他的疆域里三年内只称子，过年以后才称公。为什么在他国内三年只称子呢？因为在臣民的心里不可以一

天没有君主，但是沿循终始的意义，一年中不可以有二个君，不可以一年内没有君。但是孝子的心里三年内都不忍心作国君。毛伯来求金钱。为什么写下来？这是为的讽刺。为什么讽刺呢？王者对外无求。求金钱是不合理的，然而这里是王者吗？说："不是。"既非王者，为什么说他是王者呢？王者对外边无求，就说："这个人，继承周文王的体制，守文王的法度，文王的法度对下没有要求，而现在有所求，所以讽刺他。"

夫人姜氏前往齐国。

二月，叔孙得臣前往周都城。

辛丑这天，给周襄王行葬礼。王者的葬礼不写下来，这里为什么写呢？不到时候就写，过了时候也写，我们派人去了也写。

晋国人把他们的大夫先都杀死了。

三月，夫人姜氏从齐国返回。

晋国人杀死他们的大夫士縠和箕郑父。

楚国人讨伐郑国。

鲁大夫公子遂会合晋人、宋人、卫人、许人救援郑国。

夏天，狄人侵犯齐国。

秋季八月，曹伯襄死了。

九月癸酉这天，鲁国地震。什么是地震？就是地震动了。为什么写下来？是记载灾异。

冬天，楚子派遣大夫椒来鲁国聘问。椒是什么人呢？就是楚大夫。楚国没有大夫，这里为什么记录？因为楚国开始有大夫。开始有大夫，为什么不称他氏呢？准许夷狄拥有的礼制，不是一次就完全到位的了。

秦人送来为鲁僖公与成风下葬的衣服。为什么说僖公与成风呢？这是两者兼说，兼是不合礼制的。为什么不说"及成风"呢？因为成风尊贵。

给曹共公行葬礼。

春秋公羊传卷十四

文公下

文公十年

【原文】

十年春，王三月辛卯，臧孙辰卒。

夏，秦伐晋。

楚杀其大夫宜申。

自正月不雨，至于秋七月。

及苏子盟于女栗。

冬，狄侵宋。

楚子、蔡侯次于屈貉。

【译文】

十年春季周历三月辛卯这天，臧孙辰去世。

夏季，秦国讨伐晋国。

楚国人杀他们的大夫宜申。

从正月开始一直到秋季七月都没有下雨。

鲁文公与苏子在女栗盟会。

冬天，狄人侵犯宋国。

楚子同蔡侯来到屈貉驻留。

文公十一年

【原文】

十有一年春，楚子伐圈。

夏，叔彭生会晋郤缺于承匡。

秋，曹伯来朝。

公子遂如宋。

狄侵齐。

冬十月甲午，叔孙得臣败狄于咸。狄者何？长狄也。兄弟三人，一者之齐，一者之鲁，一者之晋。其之齐者，王子成父杀之。其之鲁者，叔孙得臣杀之。则未知其之晋者也。其言败何？大之也。其日何？大之也。其地何？大之也。何以书？记异也。

【译文】

十一年春天，楚子讨伐圈国。

夏季，鲁大夫叔彭生与晋大夫郤缺在承匡这地方相会面。

秋季，曹伯来鲁国朝见。

公子遂前往宋国。

狄人侵犯齐国。

冬天十月甲午这天,鲁大夫叔孙得臣在咸这地方击败狄人。是什么狄人?就是身材很高的狄人,狄人兄弟三个,其中一个攻打齐国。一个攻打鲁国。一个攻打晋国。攻打齐国的被齐大夫王子成父杀死了。攻打鲁国的被鲁大夫叔孙得臣杀死了。但是不知道攻打晋国的那个人结果怎么样。为什么说打败呢?表示战争很大。为什么用日子?也表示战争很大。为什么记载打战的地方呢?也是表示战争很大。为什么写下来?为的记载异常事件。

文公十二年

【原文】

十有二年春,王正月,盛伯来奔。盛伯者何?失地之君也。何以不名?兄弟辞也。

杞伯来朝。

二月庚子,子叔姬卒。此未适人何以卒?许嫁矣。妇人许嫁,字而笄之,死则以成人之丧治之。其称子何?贵也。其贵奈何?母弟也。

夏,楚人围巢。

秋,滕子来朝。

秦伯使遂来聘。遂者何?秦大夫也。秦无大夫,此何以书?贤缪公也。何贤乎缪公?以为能变也。其为能变奈何?惟讠戋讠戋善竫言。俾君子易怠。而况乎我多有之,惟一介断断焉无他技。其心休休。能有容是难也。

冬十有二月戊午,晋人、秦人战于河曲。此偏战也。何以不言师败绩?敌也。曷为以水地?河曲疏矣,河千里而一曲也。

季孙行父帅师城诸及运。

【译文】

十二年春季周历正月,盛伯逃奔到鲁国,盛伯是什么意思?是失了国土的国君。为什么不写他名字?这是表示兄弟间的文辞。

杞伯来鲁国朝访。

二月庚子这天,子叔姬去世。她没嫁过人,为什么写她死的那一天?因为她已经许嫁了。女人许配以后就给她取个字,然后给她带上簪笄,死了以后,就给她行成人的丧礼。为什么称子呢?因为使她高贵。为什么要使她高贵?她是亲妹妹。

夏天,楚国人围了巢国都城。

秋天,滕子来鲁国朝见。

秦伯派秦大夫遂到鲁国来聘问。遂是什么人呢?就是秦大夫。秦国没有大夫,这里为什么写下来呢?是认为秦缪公贤能。为什么说秦缪公贤能呢?因为他自己能够转变。

他是怎样的能够变化呢？只有浅薄的人善于说好话，使君子也容易沾沾自喜，懈怠不前，何况秦穆公有很多听说话的机会。假如有一个人非常忠心耿耿，没有其他的技能，但他的心胸宽大，并能容忍逆耳的话，这是很难得的。

十二月戊午这天，晋人同秦人在河曲交战。这是一个小仗，为什么不说那方面军队溃败呢？因为是两边势均力敌。为什么以水来称呼地方呢？河曲间隙很大，河每一千里才有一个弯。

季孙行父率领军队修建诸城同运城。

文公十三年

【原文】

十有三年春，王正月。

夏五月壬午，陈侯朔卒。

邾娄子蘧篨卒。

自正月不雨至于秋七月。

世室屋坏，世室者何？鲁公之庙也。周公称大庙，鲁公称世室，群公称宫。此鲁公之庙也，曷为谓之世室？世室犹世室也，世室不毁也。周公何以称大庙于鲁？封鲁公以为周公也。周公拜乎前，鲁公拜乎后。曰："生以养周公，死以为周公主。"然则周公之鲁乎？曰："不之鲁也。封鲁公以为周公主。"然则周公曷为不之鲁？欲天下之一乎周也。鲁祭周公何以为牲？周公用白牲，鲁公用骍犅。群公不毛。鲁祭周公何以为盛？周公盛，鲁公焘，群公廪。世室屋坏何以书？讥。何讥尔？久不修也。

冬，公如晋。

卫侯会于沓。

狄侵卫。

十有二月己丑，公及晋侯盟。

还自晋。

郑伯会公于斐。还者何？善辞也。何善尔？往党，卫侯会公于沓，至得与晋侯盟。反党，郑伯会公于斐，故善之也。

【译文】

十三年春季周历正月。

夏季五月壬午这天，陈侯朔去世。

邾娄子蘧篨去世。

从正月一直到秋天七月都没下雨。

世室的屋子坏了，为什么叫作世室呢？是鲁公伯禽的庙。周公的庙叫太庙，鲁公的庙叫世室，诸侯的庙叫作宫。这是鲁公伯禽的庙为什么叫世室呢？世室等于说世世敬奉的庙，世室不能毁掉。在鲁国，周公的庙为什么称作太庙？封鲁公在鲁国，就是为的周公。周公在前面拜，鲁公在后面拜，并且说："周公活着，拿鲁国供养周公，周公死了以后，就由鲁公来祭祀他。"那么周公到鲁国去吗？回答说："不去。封鲁公就是为了祭祀周公。"那么周公为什么不到鲁国去呢？是为了让天下全尊重周室。鲁国祭周公用什么牺牲呢？祭周公用白色的牛，祭鲁公用脊背红色的牛，祭其他的公不用纯颜色的牛。鲁国祭周公用什么粮食呢？祭周公全用新谷，祭鲁公是上面一层新谷，祭其他的公在上面放一点点新谷。世室屋坏损为什么写下来？这是讥讽。为什么讥讽？因为年久失修的缘故。

冬天，鲁文公前往晋国。

鲁文公同卫侯在沓这地方结盟。

狄人侵犯卫国。

十二月己丑这天，文公同晋侯盟誓。

文公从晋国返回。

郑伯同鲁文公在斐地会见。什么叫还呢？是赞扬的好话。为什么赞扬呢？去的时间同卫侯在沓这地方会见，到了晋国就能同晋侯结盟。回来就同郑伯在斐这地方会见，所以赞扬鲁文公。

文公十四年

【原文】

十有四年春，王正月，公至自晋。

邾娄人伐我南鄙。

叔彭生帅伐邾娄。

夏五月乙亥，齐侯潘卒。

六月，公会宋公、陈侯、卫侯、郑伯、许男、曹伯、晋赵盾，癸酉，同盟于新城。

秋七月，有星孛入于北斗。孛者何？彗星也。其言入于北斗何？北斗有中也。何以书？记异也。

公至自会。

晋人纳接菑于邾娄，弗克纳。纳者何？入辞也。其言弗克纳何？大其弗克纳也。何大乎其弗克纳？晋郤缺帅师，革车八百乘，以纳接菑于邾娄，力沛若有余而纳之。邾娄人言曰："接菑，晋出也，貜且，齐出也。子以其指，则接菑也四，貜且也六。子以大国压之，则未知齐、晋孰有之也。贵则皆贵矣。虽然，貜且也长。"郤缺曰："非吾力不能纳也，义实

不尔克也。”引师而去之，故君子大其弗克纳也。此晋郤缺也，其称人何？贬。曷为贬？不与大夫专废置君也。曷为不与？实与而文不与。文曷为不与？大夫之义不得专废置君也。

九月甲申，公孙敖卒于齐。

齐公子商人弑其君舍。此未逾年之君也，其言弑君舍何？己立之，己杀之，成死者，而贱生者也。

宋子哀来奔。宋子哀者何？无闻焉尔。

冬，单伯如齐，齐人执单伯，齐人执子叔姬。执者曷为或称行人？或不称行人？称行人而执者，以其事执也。不称行人而执者，以己执也。单伯之罪何？道淫也。恶乎淫？淫乎子叔姬。然则曷为不言齐人执单伯及子叔姬？内辞也，使若异罪然。

【译文】

十四年春季周历正月，鲁文公从晋国回来。

邾娄人攻伐鲁国南边的边邑。

鲁大夫叔彭生率领军队讨伐邾娄。

夏五月乙亥这天，齐侯潘去世。

六月，文公与宋公、陈侯、卫侯、郑伯、许男、曹伯、晋大夫赵盾会面。癸酉这天，在新城这地方结盟。

秋季七月，有彗星进入北斗。什么叫作孛呢？就是彗星，为什么说进入北斗呢？北斗中有魁中星。为什么写下来？这是记载异常。

青铜壶

文公从会见的地方回来。

晋国人把接菑送到邾娄国都，但不能使他进入国都。什么叫作纳呢？是进入国都的意思。他为什么说不能进入国都呢？是夸奖他不能进入国都。为什么夸奖他不能进入国都呢？晋国的郤缺率领着兵车八百辆，准备让接菑到邾娄的国都。力量很充足，有余力能把接菑纳入邾娄国都。邾娄人就说：“接菑是晋国的外甥，貜且是齐国的外甥。你要拿手指头来算，那么拥戴接菑的人有四个，拥戴貜且的人有六个。你要用大国来压人，那么不知道齐国、晋国是谁能有这个君位。他们都是尊贵的，即使这样，也是貜且年长。”郤缺说：“不是我的力量不能让接菑进入邾娄都城，但是在道义上不能够。”就率领着军队回去了，所以君子夸奖他不能使接菑进入邾娄国都。这是晋国的郤缺，为什么称人呢？因为贬低他。为什么贬低他？表示不赞成大夫们废除国君或者立君。为什么不赞成？实在是赞成而文辞上不赞成。文辞上为什么不赞成呢？按照道理，大夫们不能擅自废除

国君或立君。

九月甲申这天，公孙敖在齐国去世。

齐国公子商人把他的国君舍杀了。这是即位没到一年的君，为什么说弑其君舍呢？自己把他立了，自己又把他杀了，成全了死者，而让活着的人变得卑贱。

宋子哀出逃到鲁国来。宋子哀是什么人呢？没有听说过。

冬天，单伯到齐国去，齐人把单伯抓起来，齐人将子叔姬抓起来。抓的时候为什么有时称行人？有时不称行人？称行人而被抓的，就是因为他出使事件而被抓。不称行人而被抓的，是因为自己的缘故而被抓。单伯的罪状是什么呢？在道路上淫乱。对谁淫乱呢？对子叔姬淫乱。那么为什么不说齐人把单伯同子叔姬抓起来呢？这是对内的隐辞，让人们觉得他们好像有不同的罪状。

文公十五年

【原文】

十有五年春，季孙行父如晋。

三月，宋司马华孙来盟。

夏，曹伯来朝。

齐人归公孙敖之丧。何以不言来？内辞也。胁我而归之，筍将而来也。

六月辛丑朔，日有食之，鼓用牲于社。

单伯至自齐。

晋郤缺帅师伐蔡，戊申，入蔡。入不言伐，此其言伐何？至之日也。其日何？至之日也。

秋，齐人侵我西鄙。

季孙行父如晋。

冬十有一月，诸侯盟于扈。

十有二月，齐人来归子叔姬。其言来何？闵之也。此有罪，何闵尔？父母之于子，虽有罪，犹若其不欲服罪然。

齐侯侵我西鄙，遂伐曹，入其郛。郛者何？恢郭也。入郛书乎？曰不书。入郛不书，此何以书？动我也。动我者何？内辞也。其实我动焉尔。

【译文】

十五年春季，季孙行父到晋国去。

三月，宋国司马华孙，到鲁国来结盟。

夏季，曹伯来鲁国朝见。

齐国人送公孙敖的遗体回鲁国。为什么不说来呢？这是鲁国对内的讳辞。为了威胁鲁国才来归还他的尸体，用竹筐子盛着他的尸体送来。

六月辛丑初一这天，鲁国有日食，敲鼓在社神庙中用牛祭祀。

周大夫单伯从齐国回来。

晋国郤缺率领军队攻伐蔡国，戊申这天进入蔡国都城。进入都城不说攻伐，这里为什么说讨伐？这是进入都城那天。为什么说日子呢？这也是到都城那天。

秋天，齐人侵犯鲁国西部边邑。

季孙行父到晋国去。

冬天十一月，诸侯在扈这地方结盟。

十二月，齐人派人送还子叔姬。为什么说来呢？因为可怜她。她有罪何必可怜她呢？父母对子女，即使她有罪，还是像希望她不要承认有罪一样。

齐侯掠夺鲁国西部边疆，接着讨伐曹国，进入他都城的外城。什么叫作郛呢？就是大的外城。入外城应当写下来吗？回答说不写。普通入外城不写，这为什么写？为了震恐我。什么叫作震恐我呢？这是鲁国对内的讳辞。其实是我们被震动了。

文公十六年

【原文】

十有六年春，季孙行父会齐侯于阳谷，齐侯弗及盟。其言弗及盟何？不见与盟也。

夏五月，公四不视朔。公曷为四不视朔？公有疾也。何言乎公有疾不视朔？自是公无疾不视朔也。然则曷为不言公无疾不视朔？有疾犹可言也。无疾不可言也。

六月戊辰，公子遂及齐侯盟于犀丘。

秋八月辛未，夫人姜氏薨。

毁泉台。泉台者何？郎台也。郎台则曷为谓之泉台？未成为郎台，既成为泉台。毁泉台何以书？讥。何讥尔？筑之讥，毁之讥。先祖为之，己毁之，不如勿居而已矣。

楚人、秦人、巴人灭庸。

冬十有一月，宋人弑其君处臼。弑君者曷为或称名氏？或不称名氏？大夫弑君称名氏，贱者穷诸人，大夫相杀称人，贱者穷诸盗。

【译文】

十六年春季，季孙行父到阳谷这地方跟齐侯会面，齐侯不跟他盟会。为什么说齐侯不跟他盟会？齐侯不见他，也不跟他结盟。

夏季五月，鲁文公已经四次初一不上朝。鲁文公为什么四次初一不上朝呢？因为文公有病。为什么说文公有病就初一不上朝呢？自从这以后文公没有病初一也不上朝。

那么为什么不说文公没病也初一不上朝？有病尚且可以说，没病就不能说了。

六月戊辰日，鲁大夫公子遂同齐侯在犀丘这地方盟会。

秋八月辛未这天，文公的母亲夫人姜氏去世。

拆毁泉台。什么叫作泉台呢？就是郎台。郎台为什么叫作泉台呢？还没有建成的时候叫作郎台，建成了后就叫作泉台。毁了泉台为什么写下来？这是讥讽。为什么讥讽呢？修建的时候讥讽，毁的时候也讥讽。先祖修的，自己把他毁了，不如不住罢了。

楚人同秦人、巴人灭了庸国。

冬季十一月，宋国人把他们的国君处臼杀了。杀了国君为什么有时称名氏？有时不称名氏？大夫杀国君就称他的名氏，由士以下就称人。大夫互相杀就称人，从士以下互相杀就称盗。

文公十七年

【原文】

十有七年春，晋人、卫人、陈人、郑人伐宋。

夏四月癸亥，葬我小君圣姜。圣姜者何？文公之母也。

齐侯伐我西鄙。

六月癸未，公及齐侯盟于谷。

诸侯会于扈。

秋，公至自谷。

公子遂如齐。

【译文】

十七年春季，晋国人同卫国人、陈国人、郑国人进攻宋国。

夏四月癸亥日，给鲁国小君圣姜行葬礼。圣姜是什么人呢？就是文公的母亲。

齐侯攻打鲁国西部边邑。

六月癸未日，文公同齐侯在谷这地方结盟。

诸侯在扈地会见。

秋天，文公从谷地回来。

鲁大夫公子遂前往齐国。

文公十八年

【原文】

十有八年春,王二月丁丑,公薨于台下。

秦伯罃卒。

夏五月戊戌,齐人弑其君商人。

六月癸酉,葬我君文公。

秋,公子遂,叔孙得臣如齐。

冬十月,子卒。子卒者孰谓?谓子赤也。何以不日?隐之也。何隐尔?弑也。弑则何以不日?不忍言也。

夫人姜氏归于齐。

季孙行父如齐。

莒弑其君庶其。称国以弑何?称国以弑者,众弑君之辞。

【译文】

十八年春王二月丁丑日,文公在台下去世了。

秦康公罃去世。

夏五月戊戌这天,齐人把他们的国君商人杀死了。

六月癸酉这天,给我们国君鲁文公行葬礼。

秋季,公子遂同叔孙得臣到齐国去。

冬季十月,子死了。子死了是说谁呢?就是指子赤。为什么不写日子?这是隐瞒的话。为什么隐瞒着?因为被旁人所杀。杀为什么不写日子呢?不忍心说。

文公的夫人姜氏回到齐国。

季孙行父前往齐国。

莒国弑他们的国君庶其。为什么称国家来弑他呢?称国家来弑他是表示众人一起弑君的用语。

春秋公羊传卷十五

宣公上

宣公元年

【原文】

元年春，王正月，公即位。继弑君不言即位，此其言即位何？其意也。公子遂如齐逆女。

三月，遂以夫人妇姜至自齐。遂何以不称公子？一事而再见者，卒名也。夫人何以不称姜氏？贬。曷为贬？丧娶也。丧娶者公也，则曷为贬夫人？内无贬于公之道也。内无贬于公之道则曷为贬夫人？夫人与公一体也。其称妇何？有姑之辞也。

夏，季孙行父如齐。

晋放其大夫胥甲父于卫。放之者何？犹曰无去是云尔。然则何言尔？近正也。此其为近正奈何？古者大夫已去，三年待放。君放之非也，大夫待放正也。古者臣有大丧，则君三年不呼其门。已练可以弁冕，服金革之事。君使之，非也，臣行之，礼也。闵子要绖而服事。既而曰："若此乎古之道，不即人心。"退而致仕。孔子盖善之也。

公会齐侯于平州。

公子遂如齐。

六月，齐人取济西田。外取邑不书，此何以书？所以赂齐也。曷为赂齐？为弑子赤之赂也。

秋，邾娄子来朝。

楚子、郑人侵陈，遂侵宋。

晋赵盾帅师救陈。宋公、陈侯、卫侯、曹伯会晋师于斐林，伐郑。此晋赵盾之师也。曷为不言赵盾之师？君不会大夫之辞也。

冬，晋赵穿帅师侵柳。柳者何？天子之邑也。曷为不系乎周？不与伐天子也。

晋人、宋人伐郑。

【译文】

元年春季周历正月，宣公行即位典礼。继承被杀国君的时候不讲行即位典礼，这次

为什么讲呢？这是宣公的意思。公子遂到齐国去迎接宣公的夫人。

三月，公子遂带夫人妇姜从齐国回来。遂为什么不称作公子呢。同一件事情两次出现，最终就用他的名字。夫人为什么不称姜氏呢？贬低她。为什么贬低？讥讽他在丧中娶夫人。在丧中娶夫人的是宣公，为什么贬低他的夫人呢？因为在国内没有贬低公的道理。国内既然没有贬低公的道理，为什么又贬低夫人呢？因为夫人同公是一体的。为什么称妇呢？是有婆婆存在的缘故。

夏季，季孙行父到齐国去。

晋国把他的大夫胥甲父放逐到卫国去。什么叫作放逐呢？等于说不许离开卫国这个地方。为什么这么说？是近于正规的说法。怎么样近于正规呢？古时大夫已经离开职位，用三年等着被侍放。国君要侍放大夫，这是不合礼的。大夫等着放逐是合礼的。古时候人臣有大丧事，国君就会三年不叫他的门。丧期过一年以后，可以穿戴爵弁，入伍服役。国君要派他去做是不是合礼的。人臣要自己做是合礼的。闵子骞戴着绖带去做事。后来他就说："这样做很合于古人的道理，而不近人情。"就退休了，把禄位还给国君。孔子很赞成他。

宣公同齐侯在平州这地方会见。

公子遂到齐国去。

六月，齐人夺取济水以西的田地。外国人占领城邑不写下来，这里为什么写呢？为了贿赂齐国。为什么贿赂齐国呢？是为了杀文公太子子赤而贿赂的。

秋季，邾娄国君来鲁国上朝。

楚子同郑人侵犯陈国，也就侵犯宋国。

晋国赵盾率领军队去救援陈国。于是宋国同陈侯、卫侯、曹伯与晋国军队在棐林这个地方盟会，讨伐郑国。这是晋国赵盾的军队，为什么不说赵盾的军队？因为君不能跟大夫开会。

冬季，晋国赵穿带领军队侵犯柳这地方。什么叫作柳？是天子的城邑。为什么不写上周天子呢？表示不赞成讨伐周天子的缘故。

晋人同宋人侵犯郑国。

宣公二年

【原文】

二年春，王二月壬子，宋华元帅师及郑公子归生帅师战于大棘，宋师败绩，获宋华元。

秦师伐晋。

夏，晋人、宋人、卫人、陈人侵郑。

秋九月乙丑，晋赵盾弑其君夷獆。

冬十月乙亥,天王崩。

【译文】

二年春季周历二月壬子这天,宋大夫率领军队与郑国的公子归生所率领的军队在大棘这地方交战,宋国军队被郑国击败,俘获了宋大夫华元。

秦国军队攻伐晋国。

夏天,晋国人同宋国人、卫国人、陈国人侵犯郑国。

九月乙丑这天,晋大夫赵盾把他的国君夷獆杀了。

冬十月乙亥这天,周匡王驾崩。

宣公三年

【原文】

三年春,王正月,郊牛之口伤,改卜牛,牛死,乃不郊,犹三望。其言之何?缓也。曷为不复卜?养牲养二卜。帝牲不吉,则扳稷牲而卜之。帝牲在于涤三月,于稷者唯具是视。郊则曷为必祭稷?王者必以其祖配。王者则曷为必以其祖配?自内出者无匹不行,自外至者无主不止。

葬匡王。

楚子伐贲浑戎。

夏,楚人侵郑。

秋,赤狄侵齐。

宋师围曹。

冬十月丙戌,郑伯兰卒。

葬郑缪公。

【译文】

三年春季周历正月,郊天祭祀用的牛嘴受了伤,就改占卜别的牛,这头牛又死了,就不能郊祭了,但是还进行三次望祭山川的礼。为什么这样说呢?因为平缓的缘故。为什么不再占卜呢?养牛是养两只牛,如果祭祀上帝的牛不吉利,就用祭后稷的牛来占卜。祭上帝的牛必须在养祭上帝牛的宫中养三个月,至于祭后稷的牛,只要身体完好无损就可以了。为什么那天必须也祭后稷呢?做王的人必须拿他始祖来配享。王者为什么必须拿他始祖来陪着受祭呢?自国内出来的没有匹配就不能行礼,自外部来的没有神主就不能止留。

给周匡王行葬礼。

楚子讨伐贲浑的戎人。

夏天，楚国人侵犯郑国。

秋天，赤狄侵犯齐国。

宋国军队包围曹国都城。

冬十月丙戌这天，郑伯兰去世。

给郑缪公行葬礼。

宣公四年

【原文】

四年春，王正月，公及齐侯平莒及郯。莒人不肯，公伐莒，取向。此平莒也，其言不肯何？辞取向也。

秦伯稻卒。

夏天六月乙酉，郑公子归生弑其君夷。

赤狄侵齐。

秋，公如齐。

公至自齐。

冬，楚子伐郑。

【译文】

四年春季周历正月，鲁宣公同齐侯为莒国与郯国调解议和。莒人不肯，鲁宣公就进攻莒国，占领了向。这是为的调解莒国的和平，为什么说莒人不肯呢？这是为鲁宣公取向的理由。

秦伯稻去世。

夏天六月乙酉日，郑国公子归生把他的国君夷杀死。

赤狄侵犯齐国。

秋天，鲁宣公到齐国去。

鲁国公从齐国回来。

冬季，楚子讨伐郑国。

宣公五年

【原文】

五年春，公如齐。

夏，公至自齐。

秋九月，齐高固来逆子叔姬。

叔孙得臣卒。

冬，齐高固及子叔姬来。何言乎高固之来？言叔姬之来而不言高固之来则不可。子公羊子曰："其诸为其双双而俱至者与？"

楚人伐郑。

【译文】

五年春季，鲁宣公前往齐国。

夏季，鲁宣公从齐国回来。

秋天九月，齐大夫高固来迎接他的夫人子叔姬。

鲁大夫叔孙得臣去世。

冬季，齐大夫高固同子叔姬来。为什么说高固来？说叔姬来而不说高固来就不可以。子公羊子说："大概是表示他们双双成对一同到达吧？"

楚国人进攻郑国。

宣公六年

【原文】

六年春，晋赵盾、卫孙免侵陈。赵盾弑君，此其复见何？亲弑君者赵穿也。亲弑君者赵穿，则曷为加之赵盾？不讨贼也。何以谓之不讨贼？晋史书贼曰："晋赵盾弑其君夷獆。"赵盾曰："天乎！无辜！吾不弑君，谁谓吾弑君者乎？"史曰："尔为仁为义，人弑尔君，而复国不讨贼，此非弑君如何？"赵盾之复国奈何？灵公为无道，使诸大夫皆内朝，然后处乎台上，引弹而弹之，已趋而辟丸，是乐而已矣。赵盾已朝而出，与诸大夫立于朝，有人荷畚，自闺而出者。赵盾曰："彼何也，夫畚曷为出乎闺？"呼之不至，曰："子大夫也，欲视之则就而视之。"赵盾就而视之，则赫然死人也。赵盾曰："是何也？"曰："膳宰也，熊蹯不熟，公怒，以斗摮而杀之，支解，将使我弃之。"赵盾曰："嘻！"趋而入。灵公望见赴盾愬而再拜。赵盾逡巡北面再拜稽首，趋而出，灵公心怍焉，欲杀之。于是使勇士某者往杀之，勇士入其大门，则无人门焉者；入其闺，则无人闺焉者；上其堂，则无人焉。俯而窥其户，方食鱼飧。勇士曰："嘻！子诚仁人也！吾入子之大门，则无人焉；入子之闺，则无人焉；上子之堂，则无人焉；是子之易也。子为晋国重卿而食鱼飧，是子之俭也。君将使我杀子，吾不忍杀子也。虽然，吾亦不可复见吾君矣。"遂刎颈而死。灵公闻之怒，滋欲杀之甚，众莫可使往者。于是伏甲于宫中，召赵盾而食之。赵盾之车右祁弥明者，国之力士也，仡然从乎赵盾而入，放乎堂下而立。赵盾已食，灵公谓盾曰："吾闻子之剑，盖利剑也，

子以示我，吾将观焉。”赵盾起将进剑，祁弥明自下呼之曰：“盾食饱则出，何故拔剑于君所？”赵盾知之，躇阶而走。灵公有周狗，谓之獒，呼獒而属之，獒亦躇阶而从之。祁弥明逆而踆之，绝其颔。赵盾顾曰：“君之獒不若臣之獒也！”然而宫中甲鼓而起，有起于甲中者抱赵盾而乘之。赵盾顾曰：“吾何以得此于子？”曰：“子某时所食活我于暴桑下者也。”赵盾曰：“子名为谁？”曰：“吾君孰为介？子之乘矣，何问吾名？”赵盾驱而出，众无留之者。赵穿缘民众不说，起弑灵公，然后迎赵盾而入，与之立于朝，而立成公黑臀。

夏四月。

秋八月，螽。

冬十月。

【译文】

六年春季，晋国赵盾同卫国的孙免率领军队侵犯陈国。赵盾已经杀了晋灵公了，这次为什么又重新出现呢？真正杀君的是赵穿。亲自杀君的是赵穿，为什么加在赵盾的身上呢？因为他不诛杀杀君的贼人。为什么说他不诛杀贼人呢？晋国史官写贼人时记录说：“晋国赵盾杀君夷獆。”赵盾说：“天啊！我冤枉。我没有杀君，谁说我杀君呢？”史官说：“你施行仁义，人杀了你的国君，而你回来后不诛杀凶手，你这不是杀君是什么呢？”赵盾怎么回国的呢？灵公暴虐无道，叫诸大夫们都到内宫上朝，他就到了台上用弹子来射他们，大夫们就逃避弹子，灵公看了十分快乐。赵盾上朝以后，跟大夫们站在朝堂上，有人挑着畚箕从闺门里出来。赵盾问：“这是什么人，为什么挑畚箕从闺门里出来？”叫他来，他不来，旁人就说：“你是位大夫，想去看就去看吧！”赵盾走近去看，明明是肢解的死人。赵盾问：“这是什么人？”回答说：“这是管膳厨的小官。熊掌没有熟，主公生气，用斗打他头，杀了他，把他肢解了，派我们扔掉他。”赵盾听了叹息说：“哎呀！”赶紧进了宫。灵公看见赵盾来了，大惊，先向赵盾再三行礼，赵盾慢慢地向北再次叩头，就赶快出去了，灵公心里害怕，想杀赵盾。于是就派勇士某人前去杀他。勇士进了赵盾的大门，没有人把守，进他的闺门，也没有人看守，到他的堂上，也没有人。低头看屋里的小门，看见赵盾正在吃鱼粥。勇士叹息说：“哎！你真是仁人，我进了你的大门，没有人看守；进了你的闺门也没有人看守；到你的堂上，也没有人；你这人真节俭。你身为晋国重要的大臣，还吃鱼粥，这是你很节省。国君派我来杀你，我不忍杀你，但是我也不能再见国君了。”就割头自杀了。灵公听见更生气了，更想把赵盾杀了。但是没有人可派遣。于是埋伏下军队在宫中，叫赵盾来吃饭。赵盾的车右卫士祁弥明，是晋国的壮士，勇猛地随着赵盾入宫，让他立在堂下。赵盾吃完饭，灵公对赵盾说：“我听说你有一把宝剑，是很锋利的。你给我看看。”赵盾立起来将要把剑送上去，祁弥明自堂下喊赵盾说：“赵盾既然吃饱了就出来吧！为什么无礼地在国君面前拔剑。”赵盾明白了，就跳下台阶逃跑。灵公有周地所产的一条大獒狗，唤獒狗追赵盾，獒狗也跳下台阶来追。祁弥明迎着狗用脚踢它，踢断它的脖子。赵盾回头看着灵公说：“君的獒不如臣的獒。”但是这时宫中军队听见鼓声就冲出来，在军

队中出来一个人抱着赵盾上车。赵盾回顾他说:“我怎么会得到你的援救?”回答说:“某一次你在桑树底下给我吃的救活了我。”赵盾说:“你叫什么名字?”回答说:“我们国君为谁准备的军队?你就上车吧!何必问我的名字?”赵盾赶着车就出了宫中,没有人能留住他。赵穿因为人民不高兴,就杀了灵公,然后迎接赵盾回来,同他一起处于朝廷,而立文公的儿子成公黑臀为君。

夏季四月。

秋八月,鲁国蝗虫成灾。

冬天十月。

宣公七年

【原文】

七年春,卫侯使孙良夫来盟。

夏,公会齐侯伐莱。

秋,公至自伐莱。

大旱。

冬,公会晋侯、宋公、卫侯、郑伯、曹伯于黑壤。

【译文】

七年春天,卫侯派遣孙良夫来鲁国结盟。

夏季,鲁宣公同齐讨伐莱国。

秋季,鲁宣公从讨伐莱国的地方回来。

鲁国发生大旱灾。

冬天,鲁宣公会见晋侯、宋公、卫侯、厥伯、曹伯在黑壤这地方盟会。

宣公八年

【原文】

八年春,公至自会。

夏六月,公子遂如齐,至黄乃复。其言至黄乃复何?有疾也。何言乎有疾乃复?讥。何讥尔?大夫以君命出,闻丧徐行而不反。

辛巳,有事于太庙。

仲遂卒于垂。仲遂者何?公子遂也。何以不称公子?贬。曷为贬?为弑子赤贬。

然则曷为不于其弑焉贬？于文则无罪。于子则无年。

壬午，犹绎。《万》入去“籥”。绎者何？祭之明日也。《万》者何？干舞也。“籥”者何？“籥”舞也。其言《万》入去“籥”何？去其有声者，废其无声者，存其心焉尔。存其心焉尔者何？知其不可而为之也。犹者何？通可以已也。

戊子，夫人熊氏薨。

晋师、白狄伐秦。

楚人灭舒、蓼。

秋七月甲子，日有食之，既。

冬十月己丑，葬我小君顷熊。雨，不克葬。庚寅，日中而克葬。顷熊者何？宣公之母也。而者何？难也。乃者何？难也。曷为或言而或言乃？乃难乎而也。

城平阳。

楚国伐陈。

【译文】

八年春季，宣公从会见的地方回来。

夏季六月，公子遂到齐国去，到了黄邑就回来。为什么说到了黄就回来呢？因为他有病。为什么说有病就回来呢？这是讥讽。为什么讥讽？大夫受到国君命令出国，听见父母亡故，也只好徐徐地走而不回来。

辛巳这天，祭祀鲁国的太庙。

仲遂死在垂这地方。谁是仲遂呢？就是公子遂。为什么不称公子呢？是贬低他的地位。为什么贬低他的地位呢？因为他杀子赤的缘故。但是为什么不在他杀子赤的时候贬低呢？对文公他没有罪，对于子赤就没加年份的记载。

壬午日，还在举行绎祭。万舞进来时就去掉籥管。什么叫作绎呢？这是祭祀的第二天。什么叫作万呢？这是拿着盾牌的舞蹈。什么叫作籥呢？就是拿着籥的舞蹈。为什么说万舞进来时就去掉籥管呢？去掉有声的，不去无声的。只在心中保存着乐器的名字。在心里存着乐器的名字是为什么呢？知道不可以做而还要做。什么叫作犹呢？表示可以不做。

戊子这天，宣公的母亲熊氏薨逝。

晋国军队同白狄攻伐泰国。

楚国人灭掉舒蓼国。

秋七月甲子这天，鲁国发生日全食。

冬十月己丑这天，给我国的小君顷熊行葬礼。天下雨不能下葬。第二天庚寅中午，才能够下葬。顷熊是谁呢？宣公的母亲。什么是而呢？很困难。什么是乃呢？更困难。为什么有时说而有时说乃呢？因为乃比而更困难。

修建平阳的城。

楚国军队攻伐陈国。

宣公九年

【原文】

九年春,王正月,公如齐。

公至自齐。

夏,仲孙蔑如京师。

齐侯伐莱。

秋,取根牟。根牟者何?邾娄之邑也。曷为不系乎邾娄?讳亟也。

八月,滕子卒。

九月,晋侯、宋公、卫侯、郑伯、曹伯会于扈。

晋荀林父帅师伐陈。

辛酉,晋侯黑臀卒于扈。扈者何?晋之邑也。诸侯卒其封内不地,此何以地?卒于会,故地也。未出其地,故不言会也。

冬十月癸酉,卫侯郑卒。

宋人围滕。

楚子伐郑。

晋郤缺帅师救郑。

陈杀其大夫泄冶。

【译文】

九年春季周历正月,宣公到齐国去。

宣公从齐国回来。

夏季,鲁大夫仲孙蔑到周都城去。

齐侯讨伐莱国。

秋季,占据了根牟这地方。根牟是什么地方?是邾娄的一个小城。为什么不写上邾娄的呢?是避讳占据这个地方太快了。

八月,滕国国君去世。

九月,晋侯同宋公、卫侯、郑伯、曹伯在扈会面。

晋国荀林父率领军队讨伐陈国。

辛酉这天,晋侯黑臀死在扈。扈是什么地方呢?是晋国的一个城邑。诸侯死在自己的疆域内不写地名,这里为什么写呢?因为在会见的时候死了,所以写上地名。因为没有离开过扈这地方,所以不说会见。

冬十月癸酉这天，卫侯郑死了。

宋国人围困滕国。

楚子攻伐郑国。

晋大夫郤缺率领军队救援郑国。

陈国把他们的大夫泄治杀死。

春秋公羊传卷十六

宣公下

宣公十年

【原文】

十年春，公如齐。公至自齐。齐人归我济西田。齐已取之矣，其言我何？言我者未绝于我也。曷为未绝于我？齐已言取之矣，其实未之齐也。

夏四月丙辰，日有食之。己巳，齐侯元卒。

齐崔氏出奔卫。崔氏者何？齐大夫也。其称崔氏何？贬。曷为贬？讥世卿，世卿非礼也。

公如齐。五月，公至自齐。

癸巳，陈夏征舒弑其君平国。

六月，宋师伐滕。

公孙归父如齐，葬齐惠公。

晋人、宋人、卫人、曹人伐郑。

秋，天王使王季子来聘。王季子者何？天子之大夫也。其称王季子何？贵也。其贵奈何？母弟也。

公孙归父帅师伐邾娄，取绎。

大水。

季孙行父如齐。

冬，公孙归父如齐。

齐侯使国佐来聘。

饥。何以书？以重书也。

楚子伐郑。

【译文】

十年春季，鲁宣公前往齐国。后来宣公又从齐国归来。齐国人归还我济水西边的土地。齐国已经拿去了，为什么还说我的呢？说我的就是这些地没有和我断了关系。为什么没有和我断绝呢？齐国已经说拿去了，但实际上并没有归到齐国。

夏四月丙辰这天，鲁国发生日食。

己巳这天。齐侯元去世。

齐国的崔氏逃奔到卫国。崔氏是什么人呢？就是齐国的大夫。为什么称他崔氏呢？这是贬低他。为什么贬低呢？因为讥讽他世代是卿，世代作卿是不合礼的。

鲁宣公到齐国去。五月，宣公从齐国归来。

癸巳这天，陈大夫夏征舒把他的国君平国杀死。

六月，宋国军队攻伐滕国。

鲁大夫公孙归父到齐国去，给齐惠公行葬礼。

晋国人同宋国人、卫国人、曹国人攻打郑国。

秋季，周天王派王季子来鲁国聘问。王季子是什么人呢？是周天子命封的大夫。为什么称他王季子呢？因为尊崇他。他尊贵到什么程度呢？他是周王的亲弟弟。

鲁大夫公孙归父率领军队讨伐邾娄，占据绎这地方。

鲁国发生洪灾。

季孙行父到齐国去。

冬天，公孙归父到齐国去。

齐侯派遣国佐来鲁国聘问。

鲁国有饥荒。为什么写下来？因为饥荒很严重，所以写下来。

楚子攻伐郑国。

宣公十一年

【原文】

十有一年春，王正月。

夏，楚子、陈侯、郑伯盟于辰陵。

公孙归父会齐人伐莒。

秋，晋侯会狄于欑函。

冬十月，楚人杀陈夏征舒。此楚子也，其称人何？贬。曷为贬？不与外讨也。不与外讨者，因其讨乎外而不与也，虽内讨亦不与也。曷为不与？实与而文不与。文曷为不与？诸侯之义不得专讨也。诸侯之义不得专讨，则其曰实与之何？上无天子，下无方伯，

天下诸侯有为无道者,臣弑君,子弑父,力能讨之,则讨之可也。

丁亥,楚子入陈,纳公孙宁、仪行父于陈。此皆大夫也,其言纳何?纳公党与也。

【译文】

十一年春季周历正月。

夏天,楚子同陈侯和郑伯在辰陵这地方结盟。

公孙归父会合齐人讨伐莒国。

秋天,晋侯同狄人在欑函会面。

冬天十月,楚国人杀了陈国的夏征舒。这是楚子,为什么称他人呢?因为贬低他的地位。为什么贬低他的地位?表示不赞同在外边讨伐人。不赞同在外边讨伐人的原因是因为向外讨伐人不赞同,即使是对国内讨伐也不赞同。为什么不赞同?实际是赞同而文辞里不赞同。文辞里为什么不赞同呢?诸侯的规矩是不能自己下令诛戮。诸侯的规矩是不能自己下令讨伐,那么为什么说实际是赞成呢?上边没有得力的天子,下边没有得力的方伯,天下诸侯有暴虐无道的,人臣杀他的国君,儿子杀他的父亲,若力量能够攻伐的,就可以去攻伐他!

丁亥这天,楚子进入陈国都城,送公孙宁同仪行父进入陈国。这都是大夫,为什么说纳呢?这是让陈灵公的党羽攻入。

宣公十二年

【原文】

十有二年春,葬陈灵公。讨此贼者非臣子也,何以书葬?君子辞也。楚已讨之矣,臣子虽欲讨之而无所讨也。

楚子围郑。

夏六月乙卯,晋荀林父帅师及楚子战于邲,晋师败绩。大夫不敌君,此其称名氏以敌楚子何?不与晋而与楚子为礼也。曷为不与晋而与楚子为礼也?庄王伐郑,胜乎皇门,放乎路衢。郑伯肉袒,左执茅旌,右执鸾刀,以逆庄王曰:“寡人无良,边垂之臣,以干天祸,是以使君王沛焉,辱到敝邑。君如矜此丧人,锡之不毛之地,使帅一二耋老而绥焉,请唯君王之命。”庄王曰:“君之不令臣交易为言,是以使寡人得见君之玉面,而微至乎此。”庄王亲自手旌,左右抟军,退舍七里。将军子重谏曰:“南郢之与郑相去数千里,诸大夫死者数人,厮役扈养,死者数百人,今君胜郑而不有,无乃失民臣之力乎?”庄王曰:“古者杅不穿,皮不蠹,则不出于四方。是以君子笃于礼而薄于利,要其人而不要其土,告从,不赦不详,吾以不详道民,灾及吾身,何日之有?”既则晋师之救郑者至,曰:“请战。”庄王许诺。将军子重谏曰:“晋,大国也,王师淹病矣,君请勿许也。”庄王曰:“弱者吾威之,强者吾辟之,是以使寡人无以立乎天下?”令之还师而逆晋寇。庄王鼓之,晋师大败,晋众之走者,

舟中之指可掬矣。庄王曰:“嘻!吾两君不相好,百姓何罪?”令之还师而佚晋寇。

秋七月。

冬十有二月戊寅,楚子灭萧。

晋人、宋人、卫人、曹人同盟于清丘。

宋师伐陈。

卫人救陈。

【译文】

十二年春季,给陈灵公行葬礼。讨伐杀君贼人的不是陈国的臣子,为什么记载行葬礼呢?这是君子所说的话。楚国已经讨伐了杀君的人,臣子虽想讨伐也无从去讨伐了。

楚子围攻郑国。

夏六月乙卯这天,晋国荀林父率领着军队同楚庄王在邲这地方交战,晋国军队溃败了。大夫不能与国君并列,这里为什么称他的名氏与楚子并列呢?不赞成晋国,而对楚子以礼相待。为什么不赞成晋国而对楚子以礼相待呢?楚庄王讨伐郑国,在皇门战胜,进到四通的大街。郑伯脱掉衣服,左手拿着在宗庙迎神的旗子,右手拿着在宗庙切肉的刀子,迎着庄王说:“我为人不善,作为楚国边陲的臣子,招惹了上天降的灾祸,所以使您发火如此厉害,一直羞辱到我国家。你如果可怜我这已经丧亡的人,赐给我一块不毛的土地,使我率领着几个老人们去安居,听任你君王的命令。”楚庄王说:“你的不好的臣子来来往往说坏话,使我今天到此亲自看到你。这是由小过失积累到如此地步。”庄王亲手执旌旗,叫左右退军七里。将军子重劝说:“南郢跟郑国相去几千里远,大夫们战死的有好几个,下边的兵士民夫,战死的有几百人,你现在战胜郑国也不占领它,岂不白失去臣民的力量吗?”庄王回答说:“古时候饮水器若不穿裂,皮衣服若不长虫,就不到国外去朝聘征伐。所以君子看重礼而对利看得很轻,要他人民服罪而不要占领他的土地,郑国已经答应服从,不赦免他就是用心不善,我用不善的用心去领导人民,灾害恐怕不久就降临了。”后来晋国军队来援救郑,就说:“请开战。”庄王就答应了。将军子重又劝说:“晋是强大的国家,楚国王师在外已经很久了,病死的也不少,你不要答应他吧!”庄王说:“弱小的我就威胁他,强大的我就躲避他,这将使寡人没有方法立在天下了。”于是就命令楚国军队回过头来迎战晋国军队。庄王击鼓,晋国军队大败,晋国军队逃走的太多,船里头被砍下的手指头可以用手来捧。庄王说:“唉呀!我们两个国君不相议和,百姓有什么罪呢?”就叫楚国军队回来,

父庚觯

而放晋国车队逃走。

秋天七月。

冬十二月戊寅这天，楚子灭掉萧国。

晋人同宋人、卫人、曹人在清丘这地方盟誓。

宋国军队攻讨陈国。

卫国人去救援陈国。

宣公十三年

【原文】

十有三年春，齐师伐卫。

夏，楚子伐宋。

秋，螽。

冬，晋杀其大夫先縠。

【译文】

十三年春季，齐国军队攻伐卫国。

夏天，楚子攻伐宋国。

秋天，鲁国蝗虫成灾。

冬季，晋人把他们的大夫先縠杀了。

宣公十四年

【原文】

十有四年春，卫杀其大夫孔达。

夏五月壬申，曹伯寿卒。

晋侯伐郑。

秋九月，楚子围宋。

葬曹文公。

冬，公孙归父会齐侯于谷。

【译文】

十四年春天，卫人杀死他的大夫孔达。

夏天五月壬申日，曹伯寿辞世。

晋侯讨伐郑国。

秋天九月，楚子围攻宋国。

给曹文公行葬礼。

冬天，公孙归父同齐侯在谷这地方盟会。

宣公十五年

【原文】

十有五年春，公孙归父会楚子于宋。

夏五月，宋人及楚人平。外平不书。此何以书？大其平乎已也。何大乎其平乎已？庄王围宋，军有七日之粮尔，尽此不胜，将去而归尔。于是使司马子反乘堙而窥宋城，宋华元亦乘堙而出见之。司马子反曰："子之国何如？"华元曰："惫矣。"曰："何如？"曰："易子而食之，析骸而炊之。"司马子反曰："嘻！甚矣惫！虽然，吾闻之也，围者柑马而秣之，使肥者应客，是何子之情也。"华元曰："吾闻之，君子见人之厄则矜之，小人见人之厄则幸之。吾见子之君子也，是以告情于子也。"司马子反曰："诺，勉之矣！吾军亦有七日之粮尔，尽此不胜，将去而归尔。"揖而去之，反于庄王。庄王曰："何如？"司马子反曰："惫矣！"曰："何如？"曰："易子而食之，析骸而炊之。"庄王曰："嘻！甚矣惫！虽然，吾今取此然后而归尔。"司马子反曰："不可。臣已告之矣，军有七日之粮尔。"庄王怒曰："吾使子往视之，子曷为告之？"司马子反曰："以区区之宋，犹有不欺人之臣，可以楚而无乎？是以告之也。"庄王曰："诺。舍而止。虽然，吾犹取此然后归尔。"司马子反曰："然则君请处于此，臣请归尔。"庄王曰："子去我而归，吾孰与处于此？吾亦从子而归尔。"引师而去之，故君子大其平乎已也。此皆大夫也，其称人何？贬。曷为贬？平者在下也。

六月癸卯，晋师灭赤狄潞氏，以潞子婴儿归。潞何以称子？潞子之为善也，躬足以亡尔。虽然，君子不可不记也。离于夷狄，而未能合于中国，晋师伐之，中国不救，狄人不有，是以亡也。

秦人伐晋。

王札子杀召伯、毛伯。王札子者何？长庶之号也。

秋。螽。

仲孙蔑会齐高固于牟娄。

初税亩。初者何？始也。税亩者何？履亩而税也。初税亩何以书？讥。何讥尔？讥始履亩而税也。何讥乎始履亩而税？古者什一而藉。古者曷为什一而藉？什一者，天下之中正也。多乎什一，大桀小桀。寡乎什一，大貉小貉。什一者，天下之中正也，什一行而颂声作矣。

冬，蝝生。未有言蝝生者，此其言蝝生何？蝝生不书，此何以书？幸之也。幸之者何？犹曰受之云尔。受之云尔者何？上变古易常，应是而有天灾，其诸则宜于此焉变矣。

饥。

【译文】

十五年春季，公孙归父同楚子在宋国会面。

夏天五月，宋人同楚人定了和议。外国的和议不写下来，这里为什么写呢？因为裹奖他们和平的缘故。为什么裹奖他们的和平？楚庄王围困宋国，军中只有七天的粮食，假设七天得不到胜利，就离开宋国回到楚国去。于是就派楚国元帅司马子反登上土山窥视宋国都城里的情形，宋国的华元也登上土山出来面见他。子反问他说："你们国家的情形怎么样？"华元说："疲惫了。"子反说："怎么样的疲惫呢？"华元说："人们交换了孩子来吃，把死人的骨头切断来烧火。"子反说："唉呀！这么样的疲倦！虽然如此，但是我听说过，被围的时候，将粮草放到马嘴上，又将木头衔在它的嘴中，使它不能多吃，并派肥的马给客人看，为什么你露出来你们真实的情形呢。"华元说："我听说过，君子看见人家危险就怜悯他，小人看见人家危险就幸灾乐祸。我看你是位君子，所以把实在的情形告诉你。"子反说："好吧！努力去吧！楚国军队也只有七天的粮食，若吃完了粮食再打不胜，就决定回去了。"子反作了揖就走了，回来报告楚庄王。庄王问他说："怎么样？"子反回答说："疲惫了！"说："怎么样的疲惫呢？"回答说："宋人把孩子交换来吃，把死人的骨头切断来烧火。"庄王说："唉呀！十分疲惫了！虽然如此，我要夺取它后再回去。"子反说："不可以。我已经告诉他，我们的军队只有七天的粮食。"庄王生气说："我派你去看他的情形，你为什么告诉他？"子反说："以宋国那么小的国家，尚有不欺骗人的臣子，楚国反倒没有吗？所以告诉他。"庄王说："好吧！盖了房子停留在这里。虽然如此，我还是要夺取他然后回去。"子反说："那么请国君停留在这儿，我请求回国去。"庄王说："你离开我回国，我跟谁住在这里呢？我只好跟着你回去。"带着军队就回去了，所以君子裹奖他的和平。这两个全是大夫，为什么称人呢？贬低他们的身份。为什么贬呢？因为奠定和平的人在下位的缘故。

六月癸卯这天，晋国军队消灭赤狄潞氏，把潞子婴儿带回晋国。潞为什么称子呢？潞子做善事，但是他本身就足以使国家灭亡。但是，君子也不能不记载这条。离开了夷狄的国家，而没能与中国的礼仪相同，晋国军队讨伐他，中国不营救他，夷狄也不帮他忙，所以他就亡了。

秦国人攻伐晋国。

王札子杀了召伯同毛伯。谁叫王札子呢？是周王朝长庶子的称号。

秋季，鲁国有蝗虫的灾害。

鲁大夫仲孙蔑同齐国大夫高固在牟娄这地方会面。

开始按着田亩的数量上税。什么叫作初呢？是开始。什么叫作税亩呢？就是按着田亩的数量来上税。开始按着田亩的数量来上税为什么写下来？这是讥讽？为什么讥讽？讥讽开始按着田亩的数量来上税，为什么讥讽开始按着田亩的数量来上税呢？古时候是把所收粮食的十分之一上税。古时为什么将所收粮食的十分之一上税？所收的十分之一是天下上税最适中正规的数目。超过十分之一，就是跟夏桀一样的小夏桀。比十分之一少的，等于蛮貉一样的小蛮貉。十分之一是天下上税里最适中、正规的，实行十分之一的税，歌颂之声就响起了。

冬天，未生翅的蝗虫产生了，从前没有说过未生翅的蝗虫生了，这里为什么说呢？未生翅的蝗虫产生了不写下来，这里为什么写呢？因为很侥幸。为什么很侥幸呢？等于说接受它了。为什么说接受它？国君变了古代的法度，更易常规，对应它而有了天灾，那么就应该在这时有所改变了。

鲁国饥荒。

宣公十六年

【原文】

十有六年春，王正月，晋人灭赤狄甲氏及留吁。

夏，成周宣谢灾。成周者何？东周也。宣谢者何？宣宫之谢也。何言乎成周宣谢灾？乐器藏焉尔。成周宣谢灾何以书？记灾也。外灾不书，此何以书？新周也。

秋，郯伯姬来归。

冬，大有年。

【译文】

十六年春季周历正月，晋人灭掉甲氏同留吁两个赤狄国。

夏天，成周宣王庙中的厢房发生火灾。什么叫做成周呢？就是东周。什么叫作宣谢呢？就是宣王庙中的厢房。为什么说成周宣王庙中的厢房有火灾？因为宣王的乐器储藏在那里。成周宣王庙的厢房火灾为什么写下来？这是记载灾害。外国的灾害不记录，这里为什么写呢？因为这是周王室的缘故。

秋季，郯伯姬回到鲁国来。

冬季，鲁国大丰收。

宣公十七年

【原文】

十有七年春，王正月庚子，许男锡我卒。

丁未，蔡侯申卒。

夏，葬许昭公。

葬蔡文公。

六月癸卯，日有食之。

己未，公会晋侯、卫侯、曹伯、邾娄子同盟于断道。

秋，公至自会。

冬十有一月壬午，公弟叔肸卒。

【译文】

十七年春季周历正月庚子这天，许男锡我去世。

丁未这天，蔡侯申去世。

夏季，给许昭公行葬礼。

给蔡文公行葬礼。

六月癸卯这天，鲁国有日食。

己未日，鲁宣公和晋侯、卫侯、曹伯、邾娄子在断道这地方盟誓。

秋天，鲁宣公从盟会的地方回来。

冬季十一月壬午这天，宣公的同母弟叔肸去世。

宣公十八年

【原文】

十有八年春，晋侯、卫世子臧伐齐。

公伐杞。

夏四月。

秋七月，邾娄人戕鄫子于鄫。戕鄫子于郐者何？残贼而杀之也。

甲戌，楚子旅卒。何以不书葬？吴、楚之君不书葬，辟其号也。

公孙归父如晋。

冬十月壬戌，公薨于路寝。

归父还自晋，至柽，遂奔齐。还者何？善辞也。何善尔？归父使于晋，还自晋，至柽闻君薨家遣，埠帷哭君成踊，反命乎介，自是走之齐。

【译文】

十八年春季，晋侯同卫世子臧攻伐齐国。

宣公攻伐杞国。

夏天四月。

秋天七月，邾娄人在鄫国把鄫子戕害。为什么叫作戕呢？把他肢解杀死。

甲戌这天，楚庄王旅去世。为什么不写葬呢？吴国同楚国的国君不写葬，因为避开他的称号。

鲁大夫公孙归父到晋国去。

冬天十月壬戌这天，宣公死在正寝里。

公孙归父从晋国回来，到了柽这地方就投奔齐国去。什么是还呢？这是夸奖的言辞。为什么夸奖？归父被派到晋国，从晋国回来，到了柽这地方，听见宣公死了，自己的家产被驱逐，就做了一个土坛，四面围上帷帐，设了宣公的灵位，跳着脚哭，把出国的命令交给副使拿回来，自己就从这儿投奔齐国去了。

春秋公羊传卷十七

成公上

成公元年

【原文】

元年春，王正月，公即位。

二月辛酉，葬我君宣公。

无冰。

三月，作丘甲。何以书？讥。何讥尔？讥始丘使也。

夏，臧孙许及晋侯盟于赤棘。

秋，王师败绩于贸戎。孰败之？盖晋败之，或曰贸戎败之。然则曷为不言晋败之？王者无敌，莫敢当也。

冬十月。

【译文】

元年春季周历正月，成公行即位典礼。

二月辛酉日，给鲁宣公行葬礼。

鲁国没有结冰。

三月开始实行丘甲的劳赋。为什么写下来？这是讽刺。为什么讽刺？讽刺开始役使各丘的人。

夏季，鲁大夫臧孙许同晋侯在赤棘结盟。

秋季，周王的军队被贸戎击败了。谁击败他呢？大概是晋国击败他，有人说是贸戎把他击败了。那为什么不说是晋国打他呢？王者应当没有对手，没人敢抵挡他，作他的对手。

冬季十月。

成公二年

【原文】

二年春，齐侯伐我北鄙。

夏四月丙戌，卫孙良夫帅师及齐师战于新筑，卫师败绩。

六月癸酉，季孙行父、臧孙许、叔孙侨如、公孙婴齐帅师会晋郤克、卫孙良夫、曹公子手及齐侯战于鞌，齐师败绩。曹无大夫，公子手何以书？忧内也。

秋七月，齐侯使国佐如师。己酉，及国佐盟于袁娄。君不使乎大夫，此其行使乎大夫何？佚获也。其佚获奈何？师还齐侯，晋郤克投戟逡巡再拜稽首马前。逢丑父者，顷公之车右也，面目与顷公相似，衣服与顷公相似，代顷公当左。使顷公取饮，顷公操饮而至，曰："革取清者。"顷公用是佚而不反。逢丑父曰："吾赖社稷之神灵，吾君已免矣。"郤克曰："欺三军者其法奈何？"曰："法斮。"于是斮逢丑父。己酉，及齐国佐盟于袁娄。曷为不盟于师而盟于袁娄？前此者，晋郤克与臧孙许同时而聘于齐。萧同侄子者，齐君之母也，踊于棓而窥客，则客或跛或眇，于是使跛者迓跛者，使眇者迓眇者。二大夫出，相与踦闾而语，移日然后相去。齐人皆曰："患之起必自此始！"二大夫归，相与率师为鞌之战，齐师大败。齐侯使国佐如师，郤克曰："与我纪侯之甗，反鲁、卫之侵地，使耕者东亩，且以萧同侄子为质，则吾舍子矣。"国佐曰："与我纪侯之甗，请诺。反鲁、卫之侵地，请诺。使耕者东亩，是则土齐也。萧同侄子者，齐君之母也，齐君之母，犹晋君之母也，不可。请战，一战不胜请再，再战不胜请三，三战不胜，则齐国尽子之有也，何必以萧同侄子为质？"揖而去之。郤克眣鲁、卫之使，使以其辞而为之请，然后许之。逮于袁娄而与之盟。

八月壬午，宋公鲍卒。

庚寅，卫侯遬卒。

取汶阳田。汶阳田者何？鞌之赂也。

冬，楚师、郑师侵卫。

十有一月，公会楚公子婴齐于蜀。

丙申，公及楚人、秦人、宋人、陈人、卫人、郑人、齐人、曹人、邾娄人、薛人、鄫人盟于

蜀。此楚公子婴齐也，其称人何？得一贬焉尔。

【译文】

二年春季，齐侯攻伐鲁国的北部边邑。

夏四月丙戌这天，卫国孙良夫率领军队同齐国军队在新筑交战，卫国军队溃败了。

六月癸酉这天，鲁大夫季孙行父、臧孙许、叔孙侨如、公孙婴齐率领军队会合晋大夫郤克、卫大夫孙良夫、曹国公子手在鞌这地方跟齐侯打仗，齐国军队被打败了。曹国没有大夫，公子手为什么能写上？因为忧虑他国内的情况。

秋天七月，齐顷公派国佐前往晋国军队。己酉这天，各国同国佐在袁娄盟会。国君不派大夫，这次为什么派大夫呢？因为齐顷公被捉住后逃亡。他怎么样被捉住后逃亡呢？晋国军队围困了齐顷公，郤克扔下了戟，转来转去，停在齐顷公马前叩头。逢丑父是齐顷公的右侧卫士，他的样子同顷公相像，衣服也同顷公相像，就取代顷公站在左边。他叫顷公给他取水喝，顷公拿水来，他就说："再去换清水来。"顷公于是逃去不再回来。逢丑父说："依赖社稷的神灵保护，我们国君已经赦免了灾祸。"郤克说："欺骗三军的人按法律应该怎么处理？"有人回答说："应当斩首。"于是就斩了逢丑父。己酉这天，就同齐国国佐在袁娄盟誓。为什么不在军中盟誓，而在袁娄盟誓呢？在此以前晋国郤克同鲁国臧孙许同时出使齐国。萧同姪子是齐顷公的母亲，登到踏板上去窥视客人，客人有一个跛脚的，有一个一只眼，于是就叫跛脚的人去迎接跛脚的，一只眼的人迎接一只眼的。这两位大夫出来后靠着门会谈了很久，直到黄昏才离开。齐国人说："患难的起源必定是从这儿开始。"两个大夫回国，共同率领军队在鞌作战，齐国军队溃败。齐顷公派国佐到军队中，郤克说："给我纪侯的铜甗，交回齐国所占鲁国、卫国的地方，让田地的陇沟向东，并且把萧同姪子做人质，我就饶了你。"国佐说："给你纪侯的铜甗可以答应。还领鲁国、卫国的地方可以答应。使田地的陇沟向东，这是把齐国土地归到晋国了。萧同姪子是齐君的母亲，齐君的母亲也像是晋君的母亲，这都不可以。请作战吧！一战打不胜请再打，再打不胜请三战，三战都不胜，齐国全归你了，何必拿萧同姪子做人质呢？"作揖行礼后就走了。郤克向鲁、卫的使臣做眼色，使他们替齐国请求，然后同意了，到了袁娄方才同齐国盟誓。

八月壬午这天，宋公鲍去世。

庚寅这天，卫侯遬去世。

取回汶水北边齐国所占领的田地，汶阳田是怎么回事，是鞌战结束以后齐国对鲁国的贿赂。

冬季，楚国军队和郑国军队侵犯卫国。

十一月，鲁成公同楚国公子婴齐在蜀这地方开会。

丙申这天，鲁成公同楚人、秦人、宋人、陈人、卫人、郑人、齐人、曹人、邾娄人、薛人、鄫人在蜀这地方会盟。这是楚国公子婴齐，为什么称他人呢？只这一次贬低他。

成公三年

【原文】

三年春，王正月，公会晋侯、宋公、卫侯、曹伯伐郑。

辛亥，葬卫缪公。

二月，公至自伐郑。

甲子，新宫灾，三日哭。新宫者何？宣公之宫也。宣宫则曷为谓之新宫？不忍言也。其言三日哭何？庙灾三日哭，礼也。新宫灾何以书？记灾也。

乙亥，葬宋文公。

夏，公如晋。

郑公子去疾帅师伐许。

公至自晋。

秋，叔孙侨如率师围棘。棘者何？汶阳之不服邑也。其言围之何？不听也。

大雩。

晋郤克、卫孙良夫伐将咎如。

冬，十有一月，晋侯使荀庚来聘。

卫侯使孙良夫来聘。

丙午，及荀庚盟。

丁未，及孙良夫盟，此聘也，其言盟何？聘而言盟者，寻旧盟也。

郑伐许。

【译文】

三年春季周历正月，鲁成公会合晋侯、宋公、卫侯、曹伯攻伐郑国。

辛亥日，给卫缪公行葬礼。

二月，鲁成公讨伐郑国归来。

甲子这天，新建的庙发生火灾，哭了三天。新建的庙是什么？就是宣公的庙。宣公的庙为什么称为新宫？因为不忍心说。为什么说哭了三天？庙里发生火灾哭了三天这是合于礼制的。新立的庙发生火灾为什么写下来？这是记载灾情。

乙亥这天，给宋文公行葬礼。

夏天，鲁成公前往晋国。

郑国公子去疾率领军队攻伐许国。

鲁成公从晋国回来。

秋天，叔孙侨如率领军队围困了棘这个城。什么叫作棘呢？就是汶水北边不服从鲁

国的一个城邑。说包围它是什么意思呢？因为它背叛了。

晋大夫郤克同卫大夫孙良夫一同讨伐将咎如。

冬天十一月，晋侯派遣荀庚来鲁国朝问。

卫侯派孙良夫来鲁国朝问。

丙午这天，鲁国同晋大夫荀庚结盟。

丁未这天，同卫国孙良夫盟会。这是来聘问，为什么说盟会呢？来聘问而兼说盟会，是因为寻找旧的会盟。

郑国进攻许国。

成公四年

【原文】

四年春，宋公使华元来聘。

三月壬申，郑伯坚卒。

杞伯来朝。

夏四月甲寅，臧孙许卒。

公如晋。

葬郑襄公。

秋，公至自晋。

冬，城运。

郑伯伐许。

【译文】

四年春天，宋公派遣宋大夫华元来鲁国访问。

三月壬申日，郑伯坚去世。

杞伯来鲁国朝见。

夏四月甲寅日，臧孙许去世。

成公到晋国去。

给郑襄公行葬礼。

秋季，成公从晋国回来。

冬季，修建运城。

郑伯攻伐许国。

成公五年

【原文】

五年春，王正月，杞叔姬来归。

仲孙蔑如宋。

夏，叔孙侨如会晋荀秀于谷。

梁山崩。梁山者何？河上之山也。梁山崩何以书？记异也。何异尔？大也。何大尔？梁山崩，壅河三日不沵。外异不书，此何以书？为天下记异也。

秋大水。

冬，十有一月己酉，天王崩。

十有二月己丑，公会晋侯、齐侯、宋公、卫侯、郑伯、曹伯、邾娄子、杞伯同盟于虫牢。

【译文】

五年春季周历正月，杞叔姬返回鲁国。

鲁大夫仲孙蔑到宋国去。

夏季，鲁大夫叔孙侨如同晋大夫荀秀在谷会面。

梁山崩塌了。什么叫作梁山呢？是黄河边上的一座山。梁山崩塌为什么写下来？因为记载灾异。什么灾异呢？很大的灾异。有多么大呢？梁山崩塌以后，堵塞着黄河三天不能流水。鲁国以外的灾异不写下来，这次为什么写呢？因为为天下记载灾异。

秋季，有大水灾。

冬十一月己酉这天，周定王驾崩了。

十二月己丑这天，成公会同晋侯、齐侯、宋公、卫侯、郑伯、曹伯、邾娄子、杞伯在虫牢这地方结盟。

成公六年

【原文】

六年春，王正月，公至自会。

二月辛巳，立武宫。武宫者何？武公之宫也。立者何？立者不宜立也。立武官，非礼也。

取鄟。鄟者何？邾娄之邑也。曷为不系于邾娄？讳亟也。

卫孙良夫率师侵宋。

夏六月，邾娄子来朝。

公孙婴齐如晋。

壬申，郑伯费卒。

秋，仲孙蔑、叔孙侨如率师侵宋。

楚公子婴齐率师伐郑。

冬，季孙行父如晋。

晋栾书率师侵郑。

【译文】

六年春季周历正月，鲁成公从会见的地方回来。

二月辛巳日，设立武公的庙。武宫是什么呢？就是鲁武公的庙。立是什么意思？立就是不应当立的。立武宫，是不合于礼的。

夺取了鄟这个城邑。什么是鄟呢？是邾娄国的一个城邑。为什么不写上邾娄国呢？因为是避讳说鲁国急于夺取城邑。

卫国孙良夫率领军队侵犯宋国。

夏季六月，邾娄的君来鲁国朝见。

鲁大夫栾公孙婴齐到晋国去。

壬申这天，郑伯费去世。

秋季，伯孙蔑同叔孙侨如率领军队侵犯宋国。

楚国公子带领国队讨伐郑国。

冬季，鲁大夫季孙行父到晋国去。

晋大夫乐书统领军队侵略郑国。

成公七年

【原文】

七年春，王正月，鼷鼠食郊牛角。改卜牛，鼷鼠又食其角，乃免牛。

吴伐郯。

夏五月，曹伯来朝。

不郊，犹三望。

秋，楚公子婴齐率师伐郑。

公会晋侯、齐侯、宋公、卫侯、曹伯、莒子、邾娄子、杞伯救郑。八月戊辰，同盟于马陵。公至自会。

吴人州来。

冬，大雩。

卫孙林父出奔晋。

【译文】

七年春季周历正月，小老鼠吃了郊祭用的牛的角。就改占卜郊祭用的牛，小老鼠又吃了新占卜的牛的角，就免除用牛。

吴国进攻郯国。

夏天五月，曹伯来鲁国朝见。

不举行郊祭，但是仍旧三次望祭山川。

秋天，楚国公子率领军队讨伐郑国。

鲁成公会合晋侯、齐侯、

宋公、卫侯、曹伯、莒子、邾娄子、杞伯去援救郑国。八月戊辰这天，在马陵这地方盟誓。后来成公从盟会的地方回到鲁国。

吴国攻入州来。

冬天，鲁国举行求雨的典礼。

卫国孙林父流亡到晋国。

成公八年

【原文】

八年春，晋侯使韩穿来言汶阳之田，归之于齐。来言者何？内辞也，胁我使我归之也。曷为使我归之？鞌之战，齐师大败，齐侯归，吊死视疾，七年不饮酒、不食肉。晋侯闻之曰："嘻！奈何使人之君七年不饮酒、不食肉，请皆反其所取侵地。"

晋栾书帅师侵蔡。

公孙婴齐如莒。

宋公使华元来聘。

夏，宋公使公孙寿来纳币。纳币不书，此何以书？录伯姬也。

晋杀其大夫赵同、赵括。

秋七月，天子使召伯来锡公命。其称天子何？元年春王正月，正也，其余皆通矣。

冬十月癸卯，杞叔姬卒。

晋侯使士燮来聘。

叔孙侨如会晋士燮、齐人、邾娄人伐郯。

卫人来媵。媵不书，此何以书？录伯姬也。

【译文】

八年春天，晋侯派遣韩穿来说把汶水旁边的田地归还给齐国。什么叫作来言呢？是在鲁国内所说的话，晋侯威胁我国使我退还齐国的土地。为什么叫我退还给他呢？因为鞌这次战役时，齐国军队战败，齐顷公回国以后，吊唁被打死的人，抚视有病的人，他自己也七年不喝酒不吃肉。晋侯听见了，就叹息说："唉呀！为什么使齐君七年不喝酒七年不吃肉，请把占领的齐国土地全还给他吧！"

晋国栾书率领军队侵犯蔡国。

鲁大夫公孙婴齐到莒国去。

宋公派华元来鲁国聘问。

夏天，宋公派大夫公孙寿来鲁国送订礼的礼物。普通送订婚记物不写下来，这里为什么写呢？这是尊敬鲁国伯姬的记录。

晋人把他们的大夫赵同和赵括杀了。

秋季七月，周天子派召伯来赐给成公命服。为什么称天子呢？元年春季周历正月，位置摆正了，其余的就全通顺了。

冬十月癸卯日，杞国夫人叔姬死了。

晋侯派大夫士燮来鲁国访问。

鲁大夫叔孙侨如会同晋大夫士燮、齐人、邾娄人攻伐郯国。

卫国人送女子来做鲁国伯姬的媵妾。普通的媵不写下来，这为什么写呢？因为尊重鲁国伯姬的缘故。

成公九年

【原文】

九年春，王正月，杞伯来逆叔姬之丧以归。杞伯曷为来逆叔姬之丧以归？内辞也，胁而归之也。

公会晋侯、齐侯、宋公、卫侯、郑伯、曹伯、莒子、杞伯同盟于蒲。公至自会。

二月，伯姬归于宋。

夏，季孙行父如宋致女。未有言致女者，此其言致女何？录伯姬也。

晋人来媵。媵不书，此何以书？录伯姬也。

秋七月丙子，齐侯无野卒。

晋人执郑伯。

晋栾书帅师伐郑。

冬十有一月，葬齐顷公。

楚公子婴齐帅师伐莒。庚申，莒溃。

楚人入运。

秦人、白狄伐晋。

郑人围许。

城中城。

【译文】

九年春季周历正月，杞伯自己把叔姬的遗体迎接回杞国。杞伯为什么来迎接叔姬的遗体？这是鲁国内的隐辞，是表示胁迫他来迎接回去。

鲁成公同晋侯、齐侯、宋公、卫侯、郑伯、曹伯、莒子、杞伯在浦这地方结盟。后来成公从会盟的地方回到鲁国。

二月，伯姬嫁到宋国。

夏季，鲁大夫季孙行父到宋国行致女的典礼。平常不写致女的典礼，这里为什么写呢？是尊重伯姬的记录。

晋人送他们的女子来做伯姬的媵妾，普通的媵不写下来，这为什么写呢？这是尊重伯姬的记录。

秋天七月丙子这天，齐侯无野去世了。

晋国人把郑伯扣押起来。

晋大夫栾书率领军队侵攻郑国。

冬季十一月，给齐顷公行葬礼。

楚国公子婴齐率领军队讨伐莒国。庚申这天，莒国溃败了。

楚国人侵入鲁国运城。

秦国人同白狄讨伐晋国。

郑国人围困了许国都城。

鲁国修缮中城这个城邑。

成公十年

【原文】

十年春，卫侯之弟黑背率师侵郑。

夏四月，五卜郊不从，乃不郊。其言乃不郊何？不免牲，故言乃不郊也。

五月，公会晋侯、齐侯、宋公、卫侯、曹伯伐郑。

齐人来媵，媵不书，此何以书？录伯姬也。三国来媵非礼也，曷为皆以录伯姬之辞言之？妇人以众多为侈也。

丙午，晋侯獳卒。
秋七月。
公如晋。

【译文】

十年春季，卫侯的弟弟黑背，率领军队侵犯郑国。

夏季四月，五次占卜郊祭都不吉祥，就不举行郊祭。为什么说就不郊祭呢？因为没有免去牛的牺牲，所以说就不郊祭了。

五月，鲁成公会合晋侯、齐侯、宋公、卫侯、曹伯去攻伐郑国。

齐国人也派媵妾到鲁国来，普通的媵不写下来，这为什么写呢？因为尊重鲁国伯姬的记录。三国派媵妾来这是不合礼的，为什么都以尊重伯姬的言辞来记录呢？妇人是以有众多媵妾表示心胸宽大。

晋景公名叫獳去世了。

秋天七月。

鲁成公前往鲁国。

春秋公羊传卷十八

成公下

成公十一年

【原文】

十有一年春，王三月，公至自晋。
晋侯使郤州来聘。己丑，及郤州盟。
夏，季孙行父如晋。
秋，叔孙侨如如齐。
冬十月。

【译文】

十一年春季周历三月，成公从晋国回到鲁国。

晋侯派遣大夫郤州来鲁国朝访。己丑这天，同郤州结盟。

夏季，季孙行父到晋国去。

秋季，叔孙侨如到齐国去。

冬季十月。

成公十二年

【原文】

十有二年春，周公出奔晋。周公者何？天子之三公也。王者无外，此其言出何？自其私土而出也。

夏，公会晋侯、卫侯于沙泽。

秋，晋人败狄于交刚。

冬十月。

【译文】

十二年春天，周公出奔晋国。谁是周公呢？是周天子三公的一个。天下全是王者所有，对他无所谓内外，为什么说出奔呢？因为他是从私有的土地上出奔的缘故。

夏季，成公同晋侯、卫侯在沙泽会见。

秋季，晋国人在交刚这地方把白狄打败了。

冬季十月。

成公十三年

【原文】

十有三年春，晋侯使郤锜来乞师。

三月，公如京师。

夏五月，公自京师，遂会晋侯、齐侯、宋公、卫侯、郑伯、曹伯、邾娄人、滕人伐秦。其言自京师何？公凿行也。公凿行奈何？不敢过天子也。

曹伯庐卒于师。

秋七月，公至自伐秦。

冬，葬曹宣公。

【译文】

十三年春天，晋侯派遣大夫郤锜到鲁国来求军队援救。

三月，成公到周都城去。

夏季五月，公从京师就会同晋侯、齐侯、宋公、卫侯、郑伯、曹伯、邾娄人、滕人讨伐秦国。为什么说公从京师？意思说成公从京师改道而行。成公怎么从京师改道而行呢？因为不敢路过天子而不朝见。

曹宣公庐死在军队中。

秋天七月，成公从讨伐秦国的地方回来。

冬天，给曹宣公行葬礼。

成公十四年

【原文】

十有四年春，王正月，莒子朱卒。

夏，卫孙林父自晋归于卫。

秋，叔孙侨如如齐逆女。

郑公子喜率师伐许。

九月，侨如以夫人妇姜氏至自齐。

冬十月庚寅，卫侯臧卒。

秦伯卒。

【译文】

十四年春季周历正月，莒国君名叫朱去世。

夏季，卫大夫孙林父从晋国返回卫国。

秋季，叔孙侨如到齐国去迎接夫人。

郑国公子喜率领军队攻伐许国。

九月，叔孙侨如同成公夫人妇姜氏从齐国回到鲁国。

冬十月庚寅这天，卫定公臧去世。

秦国君去世。

成公十五年

【原文】

十有五年春，王二月，葬卫定公。

三月乙巳，仲婴齐卒。仲婴齐者何？公孙婴齐也。公孙婴齐则曷为谓之仲婴齐？为

兄后也。为兄后则曷为谓之仲婴齐？为人后者为之子也。为人后者为其子，则其称仲何？孙以王父字为氏也。然则婴齐孰后？后归父也。归父使于晋而未反，何以后之？叔仲惠伯傅子赤者也，文公死，子幼，公子遂谓叔仲惠伯曰："君幼如之何？愿与子虑之。"叔仲惠伯曰："吾子相之，老夫抱之，何幼君之有？"公子遂知其不可与谋，退而杀叔仲惠伯，弑子赤而立宣公。宣公死，成公幼，臧宣公者相也。君死不哭，聚诸大夫而问焉曰："昔者叔仲惠伯之事，孰为之？"诸大夫皆杂然曰："仲氏也，其然乎？"于是遣归父之家，然后哭君，归父使乎晋，还自晋，至柽，闻君薨家遣，墠帷哭君成踊，反命于介，自是走之齐。鲁人徐伤归父之无后也，于是使婴齐后之也。

癸丑，公会晋侯、卫侯、郑伯、曹伯、宋世子成、齐国佐、邾娄人同盟于戚。晋侯执曹伯归之于京师。公至自会。

夏六月，宋公固卒。楚子伐郑。

秋八月庚辰，葬宋共公。

宋华元出奔晋。

宋华元自晋归于宋。

宋杀其大夫山。

宋鱼石出奔楚。

冬十有一月，叔孙侨如会晋士燮、齐高无咎、宋华元、卫孙林父、郑公子鳅、邾娄人会吴于钟离。曷为殊会吴？外吴也。曷为外也？《春秋》内其国而外诸夏，内诸夏而外夷狄。王者欲一乎天下，曷为以外内之辞言之？言自近者始也。

许迁于叶。

【译文】

十五年春季周历二月，给卫定公行葬礼。

三月乙巳这天，仲婴齐去世。仲婴齐是什么人呢？就是公孙婴齐。公孙婴齐为什么叫仲婴齐呢？因为他做了他兄长的后人。做他兄长的后人为什么叫他仲婴齐呢？因为做人后人等于做他儿子的缘故。做人后人既然等于做他儿子，为什么称他仲婴齐呢？因为孙子以他祖父的号做自己的氏。那么仲婴齐做谁的后人呢？做归父的后人。归父已经派遣到晋国去，还没有回来，为什么做他的后人呢？叔仲惠伯是鲁文公太子赤的师傅，文公死了，子赤年幼，公子遂对叔仲惠伯说："国君太年幼怎么办呢？希望和你一起思考这件事"。叔仲惠伯说："你辅佐国君，我抱着国君听政，哪有什么君幼的道理？"公子遂知道他不能商讨，就杀了叔仲惠伯，杀了太子赤，而立了宣公。宣公死了。成公年幼，臧宣叔掌政权。国君死了臧孙不哭，聚集大夫来问他们说："从前叔仲惠伯的死，是谁干的呢？"大夫们全都说："这是仲遂，大概就是吧！"于是分散归父的家产。然后哭宣公，归父已经出使晋国，从晋国回来，到了柽这地方，听说宣公已经去世了，他的家产被遣散，便做了一座土坛，挂上帷帐，跳着哭宣公，派他的副使回到鲁国交还派他去晋国的命令，自己

就逃到齐国去了。鲁国人都伤感归父没有后人，于是就叫婴齐做他的后人。

癸丑日，成公同晋侯、卫侯、郑伯、曹伯、宋世子成、齐国佐、邾娄人在戚这地方盟会。晋侯擒获曹伯把他送到周王的都城去。后来成公从会盟的地方回到鲁国。

夏季六月，宋共公固去世。

宋大夫华元逃奔到晋国。

宋大夫华元从晋国回到宋国。

宋人把他们的大夫山杀死了。

宋大夫鱼石逃奔到楚国。

冬季十一月，叔孙侨如到钟离去与晋国士燮、齐国高无咎、宋国华元、卫国孙林父、郑国公子鳅、邾娄人跟吴国会见。为什么单说与吴国会见呢？是以吴为外的意思。为什么以吴为外呢？《春秋》以本国为内的时候就以中原各国为外，中原各国为内的时候就以夷狄为外。王者想把天下统一，为什么拿外内的文辞来说？意思是从接近王都的地方开始向远方排。

许国把都城迁移到叶这地方。

成公十六年

【原文】

十有六年春，王正月，雨木冰。雨木冰者何？雨而木冰也。何以书？记异也。

夏四月辛未，滕子卒。

郑公子喜帅师侵宋。

六月丙寅朔，日有食之。

晋侯使栾黡来乞师。

甲午晦。晦者何？冥也。何以书？记异也。

晋侯及楚子、郑伯战于鄢陵，楚子、郑师败绩。败者称师，楚何以不称师？王痍也。王痍者何？伤乎矢也。然则何以不言师败绩？末言尔。

楚杀其大夫公子侧。

秋，公会晋侯、齐侯、卫侯、宋华元、邾娄人于沙随。不见公，公至自会。不见公者何？公不见见也。公不见见，大夫执。何以致会？不耻也。曷为不耻？公幼也。

公会尹子、晋侯、齐国佐、邾娄人伐郑。

曹伯归自京师。执而归者名，曹伯何以不名？而不言复归于曹何？易也。其易奈何？公子喜时在内也。公子喜时在内则何以易？公子喜时者仁人也。内平其国而待之，外治诸京师而免之。其言自京师何？言甚易也，舍是无难矣。

九月，晋人执季孙行父，舍之于招丘。执未可言舍之者，此其言舍之何？仁之也。曰

在招丘悕矣。执未有言仁之者，此其言人之何？代公执也。其代公执奈何？前此者，晋人来乞师而不与，公会，晋侯将执公，季孙行父曰："此臣之罪也。"于是执季孙行父。成公将会厉公，会不当期，将执公。季孙行父曰："臣有罪，执其君；子有罪，执其父；此听失之大者也。今此臣之罪也，舍臣之身，而执臣之君，吾恐听失之为宗庙羞也。"于是执季孙行父。

冬十月乙亥，叔孙侨如出奔齐。

十有二月乙丑，季孙行父及晋郤州盟于扈。

公至自会。

乙酉，刺公子偃。

【译文】

十六年春季周历正月，天下雨，树木全冻成冰。这是什么意思？是因为天下雨，而树上结了冰。为什么写下来呢？是因为记载灾情异常。

夏天四月辛未这天，滕国君去世。

郑国公子喜率领军队侵犯宋国。

六月丙寅初一这天，出现日食。

晋侯派乐黡到鲁国来求出兵援救。

保卣

甲午这天，天黑了。为什么天黑呢？因为太阳不见了。为什么写下来？是因为记载异常。

晋厉公与楚共王、郑伯在鄢陵交战，楚国同郑国的军队全溃败了。照例记失败者应该称军队，楚为什么不称军队呢？因为楚共王受了伤。受了什么伤？他受了箭伤。为什么不说军队溃败呢？这不用说也能明白了。

楚人杀了他们的大夫公子侧。

秋天鲁成公与晋侯、齐侯、卫侯、宋国华元、邾娄人在沙随会面。不约见鲁成公，成公从会见的地方回来。为什么说不见成公呢？出现鲁成公不被约见的事。出现这种事，大夫也被逮起来。为什么还去会见呢？不把它作为羞辱。为什么不作为羞辱呢？因为鲁成公还幼小。

成公会合士尹子、晋厉公、齐国佐、邾娄人一同攻伐郑国。

曹伯从京师回国。记录逮他时写着他的名字，这次曹伯为什么不写名字？又为什么不写他仍旧回到曹国？因为很容易。怎么样容易呢？因为公子喜时在曹国里。公子喜时在曹国里为什么就容易呢？公子喜时是慈善的人。在内部安定他的国家等着曹君回来，在外边去治理京师以赦免曹伯的罪状。他说从京师回来是什么意思呢？意思是说很

容易的原故，除此以外没有难办的事了。

九月，晋国人把季孙行父抓起来，叫他住到招丘，捉住人不可以说叫他住在什么地方，这次为什么说使他住到招丘呢？因为他很仁慈，说在招丘是表示悲痛。捉起来的人没有说很仁慈的，这次为什么说他仁慈呢？因为他是取代鲁成公的。他怎么样取代鲁成公而被捉呢？从前晋国人来请求援救军队而鲁成公不给他，鲁成公将在沙随同晋侯会面，晋侯想把成公逮起来，季孙行父说："这是我的罪过。"就把季孙行父捉起来。后来成公又将同晋厉公会见，成公与会的时间不对，晋厉公又想把鲁成公抓起来。季孙行父说："臣有罪，就逮他的国君；儿子有罪，就逮他的父亲；这是最大的判断错误。这是我的罪状，舍弃我而抓我的国君，我怕这种判断错误会给你的祖先带来羞耻。"于是就把季孙行父逮起来。

冬十月乙亥这天，叔孙侨如逃亡到齐国去。

十二月乙丑这天，季孙行父同晋国郤州在扈盟誓。

成公从盟会的地点回来。

成公十七年

【原文】

十有七年春，卫北宫结率师侵郑。

夏，公会尹子、单子、晋侯、齐侯、宋公、卫侯、曹伯、邾娄人伐郑。

六月乙酉，同盟于柯陵。

秋，公至自会。

齐高无咎出奔莒。

九月辛丑，用郊。用者何？用者不宜用也，九月非所用郊也。然则郊曷用？郊用正月上辛，或曰用然后郊。

晋侯使荀罃来乞师。

冬，公会单子、晋侯、宋公、卫侯、曹伯、齐人、邾娄人伐郑。十有一月，公至自伐郑。

壬申，公孙婴齐卒于貍轸。非此月日也，曷为以此月日卒之？待君命然后卒大夫。曷为待君命然后卒大夫？前此者婴齐走之晋，公会晋侯，将执公。婴齐为公请，公许之，反为大夫，归，至于貍轸而卒。无君命不敢卒大夫。公至，曰："吾固许之，反为大夫。"然后卒之。

十有二月丁巳朔，日有食之。

邾娄子貜且卒。

晋杀其大夫郤锜、郤州、郤至。

楚人灭舒庸。

【译文】

十七年春季，卫大夫北宫结率领军队侵犯郑国。

夏季，鲁成公会同王卿士尹子、单子、晋侯、齐侯、宋公、卫侯、曹伯、邾娄人攻伐郑国。

六月乙酉这天，各诸侯在柯陵盟会。

秋季，成公从盟会的地点回到鲁国。

齐国大夫高无咎逃奔到莒国。

九月辛丑日，鲁国祭祀天。所谓用者？就等于说不应当用，九月并不是祭天的时候。那么该用哪个月呢？郊天必须用周历正月第一个辛那天，有人说先祭祀了泮宫后才能祭天。

晋厉公派遣晋大夫荀罃来鲁国求军队援救。

冬天，成公会同单子及晋侯、宋公、卫侯、曹伯、齐人、邾娄人讨伐郑国。十一月，成公侵攻郑国后回到鲁国。

壬申这天，公孙婴齐死在貍轸。他不是在这月这日死的，为什么说他在这个月日死呢？等着君命下来，然后才能写上大夫死。为什么要等着君命下来以后，才写上大夫死呢？在这以前公孙婴齐流亡晋国去。成公会见晋厉公，晋厉公要逮捕成公。公孙婴齐替成公说情，成公答应他，等他回鲁国后将恢复他大夫的身份，他回来时到了貍轸就死了。没有君命下来不敢写大夫的去世，等到成公回到都城，说："我已经答应他，回来就恢复他大夫的身份。"然后就写上他的去世。

十二月丁巳初一，发生日食。

邾娄君貜去世。

晋人把他们的大夫郤锜、郤州、郤至杀掉。

楚人灭掉舒庸国。

成公十八年

【原文】

十有八年春，王正月，晋杀其大夫胥童。

庚申，晋弑其君州蒲。

齐杀其大夫国佐。

公如晋。

夏，楚子、郑伯伐宋。

宋鱼石复入于彭城。

公至自晋。

晋侯使士匄来聘。

秋，杞伯来朝。

八月，邾娄子来朝。

筑鹿囿。何以书？讥。何讥尔？有囿矣，又为也。

己丑，公薨于路寝。

冬，楚人、郑人侵宋。

晋侯使士彭来乞师。

十有二月，仲孙蔑会晋侯、宋公、卫侯、邾娄子、齐崔杼同盟于虚朾。

丁未，葬我君成公。

【译文】

十八年春季，周历正月，晋人杀掉他们的大夫胥童。

庚申日，晋人杀了他们的国君厉公。

齐国人杀他们的大夫国佐。

鲁成公前往晋国。

夏天，楚子同郑伯攻伐宋国。

宋大夫鱼石再次进入彭城这地方。

鲁成公从晋国回来。

晋侯派大夫士燮来鲁国朝访。

秋季，杞伯来鲁国朝见。

八月，邾娄子来鲁国朝见。

筑养鹿的园子。为什么写下来？这是讥讽。为什么讥讽？因为已经有园子了又去修筑。

己丑这天，成公薨逝在正寝里。

冬天，楚人同郑人侵犯宋国。

晋侯派大夫士彭来鲁国请求援军。

十二月，仲孙蔑会同晋侯、宋公、卫侯、邾娄子、齐崔杼在虚朾结盟。

丁未日，给鲁成公行葬礼。

春秋公羊传卷十九

襄公上

襄公元年

【原文】

元年春，王正月，公即位。

仲孙蔑会晋栾黡、宋华元、卫宁殖、曹人、莒人、邾娄人、滕人、薛人围宋彭城。宋华元曷为与诸侯围宋彭城？为宋诛也。其为宋诛奈何？鱼石走之楚，楚为之伐宋，取彭城以封鱼石。鱼石之罪奈何？以入是为罪也。楚已取之矣，曷为系之宋？不与诸侯专封也。

夏，晋韩屈帅师伐郑。

仲孙蔑会齐崔杼、曹人、邾娄人、杞人次于合。

秋，楚公子壬夫帅师侵宋。

九月辛酉，天王崩。

邾娄子来朝。

冬，卫侯使公孙剽来聘。

晋侯使荀罃来聘。

【译文】

元年春季周历正月，鲁襄公行即位典礼。

仲孙蔑会合晋栾黡、宋华元、卫宁殖、曹人、莒人、邾娄人、滕人、薛人围困宋国彭城。宋国华元为什么跟诸侯围宋彭城呢？这是为宋国诛讨鱼石的缘故。他怎么样为宋诛讨鱼石？鱼石逃奔到楚国去，楚国为他讨伐宋国，占领了彭城这地方，用来封鱼石。鱼石的罪状是怎么样的呢？以进入彭城为罪状。楚国已经占据了彭城，为什么还说是宋国的？因为不赞成诸侯有擅自封地的权利。

夏季，晋大夫韩屈率领军队讨伐郑国。

仲孙蔑会同齐崔杼、曹人、邾娄人、杞人驻留在合这地方。

秋天，楚国公子壬夫率领军队进攻宋国。

九月辛酉这天，周简王驾崩了。

冬天，卫侯派公孙剽来鲁国朝问。

晋侯派荀罃来鲁国朝问。

襄公二年

【原文】

二年春，王正月，葬简王。

郑师伐宋。

夏五月庚寅，夫人姜氏薨。

六月庚辰，郑伯睔卒。

晋师、宋师、卫宁殖侵郑。

秋七月，仲孙蔑会晋荀罃、宋华元、卫孙林父、曹人、邾娄人于戚。

己丑，葬我小君齐姜。齐姜者何？齐姜与缪姜则未知其为宣夫人与？成夫人与？

叔孙豹如宋。

冬，仲孙蔑会晋荀罃、齐崔杼、宋华元、卫孙林父、曹人、邾娄人、滕人、薛人、小邾娄人于戚，遂城虎牢。虎牢者何？郑之邑也。其言城之何？取之也。取之则曷为不言取之？为中国讳也。曷为为中国讳？讳伐丧也。曷为不系乎郑？为中国讳也。大夫无遂事，此其言遂何？归恶乎大夫也。

楚杀其大夫公子申。

【译文】

二年春季周历正月，安葬周简王。

郑国军队征伐宋国。

夏五月庚寅这天，夫人姜氏去世。

六月庚辰这天，郑成公去世。

晋国军队、宋国军队同卫国的宁殖侵犯郑国。

秋天七月，仲孙蔑会同晋荀罃、宋华元、卫孙林父、曹人、邾娄人在戚地会面。

己丑这天，给我国的小君齐姜行葬礼。齐姜是什么人？齐姜与缪姜不知道她们哪个是宣公的夫人？还是成公的夫人？

鲁大夫叔孙豹前往宋国。

冬天，仲孙蔑与晋荀罃、齐崔杼、宋华元、卫孙林父、曹人、邾娄人、滕人、薛人、小邾娄人在戚会见，于是修筑虎牢这个城。虎牢是什么呢？是郑国的一个城邑。为什么说修筑呢？实际是拿它。既然是占领为什么不说占领呢？这是为中国避讳。为什么为中国避讳呢？避讳说讨伐有丧事的国家。为什么不涉及郑国呢？这也是为中国避讳。平常不

记录大夫接下去办事，这里为什么说接着办事呢？是把恶明归到大夫身上。

楚国人杀了他们的大夫公子申。

襄公三年

【原文】

三年春，楚公子婴齐帅师伐吴。

公如晋。

夏四月壬戌，公及晋侯盟于长樗。公至自晋。

六月，公会单子、晋侯、宋公、卫侯、郑伯、莒子、邾娄子、齐世子光，己未，同盟于鸡泽。陈侯使袁侨如会。其言如会何？后会也。戊寅，叔孙豹及诸侯之大夫及陈袁侨盟。曷为殊及陈袁侨？为其与袁侨盟也。

秋，公至自会。

冬，晋荀罃帅师伐许。

【译文】

三年春天，楚国公子婴齐率领军队进攻吴国。

鲁襄公前往晋国。

夏四月壬戌这天，襄公同晋侯在长樗这地方盟誓。然后襄公从晋国回到鲁国。

六月，襄公与单子、晋侯、宋公、卫侯、郑伯、莒子、邾娄子同齐世子光会面，己未，在鸡泽共同盟誓。陈侯派遣袁侨到会。为什么说到会呢？因为他来的时间太晚。戊寅这天，叔孙豹同诸侯的大夫及陈袁侨盟会。为什么特别对陈袁侨盟誓？因为就是专门要同陈袁侨盟誓。

秋季，襄公从开会的地点回来。

冬季，晋大夫荀罃率领军队攻伐许国。

襄公四年

【原文】

四年春，王三月己酉，陈侯午卒。

夏，叔孙豹如晋。

秋七月戊子，夫人弋氏薨。

葬陈成公。

八月辛亥，葬我小君定弋。定弋者，襄公之母也。

冬，公如晋。陈人围顿。

【译文】

四年春季，周历三月己酉这天，陈成公午去世。

夏天，叔孙豹前往晋国。

秋七月戊子这天，襄公的母亲弋氏去世。

给陈成公行葬礼。

八月辛亥这天，安葬小君定弋。所谓定弋这人，就是襄公的母亲。

冬季，襄公到晋国去。

陈国人围困顿国。

襄公五年

【原文】

五年春，公至自晋。

夏，郑伯使公子发来聘。

叔孙豹、鄫世子巫如晋。外相如不书，此何以书？为叔孙豹率而与之俱也。叔孙豹则曷为率而与之俱？盖舅出也。莒将灭之，故相与往殆乎晋也。莒将灭之，则曷为相与往殆乎晋？取后乎莒也。其取后乎莒奈何？莒女有为鄫夫人者，盖欲立其出也。

仲孙蔑、卫孙林父会吴于善稻。

秋，大雩。

楚杀其大夫公子壬夫。

公会晋侯、宋公、陈侯、卫侯、郑伯、曹伯、莒子、邾娄子、滕子、薛伯、齐世子光、吴人、鄫人于戚。吴何以称人？吴、鄫人云则不辞。公至自会。

冬，戍陈。孰戍之？诸侯戍之。曷为不言诸侯戍之？离至不可得而序，故言我也。

楚公子贞帅师伐陈。

公会晋侯、宋公、卫侯、郑伯、曹伯、莒子、邾娄子、滕子、薛伯、齐世子光救陈。十有二月，公至自救陈。

辛未，季孙行父卒。

【译文】

五年春天，襄公从晋国回来。

夏天，郑伯派遣公子发到鲁国来访。

叔孙豹同鄫国世子巫到晋国去。外国人相互来往不写下来,这里为什么写呢?是叔孙豹领着鄫国世子而同他到晋国去的缘故。叔孙豹为什么跟他一同到晋国去呢?因为鄫世子巫是鲁襄公姊妹的儿子。莒国将灭掉鄫国,所以他们一起到晋国去。莒国将灭掉他,为什么到晋国去呢?为了将来可以把世子巫立为鄫国的君。他怎么能立为鄫国君呢?因为莒国女人有做鄫国夫人的,想立她的子嗣。

仲孙蔑、卫国孙林父跟吴国在善稻会见。

秋天,鲁国举行盛大的雩祭。

楚人杀他们的大夫公子壬夫。

襄公会同晋侯、宋公、陈侯、卫侯、郑伯、曹伯、莒子、邾娄子、滕子、薛伯、齐世子光、吴人、鄫人在戚这地方盟会。吴国为什么称人呢?吴国同鄫国称人就是不成文的文辞。襄公从盟会的地点回来。

冬天,派军队戍守陈国首都。谁去戍守呢?是诸侯派兵戍守。为什么不说诸侯派兵戍守呢?因为分散到来,先后顺序不一定,没有方法排顺序,所以就说鲁国去戍守。

楚国公子贞率领军队进攻陈国。

襄公会同晋侯、宋公、卫侯、郑伯、曹伯、莒子、邾娄子、滕子、薛伯、齐世子光去援救陈国。十二月,襄公从救陈国的战场归来。

辛未这天,季孙行父去世。

襄公六年

【原文】

六年春,王三月壬午,杞伯姑容卒。

夏,宋华弱来奔。

秋,葬杞桓公。

滕子来朝。

莒人灭鄫。

冬,叔孙豹如邾娄。

季孙宿如晋。

十有二月,齐侯灭莱。曷为不言莱君出奔?国灭君死之正也。

【译文】

六年春季,周历三月壬午这天,杞桓公姑容去世。

夏季,宋大夫华弱投奔鲁国。

秋季,给杞桓公行葬礼。

滕国君来鲁国朝见。

莒国人灭掉鄫国。

冬天，叔孙豹到邾娄国去。

季孙宿到晋国去。

十二月，齐侯灭掉莱国。为什么不说莱国君出奔呢？因为国家被消灭，国君为之死，这是合于正道的。

襄公七年

【原文】

七年春，郯子来朝。

夏四月，三卜郊不从，乃免牲。

小邾娄子来朝。

城费。

秋，季孙宿如卫。

八月螽。

冬十月，卫侯使孙林父来聘。壬戌，及孙林父盟。

楚公子贞帅师围陈。

十有二月，公会晋侯、宋公、陈侯、卫侯、曹伯、莒子、邾娄子于邬。郑伯髡原如会，未见诸侯，丙戌，卒于操。操者何？郑之邑也。诸侯卒其封内不地，此何以地？隐之也。何隐尔？弑也。孰弑之？其大夫弑之。曷为不言其大夫弑之？为中国讳也。曷为为中国讳？郑伯将会诸侯于邬，其大夫谏曰："中国不足归也，则不若与楚。"郑伯曰："不可。"其大夫曰："以中国为义，则伐我丧，以中国为强，则不若楚。"于是弑之。郑伯髡原何以名？伤而反，未至乎舍而卒也。未见诸侯，其言如会何？致其意也。陈侯逃归。

【译文】

七年春天，郯国国君来鲁国朝访。

夏天四月，三次占卜祭天卦象均不吉祥，就免去祭牛的牺牲。

小邾娄国君来鲁国朝见。

修筑费。

秋天，季孙宿到卫国去。

八月，发生蝗虫灾。

冬天十月，卫侯派孙林父来鲁国朝问。壬戌这天，同孙林父结盟。

楚国公子贞率领军队包围陈国都城。

十二月，襄公与晋侯、宋公、陈侯、卫侯、曹伯、莒子、邾娄子在鄬地会面。郑僖公髡原前来赴会，没有见到诸侯们，丙戌这天就死在操这地方。什么是操呢？是郑国的一个城。诸侯照例死在他的封地内时不写地名，这里为什么写呢？是为了避讳的缘故。何必加以避讳呢？因为他是被人所杀。谁杀的他呢？是被他大夫所杀。为什么不说他的大夫杀呢？这是为中国避讳。为什么为中国避讳？郑僖公将在鄬这地方同诸侯开会，他的大夫劝说："中国不值得与他们交好，不如跟楚国要好。"郑僖公说："不可以。"他的大夫说："要说中国讲求道义，他们曾经在我们丧事时讨伐过我，要说中国强盛，他们还不如楚国。"于是就把他杀了。为什么叫他的名字髡原呢？他受了伤跑回去，没到住的地方就死了。没见到诸侯，为什么说他到会呢？表示他有赴会的意思。陈侯没有开会就逃回国去了。

襄公八年

【原文】

八年春，王正月，公如晋。

夏，葬郑僖公。贼未讨，何以书葬？为中国讳也。

郑人侵蔡，获蔡公子燮。此侵也，其言获何？侵而言获者，适得之也。

季孙宿会晋侯、郑伯、齐人、宋人、卫人、邾娄人于邢丘。

公至自晋。

莒人伐我东鄙。

秋九月，大雩。

冬，楚公子贞帅师伐郑。

晋侯使士匄来聘。

【译文】

八年春季，周历正月，襄公到晋国去。

夏天，给郑僖公行葬礼。凶手还没有受惩处，为什么写下葬呢？也是为中国避讳。

郑人侵犯蔡国，捕获蔡国公子燮。这是侵略，为什么说捕获呢？侵略而说捕获的原因，是正好遇上了。

季孙宿与晋侯、郑伯、齐人、宋人、卫人、邾娄人于邢丘这地方盟会。

襄公从晋国回来。

莒国人进入鲁国东边的土地。

秋天九月，鲁国举行盛大的雩祭。

冬天，楚国公子贞率领军队攻伐郑国。

晋侯派晋大夫士匄来鲁国朝见。

襄公九年

【原文】

九年春，宋火。曷为或言灾，或言火？大者曰灾，小者曰火。然则内何以不言火？内不言火者，甚之也。何以书？记灾也。外灾不书，此何以书？为王者之后记灾也。

夏，季孙宿如晋。

五月辛酉，夫人姜氏薨。

秋八月癸未，葬我小君缪姜。

冬，公会晋侯、宋公、卫侯、曹伯、莒子、邾娄子、滕子、薛伯、杞伯、小邾娄子、齐世子光伐郑。十有二月己亥，同盟于戏。

楚子伐郑。

【译文】

九年春天，宋国发生火灾。为什么有时说灾，有时说火呢？大的叫作灾，小的叫作火。那么在国内为什么不称火？国内不称火，是因为说得严重一些。为什么写下来呢？这是记录灾情。鲁国以外的事不记，这里为什么写呢？因为宋国是王者的后裔，所以为它记灾异。

夏天，季孙宿到晋国去。

五月辛酉日，宣公夫人姜氏薨逝。

秋八月癸未日，给我国的小君缪姜行葬礼。

冬天，鲁襄公与晋侯、宋公、卫侯、曹伯、莒子、邾娄子、滕子、薛伯、杞伯、小邾娄子、齐世子光会同讨伐郑国。十二月己亥，在戏地共同立盟。

楚子进攻郑国。

襄公十年

【原文】

十年春，公会晋侯、宋公、卫侯、曹伯、莒子、邾娄子、滕子、薛伯、杞伯、小邾娄子、齐世子光，会吴于柤。

夏五月甲午，遂灭偪阳。公至自会。

楚公子贞，郑公孙辄帅师伐宋。

晋师伐秦。

秋，莒人伐我东鄙。

公会晋侯、宋公、卫侯、曹伯、莒子、邾娄子、齐世子光、滕子、薛伯、杞伯、小邾娄子伐郑。

冬，盗杀郑公子斐、公子发、公孙辄。

戍郑虎牢。孰戍之？诸侯戍之。曷为不言诸侯戍之？离至不可得而序，故言我也。诸侯已取之矣，曷为系之郑？诸侯莫之主有，故反系之郑。

楚公子贞帅师救郑。

公至自伐郑。

【译文】

十年春季，鲁襄公同晋侯、宋公、卫侯、曹伯、莒子、邾娄子、滕子、薛伯、杞伯、小邾娄子、齐世子光在柤与吴国会见。

夏五月甲午日，就消灭了偪阳国。之后鲁襄公从开会的地点回来。

楚国公子贞同郑国公孙辙率领军队攻伐宋国。

晋国军队攻伐秦国。

秋季，莒国人攻打鲁国东边的边邑。

襄公与晋侯、宋公、卫侯、曹伯、莒子、邾娄子、齐世子光、滕子、薛伯、杞伯、小邾娄子会面，讨伐郑国。

冬天，凶手杀了郑大夫公子斐、公子发、公孙辙。

戍守郑国的虎牢。谁戍守它呢？是诸侯来戍守。为什么不说诸侯来戍守？因为诸侯分散到来，次序很杂乱，没有办法分先后，所以就说是我们鲁国。诸侯已经拿下了虎牢，为什么还说是郑国的呢？诸侯没有人占有虎牢，做它的主人，所以仍旧叫它属于郑国。

楚国公子贞率领军队救援郑国。

襄公从讨伐郑国的地方回来。

襄公十一年

【原文】

十有一年春，王正月，作三军。三军者何？三卿也。作三军何以书？讥。何讥尔？古者上卿、下卿、上士、下士。

夏四月，四卜郊不从，乃不郊。

郑公孙舍之帅师侵宋。

公会晋侯、宋公、卫侯、曹伯、齐世子光、莒子、邾娄子、滕子、薛伯、杞伯、小邾娄子伐郑。

秋七月己未，同盟于京城北。公至自伐郑。

楚子、郑伯伐宋。

公会晋侯、宋公、卫侯、曹伯、齐世子光、莒子、邾娄子、滕子、薛伯、杞伯、小邾娄子伐郑，会于萧鱼。此伐郑也，其言会于萧鱼何？盖郑与会尔。公至自会。

楚人执郑行人良霄。

冬，秦人伐晋。

史颂鼎

【译文】

十一年春季周历正月，鲁国建立三军。什么叫作三军呢？就是设三个卿。作三军为什么写下来？这是朝讽。为什么朝讽呢？古代的时候只有上卿同下卿，另有上士跟下士。

夏季四月，鲁国四次占卜郊天，卦象都不吉祥，就不举郊祭。

郑大夫公孙舍之率领军队侵略宋国。

襄公与晋侯、宋公、卫侯、曹伯、齐世子光、莒子、邾娄子、滕子、薛伯、杞伯、小邾娄子会见，讨伐郑国。

秋七月己未这天，诸侯在京城的北边共同结盟。鲁襄公从讨伐郑国的战场回到鲁国。

楚子同郑伯讨伐宋国。

襄公与晋侯、宋公、卫侯、曹伯、齐世子光、莒子、邾娄子、滕子、薛伯、杞伯、小邾娄子会见，讨伐郑国，并在萧鱼这地方聚会。这是讨伐郑国，为什么说在萧鱼聚会呢？大概是郑国也来赴会。襄公从会见的地点回来。

楚国人把郑国外使的官员良霄逮起来。

冬天，秦国人攻伐晋国。

春秋公羊传卷二十

襄公中

襄公十二年

【原文】

十有二年春，王三月，莒人伐我东鄙，围台。邑不言围，此其言围何？伐而言围者，取邑之辞也，伐而不言围者，非取邑之辞也。

季孙宿帅师救台，遂入运。大夫无遂事，此其言遂何？公不得为政尔。

夏，晋侯使士彭来聘。

秋九月，吴子乘卒。

冬，楚公子贞帅师侵宋。

公如晋。

【译文】

十二年春季周历三月，莒国人攻打鲁国的东部边邑，包围了台这个城。普通城不说包围，这里为什么说包围呢？攻伐而说围城，是表明占领这城的文辞，攻伐而不说围城，表示没有占领这城的文辞。

季孙宿率领军队包围了台，接着攻入运城。照例大夫不说接着的事，这里为什么说呢？因为鲁襄公自己不能掌管政事。

夏季，晋侯派他的大夫士彭来鲁国朝问。

秋季九月，吴子乘去世。

冬季，楚国公子贞率领军队侵略宋国。

襄公前往晋国。

襄公十三年

【原文】

十有三年春，公至自晋。

夏，取诗。诗者何？邾娄之邑也。曷为不系乎邾娄？讳亟也。

秋九月庚辰，楚子审卒。

冬，城防。

【译文】

十三年春天，襄公从晋国归来。

夏天，拿下诗这地方。什么叫做诗呢？是邾娄的一个城邑。为什么不写上邾娄呢？是隐讳说它被占领得很快。

秋九月庚辰这天，楚王名叫审去世。

冬天，修建防这个城。

襄公十四年

【原文】

十有四年春，王正月，季孙宿、叔老会晋士匄、齐人、宋人、卫人、郑公孙嚂、曹人、莒人、邾娄人、滕人、薛人、杞人、小邾娄人，会吴于向。

二月乙未朔，日有食之。

夏四月，叔孙豹会晋荀偃、齐人、宋人、卫北宫结、郑公孙嚂、曹人、莒人、邾娄人、滕人、薛人、杞人、小邾娄人伐秦。

己未，卫侯衎出奔齐。

莒人侵我东鄙。

秋，楚公子贞帅师伐吴。

冬，季孙宿会晋士匄、宋华阅、卫孙林父、郑公孙嚂、莒人、邾娄人于戚。

【译文】

十四年春季周历正月，季孙宿、叔老与晋士匄、齐人、宋人、卫人、郑国的公孙嚂、曹人、宫人、邾娄人、滕人、薛人、杞人、小邾娄人在向这地方与吴国会盟。

二月乙未初一，出现日食。

夏天四月，叔孙豹会同晋大夫荀偃、齐人、宋人、卫大夫北宫结、郑大夫公孙嚂、曹人、莒人、邾娄人、滕人、薛人、杞人、小邾娄人进攻秦国。

己未这天，卫侯衎逃奔到齐国去。

莒人侵犯鲁国东边的边境。

秋季，楚国公子贞率领军队讨伐吴国。

冬季，鲁国卿季孙宿同晋大夫士匄、宋大夫华阅、卫大夫孙林父、郑大夫公孙嚂、莒

人、邾娄人在戚会面。

襄公十五年

【原文】

十有五年春,宋公使向戌来聘。二月己亥,及向戌盟于刘。

刘夏逆王后于齐。刘夏者何?天子之大夫也。刘者何?邑也。其称刘何?以邑氏也。外逆女不书,此何以书?过我也。

夏,齐侯伐我北鄙,围成。公救成,至遇。其言至遇何?不敢进也。

季孙宿,叔孙豹帅师城成郛。

秋八月丁巳,日有食之。

邾娄人伐我南鄙。

冬十有一月癸亥,晋侯周卒。

【译文】

十五年春季,宋公派宋大夫向戌来鲁国朝见。二月己亥,鲁国同向戌在刘地盟誓。

刘夏到齐国迎接王后。谁是刘夏呢?他是周天子的大夫。什么叫作刘呢?是城邑的名字。为什么对刘夏称刘呢?因为他是以采邑为氏。鲁国以外的国家迎接女子不写下来,这里为什么写呢?因为她路过鲁国。

夏季,齐侯讨伐鲁国北部边境,包围了成。鲁襄公率领军队去救援成,到了遇这地方。为什么说到遇这地方呢?因为襄公不敢再往前进。

季孙宿、叔孙豹率领军队修筑城的外郭墙。

秋八月丁巳这天,发生日食。

邾娄人攻打鲁国南部边境。

冬十一月癸亥这天,晋悼公周去世。

襄公十六年

【原文】

十有六年春,王正月,葬晋悼公。

三月,公会晋侯、宋公、卫侯、郑伯、曹伯、莒子、邾娄子、薛伯、杞伯、小邾娄子于溴梁。戊寅,大夫盟。诸侯皆在是,其言大夫盟何?信在大夫也。何言乎信在大夫?遍刺天下之大夫也。曷为遍刺天下之大夫?君若赘旒然。晋人执莒子、邾娄子以归。

齐侯伐我北鄙。

夏，公至自会。

五月甲子，地震。

叔老会郑伯、晋荀偃、卫宁殖、宋人伐许。

秋，齐侯伐我北鄙，围成。

大雩。

冬，叔孙豹如晋。

【译文】

十六年春周历正月，安葬晋悼公。

三月，襄公同晋侯、宋公、卫侯、郑伯、曹伯、莒子、邾娄子、薛伯、杞伯、小邾娄子在溴梁会见。戊寅日，各大夫互相盟誓。诸侯全在，为什么说大夫订立盟约。因为信用落在大夫身上。信用为什么落在大夫身上？因为这是普遍讥讽天下的大夫。为什么普遍讥讽天下的大夫呢？当时的国君就像附缀在旗上的飘带一样。晋人把莒子、邾娄子抓回晋国。

齐侯攻打我国的北部边境。

夏天，襄公从会见处回来。

五月甲子这天，鲁国地震。

鲁大夫叔老会同郑伯、晋大夫荀偃、卫大夫宁殖、宋人讨伐许国。

秋天，齐侯讨伐鲁国北部边境，包围了成这地方。

鲁国举行盛大的求雨祭祀。

冬天，叔孙豹前往晋国。

襄公十七年

【原文】

十有七年春，王二月庚午，邾娄子瞯卒。

宋人伐陈。

夏，卫石买帅师伐曹。

秋，齐侯伐我北鄙，围洮。

齐高厚帅师伐我北鄙，围防。

九月，大雩。

宋华臣出奔陈。

冬，邾娄人伐我南鄙。

【译文】

十七年春季周历二月庚午这天，邾娄的国君瞯去世。

宋国人讨伐陈国。

夏季，卫大夫石买率领军队讨伐曹国。

秋季，齐侯讨伐鲁国北部边邑，围攻了洮这地方。

齐国的高厚率领军队讨伐鲁国北边，围攻了防这地方。

九月，鲁国行求雨的祭祀仪式。

宋大夫华臣逃奔到陈国。

冬季，邾娄人攻打鲁国南部边邑。

襄公十八年

【原文】

十有八年春，白狄来。白狄者何？夷狄之君也。何以不言朝？不能朝也。

夏，晋人执卫行人石买。

秋，齐师伐我北鄙。

冬十月，公会晋侯、宋公、卫侯、郑伯、曹伯、莒子、邾娄子、滕子、薛伯、杞伯、小邾娄子同围齐。曹伯负刍卒于师。

楚公子午帅师伐郑。

【译文】

十八年春季，白狄来到鲁国。什么叫作白狄呢？他是夷狄的君长。为什么不说朝见呢？因为他不能行朝见之礼。

夏季，晋国人把卫国负责外交的官员石买擒获起来。

秋季，齐国军队讨伐鲁国的北部边境。

冬季十月，鲁襄公会同晋侯、宋公、卫侯、郑伯、曹伯、莒子、邾娄子、滕子、薛伯、杞伯、小邾娄子一同围攻了齐国。曹伯负刍在军队中去世。

楚国公子午带领军队讨伐郑国。

襄公十九年

【原文】

十有九年春，王正月，诸侯盟于祝阿。晋人执邾娄子。公至自伐齐。此同围齐也，何以致伐？未围齐也。未围齐则其言围齐何？抑齐也。曷为抑齐？为其亟伐也。或曰为其骄蹇，使其世子处乎诸侯之上也。取邾娄田自漷水。其言自漷水何？以漷为竟也。何言乎以漷为竟？漷移也。

季孙宿如晋。

葬曹成公。

夏，卫孙林父帅师伐齐。

秋七月辛卯，齐侯瑗卒。

晋士匄帅师侵齐，至谷，闻齐侯卒，乃还。还者何？善辞也。何善尔？大其不伐丧也。此受命乎君而伐齐，则何大乎其不伐丧？大夫以君命出，进退在大夫也。

八月丙辰，仲孙蔑卒。

齐杀其大夫高厚。

郑杀其大夫公子喜。

冬，葬齐灵公。

城西郛。

叔孙豹会晋士匄于柯。

城武城。

【译文】

十九年春季周历正月。诸侯在祝阿结盟。晋人把邾娄子捉拿起来。鲁襄公从伐的地点回来。这是一同包围齐国，怎么会说成伐他呢？因为并未包围齐国。没有围了齐国，为什么说包围他呢？这是抑制齐国。为什么抑制齐国呢？因为他常讨伐旁的国家。有人又说因为他傲慢，使他的世子处于旁的诸侯上面的缘故。夺取由漷水起的邾娄国土。为什么说由漷水起呢？以漷水作为国界。为什么说以漷水作为国界呢？因为漷水迁移了。

鲁国卿季孙宿到晋国去。

给曹成公行葬礼。

夏天，卫大夫孙林父率领军队攻伐齐国。

秋七月辛卯这天，齐灵公瑗死了。

晋国士匄率领军队侵犯齐国，到谷这地方听见齐侯死了，就回去了。为什么说回去呢？这是好的用语。为什么是好的用语呢？赞赏他不讨伐有丧事的国家的缘故。这是受国君的命令而讨伐齐国，为什么褒奖他不讨伐有丧事的国家？因为大夫受到君命出国，进退的权力全在大夫。

八月丙辰，鲁大夫仲孙蔑去世。

齐国人把他们的大夫高厚杀了。

郑人杀他们的大夫公子喜。

冬天，给齐灵公行葬礼。

修筑鲁国都城西边的外郭墙。

叔孙豹同晋国士匄在柯会盟。

修逮武城。

襄公二十年

【原文】

二十年春，王正月辛亥，仲孙遬会莒人，盟于向。

夏，六月庚申，公会晋侯、齐侯、宋公、卫侯、郑伯、曹伯、莒子、邾娄子、滕子、薛伯、杞伯、小邾娄子盟于澶渊。

秋，公至自会。

仲孙遬帅师伐邾娄。

蔡杀其大夫公子燮。

蔡公子履出奔楚。

陈侯之弟光出奔楚。

叔老如齐。

冬十月丙辰朔，日有食之。

季孙宿如宋。

【译文】

二十年春季周历正月，仲孙遬会同莒人在向结盟。

夏天，六月庚申这一天，襄公会同晋侯、齐侯、宋公、卫侯、郑伯、曹伯、莒子、邾娄子、滕子、薛伯、杞伯、小邾娄子在澶渊订立盟约。

秋季，襄公从会盟的地点回来。

鲁大夫仲孙遬率领军队进攻邾娄。

蔡人杀了他们的大夫公子燮。

蔡国公子履流亡到楚国。

陈侯的弟弟光流亡到楚国。

鲁大夫叔老到齐国去。

冬十月丙辰初一这天，发生日食。

鲁国季孙宿前往宋国。

襄公二十一年

【原文】

二十有一年春，王正月，公如晋。

邾娄庶其以漆、闾丘来奔。邾娄庶其者何？邾娄大夫也。邾娄无大夫，此何以书？重地也。

夏，公至自晋。

秋，晋栾盈出奔楚。

九月庚戌朔，日有食之。

冬十月庚辰朔，日有食之。

曹伯来朝。

公会晋侯、齐侯、宋公、卫侯、郑伯、曹伯、莒子、邾娄子于商任。

十有一月庚子，孔子生。

【译文】

二十一年春季周历正月，襄公到晋国去。

邾娄子大夫庶其带了漆同闾丘两地逃奔到鲁国来。邾娄的庶其是什么人呢？是邾娄的大夫。邾娄没有大夫，这里为什么写下来？因为看重那些土地。

夏季，襄公从晋国回到鲁国。

秋季，晋大夫栾盈逃奔到楚国。

九月庚戌初一这天，出现日食。

冬十月庚辰初一，出现日食。

曹伯到鲁国来访。

鲁襄公与晋侯、齐侯、宋公、卫侯、郑伯、曹伯、莒子、邾娄子在商任这地方结盟。

十一月庚子日，孔子诞生了。

襄公二十二年

【原文】

二十有二年春，王正月，公至自会。

夏四月。

秋七月辛酉，叔老卒。

冬，公会晋侯、齐侯、宋公、卫侯、郑伯、曹伯、莒子、邾娄子、滕子、薛伯、杞伯、小邾娄子于沙随。公至自会。

楚杀其大夫公子追舒。

【译文】

二十二年春季周历正月，襄公自会见处回来。

夏天四月。

秋七月辛酉这天，叔老去世。

冬季，襄公与晋侯、齐侯、宋公、卫侯、郑伯、曹伯、莒子、邾娄子、滕子、薛伯、杞伯、小邾娄子在沙随这地方会面。襄公从会面的地方回到鲁国。

楚人把他们的大夫公子追舒杀害了。

襄公二十三年

【原文】

二十有三年春，王二月癸酉朔，日有食之。

三月己巳，杞伯匄卒。

夏，邾娄鼻我来奔。邾娄鼻我者何？邾娄大夫也。邾娄无大夫，此何以书？以近书也。

葬杞孝公。

陈杀其大夫庆虎及庆寅。

陈侯之弟光自楚归于陈。

晋栾盈后入于晋，入于曲沃。曲沃者何？晋之邑也。其言入于晋，入于曲沃何？栾盈将入晋，晋人不纳，由乎曲沃而入也。

秋，齐侯伐卫，遂伐晋。八月，叔孙豹帅师救晋，次于雍渝，曷为先言救而后言次？先通君命也。

己卯，仲孙遬卒。

冬十月乙亥，臧孙纥出奔邾娄。

晋人杀栾盈。曷为不言杀其大夫？非其大夫也。

齐侯袭莒。

【译文】

二十三年春季周历二月癸酉初一这天，发生日食。

三月己巳日，杞孝公匄去世。

夏天，邾娄鼻我流亡来鲁国。邾娄鼻我是什么人呢？他是邾娄的大夫。邾娄没有大夫，这里为什么写下来呢？因为发生得很近，所以写上。

给杞孝公行葬礼。

陈国人杀了他们的两个大夫庆虎与庆寅。

陈侯的弟弟光从楚国回到陈国。

晋大夫栾盈重新进入晋国，又进入曲沃。曲沃是什么地方？是晋国的一个城邑。为什么说进入晋国，又进到曲沃呢？栾盈将进入晋国都城，晋人拒绝，他就从曲沃这地方进入晋国。

秋天，齐侯攻打卫国，接着就攻打晋国。八月，鲁大夫叔孙豹率领军队救援晋，驻扎在雍渝这地方。为什么先说救援而后说驻在这个地方呢？因为要先通知鲁襄公的命令。

己卯这天，鲁大夫仲孙遬逝世。

冬十月乙亥这天，鲁大夫臧孙纥逃到邾娄去。

晋人杀掉栾盈。为什么不说杀了他们的大夫栾盈呢？因为他已不是晋国大夫。

齐侯袭击莒国。

襄公二十四年

【原文】

二十有四年春，叔孙豹如晋。

仲孙羯帅师侵齐。

夏，楚子伐吴。

秋七月甲子朔，日有食之，既。

齐崔杼帅师伐莒。

大水。八月癸巳朔，日有食之。

公会晋侯、宋公、卫侯、郑伯、曹伯、莒子、邾娄子、滕子、薛伯、杞伯、小邾娄子于陈仪。

冬，楚子、蔡侯、陈侯、许男伐郑。

公至自会。

陈鍼宜咎出奔楚。

叔孙豹如京师。

大饥。

【译文】

二十四年春天，叔孙豹前往晋国。

仲孙羯率领军队侵犯齐国。

夏天，楚人讨伐吴国。

秋七月甲子初一这天，出现日全食。

齐国卿崔杼率领军队讨伐莒国。

发生洪水。八月癸已初一，发生日食。

鲁襄公与晋侯、宋公、卫侯、郑伯、曹伯、莒子、邾娄子、滕子、薛子、薛伯、小邾娄子在陈仪这地方盟会。

冬天，楚子同蔡侯、陈侯、许男一起攻伐郑国。

襄公从盟会的地点回来。

陈国大夫鍼宜咎逃奔楚国去。

鲁国卿叔孙豹到周都城。

鲁国大饥荒。

春秋公羊传卷二十一

襄公下

襄公二十五年

【原文】

二十有五年春，齐崔杼帅师伐我北鄙。

夏五月乙亥，齐崔杼弑其君光。

公会晋侯、宋公、卫侯、郑伯、曹伯、吕子、邾娄子、滕子、薛伯、杞伯、小邾娄子于陈仪。

六月壬子，郑公孙舍之帅师入陈。

秋八月己巳，诸侯同盟于重丘。公至自会。

卫侯入于陈仪。陈仪者何？卫之邑也。曷为不言入于卫？谖君以弑也。

楚屈建帅师灭舒鸠。

冬，郑公孙囆帅师伐陈。

十有二月，吴子谒伐楚，门于巢卒。门于巢卒者何？入门乎巢而卒也。入门乎巢而卒者何？入巢之门而卒也。吴子谒何以名？伤而反，未至乎舍而卒也。

【译文】

二十五年春天，齐国崔杼率领军队攻伐鲁国北部疆境。

夏五月乙亥这天，齐国卿崔杼把他的国君光杀死了。

襄公同晋侯、宋公、卫侯、郑伯、郑伯、曹伯、莒子、邾娄子、滕子、薛伯、杞伯、小邾娄子在陈仪这地方会见。

六月壬子这天，郑大夫公孙舍之率领军队攻入陈国都城。

八月己巳这天，各诸侯在重丘这地方共同盟誓。襄公从盟会的地点回来。

卫侯攻入陈仪。什么叫作陈仪？是卫国的城邑。为什么不说进到卫国呢？因为卫国发生了欺骗、弑杀国君的事。

楚令尹屈建率领军队消灭舒鸠国。

冬季，郑公孙嚂率领军队攻伐陈国。

十二月，吴子谒攻打楚国，正攻打巢的城门时就死了。什么叫作攻打巢的城门时就死了？因为他攻入巢的城门时死了。什么叫作他攻入巢的城门时死了？进入巢的城门就死了。这里为什么记载吴谒的名字呢？因为他受了伤而返回，没到他住的地方就死去了。

襄公二十六年

【原文】

二十有六年春，王二月辛卯，卫宁喜弑其君剽。

卫孙林父入于戚以叛。

甲午，卫侯衎复归于卫。此谖君以弑也。其言复归何？恶剽也。曷为恶剽？剽之立，于是未有说也。然则曷为不言剽之立？不言剽之立者，以恶卫侯也。

夏，晋侯使荀吴来聘。

公会晋人、郑良霄、宋人、曹人于澶渊。

秋，宋公杀其世子痤。

晋人执卫宁喜。此执有罪，何以不得为伯讨？不以其罪执之也。

八月壬午，许男宁卒于楚。

冬，楚子、蔡侯、陈侯伐郑。

葬许灵公。

【译文】

二十六年春季周历二月辛卯日，卫国卿宁喜把他们的国君剽杀死了。

卫大夫孙林父进入他的封邑戚而反叛卫国。

甲午这天，卫侯衎又回到卫国都城。这是欺骗国君把他杀了。为什么说他又回到都城呢？因为憎恶剽的缘故。为什么憎恶剽呢？因为剽自从立了以后一直到现在没有人

喜欢他。那么为什么不说剽曾被立为君呢？不说剽被立为君也因为他们憎恶卫侯。

夏天，晋侯派荀吴来鲁国聘问。

襄公同晋人、郑大夫良霄、宋人、曹人在澶渊这地方会盟。

秋天，宋公把他的世子痤杀害。

晋国人把卫国大夫宁喜逮捕起来。这是逮起有罪的人，为什么不拿霸主讨有罪的方式来声讨他？因为他不是因为本身罪行被捉拿的。

八月壬午这天，许男宁死在楚国。

冬天，楚子同蔡侯、陈侯侵攻郑国。

安葬许灵公。

襄公二十七年

【原文】

二十有七年春，齐侯使庆封来聘。

夏，叔孙豹会晋赵武、楚屈建、蔡公孙归生、卫石恶、陈孔瑗、郑良霄、许人、曹人于宋。

卫杀其大夫宁喜，卫侯之弟鱄出奔晋。卫杀大夫宁喜，则卫侯之弟鱄曷为出奔晋？为杀宁喜出奔也。曷为为杀宁喜出奔？卫宁殖与孙林父逐卫侯而立公孙剽，宁殖病将死，谓喜曰："黜公者，非吾意也，孙氏为之。我即死，女能固纳公乎？"喜曰："诺。"宁殖死，喜立为大夫。使人谓献公曰："黜公者，非宁氏也，孙氏为之。吾欲纳公何如？"献公曰："子苟纳我，吾请与子盟。"喜曰："无所用盟，请使公子鱄约之。"献公谓公子鱄曰："宁氏将纳我，吾欲与之盟。其言曰：'无所用盟，请使公子鱄约之'。子固为我与之约矣。"公子鱄辞曰："夫负羁絷，执铁锧，从君东西南北，则是臣仆庶孽之事也。若夫约言为信，则非臣仆庶孽之所敢与也。"献公怒曰："黜我者，非宁氏与，孙氏凡在尔。"公子鱄不得已而与之约。已约，归至杀宁喜。公子鱄挈其妻子而去之，将济于河，携其妻子而与之盟，曰："苟有履卫地食卫粟者，昧雉彼视。"

秋七月辛巳，豹及诸侯之大夫盟于宋。曷为再言豹？殆诸侯也。曷为殆诸侯？为卫石恶在是也，曰恶人之徒在是矣。

冬十有二月乙亥朔，日有食之。

【译文】

春天，齐侯派遣庆封到鲁国来访。

夏天，鲁国叔孙豹与晋大夫赵武、楚令尹屈建、蔡大夫公孙归生、卫大夫石恶，陈大夫孔瑗、郑大夫良霄、许国人、曹国人在宋国会面。

卫国杀了他们的大夫宁喜，卫侯的弟弟鱄逃到晋国去。卫侯杀了他们的大夫宁喜，

为什么他的弟弟鱄流亡到晋国去呢？因为杀宁喜所以逃走。为什么杀宁喜他就逃走？从前卫国宁殖同孙林父驱逐卫献公，立了公孙剽，宁殖将死，对他儿子宁喜说："废黜献公不是我的主意，这是孙林父做的。我即将死了，你能够必定让献公回国吗？"宁喜说："好吧！"宁殖死了以后，宁喜做了大夫。派人对卫献公说："废黜你不是宁氏的主意，是孙林父所做的。我将使你回来，怎么样？"献公说："你假设接纳我回国，我就跟你结盟。"宁喜说："不必结盟了，只请公子鱄来约会好了。"献公叫人对公子鱄说："宁氏将使我回国，我想跟他结盟。但是他说：'不必用结盟，只请公子鱄约会好了。'你一定要为我跟他约会！"公子鱄推辞说："要是背着马绊，拿着斧砧，跟着国君东西南北跑，这是臣子奴仆们所应当做的事情。至于通信订约，这不是臣下奴仆所应当参与的事。"献公发怒说："废黜我的不是宁氏吗？只是孙氏在这里。"公子鱄不得已就跟他缔约了，献公回就把宁喜杀了。公子鱄带着妻子逃走，临过河的时候，跟他妻子一同杀鸡盟誓说："以后若再踩卫国的地，吃卫国的粮食，就如同割断的鸡雉一样。"

秋天七月辛巳，鲁国叔孙豹同诸侯的大夫在宋国盟誓。为什么再说叔孙豹呢？要使诸侯感到危险。为什么使诸侯感到危险呢？因为卫国石恶在此，是说恶人的同党全在这里。

冬十二月乙亥初一日，发生日食。

襄公二十八年

【原文】

二十有八年春，无冰。

夏，卫石恶出奔晋。

邾娄子来朝。

秋八月，大雩。仲孙羯如晋。

冬，齐庆封来奔。

十有一月，公如楚。

十有二月甲寅，天王崩。

乙未，楚子昭卒。

【译文】

二十八年春天，没有结冰。

夏季，卫大夫石恶逃到晋国去。

邾娄国的国君到鲁国来朝拜。

秋季八月，鲁国行求雨的仪式。仲孙羯到晋国去。

冬季，齐大夫庆封逃到鲁国来。

十一月，鲁襄公到楚国去。

十二月甲寅这天，周灵王驾崩了。

乙未这天，楚康王昭去世。

襄公二十九年

【原文】

二十有九年春，王正月，公在楚。何言乎公在楚？正月以存君也。

夏五月，公至自楚。

庚午，卫侯衎卒。

阍弑吴子余祭。阍者何？门人也，刑人也。刑人则曷为谓之阍？刑人非其人也。君子不近刑人，近刑人则轻死之道也。

仲孙羯会晋荀盈、齐高止、宋华定、卫世叔齐、郑公孙段、曹人、莒人、邾娄人、滕人、薛人、小邾娄人城杞。

晋侯使士鞅来聘。

杞子来盟。

吴子使札来聘。吴无君无大夫，此何以有君有大夫？贤季子也。何贤乎季子？让国也。其让国奈何？谒也、余祭也、夷昧也，与季子同母者四，季子弱而才，兄弟皆爱之，同欲立之以为君，谒曰："今若是迮而与季子国，季子犹不受也，请无与子而与弟，弟兄迭为君，而致国乎季子。"皆曰："诺。"故诸为君者，皆轻死为勇，饮食必祝，曰："天苟有吴国，尚速有悔于予身。"故谒也死，余祭也立。余祭也死，夷昧也立。夷昧也死，则国宜之季子者也。季子使而亡焉。僚者，长庶也即之，季子使而反至，而君之尔。阖庐曰："先君之所以不与子国而与弟者，凡为季子故也。将从先君之命与，则国宜之季子者也；如不从先君之命与，则我宜立者也，僚恶得为君乎？"于是使专诸刺僚，而致国乎季子。季子不受曰："尔弑吾君，吾受尔国，是吾与尔为篡也。尔杀吾兄，吾又杀尔，是父子兄弟相杀终身无已也。"去之延陵，终身不入吴国。故君子以其不受为义，以其不杀为仁。贤季子则吴何以有君有大夫？以季子为臣，则宜有君者也。札者何？吴季子之名也。《春秋》贤者不名，此何以名？许夷狄者不壹而足也。季子者所贤也，曷为不足乎季子？许人臣者必使臣，许人子者必使子也。

秋九月，葬卫献公。

齐高止出奔北燕。

冬，仲孙羯如晋。

【译文】

二十九年春季周历正月,鲁襄公在楚国,为什么说鲁襄公在楚国呢?写正月以表示君的存在。

夏季五月,襄公从楚国回到鲁国。

庚午这天,卫献公衎去世。

守门人杀了吴子余祭。阍是什么人?是守门的人,是受过刑的人。受过刑的人为什么称作阍呢?刑人是不应该用的,照道理君子不应接近受刑的人,接近刑人就是看轻死亡的方式。

鲁大夫仲孙羯会同晋大夫荀盈、齐大夫高止、宋大夫华定、卫大夫世叔齐、郑大夫公孙段、曹国人、莒国人、邾娄人、滕国人、薛国人、小邾娄人修建杞国都城。

晋侯派士鞅来鲁国朝问。

杞国君到鲁国来盟誓。

吴王派遣季札来鲁国朝问。记录吴国照例不写君不写大夫,这里为什么有君有大夫呢?这是推重季子贤能的缘故。为什么推重季子贤能呢?因为季子推让国家。他怎样推让国家呢?谒、余祭、夷昧和季子四人同母,季子最小而有才能,兄弟们全喜爱他,都有意立他为君,谒说:“现在如果一定要把国家交给季子,季子也不接受。请不要给儿子,而给兄弟,弟兄轮流做国君,最后一定给了季子。”大家全说:“好。”所以凡做国君的,全都把轻视死亡看作是勇猛果敢,饮食时必定祝祷说:“上天如果能保有吴国,就赶紧使我有病。”所以谒死了以后,余祭即位。余祭死了以后,夷昧即位。夷昧死了以后,就应该归到季子,恰好季子出使时逃走。僚是长庶子就立为君,季子出使回来就承认他为君。阖庐说:“先君为什么不给儿子国家,而传给弟弟呢?就是为了季子的缘故。要服从先君的遗命,国家就应该给季子;如不听从先君的遗命,那么就是应当立我,王僚怎么能立成君呢?”于是就派专诸刺死王僚,而把国家交给季子。季子不接受,说:“你杀了我的国君,如果我接受了你送的国家,那么我和你全成了篡位的人。你杀了我哥哥,我又杀你,是父子兄弟相互残杀永远没有完结。”他去了延陵,终身不进吴国。所以君子以他不接受国家为义,以他不杀人为仁。认为季子贤能,吴国为什么有君有大夫?以季子当臣子,就应当有君。什么叫作礼呢?这是吴季子的名字。《春秋》照例对贤者不称名字,这为什么称名字呢?因为对夷狄的标准只能使用一次。季子是贤明的,为什么说他还有不足呢?季子这个人,答应人家做臣子,就必须让他成为臣,应被称作子的必须称他为子。

秋天九月,安葬卫献公。

齐大夫高止逃到北燕去。

冬季,仲孙羯到晋国去。

襄公三十年

【原文】

三十年春，王正月，楚子使薳颇来聘。

夏四月，蔡世子般弑其君固。

五月甲午，宋灾，伯姬卒。

天王杀其弟年夫。

王子瑕奔晋。

秋七月，叔弓如宋，葬宋共姬。外夫人不书葬，此何以书？隐之也。何隐尔？宋灾，伯姬卒焉。其称谥何？贤也。何贤尔？宋灾，伯姬存焉，有司复曰："火至矣，请出。"伯姬曰："不可。吾闻之也，妇人夜出，不见傅母不下堂。傅至矣，母未至也。"逮乎火而死。

郑良霄出奔许，自许入于郑，郑人杀良霄。

冬十月，葬蔡景公。贼未讨何以书葬？君子辞也。

青铜方尊

晋人、齐人、宋人、卫人、郑人、曹人、莒人、邾娄人、滕人、薛人、杞人、小邾娄人会于澶渊，宋灾故。宋灾故者何？诸侯会于澶渊，凡为宋灾故也。会未有言其所为者，此言所为何？录伯姬也。诸侯相聚，而更宋之所丧，曰死者不可复生，尔财复矣。此大事也。曷为使微者？卿也。卿则其称人何？贬。曷为贬？卿不得忧诸侯也。

【译文】

三十年春季周历正月，楚王派薳颇来鲁国朝访。

夏天四月，蔡国的世子般杀死他的国君固。

五月甲午这天，宋国发生火灾，伯姬去世。

周天王把他的弟弟年夫杀了。

周卿士王子瑕出逃到晋国。

秋天七月，鲁大夫叔弓前往宋国，埋葬宋国的共姬，照例外国的夫人下葬不写，这里为什么写？为她隐瞒。隐瞒什么呢？宋国发生火灾，伯姬死了。这里为什么称她的谥号呢？是认为她有贤德。她有什么贤能呢？宋国发生火灾，伯姬仍旧在宋国都城，官吏报告说："火来了，请赶紧出去吧。"伯姬说："不可以。我听说，妇人夜里要出门时，不看见傅母不下堂。傅已经来了，母还没到。"等到火烧来，被烧死了。

郑大夫良霄出奔许国,从许国进入郑国,郑人就把良霄杀死了。

冬天十月,给蔡景公行葬礼。贼人还没有受到讨伐,为什么写下来?这是君子为了避讳的用语。

晋人、齐人、宋人、卫人、郑人、曹人、莒人、邾娄人、滕人、薛人、杞人、小邾娄人在澶渊会见。是因为宋国的火灾的缘故。什么是为了宋国火灾的缘故呢?诸侯在澶渊会见,是为的宋国火灾的缘故。开会没有记录过为什么事情,这里记录是为什么呢?是尊重伯姬的贤能。诸侯相聚在一起,为了恢复宋国丧失掉的,说人死了不可复活,但是财产可以得到补偿。这是大事情,为什么派地位卑贱的人呢?是卿大夫。卿大夫为什么称人呢?因为贬低他的身份。为什么贬低他的身份呢?由于卿不能为诸侯忧心。

襄公三十一年

【原文】

三十有一年春,王正月。

夏六月辛巳,公薨于楚宫。

秋九月癸巳,子野卒。

己亥,仲孙羯卒。

冬十月,滕子来会葬。

癸酉,葬我君襄公。

十有一月,莒人杀其君密州。

【译文】

三十一年春季周历正月。

夏季六月辛巳这天,鲁襄公在楚宫去世。

秋天九月癸巳这天,子野辞世。

己亥这天,鲁大夫仲孙羯辞世。

冬天十月,滕子来参加襄公的葬礼。

癸酉这天,给我君鲁襄公行葬礼。

十一月,国人把他们的君主密州杀死了。

春秋公羊传卷二十二

昭公上

昭公元年

【原文】

元年春，王正月，公即位。

叔孙豹会晋赵武、楚公子围、齐国酌、宋向戌、卫石恶、陈公子招、蔡公孙归生、郑轩虎、许人、曹人于漷。此陈侯之弟招也，何以不称弟？贬。曷为贬？为杀世子偃师贬，曰陈侯之弟招杀陈世子偃师。大夫相杀称人，此其称名氏以杀何？言将自是弑君也。今将尔，词曷为与亲弑者同？君亲无将，将而必诛焉。然则曷为不于其弑焉贬？以亲者弑，然后其罪恶甚，《春秋》不待贬绝而罪恶见者，不贬绝以见罪恶也。贬绝然后罪恶见者，贬绝以见罪恶也。今招之罪已重矣，曷为复贬乎此？著招之有罪也。何著乎招之有罪？言楚之托乎讨招以灭陈也。

三月，取运。运者何？内之邑也。其言取之何？不听也。

夏，秦伯之弟鍼出奔晋。秦无大夫，此何以书？仕诸晋也。曷为仕诸晋？有千乘之国，而不能容其母弟，故君子谓之出奔也。

六月丁巳，邾娄子华卒。

晋荀吴帅师败狄于大原。此大卤也，曷为谓之大原？地物从中国，邑人名从主人。原者何？上平曰原，下平曰隰。

秋，莒去疾自齐入于莒。

莒展出奔吴。

叔弓帅师疆运田。疆运田者何？与莒为竟也。与莒为竟，则曷为帅师而往？畏莒也。

葬邾娄悼公。

冬十有一月己酉，楚子卷卒。

楚公子比出奔晋。

【译文】

元年春季周历正月，鲁昭公行即位典礼。

叔孙豹会同晋大夫赵武、楚公子围、齐国酌、宋大夫向戌、卫大夫石恶、陈公子招、蔡公孙归生、郑轩虎、许国人、曹国人在漷盟会。这是陈侯的弟弟公子招,为什么不称弟呢?因为贬低他的身份。为什么贬低他的身份呢?因为他杀了陈国世子偃师,说陈侯的弟弟招杀死了世子偃师。大夫互相杀戮称人,这里为什么在杀人时称名氏呢?表示将因此以达到弑君。现在将要这么做,为什么跟亲自弑君用相同的词语呢?因为国君的亲属不能率军,率军就必定被杀。那么为什么不在他弑君时贬他呢?以亲属的身份弑君,他的罪恶是非常严重的。《春秋》是对不用等到贬绝就可表现出罪恶的,不贬绝时就显出他的罪恶;对贬绝以后才可以看见罪恶的,进行贬绝然后可以看出罪恶。现在公子招的罪已经很严重了,为什么在这里又贬他呢?这是表明招的罪恶。为什么表明招的罪恶呢?表明楚国假借讨伐招去消灭陈国。

三月,夺取了运,什么叫作运呢?是鲁国内的城邑。为什么说夺取呢?因为他不服从命令背叛了。

夏天,秦伯的弟弟鍼出奔到晋国去。秦国没有大夫,这里为什么写下来?因为他到晋国做官去了。为什么到晋国做官呢?秦国是有上千辆军车的大国,而不能容纳国王的亲弟弟,所以君子说他是出奔了。

六月丁巳这天,邾娄悼公华去世。

晋大夫荀吴率领军队在大原把狄人战败了。这是大卤,为什么叫作大原?地名,物的名字依照中国,邑名,人的名称依从主人。什么叫作原呢?高而低平叫作原,低凹而平叫作隰。

秋天,莒国君去疾从齐国进入莒国。

莒国君展出奔到吴国。

叔弓率领军队确定运的边界。为什么确定运的边界?因为与莒国边境相连。与莒国边境相连,为什么率领军队前去呢?因为怕莒国的缘故。

给邾娄悼公行葬礼。

冬天十一月己酉这天,楚王卷去世。

楚国公子比逃到晋国。

昭公二年

【原文】

二年春,晋侯使韩起来聘。

夏,叔弓如晋。

秋,郑杀其大夫公孙黑。

冬,公如晋,至河乃复。其言至河乃复何?不敢进也。

季孙宿如晋。

【译文】

二年，春天，晋侯派遣韩起来鲁国朝问。

夏季，鲁大夫叔弓到晋国去。

秋季，郑人杀他们的大夫公孙黑。

冬季，鲁昭公到晋国去，到达黄河边上又回来了。为什么说到达黄河边上又回来呢？因为鲁昭公不敢再往前进。

季孙宿前往晋国。

昭公三年

【原文】

三年春，王正月丁未，滕子泉卒。

夏，叔弓如滕。

五月，葬滕成公。

秋，小邾娄子来朝。

八月，大雩。

冬，大雨雹。

北燕伯款出奔齐。

【译文】

三年春季周历正月丁未这天，滕成公去世。

夏天，鲁大夫叔弓到滕国去。

五月，安葬滕成公。

秋天，小邾娄子来鲁国朝见。

八月，鲁国行求雨的祭祀仪式。

冬天，鲁国下雹如下雨一样。

北燕伯款出奔到齐国。

昭公四年

【原文】

四年春，王正月，大雨雪。

夏，楚子、蔡侯、陈侯、郑伯、许男、徐子、滕子、顿子、胡子、沈子、小邾娄子、宋世子佐、淮夷会于申。楚人执徐子。

秋七月，楚子、蔡侯、陈侯、许男、顿子、胡子、沈子、淮夷伐吴，执齐庆封杀之。此伐吴也，其言执齐封何？为齐诛也。其为齐诛奈何？庆封走之吴，吴封之于防。然则曷为不言伐防？不与诸侯专封也。庆封之罪何？胁齐君而乱齐国也。遂灭厉。

九月取鄫。其言取之何？灭之也。灭之则其言取之何？内大恶，讳也。

冬十有二月乙卯，叔孙豹卒。

【译文】

四年春季周历正月，鲁国大雨夹雪。

夏天，楚子同蔡侯、陈侯、郑伯、许男、徐子、滕子、顿子、胡子、沈子、小邾娄子、宋国世子佐、淮水旁边的夷人在申这地方盟会。楚人捉拿了徐子。

秋季七月，楚子同蔡侯、陈侯、许男、顿子、胡子、沈子、淮夷攻伐吴国，逮捕了齐国的庆封，把他杀了。这是伐吴国，为什么说逮着齐国的庆封呢？这是为齐国诛杀他。为什么为齐国杀他？庆封逃到吴国，吴国封给他防地。那么为什么不说讨伐防呢？表示不赞成诸侯自己擅自封疆。庆封有什么罪呢？他威胁齐国君并扰乱齐国的政权。接着灭掉厉国。

九月占领鄫国。为什么说占领呢？就是把他灭了。灭了为什么说占领呢？因为这是鲁国内部的大坏事，所以避讳。

冬天十二月乙卯这天，鲁国的叔孙豹去世。

昭公五年

【原文】

五年春，王正月，舍中军。舍中军者何？复古也。然则曷为不言三卿？五亦有中，三亦有中。

楚杀其大夫屈申。

公如晋。

夏，莒牟夷以牟娄及防、兹来奔。莒牟夷者何？莒大夫也。莒无大夫，此何以书？重地也。其言及防、兹来奔何？不以私邑累公邑也。

秋七月，公至自晋。

戊辰，叔弓帅师败莒师于濆泉。濆泉者何？直泉也。直泉者何？涌泉也。

秦伯卒。何以不名？秦者夷也，匿嫡之名也。其名何？嫡得之也。

冬，楚子、蔡侯、陈侯、许男、顿子、沈子、徐人、越人伐吴。

【译文】

五年春季周历正月，鲁国废除中军。为什么废除呢？是恢复古代的制度。那么为什么不说三卿呢？五里头有中，三里头也有中。

楚人杀了他们的大夫屈申。

鲁国昭公前往晋国。

夏天，莒国的牟夷带着牟娄同防、兹逃奔到鲁国。谁叫莒牟夷？是莒国的大夫。莒国没有大夫，这里为什么写？表示看重土地。为什么说同防、兹来投奔呢？因为不由于私邑连累到公邑。

秋天七月，昭公从晋国回来。

戊辰这天，叔弓率领军队在濆泉这个地方战败莒国军队。什么叫作濆泉呢？就是直上而出的泉。什么叫作直泉呢？就是喷涌而出的泉。

秦景公去世。为什么不称他的名字？因为秦国是夷俗的国家，把嫡子的名字藏起来。那么他应该叫作什么名字呢？嫡子应当得到的。

冬季，楚子同蔡侯、陈侯、许男、顿子、沈子、徐人、越人攻伐吴国。

昭公六年

【原文】

六年春，王正月，杞伯益姑卒。

葬秦景公。

夏，季孙宿如晋。

葬杞文公。

宋华合比出奔卫。

秋九月，大雩。

楚薳颇帅师伐吴。

冬，叔弓如楚。

齐侯伐北燕。

【译文】

六年春季周历正月，杞文公益姑去世。

安葬秦景公。

夏天，季孙宿到晋国去。

安葬杞文公。

宋大夫华合比逃奔到卫国去。
秋天九月，鲁国举行盛大的雩祭。
楚大夫薳颇率领军队讨伐吴国。
秋天，鲁大夫叔弓到楚国去。
齐侯攻伐北燕国。

昭公七年

【原文】

七年春，王正月，暨齐平。
三月，公如楚。
叔孙舍如齐莅盟。
夏四月甲辰朔，日有食之。
秋八月戊辰，卫侯恶卒。
九月，公至自楚。
冬十有一月癸未，季孙宿卒。
十有二月癸亥，葬卫襄公。

【译文】

七年春季周历正月，鲁国同齐国讲和。
三月，鲁昭公前往楚国。
鲁大夫叔孙舍到齐国去监视盟会。
夏季四月甲辰初一，发生日食。
秋季八月戊辰这天，卫侯恶去世。
九月，鲁昭公从楚国回来。
冬天十一月癸未这天，季孙宿死了。
十二月癸亥这天，安葬卫襄公。

昭公八年

【原文】

八年春，陈侯之弟招杀陈世子偃师。
夏四月辛丑，陈侯溺卒。

叔弓如晋。

楚人执陈行人于征师杀之。

陈公子留出奔郑。

秋,蒐于红。蒐者何?简车徒也。何以书?盖以罕书也。

陈人杀其大夫公子过。

大雩。

冬十月壬午,楚师灭陈,执陈公子招,放之于越。杀陈孔瑗。

葬陈哀公。

【译文】

八年春天,陈侯的弟弟公子招杀了陈世子偃师。

夏四月辛丑这天,陈哀公溺水去世。

鲁大夫叔弓到晋国去。

楚国把陈国的行人官于征师逮捕并杀死。

陈国的公子留出奔到郑国。

秋天,在红这地方大阅兵。什么叫作大阅兵呢?就是检阅兵车的步卒。为什么写下来呢?因为很少见,所以写下来。

陈国人把他们的大夫公子过杀了。

鲁国举行盛大的雩祭。

冬十月壬午这天,楚国军队灭了陈国,逮捕了陈国公子招,把他放逐到越国。并且杀死陈国大夫孔瑗。

安葬陈哀公。

昭公九年

【原文】

九年春,叔弓会楚子于陈。

许迁于夷。

夏四月,陈火。陈已灭矣,其言陈火何?存陈也,曰存陈悕矣。曷为存陈?灭人之国,执人之罪人,杀人之贼,葬人之君,若是则陈存悕矣。

秋,仲孙貜如齐。

冬,筑郎囿。

【译文】

九年春天,鲁国大夫叔弓到陈国去会见楚王。

许国迁徒到夷这个地方。

夏天四月，陈国发生火灾。陈国已经被灭亡了，为什么还说陈国发生火灾呢？这是保存陈国名称的缘故，说保存陈国是可悲的。什么是保存陈国呢？灭了别人的国家，捉拿他们的罪人陈公子招，并且把为害别人的贼人孙瑗也杀了，还葬了陈哀公，像这样，陈国的保存是一件很可悲的事情。

秋季，鲁大夫仲孙貜到齐国去。

冬季，修建郎囿这个城邑。

昭公十年

【原文】

十年春，王正月。

夏，晋栾施来奔。

秋七月，季孙隐如、叔弓、仲孙貜帅师伐莒。戊子，晋侯彪卒。

九月，叔孙舍如晋。

葬晋平公。

十有二月甲子，宋公戌卒。

【译文】

十年春季周历正月。

夏季，晋国栾施逃到鲁国来。

秋季七月，鲁大夫季孙隐如、叔弓、仲孙貜率领军队攻伐莒国。

戊子这天，晋平公彪去世。

九月，叔孙舍前往晋国。

安葬晋平公。

十二月甲子这天，宋平公戍去世。

昭公十一年

【原文】

十有一年春，王正月，叔弓如宋。

葬宋平公。

夏四月丁巳，楚子虔诱蔡侯般杀之于申。楚子虔何以名？绝。曷为绝之？为其诱封

也。此讨贼也,虽诱之,则曷为绝之?怀恶而讨不义,君子不予也。

楚公子弃疾帅师围蔡。

五月甲申,夫人归氏薨。

大蒐于比蒲。大蒐者何?简车徒也。何以书?盖以罕书也。

仲孙貜会邾娄子盟于侵羊。

秋,季孙隐如会晋韩起、齐国酌、宋华亥、卫北宫佗、郑轩虎、曹人、杞人于屈银。

九月己亥,葬我小君齐归。齐归者何?昭公之母也。

冬十有一月丁酉,楚师灭蔡,执蔡世子有以归用之。此未逾年之君也,其称世子何?不君灵公,不成其子也。不君灵公,则曷为不成其子?诛君之子不立。非怒也,无继也。恶乎用之?用之防也。其用之防奈何?盖以筑防也。

【译文】

十一年春季周历正月,鲁大夫叔弓前往宋国。

给宋平公行葬礼。

夏四月丁巳这天,楚子虔诱骗蔡侯般,把他在申这个地方杀死。为什么写楚子虔的名字呢?这是跟他断绝关系。为什么跟他断绝关系?因为他诱骗蔡国国君。这是攻伐贼人。虽然是诱骗他,又为什么跟他断绝关系呢?怀念恶人而讨伐不义的人,对此,君子是不赞许的。

楚国公子弃疾率领军队包围了蔡国都城。

五月甲申这天,昭公的母亲夫人归氏去世了。

在比蒲举行盛大的狩猎。什么叫作大狩猎?就是检阅战车和步卒。为什么写下来呢?因为难得有的缘故。

仲孙貜同邾娄的君在侵羊这地方会盟。

秋天,季孙隐如与晋大夫韩起、齐国的国酌、宋国的华亥、卫国北宫佗、郑国的轩虎、曹人、杞人在屈银这地方会盟。

九月己亥这天,给我国的小君齐归行葬礼。齐归是什么人呢?她是昭公的母亲。

冬季十一月丁酉这天,楚国军队灭了蔡国,捉拿蔡国的世子有,带他回楚国用来修建防山。这是即位不到一年的君,为什么称世子呢?因为不把灵公看作国君,所以不把他儿子当作国君。不拿灵公当国君,为什么也不把他的儿子当国君呢?被诛戮的国君的儿子不能即位。这不是迁怒,是因为没有人能够继嗣。怎么用他呢?用在防山上。在防山上怎么使用他呢?大概是用来修筑防山。

昭公十二年

【原文】

十有二年春，齐高偃帅师纳北燕伯于阳。伯于阳者何？公子阳生也。子曰："我乃知之矣。"在侧者曰："子苟知之，何以不革。"曰："如尔所不知何？《春秋》之信史也，其序则齐桓、晋文，其会则主会者为之也，其词则丘有罪焉耳。"

三月壬申，郑伯嘉卒。

夏，宋公使华定来聘。

公如晋，至河乃复。

五月，葬郑简公。

楚杀其大夫成然。

秋七月。

冬十月，公子整出奔齐。

楚子伐徐。

晋伐鲜虞。

【译文】

十二年春季，齐国的高偃率领军队把北燕伯送入阳这地方。在阳为伯的人是谁呢？就是公子阳生。孔子说："我现在已经知道了。"在旁边的人说："你既然已经知道，为什么不改正呢？"孔子回答说："那有些你不知道的怎么办呢？《春秋》是一部翔实可信的史书，它的次序就是齐桓同晋文定下的，它的聚会就由每次开会的主持人安排，至于文词，我孔丘也在上面犯了错误。"

三月壬申这天，郑伯嘉去世。

夏天，宋公派华定来鲁国聘问。

昭公到晋国去，到了黄河边上就回来了。

五月，给郑简公行葬礼。

楚人杀他们的大夫成然。

秋季七月。

冬季十月，公子整逃奔到齐国去。

楚子攻伐徐国。

晋人攻伐鲜虞国。

春秋公羊传卷二十三

昭公中

昭公十三年

【原文】

十有三年春，叔弓帅师围费。

夏四月，楚公子比自晋归于楚，弑其君虔于乾溪。此弑其君，其言归何？归无恶于弑立也。归无恶于弑立者何？灵王为无道，作乾溪之台，三年不成，楚公子弃疾胁比而立之。然后令于乾溪之役曰："比已立矣，后归者不得复其田里。"众罢而去之，灵王经而死。楚公子弃疾弑公子比，比已立矣，其称公子何？其意不当也。其意不当，则曷为加弑焉尔？比之义宜乎效死不立。大夫相杀称人，此其称名氏以弑何？言将自是为君也。

秋，公会刘子、晋侯、齐侯、宋公、卫侯、郑伯、曹伯、莒子、邾娄子、滕子、薛伯、杞伯、小邾娄子于平丘。八月甲戌，同盟于平丘。公不与盟，晋人执季孙隐如以归。公至自会。公不与盟者何？公不见与盟也。公不见与盟，大夫执何以致会？不耻也。曷为不耻？诸侯遂乱，反陈、蔡，君子耻不与焉。

蔡侯庐归于蔡。

陈侯吴归于陈。此皆灭国也，其言归何？不与诸侯专封也。

冬十月，葬蔡灵公。

公如晋，至河乃复。

吴灭州来。

【译文】

十三年春季，鲁大夫叔弓率领军队围攻了费城。

夏天四月，楚国公子比从晋国回到楚国，把他的国君虔在乾溪这地方杀了。这是杀了他的君，为什么说他回来呢？回楚国与弑君、立国无干。为什么回归到楚国而与弑君、立国无干呢？灵王暴虐无道，修造乾溪台三年没有成功，楚公子弃疾威迫着公子比立为君。然后命令乾溪的仆役说："公子比已经立为君了，后回来的人不能再得到他的故里。"仆役们都停了工逃走了，灵王自缢而死。楚公子弃疾又杀掉公子比，比已经立为君了，为

什么称公子呢？这里的意思是不该立为君。既然不该立为君，为什么加上弑字呢？从道义上讲，公子比应该宁可死也不肯即位。大夫互相杀戮的时候称人，这里为什么在弑上称呼名氏？意思说他将要从此作国君了。

秋天，昭公与刘子、晋侯、齐侯、宋公、卫侯、郑伯、曹伯、莒子、邾娄子、滕子、薛伯、杞伯、小邾娄子在平丘这地方会面。八月甲戌这天，在平丘盟会。昭公不参加盟誓，晋国人把鲁大夫季孙隐如逮回晋国去了。昭公从开会的地方回到鲁国。为什么说昭公不参加盟誓呢？他没看见盟誓。昭公没看见盟誓，季孙被逮去了。怎么还说去会见呢？不以为这是耻辱。为什么不以为这是耻辱呢？接下去诸侯乱了，又把陈、蔡的君送回去。君子以为那次不参加会见是耻辱。

蔡侯庐回到蔡国。

陈侯吴回到陈国。这全是被灭亡的国家，为什么说他回国呢？表示不赞成诸侯可以擅自旁的国家的封疆。

冬天十月，给蔡灵公举行葬礼。

昭公到晋国去，到了黄河边上就回来了。

吴国人灭掉州来。

昭公十四年

【原文】

十有四年春，隐如至自晋。

三月，曹伯滕卒。

夏四月。

秋，葬曹武公。

八月，莒子去疾卒。

冬，莒杀其公子意恢。

【译文】

十四年春季，季孙隐如从晋国回来。

三月，曹武公滕去世。

夏季四月。

秋季，给曹武公举行葬礼。

八月，莒国国君去疾去世。

冬季，莒国人杀了他们的公子意恢。

昭公十五年

【原文】

十有五年春，王正月，吴子夷昧卒。

二月癸酉，有事于武宫。籥入，叔弓卒，去乐卒事。其言去乐卒事何？礼也。君有事于庙，闻大夫之丧去乐，卒事。大夫闻君之丧，摄主而往。大夫闻大夫之丧，尸事毕而往。

夏，蔡昭吴奔郑。

六月丁巳朔，日有食之。

秋，晋荀吴帅师伐鲜虞。

冬，公如晋。

【译文】

十五年春季周历正月，吴王夷昧去世了。

二月癸酉这天，祭祀武宫。乐队刚进来，叔弓就去世了，便撤去乐器，做完祭祀。为什么说撤掉乐器，做完祭事？这是合于礼的。国君在太庙祭祀，听见大夫的丧事，就撤掉乐器，做完祭事。大夫听见国君的丧事，就请人代主持祭祀以后再去。大夫听见大夫的丧事，应在祭祀以后再去。

夏季，蔡大夫昭吴逃到郑国。

六月丁巳初一这天，发生日食。

秋季，晋大夫荀吴率领军队攻伐鲜虞国。

冬季，昭公到晋国去。

昭公十六年

【原文】

十有六年春，齐侯伐徐。

楚子诱戎曼子杀之。楚子何以不名？夷狄相诱，君子不疾也。曷为不疾？若不疾，乃疾之也。

夏，公至自晋。

秋八月己亥，晋侯夷卒。

九月大雩。

季孙隐如如晋。

冬十月，葬晋昭公。

【译文】

十六年春季，齐侯攻伐徐国。

楚子诱骗戎曼子到楚国把他杀了。楚子为什么不称名氏呢？夷狄互相诱骗，君子不痛恨。为什么不痛恨呢？好像不痛恨，其实痛恨。

夏天，昭公从晋国回来。

秋八月己亥这天，晋昭公夷去世。

九月，鲁国举行盛大的雩祭。

季孙隐如到晋国去。

冬季十月，给晋昭公举行葬礼。

昭公十七年

【原文】

十有七年春，小邾娄子来朝。

夏六月甲戌朔，日有食之。

秋，郯子来朝。

八月，晋荀吴帅师灭贲浑戎。

冬，有星孛于大辰。孛者何？彗星也。其言于大辰何？在大辰也。大辰者何？大火也。大火为大辰，伐为大辰，北辰亦为大辰。何以书？记异也。

楚人及吴战于长岸。诈战不言战，此其言战何？敌也。

【译文】

十七年春天，小邾娄国君来鲁国朝访。

夏六月甲戌初一这天，出现日食。

秋季，郯国国君来鲁国朝访。

八月，晋大夫荀吴率领军队灭了贲浑戎。

冬季，有孛星进入大辰。什么叫作孛呢？就是彗星。为什么说进入大辰呢？是在大辰星座的缘故。什么叫大辰呢？就是大火。大火可以叫作大辰，参伐也叫作大辰，北辰也可以叫作大辰。为什么写下来呢？为的记载异常情况。

楚国人同吴国人在长岸打仗。假作战争状不说是作战，这里为什么说打仗呢？因为两方面势均力敌。

昭公十八年

【原文】

十有八年春，王三月，曹伯须卒。

夏五月壬午，宋、卫、陈、郑灾。何以书？记异也。何异尔？异其同日而俱灾也。外异不书，此何以书？为天下记异也。

六月，邾娄人入鄅。

秋，葬曹平公。

冬，许迁于白羽。

【译文】

十八年春季周历三月，曹平公须去世。

夏五月壬午这天，宋国同卫国、陈国、郑国都发生火灾。为什么写下来呢？这是记载灾异。是什么灾异呢？他们在同一天同时发生火灾，十分异常。照例外国的灾异不写下来，这里为什么写呢？因为是为天下记载灾异的缘故。

六月，邾娄人进入鄅国。

秋天，安葬曹平公。

冬天，许国被迁移到白羽这地方。

昭公十九年

【原文】

十有九年春，宋公伐邾娄。

夏五月戊辰，许世子止弑其君买。

己卯，地震。

秋，齐高发帅师伐莒。

冬，葬许悼公。贼未讨何以书葬？不成于弑也。曷为不成于弑？止进药而药杀也。止进药而药杀，则曷为加弑焉尔？讥子道之不尽也。其讥子道之不尽奈何？曰："乐正子春之视疾也，复加一饭则脱然愈，复损一饭则脱然愈，复加一衣则脱然愈，复损一衣则脱然愈。"止进药而药杀，是以君子加弑焉尔，曰："许世子止弑其君买，是君子之听止也。葬许悼公，是君子之赦止也。赦止者，免止之罪辞也。"

【译文】

十九年春季，宋公攻伐邾娄。

夏天五月戊辰这天，许国的世子止杀了他的国君买。

己卯这天，鲁国发生地震。

秋季，齐国高发率领军队讨伐莒国。

冬季，给许悼公行葬礼。凶手还没有被讨伐为什么写行葬礼？因为他并没有形成弑君。为什么没有弑成呢？世子只送上药，药死了他的父亲。他进药，而药把他父亲害掉。为什么说弑呢？因为讽刺儿子的道义没有尽到。怎么样讽刺儿子的道义没尽到呢？说："从前乐正子春侍奉他父亲病的时候，要加上一点饭他病就好了，或减一点饭他的病就好了，有时加一点衣服他的病就好了，或减一点衣服他的病就好了。"世子只是送药把他父亲害了。所以君子说他弑了他的君。说："许国世子止弑他的国君买，是君子听信止杀君的举动。写上对许悼公行葬礼，是证明君子免除了世子止的罪。什么叫作免除了止呢？是表示免除了止罪状的用语。"

昭公二十年

【原文】

二十年春，王正月。

夏，曹公孙会自鄸出奔宋。奔未有言自者，此其言自何？畔也。畔则曷为不言其畔？为公子喜时之后讳也，《春秋》为贤者讳。何贤乎公子喜时？让国也。其让国奈何？曹伯庐卒于师，则未知公子喜时从与，公子负刍从与，或为主于国，或为主于师。公子喜时见公子负刍之当主也，逡巡而退。贤公子喜时则曷为为会讳？君子之善善也长，恶恶也短，恶恶止其身，善善及子孙，故君子为之讳也。

秋，盗杀卫侯之兄辄。母兄称兄，兄何以不立？有疾也。何疾尔？恶疾也。

冬十月，宋华亥、向宁、华定出奔陈。

十有一月辛卯，蔡侯庐卒。

【译文】

二十年春季周历正月。

夏季，曹国公孙鄸从这地方逃到宋国去。出奔没有说过从什么地方走的，这里为什么说他从什么地方逃走呢？是因为叛国。叛国为什么不说他叛国呢？是为公子喜时的后人避讳，《春秋》这部书为贤者避讳。公子喜时有什么贤呢？因为他让了君位。他怎么样让了君位呢？曹伯庐死在军队中的时候，也不知道是公子喜时跟着他，还是公子负刍

跟着他，有的是在国中做主，有的是在军队中做主。公子喜时看见公子负刍应当做主，他就悄悄退去。说公子喜时贤能，为什么替他的后人公孙会避讳呢？君子赞扬善事的时间很长，厌恶坏人时间很短，厌恶坏人只到他本身，称赞善事一直延及他的子孙，公孙会是贤者的子孙，所以君子为他避讳。

秋天，强盗杀了卫侯的哥哥辄。亲哥哥才称兄，兄为什么不立为君呢？因为他有病的缘故。有什么病呢？很严重的病。

冬天十月，宋国的大夫华亥、向宁、华定逃奔到陈国去。

十一月辛卯这天，蔡平公庐去世。

昭公二十一年

【原文】

二十有一年春，王三月，葬蔡平公。

夏，晋侯使士鞅来聘。

宋华亥、向宁、华定自陈入于宋南里以畔。宋南里者何？若曰因诸者然。

秋七月壬午朔，日有食之。

八月乙亥，叔痤卒。

冬，蔡侯朱出奔楚。

公如晋，至河乃复。

【译文】

二十一年春季周历三月，安葬蔡平公。

夏季，晋侯派士鞅来鲁国聘问。

宋华亥与向宁、华定从陈国来到宋南里反叛。宋南里是什么呢？等于齐国人说刑徒所居住的地方。

秋天七月壬午初一这天，出现日食。

八月乙亥这天，鲁大夫叔痤去世。

冬天，蔡侯朱流亡到楚国。

昭公前往晋国，到了黄河边上就回来了。

昭公二十二年

【原文】

二十有二年春，齐侯伐莒。

宋华亥、向宁、华定自宋南里出奔楚。

大蒐于昌奸。

夏四月乙丑，天王崩。

六月，叔鞅如京师。

葬景王。

王室乱。何言乎王室乱？言不及外也。刘子、单子以王猛居于皇。其称王猛何？当国也。

秋，刘子、单子以王猛入于王城。王城者何？西周也。其言入何？篡辞也。

冬十月，王子猛卒。此未逾年之君也，其称王子猛卒何？不与当也。不与当者，不与当父死子继，兄死弟及之辞也。

十有二月癸酉朔，日有食之。

【译文】

二十二年春季，齐侯攻伐莒国。

宋华亥与向宁、华定自宋南里出奔到楚国。

在昌奸这地方举行盛大的行猎阅兵。

夏天四月乙丑这天，周景王崩逝了。

六月，鲁大夫叔鞅前往周都城。

给周景王行葬礼。

周王室发生动乱。为什么说王室乱呢？意思是说乱不会波及外边。周室的卿士刘子同单子让王猛居住在皇这地方。为什么称王猛呢？因为他主持周国的政权。

秋季，刘子与单子把王猛送入王城去。什么是王城呢？周朝西方的都城。为什么说入呢？表示他篡位的用语。

冬季十月，王子猛死了。这是即位不到一年的君，为什么称王子猛死了？因为不赞成他做国君。所谓不赞成他做国君，是应当父死儿子继承，兄死弟弟继承的意思。

十二月癸酉初一这天，发生日食。

春秋公羊传卷二十四

昭公下

昭公二十三年

【原文】

二十有三年春，王正月，叔孙舍如晋。

癸丑，叔鞅卒。

晋人执我行人叔孙舍。

晋人围郊。郊者何？天子之邑也。曷为不系于周？不与伐天子也。

夏六月，蔡侯东国卒于楚。

秋七月，莒子庚舆来奔。

戊辰，吴败顿、胡、沈、蔡、陈、许之师于鸡父。胡子髡、沈子楹灭，获陈夏啮。此偏战也，曷为以诈战之辞言之？不与夷狄之主中国也。然则曷为不使中国主之？中国亦新夷狄也。其言灭获何？别君臣也，君死于位曰灭，生得曰获，大夫生死皆曰获。不与夷狄之主中国，则其言获陈夏啮何？吴少进也。

鄂叔簋

天王居于狄泉。此未三年，其称天王何？著有天子也，尹氏立王子朝。

八月乙未，地震。

冬，公如晋，至河，公有疾乃复。何言乎公有疾乃复？杀耻也。

【译文】

二十三年春季周历正月，鲁大夫叔孙舍前往晋国。

癸丑这天，鲁大夫叔鞅死了。

晋国人把鲁国的外交官叔孙舍捉拿起来。

晋国人围攻了郊这地方。郊是什么呢？是周天子的一个城邑。为什么不把它和周连在一起呢？表示不赞许讨伐周天子的缘故。

夏天六月，蔡侯东国死在楚国。

秋天七月，莒国君庚舆前来鲁国投奔。

戊辰这天，吴国在鸡父打败了顿国、胡国、沈国、蔡国、陈国、许国的军队，胡子髡、沈子楹被杀死了，擒获陈国的夏啮。这只是各据一方的战争，为什么用记录欺诈战的言辞呢？不赞成夷狄主宰中国。那么为什么不让他作主宰呢？中国也是一个新的夷狄。为什么有的说灭有的说获呢？这是分别君臣的地位，君死在位上叫作灭，活着被抓住叫作获，至于大夫无论生或死都叫作获。不赞许夷狄主宰中国，为什么说抓获陈国的夏啮呢？因为吴国稍微进步了一点。

周天王住在狄泉这地方。他即位还未满三年，为什么称他为天王呢？显示有天王的存在，周大夫尹氏立了王子朝。

八月乙未这天，鲁国发生地震。

冬天，鲁昭公到晋国去，到了黄河边上，昭公有病就回来了。为什么说昭公有病就回来了？为了减除耻辱。

昭公二十四年

【原文】

二十有四年春，王二月丙戌，仲孙貜卒。

叔孙舍至自晋。

夏五月乙未朔，日有食之。

秋八月，大雩。

丁酉，杞伯郁釐卒。

冬，吴灭巢。

葬杞平公。

【译文】

二十四年春季，王二月丙戌这天，鲁大夫仲孙貜去世。

叔孙舍从晋国回到鲁国。

夏季五月乙未初一这天，发生日食。

秋天八月，鲁国举行求雨的典礼。

丁酉这天，杞平公郁釐去世。

冬季，吴国把巢国灭了。

安葬杞平公。

昭公二十五年

【原文】

二十有五年春，叔孙舍如宋。

夏，叔倪会晋赵鞅、宋乐世心、卫北宫喜、郑游吉、曹人、邾娄人、滕人、薛人、小邾娄人于黄父。

有鹳鹆来巢。何以书？记异也。何异尔？非中国之禽也，宜穴又巢也。

秋七月，上辛大雩。季辛又雩。又雩者何？又雩者非雩也，聚众以逐季氏也。

九月己亥，公孙于齐，次于杨州。

齐侯唁公于野井。唁公者何？昭公将弑季氏，告子家驹曰："季氏为无道，僭于公室

久矣，吾欲弑之何如?”子家驹曰:“诸侯僭于天子，大夫僭于诸侯久矣。”昭公曰:“吾何僭矣哉?”子家驹曰:“设两观，乘大路，朱干、玉戚，以舞《大夏》，八佾以舞《大武》，此皆天子之礼也。且夫牛马维娄，委已者也，而柔焉。季氏得民众久矣，君无多辱焉。”昭公不从其言，终弑而败焉。走之齐，齐侯唁公于野井，曰:“奈何君去鲁国之社稷?”昭公曰:“丧人不佞，失守鲁国之社稷，执事以羞。”再拜颡，庆子家驹曰:“庆子免君于大难矣。”子家驹曰:“巨不佞，陷君于大难，君不忍加之以铁锧，赐之以死。”再拜颡。高子执箪食与四脡脯，国子执壶浆，曰:“吾寡君闻君在外，馂饔未就，敢致糗于从者。”昭公曰:“君不忘吾先君，延及丧人，锡之以大礼。”再拜稽首，以衽受。高子曰:“有夫不祥，君无所辱大礼。”昭公盖祭而不尝。景公曰:“寡人有不腆先君之服，未之敢服。有不腆先君之器，未之敢用，敢以请。”昭公曰:“丧人不佞，失守鲁国之社稷，执事以羞，敢辱大礼，敢辞。”景公曰:“寡人有不腆先君之服，未之敢服，有不腆先君之器，未之敢用，敢固以请。”昭公曰:“以吾宗庙之在鲁也，有先君之服，未之能以服，有先君之器，未之能以出，敢固辞。”景公曰:“寡人有不腆先君之服，未之敢服，有不腆先君之器，未之敢用，请以飨乎从者。”昭公曰:“丧人其何称?”景公曰:“孰君而无称。”昭公于是噭然而哭，诸大夫皆哭。既哭，以人为菑，以幦为席，以鞌为几，以遇礼相见。孔子曰:“其礼与其辞足观矣!”

冬十月戊辰，叔孙舍卒。

十有一月己亥，宋公佐卒于曲棘。曲棘者何? 宋之邑也。诸侯卒其封内不地，此何以地? 忧内也。

十有二月，齐侯取运。外取邑不书，此何以书? 为公取之也。

【译文】

二十五年春季，鲁大夫叔孙舍前往宋国。

夏季，鲁大夫叔倪同晋大夫赵鞅、宋大夫乐世心、卫大夫北宫喜、郑大夫游吉、曹人、邾娄人、胜人、薛人、小邾娄人在黄父这地方会盟。

有鸜鹆鸟来鲁国筑巢。为什么写下来? 这是记载奇怪的事情。有什么奇怪呢? 它不是中国的飞禽，它可以住到山洞里，也可以搭巢。

秋天七月，第一个辛日行求雨的典礼。末了一个辛日又行求雨典礼。又行求雨典礼是什么意思? 又行求雨典礼不是真正行礼，是聚集很多人以驱逐季孙氏。

九月己亥这天，鲁昭公到齐国去，驻留到扬州这地方。

齐侯到野井这地方来慰问鲁昭公。为什么慰问他呢? 昭公要杀季孙氏，告诉子家驹说:“季氏无道，他和公室相比已很久了。我久已想把他杀掉，你看怎么样?”子家驹回答说:“诸侯与天子相比，大夫与诸侯相比，这都是很久的事了。”昭公又说:“我有什么和天子相比的?”子家驹说:“你宫门外设了两座门楼，又常坐天子的大车，拿红颜色装饰盾牌，拿玉石装饰斧头，来表演《大夏》，用八对人跳《大武》的舞蹈，这都是天子的礼节。并且牛马拴起来后就归了饲养它们的人，变柔顺了。季孙氏久已得到民众，你又何必自己寻

找羞耻。"昭公不听他的话,终究想杀季氏,没成功。逃到齐国去,齐景公在野井这地方慰问昭公,说:"你为什么扔掉鲁国的社稷呢?"昭公回答说:"丧失国家的人不幸丢掉鲁国的宗庙社稷,使随从您的人蒙羞。"就再次伏下叩头。齐景公庆贺子家驹说:"庆贺你使你的国君赦免了大难。"子家驹说:"我不好,使国君陷入大难,国君又不忍把刀砧加在我头上赐以死罪。"他也两次伏地叩头。齐国的卿高子拿着竹筚子盛的饭食跟四角的肉脯,另一位卿国子拿着一壶浆水说:"我们的国君听说你在外边,熟食也没有,斗胆给您的从人送上食物。"昭公说:"你不忘掉我先君,恩情延续到流亡的人,用大礼赏赐我。"又两次伏地叩头,以衣襟来接受。高子说:"到处都有不好的人,你没有什么有辱大礼的。"昭公祭祀而不吃食物。齐景公说:"寡人有先君的衣服不敢穿,有先君的器物不敢用,敢请行礼。"昭公说:"逃亡的人不好,失掉鲁国的社稷,使您蒙羞,我敢辞谢大礼。"景公说:"寡人有先君的衣服,没敢穿,有先君的器物,没敢用,敢坚持请你行礼。"昭公说:"由于我宗庙在鲁国,有先君的衣服没敢穿,有先君的器物没能拿出来,敢固辞行礼。"景公说:"寡人有先君的衣服,没敢穿,有先君的器物,没敢用,请你随从的人享受。"昭公说:"逃亡的人怎么样称呼呢?"景公说:"哪位国君能没有称呼呢?"昭公于是忽然大哭,随从的鲁国大夫全都哭了。哭了以后,以人作墙、以车围作席,以马鞍作桌子,以国君相遇的礼相见。孔子说:"这种礼和它的言辞足可以让人观看了。"

冬天十月戊辰这天,鲁大夫叔孙舍死了。

十一月己亥这天,宋元公佐死在曲棘这地方。什么叫作曲棘呢?是宋国的一个城。诸侯在其国内死不写上地名,这里为什么写呢?因为为国内忧心。

十二月,齐侯夺取了运这地方,外国夺取城邑不写在竹简上,这里为什么写呢?因为齐侯是为鲁昭公而夺取这地方。

昭公二十六年

【原文】

二十有六年春,王正月,葬宋元公。

三月,公至自齐,居于运。

夏,公围成。

秋,公会齐侯、莒子、邾娄子、杞伯盟于剸陵。公至自会,居于运。

九月庚申,楚子居卒。

冬十月,天王人于成周。成周者何?东周也。其言人何?不嫌也。尹氏、召伯、毛伯以王子朝奔楚。

【译文】

二十六年春季周历正月,安葬宋元公。

三月，鲁昭公从齐国回来，住到运这地方。

夏季，鲁昭公围困成这个城邑。

秋季，鲁昭公与齐侯，莒子、邾娄子、杞伯在刳陵这地方会盟。昭公从会盟的地方回来住到运这地方。

九月庚申这天，楚平王去世。

冬季十月，周天王进入成周城里。什么叫做成周呢？就是东周。为什么说进去呢？因为不嫌弃说他即位。王子朝的卿士尹氏同召伯、毛伯带着王子朝逃到楚国去了。

昭公二十七年

【原文】

二十有七年春，公如齐。公至自齐，居于运。

夏四月，吴弑其君僚。

楚杀其大夫郤宛。

秋，晋士鞅、宋乐祁犂、卫北宫喜、曹人、邾娄人、滕人会于扈。

冬十月，曹伯午卒。

邾娄快来奔。邾娄快者何？邾娄之大夫，邾娄无大夫也。此何以书？以近书也。

公如齐，公至自齐，居于运。

【译文】

二十七年春季，昭公到齐国去。昭公从齐国回来住在运这个地方。

夏天四月，吴国人把他们的国君僚杀了。

楚国人杀掉他们的大夫郤宛。

秋天，晋大夫士鞅、宋大夫乐祁犂、卫大夫北宫喜、曹人、邾娄人、滕人在扈这地方盟会。冬天十月，曹悼公午去世。

邾娄快逃到鲁国来。邾娄快是什么人呢？他是邾娄的大夫。邾娄没有大夫，这里为什么写下来呢？因为邾娄接近鲁国的缘故。

昭公到齐国去。昭公从齐国回来，住在运这地方。

昭公二十八年

【原文】

二十有八年春，王三月，葬曹悼公。

公如晋，次于乾侯。
夏四月丙戌，郑伯宁卒。
六月，葬郑定公。

【译文】

二十八年春季周历三月，安葬曹悼公。
昭公到晋国去，停留在乾侯这地方。
夏季四月丙戌这天，郑定公宁去世。
六月，安葬郑定公。

昭公二十九年

【原文】

二十有九年春，公至自乾侯，居于运。
齐侯使高张来唁公。
公如晋，次于乾侯。
夏四月庚子，叔倪卒。
秋七月。
冬十月，运溃。邑不言溃，此其言溃何？郛之也。曷为郛之？君存焉尔。

【译文】

二十九年春季，昭公从乾侯回来，住在运这地方。
齐侯派他的大夫高张到运来慰劳鲁昭公。
昭公到晋国去，住在乾侯这地方。
夏季四月庚子日，鲁大夫叔倪去世。
秋季七月。
冬季十月，运城溃败了。城邑照例不说溃败，这里为什么说溃败呢？因为它有外郭的关系。为什么做了外郭呢？因为昭公仍旧存在。

昭公三十年

【原文】

三十年春，王正月，公在乾侯。

夏六月庚辰，晋侯去疾卒。

秋八月，葬晋顷公。

冬十有二月，吴灭徐，徐子章禹奔楚。

【译文】

三十年春季周历正月，鲁昭公停留在乾侯这地方。

夏季六月庚辰这天，晋顷公去疾去世。

秋季八月，给晋顷公举行葬礼。

冬天十二月，吴国灭掉徐国，徐子章禹逃到楚国去。

昭公三十一年

【原文】

三十有一年春，王正月，公在乾侯。

季孙隐如会晋荀栎于适历。

夏四月丁巳，薛伯谷卒。

晋侯使荀栎唁公于乾侯。

秋，葬薛献公。

冬，黑弓以滥来奔。文何以无邾娄？通滥也。曷为通滥？贤者子孙宜有地也。贤者孰谓？谓叔术也。何贤乎叔术？让国也。其让国奈何？当邾娄颜之时，邾娄女有为鲁夫人者，则未知其为武公与，懿公与？孝公幼，颜淫九公子于宫中，因以纳贼，则未知其为鲁公子与，邾娄公子与？臧氏之母，养公者也。君幼则宜有养者，大夫之妾，士之妻，则未知臧氏之母者曷为者也。养公者必以其子入养。臧氏之母闻有贼，以其子易公，抱公以逃，贼至凑公寝而弑之。臣有鲍广父与梁买子者闻有贼，趋而至，臧氏之母曰："公不死也，在是，吾以吾子易公矣。"于是负孝公之周诉天子，天子为之诛颜而立叔术，反孝公于鲁。颜夫人者，妪盈女也，国色也。其言曰："有能为我杀杀颜者，吾为其妻。"叔术为之杀杀颜者，而以为妻，有子焉谓之盱。夏父者，其所为有于颜者也。盱幼而皆爱之，食必坐二子于其侧而食之，有珍怪之食，盱必先取足焉。夏父曰："以来，人未足而盱有余。"叔术觉焉，曰："嘻！此诚尔国也夫！"起而致国于夏父，夏父受而中分之，叔术曰："不可！"三分之，叔术曰："不可！"四分之，叔术曰："不可！"五分之，然后受之。公扈子者，邾娄之父兄也，习乎邾娄之故，其言曰："恶有言人之国贤若此者乎！"诛颜之时，天子死，叔术起而致国于夏父。当此之时，邾娄人常被兵于周，曰："何故死吾天子？"通滥则文何以无邾娄？天下未有滥也。天下未有滥，则其言以滥来奔何？叔术者，贤大夫也，绝之则为叔术不欲绝，不绝则世大夫也，大夫之义不得世，故于是推而通之也。

十有二月辛亥朔，日有食之。

【译文】

三十一年春季周历正月，鲁昭公住在乾侯。

鲁大夫季孙隐如在适历与晋大夫荀栎会见。

夏天四月丁巳，薛献公谷去世。

晋侯派大夫荀栎在乾侯慰问鲁昭公。

秋季，给薛献公举行葬礼。

冬季，黑弓带着滥这地方逃奔鲁国。为什么不写邾娄呢？因为滥与邾娄相通用。为什么滥与邾娄相通用呢？贤者的子孙应该有地方。所谓贤者是谁呢？是指着叔术而说的。为什么说叔术贤德呢？因为他把国家让出来。他怎么样让国呢？当邾娄颜公的时候，有个邾娄女子做鲁公的夫人，也不知道她是武公的夫人，还是懿公的夫人？那时鲁孝公年幼，颜公与九个女公子在宫中相淫乱，因这缘由，就把贼迎进来，也不知道他是鲁国的公子，还是邾娄国的公子？鲁国臧氏的母亲是养孝公的人。君幼年时必须有人来养，或者是大夫的妾，或是士的妻全可以，也不知道臧氏的母亲是属于哪一种？养公的人必须把她的儿子也养在宫中。臧氏的母亲听说有凶手，把她的儿子换下了孝公，抱着孝公逃走了，凶手来到孝公的寝室把臧氏的儿子杀了。有两个叫做鲍广父同梁买子的大臣听见有凶手，赶紧跑来。臧氏的母亲说："公没有死，在这里，我拿我的儿子换了他。"于是她就背着孝公到周都城告诉周天子，周天子就杀了颜公而立了叔术，并且使鲁孝公回到鲁国。颜夫人是妪盈的女儿，有天姿国色。她说："有人能为我杀死杀颜公的人，我就做他的夫人。"叔术替她杀了杀颜公的人，就娶她为夫人，并生了一个儿子叫作盱。夏父是她同颜公所生的儿子。盱年纪幼小，叔术和妪盈全都喜欢他，吃饭时必定叫盱同夏父坐在旁边，有稀有的食品，盱必定先吃饱。夏父说："拿过来，我还没吃饱，而盱有剩余的。"叔术感觉不对，说："哎呀，这实际上是你的国家嘛。"站起来而将国家送给夏父。夏父受了一半，叔术说："不可以。"把它分成三份，叔术说："不可以。"分成四份，叔术也说："不可以。"分成五份，然后叔术才接受了。公扈子是邾娄国君的同父兄，他深知邾娄的原来制度，他说："哪里有像此人一样的被人称道的国家贤人呢？"颜公时，天子死了，叔术将国家给了夏父。在这时候，邾娄常受周兵的侵犯，说："为什么使我们天子死呢？"通滥就说明了文章中为什么没有写邾娄？天下本来没有滥。为什么说他带着滥奔到鲁国呢？叔术是贤大夫，与邾娄断绝吧，为了叔术的关系又不想断绝，不断绝就是世代做大夫，按道理大夫不能继承，于是就推广去通用它。

十二月辛亥初一这天，发生日食。

昭公三十二年

【原文】

三十有二年春，王正月，公在乾侯。

取阚。阚者何？邾娄之邑也。曷为不系乎邾娄？讳亟也。夏，吴伐越。

秋七月。

冬，仲孙何忌会晋韩不信、齐高张、宋仲几、卫世叔申、郑国参、曹人、莒人、邾娄人、薛人、杞人、小邾娄人城成周。

十有二月己未，公薨于乾侯。

【译文】

春季周历正月，鲁昭公住在乾侯。

占领了阚。什么叫作阚呢？是邾娄的一个城邑。为什么不写上邾娄呢？为夺取得太急避讳。

秋季七月。

冬季，仲孙何忌会同晋韩不信、齐高张、宋仲几、卫世叔申、郑国参、曹人、莒人、邾娄人、薛人、杞人、小邾娄人修建成周这个城。

十二月己未这天，鲁昭公在乾侯逝世了。

春秋公羊传卷二十五

定公上

定公元年

【原文】

元年春，王，定何以无正月？正月者，正即位也。定无正月者，即位后也。即位何以后？昭公在外，得入不得入未可知也。曷为未可知？在季氏也。定、哀多微辞，主人习其读而问其传，则未知己之有罪焉尔。

三月，晋人执宋仲几于京师。仲几之罪何？不蓑城也。其言于京师何？伯讨也。伯讨则其称人何？贬。曷为贬？不与大夫专执也。曷为不与？实与而文不与。文曷为不与？大夫之义，不得专执也。

夏六月癸亥，公之丧至自乾侯。

戊辰，公即位。癸亥，公之丧至自乾侯，则曷为以戊辰之日然后即位？正棺于两楹之间，然后即位。子沈子曰："定君乎国，然后即位。"即位不日，此何以日？录乎内也。

秋七月癸巳，葬我君昭公。

九月，大雩。

立炀宫。炀宫者何？炀公之宫也。立者何？立者不宜立也，立炀宫，非礼也。

冬十月，陨霜杀菽。何以书？记异也。此灾菽也，曷为以异书？异大乎灾也。

【译文】

元年春季周历，定公年初为什么没有正月？每回有正月时，全是表示国君正在位。定公没有正月，因为他即位延后了。为什么即位延后了？因为昭公在鲁国以外，能不能回来还不知道。为什么还不知道呢？由于政权在季氏的缘故。定公哀公时，用的文辞全很微妙，他们读书时，过问自己的传记，也未必知道自己是有罪的。

三月，晋国人把宋国的仲几捉到周京师中。仲几有什么罪呢？他不接受按国家大小分配的筑城任务。为什么说在京师呢？表示霸主讨伐的意思。霸主讨伐为什么称人呢？这是贬低他的身份。为什么贬低他的身份呢？表示不赞成大夫独自逮捕旁国的大夫。为什么不赞成呢？实在赞成而文辞中不能说赞成。为什么文辞中不赞成呢？因为按道理大夫不能独自逮捕人。

夏天六月癸亥这天，昭公的遗体从乾侯到达鲁国。

戊辰这天，定公即君位。癸亥，昭公的灵柩从乾侯回来。为什么在戊辰这天才即位呢？把昭公的棺材摆在两个柱子的中间，然后定公才即位。子沈子说："先在鲁国确定昭公的丧礼，然后才即位。"普通即位不写日子，这里为什么写日子呢？是为了详细记录下来。

秋季七月癸巳这天，安葬我们的国君鲁昭。

九月，鲁国举行求雨典礼。

立炀公的庙。什么是炀宫呢？就是炀公的庙。立是什么意思？所谓立就是不应当立，立炀公的庙是不合于礼的。

冬天十月，下霜冻死了大豆。为什么写下来？这是记录异常情况。这是大豆的灾害，为什么用异常的字眼来记录呢？因为异常情况比灾害更大。

定公二年

【原文】

二年春，王正月。

夏五月壬辰，雉门及两观灾。其言雉门及两观灾何？两观微也。然则曷为不言雉门灾及两观？主灾者两观也。时灾者两观，则曷为后言之？不以微及大也。何以书？记灾也。

秋，楚人伐吴。

冬十月，新作雉门及两观。其言新作之何？修大也。修旧不书，此何以书？讥。何讥尔？不务乎公室也。

【译文】

二年春天周历正月。

夏天五月壬辰这天，鲁国的雉门及两观发生了火灾。为什么说雉门同两观着了火呢？因为两观是微小的。那么为什么不说雉门着火连及两观呢？因为主要着火的是两观。主要着火的是两观，为什么又在后面说它呢？不用微小的涉及大的。为什么写下来呢？这是为了记录灾情。

秋天，楚国人攻伐吴国。

冬天十月，新修造雉门和两观。为什么说新修造呢？因为修理是一件很大的事。修旧不写下来，这里为什么写呢？是讥讽。为什么讥讽这件事呢？因为一般不专门修公室的缘故。

定公三年

【原文】

三年春，王正月，公如晋，至河乃复。

三月辛卯，邾娄子穿卒。

夏四月。

秋，葬邾娄庄公。

冬，仲孙何忌及邾娄子盟于枝。

【译文】

三年春天周历正月，鲁定公前往晋国，到黄河边上就回来了。

三月辛卯这天，邾娄子穿去世。

夏天四月。

秋天，安葬邾娄庄公。

冬天，鲁大夫仲孙何忌与邾娄国君在枝邑这地方结盟。

定公四年

【原文】

四年春，王二月癸巳，陈侯吴卒。

三月，公会刘子、晋侯、宋公、蔡侯、卫侯、陈子、郑伯、许男、曹伯、莒子、邾娄子、顿子、胡子、滕子、薛伯、杞伯、小邾娄子、齐国夏于召陵侵楚。

夏四月庚辰，蔡公孙归姓帅师灭沈，以沈子嘉归，杀之。

五月，公及诸侯盟于浩油。杞伯戊卒于会。

六月，葬陈惠公。

许迁于容城。

秋七月，公至自会。

刘卷卒。刘卷者何？天子之大夫也。外大夫不卒，此何以卒？我主之也。

葬杞悼公。

楚人围蔡。

晋士鞅、卫孔圄帅师伐鲜虞。

葬刘文公。外大夫不书葬。此何以书？录我主也。

冬十有一月庚午，蔡侯以吴子及楚人战于伯莒，楚师败绩。吴何以称子？夷狄也，而忧中国。其忧中国奈何？伍子胥父诛乎楚，挟弓而去楚，以干阖庐。阖庐曰："士之甚，勇之甚，将为之兴师而复仇于楚。"伍子胥复曰："诸侯不为匹夫兴师，且臣闻之，事君犹事父也。亏君之义，复父之仇，臣不为也。"于是止。蔡昭公朝乎楚，有美裘焉，囊瓦求之，昭公不与，为是拘昭公于南郢数年，然后归之。于其归焉，用事乎河。曰："天下诸侯，苟有能伐楚者，寡人请为之前列。"楚人闻之怒。为是兴师，使囊瓦将而伐蔡。蔡请救于吴，伍子胥复曰："蔡非有罪也，楚人为无道，君如有忧中国之心，则若时可矣。"于是兴师而救蔡。曰："事君犹事父也，此其为可以复仇奈何？"曰："父不受诛，子复仇可也。父受诛，子复仇，推刃之道也，复仇不除害，朋友相卫，而不相迿，古之道也。"

楚囊瓦出奔郑。

庚辰，吴入楚。吴何以不称子？反夷狄也。其反夷狄奈何？君舍于君室，大夫舍于大夫室，盖妻楚王之母也。

【译文】

四年春季周历二月癸巳这天，陈惠公吴去世。

三月，鲁定公在召陵会同刘子、晋侯、宋公、蔡侯、卫侯、陈子、郑伯、许男、曹伯、莒子、邾娄子、顿子、胡子、胜子、薛伯、杞伯、小邾娄子、齐国的夏，侵略楚国。

夏四月庚辰这天，蔡国大夫公孙归姓率领军队灭了沈国，把沈子嘉带回去，并杀了他。

五月，鲁定公与诸侯在浩油这地方结盟。杞伯戊死在盟会上。

六月，安葬陈惠公。

许国迁徙到容城这地方。

秋天七月，定公从会盟的地方回国。

刘卷去世。刘卷是什么人呢？他是周天子的大夫。记录外国大夫不说卒，这里为什么说卒呢？因为是鲁国主持的关系。

安葬杞悼公。

楚国包围了蔡国。

晋大夫士鞅、卫大夫孔圄率领军队去攻伐鲜虞。

安葬刘文公。外国大夫葬礼不写下来，这里为什么写呢？因为记录鲁国主持的关系。

冬天十一月庚午这天，蔡侯用吴子在伯莒这地方同楚人交战，楚国军队溃败。吴为什么称子呢？他是夷狄，而为中国担忧。他怎么样忧患中国呢？伍子胥的父亲被楚平王所杀，他就带着弓离开楚国，去见阖庐。阖庐说："你是一个最好的士，你非常勇敢，我要给你起兵攻打楚国报仇。"伍子胥回答说："我听说诸侯不为一个人起兵，而且我听说：侍奉国君像侍奉父亲一样。失掉侍奉君的义理，去报杀父之仇，臣子不做这样的事。"于是就停止发兵。蔡昭公到楚国朝见，有一件精美的皮袍。楚国的令尹囊瓦想要，蔡昭公不给他，为此把蔡昭公拘留在楚国南郢的地方有几年，然后才准他回国。在他回国的时候，祭了黄河。说："天下诸侯，如果有肯伐楚国的，我愿意给他打前敌。"楚人听到后发怒了。为此而起兵，使囊瓦率领去伐蔡国。蔡国向吴国求救，伍子胥告诉吴王说："蔡国没有罪，楚人没有道理，你要有为中国担忧的心，就可以在这时兴师了。"于是吴国发动军队去救蔡国。问："侍奉国君就像侍奉父亲，这时为什么可以去报仇呢？"回答说："父亲要不被杀，儿子可以报仇。父亲被杀，儿子报仇，这就是用兵器解决的事了。报仇不除去祸害，是朋友相卫护，而不相争先，这是古人的道理"。

楚国令尹囊瓦出奔到郑国。

庚辰这天，吴国进入楚国都城。吴国这次为什么不称子呢？因为他的举动又返回到夷狄的做法。他怎么样返回夷狄的做法呢？吴国国君住到楚国君的内室，大夫住到大夫的内室，大概吴王已经以楚王的母亲为妻子了。

定公五年

【原文】

五年春，王正月辛亥朔，日有食之。

夏，归粟于蔡。孰归之？诸侯归之。曷为不言诸侯归之？离至不可得而序，故言我也。

于越入吴。于越者何？越者何？于越者，未能以其名通也。越者，能以其名通也。

六月丙申，季孙隐如卒。

秋七月壬子，叔孙不敢卒。

冬，晋士鞅帅师围鲜虞。

【译文】

五年春季周历正月辛亥初一这天，鲁国出现日食。

夏天，赠送粮食给蔡国。谁送的？诸侯给他送的。为什么不说诸侯给他送的呢？因为大家分着送不按次序，所以说鲁国给他送的。

于越进入吴国。于越是什么呢？越又是什么呢？于越，是不能把他的名字通知鲁国。越是能用他的名字来通知鲁国。

六月丙申这天，鲁大夫季孙隐如去世。

秋天七月壬子这天，鲁大夫叔孙不敢去世。

冬天，晋大夫士鞅率领军队围困鲜虞。

春秋公羊传卷二十六

定公下

定公六年

【原文】

六年春，王正月癸亥，郑游遬帅师灭许，以许男斯归。

二月，公侵郑。公至自侵郑。

夏，季孙斯、仲孙何忌如晋。

秋，晋人执宋行人乐祁犂。

冬，城中城。

季孙斯、仲孙忌帅师围运。此仲孙何忌也，曷为谓之仲孙忌？讥二名，二名非礼也。

【译文】

六年春季周历正月癸亥这天，郑大夫游遬率领军队灭了许国，带着许男斯回到郑国。

二月，鲁定公侵略郑国。定公又从入侵郑国的地点到达鲁国。

夏天，鲁大夫季孙斯与仲孙何忌前往晋国。

秋天，晋人逮捕了宋国的外交官乐祁犂。

冬天，修筑内城城墙。

鲁大夫季孙斯与仲孙忌率领军队包围运城。这是仲孙何忌，为什么叫作仲孙忌呢？因为讥讽他有两个名字。有两个名字是不合于礼法的。

定公七年

【原文】

七年春，王正月。

夏四月。

秋，齐侯、郑伯盟于咸。

齐人执卫行人北宫结以侵卫。

齐侯、卫侯盟于沙泽。

大雩。

齐国夏帅师伐我西鄙。

九月，大雩。

冬十月。

【译文】

七年春，周历正月。

夏天四月。

秋天，齐侯与郑伯在咸邑这地方结盟。

齐人把卫国的行人北宫结捉住，又去侵略卫国。

齐侯同卫侯在沙泽这地方结盟。

鲁国举行盛大的求雨典礼。

齐国的国夏率领军队攻伐鲁国西部边境。

九月，鲁国举行盛大的求雨典礼。

冬天十月。

定公八年

【原文】

八年春，王正月，公侵齐。公至自侵齐。

二月，公侵齐。三月，公至自侵齐。

曹伯露卒。

夏，齐国夏帅师伐我西鄙。

公会晋师于瓦。公至自瓦。

秋七月戊辰，陈侯柳卒。

晋赵鞅帅师侵郑，遂侵卫。

葬曹靖公。

九月，葬陈怀公。

季孙斯、仲孙何忌帅师侵卫。

冬，卫侯、郑伯盟于曲濮。

从祀先公。从祀者何？顺祀也。文公逆祀，去者三人。定公顺祀，叛者五人。

盗窃宝玉、大弓。盗者孰谓？谓阳虎也。阳虎者曷为者也？季氏之宰也。季氏之宰则微者也，恶乎得国宝而窃之？阳虎专季氏，季氏专鲁国，阳虎拘季孙，孟氏与叔孙氏迭而食之。睋而锓其板曰："某月某日，将杀我于蒲圃，力能救我则于是。"至乎日若时而出，临南者，阳虎之出也，御之。于其乘焉，季孙谓临南曰："以季氏之世世有子，子可以不免我死乎?"临南曰："有力不足，臣何敢不勉。"阳越者，阳虎之从弟也，为右。诸阳之从者，车数十乘，至于孟衢，临南投策而坠之，阳越下取策，临南駷马，而由乎孟氏，阳虎从而射之，矢著于庄门。然而，甲起于琴如。弑不成，却反舍于郊，皆说然息。或曰："弑千乘之主而不克，舍此可乎?"阳虎曰："夫孺子得国而已，如丈夫何?"睋而曰："彼哉！彼哉！趣驾。"既驾，公敛处父帅师而至，憧然后得免，自是走之晋。宝者何？璋判白，弓绣质，龟青纯。

【译文】

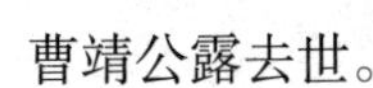

八年春季周历正月，鲁定公侵略齐国。鲁定公从侵略齐国的地点回来。

二月，定公侵略齐国。三月，定公从侵略齐国的地点回来。

曹靖公露去世。

夏天，齐国的国夏率领军队攻伐鲁国西部的边境。

定公在瓦这地方与晋国军队会合。定公从瓦回来。

秋天七月戊辰这天，陈怀公柳去世。

晋国赵鞅率领军队侵略郑国，继而又侵略卫国。

安葬曹靖公。

九月，安葬陈怀公。

鲁大夫季孙斯与仲孙何忌率领军队侵略卫国。

冬天，卫侯同郑伯在曲濮这地方结盟。

按照顺序祭祀鲁国的先祖。从祀是什么？是按照顺序的祭祀。文公按逆行的顺序祭祀，臣下走了三个人。定公改成按顺序祭祀，就反叛了五个人。

盗窃者偷走鲁国的宝玉和大弓。盗窃者是指谁呢？是说阳虎。阳虎是做什么的呢？他是季氏的家宰。季氏的家宰是很低微的，他怎么样能够得到国宝而把它藏起来？阳虎专掌季氏的政务，季氏专掌鲁国的政权，阳虎把季孙逮起来，孟氏跟叔孙氏轮流送食物给季孙，季孙在送饭的木板上刻上："某月某日，将在蒲圃杀我，要能救我就在这时。"到了那天那个时候出发，临南这个人，是阳虎的儿子，给他赶车。到乘车的时候，季孙对临南说："因为季氏世代用你，你可以使我免于死吗？"临南说："我有力量而不够，但是我怎么敢不尽力去做。"阳越，是阳虎的堂弟，做车右。阳家追随的车有几十辆，到了孟氏的街上，临南拿的马鞭掉在地上，阳越下来取马鞭，临南打着马赶紧跑，经过孟氏的门，阳虎由后面射他，箭射中孟氏的门。这时，叔孙氏的甲兵在琴如起兵。阳虎弑季孙不成，回来住到郊外，都说该放弃了。有人说："杀了千乘之国的主人，而不能成功？可以停留在这里吗？"阳虎说："这个小孩子，只是想得到鲁国的政权罢了，能把大丈夫怎么样？"待了会儿又说："他们这种人呀！他们这种人呀！赶紧驾车吧！"驾车跑走后公敛处父率领的军队来了，阳虎得以免死，从此出奔到晋国。什么叫作国宝呢？就是白的玉石，有锦绣花纹的大弓，纯青色的占卜的龟。

定公九年

【原文】

九年春，王正月。

夏四月戊申，郑伯嚂卒。

得宝玉、大弓，何以书？国宝也。丧之书，得之书。

六月，葬郑献公。

秋，齐侯、卫侯次于五氏。

秦伯卒。

冬，葬秦哀公。

【译文】

九年春天周历正月。

夏天四月戊申这天，郑献公嚂去世。

得到宝玉和大弓，为什么写下来？这是国宝。丢掉了要记录，得到了也要记录。

六月，安葬郑献公。

秋天，齐侯同卫侯都到五氏这地方驻留多日。

秦哀公去世。

定公十年

【原文】

十年春，王三月，及齐平。

夏，公会齐侯于颊谷。公至自颊谷。

晋赵鞅帅师围卫。

齐人来归运、讙、龟阴田。齐人曷为来归运、讙、龟阴田？孔子行乎季孙，三月不违，齐人为是来归之。

叔孙州仇、仲孙何忌帅师围郈。

秋，叔孙州仇、仲孙何忌帅师围费。

宋乐世心出奔曹。

宋公子池出奔陈。

冬，齐侯、卫侯、郑游遬会于鞌。

叔孙州仇如齐。

齐公之弟辰暨宋仲佗、石彄出奔陈。

【译文】

十年春季周历三月，鲁国与齐国讲和。

夏天，定公在颊谷这地方同齐侯会见。定公从颊谷回到都城。

晋大夫赵鞅率领军队包围卫国。

齐人来送还运、讙同龟阴的田地。齐人为什么来送还这些田地呢？因为孔子的主张在季孙那里实行，三个月没有犯任何错误，齐国人为此来送还这些田地。

鲁大夫叔孙州仇同仲孙何忌率领军队包围了郈这地方。

秋天，叔孙州仇同仲孙何忌率领军队包围了费这地方。

宋大夫乐世心逃奔到曹国。

宋大夫公子池逃奔到陈国。

冬天，齐侯、卫侯同郑的游遨在窜这地方会面。

叔孙州仇前往齐国。

齐公的弟弟公子辰同宋大夫仲佗、石弧出奔到陈国。

定公十一年

【原文】

十有一年春，宋公之弟辰及仲佗、石弧、公子池自陈入于萧以叛。

夏四月。

秋，宋乐世心自曹入于萧。

冬，及郑平。

叔还如郑莅盟。

【译文】

十一年春天，宋景公的弟弟公子辰与宋大夫仲佗、石弧、公子池从陈国进入萧邑这地方，据以反叛。

夏天四月。

秋天，宋大夫乐世心自曹国进入萧邑这地方。

冬天，鲁国与郑国讲和。

鲁大夫叔还前往郑国监视盟誓。

定公十二年

【原文】

十有二年春，薛伯定卒。

夏，葬薛襄公。

叔孙州仇帅师堕郈。

卫公孟弧帅师伐曹。

季孙斯、仲孙何忌帅师堕费。曷为帅师堕郈、帅师堕费？孔子行乎季孙，三月不违，曰："家不藏甲，邑无百雉之城。"于是帅师堕郈、帅师堕费。雉者何？五板而堵，五堵而雉，百雉而城。

秋，大雩。

冬十月癸亥，公会晋侯盟于黄。

十有一月丙寅朔，日有食之。

公至自黄。

十有二月，公围成。公至自围成。

【译文】

十二年春天，薛襄公定去世。

夏天，安葬薛襄公。

鲁大夫叔孙州仇率领军队毁掉郈邑这个城。

卫国大夫公孟彄率领军队攻伐曹国。

鲁大夫季孙斯同仲孙何忌率领军队毁掉费邑这个城。为什么率领军队毁掉郈，又率领军队毁掉费呢？孔子的主张在季孙那里得到实行，三个月不违背，孔子说："一个人臣家里不应该藏有甲兵，一个城邑不应该有上百雉的城墙。"于是率领军队就毁掉郈邑，又率领军队毁掉费邑。什么叫作雉呢？五个板是一堵，五堵是一雉，一百雉就形成城。

秋天，举行盛大的求雨典礼。

冬季十月癸亥这天，鲁定公与晋侯在黄邑这地方结盟。

十一月丙寅初一这天，有日食。

鲁定公从黄邑这地方回到都城。

十二月，定公围了成邑这地方。定公从包围成邑的地方回来。

定公十三年

【原文】

十有三年春，齐侯、卫侯次于垂瑕。

夏，筑蛇渊囿。

大蒐于比蒲。

卫公孟彄帅师伐曹。

秋，晋赵鞅入于晋阳以叛。

冬，晋荀寅及士吉射入于朝歌以叛。

晋赵鞅归于晋。此叛也，其言归何？以地正国也。其以地正国奈何？晋赵鞅取晋阳之甲以逐荀寅与士吉射。荀寅与士吉射者，曷为者也？君侧之恶人也。此逐君侧之恶人，曷为以叛言之？无君命也。

薛弑其君比。

【译文】

十三年春天，齐侯与卫侯在垂瑕驻留多日。

夏天，建筑蛇渊的花园。

在比蒲这地方进行盛大的狩猎。

卫大夫公孟彄率领军队攻伐曹国。

秋天，晋大夫赵鞅进入晋阳而反叛。

冬天，晋大夫荀寅与士吉射进入朝歌而反叛。

晋大夫赵鞅回到晋国。他这是反叛，为什么说回到晋国呢？拿晋阳这地方来整理国家。他怎么样拿地方来治理国家呢？晋大夫赵鞅拿晋阳这地方的甲兵来驱逐荀寅同士吉射。荀寅与士吉射这两个人，是什么人呢？是国君旁边的恶人。这是驱逐国君身边的坏人，为什么说反叛呢？是因为赵鞅没有得到国君的命令。

薛国弑了他们的国君比。

定公十四年

【原文】

十有四年春，卫公叔戍来奔。

晋赵阳出奔宋。

三月辛巳，楚公子结、陈公子佗人帅师灭顿，以顿子牄归。

夏，卫北宫结来奔。

五月，于越败吴于醉李。

吴子光卒。

公会齐侯、卫侯于坚。公至自会。

秋，齐侯、宋公会于洮。

天王使石尚来归脤。石尚者何？天子之士也。脤者何？俎实也。腥曰脤，熟曰燔。

卫世子蒯聩出奔宋。

卫公孟彄出奔郑。

宋公之弟辰自萧来奔。

大蒐于比蒲。

邾娄子来会公。

城莒父及霄。

【译文】

十四年春天，卫大夫公叔戍逃到鲁国。

晋国赵阳出奔到宋国。

三月辛巳这天，楚国公子结同陈国公子佗人率领军队灭了顿国，把顿子牄带回楚国。

夏天，卫大夫北宫结逃奔到鲁国。

五月，越国在醉李这地方打败吴国。

吴国的国君光死了。

鲁定公与齐侯、卫侯在坚这地方会见。定公从会面的地方回来。

秋天，齐侯同宋公在洮邑这地方会见。

周天王派石尚送脤肉到鲁国来。石尚是什么人呢？是天子的士。脤是什么呢？是盛在俎上的肉。生肉叫作脤，熟肉就叫作燔。

卫国的世子蒯聩出奔到宋国。

卫国的公孟彄出奔到郑国。

宋公的弟弟公子辰从萧逃到鲁国。

在比蒲这地方举行盛大的狩猎。

邾娄子到鲁国来同定公会面。

修筑莒父与霄邑这两个城的城墙。

定公十五年

【原文】

十有五年春，王正月，邾娄子来朝。

鼷鼠食郊牛，牛死，改卜牛。曷为不言其所食？漫也。

二月辛丑，楚子灭胡，以胡子豹归。

夏五月辛亥，郊。曷为以夏五月郊？三卜之运也。

壬申，公薨于高寝。

郑轩达帅师伐宋。

齐侯、卫侯次于籧篨。

邾娄子来奔丧。其言来奔丧何？奔丧非礼也。

秋七月壬申，姒氏卒。姒氏者何？哀公之母也。何以不称夫人？哀未君也。

八月庚辰朔，日有食之。

九月，滕子来会葬。

丁巳，葬我君定公。雨不克葬。戊午日下昃，乃克葬。

辛巳，葬定姒。定姒何以书葬？未逾年之君也，有子则庙，庙则书葬。

冬，城漆。

【译文】

十五年春季周历正月，邾娄子到鲁国来朝问。

小老鼠咬了祭天的牛，牛死了。改占卜另一条牛。为什么不说老鼠吃了哪一部分？全身都被咬了。

二月辛丑这天，楚子打败了胡国，把胡子豹带回楚国。

夏天五月辛亥，鲁国祭天，为什么在夏天五月祭天？因为三次占卜的兆运都一样。

壬申这天，定公薨逝在高寝。

郑大夫轩达率领军队攻伐宋国。

齐侯同卫侯到籧篨这地方停留。

邾娄子来奔定公的丧。为什么说来奔丧呢？因为奔丧是不合于礼节的。

秋季七月壬申这天，姒氏去世。姒氏是什么人呢？是哀公的母亲。为什么不称夫人呢？因为哀公还没有立为国君。

八月庚辰初一这天，有日食。

九月，滕子来参加定公的葬礼。

丁巳这天，安葬鲁定公，但是因为天下雨不能下葬。戊午这天，黄昏的时候才下葬。

辛巳这天，安葬定姒。为什么写安葬定姒？因为哀公被立为君还不到一年，有了儿子就给她立庙，立了庙就写上行葬礼。

冬天，修筑漆城。

春秋公羊传卷二十七

哀公上

哀公元年

【原文】

元年春，王正月，公即位。

楚子、陈侯、随侯、许男围蔡。

鼷鼠食郊牛，改卜牛。

夏四月辛巳，郊。

秋，齐侯、卫侯伐晋。

冬，仲孙何忌帅师伐邾娄。

【译文】

元年春季周历正月，哀公即位。

楚子与陈侯、随侯及许男包围了蔡国。

小老鼠吃了祭天的牛，改占卜另一条牛。

夏季四月辛巳这天祭天。

秋天，齐侯与卫侯攻伐晋国。

冬天，鲁大夫仲孙何忌率领军队攻伐邾娄。

哀公二年

【原文】

二年春，王二月，季孙斯、叔孙州仇、仲孙何忌帅师伐邾娄，取漷东田及沂西田。癸巳，叔孙州仇、仲孙何忌及邾娄子盟于句绎。

夏四月丙子，卫侯元卒。

滕子来朝。

晋赵鞅帅师纳卫世子蒯聩于戚。戚者何？卫之邑也。曷为不言入于卫？父有子，子不得有父也。

秋八月甲戌，晋赵鞅帅师及郑轩达帅师战于栗，郑师败绩。

冬十月，葬卫灵公。

十有一月，蔡迁于州来。蔡杀其大夫公子驷。

【译文】

春季周历二月，鲁大夫季孙斯、叔孙州仇、仲孙何忌率领军队去攻伐邾娄，夺取了漷水以东和沂水以西的田地。癸巳这天，叔孙州仇、仲孙何忌和邾娄子在句绎这地方结盟。

夏四月丙子这天，卫灵公元去世。

滕子来鲁国访问。

晋国赵鞅率领军队迎接卫世子蒯聩进入戚，戚是什么呢？是卫国的一个城邑。为什么不说攻进卫国？因为父亲可以废儿子，儿子不能够不承认父亲。

秋八月甲戌这天，晋国赵鞅率领军队与郑国轩达率领的军队在栗这地方打仗，郑国的军队打败了。

冬天十月，安葬卫灵公。

十一月，蔡国迁到州来。蔡国杀了他们的大夫公子驷。

哀公三年

【原文】

三年春,齐国夏、卫石曼姑帅师围戚。齐国夏曷为与卫石曼姑帅师围戚?伯讨也。此其为伯讨奈何?曼姑受命乎灵公而立辄,以曼姑之义为固,可以距之也。辄者曷为者也?蒯聩之子也。然则曷为不立蒯聩而立辄?蒯聩为无道,灵公逐蒯聩而立辄。然则辄之义可以立乎?曰:“可。”其可奈何?不以父命辞王父命,以王父命辞父命,是父之行乎子也。不以家事辞王事,以王事辞家事,是上之行乎下也。

夏四月甲午,地震。

五月辛卯,桓宫、僖宫灾。此皆毁庙也,其言灾何?复立也。曷为不言其复立?《春秋》见者不复见也。何以不言及?敌也。何以书?记灾也。

有盘鼎

季孙斯、叔孙州仇帅师城开阳。

宋乐髡帅师伐曹。

秋七月丙子,季孙斯卒。

蔡人放其大夫公孙猎于吴。

冬十月癸卯,秦伯卒。

叔孙州仇、仲孙何忌帅师围邾娄。

【译文】

三年春天,齐国的国夏同卫国的石曼姑率领军队包围戚。齐国的国夏为什么与卫国的石曼姑率领军队围戚呢?这是一方之长的声讨。这为什么是一方之长的声讨呢?曼姑受到卫灵公的命令立他的孙子辄,因为曼姑的意思很坚决,可以依靠。辄是什么人呢?蒯聩的儿子。那么为什么不立蒯聩而立辄呢?因为蒯聩暴虐无道,灵公驱逐蒯聩而立了辄。那么按道理辄可以立吗?回答说:“可以。”为什么可以呢?不按照父亲的命令推辞祖父的命令,按照祖父的命令推辞父命,是父亲的命令在儿子这里实行。不以家里的事推辞公家的事,以公家的事推辞家里的事,是上面的事通行到下面。

夏季四月甲午这天,鲁国发生地震。

五月辛卯这天,桓公的庙和僖公的庙发生火灾。这都是应该毁迁了的庙,为什么说是发生火灾呢?重新盖起来了。为什么不说重新盖起来?《春秋》中已经记录过了,就不再写上。为什么不说以及呢?因为他们辈分相距很远了。为什么写下来?这是记录灾情。

鲁大夫季孙斯同叔孙州仇率领军队修筑开阳的城墙。

宋乐髡率领军队攻伐曹国。

秋七月丙子这天，鲁大夫季孙斯去世。

蔡国人把他们的大夫公孙猎放逐到吴国去。

冬天十月癸卯这天，秦惠公去世。

叔孙州仇与仲孙何忌率领军队包围邾娄国。

哀公四年

【原文】

四年春，王三月庚戌，盗杀蔡侯申。弑君贱者穷诸人，此其称盗以弑何？贱乎贱者也。贱乎贱者孰谓？谓罪人也。

蔡公孙辰出奔吴。

葬秦惠公。

宋人执小邾娄子。

夏，蔡杀其大夫公孙归姓、公孙霍。

晋人执戎曼子赤归于楚。赤者何？戎曼子之名也。其言归于楚何？子北宫子曰："辟伯晋而京师楚也。"

城西郛。

六月辛丑，蒲社灾。蒲社者何？亡国之社也。社者封也，其言灾何？亡国之社盖掩之，掩其上而柴其下。蒲社灾何以书？记灾也。

秋八月甲寅，滕子结卒。

冬十有二月，葬蔡昭公。

葬滕顷公。

【译文】

四年春季周历三月庚戌这天，盗贼杀了蔡侯申。称呼弑君的人，即使身份低贱，也最多称人。这里为什么称盗贼呢？因为这是贱人中最下贱的人。贱人中最下贱的人是指谁呢？是指犯罪的人。

蔡大夫公孙辰逃到吴国。

安葬秦惠公。

宋国人捉拿了小邾娄子。

夏天，蔡国杀他们的大夫公孙归姓和公孙霍。

晋国人捉拿了戎曼子赤送到楚国。谁叫赤呢？是戎曼子的名字。为什么说送到楚

国去呢？子北宫子说："避免以晋为霸主而把楚国当作京师。"

修筑鲁国都城西外城的城墙。

六月辛丑这天，蒲社发生火灾。什么叫作蒲社呢？它是亡国的社。社是封土筑成德，为什么说火灾呢？亡国的社是顶上遮盖起来下面堆着木柴。蒲社发生火灾为什么写下来？为了记录灾情。

秋八月甲寅这天，滕顷公结去世。

冬天十二月，安葬蔡昭公。

安葬滕顷公。

哀公五年

【原文】

五年春，城比。

夏，齐侯伐宋。

晋赵鞅帅师伐卫。

秋九月癸酉，齐侯处臼卒。

冬，叔还如齐。

闰月，葬齐景公。闰不书，此何以书？丧以闰数也。丧曷为以闰数？丧数略也。

【译文】

五年春天，鲁国修筑比邑这地方的城墙。

夏天，齐侯攻伐宋国。

晋大夫赵鞅率领军队攻伐卫国。

秋九月癸酉这天，齐景公去世。

冬天，鲁大夫叔还前往齐国去。

闰月安葬齐景公。闰月不写在竹简上，这里为什么写呢？丧期里以闰月计算。丧期中为什么不用闰月来计算？丧期中要减去闰月。

哀公六年

【原文】

六年春，城邾娄葭。

晋赵鞅帅师伐鲜虞。

吴伐陈。

夏，齐国夏及高张来奔。

叔还会吴于相。

秋七月庚寅，楚子轸卒。

齐阳生入于齐。

齐陈乞弑其君舍。弑而立者不以当国之辞言之，此其以当国之辞言之何？为谖也。此其为谖奈何？景公谓陈乞曰："吾欲立舍何如？"陈乞曰："所乐乎为君者，欲立之则立之，不欲立则不立。君如欲立之，则臣请立之。"阳生谓陈乞曰："吾闻子盖将不欲立我也。"陈乞曰："夫千乘之主，将废正而立不正，必杀正者。吾不立子者，所以生子者也，走矣！"与之玉节而走之。景公死而舍立。陈乞使人迎阳生于诸其家。除景公之丧，诸大夫皆在朝。陈乞曰："常之母有鱼菽之祭，愿诸大夫之化我也。"诸大夫皆曰："诺。"于是皆之陈乞之家坐。陈乞曰："吾有所为甲，请以示焉。"诸大夫皆曰："诺。"于是使力士举巨囊而至于中霤，诸大夫见之皆色然而骇，开之则闯然公子阳生也。陈乞曰："此君也已！"诸大夫不得已皆逡巡北面，再拜稽首而君之尔，自是往弑舍。

冬，仲孙何忌帅师伐邾娄。

宋向巢帅师伐曹。

【译文】

六年春天，修筑邾娄的葭城的城墙。

晋大夫赵鞅率领军队攻伐鲜虞。

吴国攻伐陈国。

夏天，齐国的国夏与高张出奔到鲁国。

鲁大夫叔还与吴国在相会见。

秋七月庚寅这天，楚子轸去世。

齐景公的儿子阳生回到齐国。

齐国陈乞把他的国君舍杀了。对弑君再立的人不用执掌国家这样的言语，这里为什么对弑君再立的人用这种言语呢？是为了欺骗。为什么欺骗呢？景公对陈乞说："我想立舍怎么样？"陈乞回答说："一个人乐于做国君，想立他就立他，不想立就不立。你要想立他，臣子就请求立他。"公子阳生对陈乞说："我听见说你大概不想立我。"陈乞说："千乘之国的主人，将废正宗的继承人而立不正的，必定将正宗继承人杀掉。我所以不立你，是想让你活着逃走吧！"给他玉节让他逃走。景公去世，立了舍。陈乞派人迎接阳生住到他家里。景公的丧事办完，大夫们全在朝廷上，陈乞说："我儿子陈常的母亲有简单的祭祀，希望你们到我这里。"诸位大夫都说："好。"于是都到陈乞的家来坐。陈乞说："我有一套铠甲，请你们看看。"诸位大夫都说："好。"于是叫一个大力士拿了一个大口袋送到院子中间，大夫们看见全都变了脸色，十分吃惊。打开后露出头就是公子阳生。陈乞说：

"这就是国君。"大夫们没有办法都被迫迟疑地向北面叩头而称他为国君,就派人杀掉舍。

冬天,鲁大夫仲孙何忌率领军队攻伐邾娄。

宋国向巢率领军队攻伐曹国。

哀公七年

【原文】

七年春,宋皇瑗帅师侵郑。

晋魏曼多帅师侵卫。

夏,公会吴于鄫。

秋,公伐邾娄。

八月己酉,入邾娄,以邾娄子益来。入不言伐,此其言伐何?内辞也,若使他人然。邾娄子益何以名?绝。曷为绝之?获也。曷为不言其获?内大恶讳也。

宋人围曹。

冬,郑驷弘帅师救曹。

【译文】

七年春天,宋国皇瑗率领军队侵略郑国。

晋国魏曼多率领军队侵略卫国。

夏天,哀公与吴国在鄫邑这地方开会。鲁哀公攻伐邾娄国。八月己酉这天,哀公进入邾娄都城,把邾娄子益带回鲁国。每次攻进都城,不说攻伐,这次为什么说攻伐呢?这是对内的言语,好像使用旁人一样。邾娄子益为什么叫他名字呢?表示断绝关系。为什么断绝关系?这是把他逮着。为什么不说逮着呢?这是国内的大恶,所以避讳。

宋国人包围曹国。

冬天,郑国驷弘率领军队救曹国。

哀公八年

【原文】

八年春,王正月,宋公入曹,以曹伯阳归。曹伯阳何以名?绝。曷为绝之?灭也。曷为不言其灭?讳同姓之灭也。何讳乎同姓之灭?力能救之而不救也。

吴伐我。

夏,齐人取讙及僤。外取邑不书,此何以书?所以赂齐也。曷为赂齐?为以邾娄子益来也。

归邾娄子益于邾娄。

秋七月。

冬十有二月癸亥，杞伯过卒。

齐人归讙及僤。

【译文】

八年春季周历正月，宋公进入曹国，把曹伯阳带回去。为什么称曹伯阳呢？是跟他断绝关系。为什么跟他断绝关系呢？因为曹国被灭了。为什么不说他被灭呢？避讳同姓被灭的缘故。为什么避讳同姓被灭呢？鲁国有力量救他却不救他。

吴国攻伐鲁国。

夏天，齐国人把讙与僤两个地方占领了。外国占鲁国的城邑不写下来，这一件为什么写下来？是为了贿赂齐国。为什么贿赂齐国呢？因为鲁国把邾娄子益逮起来的缘故。

鲁国把邾娄子益送还邾娄。

秋天七月。

冬十二月癸亥这天，杞僖公过去世。

齐国人送还讙和僤两个地方。

哀公九年

【原文】

九年春，王二月，葬杞僖公。

宋皇瑗帅师取郑师于雍丘。其言取之何？易也。其易奈何？诈之也。

夏，楚人伐陈。

秋，宋公伐郑。

冬十月。

【译文】

九年春季周历二月，安葬杞僖公。

宋国皇瑗率领军队在雍丘这地方打败郑国军队。为什么说取呢？因为太容易了。为什么容易呢？因为对他实行诈骗。

夏天，楚人攻伐陈国。

秋天，宋公攻伐郑国。

冬天十月。

哀公十年

【原文】

十年春,王二月,邾娄子益来奔。

公会吴伐齐。

三月戊戌,齐侯阳生卒。

夏,宋人伐郑。

晋赵鞅帅师侵齐。

五月,公至自伐齐。

葬齐悼公。

卫公孟弫自齐归于卫。

薛伯寅卒。

秋,葬薛惠公。

冬,楚公子结帅师伐陈。吴救陈。

【译文】

十年春季周历二月,邾娄子益逃到鲁国来。

哀公与吴国攻伐齐国。

三月戊戌这天,齐悼公阳生去世。

夏天,宋国人讨伐郑国。

晋国赵鞅率领军队侵略齐国。

五月,哀公从讨伐齐国的战场回来。

安葬齐悼公。

卫国公孟弫从齐国回到卫国。

薛惠公寅去世。

秋天,安葬薛惠公。

冬天,楚国公子结率领军队攻伐陈国。吴国救援陈国。

春秋公羊传卷二十八

哀公下

哀公十一年

【原文】

十有一年春,齐国书帅师伐我。

夏,陈袁颇出奔郑。

五月,公会吴伐齐。甲戌,齐国书帅师及吴战于艾陵,齐师败绩,获齐国书。

秋七月辛酉,滕子虞母卒。

冬十有一月,葬滕隐公。

卫世叔齐出奔宋。

【译文】

十一年春天,齐国的卿国书率领军队攻伐鲁国。

夏天,陈国袁颇出逃到郑国。

五月,哀公与吴国攻伐齐国。甲戌这天,齐卿国书率领军队在艾陵这地方和吴国打仗,齐国军队大败,捉拿住了齐卿国书。

秋七月辛酉这天,滕隐公虞母去世。

冬天十一月,安葬滕隐公。

卫国大夫世叔齐出逃到宋国。

哀公十二年

【原文】

十有二年春,用田赋。何以书?讥。何讥尔?讥始用田赋也。

夏五月甲辰,孟子卒。孟子者何?昭公之夫人也。其称孟子何?讳娶同姓,盖吴女也。

公会吴于橐皋。

秋，公会卫侯、宋皇瑗于运。

宋向巢帅师伐郑。

冬十有二月，螽。何以书？记异也。何异尔？不时也。

【译文】

十二年春天，开始按田地来上税。为什么写下来？这是讥讽。为什么讥讽这件事呢？讥讽开始按田地来上税。

夏季五月甲辰这天，孟子去世。孟子是什么人呢？是昭公的夫人。为什么称孟子呢？避讳娶同姓，因为她是吴国女子。

哀公与吴国在橐皋这地方会面。

秋天，哀公与卫侯、宋大夫皇瑗在运这地方会面。

宋国大夫向巢率领军队攻伐郑国。

冬天十二月，鲁国闹蝗灾。为什么写下来？这是记录灾害。为什么记录灾害？因为不接着时节出现。

哀公十三年

【原文】

十有三年春，郑轩达帅师取宋师于嵒。其言取之何？易也。其易奈何？诈反也。

夏，许男戌卒。

公会晋侯及吴子于黄池。吴何以称子？吴主会也。吴主会则曷为先言晋侯？不与夷狄之主中国也。其言及吴子何？会两伯之辞也。不与夷狄之主中国，则曷为以会两伯之辞言之？重吴也。曷为重吴？吴在是则天下诸侯莫敢不至也。

楚公子申帅师伐陈。于越入吴。秋，公至自会。

晋魏多帅师侵卫。此晋魏曼多也。曷为谓之晋魏多？讥二名，二名非礼也。葬许元公。

九月，螽。

冬十有一月，有星孛于东方。孛者何？彗星也。其言于东方何？见于旦也。何以书？记异也。盗杀陈夏弫夫。

十有二月，螽。

【译文】

十三年春天，郑国的轩达率领军队在嵒邑这地方打败了宋国军队。为什么说取？是很容易的意思。怎么容易呢？假作反叛他的缘故。

夏天，许元公戌去世。

哀公、晋侯与吴子在黄池会盟。吴国为什么称子呢？因为吴人主持盟会。吴国既然主持盟会，为什么先说晋侯？表示不赞成夷狄主持中国。为什么说吴子呢？这是两个霸主会见的言语。不赞成夷狄主持中国，为什么用两个霸主会见的言语呢？是重视吴国的缘故。为什么重视吴国呢？吴国在这里，那么天下诸侯就不敢不来。

楚国公子申率领军队攻伐陈国。

越国攻进吴国。

秋天，鲁哀公从会见的地点到达鲁国。

晋国魏多率领军队侵略卫国。这是晋国的魏曼多，为什么称为晋国魏多呢？因为讥讽他有两个名字，有两个名字是不合乎礼法的。

安葬许元公。

九月，鲁国有蝗虫。

冬天十一月，有彗星出现在东方。什么叫作孛呢？就是彗星。为什么说在东方呢？因为在早晨看见的。为什么写下来？是记录异常情况。

盗贼杀了陈大夫夏彄夫。

十二月，鲁国闹蝗虫。

哀公十四年

【原文】

十有四年春，西狩获麟。何以书？记异也。何异尔？非中国之兽也。然则孰狩之？薪采者也。薪采者则微者也，曷为以狩言之？大之也。曷为大之？为获麟大之也。曷为为获麟大之？麟者，仁兽也。有王者则至，无王者则不至。有以告者曰："有麕而角者。"孔子曰："孰为来哉！孰为来哉！"反袂拭面，涕沾袍。颜渊死。子曰："噫！天丧予。"子路死。子曰："噫！天祝予。"西狩获麟，孔子曰："吾道穷矣。"《春秋》何以始乎隐？祖之所逮闻也，所见异辞，所闻异辞，所传闻异辞。何以终乎哀十四年？曰："备矣！"君子曷为为《春秋》？拨乱世，反诸正，莫近诸《春秋》。则未知其为是与？其诸君子乐道尧、舜之道与？末不亦乐乎尧、舜之知君子也？制《春秋》之义，以俟后圣，以君子之为，亦有乐乎此也。

【译文】

十四年春天，在鲁国都城的西边狩猎，获得了一头麒麟。为什么写下来呢？是记录异常情况。有什么奇异呢？这不是鲁国国中的禽兽。那么谁打猎得到它呢？是砍柴的人所得的。砍柴的人是很低微的，为什么说是打猎呢？夸大他。为什么夸大他呢？为他

获得麒麟而夸大他。为什么因为获得麒麟而夸大他呢？因为麒麟是仁兽，有圣明的王者就来，没有圣明的王者就不来。有人把这件事告诉孔子说："有个长着角的獐。"孔子说："为什么来啊，为什么来啊！"把衣襟翻过来擦眼泪。颜渊去世。孔子说："唉！上天要灭掉我。"子路死后。孔子说："唉！天在诅咒我。"西边打猎得到了麒麟，孔子说："我的道路走到头了。"《春秋》为什么开始于隐公？祖先的事情还能听得到。所看见的记载不一样，所听见的不一样，所传下来的传闻也不一样。为什么到哀公十四年结束呢？回答说："至此已经完备了。"君子为什么作《春秋》呢？拨开乱世，回到正路上，没有比《春秋》再近于这个道理了。就不知道是为了这种道理呢，还是君子乐于叙说尧舜之道呢？如果尧舜了解君子的心，终结了不也是令人高兴的吗？制作了《春秋》的大义，来等待后来的圣贤，拿君子的作为来说，也是有乐于这一点的。